U0644862

Theology and the Scientific Imagination from the Middle
Ages to the Seventeenth Century ▪ Amos Funkenstein

西学

源流

神学与科学的想象

从中世纪到17世纪

〔美〕阿摩斯·冯肯斯坦 著

毛 竹 译

图书在版编目（CIP）数据

神学与科学的想象：从中世纪到 17 世纪／（美）阿摩斯·冯肯斯坦著；
毛竹译. —北京：生活·读书·新知三联书店，2019.9 （2024.4 重印）
（西学源流）
ISBN 978 - 7 - 108 - 06577 - 3

Ⅰ.①神… Ⅱ.①阿… ②毛… Ⅲ.①思想史-西方国家-16 世纪 -17 世纪
Ⅳ.① B5

中国版本图书馆 CIP 数据核字（2019）第 067799 号

特邀编辑　童可依
责任编辑　王晨晨
装帧设计　薛　宇
责任印制　李思佳
出版发行　生活·讀書·新知 三联书店
　　　　　（北京市东城区美术馆东街 22 号 100010）
网　　址　www.sdxjpc.com
图　　字　01-2018-1339
经　　销　新华书店
制　　作　北京金舵手世纪图文设计有限公司
印　　刷　北京建宏印刷有限公司
版　　次　2019 年 9 月北京第 1 版
　　　　　2024 年 4 月北京第 2 次印刷
开　　本　880 毫米 × 1230 毫米　1/32　印张 19
字　　数　436 千字
印　　数　5,001 - 5,600 册
定　　价　72.00 元
（印装查询：01064002715；邮购查询：01084010542）

总序：重新阅读西方

甘 阳　刘小枫

上世纪初，中国学人曾提出中国史是层累地造成的说法，但他们当时似乎没有想过，西方史何尝不是层累地造成的？究其原因，当时的中国人之所以提出这一"层累说"，其实是认为中国史多是迷信、神话、错误，同时又道听途说以为西方史体现了科学、理性、真理。用顾颉刚的话说，由于胡适博士"带了西洋的史学方法回来"，使他们那一代学人顿悟中国的古书多是"伪书"，而中国的古史也就是用"伪书"伪造出来的"伪史"。当时的人好像从来没有想过，这胡博士等带回来的所谓西洋史学是否同样可能是由"西洋伪书"伪造成的"西洋伪史"？

不太夸张地说，近百年来中国人之阅读西方，有一种病态心理，因为这种阅读方式首先把中国当成病灶，而把西方则当成了药铺，阅读西方因此成了到西方去收罗专治中国病的药方药丸，"留学"号称是要到西方去寻找真理来批判中国的错误。以这种病夫心态和病夫头脑去看西方，首先造就的是中国的病态知识分子，其次形成的是中国的种种病态言论和病态学术，其特点是一方面不断把西方学术浅薄化、工具化、万金油化，而另一方面则又不断把中国文明简单化、歪曲化、妖魔化。这种病态阅读西方的习性，方是现代中国种种问题的真正病灶之一。

新世纪的新一代中国学人需要摆脱这种病态心理，开始重新阅读西方。所谓"重新"，不是要到西方再去收罗什么新的偏方秘方，而是要端正心态，首先确立自我，以一个健康人的心态和健康人的头脑去阅读西方。健康阅读西方的方式首先是按西方本身的脉络去阅读西方。健康阅读者知道，西方如有什么药方秘诀，首先医治的是西方本身的病，例如柏拉图哲学要治的是古希腊民主的病，奥古斯丁神学要治的是古罗马公民的病，而马基雅维里史学要治的是基督教的病，罗尔斯的正义论要治的是英美功利主义的病，尼采、海德格尔要治的是欧洲形而上学的病，唯有按照这种西方本身的脉络去阅读西方，方能真正了解西方思想学术所为何事。简言之，健康阅读西方之道不同于以往的病态阅读西方者，在于这种阅读关注的首先是西方本身的问题及其展开，而不是要到西方去找中国问题的现成答案。

健康阅读西方的人因此将根本拒绝泛泛的中西文明比较。健康阅读西方的人更感兴趣的首先是比较西方文明内部的种种差异矛盾冲突，例如西方文明两大源头（希腊与希伯来）的冲突，西方古典思想与西方现代思想的冲突，英国体制与美国体制的差异，美国内部自由主义与保守主义的消长，等等。健康阅读者认为，不先梳理西方文明内部的这些差异矛盾冲突，那么，无论是构架二元对立的中西文明比较，还是鼓吹什么"东海西海，心理攸同"的中西文化调和，都只能是不知所谓。

健康阅读西方的中国人对西方的思想制度首先抱持的是存疑的态度，而对当代西方学院内的种种新潮异说更首先抱持警惕的态度。因为健康阅读西方者有理由怀疑，西方学术现在有一代不如一代的趋势，流行名词翻新越快，时髦异说更替越频，只能越表明这类学术的泡沫化。健康阅读西方的中国人尤其对西方学院内虚张声势的所谓"反西方中心论"抱善意的嘲笑态度，因为健康阅读者知道这类论调虽然原始动机善良，但其结果往往只不过是走向更狭隘的西方中心论，所谓太阳底下没有新东西是也。

希望以健康人的心态和健康人的头脑去重新阅读西方的中国人正在多起来，因此有这套"西学源流"丛书。这套丛书的选题大体比较偏重于以下几个方面：一是西方学界对西方经典著作和经典作家的细读诠释，二是西方学界对西方文明史上某些重要问题之历史演变的辨析梳理，三是所谓"学科史"方面的研究，即对当代各种学科形成过程及其问题的考察和反思。这套丛书没有一本会提供中国问题的现成答案，因为这些作者关注讨论的是西方本身的问题。但我们以为，中国学人之研究西方，需要避免急功近利、浅尝辄止的心态，那种急于用简便方式把西方思想制度"移植"到中国来的做法，都是注定不成功的。事实上西方的种种流行观念例如民主自由等等本身都是歧义丛生的概念。新一代中国学人应该力求首先进入西方本身的脉络去阅读西方，深入考察西方内部的种种辩论以及各种相互矛盾的观念和主张，方能知其利弊得失所在，形成自己权衡取舍的广阔视野。

二十年前，我们曾为三联书店主编"现代西方学术文库"和"新知文库"两种，当时我们的工作曾得到诸多学术前辈的鼎力支持。如今这些前辈学者大多都已仙逝，令人不胜感慨。

学术的生长端赖于传承和积累，我们少年时即曾深受朱生豪、罗念生等翻译作品的滋润，青年时代又曾有幸得遇我国西学研究前辈洪谦、宗白华、熊伟、贺麟、王玖兴、杨一之、王太庆等师长，谆谆教导，终生难忘。正是这些前辈学人使我们明白，以健康的心态和健康的头脑去阅读西方，是中国思想和中国学术健康成长的必要条件。我们愿以这套"西学源流"丛书纪念这些师长，以表我们的感激之情，同时亦愿这套丛书与中国新一代的健康阅读者同步成长！

2006 年元旦

目 录

献给我的父亲，纪念我的母亲

译者序言

毛 竹

犹太裔思想史家阿摩斯·冯肯斯坦（Amos Funkenstein，1937—1995），生于以色列建国前的巴勒斯坦，毕业于希伯来大学，1965年获柏林自由大学历史学和哲学博士学位，1967年至1992年任教美国加州大学伯克利分校。冯肯斯坦是一位"文艺复兴式的学者"，精通古希腊语、拉丁语、希伯来语、意第绪语、亚兰语、英语、德语、法语等多门语言，一生发表7部著作和50余篇学术论文，研究范围涵盖犹太史、中世纪思想史和科学史等多个领域。1995年，冯肯斯坦被授予以色列最高学术奖——史学以色列奖（Israel Prize for History），同年11月因罹患肺癌病逝。

《神学与科学的想象——从中世纪到17世纪》（1986）是冯肯斯坦的代表作，它不仅是科学史研究的经典，也是浩瀚西方思想史研究著述中的佼佼者。按照冯肯斯坦的构想，全书的主题背景可以借用韦伯"世界的祛魅"（Die Entzauberung der Welt）来表述：[1]现代世界的科学和哲学固然脱胎于早期近代去除神学化的努力，但冯肯斯坦却将对神学的世俗化过程的谱系，追溯到了更早的希腊哲学与希伯来律法传统，并澄清了中世纪经院哲学在某

---

[1] Amos Funkenstein, *Theology and the Scientific Imagination—from the Middle Ages to the Seventeenth Century*, Princeton University Press, 1986, p. 362.

些关键的问题与主题上对两希传统的反抗与改造。在两希传统与基督教神学盘根错节的影响与渗透下，种种或诉诸传统，或悖离传统的思想，在或缓慢或激烈的对抗中，形成了早期近代独特的话语场与问题域。从中世纪到 17 世纪，正是西方近代科学的形而上学基础以及现代人的历史观与政治观中的诸多概念和主张得以奠基的时代。冯肯斯坦以独到的问题意识与视角，将人们耳熟能详的各个思想史片段整合到了一幅全面的思想史图景之中：肇始于早期近代自然科学诞生时刻西方古今思想的张力与断裂，其根源或隐或显地存在于希腊—希伯来和基督教神学思想的各种思想主题中。

通常西方思想史研究者会认为，西方传统肇始于古希腊，并且通过基督徒思想家之手传到了古典时代晚期和中世纪。要找到希伯来《圣经》在这些"西方正典"（western canon）当中的位置，并不容易；而犹太教的律法和释经学传统在这种主流思想史研究传统中，则更可疑地缺失了。[2] 作为在德国受到严格学术训练、能写能说流利的德语的"德国犹太人"，冯肯斯坦学术上的敏感度比德国人还德国人，他是自莱辛、海涅、门德尔松以来的德国—犹太知识分子传统在当代的代表者之一。

冯肯斯坦 1964 年博士毕业于德国柏林自由大学。从他最早期的著作开始，他就试图在西方思想史中植入犹太思想传统的位置。他的博士论文《神圣的计划与自然的发展：中世纪中期历史思考中存在判断的形成》（*Heilsplan und natürliche Entwicklung: Formen der Gegenwartsbestimmung im Geschichtsdenken des hohen Mittelalters*）试图解释自然历史发展的概念和超自然的末世论之间的复杂关系。他

---

〔2〕　Robert S. Westman and David Biale eds., *Thinking Impossibilities: The Intellectual Legacy of Amos Funkenstein*, University of Toronto Press, 2008, p. 6.

的学生和研究者贝尔（Biale）与韦斯特曼（Westman）准确地总结道，"他的方法很受赫尔曼·科亨'起源原则'（Ursprungsprinzip）的影响，冯肯斯坦将这个原则追溯至迈蒙尼德。按照冯肯斯坦一贯的主张，要充分理解一个观念，人们必须知道其源头，即便这些源头看似处在完全相反的思想学派里。他认为，所有思想都处在一条巨大的传统链条中：不了解阿奎那就不能言说康德，不了解迈蒙尼德就不能言说赫尔曼·科亨。这种预设，正是典型德国学院派'精神史'（Geistesgeschichte）的研究路向"。[3]

不过这部博士论文出版不久，便遭遇了一则几乎毁灭性的同行书评。美国特拉华大学（University of Delaware）的伯纳德·斯密夫（Bernard Smith）尖锐地批评说，"考虑到这是一本小册子，而且其中宣告的主题只占据了全书的三分之一篇幅，所以这个书名简直就是误导人且夸大其词"。[4]这意味着彼时《神圣的计划与自然的发展》（1965）一书的学术分量，还不足以支撑冯肯斯坦的学术野心。时隔20余年，冯肯斯坦以英文出版了他的第二部，同时也是为他奠定学术声名与影响力的著作——《神学与科学的想象》（1986）。

一　上帝的全能与"适应原则"

在《神圣的计划与自然的发展》中冯肯斯坦试图探讨的主题之一，是中世纪基督教的历史解释风格与历史编撰问题。冯肯斯

---

[3] Ibid., p. 6.
[4] Bernard S. Smith, "Reviewed Work: *Heilsplan und natürliche Entwicklung: Formen der Gegenwartsbestimmung im Geschichtsdenken des hohen Mittelalters by Amos Funkenstein*", *Speculum*, Vol. 43, No. 3 (Jul., 1968), p. 511.

坦注意到，11世纪历史学家弗雷辛的奥托（Otto of Freising）在《编年史》（*Annales*）中分析了不同的历史学家或学派（早期基督教的历史启示论、安布罗修、优西比乌、奥古斯丁）试图将普遍历史放置在符合其所处历史时代的具体历史目的论之中的努力。这种历史目的论的观点认为，每个时代都具有特定的"时代性质"（*qualitas temporum*），接下来的人类历史，直到末日都只是处于"第六个时代"，正如创世六日（*Hexaemeron*）那样，它是上帝实现永恒和平之前的最后一个阶段。换言之，后续的各个时代只是为了构成世界的旧时代，身处旧时代中的人们只能等着一种上帝针对他们的隐匿的目的，但是上帝对于人类历史的整体，又有一种通盘的隐秘计划。这种历史目的论阐释，又会不断涌现新的问题，例如"不变的上帝为什么会准许他的信条发生变化？"或者"为什么教会里面有这么多新东西？"。

　　冯肯斯坦指出，自伊西多尔（Isidore）至12世纪，关于历史写作目的的简单观念就是：保存一段不被打断的事实记录。历史学家有意识地接续前人的工作，人们不再要求他们解释或批评他们确立下来的东西，却会质疑摩西和使徒早前曾经确立下来的东西。"历史"这个词从希腊语"ἀπὸ τοῦ ἱστορεῖν"衍生而来，也即"去看"或"去认识"。中世纪历史学家专注于那些值得记忆的当前事件，再没有什么比"轶事"（anecdotal）更真的了；而之所以要把它们记录下来，是因为它们具有某种目的论的意涵，可以被解释为某种"迹象"（sign）或"神迹"（providence）。可是，伴随着11世纪不断加速的教会变化和革新，11—12世纪的基督教历史学家不得不更多地关心当前事件中出现的种种"迹象"或"预表"（*praefiguratio*）。冯肯斯坦注意到，弗雷辛的奥托是第一位反思历史编撰风格的人，他将历史编撰的风格带到了制高点：奥托将他时代的动荡，看成所有之前的历史的逻辑结果；他将"恶"的增加视为世界迫在眉睫之终结的显著迹象；并且将当前事件描述成接下来就是永恒安息的"第七天"。

不过在弗雷辛的奥托之前，基督教历史学家关于历史编撰还有着盘根错节的争论，冯肯斯坦已经注意到了在奥古斯丁、伊西多尔、格里高利一世（Gregory I）和拉巴努斯（Hrabanus Maurus）等人关于教会之所以出现变革与革新的问题的尖锐争论：他们将教会中的革新，解释为"上帝只是屈就于人的软弱"。然而正如伯纳德·斯密夫观察到的，"全书前三分之二的部分，本质上都是导言而已"。[5] 这些庞杂的思想史主题，历经 20 多年的漫长思考，被冯肯斯坦整合进了《神学与科学的想象》的写作计划。不过《神学与科学的想象》一书的思想史视野显然更为宏大——"我们可以在犹太教传统、《圣经》传统、启示论传统，以及米德拉西传统中找到这种对历史的象征性解读（或重演）的踪迹。"[6] 换言之，如果将《神圣的计划与自然的发展》看作《神学与科学的想象》的导言与预备，那么我们便能更好地理解《神学与科学的想象》所涉及的庞杂的思想史线索，以及冯肯斯坦对于每位思想家所做的定位和处理。

在《神学与科学的想象》中，冯肯斯坦将"上帝屈就于人的软弱"这条古老观念提炼成了一条贯穿全书论证的核心法则：上帝针对每个不同的时代调整他的启示，以适应于人类［庸常的

[5] Bernard S. Smith, "Reviewed Work： *Heilsplan und natürliche Entwicklung: Formen der Gegenwartsbestimmung im Geschichtsdenken des hohen Mittelalters by Amos Funkenstein*", *Speculum*, Vol. 43, No. 3（Jul., 1968）, p. 509.

[6] Amos Funkenstein, *Theology and the Scientific Imagination—from the Middle Ages to the Seventeenth Century*, Princeton University Press, 1986, p. 250.

（mediocritas）〕理解能力；冯肯斯坦称其为"适应原则"。[7] 人类的能力时不时发生变化，上帝的启示则能够改变旧的含义，采取新的含义。换言之，每一个时代都同样地"接近上帝"：在诸如维柯和迈蒙尼德那样的作者，以及早期基督教和启示论犹太教那里，"适应原则"都同样具有其辩证的起源。例如，早期近代的历史主义在中世纪的历史意识中具有其起源；历史意识是由《圣经》讲人的话语"（Scriptura humane loquitur）的观念表达出来的，同时上帝也适应于人的能力，并且因此适应于人类社会发展的各个阶段。[8]

历史意识并不是一种直到现代才具有的观念，新的理论总是被旧有的理论辩证地预备[9]，在某个历史时刻上看似是"不可能性"（impossibilities）的东西，成了建构和发展另一个新概念的源泉。中世纪神学和现代世俗化进程，只是显示出了这样一种矛盾的辩证关系：中世纪学者们设想的上帝属性，转变成了早期近代科学和政治理论的世俗化形式，由此产生了冯肯斯坦所定义的"世俗神学"（secular theology）。《神学与科学的想象》试图追溯的正是那些奠基现代观念的"前现代"智识背景，那些在中世纪和更早的时候被人们视为荒谬或不可能的、占弱势地位的"不可能性"，如何转变成了在 17 世纪早期近代占主导地位的"可能性"：在古希腊、希伯来和中世纪的传统中，早已辩证地预备了它们自身向着现代的科学革命的种种转变；同理，现代启蒙的世界尽管出现了种种对旧时代与旧理论的革命性反抗，但它们仍然深深植

---

〔7〕　Ibid., cf. chap. 4：4.

〔8〕　Ibid., chap. 4：2.

〔9〕　Ibid., p. 14.

根于古代和中世纪传统之中。[10]

在早期近代神学世俗化进程的诸多纷繁线索中，冯肯斯坦认为早期近代怀疑论的源头之一就是中世纪晚期关于"上帝全能"（divine omnipotence）的讨论。14 世纪里米尼的格里高利（Gregory of Rimini）、米尔库尔的约翰（John of Mirecourt）和 15 世纪伽布里埃尔·比耶（Gabriel Biel）都曾怀疑过上帝全能的问题，即上帝是不是有能力做所有的事情，包括欺骗人，或是做一些与真命题矛盾的事情。[11] 例如米尔库尔的约翰很明确地质疑上帝是一个骗子，上帝可以改变过去[12]；比耶的观点更加极端，上帝有力量使人类相信错误的、矛盾的陈述。[13] 所以冯肯斯坦的根本观点是，即便被誉为现代怀疑论肇事人的笛卡尔，延续的也不过是中世纪晚期的某些讨论："中世纪即使最激进地捍卫上帝全能的人也几乎从未肯定地明说的观点，在笛卡尔那里被毫不犹豫地宣告出来：上帝能使最基本的诸如 2+1＝3 这样的数学运算或数学物理学法则变得无效，或者上帝能创造出不具有广延的物质。"[14]

不过有意思的是，即便笛卡尔意识到了他极端唯意志论的主张与中世纪关于"上帝全能"的讨论之间的关系，他从没有引用过任何一位中世纪作者，这也正是冯肯斯坦在论及笛卡尔时眼光狠辣之处：与通常将笛卡尔视为近代理性主义哲学传统开创者的观点恰恰相反，冯肯斯坦清楚地看到了笛卡尔"永恒真理学说"中极端唯意志论的倾向，并且"如何能够将笛卡尔这些极端唯意

〔10〕 Ibid., pp. 15-17.
〔11〕 Ibid., pp. 117 ff.
〔12〕 Ibid., p. 48 n.7.
〔13〕 Ibid., p. 117 n. 2.
〔14〕 Ibid., p. 117.

志论的主张和他所持的理性观念调和起来，这是在后来的笛卡尔解释者那里长期存在的问题"。[15] 换言之，如何界定自笛卡尔、斯宾诺莎、霍布斯、莱布尼茨、牛顿、但丁和维柯等人开启的近代理性化"祛魅"进程与中世纪神学信仰传统之间的关系，这触及了《神学与科学的想象》的另一重主题："世俗神学"在 16—17世纪的兴起。

二　早期近代"世俗神学"与启蒙

"世俗神学"是冯肯斯坦在《神学与科学的想象》中定义的另一个术语，它指 16—17 世纪曾短期出现的一种新颖独特的看待神圣事物的方法，即由世俗人（layman）构想出来、写给世俗人看的"神学"著作："伽利略和笛卡尔、莱布尼茨和牛顿、霍布斯和维柯，他们……不是职业神学家，却都长篇大论地探讨神学问题。此外，他们的神学……指向尘世（ad seculum）。他们相信，新的科学与学识使传统的神学讨论方式变得陈腐过时，……科学、哲学与神学从来没有，以后也不会像这样被人们视为几乎是同一个领域。"[16]

《神学与科学的想象》的另一个核心主题是世俗神学的辩证法："神学"本来是一个为超自然知识保留的术语，它发端于 12—13 世纪人们探索宇宙奥义的兴趣，这个行业长期以来还尤其受到社会权威（教会）的良好保护。但在 17 世纪，自然哲学成了大学

[15] Ibid., p. 117.
[16] Ibid., p. 3.

人文学院的学科之一，大量自然神学家和世俗人参与到了神学讨论中，最终发展出了诸多不同于亚里士多德的假设。尽管神学的权威在14世纪多少受到了侵蚀，但冯肯斯坦主张，真正思想史上变化的关节点，直到宗教改革时期才开始发生。宗教改革使非神职人员突然进入到了诸多社会知识领域，这使得人们对自然世界的研究变成了一种"神圣的"活动：沉思"这个"尘世、沉思上帝与造物的关系——"尘世变成了上帝的殿堂，世俗人则成了其中的牧师。"[17]

宗教改革运动促进了神学职业的发展，上帝不再被神学家垄断和专属，它成了一种更世俗化的知识追求。冯肯斯坦将17世纪视为这样一个特殊的历史时刻：科学、神学和哲学成了"同一个领域"。神学是早期近代科学的逻辑和历史的必然产物，科学革命中耳熟能详的伟大人物（伽利略、笛卡尔、莱布尼茨、牛顿）将中世纪的神学问题转化成了属于"此世"的问题，而在神学世俗化运动中，近代科学的出现则悖论性地变成了一种崇拜上帝的新方式。这也正是冯肯斯坦著作中最令人惊异的观点，也是最激进的反转——"若是做得好，更将增益神的荣耀。"[18]

近代自然科学的诞生是17世纪世俗神学的标志之一，"世俗神学"试图解释被造的自然世界的可理解性，而不是沉思超自然秩序的神秘之处，"在这种习语或话语中，神学的关切是用世俗知识的术语来表述的，而科学的关切则是以神学术语来表达的。神学与其他科学几乎融为一体"。[19]冯肯斯坦试图表明，近代科学中的许多概念和实验（比如守恒定律，法则必然性和因果必然性，

---

[17] Ibid., p. 6.
[18] Ibid., pp. 5-6.
[19] Ibid., p. 346.

假设方法，理念化，简化法，反事实论证等）都可以从中世纪神学和经院哲学的争论中找到基础，现代科学并不是简单地从伽利略、笛卡尔和牛顿等人的头脑里一下子蹦出来的，它来源于中世纪晚期奥卡姆、奥雷奥里（Aureoli）和奥雷斯姆（Oresme）等经院哲学家所想象的各种"理想实验"（experimenta rationis）。

伴随世俗神学兴起的过程，冯肯斯坦还试图揭示，自亚里士多德奠定的将"自然"视为各种自然之物具有不同性质，而后者使宇宙中的不同地区具有不同特征，形成具有等级秩序的非异义性（unequivocation）的宇宙[20]，如何转变成近代清楚分明的、以数学化和机械化为特质的、不存在等级秩序的单义而同质的宇宙观念。换言之，近代自然科学追求一种适用于所有科学的绝对"透明"的语言，以便描述那个毫无"神秘参与"（*participation mystique*）、隐喻和象征可言的去蔽的宇宙图景。

可见冯肯斯坦的讨论主题绝不是单线的，他同样试图显示中世纪的神学论争如何被诸多新科学的理念改变。对 17 世纪许多卓越的思想家（比如斯宾诺莎和莱布尼茨）而言，既然神学和科学从根本上来说属于同一个问题领域，那么这些学科的核心术语就可以相互转换：一个学科的类比可以用于另一个学科，一个学科的方法与知识可以渗透到另一个学科中去。换言之，冯肯斯坦试图指出在神学世俗化的过程中，亚里士多德曾经设立的不同学科之间不允许"转换"（μετάβασις）的禁令，即"从一种科学方法向另一种科学方法的转换（μετάβασις εἰς ἄλλο γένος［将一个'种'转换成另一个'种'］）只会导致范畴谬误（category-

〔20〕Ibid., chap. 2：2.

mistake）"〔21〕的观念，在中世纪和 17 世纪一步一步地遭到了不同程度的侵蚀。

17 世纪的世俗神学家开始倾向于信仰一种全新类型的知识——"创制的知识"（ergetic knowledge）。这是一种"由做而知"，或者说"通过建构而获得知识"的全新理念；在这种理念的驱使下，霍布斯比他的任何一位前人都更强调"人类自己创造自己的国家"的自主性。对冯肯斯坦来说，中世纪关于上帝谓词（上帝的"全在""全能"，以及"神意"）的争论，〔22〕恰恰是以这种"创制的知识"的科学理念出现的；关于上帝认识和创制的统一性的谓词，变成了人们主张人类知识是一种建构性的、通过实验"重构现实"的原则。按照冯肯斯坦的总结，维柯所主张的"Verum et factum convertuntur"（真理与被造者是可互换的）观念正是这种全新理念最贴切的表达：在中世纪仅被视为属神的知识的特性，到了 17 世纪则变成了人类知识的标志。〔23〕

在《神学与科学的想象》的结尾，冯肯斯坦引入了"封闭的知识"与"开放的知识"的区分。中世纪的知识在某种意义上是一种"封闭的知识"，"这证明了中世纪科学的精英性质。……真正的知识（无论主观的还是客观的）都是秘传的。在极少数识字的人当中，只有少数人终其一生投身于理论探寻；而这些人确实倾向于将'vulgus'（民众）视为没有理智并且注定永远无知的人"，〔24〕中世纪犹太人或许对于这种封闭的知识毫不陌生；"开放的知识"则意味着知识是人人可企及的。但在定义这两种知识的时

---

〔21〕 Ibid., p. 36.
〔22〕 Ibid., chap. 1：2.
〔23〕 Ibid., p. 12.
〔24〕 Ibid., p. 385.

候，冯肯斯坦更倾向于强调，开放的知识只有从社会视角上看才是真正开放的；从认识论视角上看，它同样可以显示出封闭的特质，因为就其定义而言，它仍是环形的、受限定的知识。

　　总之，"坚信体系化的知识具有开放性的特征，已经成了17世纪许多思想者思想面相的一部分；启蒙运动则以言辞的方式在这种信念中添加了对社会行动的渴望，并且为了改善人的境况（human condition），唯一的办法就是有意扩大知识的传授面"。[25] 这也正是在17—18世纪空前绝后地涌现出那么多关于"常识""良知""共同的人类理解"和"人类的教育"的讨论的原因——这些启蒙理性主义者都坚信，人的"自然"可以稳定地进步，并且通过教育来真正地"塑造"（Bildung）。[26] 尽管冯肯斯坦并不试图将17—18世纪的思想史理解为康德思想的序曲，但"康德不仅从他的方法论中取消了上帝，同时他也是第一个完全领会到这些方法论的功能并将其阐述出来的人"，"在寻求对科学的去神学化的计划中，康德比世俗神学家们更好地阐明了世俗神学的许多假设与困境"。[27]

　　这也正是《神学与科学的想象》的讨论从亚里士多德开始并最终回溯到亚里士多德的原因：那些思想史上"进展甚微的开端"，或者潜伏在旧的理论中，或者以改头换面的形式出现在新的理论中。17世纪自然神学的变革看似全新而革命性的举动，实则蕴含在思想史那些隐而不现的"精微"（nuances）深处；有时理念看似不变，其中的内涵却已产生了根本的变化（例如斯宾诺莎在《神学政治论》中对以往神学和哲学术语的运用）；但"当我们越

〔25〕Ibid., p. 359.
〔26〕Ibid., p. 359.
〔27〕Ibid., pp. 346-347.

是理解中世纪的假言推理对于其后几个世纪的科学事业所做的贡献，我们就越能精确地定义伽利略和他同时代人的论证中有哪些新东西"。[28]正如冯肯斯坦反复强调的，只有不断回溯中世纪、古希腊和希伯来传统中的各种思想形态，人们才能更准确地判断在17世纪出现的真正的新东西。[29]

三　历史意识与历史主义的兴起

《神学与科学的想象》出版后，冯肯斯坦因其渊博学识而备受关注，一时间涌现了各种各样的同行评论。除了埃莫顿（Norma E. Emerton）[30]、奥克利（Francis Oakley）[31]和巴德温（Martha Baldwin）[32]通篇溢美之词的简短书评之外，冯肯斯坦的某些核心观点同样受到了一些同行毁灭性的批评。例如针对冯肯斯坦最珍视的"适应原则"，伯宁（Stephen D. Benin）挪揄了他在使用参考文献上的局限性："没有叙利亚文献，没有考虑加尔文的著作，

---

〔28〕 Ibid., p. 124.

〔29〕 Ibid., p. 152.

〔30〕 Norma E. Emerton, "Bookreview: *Theology and the Scientific Imagination—from the Middle Ages to the Seventeenth Century*, Princeton University Press（1986）", in *The American Historical Review*, Vol. 94, No. 1（Feb., 1989）, p. 122.

〔31〕 Francis Oakley, "Bookreview: *Theology and the Scientific Imagination—from the Middle Ages to the Seventeenth Century*, Princeton University Press（1986）", in *Isis*, Vol. 78, No. 4（Dec., 1987）, pp. 664-665.

〔32〕 Martha Baldwin, "Bookreview: *Theology and the Scientific Imagination—from the Middle Ages to the Seventeenth Century*, Princeton University Press（1986）", in *The Sixteenth Century Journal*, Vol. 22, No. 2（Summer, 1991）, pp. 355-356.

其至连路德也只是简短提到过一次"[33]；或者费尔德曼（Seymour
Feldman）更犀利的问诘，"冯肯斯坦的讨论信息量很大，但它们
之间的相关度并不总是很明显。而且维柯作为一个18世纪的思想
家，对科学和科学知识知之甚少，是怎么被强行纳入这本书的讨
论框架中的？"[34] 当然还免不了对冯肯斯坦行文晦涩与创造生词
的批评，例如罗谢尔（John Roche）直言说，"这本书随性的风格
也加深了著作的内在困难。一个句子里经常出现插入语、破折号、
冒号、引号以及斜体字。作者也绝不把拉丁语和德语段落还有其
他外语翻译过来。他还自己生造了很多没意思的词语（unattractive
words）"[35]；以及威斯特法（Richard S. Westfall）书评中的通篇抱
怨："冯肯斯坦将他的书写得特别难读，尤其是其中有很多抽象的
概念，这不像是为了解决问题的写作方法。……我们看到很多人
名，但这本书的组织结构保证我们看不到这些活生生的人，而是
看到诸如几个世纪以来的'非异意性''数学化''机械化'这些
名词，仿佛它们才是活在那个社会里的人一样。"[36]

　　但这些学理和文风上的批评，对冯肯斯坦本人而言或许都不

〔33〕 Stephen D. Benin, *The Footprints of God: Divine Accommodation in Jewish and
Christian Thought*, State University of New York Press, 1993, p. 247 n. 3.

〔34〕 Seymour Feldman, "Bookreview: *Theology and the Scientific Imagination—from
the Middle Ages to the Seventeenth Century*, Princeton University Press（1986）",
in *The Journal of Religion*, Vol. 69, No. 1（Jan., 1989）, p. 108.

〔35〕 John Roche, "Bookreview: *Theology and the Scientific Imagination—from the
Middle Ages to the Seventeenth Century*, Princeton University Press（1986）", in
American Scientist, Vol. 76, No. 5（September-October 1988）, p. 528.

〔36〕 Richard S. Westfall, "Bookreview: *Theology and the Scientific Imagination—
from the Middle Ages to the Seventeenth Century*, Princeton University Press
（1986）", in *Journal of the History of the Behavioral Sciences*, Volume 24, July,
1988, p. 250.

重要，[37]《神学与科学的想象》对神学和科学关系的思考，实际上隶属冯肯斯坦对另一重更深的问题的关切：宗教与世俗、犹太人的同化与解放、反犹和犹太的自我憎恶，"大屠杀"究竟有意义还是无意义，诸如此类。在《犹太历史的感知》（1993）中，冯肯斯坦声明了自己从事学术研究的初衷："'历史论证和历史理论'是自我的博士论文以来我一直的兴趣所在，我的博士论文在25年前写完，处理的就是历史论证和历史理论在中世纪的变体。"[38]这种对"历史论证和历史理论"的兴趣，首先来自冯肯斯坦对犹太民族特殊身份认同的思考。冯肯斯坦明言：

　　一种文化、一个社会可能将其自身的存在和特质视为世界构成的一个既定部分，一种自然而然的馈赠。但犹太文化自《圣经》时代开始便无法如此了。不断肯定、再度肯定其自身的认同与卓越性已经暗示犹太文化并不是自然而然的。而这种不把自己视为是自然而然的文化，必然是一种反思性的文化。历史意识成了犹太民族的一种自我反思。我的意思并不是说，犹太人（至少直到19世纪）满足于他们在尘世中的地位或他们未来的存在；这两者都被认为是一种上帝的承诺或前提（divine promise and premise）。而他们的生存对他们来说都是一种永恒的惊异：它从来没有被视为一种自然而然被给予的，而是总是需要阐释的。以色列在"历史"时代的众多古老民族里作为一个年轻的文化而出现，这本身就需要解释——我们将看到，《圣经》对历史的阐释就提供了这

---

〔37〕Ibid., p. 250. 参看冯肯斯坦针对威斯特法（Westfall）书评的简短回应。

〔38〕Amos Funkenstein, *Perceptions of Jewish History*, University of California Press, 1993, p. xi.

种解释。征服一个本来已经有人居住的土地，同样需要解释。将以色列与神圣土地联系在一起，拉比亚伯拉罕·以撒·哈克恒·库克（Rabbi Abraham Isaak Hakohen Kook）曾经说过，"并不像每个民族和语言与自己的国家那样自然地捆绑在一起"，也不是有机生长出来的，而是建构的。所以接下来每一步以色列历史的转变都需要解释，而不是被视为自明的——其昌盛之时如此，窘迫之时亦如此。这或许就是一种不明显的、或多或少总是当下的集体记忆，与一种历史意识之间的首要的区别：历史意识是对被问及的确定问题的回答。这种回答不只是叙述事件，而是必须将它们建构成一种有意义的叙述，能够不断被解释与重新解释。不同时代对犹太历史的不同的感知——对犹太的历史意识的感知——正是本书的主题。[39]

这种对犹太历史的感知，某种意义上已经被《神学与科学的想象》中提到的中世纪"适应原则"（principle of accommodation）所预备，中世纪的基督教思想家同样会认为某些制度"适合"或者"不适合"它们的时代，并按不同的"时代性质"区分不同的时代。但冯肯斯坦同样试图指出，只有到了17世纪，这种观念才从宗教领域转移到了世俗领域，变成了一种"世俗神学"。在《犹太历史的感知》中，冯肯斯坦进一步指出，"直到19世纪，历史才成为了所有人类科学的首要学科。这在我看来就是历史意识在欧洲的出现。犹太人的历史意识既是这种历史意识的一部分，也

---

[39] Ibid., p. 2.

与它有着重要的不同"。[40]

因此正如金兹伯格（Carlo Ginzburg）观察到的，在《神学与科学的想象》中冯肯斯坦试图将现代黑格尔主义历史观念的兴起划归为一种"将基督教世俗化地投射后犹太人的运动"。[41]但这只是揭示了冯肯斯坦在该著作中试图追溯的诸多主题中一个面相（而在《神学与科学的想象》中，这个面相几乎没有得到明确的表达）：冯肯斯坦关注的是基督教的反犹争端（Christian anti-Jewish polemics），这是自12世纪以来改变基督教神学的一个不可分割的面相，也是《神学与科学的想象》将对犹太思想家的讨论纳入整个欧洲中世纪哲学的论题领域中的一个深层动机。

在生前发表的最后一篇文章《荆棘中的犹太史学》（1995）中，冯肯斯坦将现代历史主义兴起的历程，化约成了两条并行不悖的思想进路：欧洲知识分子的历史研究法与犹太历史学家的历史研究法。在其中，他更为看重的问题，却是自以色列建国以后亟须为其正当性辩护的犹太民族的历史和民族认同。如果说12世纪以前的人们还相信存在"一种"（one）代表性的主流叙事，并且这种代表性的主流叙事会随着时间的变化而变化，那么随着后现代历史写作的兴起，历史学家们丧失了对于社会作为一个具有某种同质性的"机体隐喻"（organic metaphors）的久远信仰，"他们不再相信存在着'一个'融贯而和谐的可以用来表象现实的主流叙事。……那个主流叙事的地位已经被一些不和谐的、杂多的，甚至相互矛盾的杂音取代，每种声音都只有相对的有效性，所有

[40] Ibid., p. 15.
[41] Robert S. Westman and David Biale eds., *Thinking Impossibilities: The Intellectual Legacy of Amos Funkenstein*, University of Toronto Press, 2008, p. 202.

这些声音都模糊着、质疑着叙事与被叙事者、指涉者和被指涉者之间的边界"。[42]

但冯肯斯坦也尖锐地提醒说，事实上直到耶路撒冷的希伯来大学建立以后，西方大学的编年史上才第一次设立了犹太历史的讲席。[43] 那么与此同时，犹太历史学家们又在干什么呢？无论是传统犹太教对《密西拿》（Mishnah）、《革马拉》（Gemara）、《米德拉西》（Midrash）、《喀巴拉》（Kabbalah）和《犹太教律法答问集》（*Responsa*）的研究，还是经由沃尔夫（Wolf）、约斯特（Jost）、聪茨（Zunz）和盖格尔（Geiger）创立的"犹太教科学"（*Wissenschaft des Judentums*），在当今时代都同样受到了历史主义的威胁："我们前任的历史学家们言之凿凿地确定他们的历史主体之认同以及历史主体之目的的正义；他们相信他们有能力且有义务去建构一种主流叙事，这种主流叙事既能证明历史主体的这种认同，也能为这种历史主体赋予一个科学的基础。我们中的很多人已经丧失了这样的确定性并且也不再相信历史方法的自主性。"[44] 对此，冯肯斯坦自己的观点则简单粗暴，"任何试图摧毁或摆脱'主体'和'自我'的中心立场的行为都相当于一种哲学上的欺骗（或者说自我—欺骗）"，至今仍然需要融贯的主体叙事作为民族主体自我以及自我认同的身份标志，只不过"认识它的标准不可能被人们以一条公式或代数式的形式精确总结出来"。[45]

可见，尽管在《神学与科学的想象》中冯肯斯坦对现代性的起源（"世界的祛魅"）问题给出了一个神学/哲学世俗化版本的答

---

〔42〕Ibid., p. 310.
〔43〕Ibid.
〔44〕Ibid., p. 323.
〔45〕Ibid.

案，但他同样也是世俗化的犹太教正统派的批评者。正如犹太学者阿农·拉兹-克拉柯茨（Amnon Raz-Krakotzkin）正确看到的，冯肯斯坦之所以着迷于17世纪世俗神学家偏离中世纪基督教传统的"异端"倾向，正是因为他希望更好地保存一种对知识和沉思而言更为重要的思想传统。而在这一点上，冯肯斯坦自己研究进路中的"异端"倾向则显得更加矛盾："这是一种深深沉浸在对拉比传统以及中世纪的研究中的表达。"〔46〕

四　结　论

总之，对现代历史意识的起源的兴趣，同样或隐或显地贯穿在《神学与科学的想象》和《犹太历史的感知》这两部著作中。〔47〕不过令人震惊的实际上是冯肯斯坦在这两部著作中暗示的结论：基督教历史哲学肇始于古代晚期不同版本的犹太启示论和末世论思想。实际上，早在写完博士论文之后，冯肯斯坦就已经认识到，不论考察迈蒙尼德和阿奎那关于律法和历史的讨论，或者考察中世纪反犹论争之中的神学，冯肯斯坦的研究试图达成的目标始终都是：如何将中世纪基督教学者与他们同时代的犹太学者们相提并论。

《神学与科学的想象》巧妙地实现了在迈蒙尼德（拉比

---

〔46〕 Amnon Raz-Krakotzkin: "Bookreview: Robert S. Westman & David Biale（Editors）. *Thinking Impossibilities: The Intellectual Legacy of Amos Funkenstein*, University of Toronto Press, 2008", in *BOOKREVIEWS—ISIS*, 101：1（2010），p. 271.

〔47〕 Ibid., p. 6.

摩西）、拉比阿基瓦（Rabbi Akiba）、拉比伊什梅尔（Rabbi Yishmael）、萨阿迪亚（Sa'adia）、拉班（Ramban）（即纳赫曼尼德斯［Nachmanides］）、斯弗诺（Sforno）甚至斯宾诺莎等犹太知识分子与西方主流哲学家之间自如的思想切换；这意味着对于冯肯斯坦来说，犹太教思想启发了基督教，基督教同样启发了犹太教。尽管这两种传统之间的联系总是处于永恒的争端和张力中，但两者之间创造性的相互借用与改造的过程，从来没有停止。在冯肯斯坦独特的思想史阐释版本中，犹太教智识史与基督教智识史，从来都是一体的。[48] 换言之，冯肯斯坦毕生追求的是这样一种"非正统"的学术视角：不了解基督教，就无法彻底理解中世纪犹太思想，反之亦然。这也恰恰印证了冯肯斯坦纪念文集《思考不可能性：阿摩司·冯肯斯坦的智识遗产》（2008）的编者们对冯肯斯坦的一致描述："比那些声称自己是正统犹太人的犹太人更懂得犹太传统的异端。"[49]

不过在《荆棘中的犹太史学》（1995）中，冯肯斯坦也曾坦言，"没有任何中世纪犹太教文本会承认基督教的影响"。[50] 犹太传统对基督教的边缘化处理，使得基督教很快沦为对犹太教而言完全异质性的东西，尽管人们会批评喀巴拉从一开始直到 19 世纪都存在基督教化的倾向。冯肯斯坦列举了一个非常有趣的"拉比偷师神父"的段落：拉比西姆拉（Rabbi Simla'i）的门生在他跟（基督教的）异端争论之后问他，"拉比，你给了他们（基督徒）一个很弱的回答；那你又会怎么回答我们呢？"［J. Berakhot 9：1

---

［48］ Ibid., p. 6.
［49］ Ibid., p. 9.
［50］ Ibid., p. 319.

（62b）〕。[51] 对此，冯肯斯坦风趣地设问道，"如果说基督教和基督徒的神学教义不只是排斥高贵的犹太人，同时又强烈地吸引着这些高贵的犹太人呢？"[52] 事实正如施罗默·潘因斯（Shlomo Pines）注意到的，"在相对中立的哲学话语领域，我们［犹太人］的文献经常自由地引用伊斯兰哲学家，却倾向于掩盖所有基督教的学术痕迹"。[53]

在《神学与科学的想象》中，冯肯斯坦试图证明的另一条思想史脉络，就是"荒谬中的可能性"：那些在古代和中世纪被人们普遍认为是荒谬甚或不可能的事情，在近代早期思想家眼中都变成了自然法则的奠基石。对冯肯斯坦来说，更有趣的或许并不只是在那些"西方正典"与犹太知识传统之间建立起平等的对话，而是在于如何把那些非犹太人的西方正统，转化为属于犹太式的拉比行话。"这件事不仅是知识分子的立场，同时也是个体的。冯肯斯坦是个深沉热切的犹太人，他只喜欢把假惺惺的学术换成意第绪的'妙语'。他喜欢传统犹太人的举动，也就是嘲笑那些高高在上的非犹太文化的世界，将他们还原成犹太人的行省。"[54] 这与他在《神学与科学的想象》中试图从一个边远小城的磨坊主那里寻找出泛神论的普泛影响与痕迹的学术考据如出一辙。[55] 正如冯肯斯坦所坦言的，答案只存在于思想史的"精微"（nuances）线索

〔51〕Robert S. Westman and David Biale eds., *Thinking Impossibilities: The Intellectual Legacy of Amos Funkenstein*, University of Toronto Press, 2008, p. 318.

〔52〕Ibid., p. 318.

〔53〕Ibid., p. 319.

〔54〕Ibid., p. 7. 在此，冯肯斯坦显然对意大利历史学者卡洛·金兹伯格（Carlo Ginzburg）《乳酪与蛆虫》（1976）（*The Cheese and the Worms*）一书的结论了然于心。

〔55〕Amos Funkenstein, *Theology and the Scientific Imagination—from the Middle Ages to the Seventeenth Century*, Princeton University Press, 1986, pp. 46-47.

之间，"新的开端只是在回顾过去时才可被辨认出来。我们不知道祛魅的碾轮多久会出现一次，也不知道曾有过多少发现与观念后继无人；我们所知道的只是在很久之后才得到传承的那些发现和观念"。〔56〕

对此，贝尔和韦斯特曼正确地评论道，"就像海涅，冯肯斯坦最喜欢的德国诗人一样，冯肯斯坦绝不可能满心嘲讽地身处德国文化之外，正如他从未曾踏入过美国文化"。〔57〕冯肯斯坦心心念念的，还是以色列，毕竟"我们曾在巴比伦的河边坐下，一追想锡安就哭了"（《诗篇》137：1）。不过，据说冯肯斯坦还有这样一则生平逸事：与青年斯宾诺莎一样，当冯肯斯坦还是个青年的时候，也曾就读于某个著名的神学院。有一天，他把同学们都叫到那个位于耶路撒冷的神学院的庭院里，跟他们说，神是不存在的。后来校方通报他，他拒绝反省，从此他的人生轨迹就开始了"反宗教"的旅程。〔58〕悖谬的是，他的学术生涯却试图以另一种方式窥探神的秘密：探寻近代科学在中世纪犹太教和基督教中的神学起源，发端于"上帝全能"及其诸多属性的讨论之中的思想史传统——简言之，"他试图写下神的'自传'"。〔59〕这让"神学"与"科学"这对近乎"矛盾修辞法"的概念，在冯肯斯坦所勾画的思想史脉络中获得了全新的定位。

当同时代诸如耶胡达·利博斯（Yehuda Liebes）、摩西·艾迪尔（Moshe Idel）、以色列·尤瓦尔（Israel Yuval）、伯尼·莫里斯

〔56〕 Ibid., p. 362.
〔57〕 Robert S. Westman and David Biale eds., *Thinking Impossibilities: The Intellectual Legacy of Amos Funkenstein*, University of Toronto Press, 2008, p. 9.
〔58〕 Ibid., p. 3.
〔59〕 Ibid.

（Benny Morris）、汤姆·塞格夫（Tom Segev），以及雅克比·纽斯纳（Jacob Neusner）等犹太知识分子正在为以色列建国的正当性和犹太教所面临的正统性危机争论不休的时候，[60]冯肯斯坦试图探寻的却是另一条不同的、以学术作为志业的思想史研究路向。对此，他显然会更偏向于认同肖勒姆（Gershom Scholem）的立场："我认为没有任何犹太人的东西与我无关"（nihil Iudaicum a me alienum puto）——或许一句"示播列"（Shibboleth）的口音，就可以把他们与非犹太人区分开来。自 1970 年代退休之后，冯肯斯坦重返以色列教书，并积极为巴以和平奔走，"他实现了所有现代犹太知识分子所不可企及的高度（尽管很多犹太知识分子尝试过，但只有少数人才成功实现这样的高度）：既是一名普世的知识分子，同时也是一名特殊的犹太人"。[61]

[60] Ibid., p. 310.
[61] Robert S. Westman and David Biale eds., *Thinking Impossibilities: The Intellectual Legacy of Amos Funkenstein*, University of Toronto Press, 2008, p. 9.

序　言

很多年来，我一直在试图寻找一种尽可能精确的方式，来确定从中世纪到早期近代，不同知识领域中论证模式的不同转折点。起初，我分离地考察了本书的各个主题。在研究过程中，我不仅意识到此前业已为人所认识并研究过的神学与科学之间的关联，而且我也注意到这样一种特殊境况：对于17世纪的许多思想家而言，神学与科学已经融合成了一种习语，成了某种空前绝后的真正的"世俗神学"的一部分。我认为最能实现我的初衷和观点的方法，就是去追溯中世纪到17世纪以来关于上帝的三种属性的内涵的嬗变。不过本书只是一篇阐释性的论文，并不基于新文本及其他新材料。有时我必须斗胆涉足我专长之外的领域，那时我便会寻求可靠的指引——但愿我找到的这些指引是可靠的。本书第五章思辨性最强，我希望日后继续做与这些主题相关的研究。第二章到第四章是全书的主要部分，它形成于1984年在普林斯顿大学召开的三次高斯研讨会。

这些年来，各位友人、学生以及同事们给我极大的鼓励。我特别要感谢的是耶胡达·艾尔卡那、理查·珀卜金和罗伯特·威斯特曼：在写作的不同阶段，他们与我的讨论对我弥足珍贵，更重要的是他们对我的精神支持。他们都以善意而挑剔的眼光阅读了我的手稿。感谢苏珊娜·赫舍尔对我既具批判性又具建设性的支持，否则本书中谈及的上帝可能还是男性的，而"人"这个词仍将表示男女两性。玛莉琳·亚当斯和罗伯特·亚当斯夫妇、于尔根·米特克、卡瑟琳·塔考、玛莉·特拉尔和诺顿·崴斯也阅读了我的手稿，帮我修正了书中的许多含糊之处和令人汗颜的讹误。

我以往和目前的很多学生会发现，我们之间的讨论和他们的研究惠我良多：苏珊·安德森对"论神迹"[De mirabilibus]一文的分析、斯蒂芬·本尼对"适应"原则的研究、大卫·白阿勒对肖勒姆的"反历史"的描述、麦提·柯亨对17世纪历史文献的研究、安德列·戈杜把奥卡姆的物理学解释成"模态范畴的具显"、约瑟华·利普顿对占星术的作用的阐释、斯蒂芬·利维塞对"转换"[metabasis]禁令史的详尽研究、约瑟夫·马利对维柯神话概念的重新阐释、耶胡迪斯·纳福塔利对经院思想中"事工理论"[labor theories]的研究、米歇尔·努特奇耶维奇研究自然科学对政治理论的影响、祖·任邦对宗教争端的研究、莉萨·萨拉松对伽桑狄的伦理学和社会理论的研究，以及多里·塔奈在中世纪数学与乐理关系方面的洞见。作为他们的老师，我深感荣幸和愉悦，感谢他们。

普林斯顿大学出版社的爱德华·特纳早在本书完稿前就表示出了对本书的兴趣，没有他的鼓励，我不可能完成本书。玛莉琳·坎贝尔编辑了手稿，帮我删除了许多模棱两可和不精确的地方，并将其付梓。录入、编辑和校对手稿的过程得到了尼尔·哈萨维和兰迪·约翰内森的帮助。在本书出版前最后也最艰难的那段岁月，我获得了古根海姆基金会的奖金。

同样感谢此前曾发表过我文章的出版商和编辑们，经他们允许，我得以从此前我发表的文章中合并入一些章节段落：加利福尼亚大学出版社、约翰霍普金斯大学出版社、《科学史与科学哲学研究》[*Studies in the History and Philosophy of Science*]、《羁旅者》[*Viator*]、《中世纪与人文主义》[*Medievalia et Humanistica*]、《中世纪集刊》[*Miscellanea Medievalia*]、国际中世纪哲学研究协会、以色列科学史与科学哲学讨论会，以及位于沃尔芬比特的赫索格·奥古斯特图书馆。

我的孩子丹妮拉和雅各布对爸爸不在家或爸爸心不在焉极具耐性。他们总是使我的生活变得更幸福，有时变得更轻松。

1985 年 7 月于洛杉矶　冯肯斯坦

缩 写

AHDL	*Archives d'histoire doctrinale et littéreire du moyen âge*
AT	Descartes, *Oeuvres*（参看"参考文献"）
BGPhM	Beiträge zur Geschichte der Philosophie im Mittelalter, Text und Untersuchungen, C. Baeumker 编
CAG	Commentaria in Aristotelem Graeca
CCSL	Corpus Christianorum series latina
CHM	*The Cambridge History of Later Medieval Philosophy*, Norman Kretzmann, Anthony Kenny, Jan Pinborg 编（剑桥，1982）
CSEL	Corpus Scriptorum Ecclesiasticorum Latinorum（维也纳，1866ff.）
DA	*Deutsches Archiv für Erforschung des Mittelalters*
DcD	Augustine, *De civitate Dei*（参看"参考文献"）
EW	Thomas Hobbes, *The English Works*（参看"参考文献"）
GCS	Die Griechischen christlichen Schriftsteller der ersten Jahrhunderte（柏林和莱比锡，1897ff.）
GM	Leibniz, *Mathematische Schriften*, Gerhardt 编（参看"参考文献"）
GP	Leibniz, *Philosophische Schriften*, Gerhardt 编（参看"参考文献"）
HE	Eusebius, *Historia ecclesiastica*（参看"参考文献"）
IT	Maimonides, *Iggeret teman*, 收入 *Iggrot harambam*（参看"参考文献"）

KdRV	Kant, *Kritik der reinen Vernunft*, Weichschedel 编（参看"参考文献"）
MG	Monumenta Germaniae Historica（汉诺威和柏林，1826ff.） AA = Auctores Antiquissimi Capit. = Capitularia LdL= Libelli de lite Script.= Scriptores Script. In usu schol. = Scriptores rerum Germanicarum in usu Scholarum
MGWJ	*Monatsschrift für Geschichte und Wissenschaft des Judentums*
MN	Maimonides, *More hanebuchim*（参看"参考文献"）
Migne, PG	J. P. Migne, *Patrologia cursus completus*, *series Graeca*（巴黎，1857—1912）
Migne, PL	J. P. Migne, *Patrologia cursus completus*, *series Latina*（巴黎，1844—1890）
MT	Maimonides, *Mishne Tora*（参看"参考文献"）
NE	Leibniz, *Nouveaux Essais*（GP, 5）
OC	Malebranche, *Oeuvres complètes*（参看"参考文献"）
OF	Leibniz, *Opuscules et fragments inédits de Leibniz*（参看"参考文献"）
OT	Ockham, *Opera philosophica et theologica*（参看"参考文献"）
Pauly-Wissowa, RE	*Real-Enzyclopädie der classischen Altertumswissenschaft*, A. Pauly 等合编（斯图加特，1894ff.）
PoC	Principle of（Non）Contradiction
PoSR	Principle of Sufficient Reason
SB	Leibniz, *Sämtliche Schriften und Briefe*（参看"参考文献"）
SN	Vico, *Scienzia Nuova*, 收入 *Opere*（参看"参考文献"）
SVF	*Stoicorum Veterum Fragmenta*, Johannes von Arnim 编，4 卷（莱比锡，1903—1924）
Van Vloten-Land	Spinoza, *Opera*（参看"参考文献"）

　　《神学与科学的想象：从中世纪到 17 世纪》并不是一部容易的书。它不会为了让读者赶上进度而停下来，也不会在读者迷失方向时安慰他们。它相信读者，正因为如此，它要求读者们全情投入关于欧洲科学、哲学和神学历史的坚定、博学之旅。

　　对于那些愿意在没有安全保障的情况下冒险的人们来说，这是一部变革性的作品。在过去的二十年里，我已经阅读了十几遍。每一次经历都在某种意义上改变了我的思维方式。然而，我很少明白发生了什么变化，直到我重读它，发现我自己的某个想法恰恰属于这本书。在这个意义上，对我而言（我怀疑也对许多认真对待这部作品的人而言），读了又读会对我自己以及我们继承的历史感到不安。

　　在我看来，有两种类似这样的疏离体验。当我们遭遇全新的事物时会感到有一种隔阂。当我们发现一些熟悉的东西根本不是这样的时候，也会感到有一种隔阂。阿摩司·冯肯斯坦正是这第二种类型的大师，一位能将最寻常的知性对象彻底扭转的大师。在《神学与科学的想象》中，他想回答的问题从广义上讲，正是那些定义了"现代"的问题：我们是如何从中世纪的神学世界进入现代的科学世界的？我们保留了多少旧世界，又抛弃了多少旧世界？我们究竟又有多现代呢？从这些熟悉的问题出发，他创造了一部当代的宏大历史。

　　这绝非易事。1984年，冯肯斯坦在普林斯顿大学举办了基督教高斯研讨会，两年后又出版了这部著作，他直面的是两个世纪以来的意识形态冲突所形成的诸多问题。几乎就在伏尔泰等启蒙作家甩掉教士的枷锁、宣布摆脱中世纪的束缚、并将自然科学作为人类自主性的标志和动力之时，阴郁的先知们就诅咒了人类从这种新状态中获得益处的可能性。早在19世纪初弗兰肯斯坦就宣布了这些行为的可怕代价，玛丽·雪莱（Mary Shelley）为她这部作品起的副标题叫作"现代普罗米修斯"。在她之后，浪漫主义者和反对变革者都急于捍卫所谓的中世纪信仰，反对现代理性主义的僭妄。在19世纪后期的政治斗争中，自由主义者、民族主义者、保守主义者和社会主义者都对科学与宗教之间的战争故事进行了重新编排，以适应其时代的需要。

　　这种状况在20世纪初经历了两次决定性的转变。首先，科学史作为一门独立的学科出现。事实也确实如此，早期的开拓者质疑"自然科学从黑暗时代的灰烬中崛起"这种说法是虚构的。法国历史学家和物理学家皮埃尔·迪昂（Pierre Duhem）在1902年至1916年间写作的一系列影响深远的著作中坚持认为，现代科学并不起源于17世纪的实验室、工作室和大学之中，而是起源于巴黎大学的神学系。后来的十卷本《世界体系》（*Le système du monde*, 1913—1959）本是以正统的方式克服亚里士多德主义之不虔诚性的工作，其中却发现了"现代物理学诞生的证明"。[1]许多人不同意这种修正主义，但即使是分歧也显示出了知识领域究竟

─────────

[1]　Pierre Duhem, *Medieval Cosmology: Theories of Infinity, Place, Time, Void, and the Plurality of Worlds*, Chicago: University of Chicago Press, 1985, 4.

发生了多大的变化。伏尔泰的"科学是现代的"一言被重新表述 *xv*
成了以下问题：科学究竟有多现代？哪些方面是新的，哪些方面
是旧的？

不过即使问题变了，它们的政治意味也丝毫不会减少。对于
皮埃尔·迪昂来说，中世纪神学和科学之间的联系证明了这两者
的辉煌。那个时代的其他天主教作家并不相信这一点。在这些天
主教作家之中，伟大的中世纪哲学史家埃蒂尼·吉尔松（Etienne
Gilson）看到了这种联系，但他并不喜欢这种联系。在 1936 年的
威廉·詹姆斯讲座中，他发现了现代"科学主义"的根源，在他
看来，这是一种激进经验主义和腐蚀性怀疑主义的意识形态，体
现在奥卡姆的威廉等中世纪晚期神学家的著作中。吉尔松称之为
唯名论，它引入了"第一个已知的新型知性疾病的案例"。[2]埃蒂
尼·吉尔松认为，从哲学角度上看，唯名论通过攻击普遍性所具
有的现实性（否认"椅子"对应于任何比我们称之为"椅子"的
一系列物体更真实的东西），从而攻击了理性的根基。从神学角度
上看，这个问题甚至更为严重。唯名论放大了上帝的全能（上帝
具有可以改变其受造物的彻底自由），使自然知识失去了任何伦理
和道德的成分。如果说中世纪孕育了现代科学的话，那么与其说
它产生了积极的结果，不如说是颠覆了其神学的野心。

在第二次转变中，当从宗教世界向科学世界的转变被重新描
述为一个世俗化的过程时，政治同样紧迫。"政治"这一概念最初
应用于将教会土地转让给国家，19 世纪后期这个概念在社会理论
上得到了强化。作为一个更宽泛的概念，"世俗化"既包括现代欧

---

〔2〕　Etienne Gilson, *The Unity of Philosophical Experience*, New York: Charles
　　　Scribner, 1937, 86.

洲社会宗教特征的淡化，也包括宗教观念和理念被世俗观念和理
念所取代。起初，这个概括只是以社会学的语言重申了现代人摆
脱宗教束缚的故事。然而早在 1905 年（与皮埃尔·迪昂同时），
马克斯·韦伯就开始怀疑，这种转变与其说是拒斥，不如说是完
善了欧洲基督教的某些特征。他的《新教伦理与资本主义精神》
一书最重要的就是在加尔文主义中发现了一种"世俗的禁欲主义"
（worldly asceticism），它将世俗的劳动和利益应用到了基督教救赎
的事工之中。韦伯在该著作的最后几段指出，科学经验主义、理
性主义和技术进步是同一过程的产物。[3] 在他 1917 年的优美文章
《以学术为业》中，他将这一过程命名为"祛魅"（Entzauberung）、
"世界的祛魅"。最直白地说，欧洲不是通过科学，而是通过基督
教，才摆脱了宗教的魔咒。

　　韦伯对祛魅、对"终极和最崇高的价值观"从公共生活中退
出，以及对我们所继承的冰冷而理性化的世界持有斯多亚派的态
度。[4] 但其他人却远非如此，他们将世俗化改造成了反对现代及其
假设的武器。对于与韦伯同时代的威权主义政治哲学家卡尔·施米
特而言，世俗化就像社会学一样无趣。只有作为哲学、作为将观念
从神学领域转移到世俗领域的速写，它才是有趣的。施米特的评论
非常有名，他说现代性所信奉的基本政治概念是从旧世界借来的
"世俗化的神学概念"，但现代性却系统地否认了旧世界的价值。[5]
现代性如此盲目地崇拜自然科学的偶像，如此执着于"法律和政治

[3] Max Weber, *The Protestant Ethic and the Spirit of Capitalism*, trans. Talcott Parsons, London: Routledge, 2001, 125.

[4] Max Weber, "Science as a Vocation," in *From Max Weber: Essays in Sociology*, trans. H. H. Gerth and C. Wright Mills, New York: Oxford University Press, 1946, 155.

[5] Carl Schmitt, *Political Theology: Four Chapters on the Concept of Sovereignty*, trans. George Schwab, Chicago: University of Chicago Press, 1985, 36.

可能变得像物理学一样体系化"的观念，以至于它未能认识到其自身的起源。无论这种错误认识是否导致了自由社会的堕落（正如纳粹的同情者卡尔·施米特在二战前所主张的那样），或者它是否只是表明了现代观念是如何掩盖了其神学根基（正如纳粹暴行下的难民兼哲学家卡尔·洛维特随后所说的那样），其结果就是现代性被指控盗用了知识产权，剥夺了"现代性"意味着"现代"的主张。[6]

　　换言之直到冯肯斯坦的《神学与科学的想象》问世之前，论战很多，但历史记录却很少。冯肯斯坦面临的挑战是，要同时尊重中世纪神学世界和17世纪实验科学世界这两者的雄心和才智，并对二者之间的过渡做出总体描述。我们可以用相当简略的形式概括他的阐释。冯肯斯坦的主题是上帝在中世纪的三个主要属性——全能、全在和神意，他展示了每个属性在17世纪是如何被密切地重新改造，从而为自然科学知识创建了基础。这种转变是在一种独特的知识环境的严峻考验中形成的，在这种环境中，诸如伽利略和笛卡尔等外行人承担起了"世俗神学"这个项目，并使"科学、哲学和神学"成了"几乎同一种职业"。[7]这部著作探索了这种世俗神学在科学革命中的表现形式；展示了它与古希腊、犹太教、基督教和伊斯兰教想象自然和上帝的方式之间的深刻联系；并描述了这种综合的过程是如何结束的，一种独特的人类知识又是如何从神圣事物的母体中产生的。

　　如果只是这样的概括就能涵盖这部著作的话，问题就不会像现在这样悬而未决。冯肯斯坦追求的是他所称之为的"差异的历史"，也就是说他希望研究在很长时间之内诸多观念之间的微妙

xvii

---

〔6〕　Karl Löwith, *Meaning in History*, Chicago: University of Chicago Press, 1949.

〔7〕　Amos Funkenstein, *Theology and the Scientific Imagination from the Middle Ages to the Seventeenth Century*, Princeton, NJ: Princeton University Press, 1986, 3.

联系，还有那些让旧概念焕发新作用的压力和方向上的微小变化。其结果就是一场令人眩晕的调查，其中相距甚远的事物令人惊奇地毗邻并置。例如，冯肯斯坦称之为"上帝的身体"的观念家族，要求读者置身于安瑟伦的上帝存在的本体论证明、柏拉图的数学化、古代原子论、托马斯·阿奎那存在的类比学说、新教圣餐学说、笛卡尔运动定律、空间和时间的本质，以及诸如此类的观念之中。此外，相比观念的数量带来的挑战，更具挑战性的是冯肯斯坦对这些观念的运用，这与其说是问题发展过程中的过去阶段，不如说是思考极其困难的思想时永无止境的灵活选项。《神学与科学的想象》的读者们将不得不放弃仅仅只是作为思想史的观察者。相反，正如冯肯斯坦自己一样，他们必须与亚里士多德、阿奎那、莱布尼茨和康德坐在一桌，倾听他们的观点并与之辩论，就好像在参加一场长达两千年的研讨会一样。

结果正是这本精彩绝伦的著作的诞生。第一次阅读的读者极少能使自己适应这部著作所期待的全情投入，以及历史分析和哲学分析之间令人窒息的转换方式。但是耐心的读者将体验到一种针对20世纪意识形态速写的知性治疗。正如这部著作所论证和体现的那样，精微的变化可以为思维打开全新的视野。诚如古罗马诗人卢克莱修所言，人们将会发现知性的变化只是一种偶然之事，存在无数种"诸多模式……组合在一起，就成了伟大事物的起源"的不同变体。简而言之，《神学与科学的想象》是哲学史家对那些如此塑造与扭曲了我们对过去的理解、同时也如此塑造与扭曲了我们对于自身的理解的关于科学、世俗化和现代性的宏大叙事的终极回应。

约拿单·希恩（Jonathan Sheehan）

伯克利

第一章　导　言

第一节　世俗神学

16、17世纪曾短暂出现过一种新颖独特的看待神圣事物的方法，一种类似的"世俗神学"。之所以世俗，是因为它是由世俗人为了世俗人而构想出来的。伽利略和笛卡尔、莱布尼茨和牛顿、霍布斯和维柯，他们要么根本不是神职人员，要么在神学上没有拿过高级学位。他们不是职业神学家，却都长篇大论地探讨神学问题。此外，他们的神学也在如下意义上是"世俗的"，即他们的神学"指向尘世"，ad seculum。他们相信，新的科学与学识使传统的神学讨论方式变得陈腐过时，在这一点上有相当多的职业神学家都认同他们。科学、哲学与神学从来没有，以后也不会像这样被视为几乎是同一个领域。的确，世俗神学家几乎不写那种做神学用途的系统的神学论文。他们中的一部分人，大多是天主教徒，假装从《圣经》教义的纷争中抽身出来，却讨论着最经典的神学论题：上帝、三位一体、圣灵、魔鬼、救赎和圣餐。由于没有囿于那些仅凭理性的"自然之光"就能通过启示而建立的极少量的真理，他们的讨论建立了"神学"：或是上帝的存在，或是灵魂的不朽。世俗神学并不仅仅是一种自然神学。[1]莱布尼茨这位地地道道的世俗神学家，就试图详尽而系统地研究教义的"天主教证明"。可他不仅是个世俗人，还是一名新教徒。[2]

4   其至在"神学的世俗化"最简单、最原初的意义，也即"从事神学讨论的人都是世俗人"这一点上看，神学的世俗化也具有社会和文化上的根本重要性。要解释这一点，我们只能再补充一系列的原因。

神学在 13 世纪成了一门显学，同时也成了一种备受保护的职业，这两种情况在以前都未曾出现。12、13 世纪以前，"神学"这个词是含混的，它既表示"上帝之言"[the word of God]（即《圣经》），也表示"关于上帝的言说"[words about God]，也就是说，任何一种关于神圣事物的言说都是"神学"。[3]当神学开始被系统化后不久，它便作为一种备受保护的职业，在新兴的大学中建立起来。事实上，对神学的另一重保护就是使它免受来自世俗人的冲击。总之，除了医学和一些学校的法学，所有科学都由普通教士或在俗教士教授。不过要是没有正式学位，就算有任命甚或具有教授七艺（哲学）的权力，也不足以教授神学，也即不能由伦

---

[1] 关于"自然神学"这个术语的古典起源，参见 Jaeger, *Die Theologie der frühen griechischen Denker*, pp. 10-16。"神学"这个术语在中世纪用于描述异教哲学家的情况很罕见；不过可以参看 Thomas Aquinas, *Summa Theologiae*, I q. I a. I（也参看亚里士多德：《形而上学》，E.1026a19）。也看看 Curtius, *Europäische Literatur und lateinisches Mittelalter*, pp. 224-25。文艺复兴时期"自然神学"这个名称得以复兴：参看下文脚注〔10〕、〔14〕。在 17 世纪，自然神论者称"自然神学"为唯一的宗教。

[2] Leibniz, *Sämtliche Schriften und Briefe*［缩写 SB］, I.6, pp. 489-559。参见本书第二章第八节：六。虽然这次"天主教证明"只是莱布尼茨恢复教会统一性计划的一部分，但它的目的并不仅仅是要找到教义的最大公分母或教义的最简值。

[3] Ghellinck, *Le mouvement théologique du 12ᵉ siècle*, pp. 91-92.

巴德［Lombard］的《箴言四书》［*Book of Sentences*］开始布道。

　　虽然中世纪哲学家们无可避免地要涉及对神圣事物的讨论，但他们都小心地避免以神学的名义将那些关于上帝与"诸天"的真理称为仅凭理性就能企及的。显然与古典传统不同，他们避免使用自然神学这个术语，并且小心谨慎地不把古代的异教哲学家称为"神学家"，纵使他们仰慕这些作为福音的预备［praeparatio evangelica］的古代异教哲学家所持的一神论。"神学"成了一个仅为超自然知识保留的术语。14世纪的布里丹［Buridan］由于更倾向于有一个最初的冲力能使天体永恒地运行，而提出要将所有"分离的理智"［separate intelligences］从对天体运动的解释中清除出去的时候，他又迫不及待地补充道："但关于这点我并不是十分肯定，所以我便只能从神学大师们那里寻找他们在这些问题上能够教给我的东西。"〔4〕布里丹只是一名"授艺师"［artist］（也即哲学教师）。

　　在16世纪，当大学中更多的学科不再由神职人员教授，神学的第一重保护伞便几乎不为人知地缓慢腐烂。同样，大学也不再是唯一的研究和科学交流中心：法院、学园、出版社成为聚集的地点与支持这些活动的源泉。随着受过教育的世俗人，比如有阅读能力的公众、作者和教师人数的增多，僭越到神学领域的情况越来越多；伽利略的情况虽不是唯一，却是最大的丑闻。

---

〔4〕　"Sed hoc non assertive, sed ut a dominis theologiis petam quod in illis doceant me, quomodo possunt haec fiery"：Buridan, *Questiones super octo physicorum libros Aristotelis*, ed. A. Maier, *Zwei Grundprobleme der scholastischen Naturphilosophie*, p. 212；trans. Clagett, *The Science of Mechanics in the Middle Ages*, p. 536. 认为某物"尚存争议，无法断定"，是经院哲学家们试图误导人时常用的辩辞。

随着宗教运动在中世纪晚期[5]的散播，保护神学作为一门职业的第二把保护伞也遭到了腐蚀，并最终在新教的传布中坍塌。关于神圣教会的权威，奥古斯丁曾说，若非受到大公教会的感召，他甚至不会相信《圣经》。[6] 宗教改革所宣称的"唯独《圣经》、唯独恩典、唯独信心"[sola scriptura, sola gratia, sola fide] 确保了关于上帝的知识，并且无须借助僧侣阶层的中介就能企及上帝。新教徒在不同程度上受到了鼓舞，他们开始自己研读《圣经》，自己成为恩典的布道者。在欧洲的许多地区，"神学"这个术语在其源初意义上已经"世俗化"："神学"一词被世俗人挪用了。

在新教徒的影响下，神学变得更加世俗化。这在很大程度上鼓舞了对尘世，甚至对"日常生活"的神圣化。人们不再仅仅将人在此世[in hoc seculo] 的事工[human labor] 视作对来生生活的准备，而是在"若是做得好，更将增益神的荣耀"这个信条中找到了其自身的宗教价值。[7] 同理，在研究尘世的过程中，通过彰显造物的神奇

---

[5] 中世纪晚期写给世俗人阅读的神学著作的增多，很大程度上是神学家们所为，比如像《富人与穷人》[Dives et pauper]（现在能看到 E. Heath Barnum 编得很好的版本，[伦敦，1976]），虽然并非总是如此；但丁与帕多瓦的马西留就不是神学家。中世纪有时区分"在俗"神学家和"在寺"神学家，即神学家隶属某个修会；但这显然与我使用的"世俗神学"这个术语指的并不是同一个意思。参看下文脚注[7]。

[6] "若非大公教会的权威感召我，否则我都不会相信福音书"：Augustine, *Contra epistulam Manichaei* 5, pp. 197, 22. 对"感召"（commovere）的一种很强的心理学阐释，参看 Oberman, *The Harvest of Medieval Theology*, p. 370（此书亦提及里米尼的格里高利[Gregory of Rimini]）。

[7] Weber, "Die Protestantische Ethik und der Geist des Kapitalismus", *Gesammelte Aufsätze zur Religionssoziologie*, 1: 17-206, 特别是 pp. 63ff., 84ff.。当然这一点确实并非得益于韦伯的中心论题。我希望我已经明确定义了我所运用的"世俗"和"世俗化"这些术语，并且这样定义不至于"时代错乱"。"世俗化"本来是个法律术语，自加洛林王朝以来，它代表尘世权力对教会财产的征用。请注意不要将"世俗"与"反宗教"的趋向混淆。最近的社会学学者与历史学者对这个术语的使用经常是模糊的。参看 Gusdorf, *Dieu, la narure, l'homme au siècle des lumières*, pp. 19-38；D. Martin, *A General Theory of Secularization*。

精妙，同样能够增益上帝的荣耀。尘世不再被视为一个转瞬即逝的舞台。尘世纵使并非完全神圣，也变得"自在自为"[in and of itself]起来，正如同《圣经》中所确证的那样，是"善好的"[《创世记》一章31节]。尘世变成了上帝的殿堂，世俗人则成了它的牧师。

最后，在亚里士多德学派的知识体系划分中，最根本的就是要划定各种科学学科的界限。亚里士多德和经院哲学传统不允许将一个知识领域的方法和模式移植到另一个知识领域中，因为这将会导致"范畴谬误"。[8] 这项禁令相当符合中世纪各个大学的社会现实，把神学从哲学中分离出来，对这两门学科而言都是好的。但从14世纪开始，这项禁令便遭到了大幅破坏，数学计量开始被极大程度地引入到物理学，甚至伦理学和神学中。在亚里士多德那里被视为方法论的恶的东西，在17世纪却成了值得推崇的善。此后，人们便迫不及待地将数学模式移植到物理学中，或把物理学模式移植到心理学或社会理论中。"奠基于一种方法的整个人类知识体系"的理念诞生了。亚里士多德从未支持过这种理念，经院哲学亦是。实际上直到17世纪，"体系"这个词也并不代表一系列内在独立的命题，而是代表一系列事物，比如说"世界的体系"[systema mundi]或"物质的体系"[9][syetema corporis]。这

---

〔8〕　参看下文第二章第二节：一至二；第五章第二节：二。

〔9〕　古已有之，参看（Pseudo）Aristotle, *On the Cosmos* 319b. 9-12, p. 346。部分而言，"体系"一词直到17世纪仍沿用这个意思（比如牛顿的《自然哲学之数学原理》第三编）。它意味着在其他事物中的一座完整的命题大厦。莱布尼茨尤其喜欢说"他的体系"（下文第二章第八节脚注〔3〕）。贝尔[Bayle]试图在所有观点中（甚至是最深奥或最耸人听闻的观点中）系统地阐述"体系"。我认为这是他的"批判"态度的必要组成部分。在《论体系》[*Traité des systems*]中，孔狄亚克对"体系"的定义是："由一门技艺或一门科学的不同部分按照某种顺序组合而成的东西，在其中，所有部分都相互支撑，并且在后的东西通过在先的东西得到解释"，见 Condillac, *Oeuvres complètes*, 2：1。

种唯一的、统一的知识体系的理念很难将神学问题摒除在考察之外，直到斯宾诺莎依据几何学的方式［more geometrico］来处理上帝。这也能部分地解释上帝何以不再（甚至在天主教地区）为神学家们所专属。

7   天主教对神圣事物世俗化的回击，根本无法修复神学与哲学在中世纪的精妙平衡。相反，每当人们仅凭理性，用怀疑主义或信仰主义的论证来削弱信仰时，中世纪将神学视为一种"理性的努力"［*rational* endeavor］（尽管产生于自然之光［lumen naturale］无法企及的前提）的理解便也同时遭到了削弱。蒙田的《雷蒙·塞邦赞》［Apology for Raymond Sebund］便是展示这些相互对立的倾向的绝佳范例：他既捍卫神学家的意见，又（有违神学家的意愿）捍卫对神学问题的世俗化。塞邦主张"自然神学"之明证性的极端论调（后来该书也被冠以"自然神学"之名）[10]，遭到了教会的责难。蒙田相信，只要摧毁"神学真理具有一个内在的、自明的内核"这个观念（正如后来休谟所做的），他就能更好地捍卫教会。由于人在情感和知性上都并不高于野兽，因此人们需要一种超自然的力量来指导日常的世间事务。塞邦的自然神学的价值至多只是相对的：有时它可以用来解决争端。而在蒙田详尽阐发的对基督教真实性的证明中，唯一一个可行的证明是从非理性的领域，而不是从理性领域中得出的，我们可以称其为人种学证明："想到我们所认识的世界的社会发展过程，看到各地有许

[10] Friedrich, *Montaigne*, pp. 94-96, 316 n. 58。塞邦原书的标题是：《被造物之书或自然之书，或论人作为另一种被造物之书》［*Liber creaturarum seu naturae seu liber de homine propter quem sunt creaturae aliae*］（Lyon, 1484）。Friedrich将"双重真理说"归功于拉丁阿维罗伊主义者们的名下，但这个称呼却恰恰是由阿维罗伊主义者的对手们，也即从唐比埃主教［Étienne Tempier］到塞邦所发明的。

多骇人听闻的民间看法和野蛮的习俗信仰，相隔那么远的距离和
那么多的年代，竟会不约而同，我不由大为惊讶，这一切无论从
哪点来说，都不像是符合我们天然的理性"——例如割礼、十字
架作为神圣的象征，以及有关初民、原罪和大洪水的故事。"在
我们的宗教里，某些场合见到的这些空洞的图像代表尊严和神
圣"[11]，之所以如此，正是由于它们不可能为理性解释。在运用自
然神学在古代的某些论证时，蒙田颠倒了自然神学。在以前，人
们提起某些这样的"巧合"只是用来表明多神论和拜物教不过
是对人类原初的、自然的一神论的历史歪曲。蒙田否认这一点，
他拒绝那些自然地具有基督教信仰的灵魂［anima naturaliter
Chiristiana］。他相信，"理性之光"只会导向思想混乱，导向各
种信条的巴别塔。

　　可是蒙田自己就是个世俗人。更甚的是，他与塞邦虽然目的
相反，却持同一看法，认为必须尽快废除"自然的知识"与"超
自然的知识"之间的分界。在接下来的一个世纪中，从对教会教
义权威的狂热捍卫中产生的批判性论证，要比它们的批判对象危
险得多。理查德·西蒙［Richard Simon］提倡《圣经》批判，以
拒斥那种宣称"无须注释、仅凭《圣经》本身就能理解《圣经》"
的观点。让·雅斯突［Jean Astruc］与斯宾诺莎针锋相对，他希

[11]　"说实在的，想到我们所认识的世界社会发展过程，看到各地有许多骇人听
　　闻的民间看法和野蛮的习俗信仰，相隔那么远的距离和那么多的年代，竟会
　　不约而同，我不由大为惊讶，这一切无论从哪点来说，都不像是符合我们天
　　然的理性。人的思维真是伟大的奇迹创造者；但是这期间的关系我觉得蹊跷
　　之至。这种蹊跷的关系也存在于名字、偶然事件和其他千万种事物上。……
　　在我们的宗教里，某些场合见到的这些空洞的图像，代表尊严和神圣"，
　　Montaigne, *Essais* 2. 12, ed. Rat, pp. 644-45; trans. Frame, pp. 432-33。［中译
　　采用：《蒙田随笔全集》（中卷），马振骋等译，第260页和第262页，译林出
　　版社，1996年。——译者］

望捍卫"摩西就是《摩西五经》的作者"的观点，却创造了迄今为止仍然最具摧毁性的《圣经》批判工具：对写作马索拉抄本〔Masoretic text〕的各种源初文献做出语言学的区分；让·雅斯突相信，马索拉抄本是摩西所写，但我们相信这是后人写的。〔12〕相比神学的敌对者，这些为神学助威的帮手对神学的打击可谓更加致命！然而若是未曾置身这样或那样的险境，17世纪的神学也绝不会对科学与文艺产生那么巨大的贡献。

　　最后，17世纪世俗神学同样是一类特殊现象，因为它并没有普遍地被视为无法超越也无法确定的东西。并非所有参与新科学的进步或是对其感兴趣的人都支持神学的世俗化。斯普拉特〔Sprat〕说，皇家学会的成员们"所处理的神圣事物，无非就是那些造物主的力量、智慧和良善，它们被安置于被造物令人钦羡的秩序与工艺中。虽然它们并不为心灵注入温柔、有力的沉思，而是经由一个中保〔Mediator〕来彰显人的救赎；但无可否认，只有通过自然哲学家之手，才能最好地推进神性的这个部分。它无论如何不能被不敬地忽略，因为它是建立其他一切的绝佳基础……上帝与灵魂这两个主体就是唯一的源泉，而其他所有存在，都随它们高兴"。〔13〕也许常有人要求将科学从宗教中分离出来（正如这种要求常常被违背）；但是即使那些真诚地（而非出于审慎之计）要求科学与宗教分离的人，也没有在中世纪的背景下践行他们的主张。如果说以往的时代已经区分了"自然"神

---

〔12〕Lods, *Jean Astruck et la critique biblique au xviiie siècle*，特别是 pp. 56-62；Eissfeld, *The Old Testament, an Introduction*, P. R. Ackroyd 译，pp. 160-61；关于"《圣经》批判"更早的历史，参见下文第四章第二节：三。

〔13〕Thomas Sprat, *History of the Royal Society* (London, 1667), pp. 82-83. 参看 Cragg, *From Puritanism to the Age of Reason*, pp. 96-97。

学和"神圣"神学[14]，那么斯普拉特及其他人则区分了科学（或哲学）与宗教：宗教沉思尽管更加"有力"，却已被驱逐出科学话语的边界。自然神论者很快便认识到：唯有"自然神学"才是唯一的真宗教。

我当前研究的目标，并不是想按照 17 世纪世俗神学的范围及其多重表现形式来描述这种世俗神学，而只是想从其中提取出一些重要的主题。当克里斯蒂安·欧丁格［Christian Oetinger］这位虔敬宗神学家在研究上帝的属性时，他所讨论的传统已非（天主教或新教的）经院神学传统，而是那些世俗神学的传统。"上帝的属性一方面已经为莱布尼茨主义者们订立，另一方面则为牛顿主义者们奠定，将他们的方法做比较并非无关紧要之事。"[15]而我研究的主题就是：上帝的某些属性以及它们与自然科学、政治理论以及历史论证之间的关系。这些主题植根于世俗神学，而我们仍需详细而整全地把世俗神学描述为一种新的文化现象。我对这些主题的处理并不是要证明世俗神学的存在（如果需要证明的话），而是想提醒读者注意：在这种新的思想环境中，上帝的某些属性的含义所产生的变化。

----

〔14〕 "所以我区分神学和哲学。我所理解的'神学'是启示神学或神圣神学，而不是自然神学"：Bacon, *De dignitate et augmentis scientiarum* 3.1, *The Works of Francis Bacon*, 2：232。

〔15〕 "上帝的属性一方面已经为莱布尼茨主义者们订立，另一方面则为牛顿主义者们奠定，将他们的方法做比较并非无关紧要之事。莱布尼茨主义者们从偶然性开始，直到绝对必然的实体，……这就是所谓的自在［aseitas］；……牛顿主义者们的方法则始于上帝的自由，这种自由被运用到了宇宙的创造上……"：Oetinger, *Theologia ex idea vitae deducta*, p. 50。在最近的文献中，柯拉柯夫斯基几近于将世俗神学作为一种文化现象来研究，参看 Kolakowski, *Chrétiens sans église: La conscience religieuse et le lieu confessionel au xviie siècle*。

10

第二节 各种主题

无论上帝是否"不变",我们对上帝的感知都不是一成不变的。在接下来的三个章节中,我希望考察从中世纪到 17 世纪,上帝的三种属性在意义和用法上的变化。这非常适用于描述神学思辨在遭遇物理学、史学、政治思想等其他学科时,其本性发生的变化。同时,它也很适用于估测那些学科自身的变化。

我们将要讨论的上帝的谓词是:上帝的"全在"、上帝的"全能",以及上帝的"神意"。这些谓词并非随意选择的。上帝的谓词既提出了普遍问题,又提出了特殊问题。其中共同的问题是:以肯定模态言说上帝的正当性;或者相反,那些单纯否定的谓词的有效性问题。至于那些特殊的问题,有的在更大程度上与时间相关。上帝的"良善"与"公义"并非在所有时候都能从我们所处的这个充满痛苦的尘世中得到辩护,而这个充满痛苦的尘世又是我们仅有的优势。在此,我并不处理这些问题。我比较关心那些在 17 世纪曾遭遇时效性困难的谓词,以及由这些困难敞开的新思想的可能性。

由于 17 世纪[1]希冀寻求精确且全然"透明"的语言,上帝的"全在"便成了问题。如果不再赋予"全在"一种象征或隐喻意义,那么还能有什么方式来理解上帝的"无所不在"和上帝的"无处不在"呢?这个问题与 17 世纪新的自然观混合在一起,后者认为,自然是全然同质的,并且因此也不存在等级秩序。对某

----

[1] 全书中,我将"17 世纪"作为一个简短的术语。我归之于"17 世纪"这个术语的特性及其发展,在 17 世纪下半叶变得更加显著。无论有没有一种"欧洲意识的危机",从很多方面来看,哈泽德 [Hazard] 的时代划分都是有理有效的(包括 17 世纪下半叶巫术信仰的消退)。

些人而言，上帝的全在几乎成了一个属于物理学的问题。直到这时，神学与物理学的论争才空前绝后地紧密融汇在一起。何以如此以及如何发生？这是第二章讨论的主题。

中世纪神学家致力于一类新的独特的假言推理方法。为了尽可能扩大上帝全在的逻辑视域，他们区分了那些"按照上帝的绝对力量"［de potentia dei absoluta］是可能的或不可能的事情，以反对那些"按照上帝的有序力量"［de potentia dei ordinate］是可能或不可能的事情。这种区分使得人们不断探寻一种不同于我们的自然秩序，但在逻辑上可能的自然秩序。莱布尼茨将基于矛盾律的"逻辑必然性"与基于充足理由律的"物理必然性"做对照，就是根源于这些经院哲学的论争，以及伴随这些论争而来的各种自然规律在近代科学哲学中的地位问题。然而，中世纪的假言推理并不仅仅服务于后来的元理论争论。中世纪对反事实的自然秩序的思考，在下述意义上，实际上也为自伽利略以来的各种自然规律的形成扫清了道路：17 世纪的科学认为，一些基本的自然规律属于"反事实条件句"，它们并不描述任何自然状态，只是作为一系列现象（例如惯性定律）的具启发性的"极限情况"而已。中世纪经院学者从不这么做，他们将违反事实，然而又是可能的自然秩序视为与宇宙的实际结构"不可共量"：既在原则上不可共量，又因为无法给予任何一个这样的实体任何具体的度量而在实际上不可共量。可是充分的考察表明，神学的想象预备了科学的想象。这是我在第三章讨论的主题。

17 世纪新出现了一种对历史的"批判的—语境的"理解。历史事实不再被视为自明的、对过去发生的事情的单纯叙述［simplex narratio gestarum］。相反，它们的意义只来源于它们植根其中的文本，而这些文本则是由历史学家重构出来的。同理，在史学思想革命后，历史时期或历史时期之连续性的意义，便不再能从超验的前提或应许中推出，而是从历史的内在关联中衍生出来。的确，任何特定时期的各种事件与制度"组合在一起"，以及从一个时代到另一时代的进化，共同构成了上帝"神意"的新意涵。然而，早在中世纪犹太教与基督教对"神意在历史中的运作"问题的争论中，就已经出现了某些阐释模式；这些阐释模式对新的"历史的—语境的"论证而言极为关键。释经学思考和历史思考从古代开始就一直受到"适应原则"的指引，这条原则假设：启示和其他神学原理应该参照人类在不同时代的能力加以调整，以便人们接受和感知。一旦"适应原则"被世俗化，正如在17世纪实现的那样，那么"上帝的狡计"就可能变成"历史的隐秘计划""看不见的手"和"理性的狡计"。这种转变是第四章探讨的主题。

12

　　这些不同的主题汇聚成了我的研究结论，即重新评价"属神的知识"与"属人的知识"之间的差异。"真理与被造者是可互换的"［Verum et factum convertuntur］（即认为真理与行动、知识与建构是同一的）这一点在中世纪仅仅被视为"属神的知识"的特性。然而到了17世纪，这种观点也成了人类知识的标志，它集中体现在数学化的物理学中，这种数学化的物理学不仅显示了事物如何被建构，也显示了它们是如何被造的。同样，一群新的政治理论家也主张"真理"与"事实"的同一性，对他们而言，国家完全是一种人为之作：人类社会是人类自发的建构。一种新的知识理念诞生了："由做而知"［knowledge-by-doing］，或者说，"通过建构获得知识"［knowledge by construction］。

　　在此还需要考察一下我在方法论上的预设。我的研究涉及从中世纪向早期近代思维模式的转变。在何种意义上它们具有连续性？有哪些转变是革命性的？"连续性"和"变化"这样的范畴还具有启发性吗？这项研究对科学的想象和科学的理念的关注丝毫不亚于对科学自身的考察。这项区分应该是正当的。

第三节 差异的历史

这项研究的许多部分处理的是连续性和变化问题，这些问题分量很大，所以也许有人会批评我不加区分地紧随中世纪的先驱以及各种预设。17 世纪的科学与学术在多大程度上应该归功于中世纪？它又在多大程度上是革命性的？此前此后都从未曾出现过那么多称颂自己是"新考察""新发现""新方法"和"新科学"的著作。如果革命是一种有意识地"尝试……与过去决裂之道"[1]，那么革命的意识肯定是当下的：在 17 世纪，多数人认为亚里士多德—经院哲学路向的科学从一开始就是一项徒劳的事业、一条死胡同；这种科学并不关心现象之间的精确关联，只关注定义；哲学被搞成了语文学[2] [philosphia philologia facta est]，它已

13

───────────

[1] Tocqueville, *L'Ancien régime et la révolution*, S. Gilbert 译, p. vii。近代政治对"革命"一词采用了"有目的的赞同"的含义，这就与该词早前较为被动的、与天文学隐喻相关的"完全的变化"这个含义区分开来了。参看 Griewank, *Der neuzeitliche Revolutionsbegriff, Entstehung und Entwicklung*, pp.143-58; Rosenstock-Huessy, *Die europäischen Revolutionen*, pp. 7ff.；关于这个观念的起源的文献，仅仅关注其天文学含义。另外，它的医学的含义也值得一提，即使得病人从一种状态转向另一种状态。参见 Otto of Freising, *Chronicon sive historia de duabus civitatibus* 5.36, A. Hofmeister 编, p. 260（"尘世之荣耀来来往往；就像发烧者不停地辗转反侧"）。关于他，参看下文第四章第四节：四。

[2] "最后，对词语的关心甚至超过了感知，因此就应该和塞涅卡一起喊'我们的哲学被搞成了语文学，我们从中学会辩论，学不会生活'，我不记得在亚里士

在探寻"本质"和"模糊的性质"的过程中迷失了自身。然而自从近代历史学家重新发现了中世纪思想中的创造性力量后，17世纪的这些论调便开始遭到质疑。伽利略的自由落体定律是自阿基米德以来对"自然以数学语言写就"这个主张的第一个具体证明吗？[3] 难道他采用的数学工具不是已经由 14 世纪的"计量学派"*[calculatores] 预想到了吗？暗含在伽利略的自由落体定律中的惯性定律，不是早已被中世纪的某些持"冲力说"的学者预想到了吗？彻底地探寻自明的真理，这真的是一个哲学上的新开端吗？还是说，笛卡尔貌似全新的装备，是由备受轻视的晚期中世纪经院主义者的弹药库中挪用过来的？历史的"时代错乱症"是一项

（接上页）多德那里是如何探讨名词的了"：Gassendi, *Exercitationes paradoxicae adversus Aristoteleos*1.14, Rochot 编, pp. 45-46。不可否认，亚里士多德经常将词的定义作为哲学追问的起点，但这并不意味着他只停留在词语的层面上。例如，他的物理学将"升""降"两词的一般含义转变成了"接近或远离宇宙的中心"。参看 Wieland, *Die aristotelische Physik: Untersuchungen über die Grundlegung der Naturwissenschaften und die sprachlichen Bedingungen der Prinzipienforschung bei Aristoteles*, pp. 1-10；也参看下文第三章第三节：一。

[3] Galileo Galilei, *Il Saggiatore*，见 *Opere*, EN, 6：197-372，特别是 p. 232。相反，经院学者则并不将自然视为一本"以数学语言写就的最伟大的书"，他们认为真理不可能在尘世或自然中发现，而只存在于与文本的对质[confrontatione textuum] 中：参看伽利略 1610 年 8 月 19 日给开普勒的信，见 *Opere*, 10：421-23。参看 Favaro, *Galileo Galilei, Pensieri, motti e sentenz*, pp.27ff。最近两位文化哲学家（布鲁门伯格和德里达）对"两本大书"（自然与《圣经》）的主题的研究：Blumenberg, *Die Lesbarkeit der Welt*（Galileo, pp. 71-80）；Derrida, *Of Grammatology*, G. Ch. Spivak 译, pp. 14 -18（书写与文本的同一性）。德里达采用的史料基于：Curtius, *Europäische Literatur*, pp. 323-329。

* calcutalores，14 世纪牛津大学莫顿学院中，以布拉德瓦丁[Bradwardine] 和海特斯伯里[Heytesbury] 为首的一群物理学家，他们发现了平均速度理论[the mean-speed theorem]。"calculatores"是他们的自称，原意为"计量家们"，但若按此操作，译文难以保持流畅，因此以"计量学派"作为统称来指代他们。——译者

全新的发现，还是发端于中世纪对时代性质［qualitas temporum］ *14*
的关注呢？我相信这些或其他类似的问题是误导人的。这些问题
假设了"连续性"和"创新"是分离的、互相排斥的谓词。然而，
"新"却往往并不在于发明新的范畴或新的思想形式，而在于对已
存在的事物出人意表的运用中。

　　要说一种新理论孕育于旧理论之中有很多种方式，不过其中
只有两种理想的模式与我们的讨论尤为相关：其一，更古老的，
甚至相反的理论已经辩证地预备了一种新理论；其二，将已有的
范畴移植到新的领域，并在一种全新的视角下运用它们。我希望
之前所有做过解释但仍然含糊不清的问题都能在接下来的章节中
明晰起来。

　　一、为阐明以下情况，我将举出一系列例证。经充分论证并
详细阐释的理论，或许能够指出可能出现的错误情况，也或许不
能；毕竟要求"判决实验"［experimentum crucis］还是相对现代
的事情。然而从连续的理论推理开始，那些成熟的理论便经常以
其自身的术语作为它们应该被视为一种错误立场（若非一种不可
能或荒谬的立场）的例证。一场观念上的革命时常就是发生在刻
意调整那些已被定义为"谬论"（或者较好的情况是，调整那些由
自相矛盾的前提推出的荒谬结论）的理论来奠定一种全新的理论
时。这就是原子论发端时的情况。巴门尼德业已论证，赋予"否
定"任何等级的实在性都相当于将"存在"归属于"非存在"。
"存在"既没有差异，也不发生变化。那些"非是"［is not］的东
西是"不可思"的。原子论者有意且刻意地坚持这个谬论，以拯
救"运动"和"变化"。他们的"原子"就是嵌入"虚空"［void］
中的巴门尼德的"存在"，也即在"非存在"中嵌入"某种存

15

在"。[4]同样，相比许多号称惯性定律先驱的理论（包括冲力说），亚里士多德的运动理论更称得上是为惯性定律扫清了道路。因为他已经预想到惯性定律的某些概念内涵，只是他认为这是一个由错误前提推出的荒谬（或不可能）的结论，这个（原子论的！）前提就是：虚空中的运动。[5]

数学史学家都熟知，这种思考不可思之领域的行为是很大胆的。按照当时的观念，人们曾经认为任何将数域扩展到有理数以外的想法都是不可能的，这种不可思之域"栖于存在与非存在之间"（莱布尼茨），其存在只是由于推导的缘故。[6]整个数学史就是对"不完备定理"的不断诠释。一个领域中无法解决的问题一次又一次地导致另一新领域的建立，因为"没有任何旧制能束缚数学家们创造性地提出新的证明规则"。[7]新数学学科的建立往往伴随着科学革命的发生。一些数学学科的建立源于科学中的概念修正（如微积分）；还有的数学学科则使在科学的可能范围内修正科学成为可能（如非欧几何）。然而，虽然科学或哲学中的概念革

---

[4] Diels 和 Kranz, *Fragmente der Vorsokratiker*, 2：2, 67（54）A6 = Aristotle, *Metaphysics* A4.985b4："留基波和他的追随者德谟克利特说元素是充实和虚空，这意思就是一个是存在而另一个是非存在，在这里那个充实的坚固的就是存在，那个虚空的疏松的就是非存在。"［中译采用：《形而上学》，苗力田译，第 12 页，中国人民大学出版社，2003 年。——译者］参看辛普里丘对亚里士多德《物理学》的评注：Simplicius, *on Aristotle's Physics*, 28.4ff.（同上54A8）。"……在爱利亚派那里实际上已经包含的真理，留基波把它当作存在的说了出来"，参见 Hegel, *Vorlesungen über die Geschichte der Philosophie*，收入 *Werke*，Moldenhauer 和 Michel 编，18：355［中译采用：黑格尔，《哲学史讲演录》，贺麟、王太庆译，第一卷，第 329 页，商务印书馆，1959 年。——译者］现在人们仍接受这种阐释。

[5] 参看下文第三章第三节：一。

[6] Leibniz, *Die Mathematische Schriften*, Gerhardt 编, 5：357。

[7] Nagel 和 Newman 著, *Gödel's Proof*, p. 99; Weyl 则没有那么乐观，参看氏著: *Philosophy of Mathematics and Natural Science*, p. 235。

命也包含对荒谬主张的肯定，它们仍然不同于在数学中的概念革命。将从前在直觉上被视为"非数"或"非程序"的数学实体或运算加以合法化，这一做法并不证明，传承下来的整套数学定理就是错的，或仅仅近似为真，不如说，证明的是，后者更加丰富。但是物理学理论却不只关乎连续性和丰富性，还关乎真理与意义。只要这些理论在之前的证明步骤中出现了一处谬误，那么这种证明步骤就不成立，或者至少其证明是不精确的。

　　同样，我们不能为了讨好某些阐释模式并且与那些最能"拯救现象"〔σώζειν τὰ φαινόμενα〕的解释相容，而不顾其物理实在性问题，将那些为科学革命所做的辩证性的准备，与那些在希腊天文学中已有的，或是已出现的东西混淆起来。但我并不会低估对这些多元模式的认识所具有的解放性意义，尽管（或者你也尽可说，由于）这些模式放弃了认识论。[8] 我同意费耶阿本德的观点，对替代性阐释的多元寻求，至少在今天仍然刻不容缓。无论如何，天文学史就是表明理论"无政府"的好处的范式性的例子。[9] 然而古代和中世纪的天文学史也同样表明，在给定的前提下寻求各种替代性阐释是一回事，而意识到这些前提并修正它们又是另一回事。尽管天文学是开放的，但它和力学一样，都很难意识到植根于其自身的前概念：行星运行的轨道被划归为圆形的、"圆满"

16

---

〔8〕 Simplicius, *In Aristotelis quatuor libros de caelo commentaria* 1.2, Heiberg 编，p. 32, "因此，若不同的人试图通过不同的假说来拯救现象，这不足为奇"，P. Duhem, *To Save the Phenomena: An Essay on the Idea of Physical Theory from Plato to Galileo*, Donald 与 Maschler 译，p. 23。

〔9〕 Feyerabend, "Consolations for the Specialist", 收入 *Criticism and the Growth of Knowledge*, Lakatos 和 Musgrave 编，pp. 197-229。总之，最适用于费耶阿本德的"怎么都行"〔anything goes〕这条主导原则的是数学史，最不适用的也许是动物学。

的运动。[10]

因此我们应当密切留意那些被一种理论定义为"不大可能"的术语，更重要的是，注意那些被定义为"不可能"的术语。一个论证越精确，它越可能在日后得到修正。一旦人们禁止某个前提以及由它推出的某些结论时，重新考虑某个真正根本性的替代方案，就只是个时间和大环境（诸如另一种思想风气，旧理论中的张力，其他领域的发展，以及崭新的事实例证）的问题。科学论证的出发点是苏格拉底式的惊奇〔θαμάζειν〕，这种惊奇不仅在于要在既定的理论中以一种似乎就不存在任何理论的态度去追问为什么和怎么样；还在于要以某种批判的态度去追问"为什么不"，尽管在该问题上总有某种支持相反观点的确定、持久并已得到讨论的意见。

将早期近代力学和天文学的兴起描述成"早已被更早的理论辩证地预备"了，这种做法很吸引人。但这种历史视角肯定会使这个阐释图景变得相当模糊。历史学家常常发现，自己刚从某个清晰的主题中抽身，就陷入了精微之网。我们将会发现，尽管哥白尼害怕他的模型被传统天文学家斥责为荒谬，尽管笛卡尔认为按照亚里士多德的物理学无法构想出惯性定律；构成哥白尼的理论和伽利略的力学的那些基本原则，总的来说都既不在与既往理论的对峙中形成，肯定也不会在字面地回顾那些被定义为"谬论"的文献的过程中产生。结果许多被亚里士多德或托勒密科学定义为"谬论"的东西，在中世纪释经学的假言推理中变得只是"不大可能"的了。不过我认为"断定不可能"在某种意义上可以经得起精微的修正。即使中世纪经院主义者将亚里士多德所主张的

————

[10]　参看下文第二章第二节：一，脚注〔1〕（原子论者是例外）。

"不可能的东西"，处理成"按照上帝的绝对力量"是可能的时，他们也只是把这些"不可能的东西"看成仅仅与我们的宇宙"不相容"而已。随着 17 世纪对"理想实验"［ideal experiments］的运用，很多这些"不相容"的东西变成了我们宇宙中的"极限情况"，即便它们并不描述我们的宇宙，对于解释我们的宇宙而言也是必要的。

二、此外在更多情况下，新理论和被它们取代的旧理论之间的平衡就存在于持续占主导地位的思想形态中，这种思想形态或是由一种新的视角给出，或是在一个意想不到的新语境下出现。早期近代物理学继承了中世纪假言推理的许多方法，并在力学问题中引入了一种全新的数学方法。而早期近代物理学则给予了这些假言推理方法一种具体的新阐释。早期近代历史思想中的某些关键范畴，是从中世纪对历史的神学解读中继承而来的。但早期近代的历史思想，却以一种崭新的方式将这些范畴应用于世俗历史。最终，一种全新的国家观念得到了前所未有的激烈而系统的辩护，并取代了纯粹的自然法传统，这种观念认为：国家并不是由一种内在地趋向社会的倾向自然产生的，而彻底是人为之物。"要知道，城邦在某种意义上是自然的，因为存在着建构城邦的自然驱动力：然而只有通过人的工作和努力，才能建立并完善城邦"［11］和他的许多前人与后人一样，阿基底乌斯·克罗纳［Aegidius Colonna］认为，国家既有自然的一面，也有人为的一面。通过摒弃人类自然地趋向社会的驱动力，霍布斯比他的任何一位前人都更强调"人类自己创造自己的国家"；正如后来马克思

---

［11］　由基尔克引用（Gierke, *Johannes Althusius und die Entwicklung der naturrechtlichen Staatstheorien*, p. 95 n. 52 ）。

18 所做的，通过摒除自然的交换欲望，将所有经济关系还原成人类的历史处境。这种从旧理论到新理论的转变，就是将已有阐释的可能性彻底化的一个例证。

我将尽我所能，通过种种方式精确地分辨和区分这些转折点。通过区分这些转折点，连续还是变化问题的界限消失了。至于这些转变为什么恰好发生在那个时候，我时常不得而知。根本的断裂、"范式的转变"是相互激励、相互鼓舞的，或许这就是革命时代的标志。

第四节   科学观念与科学理念

科学和思想从中世纪向早期近代的转变，并不只是一种观念、方法和论证上的转变；科学理念本身已经变了。科学理念［ideals］在许多方面不同于科学观念［ideas］。科学理念表示的是一群科学家所设想的科学，也即如果这门科学是完备的，它"应是"怎么样的；这些科学理念表达了在它们所处的时代中理性的终极标准。整整一代科学家或许会接受同一套度量、运算、前提和阐释（简而言之就是各种观念），他们中的某些人甚至会认为这是以理念之名所必需的。在 17 世纪，人们虽然接受了当时最成功的物理学原理——万有引力定律，却接受得备感憋屈：由于身处"因果一元论"理念的名义下，考察自然时需要摒除力学原因以外的一切原因。牛顿自己很确定，虽然重力似乎隔着一段距离［in distans］作用，但它并不是一种"模糊的性质"。他希望有一天能在力学关系中将其表述出来。爱因斯坦虽然承认，量子物理学中的测不准原理能够成功地阐释并预测某些现象，但在"要完全地描述现实"（独立于观测者的现实）这个理念的名义下，他激烈地挑起了量子物理学中关于测不准原理的终极价值之争。

康德也许是第一个区分科学理念与科学观念的人，他也认识到理念之间或许相互冲突，但并不会损害它们所引领的实际科学事业。观念组成了科学，而理念（康德称之为调节性观念或原则）则勾画出了科学的目标。康德在《纯粹理性批判》结尾的某章中说，如果我们将构成性理念误以为是调节性理念，那么科学就会在即使并不自相矛盾的地方看起来自相矛盾。当我们要求任何具体的科学解释（或者一系列构成性理念）具有一致性时，"理性的兴趣"[1]常常不得不维持一些互不相容的调节性理念，并且若是在每种科学阐释中都同样严格地运用它们，将导致自相矛盾的结果。康德以"简约原则"和"丰富原则"这两种对立的原则作为例子。

康德不会承认科学理念会随时间而变化，更不会承认那些被我们用来确保宇宙可知性的范畴会随时间而变化。但事实却确实如此，即使是部分地取消目的因作为理性的合法标准，或是更晚近的对统计因果律的引入仍然证实了这一点。除了徒劳的思辨，还有谁会谈论宇宙是和谐的？有时理念看似不变，但其中的内涵

19

---

[1] Kant, *Kritik der reinen Vernunft*, 收入 *Werke*, Weichscnedel 编，4：B670-696。[中译文参见《纯粹理性批判》（第二版），李秋零译，收入《康德著作全集》第三卷，第424—434页，中国人民大学出版社，2004年。康德在文中并未明确总结并定义这两个原则。其中"简约原则"应指"奥卡姆剃刀"：如无必要，勿增实体；"丰富原则"应指"种的原则"：不可贸然削减存在者的差异。——译者] 值得注意的是，先验分析要阐释牛顿物理学，但其论证却以生物学为范式。现在有一种观点试图以截然相反的原则来平衡"奥卡姆剃刀"，参见 Menger, "A Counterpart of Ockham's Razor in Pure and Applied Mathematics: Ontological Uses", p. 415。人们可以说康德也提出了一种"互补原理"，不过与玻尔不同的是，康德的提法只是在元理论的层面上。

却已发生了根本的变化。在"一致性"理念的名义下，光学理论直到最近才不得不或是选择粒子说的解释，或是接受波动说的解释。如今这两种类比都不再跻身于排中律之下，而成了相互补充的了。波动说与粒子说都无法完全揭示光的本质，光具有波粒二象性。

还有一点很重要，我们仍需使科学理念和科学观念的区分再次变得含糊、相对一些。基于下述缘由，理性的所有标准在某种意义上都是理念。19世纪人们相信，科学事业将在同样的理性原则规范下，稳定而有机地发展。如今人们不再持有这般信心。科学史学家与科学哲学家坚持将科学相对化，甚至将理性本身相对化。我们知道在相互对立的理论之间做出抉择实际上不仅取决于（或者说根本不取决于）这些原理自身的优劣，还取决于外部因素：诸如意识形态、信仰、社会环境、经济力量和时代更迭。或许严格地说，在任何两种理论之间都无法真正地进行比较：有些人认为相互冲突的理论之间永远是不可通约的。而若人们连真正的分析命题都无法构建[2]，那么一种语言便不可能翻译成另一种语言，一套理论术语也不可能转换成另一套理论术语。

不过人们或许会问：所有极端相对主义的立场难道最终不都是在纯粹逻辑的基础上自己推翻自己的吗？难道它不正是径直将我们引向诸如"说谎者悖论"这样的自相矛盾的境地吗？马克思和曼海姆的意识形态批判、詹姆斯和法伊欣格尔［Vaihinger］的实用主义认识论，以及卡西尔和费耶阿本德的科学相对主义理论，由于它

[2] Quine, "Two Dogmas of Empiricism"，收入 *From a Logical Point of View*, ch. 2; "Reference and Modality"，同上，pp. 20-46。参看 Bennett, "Analytic-Synthetic"，pp. 163-88。"无法建构分析命题"这种观点同样也可以作为反对"理论之间有任何转译的可能性"这个观点的最终论据。

们最终也都依赖于自身的理论，因此必将自行消亡。[3]但现在完全不是这种情况。不能将"相对化"含混地指责为"错误的"。认为"所有命题只能有条件地为真（有效）"或"所有命题都是相对的"，避开了主张"所有命题都是错的"这个命题的陷阱。后一个命题通过涵盖其自身而变得自相矛盾；但前一个命题却并非如此。"所有真理都是相对的"这个断言或许本身就是相对的，即只是有条件地为真，而只要我们不能指出它在哪些情况下是错的，那么这个命题就普遍有效。将所有理性的标准相对化，将心理学、史学、社会学和认识论的理性标准相对化，这并非自相矛盾。可糟糕的是，它注定是"无穷倒推"的，或永远都只具有时效性。

　　然而在对这些"自我指涉"的指责中，也有某些积极的方面。"在各种理论之间进行的选择，取决于文化、经济或其他的外部因素"，持这种观点的人也应该认识到，各种支持或反对这些理论的论证，实际上也都宣称自己是完全建立在理性的基础上的。更甚的是：他们诉诸理性来论证相对化。法伊欣格尔、库恩和费耶阿本德都没有因为他们的观点很美，或是最有经济效益，或是它有利于信仰或健康，而敦促我们接受他们的观点。我重申，通过诉诸理性的标准，只要这些人也意识到了起源判断（或原因判断）与有效性判断的分别，他们就不会前后不一致。[4]无论接受它的

21

---

[3]　例如莫尔顿认为："可见，这立即导致了激进相对主义和这种相对主义的恶性循环。在这种恶性循环中，恰恰是那些肯定这种相对主义的命题，被宣告为无效的。"Merton: "Karl Mannheim and the Sociology of Knowledge"，收入 *Social Theory and Social Structure*, p. 503. 不过事实却并非如此。我必须坚持以下观点：绝对相对主义的立场将使其自身不再能够鉴别一个命题的一般含义或指称，并因而无法做出判断。

[4]　James, *The Varieties of Religious Experience*, pp. 4-18. 詹姆斯的实用主义立场很难担此重任，因此他转而将这种区分用于反对以"神经学"来解释宗教国家和宗教观念的起源。

起源或者原因事实上是什么，捍卫有效性判断只能基于其自身。"p 是有效的，因为 q 是有效的，并且 q 暗含了 p"是展开一个论证的有效图示，即使事实上 p 之所以被接受显然并非由于 q 的缘故。"p 之所以有效，是因为曾有一群科学家在那样一种历史条件下接受它，或是他们现在接受它"，这或许是个很好的历史解释，但并不能用来论证 p。有效性只能在其自身中得到检验。无论理性标准的起源是什么，在理念上它们不同于实际塑造它们的力量。科学是一种理性活动，因为以下两者皆为真：科学应该检验其标准，并发现这些标准事实上并非绝对的或自足的；同时，科学必须只能采用这样的标准以进行调解劝导之事。理性的演算和证明尽管是一项理念的建构，却将科学与别的（诸如呼风唤雨的巫术或演戏那样的）劝导行为区分开来。

因此从某种意义上说，所有科学、科学论证或科学演算中都有一个理念的（或许你也可以认为是虚构的）方面。这就是为什么科学史家应该区分理念的论证和实际的论证，甚至从后者中窥探到前者的最终原因。[5] 然而科学理念很难被人察觉。它们通常

_22_

---

[5] 我对"理念"一词（准康德式）的运用与霍尔顿的"主题"[themes]一词的不同在于，我的"理念"恰恰能作为一种命令而表达出来：Holton, *Thematic Origins of Scientific Thought : Kepler to Einstein*, pp.47-68。我的"理念"一词与埃尔卡纳的"形象"[images]一词也有些不同：我的"理念"不仅指科学，也指科学所指涉的东西，因此我的"理念"可以精确地表达出来：Elkana, "Science as a Cultural System：An Anthropological Approach"，收入 *Scientific Culture in the Contemporary World*, Mathieu 与 Rossi 编，pp. 269-89。当然，这些"理念"与库恩的"范式"不是同义的。如果我们认同法国结构主义者的观点，认为知识型并非单一的实体，在其中能找到清晰、独立的"话语"要素的话，那么我倾向于认为，调节性理念构成了它的支柱。它们实现了成为规范的要求，而非可公式化的规则、非结构化的结构。在他的《知识考古学》中，福柯极大程度地缓和了他在《词与物》中对一种知识型向另一种知识型转变的单片化[monolithic]的阐释。在他后期的概念中，话语的统一性仅仅是"纵向的"，从一种知识型到另一种知识型的连续性是可想见的。亦可参看：M. Frank, *Was ist Neustrukturalismus?*, pp.135-237。

是模糊的。"理念"如同德性，只有在遭到质疑或身陷囹圄时，才会经常被人们谈起。阐明它们的良好愿望与捍卫它们的必要性相伴相随；但各种争端却也能歪曲它们。我的目标是确定 17 世纪某些主导性的科学理念，追踪它们的起源，考察它们之间的联系与张力。至少针对那些史学家，我的建议是：不要在那些 17 世纪的思想家也未曾明确定义的东西中寻求直接的定义。我将试图描述早期近代某些理性理念的起源及其相互作用，而不是试图给这些理性理念下定义。

第二章　上帝的"全在"、上帝的"身体"与四种科学理念

第一节　上帝的"身体"

一、一个"观念家族"

一向直白的托马斯·霍布斯坚持认为，称上帝或精神为"非质料的实体"，就像称它们为"无体之物"［bodiless bodies］一样，在术语上就是矛盾的。我们并不是通过理性行为，而是只有通过主权者的法令才能确定它们的存在。[1]斯宾诺莎的神或自然［deus sive natura］作为唯一的实体，必然具有无限多的属性。在这些属性中我们只知道两种，即思维［cogitatio］与广延［extension］。而斯宾诺莎追随笛卡尔，将广延看作物体的构成性属性，广延是就物体自身而言，我们所拥有的对物体唯一"清楚分明"的观念。[2]亨利·莫尔认为，上帝和其他的精神尽管没有形体，却仍必然是具有广延的东西。广延必然是上帝的谓词，正如"完满"

---

［1］Hobbes, *Leviathan* 1.4, 3.33, 4.45, Macpherson 编, pp. 108, 426, 428-30, 661；参看 Watkins, *Hobbes' System of Ideas*, pp. 68, 157, 164。为了强调主权者的作用，霍布斯强调了《圣经》中的矛盾之处：参看 Strauss, *Spinoza's Criticism of Religion*, pp. 98-100 以及 nn.130-31, 101-104。

［2］Spinoza, *Ethica more geometrico demostrata* 2, def. 1, 收入 *Opera quotquod reperta sunt*, Van Vloten-Land 编, 1：73；Descartes, *Principia philosophiae*, 2.4, AT, 8：42。参见下文第二章第五节：一；第六节：一。

或是"自足"一样。[3] 莫尔的学说针对的，是笛卡尔和霍布斯的机械式图景：只有在精神具有广延的情况下，宇宙中才能引入真正的力。但他知道（若非源于其他渠道，那么就是从笛卡尔的回应中知道的）他很容易遭到误解，会被误认为宣称上帝具有一个身体。[4] 牛顿称空间（空的、无限的、同质的、绝对的欧几里得空间）类似于上帝的感官 [*sensorium dei*]，没有空间，自然中便不存在真正的力，并且因此我们便既不能说上帝作用于他的造物，又不能说上帝直观 [intuits] 他的造物，更不能说他是"无所不在" [*ubique*] 的。[5]

这些观点以及相似的观点并非偶然出现的表述，也不是随意

---

[3] More, *The Easie, True, and Genuine Notion...of a Spirit* 22，见 *Philosophical Writings of Henry More*，McKinnon 编，p. 213；关于这一点更进一步的阐述，参见下文第二章第五节：二。在给克拉克的信的开头，莱布尼茨隐含提到了霍布斯、莫尔（和牛顿）："自然宗教本身似乎极度被削弱了。好些人使灵魂成为有形体的，另外一些人使上帝本身也成为有形体的了。" Leibniz, *Die philosophischen Schriften*，Gerhardt 编，7：352 [中译采用：《莱布尼茨与克拉克论战书信集》，陈修斋译，第 1 页，商务印书馆，1996 年。——译者]，但这并不只是一种"英国病"。

[4] 笛卡尔，AT：5：269-70："我不喜欢在语词上争论不休，所以如果有人要说，由于上帝在某种意义上是无处不在的，因此上帝是有广延的，那么我不会反对。但是我反对那些认为在上帝、天使、我们的灵魂以及在其他任何非身体 [body] 的实体之中存在着一种真正的广延的看法。"

[5] Newton, *Opticks; or, a Treatise of the Reflections, Refractions, Inflections, and Colours of Light*，献疑 28 和 31；本书下文 pp. 90-97（皆指原书页码——译者）。我们听到这样一种批评：如果广延是上帝的属性，那么它要么只意味着空间，在这种情况下"就可以说……上帝就是无限的空洞 [inane] 或是真空 [vacuum]，简单地说就是被嵌入了智慧、良善与力量的一种无限的无 [an infinite Nothing]；……而另一方面，如果广延被看作这么一种东西，其观念或第一概念就是它具有广延的话，……那么从这种意义上看，我看不出它与质料之间有何分别。……同时，如果在任何时候，我们都要尽量去把广延或空间应用于心灵之上的话，……那么每当我们想到它，都会出现矛盾；我们的知性、我们的善好所迈出的每一寸、每一尺、每一步，都是了不起的"。Burthogge, *An Essay upon Reason and the Natural of Spirits*，pp.120-21.

选取的隐喻，而是一份系统的宣言。它们突破了唯理论与经验论、泛神论与自然神论、神智论玄思者与推理理性者之间的界限。它们形成了一个真正的"观念家族"，为了简化起见，我称之为"上帝的身体"。也许你会反驳说，这个术语歪曲了斯宾诺莎与莫尔、牛顿与拉弗森［Raphson］的意图。"上帝的身体"由于含有神人同形论形象的意味，而遭到他们所有人的强烈拒斥。斯宾诺莎并未宣称上帝"具有"一个身体，他的上帝就"是"身体。每一个观念都对应着一组事物，或者说，每一个观念就是这组事物的广延：事物的秩序等同于观念的秩序和关联[6]［ordo rerum idem est ordo et connexio idearum］。"灵魂"是且只是对这组事物的观念化表述。事物的总数以及它们的组合（整个宇宙的面貌）是神的一个无限的样态。[7]神这个"创造自然的自然"［natura naturans］就是观念的统一性与全部自然法则的集合。[8]莫尔和牛顿区分了"具形性"［corporeality］与"维度"［dimensionality］；如果上帝要"渗入"到万物之中，他就不会"具形"，而"维度"则是所有实体之为实体都必须具有的。在莫尔看来，精神不同于物体之处

25

---

［6］ Spinoza, *Ethica* 2, prop.7, Van Vloten-land, 1：89. 值得注意的是，这种符合理论同样也能解释模糊和不分明的观念，因为这些观念与事物的连接之间界限不分明。由于所有个体的运动速率（*m·v*）是个常数，故所有个体都是相对而言的统一体。Rivaud, "La Physique de Spinoza", pp. 24-27. 参看下文第二章第六节：一；第五章第三节：五。

［7］ Spinoza, *Epistulae* 64, Van Vloten-Land, 3：120。整个宇宙的面貌［*facies totius universi*］是指宇宙"看似"一体；参看斯宾诺莎《伦理学》第二部分补则 7 附释（在命题 14 之前），Van Vloten-Land 1：88："我们不难理解整个自然界是一个个体，它的各个部分，换言之，即一切物体，有极其多样的转化。"［中译采用：《伦理学》，贺麟译，第 61 页，商务印书馆，1997 年。——译者］参看下文第二章第六节：一，脚注［13］（面貌［facies］＝个体［person］）。

［8］ Curley, *Spinoza's Metaphysics：An Essay in Interpretation*, pp.45-81，119-58.

就在于，精神并非不可渗入的。然而所幸精神具有物体所缺乏的第四维度，即密度。[9]

然而这些区分已经证明，中世纪的人们认为上帝的观念根本脱离了所有质料性的意涵，而这种绝对属于中世纪的观点不管如何地抽象与遥远，在 17 世纪都发生了断裂。在中世纪神学中，几乎各种版本的观点都是带着强烈的怀疑眼光去看待所有过于字面化地处理上帝在世界中的"临在"的学说的。因此，不仅物理学谓词，就是诸如"善""真理""力量"，甚至"存在"这样的普遍而抽象的谓词，当它们单义地谓述上帝及其造物时，有时也被视为非法的言说模态。而在后一种意义上，几乎所有重要的对上帝本质的哲学讨论，都违背了古典和中世纪的托马斯主义传统。不仅莫尔与斯宾诺莎有份忤逆，对于包括笛卡尔、马勒伯朗士及莱布尼茨在内的所有人而言，上帝与他的造物也都在字面上非异义地共享某些真正的谓词。在 17 世纪，"上帝的身体"只是（我们可称之为）"上帝的可透过性"[the transparency of God]的一个特例。我并不是一定要说，17 世纪的所有思想家都宣称自己比中世纪神学家更加了解上帝。对于他们中的某些人而言，上帝仍是一个"隐秘的上帝"[deus absconditus]，关于这个上帝，我们几乎全然不知。我的意思是，他们宣称他们所知晓的上帝，无论知道的是多是少，他们知晓的确切地说都只是各种"清楚分明"的观念而已。

二、单义性与本体论证明

为什么安瑟伦的本体论证明在中世纪遭到忽视，到了 17 世

---

[9]　参见下文第二章第五节：二。

26　纪又开始获得广泛的支持？[10]如果可行，那么它通过证明"一个充分的上帝概念必然排除非存在"就能证明上帝存在。然而许多中世纪神学家都否认我们拥有一个充分的、足以支撑而不是击垮本体论证明的上帝观念。根据阿奎那的观点，上帝确实是"由其自身而认识自身"［notum per se ipsum］，但这只适用于上帝自身，而不是相对于我们而言的。[11]笛卡尔、莫尔、莱布尼茨以及沃尔夫复兴了这种论证，因为他们相信我们有能力建构一种尽管不那么完善，却充分而精确的上帝观念。他们说，只要我们的观念是清楚分明的，上帝的观念就必将同样如此。笛卡尔采用了"观念"［idea］而非其他术语，正是因为"它是一个通常哲学家们在阐明上帝心灵的感知形式时采用的术语"。[12]

　　这些变化部分地起源于中世纪晚期。邓·司各特已经开始

---

[10]　关于中世纪本体论证明的边缘立场及其在 17 世纪复兴的原因，参看 Henrich, *Der ontologische Gottesbeweis: Sein Problem und seine Geschichte in der Neuzeit*, pp. 1-22. 至于其在 13 世纪时重要的中世纪特例，参看 Daniels, *Quellenbeiträge und Untersuchungen zur Geschichte des Gottesbeweises im Mittelalter*，特别是 p.125（此处涉及本文）；在所有看到这种论证的长处的人当中，有许多人（比如安瑟伦）认同对知识的"光照说"解释，其中许多人是圣方济各会的修士。司各特之后，该论证通常只得到片面的运用（即用来论证上帝的无限性）。已经有人指出，亨利希对本体论证明的各种形式的区分早在安瑟伦的《宣讲》［*Proslogion*］中就已经隐含地提出了：Malcolm, "Anselm's Ontological Arguments", pp.41-62。

[11]　Thomas Aquinas, *Summa theol.* I q. 2 a. 1, 见 *Opera omnia*（Parma, 1855）；*De veritate* q. 10 a. 12；*Summa contra gentiles* 1.10-11，收入 *Opera*, 5：6-8。阿奎那区分了单纯地通过自身而被认识［per se notum simpliciter］和对我们而言的通过自身而被认识［per se notum quoad nos］；上帝是前者而不是后者。

[12]　Descartes, *Response to Objections* 3.5, AT, 7：181："我之所以使用这个名称，是因为哲学家已经一致接受了让它意味着上帝的理智的领会形式，虽然我们在上帝那里认识不到任何物体性的幻想或想象，而且我不知道有什么更合适的。"［中译采用：《第一哲学沉思集》，庞景仁译，第 182 页，商务印书馆，1986 年。——译者］Haldane 与 Ross 译，收入 *Philosophy Works of Descartes*, 2：68。参看下文第 382 页。

认为上帝的某些属性，特别是"存在"［existence］与"意志"［willing］，无论用于上帝还是用于人，其意义都是一样的。［13］司各特与阿奎那对于存在的类比［analogia entis］学说（即认为上帝的属性绝非单义性的）的看法背道而驰，而司各特和他的后继者或许会至少部分地或假设性地承认安瑟伦的上帝证明的有效性，他们的做法也确实如此。绝大部分14世纪的神学家会把本体论证明看作是对上帝"无限性"的有效证明。［14］然而无论有没有这种本体论证明，重新认为科学（每一种科学，包括神学）具有一种"非异义"的语言是14世纪的标志，正如它在17世纪重现的那样。我们也许可以称其为"唯名论的革命"。奥卡姆对这种非异义的术语的强调，甚至更甚于司各特。只有分离的实体、个体才存在，对于它们的存在或对它们直接的"直观"认知，不需要经由共相作为中介。如"关系"这样内涵性的术语，只有当它们与一系列个别实体同延［coexist］时，才是有效的。［15］奥卡姆既否认"存在的类比"，也否认本体论证明，这使得所有对上帝存在的证明都相对化了。它们或许可能后天地证明存在"一个"［a］上帝，

27

---

〔13〕　所有超越之物［transcendentalia］都是上帝及其造物的单义性的谓词，由此"一""真""善"都是统一的实体的偶性［passiones entis unicae］，其他的谓词则是分离的实体的偶性［disiunctae］；参看 Scotus, *Expositio in metaphysicam* 4, summ. ii c.2 n.9（Wadding 4：112）以及各处。参看 Gottfried Martin（脚注〔15〕以下）。

〔14〕　Scotus, *Ordinatio* 1 d. 2 q.2 n.8 收入 *Opera omnia*, Balic 等编，2：120。参看 Daniels, *Quellenbeiträge*, pp.105-107；Gilson, *Jean Duns Scot, Introduction à ses positions fondamentales*, pp. 175-79；Bonansea, *Man and His Approach to John Duns Scotus*, pp.173-86。

〔15〕　Moody, *The Logic of William of Ockham*, pp. 53ff.；G. Martin, *Wilhelm von Ockham, Untersuchungen zur Ontologie der Ordnungen*, pp. 221-27；Leff, *William of Ockham: The Metamorphosis of Scholastic Discourse*, pp. 139ff.；K. Tachau, "Vision and Certitude in the Age of Ockham", pp. 103-105.

然而这种证明却既不必然推导出存在着"独一的上帝",更无法证明那就是"启示的上帝"。[16]

换言之,一旦托马斯主义神学关于"异义性"的思想遭到了拒斥,那么仅凭理性而来的关于上帝的知识,就只能要么少得可怜,要么上帝与世界就得包含许多共性(除了在"存在"这一点上没有共性之外)。中世纪晚期所谓的唯名论者采取了第一种立场,而许多17世纪的思想家(其中几乎所有具有原创性的哲学思想家都是唯名论者)则采取了后一种立场。笛卡尔认为,上帝的意志等同于人的意志,也即,两者都没有限制。值得注意的是,对笛卡尔而言,无限性是一种"清楚分明"的观念,从无限性观念中能引出有限性的观念;但反之则不然。[17]莫尔认为,上帝的广延除了无限和不变之外,在另外的意义上都与其他精神和物体具有的广延一样。他同样也润色了本体论证明。莱布尼茨及其18世纪的追随者们则走得更远:单纯、单义的属性,在定义上绝对不会自相矛盾。[18]这些属性中的每一个都是完满的,并且赋予它所谓述的实体以实在性。所有实在的实体都具有某种完满性,而上帝则具备所有的完满性。上帝是最高的实在性[summa realitatum],是所有实在性的总和,因而也是所有得到了完备定

---

〔16〕 Ockham, *Quodlibeta* I q.1, 收入 *Philosophical Writings*, Boehner 编, p. 126: "上帝是唯一的"[the unicity of God]这个命题及其否定命题,都不可能以证明的方式得到论证。

〔17〕 AT, 6: 426, "我们无法通过有限的否定来理解无限性"。其他持相同或相反观点的文献,参看 Gilson, *Index Scholastico-Cartésien*, p. 143。也参看下文第二章第四节:四。

〔18〕 参看下文第二章第八节:四;也参看 A. Maier, *Kants Qualitätskategorien*, pp. 10-23, 34-38。Maier 把这个问题的脉络追溯到了康德,康德将"实在性"[Realität]范畴从"存在"(现实性[Wirklichkeit])范畴中区分了出来。[中译采用:《康德著作全集》第三卷,《纯粹理性批判》(第二版),李秋零译,第88页,中国人民大学出版社,2004年。——译者]

义［omnimodo determinatum］的实体的具现。因而上帝必须存在　　28
（这既是他们的本体论证明的版本，也是他们对司各特的反驳的回
应）。康德试图摧毁的，正是这种版本的本体论证明。[19]康德试图
证明最实在的实体［ens realissimum］仅仅是对理性的必然性理念
的实例化，甚至人格化：也即一种非异义性的、普遍规定万物的
观念。然而这种"普遍规定"只是理性的一种调节性理念，它绝
不是所有可能经验图式的先决条件。

三、单义性、同质性与其他理念

为了寻求某种精确的单义性科学语言，人们开始重新审视物
理学术语中某些更深层次的上帝谓词，尤其是上帝的"全在"。自
司各特以来，它们确实已经得到了如此的重新审视，并且正如我
们将看到的，"上帝在万物中的存在"也被赋予了全新的阐释。然
而物理学自身同样发生了变化，并且伴随着这种变化，上帝谓词
的意义变得更可能趋向世俗。有两种强大的推动力规定着早期近
代科学的自然观；我将称其为"追求单义性"和"追求同质性"。
前者寻求的是在名称上［a parte nominis］的简洁和连贯，后者则
寻求在事物上［a parte rei］的简洁和连贯。从 17 世纪开始，科学
家们希望科学语言尽可能是毫无歧义的；因此他们架空了"自然"
一词的内在含义。换用福柯的话来说，17 世纪的科学将自然中的
"相似性"转换成了"同一与差异之间精确的对比"。[20]自然现象
之间不再相互象征和反映，也不再象征和反映那些超越于它们的
东西；那种将自然视作一个相互指涉之网的"象征—寓言式"的

---

〔19〕　Kant, *Kritik der reinen Vernunft*, A572-584，收入 *Gesammelte Schriften*,
　　　　Weichschedel 编 4：515-23. 参见下文第六章第一节：二。
〔20〕　Foucault, *Les Mots*, p.67.

自然观念，已被人们视为导致异义性长期存在的根源而遭到摒弃。那种认为人的形象是个"微宇宙"，反映并具现"宏宇宙"的观点，已经失去了其直接的启发力量。事物之间由于它们互相的"分有"和"模仿"，已不再内在地相互指涉。因此只有语言，才能以一种人工的、单义的"符号"体系，指涉事物和事物的组合，就像数学那样。科学的终极前景是一种普遍数学［*mathesis universalis*］，是一种非异义的、普遍、融贯的人为语言，这种语言能够抓住我们"清楚分明"的观念，以及这些观念之间的独特组合。

　　另一方面，从 17 世纪开始，科学家们也要求自然本身变成同质、统一且对称的。同样的自然规律应该同等地适用于天界和地界，正如它们"在欧洲及美洲"都一样。[21] 在宇宙的不同区域内，不再需要像在亚里士多德的物理学中那样遵循不同的数学模型，例如：在宇宙中月下区域内的"自然"运动（即沿直线上下运动），与环形的永恒运动不同，后一种运动只在天体区域中才是"自然"运动。构成宇宙中所有地方的应该是同一种物质，而这种物质也应该受到相同的原因或力的主宰。然而，即便符合了牛顿的期望，可是从"自然的类比"［analogy of Nature］中，我们还能推论出什么呢？[22]

---

〔21〕 Newton, *Philosophiae naturalis principia mathematica*, p. 402："第二规律：所以在可能的状况下，对于同类的结果，必须给以相同的原因。例如人与畜之呼吸，欧洲及美洲之陨石下坠，灶火之光及太阳之光，光在地球上及其他行星上之反射，等等，均不须给以不同的原因。"［中译采用：《自然哲学的数学原理》，赵振江译，第 292—293 页，商务印书馆，2006 年。——译者］其中 *ideoque* 这个术语指第一条规律（同上），也即"简约原则"［the law of parsimony］。

〔22〕 "自然的类比"允许将"我们实验可企及范围内的所有物体"的恒常性质外推至"所有物体"："我们肯定不会放弃实验结果……；也不会在自然的类比面前退却，自然的类比就其自身而言通常是简单且和谐的"。"Rules of Reasoning in Philosophy"，参见 *Sir Isaac Newton's Mathematical Principles of Natural Philosophy and His System of the World*, Motte 译, Cajori 修订, 2: 398。也参见 *Opticks*, Roller 编, p. 376："因为自然总是恒常且和谐于她自身的。"

　　上帝的"身体"（或向上帝的"全在"中附加物理学意涵）的复兴，可以从以下两种理念之间的张力中得到最佳阐释。这两种理念是 17 世纪关于理性的最复杂的理念，但它们却绝非当时仅有的两种关于理性的理念。我们可以清楚地想到另一些关于理性的理念，这些理念近似（或从属于）以上这两种理念，但并不等同于它们；尤其值得注意的是"数学化"理念和"机械化"理念。一方面，它们要求把自然看作是"以数学语言写就的"，这个要求符合对非异义性的、融贯的科学语言的追求；只有那些可量化的性质和关系，才能真正做到不模棱两可（虽然连牛顿的重力理论也都像谜一般）。然而另一方面，数学又远不只是话语的一种源泉和范式。人们期望自然本身就能揭示出如数学般的秩序与和谐，而秩序与和谐本来就是难以捉摸的性质：或许它们指自然是同质、对称的；或许它们是说，自然倾向于具现那些在数学传统中已被冠以"完满""规律""单纯"标签的形状与公式。在稍后的章节中我将试图阐明：数学化的理念是如何从后一种要求中日渐脱离出来的？以及，为什么这个理念逐渐变得只是一种语言理念了呢？

30

　　由于机械化的理念要求用单一因果律来解释自然，因而它更接近于"一致性理念"［ideal of uniformity］，虽然这两者并不完全等同。这种理念首先要求研究自然现象时要废除目的因，以便将所有原因都还原成力学原因："我希望我们能从力学的论证中，通过相同的论证得出其余的自然现象；因为很多原因吸引着我去怀疑，这些自然现象可能全都依赖于某些特定的力，通过这种力，物体粒子出于迄今仍然未知的原因，或是互相吸引并结成一个规整的形体，或是相互排斥、相互远离。"[23]

回顾上述四种科学理念，我们可以将它们看成是对同一个经济且融贯的理念在各方面的补充：语言的经济和事物结构的经济。在 17 世纪，所有这些理念事实上都在各种试图将物理学数学化的尝试中融汇到了一起。然而我们也可以在逻辑上和历史上将它们区分开。非异义性的语言并不意味着自然是同质性的：纵使我们发现宇宙不是对称的，或者说不是同质的，我们仍然能把它描述成非异义性的，甚至数学化的。一个非同质的宇宙（在该术语所有理性的意义上）不包含相互矛盾。其次，用数学来表达自然中各个变量之间的关系，并不需要始终都是"简单"的。越简单（或越普遍）的理论也许越需要复杂的数学工具。当开普勒选择椭圆做天体运行的轨道时，他的心情并不轻松，因为他选择了在他的时代被视为不那么"简单"与"完满"的几何模型；他克服了两千年来对圆形轨道的迷恋。所有其他的理念都并不必然需要废除目的因。莱布尼茨想用活力［vis viva］，莫佩尔蒂［Maupertuis］想用"最小作用量原理"[24]来证明自然中的目的论，这些证明都是数学化的。

除了逻辑以外，这些科学理念还有各自独立的起源和发展轨迹。它们本是植根于彼此相互对抗的思想体系中的。将宇宙算术化（或者说几何化）的理念促进了毕达哥拉斯派和柏拉图对物理学的思考。非异义性（而非同质性）是指导亚里士多德科学的原则。"宇宙是动力—同质的质料连续统一体"，这种看法是所有斯多亚派自然哲学家所共有的。原子论物理学除了保留在"虚空"

31

---

[23] "Praefatio ad lectorem"，参见 *Sir Isaac Newton's Mathematical Principles*，I：xviii.
[24] Maupertuis，*Essai de Cosmologie*，pp. 109，225ff.，以及其他各处。

中不可分粒子的推拉行为外，废除了自然中的所有其他原因。早在 17 世纪之前，当这些理念还没有最终融汇到一起时，它们各自在其源初的背景中（更经常是处身其外）继续独立地发展。数学化理念与机械化理念，这两种理念的命运在本章的论证中并没有得到太多关注，但我将在接下来的讨论中概述这四种理念的源初形态。

第二节　诸理念的源初形态

一、数学化：柏拉图

为什么在柏拉图之后，数学化的理念日渐式微？为何它只是继续活跃于隐秘、诗性、怪诞或神秘的传统中，而亚里士多德学派、斯多亚派和原子论者却抛弃了这个理念？文艺复兴时期对该理念的复兴，又伴随着哪些改变？毕达哥拉斯学派想把宇宙算术化，然而当人们从他们的观点中发现了非理智的，或者说尽管精确却缺乏“理性 / 根据”［ratio］（逻各斯）的量度之后，便不再信任他们的观点。在柏拉图《蒂迈欧篇》的思辨之梦中，唯一未曾遭受挑战的主张就是天文学上“对圆形的迷恋”（柯瓦雷），即要求天体的运行轨道无论如何都要被描述为完满的圆形。圆形是完满的物体，是不变的；并且圆形描述规则的轨道，只有用最规则、最简单和最完满的几何形状，才能表象其形状与运动。这种要求（不同于地心说假设）是如此强有力，以至于无论是在古代还是在中世纪，它都几乎从未遭到质疑，甚至连哥白尼也没有提出过异议。[1]然而柏拉图《蒂迈欧篇》中包含了对圆更深层、更多的论证：柏拉图提出，四种元素具有第一性的立方体的性质，这些性质可以用来解释各种第二性质。其中每种元素都对应于四种规则、完满、稳定的形状（立方体、锥体、八面体、二十面体）中的一种。而这些形状又由正三角形和等腰直角三角形组成，这种组成就能使水、气、火这三种元素（土除外，因为它的立方体只由正三角形组成）通过重排这些基本的三角形，永恒地相互循环转化。[2]整个宇宙呈十二面体，它将完满的、理念的原型向不完满的、有弹性的介质（即虚空或混沌的、只被赋予了"必然性"[ἀνάγκη]的质料）转化。无论是在古代还是在中世纪，几乎没有人试图复兴这个烦冗的理论，更不用说扩展它了。当然我们并不能说，这个理论之所以已经遭到摒弃，是因为它所具有的探索性的可能性已经枯竭。文艺复兴时期，当各种关于自然的思辨体系竞相绽现的时候，人们对《蒂迈欧篇》更多的是心向往之，而罕有领会的。对毕达哥拉斯学派与新毕达哥拉斯学派的思考，也面临着同样的情况。可是为什么会这样呢？

---

〔1〕　原子论的观点是我所能够找到的最接近于反对将圆形神化的观点，他们至少是出于审美的理念来反对圆形轨道的。"我很惊讶，那些希冀灵魂不朽与同等至福是圆形的人竟如此愚钝，柏拉图就认为再没有什么比圆形更美的了：可在我看来，圆柱、正方形、圆锥、棱锥都要更美些。"通过这段话，西塞罗任由他的伊壁鸠鲁主义取消了世界灵魂［anima mundi］这个概念。Cicero, *De natura deorum*, 1.10.24（Vellius）, Plassberg 编, p. 10；参见 2.18.47, p. 67："你说，在你看来圆锥、圆柱和锥体都要比圆更美丽。你可真是有一种崭新而隐匿的判断［!］啊。"接着是一个天文学的论证。此外唯一还能找到的（尽管只是模糊地）反对圆形的文献，就是库萨的尼古拉［Nicolaus Cusanus］的主张：没有一个现实存在的物体可以具备完满的几何学形状，至多只能接近它。

〔2〕　Cornford, *Plato's Cosmology: The Timaeus of Plato*, pp. 210-19. 关于毕达哥拉斯学派，参看 Sambursky, *Das physikalische Weltbild der Antike*, pp. 44-73；关于柏拉图的物理学，同见上书, pp. 414-15.

正是柏拉图自己提醒我们注意他的创世故事的思辨本质：这只是个"可能的神话"。即使将其当真，它所描述的宇宙也仅仅是对"生命体"的不完满的模仿。[3]这个宇宙的"灵魂"与"身体"都是尽可能按照数学原则建构的。数学实体（尺度与数）存在于理念［εἶδος］的领域和感觉［αἴσθησις］的领域之间，由于分有这两者而作为两个领域的中介。"世界灵魂"也同样如此，它是不变的理念和可变的事物或机缘的中介，联结"同""异"和"存在"这些纯理念。后期柏拉图认为，这些纯理念是由"理念的数"来表达的，这些"理念的数""穿过"所有理念，生成理念之间的秩序（τάξις）与关联（超越了被计算的"可感的"数和进行计算的"数学的"数）。[4]"世界灵魂"要求世界是个球体，要求行星以圆形轨道运行，要求运动要注入灵魂［besouled motions］。而"世界身体"则要求要有四种物质元素，其中两种元素保证其形状（土）以及外表或亮度（火），另外两种元素要调和那些只存在于立方体［a^3, a^2b, ab^2, b^3］中的和谐部分。[5]这四种元素的立体度量的性质，确保了宇宙的"体"（十二面体）最接近于球形。

33

---

〔3〕　Plato, *Timaeus* 30c-31a, 参见 Cornford, *Plato's Cosmology*, pp. 39-40。

〔4〕　关于柏拉图区分"理念的数""数学的数"和"可感的数"，参看 Klein, *Greek Mathematical Thought and the Origins of Algebra*, pp. 79-99, 特别是 p. 91。克莱因基本追随斯登泽尔［Stenzel］和贝克［Becker］的判断（Stenzel, *Zahl und Gestalt bei Plato und Aristoteles*），关注柏拉图后期对话中"理念的数"的重要性，然而不同的是，克莱因纠正了斯登泽尔和贝克对"数"的含义的解释。在柏拉图后期思想中"理念的数"和《蒂迈欧篇》中的"世界灵魂"，都是由"同""异"以及"存在"原则构成的（《蒂迈欧篇》35a）。然而康夫德（Cornford, *Plato's Cosmology*, p. 64 n. 2）提醒我们：灵魂和"数学的数"之间的联系只是推论性的，因为我们只是从亚里士多德的论题（《形而上学》A6.987b14ff.）中才得以知晓，"理念的数"这个理论是柏拉图的后期理论。

〔5〕　Cornford, *Plato's Cosmology*, pp. 46-47；康夫德的论点追随希思：Heath, *A History of Greek Mathematics*, 1：305-306（和脚注 2）。

简而言之，与毕达哥拉斯学派不同的是，柏拉图并没有宣称宇宙就是数、形或理念，而是主张宇宙最大程度地具显这些数、形或理念。这就像一幅图画被转译成了另一种介质一样；如果按照"自然"这个诗性术语的源初意义来表述"自然"，那么"自然"只是对真实的"隐喻"，是在数学的中介下，将意义从一种介质"搬运"到另一种不完满的介质上去。完满的介质是不变的理念世界；不完满的介质则是物质（混沌），是变化与生成的王国，它必将被德穆革（demiurge）"劝服"，从而采用一种理智的数学化结构，而这种结构既与其本性冲突，又与"必然性"冲突。自然抗拒彻底的数学化。[6]

34　　所有这些都让亚里士多德、斯多亚派和原子论者拥有了充分的理由抛弃将宇宙彻底数学化的规划。亚里士多德不但反对柏拉图后期的这个理论（《蒂迈欧篇》中没有这个理论），即认为"理念的数"可以穿过"种"[genera]；他也不觉得在隐喻意义上运用数学有什么好。亚里士多德之后，人们认为数学思考至多只能运用在天文学或静力学中，用来描述完全规则的运动或是均衡状态。"变化"是物理学、化学和生物学的核心，而若要将"变化"数学化，那将只能以牺牲同义性或精确性为代价。数学与研究变化的科学之间的关系，无论是在那些试图发现两者关系的人，还是那些拒绝承认两者有关的人眼中，都曾在很大程度上只是一种象征性的关系。直到中世纪末期，静力学与天文学仍是

---

〔6〕　*Timaeus* 48a（"理智"驾驭"必然"）。康夫德将德穆革等同于"理智"，同时也将必然（或机缘）等同于"世界灵魂"：后者是"被劝服"的一方（Cornford, *Plato's Cosmology*, pp. 160-76）。不过在此我们不深究"必然"究竟是物质的、混沌的抑或同样也是（非理智的）"世界灵魂"的属性，这些在本书中无甚差别。

唯一被彻底数学化的科学；甚至当人们已经知晓天文学并不能提供因果—力学解释的时候，它至少仍然能够"拯救表象"。某些原子论者似乎走得更远，他们挑战了现存的数学论证本身的有效性。[7]

　　因此，数学化的思考更适用于世界的结构，而不适用于世界的过程，更不适用于建构世界。在大部分古代和中世纪的自然哲学家看来，用数学讨论变化问题（所有变化，包括运动）是最不精确的。亚里士多德和亚里士多德主义传统认为，研究变化的数学科学不仅缺乏精确性，是异义性的，而且更是一种彻头彻尾的范畴谬误。数学对象是从所有物理学属性中抽象出来的对象，而物理学首先是研究变化的原因的知识。[8]只有在 14 世纪的某些小圈子中，或者直到 16、17 世纪，"关于运动的数学科学"才不再是个自相矛盾的术语。这种转变不单发生在物理学中：数学自身在实质上和理念上也发生了变化，数学本是理念实体及其诸性质的一项"总和"［inventory］，转而变成了一门"语言"。开普勒就是个例子。通过研究宇宙的结构，他设想出了这样一个宇宙，这个宇宙能够极为和谐地身处毕达哥拉斯—柏拉图主义传统中，并且这种开普勒式的宇宙设想继续活跃于神秘—神智学思辨、12 世纪夏特尔学派［school of Chartres］的诗化宇宙论和文艺复兴时期的秘术传统中。在《蒂迈欧篇》中，柏拉图讨论（并抛弃）了认为"五个世界"中的每一种都有一个规则的形体的理论，该理论

35

────────────

〔7〕　伊壁鸠鲁主义者芝诺尤其值得注意。关于芝诺，参看 Fritz, Pauly-Wissowa, *RE*, ser. 2, vol. 19, coll. 122-27（Zenon von Sidon），特别是 pp. 125-27。
〔8〕　Aristotle, *Physis*, B8.193b22-194a6；Γ1.200b12（自然［φύσις］是运动与变化原则）。关于物理学中的数学论证，参见下文第五章第二节：一至二。

被后来的许多古代评注者们解释为存在五个宇宙区间。[9] 开普勒则用这五种规则的形体来解释行星之间的距离，并使它们和谐的比例由球体之间的乐律来证明。然而，当需要计算被椭圆的半径扫过的面积时，开普勒运用并加强了另一种数学传统。稍后我将讨论对数学的这种新运用是如何出现的，它使一种全新且可行的数学化的理念在后来成为可能。

二、无同质性的非异义性：亚里士多德

亚里士多德自然哲学的核心，就是要寻求一种对自然的非异义性的描述，这种自然哲学在 13 世纪被经院主义者以所谓"接受"亚里士多德的名义吸纳了进来。在建立人类知识谱系学的第一部分中，福柯最主要的缺陷就在于他混淆了"非异义性"理念与"同质性"理念，以及它们各自独立的历史轨迹。17 世纪并没有产生用别的精确术语替代"相似性"的要求。亚里士多德的自然哲学（自然而然地变成了中世纪的物理学和生物学），如同福柯所引用的任何一位 17 世纪或 18 世纪的生物学家那样，坚持一种非异义性的科学语言。比较和定义（而非相似性），详尽且非异义地描述着自然。在亚里士多德的术语中，要对任何一个实体进行详尽的定义，就要定义最接近的种加属差。为了能够详尽地、非异义地通过定义来给宇宙实体分类，亚里士多德采取了一种预示性的形而上学假设：也即，没有任何一种"属差"能够出现在多个"种"中。换句话说，亚里士多德"先天地"就知道，不可能存在一片能思考的金属（比如计算机）或是一块具有社会倾向的

36

---

〔9〕　Plato, *Timaeus* 55c-d; Cornford, *Plato's Cosmology*, pp. 219-21. 我不知道开普勒是否清楚这项区分，或者他是否了解后来的解释传统。

石头。[10] 的确，一些概念（特别是"存在"概念）本质上是异义的；因而科学家的任务便是转化这种异义性，要么（通过定义更多的专名）使"异义的"转化为"单义的"，要么通过精确地发掘"存在"的多重意义（这些意义"既异又同"），使这种异义转化成一种系统性的异义（类比）。[11] 与认为"可以按照一种非异义性的概念等级将自然进行分类"的假设相反，亚里士多德绝不假设自然是同质的。相反，他认为宇宙是各种形式之间的等级秩序，具有不同的性质，这些性质使宇宙中不同的地区具有不同的特征。亚里士多德的"自然"［nature］是由"自然之物"［natures］组成的阶梯型结构。

自然现象受到不同类型的"原因"或原理主宰。这些原因与原理有许多，并且它们在自然的每一部分中都是不同的，尽管它们的数目"若无必要，不应增加"。[12] 科学同样也不可能比它的

---

［10］ Aristotle, *Topics* z6.144b13ff.; *Metaphysis*, Z12.1038a5-35；关于亚里士多德理论的发展，参看 Nacht-Eladi, "Aristotle's Doctrine of the *Differentia Specifica*; and Maimon's Laws of Determinability", pp. 222-48。然而，亚里士多德允许对不同的（非从属的）"种"之间的具体不同做类比；比如鳞之于鱼类，羽毛之于鸟：*De parte animalium* A.644a16ff.。这与在数学中可以进行的"类比"（即比例）密切相关（并且这可能是后期亚里士多德转向"中心意义"学说的原因）。参见脚注［11］以及下文第五章第二节：二。

［11］ Aristotle, *Metaphisis*, A7. 1017a8-1017b6；E2.1026a33-1026b267；Z4.1030a29-1030b13；Owens, *The Doctrine of Being in Aristotelian Metaphysics*, pp. 49-63；以及下文第五章第二节：二。关于亚里士多德（后期）可能持有某种"中心意义"（比如关于"一""善好"和"存在"）学说，参看 Owen, "Logic and Metaphysics in Some Earlier Works of Aristotle", 收入 *Aristotle and Plato in the Mid-Fourth Century*, Dühring 与 Owen 编, pp. 164-70；Patzig, "Theologie und Ontologie in der 'Metaphysic' des Aristoteles", pp. 185-205。与之相反的观点，参看 Leszl, *Logic and Metaphysics in Aristotle*, pp. 135ff., 482ff., 530-39。

［12］ "简约"［parsimonny］：Aristotle, *Physics*, A4.188a15-18；A6.189a16（反对阿那克萨哥拉）。"单纯性"［simplicity］：*Metaphysics* K1.1059b34-35。参看下文 p. 142。

主要研究对象更一致；从一种科学方法向另一种科学方法的转换
（将一个"种"转换成另一个"种"［μετάβασις εἰς ἄλλο γένος］）
只会导致范畴谬误。[13] 如我们所见，亚里士多德的"范畴谬误"
37 禁令实际上是对柏拉图的批评：批评柏拉图对至高无上的科学
（辩证法）的迷信，柏拉图为确保理念之间的秩序与联结而设
定的"理念的数"，以及柏拉图将宇宙几何学化的做法。这项反
对"转换"［metabasis］的禁令，既与 17 世纪关于"统一的科
学"的理念相对立，又与对这种理念的实践（即试图将力学原理
运用于所有类型的学科）的行为相反。亚里士多德仅仅把逻辑看
作科学的工具［*organon*］；由于他将"自然"看作各种性质（自
然之物）之间的等级秩序，因此，亚里士多德的逻辑学便首先是
一种谓词逻辑。完备的科学命题必须服从 SεP 的图式，诸多推理
原则便取决于谓词的范围以及它们在命题中与主词（实体）的关
系；"质料""形式"与"缺失"既是本体论样式，也是逻辑学
样式。[14] 这就是亚里士多德主张的"无同质性的非异义性"所
具有的不同内涵，或者更准确地说，他同样也主张"自然的异
质性"。

----

[13] Aristotle, *Analytica poster.* A7.75a38-75b6。亚里士多德的这项禁令直接针对
柏拉图将数学视为一种普遍方法的观点。关于这项禁令的各个方面及其后来
在中世纪的发展过程，参看利维希的透彻研究：Livesey, "Metabasis: The
Interrelationship of Sciences in Antiquity and the Middle Ages", 特别是 pp. 1-50。
也参看 Scholz, *Methesis universalis: Abhandlungen zur Philosophie als strenge
Wissenschaft*, p. 37 和 n. 25（同质性的假设）。关于允许在"种"之间进行类
比的"比例学说"，看看上文脚注〔10〕以及下文第五章第二节：二。

[14] Aristotle, *Metaphysics* A2.1069b32-34："原因有三种，本原也有三种，有两
个是相反的，其中一种是原理［λόγος］或形式，另一种是缺失，第三种是
质料。"［中译采用：《形而上学》，苗力田译，第 244 页，中国人民大学出
版社，2003 年。——译者］关于"缺失"［privation］，参见下文第六章第一
节：四。

三、同质性与力：斯多亚派

与亚里士多德相反，斯多亚派和原子论者主张宇宙是同质的；虽然斯多亚派物理学探寻的是"力"，而原子论物理学只寻找动力因。亚里士多德通过定义"固定的性质"，使"形式"能在等级秩序中得到定义；斯多亚派通过"主动的力"来解释事物的多样性；[15] 原子论者则通过将所有原因都还原为"运动中的原子"来解释运动。对于斯多亚派而言，事物中每个不连续的部分、每个可定义的物体，都由其中具有内在关联的各个部分之间的"张力"[τόνος] 凝聚在一起；[16] 而所有的力都存在于那"一且同一"[one and the same] 的力渗入并统一万物的一瞬间："普纽玛"[Pneuma]。普纽玛既是神圣的，也是世俗的，既是精神的，也是物质的。它就是神，它通过计划而主宰世界，因为它使世界由"不可见的同情的纽带"联结在一起。同时它就是事物，因为存在着的万物只有作为事物才能存在。[17] 这条整合原则必须不能与其

38

---

[15] Sambursky, *Das physikalische Weltbild*, pp. 217-19；Lapidge, "Stoic Cosmology", 收入 *The Stoics*, Rist 编, pp. 161-85, 特别是 pp. 163-65（质 [ποιόν] 和无质的 [ἄποιος]）；Todd, "Monism and Immanence：The Foundation of Stoic Physics", 同上, pp. 140-41；Pohlenz, *Die Stoa, Geschichte einer geistigen Bewegung*, 1：67-69, 2：38（芝诺的两种"本原"[ἀρχαί] 取代了亚里士多德的"逻各斯 / 原理"[λόγος] 与"质料"[ὕλη]），39（正如"普纽玛"取代了"德穆革"；Cicero, *De natura deorum* 1.35）。

[16] Sambursky, *Das physikalische Weltbild*, pp. 187-89；Lapidge, "Stoic Cosmology", pp. 173-77. 我们对斯多亚派物理学的理解的进展，主要有赖于桑布尔斯基 [Sambursky]，这一点比照坡伦兹 [Pohlenz] 的研究就能看出来，坡伦兹并没有认识到"张力"[τόνος] 所处的中心地位，更是完全未曾提到它。

[17] Pohlenz, *Die Stoa*, 1：65-66, 2：37-38；Rist, *Stoic Philosophy*, pp. 153ff.；Todd, "Monism and Immanence", pp. 140-41；D. E. Hahn, *The Origins of Stoic Cosmology*, p. 10. 哈恩的著作讨论的是斯多亚派与伊壁鸠鲁派对"物体"[body] 的定义，即物体是在阻力下向三个维度延伸的东西。

所整合的事物分离。普纽玛完全渗入事物之中，因而其自身必须是质料、主动的质料，它必须足够精微，以渗入一切事物之中，并赋予一切事物以生命。实际上（作为质料的普纽玛和由它所激活的物体）这两个物体能够或者说必须要占据同一个位置，以整合成一个"连续统一体"[18]：这种主张偏离了亚里士多德主义（和原子论）的"神圣原则"，即两个物体不能占据同一个位置。嵌入虚空之中的宇宙[19]成了一个类似于有灵魂的［quasi-animated］、有机的、有目的的整体：它是个神圣的物体，其中每个部分都反映并指涉其他部分，整体就是各个部分的目的与目的因。斯多亚的宇宙便充满隐秘的、被赋予的意义，以及事物的相似性。例如，斯多亚派的"宇宙的同情"学说，为魔法和天文学提供了前所未有的绝佳理论基础。

　　科学语言虽然仍可以较为精确地描述宇宙，但只有当它致力于陈述事实与事实之间的联系，而不是关注主语及其谓词时，这种描述才是精确的。斯多亚派的逻辑学主要是一种命题逻辑，它关注于语言本身的连贯性。事实上，正如一个术语只有通过命题的关联才

─────────

〔18〕 SVF2：467＝Simplicius, *In Aristotelis phys...comm.*, Diels 编, p. 530："一个物体进入另一个物体，占据它的空间，古人认为这种说法明显是无稽之谈；而后来的斯多亚派却将其提出，遵循他们自认为需要设法证实的假说。"这种关于"物体"的阐释，后来到了新柏拉图主义学园中便转化成了解释光（光是一种物体，并且或许是所有物体中最初产生的物体）为什么可以与所有物体相合［coincide］，并且可以如同空间一样容纳这些物体：Proclus ap. Simplicius, *In Aristotelis phys. comm.*, p. 612.32。当然，光在某种意义上也是同质的。参见下文第二章第四节脚注〔22〕。

〔19〕 然而在宇宙中也可能没有"虚空"：SVF 2：546（第欧根尼·拉尔修）。参见 Sambursky, *Das physikalische Weltbild*, pp.337-49；Lapidge, "Stoic Cosmology", pp. 173-78；Rist, *Stoic Philosophy*, pp.173-78；E. Grant, *Much Ado about nothing: Theories of Space and Vacuum from the Middle Ages to the Scientific Revolution*, pp. 106-108。Bloos, *Problem der stoischen Physik*, pp. 45-50。

能获得它们准确的意义（整个命题是表示一个意义［λεκτόν］单元的符号），命题也只有在话语的关联中才得以明晰，因而各种意义实际上都是一条巨大的命题链的一部分——是逻各斯本身。[20]

狄尔泰最先意识到斯多亚派的自然哲学对 17 世纪思想的影响，他曾指出，伊壁鸠鲁主义与斯多亚派将柏拉图—亚里士多德的普遍与特殊的关系，转化成了整体与部分的关系。[21]斯多亚派向来认为，整体大于它所有部分的总和。在斯多亚派思想的所有分支中，无论是在逻辑学、伦理学、感知理论，还是物理学中，他们都热切地关注于探寻"关联"［contexts］。[22]原子论的观点则与之相反，整体不外乎是各个部分的总和。

四、摒弃目的因：原子论者

将宇宙机械化的各种观念所共有的主张，就是要废除目的因，而最明确地声援这项主张的人就是古代的原子论者。不过这并不是说，目的因在早期物理学中完全消失了：任何合格的亚里士多德阐释都不可能认识不到，亚里士多德的名言"自然总是向着某个目的"既不能被解释成自然中的每个物体都有意识地行动或是有意识地被作用，也不能理解为一个造物主主宰着所有物体的行为。在月球附近的领域（即土、气、火、水四种元素的领域），亚里士多德只把运

---

〔20〕 Mates, *Stoic Logics*, pp. 15-19；Pinborg, *Logik und Semantik im Mittelalter: Ein Überblick*, p. 32.

〔21〕 Dilthey, *Weltanschauung und Analyse des Menschen seit Renaissance und Reformation*，收入 *Gesammelte Schriften*, 2：316。

〔22〕 关于斯多亚派的"亲缘性"［οἰκείωσις］概念，参看 Pohlenz, *Die Stoa*, 1：57f., 84, 113, 190, 253f., 345, 358, 397；Schwarz, *Ethik der Griechen*, pp. 202-208 以及 n. 17。关于感知理论，参看 Sambursky, *Das physikalische Weltbild*, pp. 206-13。

动与混合作为原因，而他的月下物理学则受到动力因的主宰。在他对自然运动的定义（即认为运动是沿着一条直线、趋向一个物体中起主宰作用的元素的合适位置，也即朝向中心或是远离该中心的合适位置）并不比牛顿声称的"物体具有保持静止状态或是匀速直线运动状态不变的倾向"这种论断包含更多的万物有灵论成分。除了在亚里士多德那里所有月下的运动（不管是自然运动还是受迫运动）都有个终点之外，这两种主张在追问原因时都摒除了同一类运动。只有在天体领域，亚里士多德才认识到一种"理智时刻"，它实现了第五种元素永恒旋转的自然倾向：所有天体都受到一种倾向的驱动，即要去模仿绝对自足的第一推动者。即使在这里，"目的"也并不是一个完全恰当的术语，因为天体的运动只可能是这样。[23]

　　然而在古代，摒弃目的因或目的的观点，只有在原子论物理学和宇宙论中才得到了彻底的宣告。我们都记得，原子论是一种普遍探索性的原则，它不允许任何例外。不但我们所见或所感的周围的世界是由原子和原子的集合构成，而且我们能够想象的实体只有原子与空间。最早期的原子论者从巴门尼德独一无二的"存在"中辩证地发展出了他们自己的学说。他们的原子只是巴门尼德所说的无差别、不灭、不变、单个的"存在"的微缩版；他们只有一点与巴门尼德相反，那就是：原子论者主张存在着数目繁多、形状各异

---

〔23〕"必然"便是非如此不可；亚里士多德虽然并未区分"逻辑的"必然与"物理的"必然，但他确实区分了"绝对（或单纯）必然性"和"假言必然性"（下文第三章第二节脚注〔62〕）。"永恒且不动"的最初推动者是绝对必然性；那些像旋转着的天体那样"能够具有一种以上的状态"［ἐνδέχεται πλεοναχῶς ἔχειν］的事物，至多只能属于假言必然性。如果地球运动是"将是"［to be］的话，那么天体的运动则是"必是"［must be］（例如 De generatione B10.336b38-337b15）。而天体由"欲望"推动，这同样也不是一种目的论结构（其中结果要先于原因），而是一种共时性的因—果关系。

的原子，以便解释差异与运动的原因，因而这些原子也必须被置于空间中，置于一种"被赋予了某种存在的非存在"之中。[24]同样，除非我们把灵魂看作具有一种质料更纯净、更精微（这种特性能够使组成灵魂的原子在物体中迅速运动到任何地方）的原子，否则灵魂也是不可思的。至于诸神，德谟克利特有时试图在幻觉或梦境中确定他们的形象。伊壁鸠鲁则假定真正存在着的神会散发或放射出一种连续的流溢物，这种流溢物作用于我们（类似于质料）的精神上，因为我们的精神在质料上接近于它们的形象［εἴδωγον，simulacrum］。[25]这必然会导致这样一种结论（至少对于伊壁鸠鲁而言）：诸神正如他们在幻觉与梦境中所显现的那样，是人形的。

"目的"既部分又整体地主宰着斯多亚派的宇宙，这种宇宙确实完全是目的论的。原子论的宇宙则与之相反，他们的宇宙完全受"机缘"主宰。但原子论者却并非古代世界中唯一试图规整自然目的论思考的思想家，同时他们日后的影响，即便到了17世纪也并不深远。他们的宇宙论完全无法放到任何神学框架中；而他们的物理学也并不承认真正的力的存在。我将在下文讨论为什么原子论的诸原则几乎都未能得以留存。

但是其他两种关于自然与科学的模式，亚里士多德主义和斯多亚派，轮流决定着中世纪和文艺复兴时期科学与自然的图景。经院哲学的宇宙是亚里士多德主义的；文艺复兴时期的自然哲学家的宇宙则实际上是某些零星部分通过原子论矫正过的斯多亚派的宇宙。前者追求"形式"，后者则探寻"力"。前者认为首要任务是净化科学语言中所有模棱两可之处——到了唯名论革命时则更是有过之而

41

---

［24］ 上文第一章第三节脚注〔4〕。
［25］ 下文第二章第三节脚注〔7〕。

无不及。另一方面，文艺复兴时期的自然哲学家废除了对语言的迷恋，推进了自然的同质性理念，认为自然在其所有部分中都完全同质，这种自然是由一种质料和一系列力所构成的。直到17世纪，这两种理念才融合成了一个理念：一种运用非异义性的语言来进行言说的科学，通过这种语言，科学言说着对象，并将被言说的对象统一起来。无限的欧几里得空间就是这两种模式的具现与象征。

然而，甚至当这些理念与其他理念融合成一种科学理念的时候，他们也创造了各种张力（与上文中提到的康德所认识到的张力不无相似）。17世纪的某些科学争论（也即笛卡尔和莫尔关于物体与空间的争论，或莱布尼茨和牛顿关于空间与力的本质的争论）能够在其所涉及的科学理念之间的张力的背景下，特别是在那些"非异义性理念"与"同质性理念"之间的张力中得到很好的说明。历史地考察这些理念自古代以来的不同发展轨迹，或许能够阐明它们在早期近代不同的科学观中是如何相迎合与相碰撞的。这也可以解释神学与物理学为何以及如何在17世纪空前绝后地亲近。我们将继续追踪这两种冲动（即向着单义性的冲动和向着同质性的冲动）在后来的命运，而我们首先界说的例子就是：上帝的"无所不在"和上帝的"身体"。

42

第三节 上帝的"具形性"与上帝的"临在"简史

一、对"上帝的身体"的拒斥

中世纪基督教神学为何憎恶所有用来表述上帝的"具形性"的谓词呢？关于这个问题，人们首先想到的答案既不精确也不充分。的确，基督教会从犹太教中继承了对偶像崇拜与神人同形论的"形象"的恐惧。异教在中世纪并非一段遥不可及的历史回忆，它隐匿地活跃在乡村中。同时，教会的确也从犹太教与希腊的救赎宗教中，继承了"有罪的肉身"与"纯粹的灵魂"的对立。基督教宣称自己是"精神中的以色列"。然而，如果认为上帝真有身体，那么这些主张就不太会消失。教父神学与17世纪哲学一样，都充分注意到了希腊哲学对神的身体的解释，这些解释剥离了神的任何确定的形体［μορφή］，而只剩下了质料［ὕλη］实体，这种实体比任何寻常的身体都更精微，因而它更有利于精神。然而，所有这些观点为何最终都遭到了拒斥呢？

　　为避免别人说我们只对抽象的可能性感兴趣，我们可以考虑例如德尔图良对"上帝身体"的辩护："除非是物体，否则无物存在。存在的万物，都在其种［genus］上是物体：没有无具形的东西，除非它不存在。"[1]这种论调让我们想到了霍布斯，或者更接近于此的斯多亚派与原子论者。"谁能否认上帝是物体呢，尽管上帝是灵？因为灵在其种上也是某类物体。"[2]显然，德尔图良反对亚历山大里亚释经学派对基督论的极端普纽玛化。取消上帝的 *43*

---

〔1〕　Tertullian, *De anima*, 7: "Nihil enim, si non corpus. Omne quod est, corpus est sui generis : nihil est incorporale, nisi quod non est." 这是一条斯多亚派的定理；参看 Zeller, *Die Philosophic der Griechen* 3: 1, pp. 119f.; Rist, *Stoic Philosophy*, pp. 153ff.; 上文第二章第二节：三。

〔2〕　Tertullian, *Adversus Praxean* 7: "Quis enim negaverit, deum corpus ess, esti deus spiritus est? spiritus enim corpus sui generis in sua effigie." 另一方面，德尔图良坚持认为质料是由上帝创造的，这或许是指不那么精微的质料。灵魂同样是质料（*De anima* 6）。这一点引起了16、17世纪无数诠释者的关注。"一心要用我们的眼睛去发现上帝的这种狂妄，致使我们这个时代的一名大人物给神性塑造了身躯"，Montaigne, *Essais*2.12, p. 589 ［中译采用：《蒙田随笔全集》（中卷），马振骋等译，第209页，译林出版社，1996年。——译者］; Bayle, *Dictionnaire historique et critique*, Beuchot 编, s.v. Simonides（引用 Daillé, *Du vrai usage des pères* 2.4); *Pierre Bayle Historical and Critical Dictionary*, *Selections*, Popkin 编, pp. 277-78。

"身体"，或许将导致对上帝的"情感"（忿怒、同情与公义）的拒斥；而若没有这些"情感"，上帝将无法与人沟通。"我主张：除非上帝也具有人的感觉与情感，否则他无法与人遭遇。"[3]上帝为了"适应""人之庸常"[mediocritas humana]，就必须以人的形式显现；上帝将自身下降到人的水平，正是为了使世人提升到他的高度。[4]但为了使"道成肉身"成为可能，上帝似乎必须首先具备一些物理属性：一个最精微的身体。德尔图良对"灵"的"具形性"的辩护，事实上如此接近"spirit"一词在《圣经》（*ruach*, *neshama*）中和希腊语中（πνεῦμα）的语源和形象。但是，他的这种主张为何没有在基督教神学中扎下更深的根基呢？

让我们回顾一下除此之外的各种其他可能性，也即在克塞诺芬尼[Xenophanes]摧毁性地批判神人同形论的诸神形象后，希腊人为辩护诸神的"具形性"而设想的各种模式。斯多亚派和伊壁鸠鲁派这两种模式都影响了德尔图良，并继续影响着日后在17世纪为上帝的"身体"辩护的人。斯多亚派以他们自己的方式，把自爱奥尼亚的自然哲学家[φυσιολόγοι]以来希腊哲学的一种最古老的冲动（即想要证明世界"充斥着诸神"[5]、想要通过使诸神

[3]　Tertullian, *Adversus Marcionem* 2.27.1, p. 505："……我主张：除非上帝也具有人的感觉与情感，否则他无法与人遭遇，虽然他的威力因此减损，而人之庸常无力承负，但出于谦恭（这一并非荣耀他，却为人所必需之荣耀），由此荣耀归于他，只因除人的救赎外，再无更为荣耀上帝之物。"也参见 *De paenitentia* 3.9, p. 325（人之庸常）；同上，6.1, p. 329（我们之庸常）。

[4]　Tertullian, *Adv. Marc.* 2.27.7, p.507；Funkenstein, *Heilsplan und natürliche Entwicklung: Formen der Gegenwartsbestimmung im Geschichtsdenken des Mittelalters*, pp. 25-27；以及下文第四章第四节：二（适应）。

[5]　Thales, *Aetius* 1.7.11；Kirk 与 Raven 著，*The Presocratic Philosophers*, pp. 93-97；Cornford, *From Religion to Philosophy: A Study in the Origins of Western Speculation*, pp. 127-29（泰勒士），134-36（作为神性的自然），144-59。关于斯多亚派，参看 Todd, *Alexander of Aphrodisias on Stoic Physics*, p. 140。

"去人格化"而神化自然的冲动）系统地表述了出来。早期希腊宗教的发展过程或许恰好相反。[6]为了反对将自然神圣化，原子论者（特别是自伊壁鸠鲁以来）更倾向于为神人同形论的诸神形象作辩护，例如诸神是人形的，或是具有人的习性。晚期原子论者为神人同形论辩护的目的就在于要架空上帝"临在"的世界，或者说实际上是要架空诸神的主宰，这样才能使人从对诸神的畏惧中解放出来。[7]

我们知道，原子论的产生是为了反叛一种悠远的希腊思想传统，这种思想传统自从克塞诺芬尼以来就试图使诸神去除神人同形化。伊壁鸠鲁的诸神是人形的，它们的形象是由我们产生的。然而他们的身体是由原子如此精微地组成，以至于他们绝不可能与更粗糙的物体或日常世界产生相互作用。因而诸神的居所（在物理学与方法论上）是在天上［intermundia］的：处在类似于我们的宇宙那样的、无限多的、更稳固的宇宙空间中。在那里，诸神过着自足、幸福与永恒的生活，这种生活是我们效仿和欣羡的典范。诸神不仅具有形状和身体，而且诸神的身体是人形的，因为再没有任何比人形更高贵、更美的形体了；诸神甚至需要进食，当然诸神的厨房比我们人类最好的厨房还要好。[8]因而，如果认

44

---

〔6〕　Murray, *Five Stages of Greek Religion*, pp. 8-37, 特别是 25ff.；Cornford, *From Religion to Philosophy*, pp. 101-102。

〔7〕　对伊壁鸠鲁神学的这种解放目的的一般讨论，参看 Bailey, *The Greek Atomists and Epicurus*, p.83；Strauss, *Spiniza's Criticism*, pp. 2-46；W. F. Otto, "Epikur," 收入 *Die Wirklichkeit der Götter*, pp. 10-43。

〔8〕　在这些反对传统诸神的抨击中，也包含了伊壁鸠鲁对哲人们（柏拉图、亚里士多德和斯多亚派）提出的"星体诸神"［astral gods］和"世界灵魂"的抨击，这一点已经由费斯蒂耶尔证明了，参看：Festugière, *Epicurus and His Gods*, Chilton 译，特别参看 pp. 73ff。在该文本中，我们同样也应看到原子论者的论证，他们反对把球体视为最完满的形状（上文第二章第二节脚注〔1〕）。

为宇宙全无任何目的［τέλος］或计划，同时又要保存人类的自由
与尊严，那么必将存在多个神，诸神是自足的、不动的，完全居
于我们的世界之外。

伊壁鸠鲁的神学永远无法靠小修小补来迎合基督教的需要，
个中缘由显而易见。"伊壁鸠鲁主义者"和那些否认上帝"神意"
的人成了同义词。而他们赋予神以人形的做法，更无异于火上浇
油。但斯多亚派神学为何被基督教神学家拒斥？斯多亚派神学中
有那么多能够引入基督教的地方：斯多亚派的宇宙比亚里士多德
的宇宙更具目的论性质，更受神意的引导。事实上通过斐洛的逻
各斯和其他途径，斯多亚派的确在相当大程度上影响了基督教思
想。毫无疑问，亨利·莫尔［Henry More］复兴了斯多亚派神学
中的许多要素。可是，为什么斯多亚主义者不像柏拉图那样，从
来没有被基督徒称作"我们的"，也从来没有（像柏拉图那样）被
视为"对基督的预备"呢？答案首先在于，斯多亚派的"诸神"
与"神"所表达的都是一个赤裸裸的、直接被神化的自然。在基
督教和犹太教中，这种对"自然的神化"正是异教的真正本质。
而斯多亚派将"粗糙的神人同形论"与"将诸神完全等同于各种
自然力（甚至一种自然力）"之间的区别，视为只有程度上的不同
而已。事实上亚里士多德也承认了这一点；[9] 在斯多亚派擅长的
神话的哲学寓意中，也是这么认为的。然而还有一种更深层的原
因。曾有某段时间，基督教假设了一种非常接近于上帝身体的东
西：基督的身体。基督的身体是属天的身体［heavenly body］，它
与伊壁鸠鲁的诸神的身体不无相似之处。耶稣属神的身体［divine

45

───────

[9]　Aristotle, *Met.* Λ 8.1074a39-b15; Cornford, *From Religion to Philosophy*, p.
135. 基督教与犹太教的论辩中将对宇宙（元素［*elementa*］）的崇拜视为异教
的本质的著作，参见 Cumont, *Die Orientalischen Religionen*, pp. 186-88。

body〕已经引发了与异端的争论，他们攻讦基督教是一种神人同形论。[10] 同时，附加在基督身体上的意义又加剧了另一重危险。在经历了痛苦的论战后，中世纪做出的决定是，基督的身体已经在每一块圣餐中得到显现。通过吃进基督的身体，信徒变成了基督神秘的身体、教会的一部分。[11]"真实临在说"和"实体转化说"有时也借用阿维罗伊主义对"有限定的广延"与"无限定的广延"的区分：其中"无限定的广延"才是实体转化后，在面包与酒的偶性中改变的东西。这项区分也被莫尔和牛顿用来解释"维度"和"广延"的分别：上帝不会有维度，但必然有广延。[12]

承认物理的、平等的、同质的上帝无所不在地"临在"（不管其有没有质料实体），相当于把基督论相对化了（上帝可能同等地存在于每一个人中），也使得圣礼与教级制成了赘余。我要再次重申，我将思考的不仅是理论上的可能性。新生的巴黎大学在它新近获得的一种知性自由的感觉中迷醉。在这些欧洲的新晋知识分子看来，似乎所有的观念都可以拿来试用一下——至少若不依照教条的主张来考察，那就尚存争议，无法断定〔disputandi more, non asserendi more〕。贝那的阿玛力〔Amalric of Bena〕或许追随 *46*

---

〔10〕 Arnobius, *Adversus Nationes* 3.12-13，Marchesi 编："在此不要用犹太人和撒都该人的神话来反对我们，竟似乎我们也给我们的神赋予形式一样……诚然对于我们的神而言，没有能拘囿他的形式，而你们却用量度人的尺和线来量度神，且更不敬的是，你们用地上的形体来拘囿他于有限之内。"

〔11〕 Pelikan, *The Christian Tradition: A History of the Development of Doctrine*, III; *The Growth of Medieval Theology (600-1300)*, pp. 184-204；R. Seeberg, *Lehrbuch der Dogmengeschichte*, 3：208-18（泽贝格的新教偏见从第 210 页开始便显露出来："再没有什么比自 1059 年以来罗马教会的规则对圣餐学说的历史更具灾难性了。"）

〔12〕 A. Maier, *Studien zur Naturphilosophie der Spätscholastik*, 1: *Die Vorläufer Galileis im 14. Jahrhundert*, pp. 26-52（"'质料的量'问题"）。更深入的文献参看下文第二章第四节脚注〔11〕。

爱留根纳［Johannes Scotus Erigena］的泛神论路线，主张上帝是世界形式［*forma mundi*］，是万事万物的真正本质。这种观点仍然可以给出一种无伤大雅的，甚至是亚里士多德主义的阐释，不过请看它们引发的后果。阿玛力和阿玛力主义者否定所有肯定宗教［positive religion］的优点。上帝存在于我们所有人之中，而那些知晓它的人则更有福。只有真正的哲学才能够救赎，并且它将一视同仁地救赎犹太人、基督徒和穆斯林。阿玛力主义的反对者们则说："比起说上帝是存在于石头之中的石头、存在于高迪努斯［Godinus］之内的高迪努斯，更为荒谬的是，高迪努斯必须被顶礼膜拜（而不只是受人敬仰），因为他是神。迄今我们相信上帝之子的道成肉身：但现在他们所宣讲的，却是高迪努斯附体的基督。"（高迪努斯是个极受欢迎的阿玛力主义布道者。）[13] 阿玛力主义的当代代表，迪南的大卫［David of Dinant］，甚至主张上帝是一种世界质料［*materia mundi*］，这种质料是存在于所有实体（精神实体和质料实体）之下的那种东西。[14] 由于阿玛力主义者遭受的迫害，还有他们蓄意为之的含糊，这些学说的细节至今已经难以辨清，他们主张这些学说的目的也难以明晰。然而，阿玛力主义者和迪南的大卫显然都属于这类人，他们在泛神论的引导下开始相信"神学的布道奠基于神话"［quod sermones theologi fundati sunt in fabulis］。[15]

　　我们只能从很少的一些记载中得知，泛神论、反对等级倾向和异教倾向之间的真实接近程度（甚至在乡村中）究竟如何。在

---

[13]　*Contra Amaurianos* 24. 5-6（最可能由罗什福尔的迦内里乌斯［Garnerius of Rochefort］所作），Baeumker 编，BGPhM（Münster, 1926），p. 24。

[14]　Überweg 与 Geyer 著，*Grundriss der Geschichte der Philosophie*，3：251；M. Kurdzialek, "David von Dinant und die Anfänge der aristotelischen Naturphilosophie"，见 *La Filosofia della natura nel medioevo*, pp. 407-16。

[15]　Denifle 与 Chatelain 著，*Chartularium Universitatis Parisiensis*，1：552（a.152）。

最近发现的威尼斯宗教裁判所的审讯记录中，我们就发现了这么个例子，说的是在 16 世纪一个半文盲的村庄中，一个磨坊主相信一种粗鄙的泛神论。[16]这个磨坊主秉着狂热的使命感到处布道，他宣称教会、教会的等级和教会的教义都是一种服务于其自身目的的欺骗。我们所有人在同等程度上都是神；宇宙在一个巨大的奶酪轮中，圣灵与天使是奶酪中的蛆虫。只有通过这种知识才可能获得救赎。为了反对这种蔓延于欧洲中世纪的潜在异端论调，最审慎的做法就是：禁绝所有创造性地阐发上帝的形状或上帝的身体的观点。

二、"全在"的发端

的确，"对自然的神化"被视为异教的精粹，而基督论所关心的就是要强有力地禁止泛神论甚至是泛神论的倾向。但基督教毕竟在一种意义上保留了上帝的"身体"。上帝在万事万物中的"临在"在基督教神学中比在古犹太教中的地位更根本——（后来的）喀巴拉［kabbala］则是个例外。我并未遗漏《圣经》段落中"上帝荣耀充满世界"的形象，也并非没有注意到自早期拉比文献以来，有许多提到上帝为"处所"［makom］甚至是"世界中的处所"［mekomo shel olam］的地方。我也并不主张说，它们必然体现了希腊哲学的影响。[17]然而回顾过去，我认为它们的意义已经得到了很多调整，以适应希腊哲学关于"内在性"的学说和基督

---

〔16〕 Ginzburg, *The Cheese and the Worms: The Cosmos of a Sixteenth-Century Miller*, pp. 4-5, 52-71, 102-108. 对流行的泛神论之历史的研究，很大程度上至今仍无人涉足。

〔17〕 透彻探讨参看 Urbach, *Ḥazal: 'Emunot vede'ot*［《圣人：学说与信仰》］, pp. 29-52（舍金纳［shechina］），53-68（处所［makom］）；也参看 Landau, *Die dem Raume entnommenen Synonyma für Gott in der hebräischen Literatur*, pp. 90-91；Marmorstein, *The Old Rabbinic Doctrine of God*, p. 143。

教关于"无处不在"的观念。[18]《圣经》中的各个段落都证实了，在上帝面前是无处逃遁的（例如《诗篇》第一三九首7—10行）。"Makom"一词或许被用于人与上帝之间相遇或是两者亲密无间的时刻，但这个词的源初意义却既非"空间"[κενόν]，也非"处所"，而是"居所"[19][abode]，正如 ma'on 一词（参见《诗篇》九十首1行）。"究竟上帝是尘世的居所[mekomo, ma'ono]，抑或尘世是上帝的居所？"这个常被人们理解错的问题，被置换成了："究竟上帝是尘世的附属[tafel]，抑或尘世是上帝的附属？"[20]

　　希腊世界的影响的决定性作用只在于如下层面：把上帝的内在性与超越性的辩证关系提升到了概念层面。由希腊—犹太哲学塑造、沿袭下来的不相容的上帝形象之间的张力，成了一个问题。最早系统地在哲学上调和这种张力的尝试，是由斐洛的逻各斯—形而上学提出的，它是所有试图调和两者的学说的原型。思维（词或数）既与思考主体相同，又不同于思考主体；当上帝完全超越于尘世时，他的逻各斯作为尘世的本质，创造了尘世并且渗入其中。[21]上帝超越于所有理解之上，他不在任何地方；

───────

[18]　艾贝尔森尤其如此，参看：Abelson, *The Immanence of God in Rabbinical Literature*, pp. 90-92；以及 Jammer, *Concepts of Space*, pp. 27ff.。詹莫尔不加区分地混同了"舍金纳"与"处所"在拉比、后拉比和喀巴拉中的意义。

[19]　Urbach, *Hazal*, pp.59-61（反对拜尔[Baer]和其他人的观点）。乌尔巴赫小心地不在这个词上附加任何哲学意涵，不过他有时会将"makom"称作"内在性"[immanence]。注意这个词在《以西结书》三章12节出现在日常祈祷用语中："从耶和华的所在[mimekomo]显出来的荣耀是该称颂的。"参看 *Pirke de Rabbi Eliezer* 4。

[20]　*Bereshit Rabba* 68.8，Theodor 与 Albeck 编，p.777。

[21]　Wolfson, *Philo: Foundations of Religious Philosophy in Judaism and Christianity*, 1: 230-38. 这种思维和思维主体之间的"有差异的同一"，就是普罗提诺为何拒绝将"思维"赋予"太一"[τò ἕν]，并将"思维"归属于努斯[voῦς]的原因（下文第三章第二节：一）。

然而作为逻各斯，上帝又无处不在。上帝就是包含他自身的"空间"，也是包含其他万事万物的"空间"，他"容纳着却并不被容纳"。[22] 在当代巴勒斯坦地区的拉比文献中，上帝的这种"内在性"方面被等同于上帝的荣耀［kavod］或俯就。至于舍金纳，人们有时这样表述："大地之上无处不有舍金纳"，[23] 但有时也有相反的表述："舍金纳从未下降，正如摩西与以利亚从不会上升至君主［emporaeum］，因为经上是这样写的：'天堂是上帝的天堂，他把大地给予人的子嗣。'"[24] 中世纪犹太教的宗教哲学几乎从不关注上帝的无所不在，[25] 也不将其列入上帝的首要属性（存在、意志、智慧）之中。新柏拉图主义传统当然总是将神的本质在万物之中建立一种很强的结构。只有在前喀巴拉和喀巴拉的秘传文献［sod］中，"无所不在"才处于中心地位——关于"没有上帝不在的地方"［Let'atar panuy mine］的观念。[26]

基督教传统却并非如此，其中上帝的"全在"并没有成为处于中心地位的神学教义。关于上帝的"全在"的确切历史，迄今还没有人写过。无论我认为"它更可能起源于希腊而不是起源于

──────────

[22] Philo of Alexandria, *De confusione linguarum* 136；*De somniis* 1.63-64, Whitaker 与 Marcus 编，pp. 328-29；Wolfson, *Philo*, 1：247；Urbach, *Ḥazal*, pp. 60-61；Grant, *Much Ado*, pp. 112-13。值得注意的是，不知从何时起，人们开始指责亚里士多德使神成了宇宙的"处所"：Sextus Empiricus, *Adeversus mathematicos* 10, Mittschmann 编，2：33。

[23] *Ein makom ba'arets panuy min hashechina*：*Numeri Rabba* 13；参看下文脚注〔26〕。

[24] "Tana R. Jose Omer：me'olam lo yarda shechina le mata, velo'alu moshe ve'eliyahu lamarom, shene'emar：'hashamayim shamayim la'adonay veha'arets natan libne'adam'"（诗篇 115-17）. *Babylonian Talmud*, Tr. *Sukka* 5a. 参看 Urbach, *Ḥazel*, p. 38 和上文脚注〔19〕。

[25] 首领拉比萨阿迪亚·本·约瑟［Sa'adia Gaon］是个重要的例外。而迈蒙尼德则将上帝的"居所"［shechina］阐释为上帝作用（即神意）的恒久性。上帝的"处所"意味着"分有存在的等级与强度"：*Guide to the Perplexed* 1.8；25。

[26] Zohar, *Tikkune hazohar* 57, Margaliot 编。

犹太教"这个猜测是否正确，在我看来，上帝如何"在万事万物中"存在的问题，比起其他任何神学问题，都更浓缩地体现了上帝的内在性与彻底的超越性之间的辩证法。"全在"这个属性必然不同于基督的"临在"和圣灵的"临在"，不过区别并不是特别大。这个属性必须小心地避免导向泛神论的阐释，同时也要远离那些由于过分强调上帝"不在任何地方"而摒弃"全在"属性的观点。同时还必须确保，既不能太过字面化，也不能太过寓意化地理解这个属性。

象征的方式是感知上帝在尘世中的"临在"最自然的方式。教父神学和中世纪神学被不可避免地导向了一种将宇宙作为上帝的一个符号、象征或是图景的解释。借用涂尔干的术语，真正的象征表现的是一种"神秘的参与"，通过这种"神秘的参与"，象征才是象征。真正的象征既借助于象征物，又不同于它的象征物；它不只是一个形象或语言的隐喻。"自然"揭示出上帝的象征性"临在"，并被视为一个象征系统，它象征着上帝的"手迹"；人类的灵魂与历史也同样如此。《旧约》中的事件、人物以及制度，预表了《新约》中的事件、人物以及制度；亚当是基督（作为第二亚当）的预表；创世六日预表了世界的诸时代［aetates mundi］；而三位一体，则是通过前法律时代、法律时代、恩典时代［ante legem，sub lege，sub gratia］这三个时代，以及各个位格在其中的不同行为来得到象征的。破译超越于历史义或精神义［sensus historicus vel spiritualis］之上的事件中的预言［prophetia in rebus］，是精神理解［spiritualis intelligentia］的义务。[27] 自然

―――――――

〔27〕 下文脚注〔51〕；第四章第四节：一，以及脚注〔18〕至〔21〕。

与历史是反映上帝之镜：[28]不仅通过上帝在其中的行为，而且在 *50*
于上帝在其中参与—象征性的"临在"。

三、阿奎那"存在的类比"学说和对"无所不在"的理解

正统神学沿用了中世纪基督教的象征倾向，但也不得不对其
进行一些责难。如果"自然"就是要彰显上帝的"临在"，那么
它不可能处于与之相同的数量和程度上；上帝不可能仅仅被看作
万事万物的本质。中世纪经院神学首先寻求的是平衡而严格地表
述自然与历史的象征意义。阿奎那通过他的"存在的类比学说"，
提供了这样一种平衡的理论。他用这种理论首先解决这样一个特
殊的问题：如何理解上帝的"无所不在"和上帝"在万物中的存
在"？"在事物中的存在"与"处所"的神学意义，关联着如下
三个问题：上帝在所有地点中的"临在"、天使在某些地方的"临
在"，以及基督的身体在"祭饼"中的"临在"。阿奎那相信，上
帝的"无所不在"是一种类比性的言说模式。天使在一个地方的
临在是一种异义性的言说模式。而基督的身体在祭饼中的"临在"
则必须按照字面义来理解；基督在祭饼中的存在是具有广延的
（有维度的量［*quantitas dimensiva*］）。

---

〔28〕 见里尔的阿兰［Alanus ab Insulis］的著名诗行："世间造物，一如书卷，一
如镜面，属于我们。"（Migne, *PL* 210. 579a）［Alanus ab Insulis，也即 Alain
de Lille，12 世纪法国神学家和诗人。——译者〕关于"自然之书"这个传统
主题，参见上文第一章第三节脚注〔3〕。关于象征倾向，参见 M.-D. Chenu,
Nature, Man, and Society in the Twelfth Century, pp. 99-145；Dronke, *Fabula:
Explorations into the Uses of Myth in Medieval Platonism*, pp. 32-47（想象、类
比、谜）。关于"谜"［enigma］的经典表述，可以参考 Nock 编, *Sallustius
Concerning the Gods and the Universe*, p. 4.9-11："因此可以说，宇宙就是一个
谜（神话［μῦθον］）：一方面，宇宙中的事与物自在显现着：另一方面，灵魂
与努斯隐匿着。"世界自身就是个谜，因为其中暗含了隐秘的实体。

伦巴德的《箴言四书》确保了"无所不在"这个属性成了经院学者在探求哪个早期神学家最早形成这个问题上的备选，而同时经院神学家从他的《圣经标准集注》[*Glossa ordinaria*] 中继承了一条公式，这条公式决定了上帝"在物中的存在"[existentia in rebus] 包含了哪些方面。"据说上帝通过本质、力量以及临在而存在于万事万物之中。"〔29〕在阿奎那看来，由于万事万物都臣服于上帝的力量，因而上帝"通过他的力量"而存在于万物之中；上帝无须通过任何中介者便能知晓所有事情，因而上帝"通过临在"存在于万事万物之中；同时，由于上帝是万事万物的存在的原因[causa essendi]，由于他赋予万物存在，因而上帝"通过本质"存在于万事万物之中。〔30〕在阿奎那思想中，"赋予存在"[esse dare] 这个术语，从他的写作生涯开始，便是他的核心术语。一方面，阿奎那从根本上把本质与存在区分开来；另一方面，他根据存在本质中暗含或要求存在的程度之多少，构想出了存在的等级秩序。形式是一条"现实性原则"；只要每种事物具有形式，它就具有存在。〔31〕这个原则对于我们直接（月下）毗邻的各种"有形实体"而言却最不适用，因为这些有形实体的质料是可生成可毁灭的；

51

---

〔29〕　Thomas Aquinas, *Summa theol.* I q.8 a.3；Peter Lombard, *Sententiae* I d.37 c.1, Quaracchi 编，pp. 229-30。曾有相当长的一段时间，这句话被错误地认为引自大格里高利 [Gregory the Great] 对《约伯记》的评述。

〔30〕　Thomas Aquinas，*Summa theol.* I q.8 a.3，resp. 他同时也提供了一种有趣的历史评论："通过力量"[per potentiam] 是针对摩尼教的解毒剂，摩尼教认为世界由相反的原理所主宰 [potestati principii contrarii]。而"通过临在"[per presentiam] 则是针对所有否认上帝神意的人（如伊壁鸠鲁？）的解毒剂。"通过本质"[per essentiam] 针对的则是那些否认上帝无须通过第二性的原因作为中介而创造万物的人（如阿维罗伊？）。

〔31〕　Thomas Aquinas, *Summa contra gent.* 2.55："然而存在本身伴随着形式。"参看 Überweg 与 Geyer 著，*Grundriss* 3：435。

因为它们的形式要求它们实例化或个体化,[32]而当"属"通过不断地世代交替或是机械地组合在一起而得以延续时,可朽的质料、个体必须消亡。这个原则对于由质料组成的天体而言更适用一些,这些组成天体的质料就其自身而言,既不能被生成,也不会被毁灭。这条原则对于人类而言也更为适用,人类的灵魂是不朽的。不过这条原则最适用的就是"无具形实体",这些实体的本质暗含了存在,正如圆形暗含了圆满一样。[33]然而,暗含"存在"[being]并不等于暗含了"去存在"[to be]:上帝仍然需要把存在赋予它们,它们的基质是一种被分有的存在[esse participatum]。它们是按照它们的现实性超出它们潜能的程度来区分的。[34]莱布尼茨宣称他的实体都具有某种迫切地追求存在的冲动[exigentia existentiae]。这一点对于阿奎那"分离的形式"概念肯定也是适用的,每一种形式都在其自身中并就其自身而言是一个"属"。它们越是相似于或接近于上帝,它们的本质就越是要求存在;只有上帝才是"纯行动",他的本质就是他的存在。"通过这种方式,所有来自上帝的事物,由于它们是实体,都变得与上帝相似,这是所有存在物的第一原则和普遍原则",[35]因而万事万物都"在上帝之中"。

---

〔32〕 关于"个体化原理",参看下文第三章第二节:三。

〔33〕 Thomas Aquinas, *Summa contra gent.* 2.55:"然而那些本身就是形式的实体,绝不可能缺乏存在;正如,若某个实体是圆形的,那它绝不可能不圆。"参见下文第二章第八节脚注〔5〕和〔7〕(后来的中世纪阐释)。

〔34〕 Thomas Aquinas, *De esse et essentia* c.4, 收入 Le *"De ente et essential" de S. Thomas d'Aquin*, Roland-Gosselin 编, p. 36.10-15 "因此按照潜能与实现的等级来区分它们……并且这(区分)发生在人的灵魂……"

〔35〕 Thomas Aquinas, *Summa theol.* 1 q.4 3.3:"Et hoc modo illa quae sunt a Deo, assimilantur ei inquantum sunt entia, ut primo et universali principio totius esse."

这种相似物的等级秩序就是存在类比的**本体论意义**。[36]作为

52　一种知识论，其线索来源于亚里士多德对"存在"的反复坚持：亚里士多德坚信，"存在"［being］虽然可以"以多种方式"被理解，但是当两种"去存在"［to be］的意义具有一个共同的指涉时，这种存在就并不总是"在偶性上是异义的"。波爱修添加了"类比"，认为这是一种可允许的异义性模态。[37]阿奎那则敦促我们，不要将未被规定的、异义性的"存在"意义［esse tantum］混同于具体的每一个和所有的存在［ens］的确切意义：正是由于这种混淆，贝那的阿玛力将"上帝是纯粹的存在"这种学说理解成了泛神论。[38]在"存在"的同一与差异中把握住"存在"的确切意义（更不要说去把握上帝通过本质而存在［esse per essentiam］）的唯一机会，就是将"存在"与各种"其本质需求存在的模态"（也即与"现实的存在"）作类比。（然而在埃克哈特大师的表述

---

〔36〕　同上："可是存在的相似不是……根据形式上的比照……而是根据类比，也即，正如上帝是通过本质而存在的那样，其他东西的存在则是通过分有。"

〔37〕　Aristotle, *Metaphysics* z. 1030a33-1030b2；参看 Owens, "Analogy as a Thomistic Approach to Being", pp. 303-22.理解阿奎那"存在的类比"学说的起源与不同的模式，利特肯斯的著作仍然重要：Lyttkens, *The Analogy between God and the World: An Investigation of Its Background and Interpretation of Its Use by Thomas of Aquino*. 从《〈箴言四书〉评注》到《神学大全》，阿奎那似乎将重点从对比例的类比转向了对属性的类比。前者虽更雄辩，却也更成问题。

〔38〕　Thomas Aquinas, *De esse et essentia*, c.5, pp. 37-38："若我们说'上帝只是存在'，我们并不必然会犯和那些宣称'上帝是普遍的存在，且每种事物都形式地存在'的人一样的错误。"在《神学大全》(*Summa theol.* 1 q. 3 a.8) 中，阿奎那区分了三种错误：将上帝等同于世界灵魂［anima mundi］的人、宣称"上帝是万物的形式原则。这据说是阿玛力主义者的观点。而第三个出错的就是迪南的大卫，他最愚蠢地认为上帝是第一质料"，我们将其总结为泛神论的三种形式。阿奎那自然没有言及泛神论，而是说到了那种"将上帝引入到事物组成之中"的观点。

中，仍能找出一丝微弱的泛神论意味。）[39] 同时，由于理解了存在就等于理解了上帝，"存在的类比"便成了一种工具：通过"存在的类比"，可以建构出一套合法的关于上帝谓词的话语。

作为一种指称上帝圣名的指称理论，类比学说被移用到了对意义与相似性、含义与表象的亚里士多德式区分中。词语命名（或指涉）对象，但只有通过概念的中介才能获得意义。[40] 概念表象对象，对象则是由于它与概念之间的相似才得以出现在概念中。当一种事物的本质到达为我们知晓的等级时，我们关于它的概念便表象着该事物，是关于它的一幅真实图景。然而，事物自身在它们具有的完满性等级上与上帝相似，因为它们之中的每种完满性（无论多么不完满）都反映（因而也表象）了它在上帝这个所有完满性之源泉中的原型。[41] 各种完满性（本质）构成了一个连贯的相互秩序，而这种相互秩序（无论多么含糊）又反过来反映并表象上帝的统一性与单纯性。每种事物由于是其所是，都能被称作是在"上帝的形象"之中；所有事物作为杂多中的统一，都在另一种意义上表象上帝。整个世界就是一个上帝的形象

53

----

〔39〕 Underhill 在 *Mysticism: A Study in the Naure and Development of Man's Spiritual Consciousness*, p. 99 中说，"除非受到限制教义的保护，否则内在性理论将毫无疑问极易堕落到泛神论中"；关于阿奎那的上帝"临在"学说：同上书，n.3（根据 *Summa contra gentiles* 3.68）；Eckhart：同上，p. 101；乌德希尔认为，基督教（在历史与教义上）更接近于神秘体验，并且更能够将其体验表达出来，然而我认为她的这种观点恐怕混淆了（她希望加以区分的）神秘主义与"神秘神学"。

〔40〕 Aristotle, *De interpretatione* I. 16a3-9; Thomas Aquinas, *Summa theol.* I q. 13 a. 1.

〔41〕 Thomas Aquinas, *Summa theol.* I q.13 a.2："因为上帝圣名是按照我们的知性所认识的那样来表达上帝的。我们的知性由创造物而认识上帝，是由于他所创造之物表象了他而得以认识他……由此，当说到'上帝是善好'时，其意并非'上帝是良善的原因'或'上帝不是坏的'（迈蒙尼德关于行动的属性与否定的属性；参看下文脚注〔44〕——原注），而是创造物之中我们所称为善的，都预先存在于上帝之中。"

［*imago Dei*］。因此，我们关于上帝的概念是对上帝的模仿的模仿，表象的表象。[42] 因此我们的自我认识是距离我们最近的上帝的形象，因为它只运用了最少的中介：在类比学说的这第四点（即该学说的心理学基础）上，阿奎那追随奥古斯丁。[43]

　　上帝的所有属性都必须类比地来理解。[44] 但是，由于在那些被认为是表象着上帝的事物中，最卓越的意义就存在于它们的存在模态中，因此"无所不在"的属性（即上帝在万事万物中的存在）实际上是比任何其他类比方式都更能表象出这种类比的方式。阿奎那以一个比喻开始了他对"无所不在"的阐释，而这种阐释将在阿奎那与我们的时代被证明是误导人的。他说，正如推动者或施动者必须与被推动或是被施力的物体同步，上帝应该就在他的造物之上或是在他的造物之中。上帝作用于事物的最直接的意义就在于，上

────────

[42] 同上，I q.13 a.4："因此，与不同完满性的创造物对应的是一个单纯的原理……而与我们知性中不同且多样的概念对应的，则是一个单纯而整全的原理……"我认为维特根斯坦的图像隐喻是很有用的，虽然阿奎那恰恰从不总结或试图总结出这种图像。概念与事物之间的"相似性"是结构性的，而非质料性的：各种各样的事物概念与它们的各个方面和各种关系相关。描绘一幅画的画是一种传递性的关系，但并不必然是对称的关系；这幅画并不需要囊括所有组成原画的事物。

[43] 关于类比的反身义，参看 Lonergan, *Verbum: Word and Idea in Aquinas*, pp. 183-220。

[44] 哈勒的亚历山大主张，对上帝属性的理解，不是非异义性的，而是类比：参见 *Summa theologiae* p.I inq.I t.4 q.1 c.11, Quaracchi 编，1：203 以及其他各处；参见 Lyttkens, *Analogy*, pp. 123-31。阿奎那的学说远比此复杂得多，然而两者都明文回应并反对迈蒙尼德所谓的"否定属性"学说。作为言说上帝的恰当模态，迈蒙尼德仅容许"行动的属性"和"对缺失的否定"（*The Guide of the Perplexed* 1.52-58，Pines 译，pp. 114-37）。Thomas Aquinas, *Summa theol.* I q.13 a.2，其中批判了否定属性学说，因为这种否定属性根本不容许任何其他重要的属性；称上帝"不孱弱"并不比称他"并非无色"更有意义。然而，迈蒙尼德的理论也不是对否定未经区分的无限枚举，因为他还有一种几乎没有人懂得的关于"上帝属性的发生学结构"的理论（1.58），这种理论类比的是存在概念的定义结构。

帝赋予这些事物以存在。上帝在事物（包括在魔鬼）之中，按照这些事物分有存在的等级而决定上帝在事物中的程度。[45]上帝对事物的直接性或接近性程度，是按照事物存在的模态来衡量的；上帝作为通过他自身的本质而存在的存在，最接近于他自身。这种物理学类比本不应被司各特（或更多的是被奥卡姆）按照字面意思去理解。的确，阿奎那说过，没有任何施动者能隔着一段距离施力，无论它们多么有力。但他并没有像奥卡姆推断的那样，说上帝不能如此。[46]他只是借助类比指出，物理学的施动者如果隔着一定距离施力，就需要一个介质；但上帝却无须如此，因为上帝从未离开过那些他作用于其上的物体。接着，阿奎那又迅速补充道，"距离"或"临近"这两个词指的是：事物与上帝相似，只要它们分有存在。

　　"无所不在"这个术语在许多层面上触及了"存在于……之中"的各种类比义。"处所"（在亚里士多德的意义上）既有偶性的，又有本质的属性。从定义上看，"处所"真正本质的性质就是，它被一个物体占据。地球真正本质的性质就是，天体向着地球运动；"处所"之为"处所"的方位力［virtus locative］是一种偶性。上帝赋予"处所"（"处所"同时也是各类物体）以存在，

----

［45］　Thomas Aquinas, *Summa theol.* I q. 8 a. I, resp.: "因而只要某物具有存在，那么根据其存在的模态，上帝就必须临在于斯。"（恶魔：同上，ad 4.）

［46］　William of Ockham, *Scriptum in librum primum sententiarum ordination*（因此简称 *Ordinatio*）I d. 37 q.1，收入 *OT*, Etzkorn 与 Kelley 编，4：563："哲人［指亚里士多德——译者］说……这极有可能。"也即是说，阿奎那并没有给出一个证明，却给出了一种类比的结构。然而的确，在《〈箴言四书〉评注》中，阿奎那更为肯定，并且他对亚里士多德的引用就可以（但并不必须）看作一个证明："作为证明，我们需注意如下三点。首先，推动者与被推动者、施动者与受动者、或施力者与受力者，正如《物理学》卷七［第20节］中所证明的那样，必须同时存在。不过，若作用在具形之物或精神之物上，则会有所不同。"Thomas Aquinas, *Commentum in quatuor libros sententiarum* I d. 37 q.1.a.1（Parma 编，6：298）。其中较少强调类比的特征。

而方位力则"通过力量、通过临在、通过本质"与"无所不在"的意义发生关联。但一个"处所"总是由一个物体占据,这个观念表象并相应于如下观念:"无所不在"是上帝的本质属性,并且是上帝唯一的本质属性——但上帝并非有维度地作为一个物体。[47]如果"无所不在"意味着有维度,那么甚至一粒沙子都能充溢整片天堂,只要这粒沙子是宇宙中唯一的存在物。上帝在所有"处所"中都是实体性的,作为整体而不是作为部分而"无所不在",因为他的本质属性就是在其自身之中并由其自身而存在(甚至在没有"处所"的情况下亦是如此)。同时阿奎那思辨地补充道:如果我们假设存在无限多的"处所"(比实际上多很多),那么上帝肯定存在于所有这些"处所"之中,因为上帝本质上是无处不在的。[48]而与之相反,我们只能在异义性的意义上言说:天使凭借接触的力量[*per contractum virtutis*]而在某处;而这种"它们不能同时占据两个处所"的说法,颇为安抚人心:甚至连天使也无法同时做一件以上的事情。基督的身体"广延地"(具有某种有维度的量)存在于祭饼中,也即"单义地"存在于祭饼中。[49]

正如我们所说,如果亚里士多德的科学想要变成处于语言

〔47〕 不过阿奎那并没有运用这种由伦巴德所提出并被哈勒的亚历山大所运用的区分,即在按照定义存在于某处[*esse in loco per definitionem*]与按照接邻存在于某处[*per circumscriptionem*]之间所做的区分。Alexander of Hales, *Summa theol.* p. 1 inq. 1 t. 2 q. 3 tit. 2c.1, 1: 64; Peter Lombard, *Sent.* l. 1 d.37 c.6, p. 236.

〔48〕 Thomas Aquinas, *Summa theol.* I q.8 a. 2, resp.; a.4, resp; 参看 1 q. 46 a. 2 ad 8(这类想象的"处所"[locum imaginatum tantum])。我们得出了双重类比:(1)处所的偶性:处所::上帝:处所;(2)物体:处所::上帝:处所(作为物体)。这种对"更多处所"的想象,某种程度上证实了格兰特的猜想(*Much Ado*, p. 146),虽然阿奎那谈论的是"处所",而不是虚空。

〔49〕 Thomas Aquinas, *Summa theol.* I q. 52 a. 1, resp.(天使);3 q. 77 a. 1;参看 Martin, Ockham, pp. 72-75。

允许范围之内的单义性语言，那么托马斯主义者将自然看作上帝的象征与类比的观点，又是如何得益于亚里士多德的呢？因为亚里士多德的学说维持了各种概念的"类比意义"与"非异义性意义"之间的平衡；也因为他强调，"非异义性"对我们具有首要的意义，所以我们应该仔细地将它从类比中分离出来。阿奎那的类比学说既阻碍也促进了中世纪对于上帝的象征性"临在"的理解。这种思路也适用于解释历史上关于上帝（或基督）的象征性的迹象，我们从丰富的预表体系和这些预表的实现中，找到了这些象征性的迹象，而各种预表体系在 12、13 世纪得到了前所未有的传播。[50] 含义与表象的区分，也是阿奎那释经学理论的核心所在。与之前长期的释经学传统相反，阿奎那表达了一种全新的、革命性的《圣经》阐释，比维克多派 [Victorines] 还要早一个世纪。他强调，《圣经》的语言必须只按照平实的、字面上的意思来理解。然而，如果字面义 [sensus litteralis] 就是"作者意图"，那么它便包含比喻和寓言；而在此之前的理解中，比喻和寓言被认为是精神义 [sensus spiritualis]。然而，《圣经》的词语并没有更深的意义。只有《圣经》中所讲述的事物、事件、人物以及先知（并且只有这些）才具有一种更深层的、象征性的或神秘的精神义。[51] 我们关

56

---

〔50〕下文第四章第四节：一、二。

〔51〕Thomas Aquinas, *Summa theol.* I q.1 a.10："……《圣经》的作者就是上帝，就其力量，他的'适应'并非仅仅通过词语而表意（因为人亦能做到），而是通过事物自身……因此首要之义便是由词语表达事物，这属于第一重意义，也即历史义或字面义。而那些事物意义通过词语来表达的，便具有另一重意义，也称精神义；它奠基于字面义，并因而支撑字面义。"Lubac, *Exégèse médiévale: Les quatre sens de l'écriture*, 2.2, pp. 272ff., 285ff.；Smalley, *The Study of the Bible in the Middle Ages*, pp. 303ff.（她所举的释经学革命的例子，与其说是释经学革命，不如说是史学革命，即对迈蒙尼德"诫命的理由"理论的接受。关于这一点，参看下文第四章第二节）。

于自然的话语以及我们关于历史的话语都并不需要是"异义的"。事物隐秘的含义，能够且必须从词语的直接意义及其指称意义中分离出来。神学与物理学是可以分离的。

阿奎那的质料宇宙与亚里士多德的一样，是能够精确表述出来的。又如同亚里士多德的宇宙，阿奎那的宇宙也绝不是同质的。后者是一个由各种形式构成的等级秩序，其中诸形式之间完满地和谐。可以说，上帝在它们之中，也在一个和谐的整体中"表达"自身。上帝之所以不去创造一个他原本能够创造出来的单一色调的宇宙，是基于一种"杂多之中的统一"原则。阿奎那称，奥利金假设"起初上帝同等地创造万物"。[52]上帝创造了同质的精神性存在物。其中有些向着上帝，有些疏离他；疏离上帝的每一种精神性存在物都（按着它的罪）被归于质料性的物体。对于阿奎那这位天使博士而言，这不仅在形而上学上毫无意义，[53]也与他对上帝的良善的体会相忤逆。阿奎那论证道，如果真是这样，那么所有质料性事物的存在，都可以看作是对有罪者的惩罚，而不是对上帝良善的诸多表达。然而"上帝看着一切所造的都甚好"（《创世记》一章 31 节）。一个只具备一种完满性等级的宇宙，不可能是一个真正完满的宇宙。宇宙中的平等，同时也是不平等的：事物之间的关系，以及事物与上帝的关系，是一种按照比例的平等［equalitas proportionis］，这使它们能与上帝相似；尤其是，如果它们能在力所能及的范围内反映自身并反映上帝，那么它们将与上帝更加相似。

57

---

〔52〕Thomas Aquinas, *Summa theol.* I q. 47 a. 2；Origines, *De principiis* 1.6-8, Kötschau 编，pp. 78-105。

〔53〕由于"精神性存在物"是由其自身（也即由其形式）而"个体化"的，因此它只可能是一个：参看下文第三章第二节：三。

第四节 中世纪晚期唯名论与文艺复兴哲学

一、为单义性牺牲物理学内涵：司各特

如果阿奎那承认我们的神学话语需要某种程度的"非异义性"，那么无论这种"非异义性"有没有受到限制，司各特（更甚的是那些 14 世纪的所谓唯名论者）都反对任何"非异义性"。如果神学话语只能"异义性"地言说，那还不如保持缄默。司各特和唯名论者追求的是一种适用于所有科学的绝对"透明"的语言。他们坚持认为，我们的术语必须要么是"外延性的"，要么是"内涵性的"。前者直接命名个别的、分离的实体（主词）或它们的绝对属性；后者间接地命名这些实体与属性。只有前者才能被称作是指涉了存在的实体，它们的存在和我们对它们的直接认识（直观观念［notitia intuitiva］）不需要以"共相"作为中介。内涵性的术语，如关系，或者关于量、广延和运动的术语，只有当与一系列个别实体同延时，才是有效的；然而意义不同的术语不可能是同延的。人们谈及的每种研究计划，都是一种从我们自身的世界观出发，以逻辑和神学之名进行的语义学还原（或简化）计划。在这样一种由相互独立的实体组成、每种实体都完全就其自身而存在（如果上帝意欲如此）（毁灭掉整个世界［toto mundo destructo］）的世界中，内涵性的术语指的是事物之间偶然的组合。[1]唯词项论者［Terminists］不可能不会反对所有认为"上帝在自然中是被象征化地表象出来"的观点，因为在唯名论者看

---

[1] "逻辑""单义性"：上文第二章第一节：二至三；下文第二章第八节：七；第五章第三节：三至四。也参看 Langston, "Scotus and Ockham on the Univocal Concept of Being", pp. 105-29。"毁灭原则"：下文第三章第二节：三；第三节：三；第四节：三；第五章第三节：三。

来，自然的秩序完全偶然地取决于上帝的意志。不仅事物在物理
上的相互次序［ordo ad invicem］"按照上帝的绝对力量"是随时
可以改变的，甚至连救赎也绝不必然具有某种秩序。如果上帝想，
那他就能把整个宇宙放置在一个（逻辑上可能的）无限的空间中，
并让宇宙在这个空间中非决定地做直线运动。上帝或许也可能创
造出许多和我们所处的宇宙一样的宇宙；[2] 他甚至会预设一块石
头或者一头驴的本性［aut lapis, aut asinus］，而不必派他的儿子来
救赎我们。[3] 在诸多逻辑上可能的宇宙中，我们的宇宙既不是最
好的，也不是由于一种特别的、可辨析的、表象上帝形象的目的
所产生的。唯名论者不可能不拒斥类比学说，因为他们几乎已经
完全使得宇宙（以及历史）去象征化了。

　　在这样一种对精确运用术语的迷恋中，上帝的"无所不在"
这个谓词的命运又是如何呢？自司各特以来，那些拒斥"存在的
类比"的人，同样不会承认"存在于……之中"［being in］具有类
比结构。对司各特而言，存在与本质在"分离的理智"［separate
intelligence］中的接近程度，并不比它们在质料实体中的接近程度
更高。"存在着"［existing］与"可能的本质"［possible essences］
都具有存在［esse］，甚至连人也能创造或赋予"存在"，只是不能
从无之中［ex nihilo］。"本质"不可能按照它们所包含的"存在"

---

〔2〕　下文第三章第二节：三。
〔3〕　*Centiloquium theologicum* conc. 6，7a，Boehner 编，p. 44。《神学结论一百
　　　条》［*Centiloquium*］可能不是奥卡姆写的，参见 Iserloh，"Um die Echtheit des
　　　Centiloquiums"，pp. 78-103，309-46；Boehner，"On a Recent Study of Ockham"，
　　　收入 *Collected Articles*，pp. 33-42；以及 Baudry，*Guillaume d'Occam：Sa vie，ses
　　　oeuvres，ses ideés sociales et politiques*，pp. 270f.，286。然而与在他之前的司各
　　　特一样，奥卡姆也承认这样的可能性：上帝可能拯救毫不忏悔的加略人犹大，
　　　或摧毁正义之人。奥卡姆与《神学结论一百条》的作者的区别，毋宁说是在
　　　其他方面，参看下文第三章第二节：三。

的等级来衡量；可能的实体和现实的实体也同样如此。所有实体都应尽可能地被个体化，并且不含质料：司各特之所以持这种主张，是基于形式的标准；奥卡姆之所以持这种主张，仅仅因为它们就是如此。确实，每一类天使都可能不止一个。上帝知晓所有可能的存在，然而他只使其中一些可能的存在"现实化"。"潜能"并不是在等级上"被混杂于"现实之中；现实总是附加于其上的。[4] 因此司各特和奥雷奥里［Aureoli］（比阿奎那更尖锐地）区分了上帝的"无垠性"与上帝的"全能"，上帝"通过本质与通过临在"的"无所不在"与"通过力量"的"无所不在"。[5] 这些谓词并不是同延的，因为它们并不相互包含。从司各特对阿奎那"上帝的无所不在不可能隔着一段距离作用"这个论证的拒斥中涌现了一种全新的阐释风气。我们看到，阿奎那是在一种类比的意义上进行论证的。司各特和他的同时代人则坚信，这种论证要么是严格的，要么是不严格的。纵使上帝距离某物很远，他还是能够作用于该事物之上，或是创造它。天使确实能够同时存在于一个并且是同一个（one and the same）地方，因为它们是"无具形的"。祭饼中的"基督的身体"是在一种方位与维度的意义上说的，因为上帝可以同时置身于不同的位置，无论是在天堂还是在尘世的各处。[6]

后来司各特想象出了一种在世界之外的、空的"空间"，这就

59

---

[4] 参看下文第三章第二节：三。

[5] Johannes Duns Scotus, *Ordinatio* I d. 37 q.u., 收入 *Opera*, Balič 等编, 6：299-302；*Lectura* I d. 37 q.u., 收入 *Opera* 17：477-79；Johannes de Ripa, "Jean de Ripa I sent. dist. xxxvii：De modo inexistendi divine essentie in omnibus creaturis", Combes 与 Ruello 编, pp. 161-267, 特别是 pp.264-65 与 nn. 88-89（奥雷奥里, 司各特）；Grant, *Much Ado*, p. 146 以及 n. 137。

[6] Scotus, *Reportata Paris.* 4 d.10 q. 3, Wadding 编, Ⅱ：636-45；*Ordinatio 2* d. 2 p. 2 q. 3, Balič 编, 7：268ff.。Martin, *Ockham*, pp. 75-78；Seeberg, *Lehrbuch* 3：522, 526-27。

使上帝的"无垠性"与上帝的"力量"之间的区分变得更为尖锐。而唐比埃主教颁布的七七禁令［Tempier's condemnation list］重提了"虚空"，将那种认为"上帝不能以直线移动天堂，因为这种移动将留下一片虚空"的观点打上了异端的烙印。[7]更可能的是，阿奎那在同一本书中对于在世界之外的"处所"的思考，很可能触动了司各特。[8]由于上帝能够隔着一段距离并且无须"临在"而作用于物体，那么他也可以既作用于某个空间，却又完全不处于这个假想的空间中。阿奎那是在类比的意义上来理解"处所"与"实在"之间的偶合的。司各特也坚持（尽管仅仅出于信仰）认为，没有类比，便完全不存在任何假设这种偶合的余地。他对"通过本质"来定义"临在"的做法，再次显示出"临在"对于上帝的"全能"而言只是次要的。他把上帝的"全能"定义为肯定的、无垠的，同时也是褫夺性的：万物都沉浸在他无限且无垠的理智之中。[9]然而在建立他的上帝属性理论时，司各特最想做的首先是确定上帝绝对、无限的自由意志：为了拯救自由［libertatem salvare］。

二、奥卡姆与 14 世纪经院哲学

在批判阿奎那关于运动的比喻上，奥卡姆站在司各特一方：

60 他明确将阿奎那的这个比喻当作一种蓄意的、非法的证明。同时

---

〔7〕　Denifle 与 Chatelain 著，*Chartularium* 1277 no. 49，1：546。孔布［Combes］与鲁洛［Ruello］（"Jean de Ripa"，p. 265 n. 89）正确地指出，当考察司各特与奥雷奥里最终对于这种想象出来的真空予以拒斥的时候，该责难的重要性（至少在这个问题上）便是可疑的。我认为该责难赋予那些希望如此的人以武器，并且虽然这一点常被人逐字逐句地引用，却从未受到约束。另一种不同的观点，可参看 Grant，*Much Ado*，pp. 108-11，以及下文脚注〔20〕。

〔8〕　上文第 68 页脚注〔48〕。

〔9〕　Scotus，*Reportata*，Paris. I d. 38 q. 2 schol. 3，*Opera*，11：217（Wadding）；Gilson，*Scot*，pp. 390-97（引用参见 p. 391）。

他也强调，上帝可以隔着一段距离作用，特别是，由于自然中的物体都能如此，那么上帝便更能如此。但不同于司各特的是，奥卡姆确实从物理学中提出了一项论证，只是该论证难以服人。他认识到，问题的核心既不在于通过力量而"存在于……之中"，也不在于通过认识［a parte cognoscenti］的知识而"存在于……之中"，而在于"全在"（就其本质的、方位的意义而言）。如果说司各特在消除"方位"的含义这条大道上迈出了一大步，那么奥卡姆则几乎一条路走到了头：他将"通过本质而存在"的关系形式化到了完全不需要按照空间来理解的地步；而这个词最基本的意义就是："存在于他物之中并且不远离该物，或是不远离该物中的任何东西，无论该物或者该物中的任何东西身处何处。"［10］这条公式对莱布尼茨而言意义重大。对奥卡姆来说，广延是一种内涵性的、相对的概念，通过这个概念，一种事物被认为是具有"部分之外的部分"或是虽相互分离却又聚集在一起的部分。因而人们可以不在这种关联中设想一个物体，换句话说，它可以缩成某个并非"某地"的点，却仍是一个物体——正如基督的身体。［11］现在奥卡姆便将阿奎那所宣告的物理学证明转化成了另一种证明。奥卡姆承认，上帝至少"存在于"除了他自身以外的另一个事物中，因为在宇宙中并不存在真正远离所有其他实在事物的物体，而上帝却是一个实在的事物。当

---

〔10〕 William of Ockham, *Sent.* I d. 37, pp. 567-68: "Sed 'esse in' aliquo per essentiam, est esse in aliquo et nec ab eo nec ab aliquo sibi intrinseco distare quin sit ubicumque est ipsum vel aliquid ipsius."

〔11〕 William of Ockham, *De sacramento altaris*, Birch 编, pp. 148, 348, 466; *Summa totius logicae* 1.44; Martin, *Ockham*, pp. 78-87; Stump, "Theology and Physics in *De sacramento altaris*", 收入 *Infinity and Continuity in Ancient and Medieval Thought*, Kretzmann 编, pp. 207-30, 特别是 215-16（否认基督的身体在祭饼中具有某种"量"）。值得注意的是，在这个问题上，伽布里埃尔·比耶追随的是司各特，而非奥卡姆。

然，在这种看似专断的推论中，奥卡姆得以思考上帝在基督中的
"临在"。然而，如果上帝只能身处一个地方而不是另一个地方，那
么当他想要到达另一个地方时，他便必须运动到那个地方去——这
是另一种物理学必然性，且并不比阿奎那的论证容易。因此，上帝
必须存在于所有"处所"。[12]即使我们在前面曾假设奥卡姆所说的
"运动"是指"经历距离的变化"，我们仍将面对第一种主张，即认
为"上帝必然存在于一些事物之中，并且因而也存在于所有事物之
中"。简言之，奥卡姆回到了阿奎那的主张，即认为上帝存在于所
有的"处所"，只不过到奥卡姆那里，我们已经不怎么知道"处所"
61   指的是什么了：这个词的意思奥卡姆有意不予解释。斯特拉斯堡的
托马斯是这个发展过程的总结者，他剔除了在上帝的"全在"中所
有"方位性"的含义。他认为，我们既不能从接邻的意义上也不能
从定义的意义上说上帝"方位性"地存在于任何地方，而只能在接
触与保存的意义上表达这种意思。[13]"方位性"只是个隐喻，"纯粹
的无处不在"则仅仅是上帝的属性。日后，伽桑狄与笛卡尔将以同
样的方式将上帝驱逐出所有地方。他们不再关注"单义性"，因此
上帝的"全在"便变成了一种全然"异义性"的属性。

　　这种将上帝的"临在"结构最小化的运动，伴随着另一种反

---

〔12〕 William of Ockham, *Sent*, I d. 37, p. 569. 奥卡姆的证明仅仅取决于这个假设：
"x 远离 y"（x/y），与"x 在 y 之中"是相互限制的，因而～（x/y）≡ x · y。我
们无须赋予（x · y）任何意义，而这正是奥卡姆的意图。

〔13〕 Thomas of Strassburg, *Commentaria in IV libros sententiarum* I d. 37, fol.
106vb："因此我说，上帝是无处不在的……因为正如他具有无限多的'量'、
占据所有的处所那样，他也具有无限大的力量，接触并停留在所有地方。"另
一方面，天使则处于"不是接邻的，而是确定的"地方；而物质实体则有可
能处于这两种地方（fol. 108ra）。"接邻的"［*circumscriptive*］与"确定的"
［*diffinitive*］这两个术语现在变得流行起来（Grant, *Much Ado*, p. 130）。然而
人们习惯上至少可以允许上帝"限定地"［*definitive*］存在于各个地方。

向运动，即寻求一种更具字面义的，使上帝的"临在"结构最大化的运动。这种运动也受到了阿奎那和司各特对无限的、在世界之外的"处所"或"空间"的思考的鼓动。越来越多的神学家主张，上帝可以创造出现实上无限的"量"[magnitudes]；[14]他们当中那些紧随"计量学派"新近发展出的数学—逻辑学手段的人，同样学会了如何建构一个在不同的可数集合与不同的连续的量之间的一一对应关系，虽然他们都未曾尝试证明"不可数性"。在这种方式下，人们便可以想象速率在一小时内无限地增大。同时，也正是通过这种方式，人们不仅能够想象出一个广延的无限空间，还能在其中注入无限多的、具有不同强度的、同延的无限物体。爱德华·格兰特[Edward Grant]在他最近对中世纪及早期近代的"空间"概念的详尽研究中，追溯了自14世纪以来蓬勃发展的"想象的空间"这个概念的所有发展方向。[15]托马斯·布拉德瓦丁[Thomas Bradwardine]则几乎将上帝的"无垠性"与这种想象的空间等同起来。[16]约翰内斯·德里帕[Johannes de Ripa]反对这种等同，他有意把上帝在空间中，以及在一个超越存在的位

62

---

〔14〕 关于14世纪的"无限论者"，参见 A. Maier, *Die Vorläufer Galileis im 14. Jahrhundert*, 1: 196-215；*Metaphysische Hintergünde der spätscholastischen Naturphilosophie*, 4: 381 n.9["无限论者"一词由此而来]；Murdoch, *"Mathesis in philosophiam scholasticam introducta*: The Rise and Fall of the Application of Mathematics in Fourteenth-Century Philosophy and Theology"，收入 *Arts litétraux et philosophie au moyen âge*, pp. 215-54, 特别是 pp. 215-24；Breidert, *Das aristotelische Kontinuum in der Scholastik*, pp. 33-40。里米尼对"上帝如何在一个有限的时间内创造出无限多的天使"的著名证明，仍然迷倒了伽利略以前的无数代人：Benedictus Pereira, *De communibus* 10, p. 593。

〔15〕 Grant, *Much Ado*, pp. 116-47 以及其他各处。

〔16〕 Thomas Bradwardine, *De causa Dei contra Pelagium*, H. Savil 编, pp. 177-80, E. Grant 译, *A Sourcebook in Medieval Science*, pp. 555-68；Koyré, "Le vide et l'espace infini au XIVᵉ siècle", pp. 45-91, 特别是 pp. 83-84。

置上的"真实临在"说成是"空间中存在着具有不同强度的无限物体"这个假设的前提条件。[17] 奥雷斯姆[Nicole Oresme]仍然只谈论假设中的无限空间,但事实上他却将这种假定的无限空间等同于上帝的无垠:"而且,以上所说的这一空间是无限的、不可分割的,它是上帝的无垠与上帝自身,正如上帝的持存时间被称为永恒,它也是无限的、不可分的,就是上帝自身。"很明显,这种主张对于读者而言是骇人的,因此他删掉了"是上帝自身"这句话。[18]

这些或其他类似的观点与早期近代对"空间"的解释有多接近呢?让奥雷斯姆引导我们去看看吧。奥雷斯姆的"空间"(正如德里帕的"空间")是一个前提,在这个前提下,上帝才能够凭借他的绝对力量[de potential eius absoluta]创造出各种可能而反事实的状态和世界;但它并不是我们的世界的前提。用更准确的(斯多亚派)术语来说,空间既不是现实的,也不仅仅是一种逻辑上的可能性,而是(如它看上去的那样)是一种现实的可能性:空间的这种意义我们将在以后的章节中予以探讨。[19] 莫尔与牛顿

---

[17] Combes 与 Ruello 著,"Jean de Ripa",p. 233。德里帕复杂的理论在这方面与奥雷斯姆关于性质变化的表象理论类似(下文第五章第二节:三),即对于无限空间中的每一点,他都假设了一系列导向无限的强度范围;而"上帝"几乎承担了由奥雷斯姆赋予"缺失的第四维度"的角色。

[18] Nicole Oresme, *Le livre du ciel et du monde* 1.24, Menut 与 Denomy 编,p. 176。该讨论的背景是:多个世界(也参看下文第三章第二节:三)。奥雷斯姆不但提出了平行世界的可能性,也提出了在一个世界中包含另一个世界的可能性(例如在地球上还存在着另一个宇宙)。在他对空间量度的相对性的讨论中就体现了这种意识,而该讨论又使人想到,这是对菲茨杰拉德收缩[Fitzgerald contraction]的不可测性的另一论证(p. 168)。

[19] 下文第三章第二节:四;Grant, *Much Ado*, pp. 119, 132f.,其中格兰特用"现实"[reality]来表示"物理现实",并且无法将它与把空间视为"想象的"观念相调和。我认为,通过将现实阐释成现实的可能性,人们便能消除其中的模棱两可。而如果是这样,那么"想象的"空间便不需要像柯瓦雷("Le vide et l'espace", p. 52)所假设的那样,仅意味着一种"独立的"空间。

的空间是真实的：因为它是真实却缺乏主体的，它是上帝的谓词。
奥雷斯姆比我所知的任何一位中世纪作者都更清楚地认识到，空
间的本质的绝对性是处于其中的绝对运动的前提。他说，"想象的
空间"必然是"无限且不动"的。[20]若是持有与之相左的观点，
那将会"在巴黎备受谴责"；如果上帝没有一个绝对的"空间"，　　63
那么即便他想，他也不能沿着直线推动宇宙，除非他事先创造出
另一个参照物：身体。"空间"是绝对运动的先决条件，但（对于
17 世纪而言）"空间"并不是绝对地区分运动和加速度的前提。只
有"加速度"才使得"空间"变成了一种物理学现实；如果没有
运动的绝对变化，便不可能存在真正的"力"。14 世纪时，中世纪
思想家中没有一个人为了解决现实的物理问题而引入"空间"。然
而，若要坚持我们概念上的"精确性"理念，坚持质料的同质性
理念，以及坚持"真实的力"确实存在，那么要想解决此类物理
学问题，就需要一种不同的物理学了。

　　苏亚雷兹〔Franciscus Suarez〕以他典型的对所有观点不偏不
倚的态度，总结了中世纪所有关于上帝"全在"的争论。他也相
信，阿奎那试图通过物理学的论证来证明上帝的"无所不在"。他
承认，甚至在自然中，"隔着一段距离作用的不可能性"也无法得
到严格的论证。[21]然而他却站在如下基础上捍卫阿奎那的观点：
"隔着一段距离作用的不可能性"绝不意味着"施动者"只能作用
于它附近的物体，它也可以意味着，除非直接作用于某物之上或

---

〔20〕 Nicole Oresme, *Le livre du ciel* 2.8, pp. 368-70. 奥雷斯姆认为，宇宙在空间
　　　 中也可能做非决定的线性运动。参看 E. Grant, "The Condemnation of 1277:
　　　 God's Absolute Power and Physical Thought in the Middle Ages", pp. 211-44, 特
　　　 别是 p. 230. 不过或许格兰特有些夸大这次责难的影响，参看上文脚注〔7〕。

〔21〕 Franciscus Suarez, *Disputationes Metaphysicae* dis. 30 sec. 7, 3-4, 11, 收入
　　　 Opera omnia, Berton 编, 16：95, 96, 98。

是出于别的原因，否则某物无法被施加作用：而在这第二种意义
上，他相信阿奎那的推断是对的，上帝无论是在这个世界中，还
是在想象的空间中，都永远与他作用其上的事物相联系。不过，
在苏亚雷兹的这些观点中全新的是，他太过急切地想要发展出一
种自然神学，在后者中甚至上帝的"无垠性"都可以仅凭自然地
［mere naturalibus］得到证明，而这种想法使得他虽然想为阿奎那
辩护，却将阿奎那理解成了唯名论者。

三、同质性：库萨与特雷西奥

　　司各特主义者与唯词项论者将"非异义性"的宇宙推到了极
致。但这个"非异义性"的宇宙是否也是同质的呢？［22］恰恰相
反。首先，他们中的很多人都接受了亚里士多德的物理学，把它
当作事实来看待，并且只是补充说，亚里士多德的物理学在逻辑
上并不是必然的。其次，奥卡姆的宇宙被分成了与实体的数量一

64

［22］　在某种程度上，从新柏拉图主义源泉之中滋生出来的"光的形而上学"，同样
也支撑了一种关于质料（或至少是关于"原初质料"）的同质性模型。这种形
而上学在中世纪猛然发展成了两个独立的传统。格罗斯泰斯特［Grosseteste］
的"光的形而上学"仍未遭人遗忘：Crombie, *Robert Grosseteste and the
Origins of Experimental Science 1100-1700*, pp. 128-34。认为"属"是"力"
的这种观念（属之繁衍，形式之繁衍）（同上书，pp. 104-16），也许产生了
一种新的关于自然规律的概念（Schramm，下文第三章第一节脚注［22］）。
"全在"的属性有时似乎被挪用于"光"，并且带有该词所有主动的含义：
Witelo, *Liber de intelligentiis* 7.1；8.1-4；9.1-2（自然之光存在于万物之中），
见 *Witelo: Ein Philosoph und Naturforscher des XIII. Jahrhunderts*, Baeumker
编，pp. 7-14。另一方面，喀巴拉滋养了原初无差异的光作为"无界限者"［the
unlimited］的象征形象［En sof, 'or en sof］。的确，新柏拉图主义的"原初质
料"指的就是被那些《诗篇》作者称为"上帝的衣裳"［'ote 'or kesalma］的
光：Nachmanides, *Perush hatora* to Gen. 1。他们并非没有注意到这些传统及
其在后来与新的"空间"概念的融合，然而在我看来，他们至多只是人们后
来追加的一种用来表达质料同质性含义的模式，一旦后来的人们意识到他们
需要质料的同质性，便增加了这种模式。

样多的可能秩序，其中每一种可能秩序都能够不通过其他可能秩序而存在："任何在其所处位置及主体上都绝对不同于另一事物的事物，当别的事物遭到彻底毁灭（或者甚至整个世界被毁灭）时，它还能够存在。"[23] 与唯词项论者对我们关于自然的语言所做的概念还原相反，文艺复兴时期的自然哲学家则试图对自然本身进行思辨的还原。特雷西奥［Telesio］、卡尔丹诺［Cardano］、康帕内拉以及布鲁诺并没有像唯词项论者那样沉浸于对精确语言的迷恋。正如他们相信的那样，他们的哲学并不是经院哲学式的对词语和定义的迷恋，[24] 而是一种真实的哲学［philosophia realis］，一种转向自然本身的哲学。然而，他们中的大多数人真正转向或返回的，实际上是斯多亚派的宇宙。

我们应当把我们对文艺复兴时期的自然哲学家的讨论限制这两位自然哲学家：库萨的尼古拉和布拉迪诺·特雷西奥［Bernardino Telesio］，他们相隔近一个世纪。出于各种不同的理由，他们都坚持宇宙的根本同质性；他们都把亚里士多德的"形式"转化成了"力"。他们也都回到了对宇宙的象征性解读上，而这种解读却是经院哲学家竭力使之最小化的。对于库萨而言，自然的同质性以及我们科学语言永恒的"不精确性"，正是基于这种相同的认识论与本体论前提而得出的。正如他自己所承认的，他是一种相当悠久的否定神学传统的继承者，[25] 然而同时，他思考

---

［23］William of Ockham, *Quodlibeta* 6 q.6, *Philosophical Writings*, Boehner 编, p. 26; *Sent. prol.* q. 1, *OT* 1.1: 38。E. Hochstetter, *Studien zur Metaphysik und Erkenntnislehre Wilhelms von Ockham*, pp. 56-57.

［24］上文第一章第三节脚注［2］和［3］（伽桑狄，伽利略）。

［25］Nicolaus Cusanus, *De docta ignorantia* 1. 27, 收入 *Werke*, Wilpert 编, pp. 34-36（pp. 27-28; Strassburg 版本）："每种宗教的形成都必须通过肯定神学而获得提升……然而否定神学同样是必要的，它是另一种肯定；若无否定神学，上帝

65 的原创性也已通过一种无畏的方式显现出来：恰恰是在对这种传统的继承中，库萨颠覆了该传统。的确，绝对无限的上帝只能通过否定的方式言及；矛盾律对于上帝也并不适用；上帝统一了所有的对立物，正如一个具有无限直径的圆本身［eo ipso］也是一条线。[26] 然而，宇宙同样也永远无法通过概念而完全为人领会。我们的概念只能接近于此；[27] 宇宙既非有限也非无限，既非连续也是连续的，既非静止着也非绝对运动着。上帝在其中的"临在"，"既无处不在，又并不在任何地方"［undique et nullibi］。[28] 由于宇宙不是绝对的，所以我们所有关于自然的概念也是相对的，它们的有效性取决于类比与相似性。宇宙中没有任何地方能被看成是处于绝对中心的，同时，也没有任何地方可以被看成是与另

（接上页）将不会作为'无限的上帝'而受到敬拜，而是作为'造物之神'而受到敬拜，但这种对创造物的崇拜却是偶像崇拜……因而我们通过疏离与否定来言及上帝，才是最正确的，正如最伟大的狄奥尼索斯那样……拉比所罗门［伊本·盖比罗尔］和所有的智者都追随他。"既不同于新柏拉图主义传统，也不同于迈蒙尼德，推动库萨的否定神学的观念，并非上帝的"一性"［oneness］，而是上帝的"无限性"。

[26] 同上 I.13, pp. 15-16（pp. 13-14）。

[27] 关于库萨的认识论，参看 Cassirer, *Das Erkenntnisproblem in der Philosophie und Wissenschaft der Neueren Zeit*, 1：21-61，特别是 25-31（approximatio, similitudo）。我并不注重对库萨的语言理论的研究。库萨坚持认为，我们所有的术语以及专名都是不精确的，而精确［praecisio］的获得只可能来自关于上帝的观念：例如 *Idiotae de mente* 3, *Werke*, p. 242（p. 172）："因为上帝就是任何精确的事物"［Nam deus est cuiuscunque rei precisio］等。

[28] 关于"有限""运动"：Nicolaus Cusanus, *De docta ign.* 1.11, *Werke*, pp. 61-63（pp. 45-46）。参看 Koyré, *From the Closed World to the Infinite Universe*, pp. 6-24。"无所不在"：Cusanus, *De docta ign.* 2.12, *Werke*, p. 63（p. 47）："正如世界机器具有无处不在的中心，以及不在任何地方的周长那样；既无处不在又不在任何地方的上帝，就是其周长与中心。"该隐喻的源泉便是《二十四哲人书》［*Book of the xxiv Philosophers*］（参看 Harries, "The Infinite Sphere: Comments on the History of a Metaphor", pp. 5-15）。也参见 Cusanus, *Apologia doctae ign.*, *Werke*, pp. 110, 115（pp. 79, 82）。

一个地方绝对类似或绝对不同的。换成宇宙的物质构成的术语来
说，这意味着每一种物体都包含着或反映出另一种物体，而所有
物体都存在于上帝之中；上帝则恰恰相反，他"存在于万事万物
之中"。[29]库萨意识到，亚里士多德组成地球的四元素，同时也是
构成天体的四元素。这些天体同样是可朽的。[30]每个物体都包含全 66
部的四种元素。每个物体在一定意义上都被注入了灵魂；库萨明确
地希望调和"古代斯多亚派"［veteres Stoici］和亚里士多德学派的观
点；前者主张质料在其自身中现实地［actualiter］包含所有可能的形
式，后者则主张只有当质料仅仅作为可能性时才能具有形式。[31]

"否定神学"与"否定宇宙论"之间的区别是绝对与相对的区
别。当"无限性"作为上帝的属性时，是一个否定的谓词；当无
限性作为质料的属性时，只是褫夺性的谓词，也即受制于条件的
谓词。[32]世界的无限制性虽然严格说来与上帝单纯而绝对的无限
性无法比拟，却是上帝的一个形象、一个类比；而世界上的任何
秩序，都同样地象征了上帝，因为世界是一个"浓缩的"上帝；

----

[29] Nicolaus Cusanus, *De docta ign.*, 2.4-5, *Werke*, pp. 44-48（pp. 34-38），在第
47 页他概括道："对健全知性最深刻的领会是：上帝毫无差异地存在于万物
之中，只因每一物在其自身之中；而万物皆备于上帝之中，只因万物都在
其自身之中；但由于宇宙在每一事物之中的方式就是每一物在宇宙之中的方
式，因而宇宙在每一物中的方式便是'浓缩'其中，宇宙本身便是'浓缩'
的……"参看 *De visione Dei*, *Werke*, pp. 305-307（pp. 219-21）。

[30] Nicolaus Cusanus, *De docta ign.* 2.13, *Werke*, pp. 67-69（pp. 50-51）; *De
coniecturis 2*, *Werke*, pp. 152-54（pp. 110-11）。

[31] Nicolaus Cusanus, *De docta ign.* 2.7, *Werke*, p. 53（p. 40）："因为古代斯多亚
派的所有形式都存在于现实的可能性之中；然而却是隐匿的，并且需要通过
揭开其基质才能显现……亚里士多德学派则说，形式在质料中只作为可能性
而存在，并且由动力因所引起。因此正确的应是：……形式不仅通过可能性
而存在，而且也通过动力因而存在。"

[32] Nicolaus Cusanus, 同上，2.1, p. 39（p. 30）："因此否定的无限性，才是绝对
最大的无限性……宇宙事实上……是褫夺性的无限性。"参看 Blumenberg,
Die Legitimität der Neuzeit, p. 474。

正如对于司各特主义者而言，一种性质的个体实例化就是一种浓缩的形式一样。[33]库萨真正思辨性地综合了各种不同的非连续的思想传统：否定神学、存在的类比学说，以及晚期经院主义者所热衷的"现实的无限性"与神学中的数学论证。在这个讨论中我想说明的只是，库萨几乎和日后的莱布尼茨一样，既坚持自然的同质性，也出于同样的原因坚持认为，只要我们的科学语言不是"异义性的"，那么不精确性就是有必要的。

出于不同的思考和不同的哲学性情，特雷西奥肯定自然的同质性，这并不是因为他沉迷于"无限性"，而是由于感到了"宇宙的同情"［universal sympathy］。他的体系在很多方面都可以看作是介乎斯多亚派的宇宙与莫尔的宇宙之间的比例中项。[34]与斯多亚派一样，特雷西奥希望用真正的"力"来取代柏拉图和亚里士多德的"形式"（即本质），所有这些力都可还原为引力与斥力或热和冷（正如恩培多克勒曾做的）。这些力作用于一个同质的、现实的、却是被动的质料；而"质料的现实"［actuality of matter］已经被唯名论者们强调过了。每个物体都表象了这些力之间的平衡，并且试图维持这种平衡；每个物体都具有一种自

67

----

〔33〕例如 Nicolaus Cusanus, *De docta ign.*, 2.4, *Werke*, pp. 44-46（pp. 34-35）；参见上文脚注〔25〕。

〔34〕Bernardino Telesio, *De rerum natura juxta propria principia*, Spampanato 编。关于他，参看 Cassirer, *Erkenntnisproblem*, pp. 232-40。运用感觉论、唯物论和唯力论之间类似的关联，可以刻画许多意大利新自然哲学家（例如卡尔丹诺、康帕内拉与布鲁诺）的特征。兰道尔提醒我们，培根是"第一位现代人"，参看 Randall, *The Career of Philosophy* 1：202。关于培根的空间观念，参看 Grant, *Much Ado*, pp. 192-94，我并非完全认同格兰特［Grant］将斯多亚派物理学的遗产归因于"空间"的概念，我认为应是"力"的概念。虽然我希望如此，但在特雷西奥身上，我并未发现菲洛波努斯［Philoponus］的身影。

我保存的本能。[35]热的中心是太阳，冷的中心是地球；宇宙的和谐并非由一种前定的目的产生，而是由于每一个被注入灵魂的物体（事实上所有物体都是由于力的作用才有活性）按照它自身的自我利益的活动而产生的。这是对反目的论、反政治、反伦理和反自然原则的"自然的看不见的手"最早的表述。[36]灵魂只是一个比身体其他部分更好、更精细的东西，这就把认识论还原成了一种感觉论的阐释，同时也清除了经院哲学中的理智肖象[species intelligibiles]。同时，由于质料并不仅仅是潜能，所以时间和地点必须作为"绝对容器"从其中清除出去。于是，新晋"力"的信徒便向亚里士多德"形式"的信徒开战了，其战场就设在前伽利略时代的各所意大利大学中，有时甚至拳脚相向。

许多文艺复兴时期的自然哲学家认为，被注入灵魂的宇宙是同质的，因为天体的质料与地球的质料之间的绝对区分已经清除了，与此同时，元素的数目已经被还原到了两个或两个以内。他们主张的这种宇宙，如同他们的斯多亚派先驱一样，是一个比亚里士多德—经院哲学的宇宙还要模棱两可的宇宙。在特雷西奥的体系中，"力"这个观念所表达的无非是各个相似的物体（他们的"相似性"）之间的"亲和力"；在由"同情"这条纽带联系起来的 *68* 宇宙中，万物都变成了其他某物的"符号/象征"，而世界则充溢

---

〔35〕 Telesio, *De rer. nat.* 4.xxiv, p. 728；这也是一种斯多亚派学说。也参看 Höffding, *History of Modern Philosophy*, pp. 92-102。

〔36〕 关于现代社会思想的早期历史，参看下文第四章第一节：一。这一点也具有斯多亚派的来源：Kristellar, *Eight Philosophers of the Italian Renaissance*, p. 102（自我保存）。而克里斯特拉将热、冷与质料三者分组，偏离了亚里士多德（上文第二章第二节：二）对形式、质料与缺失的三分，难以服人。他也不给出任何具体的理由，便拒绝将这种三分与恩培多克勒对爱、恨与质料的三分做类比。

着许多隐秘的含义。以批判性的视角看，特雷西奥偏离了他所追随的斯多亚模式：物体只按照它们自身的力以及它们自身的利益行动。特雷西奥在反对目的因的同时，并没有试图使自然"去灵魂化"［de-animate］：他的宇宙没有显示出目的，也没有显示宏大的计划。然而一个世纪后，甚至是那些在自然中看到一种上帝的计划的人，也都开始反对目的因，因为这些目的因使自然变成了有灵魂的。换言之，单一因果律的理念是一种批判性的理念，而非建构性的理念，说它们是"含糊不清的"已经算好的了。和斯多亚派一样，文艺复兴时期无论有没有受到一种理论的指引，他们都热衷于各种精细而无穷的细节。

四、同质性与无限性：哥白尼

自然的同质性的新意义，以及伴随这种新意义而产生的从"形式"向"力"的转变，显然先于哥白尼的理论。这种主张继续萦绕在许多无论是持地心说（如特雷西奥）还是持日心说的文艺复兴时期的自然哲学家的耳边，直到《天体运行论》［De revolutionibus］发表之后仍是如此。然而，哥白尼的理论在促进这种新意义的过程中起着关键的作用，这种关键作用在很多方面类似于它在推动无限性的意义中所起的作用。在当时，人们已经把以太阳为中心的行星系统放置在了一个既无限又同质的宇宙中。然而，当所有三种原则在理论上和历史上都分别得到了支持，并且当人们确实分别地坚持它们时，这三种原则之间又开始产生亲和力：一旦得到清楚的定义，它们更容易被聚集起来，而不是被分离开来。

"亲和力"是个含混的术语，我在一种或强或弱的意义上运用它。一个以太阳为中心的体系并不需要用"无限的宇宙"，而只需要用"巨大无垠的宇宙"，就可以解释恒星的视差无法被人感知的原因。即使在古代，人们也已经清楚地认识到了这一点。[37] 甚至一个以地球为中心的宇宙，也能被设想成无限的（正如中世纪在证明假想的多个世界，或证明假想的地球外空间的讨论中已经证明的），然而或许在一种较弱的意义上也绝不能宣称"一个以太阳为中心的宇宙不仅是无垠的，最终也是无限的"这一点更容易办到。但哥白尼自己却拒绝表明这种主张。[38]

在哥白尼的时代，宇宙的无限性在很久以前就已经不再被视为一种荒谬的立场。相反，奥雷斯姆的一个不经意的插话，比起很多中世纪对"可能性"和"空间的本质"的正式讨论，更多地揭示出了由"无限论者"所引发的思想风气的重要转变。他说，我们自然的倾向就是要把宇宙构想成无限的；而只有科学（当然，他指的是亚里士多德的宇宙论）才教导我们事实并非如此。[39] 迄今为止，世界的有限性即使不是一个不言自明的命题，也成了一项常识。早在哥白尼革命广为传布之前，它就已经变得（至少在某些领域）反直观。15、16 世纪的自然哲学并不能言明哪种关于空间的真理是"直观地"为真的。

我们看到，同质宇宙的形象，同样也独立于宇宙的"维度"。正如库萨证明的，有限的宇宙绝不必要有一个绝对的中心，更不

---

〔37〕 *The Works of Archimedes*，Heath 编译，pp. 221-22。

〔38〕 Nicolaus Copernicus, *De revolutionibus orbium coelestium* 1.1 c.8. 如果哥白尼认为在一个无限空间中有一个有限的、球形的、质料的宇宙嵌入其中（正如他的话所暗示的那样），那么我们可能会再次联想到斯多亚派对他的影响。Koyré, *From the Closed World*, pp. 31-43, 科瓦雷提示我们，哥白尼的宇宙"仍然存在等级秩序"；也参见氏著：*The Astronomical Revolution: Copernicus-Kepler-Borelli*, Moddison 译，p. 72, n. 7。

〔39〕 Nicole Oresme, *Livre du ciel* 1.24, p. 176："我回应：首先对我来说，人类理智作为同样是自然的东西，会同意，在天空之外，在那并非无限的世界之外，无论如何都不存在任何空间，而且绝对无法构想相反的说法。"（这对"永恒性"同样适用）

用说"合适的处所"了。可是日心说的假设，难道不需要以"天体"和"地球"、"天体的区域"与"地球的区域"之间的区分的坍塌作为前提条件吗？不需要。虽然哥白尼自己有可能仍旧坚持这项区分，但我个人认为哥白尼并非如此。[40] 我认为，日心说与同质性之间比日心说与无限性之间的亲和力更强。为了解释一个以太阳为中心的宇宙为什么，以及在何种意义上仍需将"天体的区域"与"地球的区域"绝对地分离开来，人们必须寻求别的理由。事实上，为"自然的同质性"找到的经验的证据（比如为了证明"天体［彗星］的可朽性"，以及"月球具有类似地球的不规则特征"的证据），在哥白尼的理论中是支撑性的；而贝拉明枢机主教［Cardinal Bellarmine］所能做的，就只剩下强调这些证据并不足以用来证明而已。[41] 简而言之，一旦予以明确定义，"日心说"和"宇宙的无限性与同质性"将更容易结合起来，而非相

[40] Guerlac, "Copernicus and Aristotle's Cosmos", pp. 109-13. 这并非令人信服的论证。哥白尼是否相信"质料的（甚至严格的）球体"，这个问题同样也处于激烈的论争之中。参看 N. Jardine, "The Significance of the Copernican Orbs", *Journal for the History of Astronomy* 13（1982）：168-94。

[41] Galileo, *Opere*, 12：171ff. 最近的一篇传记恰切地总结了贝拉明主教与伽利略之间方法论的不同："伽利略也谈论过'成百上千的例子'，而贝拉明主教则只等待着一个'绝对有说服力的例子'。这种区别就是经院哲学与近代新科学在认识态度上的根本区别"：Fölsing, *Galileo Galilei：Prozess ohne Ende，Eine Biographie*, p. 322。然而费尔辛错在对"经院哲学"的总结上。的确，证明的标准自 14 世纪开始便被不断拔高，要符合亚里士多德在《后分析篇》中关于"证明的科学"的理念；这便是为什么，比如司各特与奥卡姆拒斥阿奎那对"无所不在"的物理学"证明"（上文第二章第四节：一、二）的原因。然而奥卡姆与他的同代人，正如从前的亚里士多德，都鼓励从"可能性"中推出证明：A. Maier, "Das Problem der Evidenz in der Philosophie des 14. Jhs.", 收入 *Ausgehendes Mittelalter：Gesammelte Aufsätze zur Geistesgeschichte des 14. Jhs.*, 2：367-418。关于伽利略对"适应原则"的释经学应用，参见下文第四章第二节：二，也参看 Wallace, *Galileo and His Sources*, pp. 99-178。

反；最终它们似乎是能够互相印证的。哥白尼的理论增强了人们对自然之统一性的感觉（就像人们感觉到宇宙的无限性一样），他无须首创其中的任何一种理论立场，或使其中的任何一种理论立场成为必然。哥白尼的理论催生了"同质性"的新意义，但他并非这种"同质性"新意义的始作俑者。

五、新教对上帝"临在"的阐释

特雷西奥、卡尔丹诺、康帕内拉以及布鲁诺的全新宇宙论，是以一种强烈的思辨还原论的倾向作为标志的。经院主义对非异义性和术语精确性的迷恋，被新一代人所取代，这代人相信："真实的哲学"应当关注自然本身，而非关注语词。这样一个宇宙变得极易遭到泛神论的解读，我们不仅在费奇诺和布鲁诺那里，也在库萨的思想中看到了这一点：世界是上帝的说明，是上帝的自我表达，因为上帝将自己"浓缩于"尘世之中。上帝似乎重新开始获得一个"身体"。世界重新揭开了它的象征性意义。我们大可放心地推断，除了在中世纪的某些知识分子那里，上帝从未完全失去过这个"身体"。

宗教改革运动是否有助于上帝重新获得一个身体呢？我先前已经提出，基督教对各种泛神论学说的惶恐，不但来自对神化的自然的恐惧，而且更具体地说，是对在僧侣等级制操控下的基督在祭饼中特殊的、拣选的、真实的"临在"的意义之式微的惶恐。新教神学则不存在这样的畏惧。甚至在新教神学的圣礼学说中，它也能极致地追求全然超越的或全然内在的上帝形象，并在追求这两者的同时，宣称它们对于《圣经》而言都是真的。对茨温利［Zwingli］（以及对卡尔施塔特［Karlstadt］和一些更早的

人）而言，"这是我的肉"这句话只具有一种象征性的意义。[42] 路
德从一开始就坚持基督在祭饼中的真实"临在"。他对"圣餐实体
同质说"的偏好更甚于对"圣餐实体转化说"的偏好，虽然他的
这种偏好也只是属于经院哲学思想中的少数派传统，而这种偏好
很可能是由以上对自然的新意义的讨论所引发的。在中世纪，想
象各种"相互渗入的"实体，不仅在概念上成问题，而且就如同
"设想不具有合适主体的偶性"一样，是成问题的。从更为斯多
亚派的自然观来看，完全能够相互渗透的物体，就如同燃烧的铁
[velut ferrum ignitum] [43]，开始变得不那么违反常识了。路德的偏
好显然在《圣经》中没有什么更好的根据。但不同于持任何一种
学说的中世纪先驱，路德绝不会认为真实"临在"具有很强的方
位性意义。基督的身体"在上帝的右手边"，这在"处所"上并不
像"一只鸟在树上"那样。"上帝的右手边"代表他的全能。[44] 基

---

[42] *Credere est edere*：Ulrich Zwingli, letter to Alber（1524 年 11 月），*Sämtliche
Werke*, Egli 与 Finsler 编，3：341；参看 Potter, *Zwingli*, pp. 156-57；Bizer,
Studien zur Geschichte des Abendmahlstreits im 16ten Jh., pp. 40ff.；Seeberg,
Lehrbuch, 4.1, pp. 396-407, 458-79；Ozment, *The Age of Reformation, 1250-
1550*, p. 336。

[43] Luther, *Werke, Kritische Gesamtausgabe*, 6：510. 然而，似乎路德从没有用过
"圣餐实体同质"[consbustantiatio] 这个术语；Seeberg, *Lehrbuch* 4.1, p. 400。
路德的思想发展，可参看 Bizer, *Studien*；以及 Hausamman, "Realpräsens
in Luthers Abendmahllehre", 收入 *Studien zur Geschichte und Theologie der
Reformation, Festschrift für Ernst Bizer*, pp. 157-73。

[44] "他应拥有权柄与统治，他也必定在那无所不在者上帝的右手边，同等地本质
地存在"：Luther, *Werke*, 23：145；参看 23：159, 28：141；Seeberg, *Lehrbuch*
4.1, pp. 462-66, 469ff.（无所不在）；Bizer, "Ubiquität"，见 *Evangelisches
Kirchenlexicon* 3：1530-32。人们似乎一致认为 Iserloh, *Gnade und Eucharistie
in der philosophischen Theologie des Wilhelms von Ockham, ihre Bedeutung für
die Ursachen der Reformation* 一书，夸大了奥卡姆所起的作用与经院主义的渊
源；而路德的学说在所有方面与当时的唯名论者有多么不同，可以从欧伯曼
对伽布里埃尔·比耶立场的细致分析中看出来，见 Oberman, *The Harvest*,
pp. 275-76。

督的身体是且永是完完全全由他的神性渗透的。同时，与上帝的"力量"和"本质"一样，基督的身体在任何时候也都是"无所不在的"。团契只是基督徒在"上帝之言"的引导下全心寻求基督的"临在"的场所。相对于天主教徒而言，新教徒反而对泛神论倾向更少畏惧感。确实，倾向泛神论的情况更常发生。雅各布·波墨〔Jacob Boehme〕的思想也许相比之前提到过的那个穷村庄里的磨坊主的庸俗泛神论丰富和深刻得多，[45]但他们之间的主要不同只是在于，波墨并没有被烧死在树桩上。另一方面，新教神学也鼓舞了"非异义性"（至少是在释经学层面上）：它要求回归到唯独《圣经》〔sola scriptura〕上去。

　　在我看来，直到17世纪，这两种倾向才得以融合成一幅世界图景：唯名论者对于"非异义性"的狂热，以及文艺复兴时期对"自然同质性"的意义的追求：一个"力"的自然，即将取代亚里士多德主义之下的种种静态的自然。新教神学有时也许催化了这种融合倾向。一旦这两种科学理念汇聚到一起，便将出现一种统一的、数学化的物理学图景，欧几里得空间正是两种理念的具现。只有到了现在这个时刻，人们才必须对以下问题做出决断：究竟应该怎样理解上帝的"无所不在"（路德派在其中添加了基督身体的"无所不在"）？上帝是否必须身处宇宙之中呢，还是能够置身于宇宙之外？上帝是否必须有一个"身体"？帕斯卡对神学上的隐喻—象征语言的辩护是个例外，我们不能把帕斯卡的主张看成

---

〔45〕常有人提醒我注意海涅的评论："理查一世对这个能接神的靴匠如此尊重，竟特派一个学者到葛立兹向他学习。这位学者比他的国君幸运些。因为后者在白厅在克伦威尔的刑斧下丧失了脑袋，而前者仅仅由于雅各布·波默的神智术，让葛立兹丧失了理智。"〔中译采用：《海涅选集》，海安译，第270页，人民文学出版社，1983年。略有改动。——译者〕Heine, *Geschichte der Religion und Philosophic in Deutschland*, 收入 *Werke*（Berlin, n.d.）8：62。

主流观点。[46] 17 世纪的科学家和神学家使用的语言是纯粹的散文，然而他们与茹尔丹先生 [Mr. Jourdain] 的区别是：他们深知自己写的是散文。

第五节　笛卡尔与莫尔

一、笛卡尔的困境

在 17 世纪，宇宙变得既是"非异义性"的，又是"同质"的，这引发了神学与物理学前无古人后无来者的融合。神学论证与物理学论证变得几乎无法区分。这种氛围对于神学与物理学而言，都既伴随着好处，也伴随着坏处。中世纪的一些最为紧迫的神学问题（例如如何将灵魂不朽，或是从无中的创造转化成亚里士多德学派的术语），随着对新物理学体系的认同而消失。世界的永恒以及将灵魂视为组成物体的原则，这些观念是亚里士多德物理学与心理学中不可分割的部分，但这些观念在神学上却是不可接受的。早期近代物理学能轻易地维持一种真正的宇宙论与末世论，即认为宇宙是不断生成的，而在末日是必将毁灭的。然而 17世纪在转换掉这些已解决的问题的同时，又面临着新的问题，这些新问题产生于人们试图用精确的物理学意义来探究某些神学教义的需要。笛卡尔的物理学正是这样的例子。

笛卡尔的质料同质的宇宙图景，总是在所有地方都受到同一

---

[46] Blaise Pascal, *Pensées*, fragments 383, 606 *Oeuvres complètes*, Chevalier 编, pp. 1188, 1282。参看 Goldmann, *Le dieu caché: Etudes sur la vision tragique dans les Pensées de Pascal et dans le théâtre de Racine*, pp. 57ff., 216ff., 264ff.。

条"非异义性"法则，即数学法则的主宰，甚至连那些认识到了笛卡尔数学法则的缺陷的思想家，也仍然为之着迷。这个体系的缺陷不胜枚举；但人们之所以坚持它，乃是由于大多数人为之着迷的那种思想氛围。当笛卡尔热切地想要使物理学完全数学化时，他只认识到了与物质不可分割的一种属性：广延。物体不是别的，而只是"有广延之物"[res extensae]。因此，空间与物质便具有了相同的意义：物质世界是一个无限的"连续统一体"，并且所有物质实际上是同一种实体。运动指的是：一个物体从与它邻近的某些物体那里朝向附近的其他物体的变化；这是一种全然相对性的概念。[1]因为如果所有物体都同时运动着，那么说"它们在运动"到底指什么？并且，如果一个运动着的物体与另一个运动着的物体相碰撞，并且这两个物体都向相同方向运动，那难道它们不是同一个物体吗？显然，笛卡尔缺乏的，是一条将个别物体看成物理学实体的"个体化原理"。

其次，笛卡尔著名的运动定律看似假设了相撞物体之间的"不可渗入性"。[2]而物体的运动在欧几里得几何学中（比如在对

74

────────

[1] René Descartes, *Principia Philosophiae* 2.25, AT 8.1, p.53："我们可以说，[运动] 就是某一部分质料或某个物体，向着另一个在其附近的、与之直接接触、或被视为相对于该物体而言是静止的物体附近移动。"在笛卡尔看来，只有具有广延的实体的整全的、普遍的连续统一体，才真正配得上"物体"这个名称，并且具有一种恒定的运动与静止的比例（动量 [quantitas motus]）。单个物体既不具有分明的界限，也不具有分明的绝对运动；其保持匀速线性运动的倾向是一种绝对不可实现的"倾向"。参见 Kenney, *Descartes: A Study of His Philosophy*, pp. 200-15. 因此笛卡尔缺乏一条个体化的物理学原则；而斯宾诺莎、霍布斯与莱布尼茨也建构了他们自己的理论，试图解决该困境。

[2] Descartes, *Principia* 1.37-53（AT 8: 62-71）。艾顿试图将这些规则以算术符号阐释出来。参见 Aiton, *The Vortex Theory of Planetary Motions*, p. 36。惠更斯正确地评论道："看来笛卡尔的'物体'无异于一种'虚空'的哲学。"见 Huygens, *Pièce concernant la question du "mouvement absolu"*, 收入 *Oeuvres complètes*, 16: 221。

全等的证明中），总是假设物体（线、面）相互穿过，或是相互重叠。"不可渗入性"当然不能作为有广延的东西而从物体的几何学性质中得出，即使我们在最弱的意义上（即一个物体不能与其他物体同时并且完全地占据相同的地方）来理解这种性质，也同样如此。然而笛卡尔一旦做出了这种假设，他便茫然不知如何解释各种密度状态或是弹性现象的起源。此外，假设固体之间无阻力地相互运动又是与物质作为连续统一体的形象矛盾的。基于同样的理由，笛卡尔的两条惯性定律也都是"反事实条件句"，因为没有任何物体会为了做匀速直线运动而与其他物体分离。因此，笛卡尔只谈物体的"倾向"，如果我们"只考虑它们自身"，那么物体如此运动的"倾向"正是"由于它们能够"运动。[3] 确实，解释笛卡尔的惯性定律和运动规律（包括解释"不可渗入性"这条假定），唯一明智的办法就是将它们看作极限状态下的"反事实条件句"。同样，笛卡尔的物理学也完全是基于假设，就连他自己也直言不讳，他的宇宙论亦是如此：如果我们假设上帝赋予宇宙一个确定的动量，然后放手让宇宙自行运作，那么物质将形成一个旋涡，从这个旋涡中将产生一个与我们的行星系统一样的行星

---

[3] Descartes, *Principia* 1.37（AT 8：62）：由于它是就其自身而言的［*Quantum in se est*］；（p. 63）：*seorsim spectatam*。关于卢克莱修是该术语的源泉的观点，参见 I. B. Cohen, "Quantum in se est"，另一种可能的源泉是伦理学—神学上的：参见 Oberman, "Facientibus Quod in se est Deus non Denegat Gratiam", pp. 317-42。笛卡尔为何将惯性定律一分为二，一个主宰运动（也即动量），另一个控制方向呢？莱布尼茨认为，通过这种方式，笛卡尔期望确保一种结构，通过这种结构，精神得以影响微小的物体，而精神并不是通过改变它们的运动，而仅仅是通过改变它们的方向，来实现对微小物体的作用的。但这只是后人的修补润色而已（我认为这种观点并没有解决身—心关系问题）。不过对于笛卡尔，（*m·v*）总是一种标量；而贯穿整个"运动定律"的方向的改变，并非遵循运动的变化，而是遵从于其他的逻辑。

系统。更糟糕的是，这种假说甚至不需要上帝；全部所需只是动量（虽然是从永恒中得来的）。牛顿大声疾呼的"我不杜撰假说" [hypotheses non fingo]，或许不仅可以推出笛卡尔物理学中的某些特殊理论（比如旋涡说 [vortices]），也适用于笛卡尔的全部物理学理论。

　　在下一章中我将论证：自伽利略以来，人们对自然的数学化都预设了，"反事实条件句"就是现实的一种"极限状态"。17 世纪的科学在理论和实践上的勇气与标新立异，都使得它能够把事物从其背景中分离出来，并在一种理想化的孤立状态中分析它们的关系。这是一种新的抽象形式（或者说普遍化形式），并且很多运用它的人都认识到，这是一种比旧的自然科学更优越的自然科学的新源泉。只有在数学模型的帮助下，"同质性"理念与"非异义性"理念才能融合在一起。但正因为如此，人们也不得不提出如下问题：数学抽象的界限到底在哪儿？科学家在多大程度上能够允许甚至鼓励在不取消对自然的真实的理解的情况下，来考虑"不计物体阻力"呢？的确，笛卡尔过度忠实于数学，以至于无法做个好的物理学家。他把物理学和数学一并抛弃了。他的物理学并没有给"弹性物体"和"真实的力"留下任何空间。[4] 运动和运动的方向完全足以决定一个物体对另一个物体的作用，这种作用包含了按照守恒定律（$m \cdot v$）从一个物体向另一个物体的运动

[4]　参看与这种惯常的阐释相悖的阐释：Gabbey，"Force and Inertia in the Seventeenth Century：Descartes and Newton"，收入 *Descartes：Philosophy，Mathematics and Physics*，Gaukroger 编，pp. 230-320。他认为笛卡尔关于"力"的具体术语就是"规定" [determinatio]。即便如此，我认为它只是对"真实的力"的苍白的替代品而已。在笛卡尔的数学通信中，"力"与"加速度"得到了比在《哲学原理》中更大程度的关注，参见下文第五章第二节：五至六。

变化。如果是这样，那么在笛卡尔的物理学中，伽利略的重大发现（即只有加速度，而不是诸如正在坠落的物体的运动，是由一种叫作"重力"的特殊的力引起的）便没有任何地位和意义了。然而颇具讽刺意味的是，笛卡尔作为最先恰切地提出惯性定律公式的人，却从未恰如其分地运用这条公式；伽利略从未把惯性定律当作一条普遍规律提出来，却卓有成效地运用了它。[5]动力学上并没有能够将加速度从匀速运动中区分出来的绝对量度。例如，我们从一段抛物线或一个圆上取任意两个做匀速相对运动的物体，只有站在第三方物体的视角上，我们才能说它们的运动方向发生了改变；而对于这两个物体而言，它们的运动看上去完全是匀速直线运动！加速度只有在"真实的力"的作用下才是绝对的。而当笛卡尔创造一种纯粹几何学化的物理学时，他的宇宙规避了各种真实的力。

如果说"力"从物体之中被清除掉，那么"精神"[spirits]和"上帝"则更是如此。它们是自成其类的实体[substances sui generis]。"精神"唯一的特性便是"思维"（这是笛卡尔思想中最接近现象学的"意向性"概念的东西）。但如果是这样，精神又怎么能够作用于物——就像我们的心灵确实作用于我们的身体那样呢？上帝又是如何作用于物的？"上帝在物中植入了某些法则和某种动量"，这在字面上又意味着什么？由哪种因果律模式才可以想见这些规则？笛卡尔构想出"运动中的物体"以消除所有目的因和目的，但更困难的问题是，我们又怎能构想"精神"通过运动而参与到这个封闭的因果律体系中呢？如果动物是纯粹的自动机[automata]，那么人类身体的所有行动为什么不是这样？最

──────────

[5]　下文第三章第三节：四。

终，正如我们将看到的那样，笛卡尔坚持了一种比绝大多数激进唯名论者更为激进的唯意志论。上帝首先是全能的、自因的；他的所有其他属性都取决于他的意志。如果他希望如此，他将会使我们的各种"清楚分明"的观念变得无效；甚至连永恒真理都取决于他的意志。[6] 最终，物质（广延）与精神（思维）的根本区分，这个笛卡尔体系中诸多困难的来源，在笛卡尔那里由"它构成一种'清楚分明'的观念"的观点得到了辩护。上帝能使这些"清楚分明"的观念失效吗？或者，上帝能够创造出这样一个世界，在其中思维同样也具有广延吗？

这些问题以及类似的问题，既是神学的，也是物理学的。它们源于对神学与物理学论证的独一无二的笛卡尔式融合，因而最根本的法则（即惯性定律以及运动守恒定律）都是从物理学第一定律（即上帝的"恒常性"）中得出的。上帝是恒常的，如果没有充足的理由，他便不会改变，因为上帝同时也是善好的。[7] 对上帝在尘世中的"临在"，也应予以同样"非异义性"的理解。上帝的"临在"既不是质料性的，也不是象征性的；只在如下意义上，上帝的"临在"才是形而上学的：所有其他的存在，在其存在的任何时刻中，都依赖于上帝想要保存它们的意志。这是一种逻辑上的包含关系，它正是中世纪的通过（上帝的——译者）力量而存在 [*esse per potentiam*]。但讽刺的是，这种观念日后被加尔文派的神学家利用，用来驳斥（路德宗的）"基督身体无所不在"的观念。[8]

─────────

[6]　下文第三章第一节：一；第三章第四节：一至三。

[7]　Descartes, *Principia* 2.36, AT 8.1, p. 61.

[8]　M. Heyd, *Between Orthodoxy and the Enlightenment: Jean-Robert Chouet and the Introduction of Cartesian Science in the Academy of Geneva*, pp. 72-80. 也参见下文第二章第八节：六（莱布尼茨）。

二、莫尔的解决方案

亨利·莫尔是在与笛卡尔持久而针锋相对的对话中发展出他的立场的。人们的强调重点通常放在莫尔坚持认为的"空的空间"具有绝对性和无限性的本质上。[9]然而我认为这只是他的次要关切。他最根本且从未修正或限制过的反对笛卡尔的立场，就是认为精神在本质上具有广延。"精神"在尘世中的显现（以及最终上帝在尘世中的"临在"），并不仅仅是形而上学的（作为实体），同时也是物理学上的：由于具有身体，它们也具有维度。在莫尔看来，笛卡尔的绝大多数问题似乎都可以按照如下方式解决：心灵与物体的相互作用、肯定绝对运动，并且由此，在一种"异义性"的上帝因果律模态中向物体引入"真正的力"（通过这种方式，"不可渗入性"被视作物体的真实情况，而非假设的情况）。从这种立场来看，莫尔与莱布尼茨在关切点和解决方案上非常接近。

精神与物体都是有广延之物。更准确地说（虽然与莫尔的反驳相反），从两个词的一般意义上看，精神和固体都是物体：它们占据位置，并且能够相互作用，或作用于自身。精神与物体之间的不同就在于它们所表象的力的本质是不同的。物体虽是可分的，却是不可渗入的；精神虽不可分，但是可渗入的。精神能够渗入物体之中，并且精神之间也能相互渗入；同时它们能伸缩。[10]通过重新

----

[9]　尤其是 Koyré, *From the Closed World*, pp.125ff.; Jammer, *Concepts of Space*, pp. 26-32, 39-48; Grant, *Much Ado*, pp. 221-30。

[10]　"然而在我看来，精神的本性是可以想见的，并且它很容易被定义为任何其他物体的本性……比如说，我将一般精神的整体观念，或者至少是所有有限的、被造的，并且是从属性的那些精神，视为由如下这些不同的力量与属性组成：自入性［*Self-penetration*］、自动性［*Self-motion*］、自收缩性［*Self-contraction*］以及膨胀，以及不可分性；……而我也将加上那些与别的渗入、

审视，我们看到了莫尔将这两种性质视为同一种性质的原因：当精神相互渗入时，它们的强度增大；精神收缩的情况亦同理可得。斯多亚派物理学的"普纽玛"也具有非常类似的状态，他们用回弹的波浪做类比。莫尔也许是在经院哲学"形式纬度"〔latitudo formarum〕方法的影响下将这种性质称为"密度"，[11]并且他补充道，这种性质可以被视为"第四维度"。物体在其自身之中并就其自身而言，自然而然地缺乏"密度"。然而因此，所有物体就其本性而言都被某种类型的精神渗入，一个复杂的物体维持它本身的大小的能力，就显示出了某种恒常的密度。物体中的每一种变化都是由于精神渗入其中而引起的；这只是将"解释绝对运动的原因是真实的力"换了种说法而已。精神就是力。"力""属性"和"精神"通常是可以互换使用的术语。莫尔的"机械力"指的就是

（接上页）移动与改变物质的力量相关的东西。" Henry More, *An Antidote against Atheisme; or, an Appeal to the Natural Faculties of the Minde of Man, Whether There Be Not a God* 1.4 §3, p. 15. 这是一个概要，也为柯瓦雷所引用（Koyré, *From the Closed World*, pp. 127-28），出自 *Enchiridion metaphysicum, cc.* xxvii-xxviii，同样由 J. Glavill 译，收入 *Saducismus Triumphans*（1681),pp. 99-179, 题名为 *The Easie, True, and Genuine Notion ... of a Spirit.* 于是莫尔便与笛卡尔一样，将对"清楚分明"的观念的规定作为出发点。

〔11〕 Henry More, *Enchir. Met.*, *cc.* xxvii-xxviii; *The Immortality of the Soul* 1.2 §11, p. 20. 密度作为"第四维度"，不同于奥雷斯姆关于"第四维度"的猜想（下文第五章第二节：三）；奥雷斯姆指的是性质的表象（强度），莫尔强调的则是它们的维度。事实上，密度是奥雷斯姆应用于第三维度的术语。两者之间充分的相似性使得我们怀疑这两者是否真的具有某种相关联。柯瓦雷（Koyré, *From the Closed World*, p. 132）将密度的概念比喻成一个"场域"〔a field〕, 正如同斯多亚派的"张力"〔τόνος〕在最近的文献中被比喻为"物理学场域"（上文第二章第二节：三）。剑桥柏拉图学派的自然哲学强调的是新柏拉图主义的元素，而非斯多亚派的元素，这使卡西尔放弃了把莫尔思想中的"密度"理论视为一种偶得的"惊奇"：Cassirer, *The Platonic Renaissance in England*, Pettegrove 译，p. 150 n. 1。

笛卡尔的"动量";精神具有"弹力"。[12]一旦允许精神进入自然的领域,人们便能赋予物质这样一种(与笛卡尔曾赋予它的所有性质相同的)属性:它不能自我运动,自身不具备"力",并且它的运动总是相对的,因此它也许会服从笛卡尔的几何学法则。固定的密度与可变的密度的区分、弹力与机械力的区分,与莱布尼茨对"死力"与"活力"的区分不无相似之处[13]。或许莱布尼茨自己在他对莫尔的称颂中就已经注意到了这种相似性。

　　这就是莫尔历经 15 年发展出来的学说的轮廓。这种学说显示出了它与文艺复兴时期的自然哲学家(尤其值得注意的是与特雷西奥),以及它与斯多亚派物理学之间的亲缘关系。然而,与文艺复兴时期和斯多亚派的哲学相反,莫尔并不仅仅专注于他自己(和他们)所提出的"被注入灵魂的宇宙"的同质性;他也希望"力""精神"以及"物质"的观念能够是"清楚分明"的,也即"非异义性"的。通过这样做,莫尔或许已经解决了笛卡尔哲学的某些最紧迫的问题,然而与之相应的是,他也制造了新的困难。莫尔或许已经按照他自己的方式解决了笛卡尔的身—心困境,但他的上帝观念却也困境重重。

　　如同笛卡尔的上帝,莫尔的上帝也是一个作为主宰者的精神。

────────

[12] More, *Immortality of the Soul* 3.12-13, pp. 449-70, 特别是 p. 450, 其中"自然的精神"被描述为"一种无具形实体,不具备感觉与灵魂转向 [Animadversion],该实体遍及整个宇宙的质料之中,并且在那里面表现为弹力……因而不可能被化解为单纯的机械力"。也参见 Cudworth, *The True Intellectual System of the Universe* 1.3 段落 xxxvii §3, p. 148:"其次, 所有这些机械论者,无论是有神论者抑或无神论者,都以木匠或工匠制造的靠弹簧与线驱动的木头手取代了活生生的手。他们造出了某种死气沉沉的、呆滞的、如同雕像般的世界,其中没有丝毫生机与魔力 [!]。然而对于那些善于思考的人,将清楚显现的是,存在着将生命或有弹性的自然与机械的混合,这种混合贯穿在整个具形宇宙中。"

[13] 下文第二章第八节:六至七。关于莫尔与莱布尼茨, 参看 Cassirer, *Platonic Renaissance*, pp. 150-56。

所有其他的精神或"力"都取决于他。有些精神（如同斯多亚派的世界灵魂［anima mundi］那样）缺乏反思与目的性；[14]有些精神则具有反思与目的性；上帝则处于所有精神（或观念）的等级秩序的顶峰。莫尔承认（虽然最初很有些犹豫）上帝在某种意义上是一种具有广延的精神；但与其他精神相反，上帝的广延是无限的：上帝的广延就是"空间"本身。至此，这种观点已经开始迫使我们否认，在上帝中存在着某种由莫尔赋予精神的东西，即密度。上帝不能伸缩。他正如空间一样，永远是同一的。[15]而为了避免将这种情况解释为一个缺点或不足，唯一的办法是：莫尔再次与笛卡尔相反，他主张，精神与上帝并非绝对非连续的实体。毋宁说，上帝是所有精神的精神，是所有精神的源泉与处所。莫尔的神学观念属于流溢神学［emanational theology］，这与他欣赏的喀巴拉式思辨不无相似之处：上帝是真正的 'en sof（无限），他既与以他为源泉的各种力［sefirot］相同，又有所不同。我相信，将莫尔与犹太教（和基督教）的喀巴拉主义关联起来这种对莫尔的阐释是我所独创的。莫尔批判了喀巴拉对上帝的"身体"［'adam kadmon］做出的神人同形论的象征主义阐释。[16]同时，

80

---

〔14〕 上文脚注〔12〕。

〔15〕 More, *Enchir. met.* I.vi.5, p. 42. 或许更准确地说应该是这样：上帝的密度是"无根的"；他是"全渗入性"［all-penetrating］的，因而其他精神所具有的伸缩能力只可能归于上帝自我毁灭的能力。因而莫尔放弃了传统的关于"上帝既无所不在却又不在任何地方"这条公式的后半部分。也参见上书 1.27，p. 171："空间"就是"含混且一般地表象上帝临在的本质或本性"。

〔16〕 Copenhauer, "Jewish Theologies of Space in the Scientific Revolution: Henry More, Joseph Raphson, Isaac Newton, and Their Predecessors", pp. 489-548, 特别是 pp. 515-29; *'adam kadmon*, 同上，pp. 527-29; *tsimtsum*, 同上，pp. 523-26（参看下一条脚注）。相反，安妮·康韦的上帝不具备广延，她不同意"上帝的浓缩"这种观点，参看 Conway, *The Principles of the Most Ancient and Modern Philosophy*, Loptson 编，p. 65："因此［上帝］恩典他的造物（借此

卢里亚派喀巴拉［Lurianic Kabbaliam］提出的"空的空间"的概念也没有打动他：莫尔批评这种"空的空间"的有限性，并且因此"浓缩"［tsimtsum］了原初无限的光，也即上帝。[17]我们记起，在莫尔那里只有"派生性的精神"才能浓缩；上帝并不浓缩。然而莫尔对流溢结构和上帝之力的作用过程却印象深刻，上帝之"力"，被视为一种作用方与反作用方相互平衡的和谐。莫尔的上帝概念就相当于"宇宙中所有机械力与有目的的力在总量上是和谐的"这个概念。这样的上帝不可能不是理性的。[18]而这样的上帝正如斯多亚派的"普纽玛"一样，是神意［πρόνοια］的"具现"。于是，莫尔的上帝与笛卡尔的上帝的另一处对立就在于：在笛卡尔那里，上帝的意志是优先于理性的。

第六节　霍布斯、斯宾诺莎与马勒伯朗士

一、两个实体变成一个实体：斯宾诺莎

霍布斯很少谈及"设想无具形实体是不可能的"，但这个观点却

（接上页）'地点'才能存在），减少他最高等级的强光，从而产生出'地点'，这地点就像是圆形的真空或地上的空间一样。"参看 *Kabbala denudata*（Sulzbach, 1677），2：150："上帝将其自身的临在浓缩于世间被造物之中。"

［17］　值得注意的是，除了在哥本华［Copenhauer］反对詹莫尔［Jammer］的观点中（nn. 9, 16），甚至是在犹太教喀巴拉追随卢里亚派的激进重新阐释的阵营中，人们也激烈地争论着是否需要字面地理解"浓缩"［tsimtsum］，其结论就是：上帝的全在、他"充满所有世界"［memale kol almiri］，都不能被视为仅仅是字面意义上的。此外他们也激烈地争论，"浓缩"是否应该被隐喻地［shelo kifshuto］理解，以便于拯救上帝在此世的真实临在。关于这段重要争论的历史，迄今还没有人写过，不过可以参看 Teitelbaum, *Harav miljadi umifleget habad*, 2：62ff., 78。

［18］　Lichtenstein, *Henry More: The Radical Theology of a Cambridge Platonist*，各处。按照他的观点，莫尔的基本原则几近于莱布尼茨。

是构成他的语言理论体系的一个组成部分，在稍后的章节中我将讨论这个理论。在重新建构一种精确的、"非异义性的"科学语言的过程中，霍布斯不仅看到了建构这种科学语言的工具，同时他也不时看到了科学的独有本质。自写作生涯伊始，霍布斯就相信，所有现象最终都能被科学地还原成与"运动中的物体"相关的术语。在这种意义上，他是一名"机械论哲学家"，讨伐着诸如"目的因""实体化的形式""可感肖象"与"理智肖象"*——简而言之，讨伐着所有那些来自经院哲学的备受轻视的语汇。几何学将成为新物理学的典范，同时也是他的政治理论之"新方法"的典范：在几何学（比起其他任何一门科学更是如此）中，人类自己建构自己的知识对象——同时，霍布斯相信，"真理"和"可建构性"是同义词。[1]

　　在 17 世纪，斯宾诺莎是唯一一位明确地在一种"非异义性"的意义上赋予神一个"身体"的思想家。但他为寻求这个结论花了很长时间。自他哲学生涯伊始之时，他也曾否定过这种观点。斯宾诺莎关于神的"无所不在"的理论是个绝无仅有的例子；通过斯宾诺莎，我们不但可以看到一种晦暗或含混的立场开始变得清晰明确起来，同时我们也能在斯宾诺莎的思想中看到，对于一个中心问题的立场，真正地发生了转变。

---

*　经院哲学中"sensible species"与"*species intelligibilis*"等概念，中译尚未有定译。其中关于"可感肖象"［*species sensibilis*］与"理智肖象"［*species intelligibilis*］的讨论，例如参看 Aquinas, *ST*, 1a, q56, a2, ad 3 等处。译者学力疏浅，在此只粗略指出，在涉及认识论的讨论时，"species"一词已不再是指亚里士多德逻辑学意义上与"属"［genus］相对的"种"这个含义，而毋宁说类似于认识中的某种"肖似"［*similitudo*］或"摹像"，它类似于工具或媒介，正是通过它，所认知的东西才与被认知的东西达到一致。因此，本文出现的经院哲学对"species"的讨论，若在逻辑学意义上，译文沿用"种"；若涉及认识论，译者试译为"肖象"，以示区分。译名仅作参考，留待商榷，不妥之处，请方家斧正。——译者

〔1〕　参看下文，第五章第三节：三至四。

斯宾诺莎唯一一本冠名发表的著作是在 1663 年面世的。[2]
这本书旨在对笛卡尔的《哲学原理》做出依据几何学方式的阐
释，而斯宾诺莎在该书后附加了《形而上学思想》作为附录。斯
宾诺莎显然只希望他的这种阐释本身只包含这样一些命题，即这
些命题要么可以直接归于笛卡尔，要么他可以有意识地宣称这些
命题澄清了或融贯了笛卡尔的主张。斯宾诺莎对笛卡尔物理学的
某些修正，仅仅是为了使其变得更加融贯。在附录《形而上学思
想》中，斯宾诺莎虽然未曾明言，但他试图推进笛卡尔思想体系
的某些结论，虽然他也很清楚这些结论将与笛卡尔的立场大不一
致。不过他当时得出的这些结论并没有完全展示出他自己的立场。
然而，笛卡尔的某些立场还是得到了斯宾诺莎的激烈捍卫，尽管这
些立场是（或看上去是）与他的一元论追求相冲突的。因此人们想
要知道的是，从《形而上学思想》转向《伦理学》，斯宾诺莎的思
想发展是否有可能并没有走过一条辩证的道路。在依据几何学的
阐释中，斯宾诺莎并没有处理身—心关系——而身—心关系问题，
无论是在笛卡尔的论敌还是朋友眼中，都是笛卡尔体系的阿碦琉
斯之踵。同样，他也没有处理笛卡尔的心灵学说。而在《形而上
学思想》中，斯宾诺莎处理了所有这些问题，并总是提及它们的
神学意义。这确实足以证实，斯宾诺莎对于晚期经院哲学的整套
术语相当熟悉，并且这套术语在该书中得到了极其频繁的运用；
但是到了后来的《伦理学》，斯宾诺莎却完全抛弃了这套术语。

82（左侧页码）

---

〔2〕《神学政治论》匿名出现于 1673 年。这是他一生中唯一出版的另一本书。
《伦理学》在朋友与熟人圈内传阅多年；莱布尼茨到荷兰的时候曾读完了
该书的第一部分。不管《形而上学思想》[*Cogitata*] 是否像柯利 [Curley]
（追随费尔登塔尔 [Freudenthal]）所认为的那样写于《笛卡尔哲学原理》
[*Principia*] 之前，这一点与我们的讨论关系不大，参见 Curley 编：*The
Collected Works of Spinoza*，1：222-23。

笛卡尔承认，所有事物都是一个实体。在《形而上学思想》中，斯宾诺莎暗示了一种能够解决笛卡尔身—心问题的理论。但斯宾诺莎并没有将这种理论直接而明确地说出来，这一点也与他不愿公开他的任何真实看法的原因是一样的：他是个谨慎的人。他也没有试图完善《神学政治论》中的方法，也即运用传统术语，却赋予这些术语一种近乎完全相反的意思。斯宾诺莎指出，只有两种实体："心灵"与"事物"，一种只由"观念"构成，另一种只由"广延"构成；"除了这两种实体以外，我们不知道其他任何实体"。[3]而当他明确地将"神"与"事物"区分开来时，他对"神的思维"（同样也是意志）与"我们的思维"的区分，却是含糊而相对的。斯宾诺莎在之前就已证明，任何在我们之中清楚分明的观念，都是与神共享的；我们在神之中，正如神的思维对象在神之中。[4]但神是"无具形的"，在这一点上他与笛卡尔的论调一致。斯宾诺莎在此补充道：事物的存在来源于神，但事物也是一类"分明的"存在，事物与形式无须交流，唯独神具有（当

----

〔3〕　Baruch Spinoza, *Cogitata metaphysica* 2.12, Van Vloten-Land, 4：231："至于说到广延的实体，则我们已经在前文充分讨论过了，[即在笛卡尔理论的阐述中——著者]除了这广延和思想两种实体之外，我们不知道任何其他的实体。"[着重号为著者所加，中译采用：《笛卡尔哲学原理》，附录《形而上学思想》，第186—187页，王荫庭、洪汉鼎译，商务印书馆，1997年。——译者]参见上书，p. 225："现在我们讨论被创造的实体，我们把这种实体分为广延实体和思想实体。所谓广延实体，我们理解为物质……；所谓思想实体，我们仅仅理解为人的心灵。"[着重号为著者所加，中译采用：《笛卡尔哲学原理》，附录《形而上学思想》，第180页，王荫庭、洪汉鼎译，商务印书馆，1997年。——译者]这意味着所有的心灵（观念）都是"一"。而上帝的思想与人的思想之间的区别在于：前者是"一"，后者则是"多"（同上，2.7§8, 4：215）。参看上书，2.1§1以及2.10, Van Vloten-Land, 1：221，在此，独立的事物的存在是非异义性的；上帝思维与我们思维不同的只是在于，上帝的思维是自发的。参看上书2.12, 4：228。[中译采用：《笛卡尔哲学原理》，附录《形而上学思想》，第187页，王荫庭、洪汉鼎译，商务印书馆，1997年。——译者]

〔4〕　同上，1.2, 4：192。

然有时候我们也会有，因为我们拥有"充分的观念"）所有关于事物构成的知识。[5]神的"无所不在"或"无垠性"是对神在空间上的"全在"的"庸俗"理解。"他们说，……如果神不能无所不在，那么他要么不能在他想在的任何地方，要么出于必然性（请注意）而不得不移动。"[6]这种错误的原因就在于，这些人不希望神是有限的，从而把"量"归于神。斯宾诺莎也反对"某些人"对"出于（'出于'[of]而非'凭借'[by]）本质、力量和临在"这三重"无垠性"的区分。这种做法无非是文字游戏，因为"本质""力量"和"临在"在神那里必须是绝对可互换的。[7]"无所不在"意味着：除非神在每时每刻都将所有事物重新创造一遍，也就是说重新赋予或肯定所有事物的存在，否则无物存在。

"他们的论证竭力从广延这个性质上肯定神的无垠性；再没有什么比这种做法更荒谬的了。"然而，如果这种观点确实是当时斯宾诺莎自己的观点，那么纵使斯宾诺莎只是单纯地希望这部著作重

---

[5]   同上，2.6 §1，4：212："因为我们证明了[在《笛卡尔哲学原理》中——著者]，物质除了机械的结合和活动外一无所有。"[中译采用：《笛卡尔哲学原理》，附录《形而上学思想》，第163页，王荫庭、洪汉鼎译，商务印书馆，1997年。——译者]然而斯宾诺莎此时还没有发展出后来的"事物的秩序与观念的秩序相同"这个信条。

[6]   同上，2.3，4：207．文中标注"请注意"的部分，指的是斯宾诺莎的这句话："他们说，如果上帝是纯粹的行动，事实上也确实如此，那么上帝必然是无所不在的和无限的。因为如果上帝不是无所不在，那么，或者他不能够在他希望存在的地方存在，或者他必然要运动[（"请注意"）为斯宾诺莎所加——著者]，那就很明显，他们就会把广大无边归于上帝，因为他们认为上帝是一种数量。"[着重号为著者所加，中译采用：《笛卡尔哲学原理》，附录《形而上学思想》，第163页，王荫庭、洪汉鼎译，商务印书馆，1997年。——译者]我们记得，这也是阿奎那和奥卡姆的论证。

[7]   同上，2.3，4：207-208．注意斯宾诺莎所驳斥的在"通过力量"[*per potentiam*]与"统治的力量"[*potentia regum*]之间的类比，完全是由阿奎那曾做出的：Thomas, *Summa theol.* I q.8 3.3："因为国王据说是通过他的力量而存在于他的整个国家之中的，他不需要无处不在地出现在所有地方。"

复笛卡尔的立场,他也完全没有必要去诋毁"上帝具有广延"这样的观念,并称其为"庸俗的""荒谬的"。这显然不是他的观点。其次,"二元实体说"其实也不是笛卡尔的观点;笛卡尔承认除了一种具有广延的实体外,还有许多像心灵、天使和上帝这样的实体。但斯宾诺莎在《形而上学思想》中,似乎更倾向于只有"一个"思维实体,而诸如"灵魂"之类,或许只是这个实体的诸多"样态"而已。要是我们不知道早在《简论上帝、人及人的幸福》[Korte Verhandeling]开始之时,斯宾诺莎就皈依了一元论(早于《形而上学思想》),我们很可能会把他的这种立场解释成偶因论。而更为错综复杂的是,在"简论"中,"二元实体说"是借助"欲望"[Begerlijkeit]之口表述出来的,而不是由"爱"或"领会"来表达的[8]:这便接近于称它为"庸俗的"了。也许斯宾诺莎在《形而上学思想》中也曾试图抹杀他曾公开嘲笑这些观点的痕迹(正如施特劳斯所阐释的),否则我们便应该寻求一种不同的解读。需要注意的是,在"简论"中,斯宾诺莎还没有解决身—心这个棘手问题。或许他曾一度(在《形而上学思想》中)看到,"二元实体说"可以用作解决方案,因为"二元实体"实际构成的是"同一个东西"。然而在《形而上学思想》中,他却小心地不说出"它们构成同一个东西"。而且,如果他曾一度满足于这种见解,那么他就很可能会支持我们之前讨论过的"圣餐实体同质说"。

在《伦理学》中,两种实体变成了一个实体,同时,斯宾诺

---

[8] *Korte Verhandling van God, de Mensch, en deszelfs Welstand*, Van Vloten-Land, 4: 15. 参看 Siegwart, *Spinoza's neuentdeckter Tractat von Gott, dem Menschen und dessen Glückseligkeit*, 特别是 pp. 110-34(对布鲁诺的影响)。确实,似乎布鲁诺也持二元实体论。我们并不需要全方位地探究《简论上帝、人及人的幸福》,因为显而易见的是,即便斯宾诺莎最早的思想,也明确表达了对一元论的追求。

莎并没有因为已经明确得出了"神就是，或神具有一个身体"这条结论而畏缩不前。"因为凡对于神的本性多少用心思考过的人，都否认神是有形体的。他们提出绝好的理由来证明神没有形体，他们指出，形体是指有体积，有长宽高，并且有一定形状的，说绝对无限的神有长宽高，有体积形状，真是不通之至。"[9]而在此，这种遭到驳斥的观点，却正是斯宾诺莎在《形而上学思想》中全力捍卫的。现在他却认为神是一种具形的实体，这是从他对"实体"和"属性"的定义中推出的，由此，斯宾诺莎得到了一个实体，这个实体具有思维和广延两种属性。这种主张难道不是意味着神的身体是可分的吗？绝对不是：由于神是实体，因而是不可分的。[10]事物的"样态"与"构型"并不会破坏其实体的统一性，同样，思维的"样态"与"构型"也不会破坏神的心灵的"一性"[oneness]或思维的属性。思维与事物并不相互作用；相反，观念的秩序及其构型，正如事物之间的秩序与关联一样；[11]它们是通过一种——对应的关联表达出来的两种"样态"。"非异义性"与"同质性"，构成了自然的两个恰好对等的方面。

要用这个理论证明心灵与事物之间——对应的关联，这种尝

---

[9]　Spinoza, *Ethica ordine geometrico demonstrate* I prop.15, schol., Van Vloten-Land，1：48-49. [中译采用：《伦理学》，第 15 页，贺麟译，商务印书馆，1997 年。——译者]

[10]　同上书："有形体的实体既是实体就是不可分的。" [中译采用：《伦理学》，同上，第 18 页。——译者] 参见上书，*Cogitata met.* 2.12，2：226："非常明显，我们不能对任何被创造的事物说，它的本性包含了它不能为上帝的力量所毁灭。谁有力量创造事物，谁就有力量毁灭它。" [中译采用：《笛卡尔哲学原理》，附录《形而上学思想》，第 180—181 页，王荫庭、洪汉鼎译，商务印书馆，1997 年。——译者] 也参见上书 2.7，2：215："如果我们注意一下整个自然的相似性，我们就能把自然界认作一个存在，因此上帝关于被自然创造的自然的观念和命令乃是唯一的一个。" [中译采用：同上，第 167 页。——译者]

[11]　上文第二章第一节脚注 [6]。

试的困难与其他所有尝试所面临的困难是同样的。特别是，如果 85
给定一组观念，这些观念与某些事物的构型相对应（简而言之，
给定一个关于"身体"的观念），那么我们很难准确地看出，"具
有一种关于那个观念的观念"意味着什么，或者怎么能说出"关
于一种观念的观念"是如何指涉任何其他事物的组合的呢？相比
笛卡尔，斯宾诺莎的理论在涉及棘手的身—心困境时也有许多优
点。笛卡尔根本无法赋予"模糊的观念"任何实在性；正如马勒
伯朗士也看到，笛卡尔的"我思"对于重新组建世界而言仍然只
是一个过于狭窄的基础。在斯宾诺莎的理论中，"模糊的观念"对
应的是"未定义好的事物构型"。

　　这种将事物的观念看成是独立实体的观念仍是相对模糊的。
事物只是相对地，也即通过运动与其他事物分离开来。斯宾诺莎
清楚地意识到了笛卡尔物理学的缺陷：在笛卡尔的物理学中，运
动既是相对的也是绝对的。斯宾诺莎把（$m \cdot v$）看作个体与其环
境之间的关系的标志，而不是最终将它作为一个普遍的常量（某
种任意的量）。[12]霍布斯影响斯宾诺莎物理学的痕迹非常明显。简

————————

[12] Spinoza, *Ethica* 2, lemma 5, 1: 87: "如果组成个体的各个部分或变大些，或
变小些，但是仍然保持其原来彼此之间同样动静的比率，则这一个体也将仍
然保持其固有的性质，而其形式也没有任何变化。"[中译采用：《伦理学》，
第 60 页，贺麟译，商务印书馆，1983 年。——译者] 我认为这是他最根
本的物理学命题，也是（下文 p. 338）主导他政治理论的主要形象。《伦理
学》第二部分命题 13 至命题 14 之间的段落（Van Vloten-Land, 1: 85-89）是
他插入的一个"物理学"片段。参见 Rivaud, "La physique de Spinoza" 以
及 Lachterman, "The Physics of Spinoza's Ethics"，收入 *Spinoza: New
Perspectives*，Shahan 和 Biro 编，pp. 71-112；该书第 105 页脚注 19 罗列了相
关文献。拉赫特曼有些夸大斯宾诺莎思想中物理学的重要性。参见 Gueroult,
Spinoza 2: 568。在《形而上学思想》与《伦理学》中，斯宾诺莎都只是给出
了原则——并且规避了对笛卡尔的"运动定律"以及他自己的"运动定律"
作量化的阐述（这一点不同于马勒伯朗士）。斯宾诺莎只是为了他的心理学、
伦理学以及政治理论而使用物理学。

单物体的每一部分都以相同的速度运动。如果它们分开了，那是无法修复的——它们的各个部分将作为不同的物体而做不同的运动。它们都有运动。复杂物体的内部具有不同速率的运动，而整个物体的运动速率是（$m \cdot v$）；因而，斯宾诺莎能够更好地解释弹性现象：只要弹性物体中的部分不分开，它们的运动系统便机械地倾向于恢复到先前的平衡，因而产生了"内力"。甚至更复杂的物体也是一个处于运动中的运动系统，如果其中一部分分离开了，其他部分的运动仍会维持原先在整体中的运动速率，并且甚至能够重新产生一个速率。但整个宇宙在某种意义上可以被视为最复杂的物体（整个宇宙的面貌 [*facies totius universi*]），其他所有物体都是处于其中的相对的部分。如果单个血细胞有意识，那么它将认为自己是一个独立的实体，而不是血液循环系统中的一部分。[13] 不过，我们将物体称为一个还是多个，这只是个视角问题；如果充分地构想这个视角，那么这种观点就是正当的。

斯宾诺莎对于人的"个性"和"情感"的解释，恰恰与他（零散的）物体理论相关。我们"个性"的种类等于我们"关于身

86

---

[13]　Spinoza, *Ep.* 32, Van Vloten-Land, 3：119-23，特别是 p.121；参见 *Ethica* 2，lemma 7，schol.，1：88。参看 Sacksteder, "Spinoza on Part and Whole：The Worm's Eye View"，收入 *Spinoza：New Perspectives*, pp. 139-59。*facies totius universi*（*Ep.* 64）或许不应当译作"脸"[face]（这是无意义的），也不应当按照哈勒特所提出的译法，将其译作"样式或构造"[fashion or make]（Hallet, *Benedict de Spinoza*, p. 30 和 n. 39），因为这种译法甚至从语法上看都很奇怪，它应当译为"性格"[character]、"个人"[person] 或者"个体"[individual]。我怀疑斯宾诺莎是从喀巴拉 [*partsuf*] 那里挪用了这个术语的，但基于"个人"这个术语在基督教的和神人同形论中的原因，他规避了这个术语。他的源泉可能来自亚伯拉罕·柯亨·赫雷拉 [Abraham Cohen Herrera] 的著作《天国之门》[*Sha'arhashamayim*]；关于亚伯拉罕·柯亨·赫雷拉对斯宾诺莎的可能影响，参见肖勒姆为德译本写的序言：Scholem, *Das Buck Sha'ar hashamayim oder Pforte des Himmels*, pp. 41ff.。参见上文第二章第一节脚注 [7]。

体组合总数的各种观念"的数量。我们越是认识到我们的"自我"的相对性，认识到它的界限无论在广延上（正如所有的物体那样）还是在心智上都是相对的，我们的心灵（我们关于我们身体构型的观念）也就越清楚：由于它们是"清楚分明"的观念，所以所有的心灵都是一个。每一种存在都具有一种保持其自身运动的努力[14]——这既适用于各种事物，也适用于思维。所有人都按照他的"自我利益"来行动，这是自然规律。至于智慧之人的自我利益，当他关于他自己的观念越充分（即越相对）时，便越与所有人的利益相符，越与整体的利益相符。神实际上"以无限的理智之爱，爱他自身"。[15]

二、马勒伯朗士论"理智的广延"

由此，我们已不难追溯引导斯宾诺莎从《形而上学思想》转向《伦理学》的思想线索。在《形而上学思想》中，"创造""守恒"以及"自然规律"（或"按照上帝的有序力量"[potentia Dei ordinata]）这些术语就已经出现并且几乎是同义词。[16]但《形而上学思想》也

87

---

[14] Spinoza, *Ethica* 3 prop.6, 1: 127. [中译采用：《伦理学》，第 105 页。——译者] 注意，斯宾诺莎与笛卡尔和霍布斯相反，他并没有从他的物理学中得出该原则。毋宁说，物理学上的惯性观念是从他对物体之间的碰撞法则所持的特殊看法中得出的（同上，2 ax.2, 1: 86：入射角等于出射角；如果两者皆为零，那么很简单，物体将继续运动）。关于斯宾诺莎的心理学，参看下文第五章第三节：五。

[15] Spinoza, 同上，5 prop.35, 1: 266: "Deus se ipsum Amore intellectuali infinito amat." [中译采用：《伦理学》，第 260 页。——译者]

[16] *Cogitata* 2.9, Van Vloten-Land, 4: 217-19; p. 219: 绝对力量 [potentia absoluta]、有序力量 [ordinaria]、超常力量 [*extraordinaria*]。关于"有序力量"与"绝对力量"之辩证关系的历史，参见下文第三章。[中译采用：《笛卡尔哲学原理》，附录《形而上学思想》，第 171 页，王荫庭、洪汉鼎译，商务印书馆，1997 年。——译者]

揭示了另一条思维路向，这条路向更适合开启一种偶因论（拉弗日
［La Forge］和科德穆瓦［Cordemoy］）的立场。斯宾诺莎（正如那
些偶因论者一样）把神的"全能"限制在了"存在"的领域。与笛
卡尔不同的是，斯宾诺莎的神既不创造观念，也不能使这些观念消
亡。[17]存在的事物（物体或灵魂），由于它们仅仅是可能性，因而
完全取决于神的因果律；它们的非存在并不会引起矛盾。甚至那些
仅作为可能性的"清楚分明"的观念，都是必然的，因为它们即使
在神的心灵中也是必然有效的。在《伦理学》中斯宾诺莎认为，事
物的秩序恰恰与观念的秩序精确地对应；而在《形而上学思想》中，
斯宾诺莎则认为存在着比事物的数量更多的观念，存在着比实际的
存在物数量更多的可能的存在物。[18]只有后者才依赖于神的因果律，
也即创造与守恒。我们看到，广延等同于事物，并且事实上它们是
"一个"实体。由此，广延不是神的谓词：在《形而上学思想》中，
神是"无具形的"。神"包含了广延的所有完满性，没有广延的不完
满性"，也没有广延的可分性。[19]对这段话，我们只能做此解释：广

---

[17] *Cogitata* 2.10, 4：219-21；参看 Ⅰ.3, 4：193-97；Ⅰ.2, 4：192。上帝的力量
被明确地界定为："赋予可能之物以存在"："因此我们才说，神是万能的。"
［中译采用：《笛卡尔哲学原理》，附录《形而上学思想》，第 170 页，王荫
庭、洪汉鼎译，商务印书馆，1997 年。——译者］（4：217）在《笛卡尔哲
学原理》第一部分命题七的附释中，斯宾诺莎甚至因为这些话与笛卡尔的聪
颖、笛卡尔说的其他话不相容，就取消了笛卡尔自己的主张（*Principia phil,
Cartesianae* Ⅰ prop.7, schol., Van Vloten-Land, 4：123）。

[18] 然而参看他模棱两可的陈述，例如在 2.7, 4：215 中："因为如果神愿意，这
些被创造事物就会具有另一种本质。"［中译采用：同上书，第 166 页。——
译者］；以及 2.9, 4：218："另一些事物由于神的决定。"［中译采用：同上
书，第 170 页。——译者］

[19] *Principia phil. Cartesianae* Ⅰ prop.9, schol., 4：133. 无法确定的是，笛卡尔是
否谈到过（其自身中分有上帝的）具有广延的事物的"完满性"。关于斯宾
诺莎对于笛卡尔的单方面表述，参见 E. Gilson, *Études sur le role de la pensée
médiévale dans la formation du système Cartésien*, pp. 299-315。

延的观念属于神，除此之外不可能有其他理解。

在稍后的一章中，我将探讨"马勒伯朗士为什么将宇宙的力学结构仅仅限制在观念领域或可能性领域中"，以及他是如何做的。不过我们现在应该提一下他对上帝的"无所不在"的阐释，以及与这种阐释相伴的更为邪恶的学说：居于上帝理智之中的"理智的广延"[étendue intelligible]学说。[20]"无限的理智的广延只是一种与我们的世界相似的、无限可能的世界的原型。通过它，我只看到某些有规定性的存在物：物质事物。当我思考这种广延时，除了在它所表象的物体，以及它在这些物体中被分有之外，我并没有看到上帝的实体。"[21]要想感知一个物体、要想看见它，就意味着要在其中看到上帝、要分有上帝的心灵，只要关于该物体的观念是"清楚分明"的。但就算我对这个事物的观念是清楚分明的，除了信仰之外，也没有什么能确保那个被我看到的事物是真正存在的。为了"具显"[reification]理智世界[intelligible world]，需要上帝的意志持续地作用。由于存在物的存在及其相互作用，它们仅仅取决于一个原因：上帝的意志。这对于物体之

88

———————

[20] Nichole Malebranche, *De la recherche de la vérité*, *Eclaircissements* 10，对反驳2和3的回应，Rodis-Lewis 编，收入 *Oeuvres complètes de Malebranche*（简写为 OC），3：144-51；*Entretiens* 8.8，OC，12-13：184-88。参看 *Defense against Arnauld*，OC，6-7：201。该术语几乎从未在《真理的探求》中发挥过作用；它可能是从为了反驳那些认为他的立场接近于斯宾诺莎的立场的观点而发展出来的（下文脚注[25]）；而该观点在《形而上学与宗教的对话》[*Entretiens*]中（以及在日后）获得了重要地位。物质是"一"，并且除了教会仍在坚持外，它必须与广延同等视之；同时，在上帝中关于物质的观念是非物质的。所有这些观点在《真理的探求》中已经出现。除了上文提及的释经学论争，我们不需要为了解释该术语出现的原因，而在马勒伯朗士的整体理论中寻找他的任何理论变化，例如康奈尔的研究也主张这种观点，参看 Connell, *The Vision in God: Malebranche's Scholastic Sources*, pp. 56-57, 322-55。

[21] *Entretiens* 2.3, OC, 12-13：52.

间的相互作用，以及身—心之间的相互作用而言都同样适用。另
一方面，观念在其自身之中并且就其自身而言都是有效的；甚至
上帝也无法使这些观念失效。[22]对于所有可能的物质事物的所有
观念而言，其先决条件便是：它们仅仅是一种"样态"，即广延。
因此，广延的观念是关于所有可能事物的观念；而这正是"上帝
在万事万物中，同时万事万物也都在上帝之中"的方式，因为上
帝"具有所有存在的完满性。他拥有关于这些存在的全部观念。
因此上帝的智慧包含了所有思辨的真理和实践的真理"。[23]

　　在梅朗［Mairan］或其他人眼中，这种学说是彻头彻尾斯宾
诺莎式的。[24]他们将斯宾诺莎的《伦理学》牢记于心，无怪乎马
勒伯朗士会如此出离愤怒。与斯宾诺莎不同的是，马勒伯朗士的
"理智的空间"学说不是广延，而是关于广延的观念；而且与斯宾
诺莎的《伦理学》不同的是，在马勒伯朗士关于"所有可能的事
物组合"的观念中，可能的"所有可能的事物组合"要无限地多
于现实的"所有可能的事物的组合"。但我们确实看到，马勒伯朗
士的很多观点（特别是"理智的空间"学说）其实早已出现在斯
宾诺莎的《形而上学思想》中了，虽然只是含混而未经展开的。
我并不认为马勒伯朗士必然注意到了斯宾诺莎的《形而上学思
想》——当他写作他的第一本书（《真理的探求》［De la recherche

---

〔22〕　下文第五章第一节：一；以及脚注〔11〕。

〔23〕　*Entretiens* 4.14, OC, 12-13：98-99.

〔24〕　Bayle, *Dictionnaire*, S.V. Leucippus；参看（整个阿尔诺与马勒伯朗士关于
广延与存在的争论）同上，S.V. Zeno of Elea n.H；参看 *Entretiens* 8.8（脚注
〔25〕）。Letter to Mairan, 12 June 1714, OC, 19：882ff, 由卡西尔引用，参见
Cassirer, *Das Erkenntnisproblem*, 2：569 n. 1："广延的观念是无限的，但广延
的理念可能并非如此。"（观念［idea］与理念［ideatum］是斯宾诺莎用于人
［ad hominem］的术语。）

de la vérité〕）时，他甚至可能还没有注意到格兰克斯〔Guelincx〕的偶因论。然而很明显的是，在马勒伯朗士之前，人们对笛卡尔主义留下的一大堆问题的所有最直接的解决方案，都沿着同一条思路，就连斯宾诺莎也不例外。

然而，马勒伯朗士的理智的广延，却不仅是许多"关于上帝的观念"中的一种，也不仅是"关于所有可能的物质存在物的观念"的原型。它只是可以证明上帝存在的无限性观念中唯一"清楚分明"的观念。[25]马勒伯朗士是在与笛卡尔运用关于上帝观念的相同方式下运用"无限的广延的观念"的[26]：事实上在我们（作为有限的心灵）中就能找到它，这就足以证明它（作为一种观念）存在于我们之外；它并不必然是一种物质事物，但毫无疑问，它是上帝心灵的一个方面，也是唯一一个向我们完全展现出来的方面，因为我们是对我们周遭世界的认知者。

第七节　牛　顿

一、一种"非异义性"的神学

我们说，"非异义性"理念和"同质性"理念与"单一因果律"理念之间的融合，是伴随着将神学与物理学结合成近乎一种

---

〔25〕"不存在能够理解上帝的无垠或理解任何其他上帝属性或模态的有限心灵……另一方面，再没有比理智的广延更为清楚的东西了"，因而这不是一种上帝的属性（*Entretiens* 8.8, OC 12-13：183-84）。作为一种"观念"，这个观点被用来证明上帝的存在，因为一个有限的心灵不可能成为无限观念的作者（*Entretiens* 2.1-2, OC, 12-13：49-52）。在《对〈真理的探求〉的澄清》〔*Eclaircissements*〕中，我没有找到他这样运用"理智的广延"的地方。

〔26〕Descartes, *Meditationes* 3, AT 7：40-46.

科学的融合而出现的。牛顿的自然哲学证实了这一点。他对"非异义性"的神学术语的要求，并不亚于对"非异义性"的物理学术语的要求。在对《约翰一书》五章 7 节的阐释中，牛顿注释道：

> 在可争论的范围内，我爱取用那些我能够理解的东西。人类性情中狂热而迷信的部分，在牵涉到宗教问题时，则更偏爱神秘；正是出于这个原因，他们最爱那些他们理解得最少的东西。这些人随意引用使徒约翰；但我却对他充满了尊崇之情，我认为他写出了很好的道理；并因而将这些道理变成了他自己的道理，这是最好的。[1]

在此，"最好"一词意味着把象征和隐喻（按照一种连贯而精确的密码）转化成"非异义性"的陈述。牛顿的"阴暗面"与他的光明面都同样地理性；因此人们很容易理解，他为什么会去质疑诸如三位一体教义这样模棱两可的神学教义。

牛顿与笛卡尔、莫尔或斯宾诺莎一样，都认为上帝"清楚分明"地知道许多事物。这些事物中的绝大部分属于上帝的行为，而不是属于上帝的本质。然而，它们向我们关于上帝的知识中添加了新的知识，就像我们可能不用知道其原因与本质，就能拥有

---

[1] Newton, *An Historical Account of Two Notable Corruptions of Scripture: In a Letter to a Friend*, *Opera*, Horsley 编, 5; 529-30; Buchholz, *Isaac Newton als Theologe*, pp. 36-40, 以及 nn. 15（关于约翰的冒号的文献）["Comma Johanneum"是指《约翰一书》五章 7—8 节中出现的冒号，意指三位一体；但希腊与早期教父时期的文献与抄本并无此冒号——译者]，以及 17（文本）；以及 Westfall, *Never at Rest: A Biography of Isaac Newton*, p. 490。撒母尔·帕克尔 [Samuel Parker] 将秘术传统 [Hermeticism] 与剑桥柏拉图学派说成是"头脑发昏的臆想"，他的文章收入：*A Free and Impartial Censure of the Platonick Philosophie*, p. 107。

关于物体之间的引力的精确知识一样。牛顿宣称，物体之间的引力并不是一种模糊的性质，因为我们清楚地知道它是怎么运作的：它服从于一种普遍的、可量化的关系。上帝也同样如此：我们不知道他的本质，但我们却感受到了他的行动。牛顿的上帝首先是一个宇宙创造者［*kosmokrator*］，主宰万事万物。[2] 我们可以证明，牛顿出于以下两方面考虑而需要"空间"这个概念：为了解释力的实在性和上帝行为的实在性。在某种意义上，这是同一事物的两个方面。

二、"空间"的三种独立的物理学功能

牛顿的"空间"这个物理学概念担负着三重任务：由于它服务于三种独立而不同的功能，"空间"被赋予了"同质性"、"绝对性"（不动性）和"无限性"。"空间"与"时间"总是"等于它们自身"，也就是说它们的各部分不存在"质的差异"。由于它们在各方面都是同质的，因而自然同样也应该是同质的；同一种力能够以同样的方式作用于任何地方，同一条自然规律在所有地方都应该是有效的。著名的"自然的类比"只能通过自然的同质性而成为可能。那些总是等同于它自身的事物，在各方面都是同一个事物。这是否意味着空间是可分的呢？在任何实在的意义上都绝非如此。如果可以想象空间是真实可分的话，那么空间的意义

91

〔2〕 Newton, *Philosophiae naturalis principia mathematica*，Koyré 与 Cohen 编，pp. 528ff., 760-764。卷三的"总释"是 1713 年的版本中增订的。McGuire，"Neoplatonism and Active Principles: Newton and the *Corpus Hermeticum*"，见 *Hermeticism and the Scientific Revolution*, pp. 95-142, pp. 106ff.，此书业已证明，牛顿对上帝作为"创造万物者"［Pantokrator］的强调，使得他倾向于反对世界灵魂学说以及与之相关的建构，他反对将假设的、无须中介的、半精神性的施动者作为力的原因，但这却是剑桥柏拉图学派的做法。

便应该不仅仅是"有维度的":被分割出的那段空间将(作为这个或那个空间)具有自身的性质,也即具有运动(像笛卡尔的"物体")或曲率(正如我们的"空间"一样)。对牛顿而言,空间的所有部分或所有位置之所以能作为空间,相互之间都是无差别的,在这种意义上,空间是不可分的。然而在另一种意义上,由于空间具有广延,它又是无限地可分的。"维度"的本质就在于把地点分割开来。[3]"空间的同质性"的这种双重意义无损它的神学内涵。由于它是"一个",因而甚至上帝也无法将其分割开来。此外由于上帝知道地球与月球在空间中并非处于同一位置,他已经将它们分割开来。[4]

牛顿有点像莫尔,他假设了一种与"空间的同质性"相反的"秩序的同质性"——有形粒子的绝对密度。牛顿"相同体积下质量不同"这个观念的预设就是"相同体积下粒子数量不等,并且这些不同的粒子无须任何条件就能相互渗入"。如果这些粒子能做到这一点,那么人们对"质量"(因此还有对"力")就不存在绝

---

[3] "不可分割性":克拉克与莱布尼茨的通信,收入 *Die philosophischen Schriften von Gottfried Wilhelm Leibniz*,Gerhardt 编(简写为 GP),7: 368:"因为无限空间是一,绝对地并且在本质上不可分。"[着重号为著者所加,中译文按照英文对陈修斋先生译文稍作改动,陈先生译文参见下一条脚注。——译者]可分性 [Divisibility]:Newton, *Opticks* 3.1, p. 403(参见下文第三章第五节:一)。关于克拉克形成答复的过程中牛顿所起的作用,参看 A. Koyré 与 I. B. Cohen, "Newton and the Leibniz-Clarke Correspondence with Notes on Newton, Conti, and Des Maizeaux", pp. 69ff.。我只是将克拉克对牛顿的看法中那些已经得到牛顿自己的声明保障的观点视为克拉克对牛顿的看法。

[4] Clarke's fourth answer, GP, 7: 383:"诸部分,照这个词的具形性的意义是可分离的、复合的、统一的……但虽然我们可以部分地把握无限的空间,也就是说可以在我们的想象中设想为由诸部分构成,但这些部分……既是本质上相互不可分辨和不能移动的,也是不能分割而无限定于显然的名词上的矛盾的……因此空间本身本质上是一和绝对不可分的。"[中译采用:《莱布尼茨与克拉克论战书信集》,第 45 页,陈修斋译,商务印书馆,1996 年,略有改动。——译者] 参看 Grant, *Much Ado*, pp. 250-51。

对的量度。[5] 因此，说"粒子在空间中是不可分割的"，这是在
另一种意义上说的。然而不同于空间，粒子的这种不可分割性，
是在与上帝的类比中，并且是在上帝的力量之外构想出来的，基
本物体是可分割的，至少对上帝而言是如此。我认为这就是牛顿
说"上帝能无限地分割空间"这种光学观点的意思所在。

　　其次，空间与时间是绝对的，基于这个原因，"非异义性"的
因果律成了可能。牛顿只是陈述而从来没有论证过时间的绝对本
性，个中原因显而易见。如果两个物体之间的时间关系是相对的，
那么它们的因果关系也同样如此。对于空间而言，牛顿意识到如
果没有一种相参照的惯性系统的话，那么运动或方向的变化（即
加速度）便无从确定。他的原话或多或少有些不同：他相信空间

92

──────────

〔5〕　Newton, *Principia* I def. 1.（物质之量＝密度 × 体积联合度）[中译采用：《自
　　　然哲学之数学原理》，前揭说明页 1，郑太朴译，商务印书馆，2006 年。──
　　　译者]；3 prop. 6, theorem 6, cor. 4, p. 404（等量的密度＝等量的惯性与体
　　　积之比）；以及第三版新增的话（*Opticks*, query 31, p. 389）："所有物体似
　　　乎都由刚性粒子组成"，同上书，p. 400："……在我看来，很可能起初上帝
　　　以固态、厚重、坚硬、不可入的可移动粒子塑造了物质……按照与空间的比
　　　例，他所造的绝大部分粒子都将持续到末日之时；同时，这些最初的固态粒
　　　子比起任何组成它们的多孔物体都无可比拟地要坚硬得多；……没有任何
　　　普通的力量能够分割上帝自己在第一次造物中创造的东西。"也参看上文脚
　　　注〔3〕以及 *Principia* 3 rule 3, p. 388, Cajori, p. 399. Mach, *Die Mechanik
　　　in ihrer Entwicklung*, p. 188, 将牛顿对"质量"的定义称为循环论证；参看
　　　Cajori 编，p. 638, 其中他注意到牛顿的"密度"观念的原子论根基；也参看
　　　Unpublished Scientific Papers of Sir Isaac Newton, Hall 与 Hall 编，p. 316 and n.
　　　2, 以及最近的著作：Freudenthal, *Atom und Individuum in Zeitalter Newtons:
　　　Zur Genese der mechanistischen Natur- und Sozialphilosophie*, pp. 36-40; 不过
　　　正如卡约瑞［Cajori］已经注意到的，其中的原子或许大小不同。关于牛顿的
　　　"质量"概念的发展，参看 Westfall, *Force in Newton's Physics: The Science
　　　of Dynamics in the 17th Century*, pp. 340-50, 448-56; 也参看 I. B. Cohen,
　　　"Newton's Use of 'Force' or Cajori versus Newton", pp. 226-30. 造成牛顿的困
　　　境的原因之一，便是他并没有解释"重力质量"与"惯性质量"为什么是精
　　　确地相等的。参看 Cajori 编，p. 572.

中存在着一个绝对静止的点。[6]匀速运动是相对的。如果牛顿的空间中只有两个物体，并且这两个物体匀速地做同向或反向运动，那么将无法确定它们中的哪一个实际上在运动。牛顿第一定律向我们确证了，该问题也不存在物理学意义，因为其中没有引介外力。如果绝对的"力"存在，那么绝对的加速度也同样存在。然而，绝对加速度需要一个绝对静止的点。只要有了这一个点，牛顿便能定义"外力"与"内力"。惯性力只有在发生运动变化时才能呈现出来。只要给定绝对静止的点，我们便能断定，即使宇宙中只有一个物体存在，只要它能阻碍速率变化或方向变化，那么它就具有内力。"引力"假设了至少存在两个物体。然而，如果空间中没有静止的点，那么我们便不能区分匀速运动与加速运动：在运动学上，一种运动的条件能够完全恰切地转译成另一种运动的条件。牛顿称这一点为"重心"，[7]不是因为它吸引物体（因为只有物体之间才能相互吸引），而是因为这一点能使他定义重力，也即定义具有不同重量的物体向着对方运动的加速度速率。因此，重力绝不像惯性力那样是一个物体的绝对属性，而是一种绝对关系，是世界作为一个整体的属性，而不是作为世界的各个部分所

93

---

〔6〕 从第一版开始，牛顿便称《自然哲学之数学原理》是为了将真实的运动从表象的（相对）运动中区分开来：*Principia*（1686），p. 11。在"总释"中，绝对空间与不动的空间是同义的。太阳系的中心同时也是宇宙的中心，然而两者却并不同义；这是一条更进一步的假设：*Principia* 3, hypoth. 1, p. 408（第一版中是 hypoth. 4, pp. 402, 417）："宇宙的系统的中心是静止的。这是所有人都同意的，尽管一些人认定地球，另一些人认定太阳在系统中的中心静止。"〔中译采用：《自然哲学之数学原理》，郑太朴译，第 501 页，商务印书馆，2006 年。——译者〕

〔7〕 Newton, *Principia* 3, prop. II, p. 408（Cajori 编, p. 419）。惠更斯在未发表的片断中曾经讨论过绝对运动与相对运动相反："这不是数学上的难题，而是物理学甚或超越于物理学之上的难题", *Oeuvres complètes*（1927），6：213。

具有的属性。[8] 重心不是别的，而是空间中的一点；我们说一个物体是静止的，就等于说整个空间是静止的，因为空间是同质的。正如我们将要看到的，莱布尼茨认为"绝对的力"无须"绝对的空间"就具有意义，而牛顿却不这么认为。这使得牛顿能够与莱布尼茨针锋相对地将"力"构想为一系列能增强、减弱，或是保持同样大小的"冲力"。牛顿并不需要力的守恒定律，而这种力的守恒定律对于莱布尼茨则不可或缺。[9] 为了证明重心的存在，牛顿设计出了不断转动的装满水的木桶实验。[10]

马赫［Mach］对这个试验以及类似试验的著名批评，人们已有诸多评论。然而在此批评之前，曾存在着一条从惠更斯、莱布尼茨到贝克莱[11]几乎没有中断过的，对绝对运动观念的批评链。 *94* 我们为什么不假设：如果木桶仍是静止的，宇宙的所有质量都围绕它旋转，那么在它边缘的水面同样会上升吗？看上去，牛顿并

─────────

[8] *Princ.* 3 rule 3, schol., Cajori p. 388："整体的广延、硬度、不可入性、可移动性以及惯性，是由于……部分所引起的。"（牛顿根据自然的类比而外推出：这些都是普遍的属性，因为"它们不太容易分解"。参看 McGuire, "The Origins of Newton's Doctrine of Essential Qualities", pp. 233-60。）重力是一种普遍的现象（在一个未经发表的旁注中，p. 402，牛顿称其为"所有物体的性质"），但不同于惯性力，重力无法分别地赋予每一个物体："我并非肯定重力对于物体而言必不可少：我所说的惯性力没有别的意思，只是指惯性。这是不变的。当它们远离地球时，重力将消失。"这种在所有物体的属性与各个（单个）物体的属性之间的区分，已经由费尔登塔尔［Freudenthal］清楚地阐释了出来，参看费氏著：*Atom und Individuum*, pp. 42-46。

[9] 下文第二章第八节：六。

[10] Newton, *Principia* 1, pp. 10f.（Cajori 编，pp. 10-12）。

[11] Mach, *Mechanik*, p. 226; Jammer, *Concepts of Space*, pp. 158-60；而关于惠更斯，同上书，pp. 133-37; Freudenthal, *Atom und Individuum*, pp. 22-50，特别是 pp. 34-35（他试图将牛顿冗余的空间假设和他的微粒说与布尔乔亚社会的新现实结合起来，这种做法很像麦克弗森［Macpherson］，参看下文第五章第三节脚注[16]）。关于牛顿空间更积极的物理学作用，参见 Toulmin, "Criticism in the History of Science：Newton on Absolute Space, Time, and Motion", pp. 1-29, 203-27。

不需要一种"绝对空间"的结构；这是一个多余的形而上学累赘。然而情况远非无条件地如此。莱布尼茨摒除了匀速运动与加速运动的区分，并随之取消了所有运动学上用以确定"力"的线索；他只是简单地判定它们存在。其次，相对的运动理论必须解释"惯性质量"为什么恰好等于"重力质量"；而绝对的理论则可以将其视作一种偶然的情况，作为自然中的一个普遍事实而不予解释。在 17 世纪既定的数学工具的水平下，解释这类问题将面临着不可估量的困难。牛顿或许并没有意识到这些困难——在这个问题上，马赫也同样没有注意到存在着这些问题。然而凭借良好的直觉，牛顿得以避免支持这样一种观念，即为了在物理学上有意义，就需要一种非欧几何学。在他所处时代的数学手段下，他只能拥有一种绝对空间，以及伴随这个"绝对空间"的所有形而上学累赘。

绝对空间与上帝都是"作用"的先决条件。如果宇宙只由一个物体构成，那么单凭上帝就能使它运动，或在它运动时使它停止。如果宇宙是由两个独立的物体构成的，那么只要它们能够相互吸引，便能使得对方运动起来。不过，这种绝对的力的主体是什么？它又是如何传播的呢？在相当一段时间中，牛顿倾向于将"以太"作为重力传播的主体和介质。[12]然而纵使如此，他仍然未能解释重力作用共时发生的原因。后来，当他越来越字面化地理解"上帝空间性的全在"时，他便让上帝（所有"力"的源泉）来充当重力之所以共时作用的守恒与介质。

---

[12] Newton, *Opticks*, pp. 19-24, pp. 349-54；Westfall, *Force*, pp. 394-400；Koyré, *From the Closed World*, pp. 206-20. 而对宇宙由一个或两个物体所构成的推测，则是我本人的观点。关于牛顿思考"力"而非"重力"的原因，以及这两者的神学内涵，参见 McGuire, "Neoplatonism"（上文脚注〔2〕、〔8〕）。

最后，空间是无限的。若非如此，它便不可能在字面上谓述 *95*
上帝。无限的空间使上帝能够在他的全能中创造出除了我们的世
界之外的其他世界（不过这部分讨论我将推延至下一章）。除此
之外，还有充分的物理学理由来假设空间的无限性。如果宇宙存
在一个边界，那么一旦一个匀速运动的物体到达宇宙边界，牛顿
第一定律便将失效。[13]空间中的所有物体将坍塌成一个物体，除
非上帝将它们分开：由于将它们分开所需的力必须与引力成正
比，因而需要进一步预设另一项额外的"斥力定律"。除了空间的
无限性以外，在太阳系的问题上，牛顿也面临着相同的问题；但
这是一个该归上帝来管的问题，上帝通过特殊的分隔术，给我们
的行星一个偶然的额外冲力，因而这些行星并不会受到太阳的重
力的影响而偏离它们的轨道。牛顿的运算或许使他认为，在创世
的五千五百年中，上帝不需要在行星上附加一个加速度以使这些
行星处于自己的轨道；[14]然而不同于笛卡尔的上帝，牛顿的上帝
绝不是一个不干预他的造物的惰怠绅士。也正是出于同样的运算，
牛顿站在了拒斥启示录式地计算世界末日的立场上，这种立场是
许多与他同时代的激进神学家普遍持有的看法。针对这些神学家，
牛顿说道，上帝派给我们先知并不是为了预言未来，而只是帮助
我们阐释并理解以往事件的经过；不然怎么能够维持自由意志
呢？然而，由于我们并不知道上帝到底会不会纠正这些业已濒临
险境的行星轨道，也不知道上帝会在什么时候纠正它们，因而我

---

〔13〕 Grant, *Much Ado*, p. 244.

〔14〕 *Opticks*, p. 402（直到该系统需要变革为止）；参见 Burtt, *The Metaphysical
Foundations of Modern Science*, pp. 291-97；*Principia* 3 prop. 10, theorem 10
（行星在天界的运行能够最长久地维持）；*Opticks* 3, p. 22, pp. 352-53（而阻力
如此之小，在一万年间的行星运动，几乎不可能引发任何可见的变动）。

96 们也无法依靠科学的帮助算出世界末日。[15]牛顿的很多神学主张遭到了莱布尼茨的激烈反对，莱布尼茨对牛顿把上帝视为一位不完美的钟表匠尤为愤怒，因为这位机械师的造物总是需要修补。

三、"三重累赘"的神学意义

牛顿空间的每一方面，都有一种相对于它的物理实在；而这种空间的每一方面，又需要强调另一种科学理念。出于物理学思考，牛顿肯定空间的同质性、绝对性和无限性。然而在此，由"空间"与"时间"作为绝对谓词所谓述的主语究竟是什么？如果所有物体都毁灭（上帝能做到），那么它们将具有（正如它们必须具有）怎样的实在性呢？[16]牛顿从一开始就坚持认为，"空间"与"时间"是对上帝的"全在"与上帝的"永恒"的说明性谓词，因为这些属性应该是可以从字面上非异义地得到理解的。上帝在空间中的"临在"，使得他不仅能够在空间中施力（如果强迫他明说的话，牛顿也许会承认上帝甚至能够隔着一段距离施力），而且是物体之间的力的真正承担者，或者说主体。最终，"空间"确实是一个上帝的感官［sensorium Dei］。

我们注意到，牛顿首先是以一种否定或疏离的方式，也即在一种批判的意义上，运用这种谜一般的表述的。我们不能说所有事物都处于上帝之中，或是分有了他，因为上帝没有身体：

----

〔15〕Newton, *Observations upon the Prophecies of Holy Writ* 21.8，*Opera*，5：449：
　"阐释者们的愚蠢之处在于，他们装得好像是上帝让他们成为先知一样用这种预言去预言时代和事物……上帝的设计却与此相去甚远。他给出这种预言和《旧约》中的预言，并不是希望通过使这些人预知事物来提升人类的好奇心；而是当事情既成事实后，这些事情可以通过事件和上帝自身的神意而得到阐释，而非通过阐释者来阐释，这些事情就是由此而向尘世彰显了出来。"

〔16〕Grant, *Much Ado*, p. 242；关于"毁灭原则"，参见下文第三章第二节：三；第三节；三；第四节；三；第五章第三节：三。

可我们并不是要把世界视为上帝的身体，或是作为上帝各个部分中的某些部分来考虑。上帝是个统一体，他没有器官、肢体或部分，其他物体都是他的造物而臣属于他，并服从于他的意志；上帝与其说是它们的灵魂，不如说是把各种事物的各类灵魂通过感官带入其感觉位置中的人的灵魂，而在感觉位置中，人的灵魂通过一种直接的显现而感知它们。[17]

换句话说，上帝与空间中的实体（被造物）的关系类似于感知主体与它的感觉之间的关系。一种感觉可以被看成是"在""感觉位置"（感官）"之中"的，然而它的对象却并不属于感知主体。牛顿忽略了他的类比的这个不对称的方面。而我们的"感觉"（牛顿在此运用了经院哲学术语"可感肖象"[sensible species]）是从外部进入感官或"感觉位置"之所在的；这与上帝的感觉根本不是一回事。对于上帝而言，感官的"外部"与"内部"不能视为两个地方：它们恰恰是同一个地方。空间既是对象的地方，也是上帝直观这些对象所在的地方。换句话说，对象以及"可感肖象"对上帝而言都是一样的。如果真是如此，那么牛顿又怎能避免推导出"万事万物在字面上都在上帝之中"这条结论的呢？他有好几次几乎要承认这个结论了。[18]于是通过他自己的方式，牛顿运

〔17〕 Newton, *Opticks* q. 31, p. 403. 关于"空间"更进一步的认识论地位，参见下文第二章第八节：五。

〔18〕 Clarke's fifth answer, GP, 7: 426："上帝的无限或无所不在的概念，他并非仅仅是一种超世界的心智[*intelligentia supramundana*]，'同我们的事物分离远隔'[*semota a notris rebus seiunctaque longe*]，他是并不远离我们每一个人的（《使徒行传》十七章27—28节），因为我们（以及一切事物）都在他之中生活、运动，并具有我们的存在。"[着重号为著者所加，中译采用：《莱布尼茨与克拉克论战书信集》，第102—103页，陈修斋译，商务印书馆，1996年。——译者]

用了空间的不同属性，证明上帝是如何"通过本质、力量和知识"而存在于事物之中的。正如他的中世纪先驱一样，他也小心地避免遗忘"上帝的超越性"高于"上帝的内在性"这一点。然而也正如他的先驱那样，牛顿未能成功。可不同于所有这些先驱的是，牛顿在"无所不在"这条观念中植入了新的"非异义性"理念和"同质性"理念。

第八节　莱布尼茨

一、走近莱布尼茨

莱布尼茨告诉我们："曾有一段时间我认为，所有的运动现象都能通过纯粹几何学的原则来解释，而无须假设任何形而上学原则。"[1]甚至在他发现"真正的动量"守恒律是 $m \cdot v^2$（而不是笛卡尔的 $m \cdot v$）之前，莱布尼茨就已经开始反对笛卡尔的观点：他认为，物体是由运动而非广延定义的；由此便能够证明"空的空间"的存在。一个静止的物体就可以等同于绝对空间本身。[2]在他成熟的体系中，莱布尼茨反对莫尔和牛顿，认为空间与时间只是关系，而各种"力"是物体的本质属性，先于广延与连续。这一观点听起来像是术语之间的自相矛盾，但却正是莱布尼茨为了真正

---

〔1〕　Leibniz, GP, 7：280. 关于莱布尼茨早期的哲学观点，参看 Mazat, "Die Gedankenwelt des jungen Leibniz"。

〔2〕　GP, 1：71（letter to Arnauld, n.d.）："静止的物体不是存在物，也不同于空的空间。"在 1678 年，他甚至写道："除了物体和心灵，我不认识别的事物"，并且他将灵魂想象成许多的"点"〔points〕。参看 B. Russell, *A Critical Exposition of the Philosophy of Leibniz*, pp. 77-78。

地衡量时—空中的力而提出的数学表达。真正的力显然不同于它 98
所表现出来的样子。它表现得像是一种关系现象，并通过关系量
表达出来，但它是建立在事物的本质属性和"作用原理"上的。
我们若不追溯莱布尼茨所说的"他的体系"是什么，就不能看出
莱布尼茨到底在想些什么。[3]"什么是物体"这个问题关涉"什
么是实在之物（即单子）和什么是可能之物（即实体）"的问题，
或者也关涉"一个真命题的谓词如何必然地内在于它的主语中"
这个问题。

　　所有这些问题都是相互关联的，但这一点并不必然意味着它
们的答案能够相互导出。试图"从他的逻辑"（罗素）中，或从他
的本体论立场中，或从他的认识论和物理学思考中推导出莱布尼
茨的体系，这些尝试都既是对的，也是错的。"谓词内在于主语"
［predicatum inest subiecto］这条原则并没有使莱布尼茨相信真正
可能之物（即实体）必须自己生成自己的所有属性。"单子之间没
有窗户"并自发地生成它们的所有状态，这一学说并没有使莱布
尼茨赋予所有单子以知觉。虽然某些哲学体系确实受到某种基本
的"哲学直观"引导，[4]但莱布尼茨的体系却并非如此。我认为
解读莱布尼茨的最佳方案，就是认识到他的问题和他的核心术语
在各种话语层面上都是既不相同却又相似的。他的核心问题之一
就是，他试图调和诸事物"绝对的不依赖性"与"绝对的相互依
赖性"之间的张力，试图把握每一个个别事物和作为整体的万物
在"杂多之中的统一"。

---

［3］　例如，GP, 6：563，571（我的体系）。参看 *Essais de théodicée*, GP, 6：
　　　136（"这个体系"指的是偶因论）。参看上文第一章第一节脚注［9］。
［4］　Bergson, "L'Intuition philosophique", pp. 809-827，特别是 pp. 809-811。

二、"谓词内在于主语中"：四种还原

"因此，谓词或结论总是内在于主语或先行词中，正是这个事实包含了真理的普遍本质。"[5]我们知道，当我们能够确认一个命题所谓述的东西为什么正是命题中的主词所暗含的东西时，该命题为真。莱布尼茨则走得更远，他说，所有命题都应该被重新写成逻辑形式"SεP"，同时他也并没有否认关系命题具有真值。[6]他毕竟是一个数学家。然而，至少在将真理还原为"分析性"的

99

---

[5]　Leibniz, *Opuscules et fragments inédits de Leibniz*, Couturat 编, p. 518（简写为 OF）；Russell, *Leibniz*, p. v；参看 GP, 7：309："在所有普遍肯定的真理中，谓词包含在主语之中，它表达于原初的或同一的诸真理之中……暗含于其他所有通过对术语的分析而彰显的真理之中……"；以及其他各处。莱布尼茨对"谓词内在于主语中"原则的本体论阐释，其中一个可能的源泉就在 16 世纪阿奎那阐释者们的论争中，他们争论的是：如何准确地理解"分离的形式"[separate forms]，比如天使的存在，而天使的形式包含存在[esse]就如同"圆形包含圆"（*Summa theol.* I q. 50 a.5；上文第二章第三节：三以及脚注[33]），他们的存在取决于上帝的意志。卡耶坦（Cajetan）区分了单纯的自在[perseitas simpliciter]与物理的自在[perseitas physica]；西尔维斯特的弗朗西斯[Franciscus de Silvestris]概述说，"首先，自在'奠基于绝对假设的术语'；其次，必定'奠基于自然设定存在的术语'。"弗朗西斯否认后者暗含于前者中："因为在《〈后分析篇〉评注》第一卷第 14 讲中，阿奎那说：'如果某种偶性出于必然并且总是存在于主体中，那么其原因必然在该主体中，由此偶性不可能不存在于……之中[in esse]'。" *Comment, in Summam c. gentiles* 2 c. 55（Leonine 编, 13：396）。参看 K. Werner, *Die Scholastik des späteren Mittelalters*, 4.1: *Der Endausgang der mittelalterlichen Scholastik*, pp. 325-26。参见下文脚注[7]。

[6]　Ishiguro, *Leibniz's Philosophy of Logic and Language*, pp. 71-93. 在纠正罗素的尝试中，石黑[Ishiguro]夸大了"关系命题"与"主谓命题"之间的对称性。莱布尼茨的确认为，所有或者是绝大多数我们的概念都是关系性的。然而他也相信存在着纯粹非关系性的概念，同样也相信所有理想的、非关系性的命题都优先于其他命题。对"莱布尼茨'需要关系'"这种观点更强的辩护立场，参见 Hintikka, "Leibniz on Plenitude, Relations and the 'Reign of Law'", 收入 *Leibniz, A Collection of Critical Essays*, Frankfurt 编, pp. 155-90。接下来把四类还原的意义划分为"分析性"的，这种尝试是我本人的做法。

四种不同意义这一点上，他真正的意思却是含糊不清的。因而我将依次称其为对"质""量""模态"和"关系"的还原。

（1）有时，莱布尼茨区分了从主词的观念中推导出谓词的两类"理由"：在一些命题中，SεP 根据"矛盾律"是可证明的。而在绝大多数命题中，一些或者所有的推论步骤都必须取决于"充足理由律"［PoSR］，这项"重要原理"体现在莱布尼茨思想中的每一个角落。我们将在下一章中讨论这个问题。这是一种"并非必然而倾向于……"的原则，[7]也即，无须矛盾律［PoC］的逻辑必然性。

（2）在其他场合，莱布尼茨也区分了"有限的还原"与"无限的还原"。[8]为了反对"推理真理"［vérités de raison］，莱布尼茨提出了"事实真理"［vérités de fait］，主张甚至在上帝的心灵中也需要通过无限多的步骤方可证明 SεP 的分析性；关于个体的"真观念"包含着无限多的、整合完好的谓词；一个"可能世界"包含了无限多的可共存的实体；"关系"概念则是无穷多的关系的"镜像"。

（3）再者，还原一个命题中的可能主语或事态是一回事，证明存在命题的分析性则是另一回事。莱布尼茨希望存在命题是分析性的，这个愿望已经由罗素在对莱布尼茨哲学的批判性阐释的

100

───────────

［7］　GP, 7：301："……但总能还原出另一个（虽然倾向于他，但并不使他成为必然）的理由，它能够从分析性的理由中……推出。"参见 letter to Arnauld，GP 2：46。参看 Thomas, *Summa contra gentiles* 2.30, *Opera*（Leonine），13：338："虽然万物都取决于上帝的意志，并且除非出于上帝属性的假设，否则万物不具有任何必然性；但这并不意味着事物就没有绝对必然性，否则我们就只得让万物的存在成为偶然的了。"也参看 Franciscus de Silvestris *ad locum*，以及本书第三章第一节：一至二。

［8］　GP, 7：200："区分'必然的真理'与'偶然的真理'，就如同区分'可数的可共量性'与'不可共量性'一样……答案将在昏聩的理智中无穷倒退。"

第二版序言中实现了。[9]莱布尼茨毕竟承认，在理智缺席的情况下，存在[being 或 existence]就其自身而言就是充足理由，因为它比起"无"要"更好"。(但是我知道，这对佛教而言根本就不是自明的。)

（4）最后，莱布尼茨认为：关系"是现实中最缺乏的"；[10]而真理或正确的判断就在于"与事物的实在性相符"。[11]他承认我们对事物的绝大部分概念中都包含了关系的方面，他也试图将关系谓词转译为关于属性的术语。至少莱布尼茨必定曾经相信关系命题的必然性，即无论是根据矛盾律[PoC]还是充足理由律[PoSR]，关系命题都反映了事物的必然性。莱布尼茨将真命题的谓词"还原"为"主语"概念时，这四种意义上的"还原"始终都是含糊的。而这种模棱两可，正是由莱布尼茨沉重的"本体论承诺"导致的。

真理反映了实在性，这既标志着莱布尼茨的真理观之间的张力，同时也啮噬着他的实在性观念：一个命题的真假独立于其他任何命题。但每个命题都与其他所有的命题相关。实体的实在性同样独立于其他实体，并且也与其他所有实在性存在着内在关联。正如我们将看到的，莱布尼茨试图通过假定一种"连续统一体"来调和类似的各种截然相反的立场；但"恶"绝不会轻易变成"德性"，而且通常的情况是，这种转变根本不可能。

101

---

[9] OF, pp. 360, 376："因此我肯定，存在就是实体，它与数目繁多的，或者说最大可能的实体相容；因此所有共在的存在，都具有相同的可能性。"参看 Russell, *Leibniz*, pp. vi-vii。这条结论与他先前广为人知的学说一样"怪"。

[10] Leibniz, *Nouveaux essais sur l'entendement humain*（在此简写为 NE）2.25；GP, 5：210。

[11] NE 4. 14；GP, 5：439.

三、实在性与个体化

"实在性"在莱布尼茨的术语中首先意味着真正的可能性。一个实体的可能性是由两种看似独立的标准来衡量的。一个实在的事物或一个实体，必须被彻底个体化。它必须能够自己产生自己的所有偶性。从年轻时起，莱布尼茨就着迷于个体化，这在他的博士论文中已经有所体现；他忠实地保持了这一偏好，即从事物属性的形式中寻求个体化原理，而不是像亚里士多德所做的，在质料中寻求这种个体化原理。甚至在他没有摒弃质料的实在性的那段时间里也是如此，而在他摒弃了质料的实在性之后，他的这一倾向就更明显了。亚里士多德假设，在最具体的属［species specialissima］这个层面上，个别物体之间所有不同的根源都在于缺乏质料；因为按照定义，人们无法按照一个共同的形式来把握它们。例如，这头牛有一块疤痕而它的胞兄没有，这项事实既不能从牛的定义中，也不能从牛群里各头具体的牛中推导出来。[12]最终，个体的差异甚至是不可理解的，因为"可理解性"意味着对形式的认识。除了说某物中的一堆（原初）质料的体积与另一堆同样质料的体积并不相符之外，亚里士多德最终也必须承认"存在着两个或更多的个别物体，它们在所有属性上都相同"这种可能性的存在。然而在这个意义上我们可以说，莱布尼茨总是一名司各特主义者，他认为任何一个真实事物的可理解性都源于它的个体性［haecceitas］。[13]然而，只有真实的、非关系性的属性，

---

〔12〕 参看下文第三章第二节：三。

〔13〕 参见 GP, 4：433（亚历山大之个体性）。这个思想在《论个体化原理的形而上学》(*Disputatio metaphysica de principio individui*［1664］，§18, GP, 4：23)中就已出现。

才是个体性。那些只在数目、空间、时间或质料上有所不同的事物，如果它们的所有其他属性都相同，就必须被视为同一个事物。莱布尼茨从充足理由律中推断出了这种"不可辨别者的同一性"原则。由于简约总是优于过度，因此事物中不存在无差别的事物［nulla in rebus est indifferentia］。[14] 这便成了莱布尼茨反对原子论或"绝对空间"学说的主要论证。[15] 只有真正的个体才是真正"可能的"，因为它们的可能性既不包含也不排除另一个实体的可能性。

　　我们记得，作为一种"更好原则"［principe de meilleur］的充足理由律（在其他条件相同的情况下）确保了"存在总是优于无"。同样，一种真正的可能性总是具有一种迫切追求存在的冲动［exigentia existendi］。[16] 然而，并非所有真正的"可能"都是可共存的，也并非所有实体都能共存于同一个"可能世界"。[17] 如果想要避免斯宾诺莎的决定论甚或一元论，莱布尼茨必须预设存在着无限多的可能世界。斯宾诺莎的实在性观念与莱布尼茨的实在性观念类似，都把实在性等同于独立性、可能性和完满性。如果对"存在之不存在"［non-existence of being］"不能给出任何一个原因或理由"，那么按照斯宾诺莎的观点，它将必然存在。[18] 这对

---

〔14〕 *Leibniz-Clarke Corresp*, GP, 7：373, 393, 395, 407；*Théodicée*, GP, 6：128.

〔15〕 Leibniz, *Demonstratio contra Atomos sumpta ex Atomorum contactu*(1690), GP, 7：284-88.

〔16〕 GP, 7：194："一切可能事物都迫切地追求存在。""更好原则"［*Principe de meilleur*］, Leibniz, *Monadology*, §46, GP, 6：614；*Théodicée* pref., GP, 6：44。

〔17〕 下文第三章第二节：四（经院哲学）；第三章第五节：二至三（莱布尼茨）。

〔18〕 Spinoza, *Ethica* 1 prop. 11, schol., *Opera*, 1：44："因此可知，一切事物，如果没有任何理由或原因阻止或否定其存在，则这物必然存在。"［中译采用：《伦理学》，第 11 页，贺麟译，商务印书馆，1983 年。——译者］

于那些能够被视为绝对独立的自因来说，当然是真的。关于一个实体的独立性所给出的每一个唯一的理由，都源自它的属性或完满性，并且这个理由增强了它的"实在性"。[19] 莱布尼茨认同这两种区分实在性等级的方法；他的上帝在这两种考量上都是最实在的存在［ens realissimum］。斯宾诺莎也认为，对于那种拥有无限多属性的实体而言，这个实体的每一个真正可能的样态，都必须是现实的。[20] 莱布尼茨甚至更激烈地强调"可能性"与"实在性"在等级上的平行关系。但不同于斯宾诺莎的是，他必须将"实在性"与"存在"完全区分开。在斯宾诺莎的体系中，"存在"没有等级，他没有给"相对的存在"留位置。而莱布尼茨的"实体"，正如斯宾诺莎"唯一的实体"，是实在的（真正可能的）：甚至上帝也无法通过思维或行动使它们变得不可能。它们同样是独立的（即自因），至少作为一个概念是如此。它们都具有同样的迫切追求存在的冲动。如果它们都将存在，那么偶然性将没有任何位置。只要它们中的某些（虽然其数量仍是无限的）确实存在，那么它们的存在就只是由于外部的标准。上帝向其中一些实体赋予了它们努力追求的存在。然而上帝并非随意地赋予存在，因为他是受到"更好原则"，即"并非必然而倾向于他［上帝］"这条原则指

103

────────

[19] 同上，1 prop. 9, p. 42。

[20] 同上，1 prop. 35, p. 66："我们理解到一切在上帝的力量以内的东西都必然存在。"［中译采用：《伦理学》，第 36 页。——译者］在更早期的《形而上学的思想》中，斯宾诺莎区分了上帝的"绝对力量"与"有序力量"（上文第二章第六节：一；下文第三章第一节：一；第五节：三），并因此区分了"已实现的可能性"与"未实现的可能性"；在《伦理学》中，这两种能力变成了同一种。于是在某种程度上，莱布尼茨不得不返回"本质的存在"［esse essentiae］与"实存的存在"［esse existentiae］的区分（根特的亨利［Henry of Ghent］最先阐述过这一点）。另一方面，他并没有区分"本质的充足理由律"与"实存的充足理由律"；参看下文第三章第五节：三。

引。而上帝的标准，就是最大程度的可共存性。可共存的实体构成了无限多的"可能世界"的集合。在这些可能世界中，上帝选择（他应该选择）那个可以使得可共存的实体数目最大化的世界。因此一个实体的现实性等级，不仅取决于它自身内在的可能性，而且也由它的可共存性决定。我们回想一下，一个可以与数目最多的其他存在共存的存在，就是最大的可能；[21] 莱布尼茨在此几乎已经承认，这样一种存在相比于其他存在更是一种真正的存在。这一承认很自然，但同时也有损于他想要拯救偶然性的意图。莱布尼茨从来没有解决这两种实在性标准（即绝对实在性与相对实在性）之间的张力；前者保证的是真实的个体，后者则防止这些个体在世界上过于拥挤，同时也要阻止这些个体破坏上帝和人的自由意志。

四、各种"关系"的引入

人们可能会说，莱布尼茨至少已经把这两种标准大致区分开来了。但很难看出他是如何做到这一点的。我想说，虽然莱布尼茨做了尝试，但很难说有（哪怕是在原则上）能使他免于"让一个可能世界（背景是一个实体）参与到内在于它的个体化中去"的办法。同样，我们也很难说，"莱布尼茨没能找到避免某类关系参与到真实事物的内在建构中"的办法。在讨论可能的实体或实存的实体（即单子）时，莱布尼茨采用了两套术语。他有时谈论它们的属性（或性质），有时则谈论它们的状态。在他的其中一个上帝存在证明中（也就是他所说的，在1776年当他把该证明带给

––––––––––
〔21〕 上文脚注〔9〕。

斯宾诺莎看时，斯宾诺莎也同意的那个证明），[22] 莱布尼茨规定了真正的"简单性质"，即那些既不互相包含也不互相排斥的属性。这些性质就其定义而言是彼此相容的，因而一种具备所有这些性质的存在就是可能的。如果将每一种这样的属性称为一个完满物，那么一个最完满的存在［ens perfectissimum］便是可能的。由于存在便是这样一个完满物，因而上帝存在。现在，让我们假设：存在任意其他实体，它所具有的完满性更少。然而，这些实体中的任何一个为何就应该与其他实体不相容呢？个中原因仍不清楚。如若两种属性（譬如 P_1 与 P_2）总是相容的，那么在同一个可能世界中的 S_1（P_1）与 S_2（P_2），又在何种意义上是不相容的呢？莱布尼茨可能会采取（有些地方暗示他已经采取了）的一种途径便是：在一个既定的可能世界中，清除不含任何一种共同属性的实体。或者他可能会要求，同一种属性在一个可能世界中的所有实体中间的分配，无论如何要达到平衡。在这种设想下的"不可共存性"并不代表逻辑上的不可能性；而是意味着可能世界并不是各种随意的组合。然而在某种意义上，随意的组合确实又是必然可能的，因为它们并不包含矛盾。那么，或许它们只是无意义的，因为它们只具有最低等级的可能性。然而，如果一个可能世界的组成所包含的不仅仅是逻辑上的可共存性，如果"属于某个可能世界"这个谓词也同样内在于一个主词之中，那么，正是可共存性之间的某种关系决定着个别实体之个体性。

104

---

［22］ "Quod Ens Perfectissimum existit"［"最完满的存在"］：GP, 7：261-62；参看 Russell, *Leibniz*, pp. 19-20. 稍后莱布尼茨使他的证明变得更精细，例如 GP, 7：310, 其中他删除了对"完满的存在"的诉求；正是这种存在的可能性，确保了它的存在。上帝是可能性的根源［radix possibilitatis］。对相同困境的讨论，参看 Rescher, *The Philosophy of Leibniz*, pp. 78-79。

更深层的困难在对"属性"的探讨中显露出来，这个困难更有损于莱布尼茨的意图。一个实体的个体性并非仅仅是一种同义反复。一些内在的"排序原则"在这个个体的实体中掌管"这个"而非"那个"谓词的组合。但对一个具有这个而非那个谓词组合的实体而言，如果由于其他所有的可能组合已经被它的姐妹单子占据，而只剩下这一个组合可以为这一个实体所有，并且这种情况是一个实体具有这个而非那个谓词组合的唯一理由，那么这将不会是一种内在原则。莱布尼茨虽然并没有明确承认，但他却再度需要一种关系标准来解释被一个实体包含在内或排除在外的属性，即使这些（简单的）属性在本质上既不相互包含也不相互排斥。莱布尼茨暗示的是：可以通过赋予每一个实体所有的属性来解决这个问题。只有上帝在可能性的最高等级上简单地拥有所有简单属性。其他实体则在不同的等级上分有这些属性。"每一个实体都具有某些'无限'，因为这种实体包含它的原因，即上帝。甚至（每一个实体都具有）他的全知与全在的某些踪迹。而现在，在任何一个实体的完满观念中（这个观念包含了这个实体的所有谓词）都包含了过去、现在与未来的必然与偶然。确实，任何实体都按照它的位置［situm］与视角［aspectum］表象整个世界……"[23]莱布尼茨或许会论证如下。具有 k 等级的某种属性 i（P_i^k）不能与另一种属性（P_i^l）相伴或相随，这并非因为这些属性互不相容（所有简单属性都是互不相容的），而是因为各个等级之间的不平衡。一个人所具有的良善可能要比他的正义感稍微多一点，但他不可能在只具备少得可怜的正义感的情况下，还是一个良善之人。莱布尼茨甚至认为，各个属性之间连贯的等级秩序，

────────

[23] GP, 7: 311. 注意旁注。也参看 OF, p. 10。

是从其等级，或者说，是根据一个实体在不同状态下所能获得的同一性质的等级的不同而推断出来的。然而，规定着各种属性之间的结合的"内在原则"本身却不是一种简单属性；它必须是一种关于诸属性的内在关系的结构。

莱布尼茨喜欢谈论一个单子所占据的连续的"状态"，虽然该术语暗示的是一种暂时的，或者至少是一种不可逆的关系。他并没有真正严肃地尝试将"状态"转化成"非时间性的属性"，这或许是因为他怀疑我们是否能够辨认出除了"存在"以外的任何一种简单属性。当然，我们也不具备关于任何一个个体的完整观念。"状态"这个术语有许多优点。它使莱布尼茨得以将一个单子的内在组织原则，转化成一种关于"变化"的原则，并因而转化成一种关于"作用"的原则。有时，莱布尼茨甚至几乎要将单子的作用原则（或它的自发性）等同于一个真正的实体。[24]一个单子自发地在其自身中产生了它的所有状态，无须与其他任何单子相互作用。单子之间"没有窗户"。一个单子的各种状态，不但相伴相随，而且还相继产生：关于单子的一个状态的全部知识，将包含关于它的无论过去还是将来的所有状态的知识。[25]而今，任何一个单子的"状态"都必须与处于同一个世界中的所有其他单子的状态相符合，否则它们便不具有任何共同之处，因而

---

[24] Leibniz, *Principes de la nature et de la grace* §1, GP, 6: 598: "实体是一个能够作用的存在。" 自发性: *Théodicée* §65, GP, 6: 135, 562。也参看 *Monadology* §11, GP, 6: 608（内在原理）。

[25] Leibniz, *Monadology* §7, GP, 6: 607（单子之间没有窗户）；§36, p. 613：单子不能作用于其他单子，也无法受到其他单子的作用；它们的作用原则"在它们自身之中"。我们回想起，在亚里士多德的物理学中，具有"在自身之中"的运动原则意味着一个物体做自然运动（下文第三章第三节：一）。

也不属于同一个世界。[26]我认为，这便是声名狼藉的单子"前定和谐"学说最狭隘的意义：虽然没有相互作用，但所有的单子却都具有内在关联，同时每个单子都以其自身的个体化的方式是所有其他单子的镜像。按照单子之间这种内在关联程度的等级，人们便可以将其视为"复杂实体""诸单子的子集"——这个"子集"是一个由占统治地位的单子形成的实体性的联结［vinculum substantiale］。[27]

五、单子的"意识"

在莱布尼茨的知识理论中，一个单子的"状态"与它的各种"知觉"［perceptions］和"统觉"［apperceptions］相关；单子改

---

[26] Leibniz, *Principes de la nature* § 12, GP, 6：603-604；*Monadology* § 78, GP, 6：620；*Théodicée* § 59-63, 91, GP, 6：135-37, 289-90；Leibniz-Arnauld corresp., GP, 2：86（实体间的相伴相随或和谐是个别实体包含所有它自身的偶性并表象整个宇宙的结果）；*Leibniz to the Landgraf of Hesse-Rheinfels*（1686）, GP, 2：12："（9）每一个个别实体都以它的方式表象整个宇宙，并且它的所有事件以及伴随着它们的所有外部环境与事物的序列，都包含在它的概念中……（13）由于每一个人的'个体'概念，一劳永逸地包含了所有在它那里将会发生的……"参看上书，p. 17；GP, 1：382（状态，前定和谐）；GP, 2：136；GP, 3：144（三个可能性假说：自然汇集说［*influxus physicus*］、偶因论，以及前定和谐）。也参看 Cassirer, *Leibniz' System in seinen wissenschaftlichen Grundlagen*, pp. 393f.。

[27] 罗素最先提及这一点，Russell, *Leibniz*, pp. 273-74。特别参看 *letter to des Bosses*（1710）, GP, 2：399，信中莱布尼茨提出：不必假设单子的毁灭，凭借单子的联结（莱布尼茨尚未称此联结为"vinculum"）就可能解决圣餐实体转化说的困难。"Vinculum"这个术语最先出现在莱布尼茨给德·博斯［des Bosses］的一封信中（GP, 2：435）。尤为重要的是 GP, 2：481（其中 *vinculum* 同样也是无法生成和毁灭的）。由于该学说是缓慢发展的，并且在一段时间内还只是尝试性的，因而人们可能会得出某种印象，好像莱布尼茨竟从不曾喜欢这个学说：R. Latta, *Leibniz: The Monadology and Other Philosophical Writings*, p. 119。参看 Boehm, *Le "vinculum substantiate" chez Leibniz: Ses origines historiques*, pp. 5-32。

变状态的能力则与它的"欲求"［appetitions］相关。所有实在的事物，不管它们在我们看来是有生命的还是无生命的，都能感觉。知觉的最小等级或样态是微知觉［petits perceptions］——无意识的、转瞬即逝的感觉，当它们发生变化时会相互取代。[28]在更高的理智等级上，知觉并不相互驱逐，而是相互组合与重组。但莱布尼茨并没有完全地区分"知觉"与"统觉"，或"感觉性知识"与"概念性知识"；相反，他构想了一种"连续统一体"，这种连续统一体包含了各种等级的清楚的与含混的观念。他确实谈及了拥有经验知识的高级动物；也提及了"感觉观念"［sense-notions］与"感觉真理"［sense-truths］。[29]知识看似总是关于"具有明晰性和意识的各种样态与等级"的概念性知识。我们应该将这一点牢记于心（尤其是涉及克拉克和莱布尼茨的论战时）。

107

在阐明牛顿与莱布尼茨的时空特性在认识论上的区别时，查看后人的观点或许是一种行之有效的方法。康德虽然同意莱布尼茨的观点，即将自然界中的现象归于空间与时间，但康德却试图保留牛顿关于时间和空间并不能仅仅被还原为事物之间的关系的主张。康德说，时间与空间不但在这种意义上（即它们先于在我们之外的事物的观念，并且被这些观念所预设）是绝对的，而且它们也都不是概念。概念是通过"推理"得出的，直观则是直接的。概念通过领会的"综合"作用于与之相关的经验；直观则是"被给予"的，并且时间与空间作为"直观的纯形式"，也是被给

---

［28］ NE 2.9，特别是 §1, 4, GP, 5: 121-27; *Monadology* §14, 19-30, GP, 6: 608-12。

［29］ NE 序言，GP, 5: 44："禽兽的联想与那些天真的经验主义者的联想如出一辙。"NE 1.1 §25, GP, 5: 72（感觉的概念；格哈德把这段的位置放错了）。NE 1.1 §18（感觉提供命题）。关于清楚的观念与含混的观念，参见 2.1。关于"欲求"与"力"，参看 Belaval, *Leibniz*, p. 402。

予的。它们是心灵的受动产生的。[30] "概念" 与 "直观" 的区分，恰恰是克拉克与莱布尼茨论战的核心。当莱布尼茨说 "时间与空间不是别的，而不过是关于事物的不同观念" 时，他指的或许是以下这个意思。假设一个可能世界（U）中有三个 "事物"（a，b，c）以及三种属性（F_1，F_2，F_3）。再进一步假设一个 "事物" 必须具备至少一种属性，其中（a）具有全部属性，（b）具有第一种和第二种属性，（c）则只具有第一种属性。地点（a）与（b）之间的距离，比起它们与（c）之间的距离更近，同时两者到（c）都是等距的：这就是这种关于空间的表达的唯一内容。在一个具有更多属性和更多事物的世界中，这幅图景将变成三维的。空间与时间只是关系性的概念。相反，克拉克则认为 "不同空间虽然完全相似，却真正地互不相同，或是彼此截然相反"。[31] 或许存在着某种共有所有属性，却在空间和时间上不同的事物；或许存在着三个事物，其中位于中间的那个事物与位于其左边的事物的共

[30]　Kant，KdRV，B 38-40（尤其是 3 和 4）；B 48（尤其是 4 和 5）。"直接性" 与 "被给予性" 在 "直观" 的观念史或是在其后的应用（比如黑格尔逻辑学中 "存在" 与 "无" 的直接性）中并不相互包含。最近欣提卡提出，将康德的 "直观" 概念化地还原为关于 "个体"［singulars］的概念，参见 Hintikka，"Kantian Intuitions"，pp. 341-45；id.，Knowledge and the Known: Historical Perspectives in Epistemology，pp. 126-34. 与该阐释针锋相对的观点，参看 Parsons，Mathematics in Philosophy: Selected Essays，pp. 110-49；特别是 pp. 142-49. 康德在稍后的《纯粹理性批判》中将发展出使时间成为 "纯概念" 与 "感觉" 的调和物的理论，因为时间与这两者之间都具有 "亲和力"（下文第六章第一节脚注［6］）。其次，与欣提卡观点相左的，恰恰是康德自己明确提出的观点，即 "个体性"［singularity］并不是 "被给予的"，而是由某个范畴（整体性）建构的。欣提卡或许实现了康德思想体系的一致性，但康德的文本与植根其中的历史推动力，会更支持 "直观性" 不可还原为 "概念性" 这种观点。可参看 Cohen，Kommentar zur Kritik der reinen Vernunft，pp. 26-38。

[31]　Clarke's third letter，GP，6：367. 值得注意的是，在 14 世纪认识论中也出现过相似的讨论：奥雷奥里设想出了一种 "表象存在"［esse apparens］；奥卡姆和其他人则驳斥其必然性。参见下文第五章第一节脚注［18］（文献）。

性，要比它与在它右边的事物的共性更多，并且这三个物体之间相互等距。物体向心灵的显现，要求某些其他的、超乎它们自身（以及它们相互之间）的概念规定性的东西；当康德认为直观（以及直观形式）不需要一个比我们的心灵更高的构成时，牛顿却使空间变成了一个"上帝的感官"，这种感官允许所有事物在上帝面前显现，并且允许上帝在万事万物中"临在"。然而康德明确地说出了那句只暗含在牛顿与克拉克的假设中的话：事物的直观性[Anschaulichkeit]不可被还原为概念性。而相反，对于莱布尼茨而言，所有知觉都是可概念化的。

　　由于不同单子彼此之间都具有相符的知觉，因此每个单子都可以被认为是"看到了"整个世界，而在这整个世界中，单子包含了它们自身的"视角"。单子具有的"意识"越多，它就越能感觉到在所有现象之间以及万事万物之间内在的关联。通过认识其自身，单子认识到了整个世界。上帝完全认识到他自身，并且通过他自身知晓所有可能世界中的所有个体。莱布尼茨又一次看到了意识的等级与实在（或者说可能性）的等级之间的关联。一个"绝对的意识"就是意识到所有单子以及这些单子之间内在关联的所有方式；因此，若在任何一个单子中最微不足道的细节上有所不同，那么整个世界从一开始便会是另一个样子[32]——因而所有其他单子也将大不相同！单子的"状态"与"知觉"，正如它们之间相互独立一样，也是相互依赖的。

---

〔32〕Leibniz-Arnauld correspondence, GP, 2：40-43, 50-52（"可能的亚当"与"现实的亚当"）。特别参见 p. 40："因为正如存在着无限多的可能世界，也存在着无限多的法则。其中一些法则适于某个世界，另一些法则则适于另一个世界。某个世界中的任何一个可能的个体，其概念中都包含它所处世界的诸法则。"参见上书，p. 62。

109

六、力与关系

正是这种内在的关联与独立性之间的辩证关系，使得莱布尼茨的"力"这个概念饱受摧残——不过如果你愿意，我们也可以说这种辩证关系丰富了"力"的概念。任何一个莱布尼茨的读者都将发现，自己首先身处一座复杂的术语迷宫之中。莱布尼茨谈到了"原初的力"与"派生的力"、"主动力"与"被动力"、"死力"与"活力"，以及"内力"与"外力"。并且他宣称（这个主张是我们的出发点）：运动是相对的，力在某些意义上则是绝对的；因而它并不取决于空间关系。一些阐释者将他的意图转译成了一种简单的"两个世界"的模型，即形而上学的（真实）世界与现象世界。一个单子的"自发性"或"行动"就是它的"原初的主动力"；而它只有在"速度"中才能得到表象，或具有其"形象"。[33] 然而一个单子中的"被动力"究竟意味着什么？一个单子既不作用于其他单子，也不需要由它来阻碍运动。单子（显而易见）的内在关联的总和恰好完全等于它自发产生的事件。"作用"（力）与"阻力"（质量和不可渗入性）的不同只能出现在较低的实在性水平上，即"准实体"的层面。

为了使基督在祭饼中的真实"临在"具有精确的意义，莱布尼茨发展出了这样一种"准实体"学说。这并不是说莱布尼茨偶然错入了神学领域；事实上，他准备了一篇论"天主教证

---

[33] Buchdahl, *Metaphysics and the Philosophy of Science: The Classical Origins: Descartes to Kant*, pp. 394-405, 419-25（p. 425：动力学是一种"主动的形象"[image of activity]），461-69。与之相似的是 Cassirer, *Leibniz*，尤其是 pp. 297-302。

明"的长篇论文。[34] "实体性的联结"学说［the doctrine of the vinculum］具有如下优点：它或许能同时适用于"圣餐实体转化说"与"圣餐实体同质说"（或许更适应于后者）；这满足了莱布尼茨和事佬的脾性。单子的组合（如果由其中一个单子主宰的话）也同样是实体。这种组合的统一性同时具有形式和质料两个方面（或者说具有两种意义）。作为真正的统一体，它是一个个体，其中的所有"行动"或"事件"都内在于该主体。主宰单子的一系列行动的法则是一种原初的主动力［vis activa primitive］。然而作为一个组合，这种统一性必须表达出它们共同的基础或同质性：这就是"质料"或原初的被动力［vis passiva primitive］，它阻止单子间的共同组合受到扰动；简而言之，就是"质量"或"不可渗入性"。

110

　　然而"绝对的不可渗入性"如同真空一样是不可能的。物体既非无限可渗入的，也不是无限不可渗入的（刚性的）。与从笛卡尔到牛顿的所有动力学传统相反，莱布尼茨将他的运动法则和力的法则建立在理想的弹性体上。我们看到，笛卡尔对于弹性现象的解释的失败，确实导致了斯宾诺莎、霍布斯和马勒伯朗士对他的法则的诸多修正；甚至牛顿也需要用一种额外的、未归类的力来解释弹性现象。对莱布尼茨而言，"力"既不意味着动量，也不意味着冲力，而是意味着：在一个既定状态下（即在撞击下），力是所有原因的总和与（先天地等于）所有结果的总和的公分母。它更接近于"所做的功的总量"这个观念。在一个理想的弹性体

[34]　也参看 Leibniz, SB 1.6, pp. 489-559, 特别是 pp. 515-17（圣餐）, pp. 507-508（圣餐实体转化说）；其中有一段关于天主教教义证明的长篇著作的残篇。不过请注意，实体性的联结学说既适用于圣餐实体同质说，也适用于圣餐实体转化说。也参看 *Théodicée*, discours préliminaire § 18, GP, 6：60-61。莱布尼茨早期思想中不同的解决方案，参看 letter to Arnauld（n.d.）, GP, 1：75。

中，在撞击下的力显然将是守恒的：而在撞击过后，物体将弹回它们原有的高度，或是回到撞击前所经过的距离。方向的总和同样也是守恒的。理想的刚性物体在同等的质量与同等的运动距离下将会逐渐变得静止，也即绝对地失去了运动和力。[35] 如果我们用（$m \cdot v$）而不用莱布尼茨在惠更斯的帮助下发现的（$m \cdot v^2$）来计算的话，也会得出同样的结果：力的减少。因此，一个理想的弹性体中的运动或变化，就能够像归因于物体产生变化的能力（原初的主动力）一样归因于其他物体的作用或力的转移。两者是完全等价的表述；只是前一种表述更受形而上学的青睐。在撞击下，两个弹性体也能完全被表述为同一个物体，其中的变化只是"偶然的"。这种被表述为"偶然的"的力是一种派生的主动力：莱布尼茨将"派生的"一词用作一种类比，即给定某个几何区域，从其中能派生出无限多（但并非全部）的形状。在这种意义上，"力"便能相对独立于"哪个物体真的运动了"这个问题。

111

　　莱布尼茨非常清楚，理想的弹性体正如理想的刚性体一样，

---

〔35〕在这一点上，牛顿与莱布尼茨一致反对笛卡尔和惠更斯（*Principia* 2.46, AT, 8：1, p. 68 [第一运动定律]；Huygens, *De motu corpomm ex percussione*, *Oeuvres* 16：31）。参看牛顿（Newton, *Opticks* 3 q. 31, p. 398）："绝对刚性的，或是因太柔软而失去弹性的物体，都将无法回弹。" Leibniz, letter to Huygens（1692）, *Mathematische Schriften*, Gerhardt 编（因而简写为 GM）, 2：145：相互碰撞的物体将趋向静止；而只有弹性体方可回弹。参看 GM, 6：103；NE 2.13 §21, GP, 5：138；甚至非弹性体也可以当作弹性体来看待：Leibniz to Clarke（date?）, GP, 7：414（此处指的是上文引用的那段牛顿引文）。同时他还在形而上学上阐述了"实体的运动及其变化"（Leibniz-Arnauld corresp., GP, 2：78）："人不过是由一团具形化的、无限坚固的物质组成，……他不懂得如何将他自己过去和未来的状态包含于他自身之中，更不用说如何将整个宇宙过去和将来的状态包含在他自身之中了。"紧接着这段话的就是莱布尼茨从"永恒运动 [*perpetum mobile*] 的不可能性"出发得出的对"力的量度"的著名证明。参看 Russell, *Leibniz*, pp. 89-90；Westfall, *Force*, pp. 291-92, 294-95, 302-303；Freudenthal, *Atom und Individuum*, pp. 71-77。

都是一种理想化的状态；只是前者是正确的"理智实体"〔ens rationis〕，后者则是错误的或是误导性的理智实体。（莱布尼茨未曾以矛盾律，而是在充足理由律的基础上反对原子的存在。）〔36〕另一方面，所有物体都是有弹性的（如果你希望如此）物体系统。当它们似乎要在撞击中失去力的时候，它们或多或少是弹性的；但它们绝不会真正地失去力：当（$m \cdot v^2$）减少并转化为内力时，"整个宇宙中并未失去这个力"。只有在不完全封闭的系统（或真正的质料性实体）中，不完全的弹性体才可能把"在两个物体之中的活动"误认为是"这两个物体间的相互作用"。这就是为什么（$m \cdot v^2$）比起单纯的运动更接近于现实的"形象"（单子的活动）的原因。然而（物理学上的）"力"绝不是一种实体。莱布尼茨再次试图调和事物（在此即物体）之间内在的关联与独立性。我想再多说一句，莱布尼茨并没有证明"力"相较"相对运动"的优先性与独立性，因而他也并没有真正否认"绝对空间"的必然性。在他的考虑中，物理学上的力（对于它们所处的系统而言）同样是相对的。因为甚至牛顿所谓的"惯性运动"也需要"力"，那么运动自身便既是相对的，也是绝对的。最终，"力"从"作用"中的分离，只是一种"自然的类比"。那么，"力"的本体论状态是什么呢？一般意义上的"关系"的本体论状态又是什么呢？

七、物理学的同质性 vs 形而上学的非异义性

事物之间或现象之间内在关联的状态，决定了我们关于自然

---

〔36〕 Leibniz to de Volder, GP, 2：169："的确，按照我的假设，就物体并非完全的弹性体而言，其内部才恰恰是有弹性的，这部分具有的力可以恢复，甚至不会消失，但只有通过感觉传达。确实，你不能否认，任何与自然的习惯和秩序有关的事情，都合乎经验和推理。"

112　世界的知识的有效性。在莱布尼茨的术语体系中，关系是"一种根基牢固"的现象。它们自身无须真实地存在就可以表象现实；现象（即感知世界的方式）也同样如此。但现象在现实中的根基究竟有多牢固呢？如果关系只具有"最小程度的存在"，那么莱布尼茨会希望他的动量守恒定律，比处于所有可能世界中最不可能的那个世界中最不具备意识的实体更缺乏"实在"（因而也更不"真"）吗？我相信莱布尼茨无法承负以下这种绝对的二分：在"实在"（实体、单子）与"现象"（关系、知觉）之间，不存在连续性的等级；哥特弗理德·马丁［Gottfried Martin］提出了一种相似的解决方案。[37]一些"关系"（或现象）正如它们所要求的"可能世界"一样实在。"上帝确实不但看到了单一的单子以及每个单子的样态，而且还看到了它们之间的关系；并且关系或者真理的实在性就在于这个（事实）中。"[38]上帝的知识的有效性来源于这一事实，即它是无视角的"平面图"，而不是一张受视角局限的"透视图"。[39]上帝如此看到的这样一些关系就是"理念的"：它们源于单子在一种空间性或时间性的共在秩序中彼此看到对方的方式。此外的另一些关系则是"实在的"：单子相互移动对方所运用的联系是实在的。这些"理念关系"和"实在关系"，不仅在它们作为事物本身而存在的意义上有效，甚至在上帝的视角下也同样有效。除了空间、时间或事物以外，还有一个关于"理念关系"的例子：毫无疑问，这就是杠杆原理。杠杆原理假设了两个完全平衡的物体，而不考虑所

---

〔37〕 G. Martin, *Leibniz, Logic, and Metaphysics*, Northcott 与 Lucas 译，pp. 158-72。

〔38〕 Leibniz to des Bosses（1712），GP, 2：438.

〔39〕 同上，"因为按照不同的视角，就有不同的透视；平面图像或几何图像则始终如一；然而上帝清楚地看事物，就如依循几何真理那样；他同样知晓某一事物是以何种方式向另一事物显现自身的，因为所有其他表象都卓越地包含于上帝之中"。

有其他属性。如果没有充足的理由假设是这个而不是那个物体将要下降，那么这两个物体都不会下降。然而，恰恰是这条充足理由律从一开始便排除了完全相同的状态或实体：事物中不存在无差别的事物〔nulla in rebus est indifferentia〕。然而这是否意味着，由于这条法则并不涉及事物，所以它在本体论上毫无意义呢？不过，它同样没有涉及现象。它是一种抽象、一种"理念化"。[40]"理念化"的标志就是它不考虑背景，并且假设了各种同质的实体或条件。"事物的同质性"是另一类有用的抽象。[41]这些抽象就其自身而言并没有太大用处：只有被放置在与背景相关的解释中时，它们才是有用的。当这样联系时，它们便产生了另一种（像"力"那样的）关系概念，而"力"是一种"实在的关系"。人们或许会说，活力〔vis viva〕的守恒定律反映了两个或者更多的个别实体活动其中的世界—边界之间的重合。它表象着力或作用原理，是实体的本质。但即便守恒定律也只是一个（真实的）"表象"。在关系概念中，那些关于"同质的空间和时间"的关系概念，指的是一种比"力"的概念的等级还要低得多的事物的属性。"力"（或说得更好些，"活力"的守恒）在莱布尼茨思想中占据的位置，类似于"协变性"或"常数"在现代物理学中的地位：虽然它只能在这种或

113

---

〔40〕 Leibniz to Hartsoecker, GP, 3：519.

〔41〕 Leibniz to de Volder（n.d.），GP 2：190："但是，即使在自然中实际上不存在任何无阻碍的活动，但是通过心灵的抽象，'在物之中自在存在的东西'便与'混合了诸多偶性的东西'分离了开来……"Leibniz to de Volder（1705），GP，2：276："虽然可以说，就质料自身来看〔！〕〔尽管是被动的〕，它在各处都与自身相似，但我不能说有形宇宙就是由一个实体在无限多不同样态的作用下组成的。〔也即，在现象中被观察到的被动的现象，其理由存在于单纯的实体中，就这一点而言，质料才能被说成是现实的。〕"参见 NE3.10 §15，GP，5：325（物质的统一性）；我们从 GP，2：252-53 中得知，质量是一种抽象的、不完满的概念，这与实体恰恰相反。

那种参照系中得到表达，但它却独立于特殊的参照系或"视角"。这种阐释使我将这样一种观点归于莱布尼茨："复杂观念"（诸如"力"）或许相对于那些比它们更简单的组成部分（空间、运动）而言更"真实"。

　　然而在实体之间还有一种"更完满的"关系，一种融合成"实体性的联结"的真正的"统一"。"身心统一"就是这样一种"准新实体"，它从无限多的单子中创造出来，并受到一个单子，也即"自我"的主宰。因而，关系所具有的"实在性"和"完满性"等级，直接导致了"实体化"；对于这样一个实体，我们可以说组成它的单子就是它的谓词，或者甚至是它的属性，不管它有没有意识到这一点。最低等级的"实在性"或许就是那些尚未被一个认知模式或一条法则包含的"知觉"。莱布尼茨甚至在那些"知觉"中还察觉到了"同理性的某种相似性"；而记忆同样也"模仿着理性"。[42] 我认为在此之中，莱布尼茨也能感到一种（用他的后继者的术语来说）"理智的类比"：仔细观察的话，没有任何两滴水是相似的，而每一种现象，正如每一个实在的事物，在理性之光下，都如其自身、独一无二，并且完全与其他事物相互关联。

　　因而绝对的"同质性"是一种有助于建构自然规律的抽象。当然，它在真实事物的层面上完全没有意义。同理，绝对的"非异义性"或许也只有在关于所有个体的完全知识，在一种渐进地可达到的知识中，才是可能的。上帝"存在于事物之中"（或上帝

---

[42] Leibniz, *Principes de la nature* § 5, GP, 6：600；*Monadology* § 26, GP, 6：611；参见 Baeumler, *Das Irrationalitätsproblem in der Aesthetik und Logik des 18. Jahrhundert*, p. 189。

的全在），当然并不具备"空间"的含义[43]；而意味着他在事物之中的"运作"，这种运作同时又意味着他赋予事物以存在的可能性。甚至，上帝在他的思维中自发地产生了所有的可能性、所有存在的事物以及所有的视角。莱布尼茨已经走到了运用"实体性的联结"［vinculuum substantiale］这个术语来阐释身—心关系的地步，除了害怕被群起而攻击，再没有什么能阻挡他通过"类比"将整个世界看成上帝的一个假设。同时，上帝就是"主宰着的单子"［Monad-in-Chief］。"可能的实体"与"实存的实体"虽然各自相互独立，却都是上帝的某个方面。人们当然也可以说，它们几乎就是"上帝的身体"，正如组成"自我"的非精神性部分的单子正是这个"自我"的身体一样。[44]

––––––––––

[43] NE 2.23 § 21, GP, 5：205："经院哲学家们讲有三种所在［Ubieté］……相接的［circomscriptive］……界限的［definitive］……第三种所在方式是充满的［repletive］，这是归于上帝的，上帝充满全宇宙比精神在身体中还更显著，因为上帝是通过持续不断地产生受造物而直接作用于它们的，反之，有限的精神则不能对身体施加任何直接的影响或作用。我不知道经院哲学的这种学说是否值得加以讥笑，如有些人似乎力图做的那样。"［中译采用：《人类理智新论》，第223—224页，陈修斋译，商务印书馆，1982年。——译者］这段话最接近斯特拉斯堡的托马斯［Thomas of Strassburg］的观点，上文第二章第四节：二。

[44] 莱布尼茨并没有区分"单纯的集合"（从"天使圣咏"到"尸首"）与"机体"（复杂实体、联结），例如写给德·博斯的信的附录（GP, 2：506）。前者并没有支配性的或主宰的单子。然而站在"世界是一个整体的存在，而非一种集合"这种观点来看，这项区分便易于遭到质疑。我们的世界同样受到一个单子的支配，并且它确实也是"上帝之城"，也即"灵的集合"（Monadology § §85-89；Principes de la nature §15；GP, 6：621-22, 605；Théodicée § §146, 247-48, GP, 6：196, 264-65）。然而，"天使圣咏"、"上帝之城"以及"由上帝主宰的单子"这三者之间有何不同呢？因此，为了维持"机体"与"集合"的区分，为了仍然将我们的世界视为由一个单子所支配的，莱布尼茨不得不区分两种意义上的"主宰"。他不可能简单地将其等同于"机械论的统一"与"目的论的统一"之间的区分，因为从石头到天使，每一种统一都兼具这两者。

对莱布尼茨体系的这种概要阐释，或许从很多方面来看都是错的。对此，我将在下一章中增补更多的考察。即使我没有公正地讲述这个体系令人难以置信的天才，我也希望我至少已揭示出其中某些难以捉摸的印象和不易把握的特质。从某种意义上说，莱布尼茨确实宣称上帝包含所有其他事物；从另一种意义上说，"单子"在概念上绝对互不相同，也与上帝不同。一方面，上帝与单子都是绝对自由的；另一方面，它们自身及其状态也是绝对前定的。"莱布尼茨隐藏在斯宾诺莎主义背后"这项对莱布尼茨的指控并不只是出于恶意。他恰好也更容易被指控为"佩拉纠主义"〔Pelagianism〕。他的学说可以适用于任何政治、伦理或宗教立场。我甚至并不同意罗素将莱布尼茨的"显白教诲"与"隐微教诲"分离的做法。莱布尼茨确实过度依赖"君主的微笑"。[45] 然而，就算他拥有一种"隐微教诲"，这种"隐微教诲"的含糊程度也并不会亚于他的"显白教诲"。他确实希望调和对立面，并且他相信他能在一定程度上实现这种调和。他和事佬的脾性漫无边际。

至此我已经论证了，对莱布尼茨而言，实体的绝对分离性、非异义性及其个体化，只有在形而上学层面才绝对地有意义；然而，绝对的同质性只有在现象层面才有意义，当其应用于真正的实体时，将是错的。如果这种阐释正确的话，它将帮助我们理解康德的"调节性理念"这种理论的历史根源（本书开头就运用了这个理论）。莱布尼茨帮助康德理解了这些理念之间的张力。但康

---

[45] Russell, *Leibniz*, pp. 1-7，特别是 p. 3；参看 p. 1："为取悦君主，为驳斥与他意见相左的哲人，或是为逃离神学家的责难，他什么苦都愿意受。"他也是怯懦的，即使他与斯宾诺莎见过面，并且认真读过《伦理学》第一部分，他还是否认自己与斯宾诺莎除了一封关于光学问题的通信之外有过任何接触。不过，他已发表的观点与未发表的观点之间的区别仅在于风格上；单子并非隐喻。

德并没有接受莱布尼茨为解决这种张力所采用的，对它们的有效性范围所做的区分。对于康德而言，两者都是建立在同一层面上的"元理论公设"：对同质性的要求取决于它的对立面，也即对精确的特殊化的要求。与"除非必要，勿增实体"原则截然相对的"不应贸然减少实体的多样性"原则，也是同样有效的。[46] 科学必然期望普遍化，但它绝不能为了普遍化而失去现实感。伽利略和牛顿对物理学的数学化，为在诸多相互冲突的理性的理念之间"腹背受敌、左右为难"、困难重重的"练兵"提供了一堂生动的教学课：任何一方都基于另一方的缘故而无法遭到摒弃。

让我们总结全章。中世纪关于上帝在他的创造物中象征性的"临在"以及将宇宙视为充满了"超越的意义和暗语"的观点，在17世纪的"单义性"与"同质性"公设面前，就算未曾完全退避三舍，也必须做出让步。上帝与世界的关系必须被赋予一种具体的物理学意义。笛卡尔通过维护中世纪关于上帝的全然超越性的观点做到了这一点；上帝与世界之间唯一能被保存下来的关系就是因果律，这种关系在笛卡尔那里被发掘到了极致。另一方面，莫尔在相当大程度上将17世纪文艺复兴时期自然哲学家的"泛灵论"甚至"泛神论"转化成了一种"清楚分明"的语言。上帝因而具有了各种类型的"身体"，或者他至少具有了一个感官。作为天主教徒的笛卡尔甚至避免赋予他的上帝一个"身体"作为伪装，其中或许大有深意；然而自由新教徒莫尔却并没有这么做。莱布尼茨通过否定"身体"和"空间"是一种绝对的本体论状态，同时避免了这两种立场。以上所有人和其他很多人都相信，神学与科学的主题可以同样被绝对地去隐喻化和去象征化。

116

---

〔46〕 上文，第一章第四节。

　　为何在非异义性的术语中可描述，其至被赋予物理学特征与功能的那个上帝，最终变得更容易被抛弃呢？个中原因已经相当明了。作为一种科学的假设，"上帝"在后来却被证明是多余的；而作为一个"存在"，他又被证明仅仅是对理性的、社会的或心理学的理念与形象的一种假设。至此，我们的这个故事也应暂告一段落。我们已经看到，"上帝"在基督教神学中是怎样，又是缘何失去了他的身体，而在17世纪，他又为何以及如何重获这个身体。一旦上帝重新获得了"可渗入性"，或者甚至获得了一个"身体"，那么确认他并且杀死他的工作就变得更容易了。研究"上帝"（从康德到费尔巴哈再到尼采）缓慢的哲学之死，正如我们现在所讲述的这个关于他失去并重获"身体"的故事一样趣味盎然。不过那是另一个故事了。

第三章 上帝的"全能"与自然规律

117

第一节 "全能"与自然

一、上帝的"全能"与必然真理

笛卡尔对上帝的全能与永恒真理的范围的某些评论，是他思想最为神秘之处。"永恒真理"是被创造的，这是在该词较为激进的意义上来说的；甚至数学定理也取决于上帝的意志。中世纪即使最激进地捍卫上帝全能的人，也几乎从未肯定地明说的观点，在笛卡尔那里被毫不犹豫地宣告了出来：上帝能使最基本的诸如 2＋1＝3 这样的数学运算或数学物理学法则变得无效，或者上帝能创造出不具有广延的物质。[1]笛卡尔并非一次两次地宣告他的这种观点，而是长年不懈地坚持它。如何将笛卡尔这些极端唯意志论的主张与他所持的理性观念调和起来，这是在后来的笛卡尔解释者那里长期存在的问题。我稍后将对此做出阐释。或许笛卡尔会希望通过后特伦托神学〔post-Tridentine theology〕来做补充。当看到那些被"矛盾律"相对化的含义时，神学家和哲学家中，

---

〔1〕　Gilson, *Index scholastico-Cartésien*, p. 235（在"可能"词条下），此书集中了许多参考文献。显然，笛卡尔发展出了与某些经院学者认为的"'永恒的观念'甚至对于上帝而言都是必然的"这种观点截然相反的观点。参看下文第三章第四节脚注〔26〕（苏亚雷兹）。

反应好些的就持保留态度，最糟的反应则是完全被吓到了。[2]

斯宾诺莎在其早期哲学生涯中依据几何学的方式写了一份笛卡尔哲学体系的导论，并在笛卡尔体系中加入自己离经叛道的立场。斯宾诺莎论证道，"神的全能"和"自然的必然性"是同一的，因为世界上所有真正可能的事物，就如所有数学真理一样，是必然的。只因它超乎我们直接的理解力之上，我们才区分了"可能"与"必然"。[3]作为自因的神的意志（神通过他的意志爱他自己，也即肯定他自己）和关于神自身的知识同样

---

[2] 笛卡尔自己几乎从不运用经院哲学的"绝对的力量"与"有序的力量"这对术语，参看 *Meditationes*, AT, 7: 435; 8: 2, 167（[上帝的]"平常的能力"与"特别的能力"）[中译采用：《第一哲学沉思集》，第 419 页，庞景仁译，商务印书馆，1986 年。——译者] 迦桑狄在同样无害的（虽然是"唯意志论"的）意义上运用"有序的力量"与"绝对的力量"这对术语，无害的意义指的是在"神迹"[miracles]与"秩序"[order]之间的陈腐区分：Osler, "Providence and Divine Will in Gassendi's Views on Scientific Knowledge", pp. 549-60, 特别是 p. 554 n. 23。只因这些术语能使某些不怀好意的人把笛卡尔的观点看成是违反神学的，因此笛卡尔希望避免运用这对术语，但他们反正也就这么做了，参看 Caterus, AT, 7: 25："你否认上帝能够撒谎或欺骗，尽管有些经院哲学家主张相反的论断，比如伽布里埃尔[Gabriel][!]、阿里米奈西斯[Arminensis]，以及其他一些人，他们认为，从绝对的意义上讲，上帝撒谎，也就是说他向反对他的意志和反对他的指令与决定的人表示什么东西。"[中译采用：同上，《第一哲学沉思集》，第 129 页。其中伽布里埃尔指伽布里埃尔·比耶，15 世纪哲学家；阿里米奈西斯应指里米尼的格里高利，14 世纪神学家；参见 *The Philosophical Writtings of Descartes*, vol.II, p. 90 n.1, Cambridge University Press, 1984。——译者] 此后到了本世纪，这个问题变成了一个更具争议性的问题：Bayle, *Dictionnaire historique et critique*（1740）4: 56（在"里米尼"词条下）。

[3] Spinoza, *Cogitata* 2.9 §2. 注意在第四节中斯宾诺莎提及经院哲学对"绝对的力量"与"有序的力量"所做的区分。不过在《形而上学思想》中，斯宾诺莎的立场却模棱两可（参看上文第二章第六节：一）。值得一提的是沃尔夫森[Wolfson]在《斯宾诺莎的哲学》（*The Philosophy of Spinoza*）一书中，试图在继承中世纪遗产的基础上，重新建构斯宾诺莎的体系。即便人们毫无保留地赞成这种做法，也应注意，沃尔夫森忽视了晚期经院哲学对斯宾诺莎强有力的影响，这与本例中出现的情况如出一辙。

如此。[4]斯宾诺莎已经运用了他今后在处理传统神学语汇时所运用的释经术，这种释经术通过"含义拓展"而堪称"中立"：他将一个术语的含义，拓展到了"既意味无穷却又空洞无物"的地步。[5]在后来的《伦理学》中，斯宾诺莎变得更加直白："我们理解到在神的力量之内，无论什么东西都必然存在。"[6]

莱布尼茨一如既往地探询在笛卡尔激进的唯意志论和斯宾诺莎的决定论这两个极端之间的中道，并在他著名的关于"逻辑必然性"与"物理必然性"的区分中找到了对两者的调和。[7]逻辑必然性只基于矛盾律，上帝的意志甚至上帝的思维也包含在这种矛盾律中。上帝不仅不可能创造出逻辑矛盾；他甚至也不可能将那些"逻辑可能性"（possible logicum，是莱布尼茨从斯多亚派传

119

――――――

[4] Spinoza, *Cogitata* 2.8, Van Vloten-Land, 4：217-19，特别是 p.219（"因此我们区分上帝的有序力量与上帝的绝对力量"等）。斯宾诺莎接下来将他对"平常的能力"与"特别的能力"的区分，纳入了"有序力量"之中："有序力量"区分了"不变的秩序"与"可变的秩序"。而这种区分是否仅仅是一种理论划分，我们应该把真理交予神学家们判断。

[5] 参看下文第四章第二节：三。

[6] Spinoza, *Ethica* I prop. 35, Van Vloten-Land, 1：66.［中译采用：《伦理学》，第36页，贺麟译，商务印书馆，1986年。――译者］

[7] Leibniz, *Théodicée*, GP, 6：50（"几何必然性"与"物理必然性"或"道德必然性"相反）；GP, 6：32（绝对必然性―道德必然性）；*Testamen anagogicum*, GP, 7：278（"几何规定性"与"建筑术规定性"）；*De rerum originatione*, GP, 7：303（"物理必然性"是一种假设的必然性）；*Principes de la nature*, GP, 7：603（参看6：44："不可能"与"不相宜"相反）；GP, 2：62（两类"先天性"）；*Noveaux essais*, GP, 5：387（"物理—必然确定性"或"形而上学确定性"）。人们已经讨论过，洛克在"言辞的、微不足道的"与"严肃的、实质性的"必然性（或确定性）之间所做的区分，预示了"先天分析"与"先天综合"的区别：Woolhouse, *Locke's Philosophy of Science and Knowledge*, pp. 25-32，特别是 p. 27。依我看正好相反，这种区分至多是莱布尼茨出于"原则"所迫不得已而论证的那种区分的先导。洛克对言辞的选择，显示出他对"微不足道的"必然性不感兴趣。也参看上文第二章第八节：一，脚注［5］和［7］（必然性；晚期经院哲学中对"单纯的自在"与"物理的自在"的区分）。

统中继承而来的术语）构想成不可能的。[8]更甚的是，上帝必须按照他的本质必然性来思维所有的"可能性"与"可共存性"。而所有其他的必然性（诸如"物理必然性""形而上学必然性""道德必然性""建筑术必然性"等）都基于充足理由律——这条"并非必然而倾向于上帝"［inclinat sine necessitate］的原则。[9]

二、逻辑必然性与物理必然性

我们不能夸大莱布尼茨所做的这一区分的优点。莱布尼茨清楚地阐述了自17世纪至我们的时代以来所有科学哲学的核心问题。我们为什么会假设自然具有良好的结构，并且因而是可理解的呢？自然规律在什么意义上是"普遍必然"（康德语）的呢？其中的必然性显然不只是逻辑必然性。例如，否定万有引力定理的普遍性，并不必然引出逻辑矛盾。我们的确可以将宇宙设想为：宇宙中的物体之间，按其质量的正比与距离平方的反比，相互排斥（而非相互吸引）。我们的世界或许不是一个能够舒适地居于其中的世界，但它也不是一个自相矛盾的世界。然而，我们的直觉（或者说常识）告诉我们，认为"那些法则般的句子，比起那些诸如'我的房子是棕色的'这样的对过去偶然事件的陈述，更具必然性"的看法是有道理的。莱布尼茨从充足理由律这条"伟大的原理"中得出了"高于逻辑的必然性"，[10]这种必然性最终依赖于

―――――

〔8〕　参看上文第三章第二节：四。

〔9〕　Leibniz, *Théodicée*, GP, 6：127："这种理性并非必然而倾向于［上帝］。"这是一般意志的标志，同上，p. 126："群星并非强迫而倾向于"，参见上书 p. 414；Letters to Arnauld, GP, 2：12, 14（与"谓词包含在主语中"这个命题相关），56. 参看 *Textes inédits*, Grua 编，p. 479（"倾向的必然"等于"切近"），以及上文第二章第八节：二。

〔10〕　Leibniz, *Monadology* §31, GP, 6：612："我们的推理奠基在两条伟大的原理上"等等。参见下文第三章第五节：三。

上帝的智慧；然而，该原则却使他在不同的语境中得出了截然相反的结论。康德将"先天综合判断"这条原则彻底从神学考虑中分离出来。他希望从任何可能的知性的不变结构中得出它们。[11]

如果我们希望将"低于逻辑的必然性"置于或多或少更弱的归纳基础上，那么我们便被直接引向了各种逻辑悖论。有些逻辑悖论就如同尼尔森·古德曼［Nelson Goodman］的逻辑悖论一样，即便我们承认自然规律从来不可能被证实，最多只可能被证伪，这些逻辑悖论仍然存在。人们可以说，所有以（x）[A（x）⊃ B（x）]的形式表达的对过去观察的"归纳"都是"已被证实的"（甚至在"不可证伪"最为中道的意义上亦是如此），无论我们将来会不会观察到 B（x）或 [～B（x）]这样的情况，因为我们过去所具有的属性 B（x）实际上可能是属性 $[B(x_{t \leqslant 0}) \wedge \sim B(x_{t > 0})]$。归纳推理总是一系列最连贯的"窃取丐题"［begging the question］的运算：这些推理已经预设了它们所希望建立的某些性质的稳定性。[12]有一种不那么高明地摆脱该困境的办法，就是将所有似律命题［lawlike propositions］视为"对反事实条件句的陈

---

[11] 康德自己也注意到了他对"先天分析"与"先天综合"的区分源于莱布尼茨的"矛盾律"和"充足理由律"；但他与沃尔夫、鲍姆加登两人相反，至少从《纯粹理性批判》开始，康德便开始认为后者不可能从前者中推出。G. Martin, *Immanuel Kant: Ontologie und Wissenschaftstheorie*, pp. 83-88（特别是 87f.）。他称康德的这种自我阐释"大胆"而"有理"。参看 Latta, *Leibniz*, pp. 208-11。

[12] Goodman, *Fact, Fiction, and Forecast*, pp. 59-83. 对这个悖论更好的讨论，参看 I. Scheffler, *The Anatomy of Inquiry*, pp. 295-326。诚然，"牢靠性"并非解决之道，而是一条实践指南。[古德曼将自己的归纳理论称为"投射理论"，他致力于解决的新归纳之谜也可以表述为区分可投射假设和不可投射假设的问题。为解决这个问题，古德曼引入了"牢靠性"概念，一个谓词的牢靠性取决于它过去实际被投射的多寡，一个假设的牢靠性取决于它所包含的谓词的牢靠性。——译者]

述"。因此，若当且仅当存在着一座并不建在耶路撒冷的房子，如果它建在耶路撒冷，只可能是用石头建造的时，"耶路撒冷的所有房子都是用石头建的"才为真。[13] 也许有人会反驳说，"自然规律"这个术语已经完全从现代科学家的常用语言中消失了，只有那些科学哲学家或者看似是科学哲学家的人，才会为此烦心。这话只说对了一部分。自然常数（例如光速或普朗克常量）、自然原理（海森堡测不准原理）以及"力"的概念，都与上述规律一并经受着相同问题的困扰——因为它们都不仅暗含了普遍性，也包含了某种必然性；它们不仅是描述性的，而且在任何意义上都是规范性的。而今物理学家不再将光速视为一种只是经验的时间性的极值；他们或许会说"如果一个物体以两倍光速运动将会出现什么情况？"这个问题完全没有意义。似律陈述并非完全从我们的科学话语中消失了。但恰恰是这种似律陈述的意义（更不要说其合法性了）在今天成了可疑的，正如它们在早期近代科学兴起时也曾遭到质疑一样。

"自然规律的地位"为何成了一个令人难以忍受的问题，这是有充分的历史原因的。许多物理学的自然规律都曾是反直觉的。不管"反事实条件句"是否确实是似律陈述的真实形式，显然其中绝大多数最基本的规律都已经被人作为科学规律构想出来并予以接受了。惯性定律正是这样的一个例子。在那些最先创建这条定律的人眼中，惯性定律也包含了新的力学的解放性成果：它使物理学从孩子气的神人同形论观念中解放出来，这种神人同形论认为物体具有某种"趋于静止的倾向"。[14] 这难道不是再次

121

---

[13] Goodman, *Fact*, pp. 17-27, 119-22.
[14] 下文，第三章第三节；一；及脚注〔2〕。

证明了亚里士多德主义的科学是从"感觉予料"［sense data］中仓促普遍化而来的吗？不过，"所有物体在既定方向上都倾向于保持匀速直线运动"这个主张只是一个反事实条件的命题。笛卡尔的物理学将所有物体看作同一个物质连续统一体中的各个部分，只有通过处于这个物质连续统一体中的物体的相对运动，才能将这些物体区分开来。[15]任何既定物体"就其自身而言"的运动都只是一种"倾向"。[16]甚至在牛顿的"无限空间"中，人们也无法观察到纯粹的惯性运动：为了观察一个如此运动的物体，我们必须在一段有限的距离中观察它，并且再运用某些引力，而这种引力的引入却必将轻微地改变该物体的运动。惯性定律和牛顿第二定律、牛顿第三定律一样，都没有描述自然，而毋宁说只是描述了自然的各种状态中的"极限状态"。稍后我们将再度深入探讨这种极限状态，而现在我们必须重新审视这些规律的逻辑地位或形而上学地位。

三、上帝的绝对力量与上帝的有序力量

莱布尼茨有充分的理由为他对"逻辑必然性"与"物理必然性"的区分备感自豪。这一区分产生了各种结论。同样，它也使莱布尼茨在成为一个顺服的神学家的同时，仍能做一个好科学家。莱布尼茨既相信上帝无限的自由意志，也相信"世界的预定秩序"，也即数量最多的可共存之物要遵循数量最少的简单原理。关于他的这项区分，莱布尼茨说："这就是偶然性的根源，而我怀

---

〔15〕　上文，第二章第五节：一。
〔16〕　Descartes, *Principia* 2.36-38, AT, 7：62-64. 参看上文第二章第五节脚注〔3〕（卢克莱修）。

疑其他人此前是否也已预见了这一点。"〔17〕不过他知道的还不够多。"逻辑必然性"与"物理必然性"的区分，只是对与经院哲学的发端时刻同样古老的另一种区分的重新表述："上帝的绝对力量"与"上帝的有序力量"的区分〔potentia Dei absoluta et ordinata〕。"上帝的绝对力量"认为，除了矛盾律以外，上帝的力量没有任何限制（没有任何限制他的法则或秩序）；"上帝的有序力量"则认为，上帝的力量在事物的秩序中业已实现，或是可实现的。这是一种非常值得追溯其起源的区分，因为古典世界从来没有这项区分。亚里士多德确实区分了"绝对必然性"与"假言必然性"，但两者都只适用于逻辑学或只适用于物理学。此外，亚里士多德也总是试图证明，"概念必然性"（甚至"逻辑必然性"）业已建立在事物的秩序之中。

　　中世纪神学引入了对上帝的这两种力量的区分，以便在不违背"理性"的同时，尽可能地扩展上帝可能具有的视域。中世纪晚期的经院哲学家受到一种近乎过度的冲动的驱使，他们想切实地设计出一套（与公认存在着的那种自然秩序或恩典秩序不同的）自然秩序或恩典秩序。他们当中几乎无人怀疑过亚里士多德主义"世界图景"的普遍正确性，但同时他们坚持说，如果上帝愿意的话，地球将不再是宇宙的中心，甚至不再是所有有重量的事物合适的"处所"。〔18〕上帝可以在一个"空的空间"中无限定地沿着直线移动宇宙系统、天体系统乃至万物。〔19〕而且如果上帝愿意的

---

〔17〕 Leibniz, GP, 7: 200: "Atque haec est radix contingentiae, nescio an hactenus explicatae a quoquam"; 参看 GP, 6: 127: "而偶然性之为偶然性即在于此"（此处他指的是"将来的偶然性"）。
〔18〕 下文，第三章第二节：三。
〔19〕 上文，第二章第四节：一；第四节：四；以及脚注〔20〕。

话，世界的救主完全可能是"一块石头或一头驴"。[20]

再者，上帝还可能随时在我们最具确定性的事情上欺骗我们，或者至少他可以在我们心灵中嵌入"关于不存在的事物的直观观念"[notitia intuitiva rebus non existentibus]。不过直到奥卡姆论证了这是不可能的之后，人们才开始不断质疑这些认识是否同样产生了错误的判断。只有我们的自我意识才是超越于谬误之上的，因为我们不可能同时既存在又不存在。[21]这成了笛卡尔的"恶魔假设"的思想源泉之一：笛卡尔手中的这把新式武器要做的，就是为一种全新的哲学追问方式扫清道路。不过，从呼唤"普遍怀疑"开始直到重新发现作为重建世界的阿基米德点的"我是一个正在思维着的物"[sum res cogitans]，在笛卡尔进行论证的几乎所有关键点上，他使用的都是备受轻视的中世纪神学语言。莱布尼茨也同样如此。

17世纪和18世纪或许是孕育"自然规律"的黄金时代。"自然规律"这个术语源于经院哲学，但或许它还有更源远流长的起源。[22]我们再次援引康德，"自然规律"在早期近代科学和哲学中

---

[20] 上文，第二章第四节：一；以及脚注〔3〕。

[21] "我确定有五种感觉对象，也确定我自己的行为"：参见奥特库尔的尼古拉写给阿雷佐的伯纳德［Bernard of Arezzo］的信，收入 J. Lappe, *Nicolaus von Autrecourt, sein Leben, seine Philosophie, seine Schriften*, appendix * 6; *Exigit ordo executionis*, prol. 2, *Medieval Studies* 1（1939）: 184; Weinberg, *Nicolaus of Autrecourt: A Study in 14th Century Thought*; A. Maier, "Das Problem der Evidenz", 收入 *Ausgehendes Mittelalter* 2.367-418; 同上，*Metaphysische Hintergründe*, pp. 390-98。

[22] Reich, "Der historische Ursprung des Naturgesetzbegriff", 收入 *Festschrift für Ernst Kapp zum 70. Geburtstag*, Diller 与 Erbse 编, pp. 121ff.，他将自然规律追溯到卢克莱修的"自然的规约"[foedera naturae]。施拉姆［Schramm］则认为"自然规律"这个术语起源于中世纪，参看施氏著 "Roger Bacon's Begriff vom Naturgesetz", 收入 *Die Renaissance der Wissenschften im 12. Jahrhundert*, Weimar 编, pp. 197-207（普遍自然规律［lex naturae universalis］是一种主动

表示的是"普遍性和必然性"。"普遍性"指的是上一章中探讨的
自然的"同质性"。我们几乎找不到这种意义与中世纪"自然法"
之间的关联。另一方面,"必然性"指的正是那种关于"无条件
的真理"的观念,这种"无条件的真理"并不仅仅是一种同义反
复。"自然规律"的这个方面构成了本章的主题。中世纪晚期的经
院哲学家沉醉于各种各样的"假言推理";神学家与哲学家则追求
系统地发展想象的秩序与状态,以便强调世界彻底的偶然性。这
种思想倾向从何而来?它又在何种意义上预备了 17 世纪的科学革
命?这种思想倾向究竟只是具有哲学上的意义,还是说它同样影
响了科学实践?当然,我们也有夸大其词的危险。我并没有试图
削弱早期近代科学的创新性。恰恰相反,当我们越是理解中世纪
的"假言推理"对于其后几个世纪的科学事业所做的贡献,我们
就越是能够精确地定义伽利略和他同时代人的论证中有哪些新东
西。正是由于借用了经院哲学的论证形式,他们才得以发现一片
新大陆。接下来我首先希望展现的是:经院哲学家既已遥望到了

124

（接上页）力,它主宰着物体的特殊自然 / 本性［*natura particularis*］）;上
文第二章第四节脚注〔22〕。弥尔顿（Milton,"The Origins and Development
of the Concept of the 'Laws of Nature'", pp. 173-95）反对所有认为该术
语具有古代或中世纪起源的观点,却强调"唯意志论"与"唯名论"的
中世纪根源是其产生的必要背景。最近弗兰西斯·欧克利（F. Oakley,
*Omnipotence, Covenant, and Order: An Excursion in the History of Ideas from
Abelard to Leibniz*）试图将通常的绝对—有序力量之间的辩证关系与"丰富
原则"［principle of plenitude］对立起来,他认为 17 世纪的波义耳与牛顿属
于其中一派,莱布尼茨则属于另一派。我的观点已经在《科学革命的辩证预
备》一文［ "The Dialectical Preparation for Scientific Revolutions", 收入 *The
Copernican Achievement*, Westman 编, pp. 177ff.], 以及其他各处表述过。
我的观点恰好相反:我认为莱布尼茨与牛顿都是中世纪这项区分的子嗣,只
是两人强调的方面不同。参看下文第三章第五节:一;第五节:二。与"丰
富原则"相对立的,并非绝对—有序力量之间的辩证关系,而是"简约原则"
［principle of economy］（上文第一章第四节:康德）。欧克利［Oakley］的著
作中对政治话语的处理方式非常重要。

这片新大陆，却迟迟未曾登陆的原因。

第二节　上帝的绝对力量与上帝的有序力量

一、在异教中的源泉

将犹太教与基督教视为身处多神论海洋中仅有的两个一神论孤岛，这种观点是发端于中世纪的一种历史谬见。异教世界的知识分子的自然神学常常肯定神的统一性。[1] 从克塞诺芬尼对神人同形论的多元论神话的攻讦开始，经过亚里士多德"不动的动者"，再到斯多亚派的"逻各斯"，最后到普罗提诺的"太一"，可见希腊哲学中最强势的一种倾向，就是致力于纯化这个"一"神。由新柏拉图主义结晶而成的"否定神学"形式，后来得以一直维持下来。普罗提诺甚至否认"太一"具有自我知识。反思行为将有损"太一"的超越的统一性，因为如果是这样，它将被分割成"正在进行认知的对象"和"已被认知的主体"这两个方面。因此，"太一"至多只能被赋予一种"非反思的直观"。[2] 希腊罗马时代受过教育的知识分子通常相信，除了对国家的诸神所应有的政治尊重（与我们尊重国旗一样）之外，宗教只是各种崇拜中的一种。奥古斯丁通过波菲利［Porphyrius］之口说出了类似的话。[3] 不但教会的教父，甚至连古代晚期的犹太圣者，也认识到了这种思想风气的转变。这一传统使得一位名为芝诺［Zeno］的

〔1〕　Jaeger, *Die Theologie*, pp. 1ff., 50ff.（克塞诺芬尼）。

〔2〕　Rist, *Plotinus: The Road to Reality*, pp. 38-52.

〔3〕　Augustine, DcD l0.9ff., pp. 281ff.

异教神学家对拉比阿基瓦［Rabbi Akiba］这样说道："你我心里都明白，偶像崇拜没有什么实体"；只有中世纪著名的《塔木德》评注者拉什［Rashi］才补充说，"这个芝诺是个犹太人"：拉什无法想见，除此之外怎么还会有异教一神论者。[4]

125　　　宣传反犹太教和反基督教的古典传统中，都明显缺乏针对一神论观念的严肃的攻击。[5]犹太教—基督教与异教神学的冲突并不在于神祇的数目，而在于神的本质——无论主张一神还是多神。在希腊思想中，"神"是普遍原则与不变秩序的具现、自足且无欲：神不需要任何东西。他们把神的形象看作道德化的人格、一个全能的惹是生非者，神拣选出某些人凌驾于另一些人之上并活跃于历史中，这种神的形象有辱希腊人对于"和谐"的感知。难道神会遗忘对不变的宇宙秩序的关切，而将注意力集中在外省的一个肮脏小民族的是非上？这难道不是一种"青蛙与虫豸的视角"

---

〔4〕　*Bab. Talmud*，*Avoda Zara* 55a；Rashi *ad loc.* 更神秘的是 *Hulin* 13a："异邦人并非偶像崇拜者；他们只是遵循父祖的习俗。"［Hulin 是《巴比伦塔木德》中位于"神圣事物"（Kodashim）名录下的第三篇论集（tractates），其余 10 篇皆讨论神圣事物，即圣殿仪式与燔祭类型；唯有 Hulin 篇讨论"人事"，也即祭仪牲宰的律法、洁与不洁的食物的规定，还收录了一些其他无法独立成篇的零散讨论，参见 *The Essential Talmud*，Adin Steinsaltz，pp. 110-111，Random House，Inc.，New York，2006。——译者］关于"偶像崇拜"的意义及其知识，参看 Lieberman，*Yevanim ve yavnut be'erets yisrae*［犹太巴勒斯坦地区的希腊与希腊化］，pp. 236-52。应注意的是，在 *Hulin* 中的这段话，并没有被 12 世纪的托萨福注者们［tossafists］用作支持"基督教并没有坠入偶像崇拜的范畴中"这个观点的论断。［Tosafot（希伯来语为 תוספות）或 Tosafos，指对拉比拉什的《塔木德》评注所做的评注，这些评注者统称托萨福评注者（"ba'ale ha-tosafot"）。——译者］

〔5〕　恰恰相反，由于其一神论信条，在早期希腊作者们眼中，犹太教是一种"哲学式"的宗教：Stern，*Greek and Latin Authors on Jews and Judaism*，*1：From Herodotus to Plutarch*，pp.10（泰奥弗拉斯托斯［Theophrastus］），26-27（赫卡塔埃乌斯［Hecataeus］）；Levy，*Olamot nifgashim*［希腊化时期犹太教研究］，pp. 15-59。

吗？凯尔苏斯［Celsus］的确就是这么想的。[6]凯尔苏斯、波菲利以及其他人，都将他们论题的机巧建立在了这些假设的根基上。他们对《旧约》和《新约》的哲学批判，为日后所有的《圣经》批判奠定了基础。[7]他们质问道：如果上帝是"不变的"，那么在他的思维中，又怎么会改变救赎秩序呢？如果他想要有一种既定的自然秩序，而上帝自己又可以反其道而行之，这又是什么意思呢？如果上帝是全能的，那么他能否改变过去、使真变假，或是毁灭他自己呢？[8]如果指责他们的主张使得上帝的"全能"陷入了悖论，这么说太有失公允：因为古人清楚地知晓存在于各个领域中的"自我指涉的悖论"。

比起抽象的悖论，异教神学更是受到那些反对"神意"的具体论证的困扰。异教神学家通常会通过否认"上帝想违反自然地行事，或想做那些于他的本性不适合或不必要的行为"来回应这

126

----

[6] Origines, *Contra Celsum* 6.23, Kötschau 编, p. 281; Chadwick 译, p. 199。参见 Andresen, *Logos und Nomos: Die Polemik des Kelsos wider das Christentum*, pp. 226-28。参看下文脚注〔8〕。

[7] Harnack, "Porphyrius gegen die Christen", 收入 SB *der königlichen Akademie der Wissenschaften*, *Phil. hist. Klasse*I。文献：下文第四章第二节脚注〔15〕。

[8] 盖伦嘲笑了摩西的观念，对他而言，"我们大可以说上帝完全可以随意安排各种质料，并且这种当下的安排是按照某种秩序的。因为摩西相信，万事万物在上帝面前都是可能的，上帝甚至可能想从尘土中创造出牛和马。但我们不认为是这样，我们说某种事物就其自然是不可能的，而上帝甚至根本就没有尝试过这些东西，而是从种种可能'生成'者之中，选择了最好的……因此我们就说，上帝既选择了创造物自身之中最好的，也选择了质料之中最好的"——这种观点可以说几乎就是莱布尼茨的公式了：Galenus, *De usus partium* 11.14; Walzer 译, *Galen on Jews and Christians*, pp. 26-27；关于凯尔苏斯，参看下文脚注〔11〕。唯一为"全能"观念留下空间的古典学派是斯多亚派：Cicero, *De natura deorum* 3.92（波塞多尼乌斯）。关于"力"在他们宇宙论中的重要性，参见上文第二章第二节：三。

些问题。[9] 希腊化时期犹太教的所罗门智训 [wisdom of Solomon]
中就已经包含了对"上帝力量 vs 自然秩序"的辩护（将臣服于你
的意愿之下 [subest enim tibi volueris posse])，以及相应的对自然
秩序的稳定性的强调。[10] 奥利金 [Origenes] 似乎是最早提出以
下公式的人，而该公式直到 13 世纪仍适用于后世的各种争论：他
在上帝之中区分了"依照力量而行事" [agere per potentiam] 与
"依照公义而行事" [agere per iustitiam]。[11] 后者事实上意味着：
上帝"按规矩"做所有事，并且上帝憎恶无限。里米尼的格里高
利已经认识到：后世的绝对力量与有序力量 [potentia absoluta et
ordinata] 这对区分与奥利金的这个更早的区分之间存在着某种关
联。[12]

　　我们发现，试图系统地以自然的方式解释所有神迹，这种尝
试只（在最出人意表的情况下）出现过一次。17 世纪一名叫奥古

[9]　Augustine, *Contra Faustum Manichaeum* 26, p. 480："上帝，万物的创造与保
　　　存者，不创造任何违反自然的东西。"
[10]　*Sapientia Salomonis* 12.18（例如：由达米安 [Damiani] 在 *De divina omnipotentia*,
　　　pp. 599-600 中引用）。
[11]　Origenes, *Comm. ser. in Matt.* 95, Migne, *PG* 13: 1716："因为依照上帝的力
　　　量，所有可能之物都可正可邪；然而依照上帝的公义……所有可能之物却
　　　并非如此。"参看 *Contra Cel.* 3.70, 5.25; *De principiis* 2.9.1, 4.4.8；以及
　　　Rufinus, *De fide* 17, *PL* 21: 1131："……不虔敬的奥利金被迫承认其邪说，其
　　　言如下：'并非所有上帝意愿的事物，他都会使之实现，而只有那些能够保
　　　存与理解的，才会实现。'"（由奥利金在 *De principiis* 中引用，Görgemanns
　　　与 Karpp 编，p. 400）也参看 R. M. Grant, *Miracle and Natural Law in Greco-
　　　Roman and Early Christian Thought*, pp. 127-34。
[12]　Gregory of Rimini, *Lectura super primum et secundum sententiarum* I. d.42-44
　　　q.I a.2, Trapp 和 Marcolmo 编，3: 368："某位古人充分同意这项区分。据说
　　　他说，依照公义，神有所不能；而依照力量，神无所不能。"该公式在 13 世
　　　纪初期，也曾由克雷莫那的普里波斯替努斯 [Praepositinus of Cremona] 运
　　　用：Grondziel, "Die Entwicklung der Unterscheidung zwischen der potentia Dei
　　　absoluta und der potentia Dei ordinata von Augustin bis Alexander von Hales",
　　　p. 31 n. 2。

斯丁〔Augustinus〕的（爱尔兰？）僧侣曾写了一篇题为《论〈圣经〉的神迹》〔De mirabilibus sacrae scripturae〕的鲜为人知的论文，在其中，《摩西五经》中的神迹以一种 19 世纪的自由新教徒或犹太神学家的方式被系统地还原成了自然现象。[13] 如果不是我们具有时间和空间上的确凿证据，我们会禁不住怀疑该文写作的时间与地点，因为这两者与当时的"地方守护神"〔genius loci〕或"时代精神"〔Zeitgeist〕格格不入。

　　无论如何，即使上帝意志的范围问题与自然的秩序相关，这个问题在古代却并没有得到系统的处理（实际上极少数神学问题得到过系统的处理），在这些问题中却孕育着一种爆炸性的可能性。

二、早期经院哲学的讨论

　　到了 11 世纪主教叙任权之争，在格里高利七世的一名最忠实的支持者彼得·达米安〔Petrus Damiani〕攻讦神学中最时髦的逻辑论证时，这些孕育着爆炸性的问题终于涌现出来。对那些坚持否定上帝力量能使童贞受孕的人，达米安在他的《论上帝的全能》〔De divina omnipotentia〕中的回答就是以牙还牙。[14] 亚里士多德曾说，甚至神也无法后验地改变过去，关于该主题的论述在

〔13〕 Anderson, "Divine Governance, Miracles, and Laws of Nature in the Early Middle Ages: The De Mirabilibus Sacrae Scripturae", 特别是 pp. 80-107; MacGinty, "The Treatise De Mirabilibus Sacrae Scripturae", MacGinty 准备了一种版本，该版本旋即将在 *Corpus Christianomm* 中出版，并将取代 Migne 那个不能用的版本。

〔14〕 Damiani, *De divina omnipotentia in reparatione corruptae, et factis infectis reddendis*, 收入 *Lettre sur la tout-puissance divine*, Cantin 编, pp. 384-489, 410-18（相反观点的必然后果）; 参见 Courtenay, "The Dialectic of Divine Omnipotence", 收入 *Covenant and Causality in Medieval Thought*, pp. 2-3; Oakley, *Omnipotence*, pp. 42-44; Enders, *Petrus Damiani und die weltliche Wissenschaft*, pp. 16ff., 特别是 p.17 n.1.

异教文献中随处可见。[15]但达米安论证道，如果上帝愿意的话，他确实能够逆转过去的事件（比如不让罗马建立起来），更不消说他能施行"童贞受孕"（在堕落之后）这样的次要的神迹了，因为上帝心灵中的真命题并不依循时间的次序。[16]就连坎特伯雷的安瑟伦［Anselm of Canterbury］那样中道的神学家，也立即认识到了达米安言论中的危险性。安瑟伦指责道，不具约束的"全能"实际上是一种孱弱无能。[17]一个能创造矛盾的上帝，依其"全能"，同样也能毁灭他自己；如果上帝可以被设想成"不存在"的话，那么这个上帝就不可能同时还是一个"必然的实体"［ens necessarium］。所以，上帝的意志至少应该受到矛盾律的限制。至于上帝业已建立的秩序，"放任上帝……在他的国度中存在任何无序之物都是不恰当的"［Deum…non decet aliquid inordinatum in suo regno dimittere］，[18]否则人们便能将上帝解释成"既意愿着这种秩序又不意愿这种秩序"的。上帝意志的对象必须保持一致。从此以后，虽然并非所有人都对"构成矛盾的到底是什么"这个问题

---

〔15〕　Aristotle, *Ethica Nic.* Z2. 1139b. 7-11（提到了 Plato, *Nomoi* 934ab；*Illias* 24.550-51, 522-24）。我们应该记住，亚里士多德在其他各处都坚持，过去所发生的偶然事件是"必然的"（例如讨论"明天的海战"）。关于波菲利，参看 Grant, *Miracle*, p. 131。

〔16〕　Damiani, *De divina omnipotentia*, Cantin 编，pp. 428ff., 474-78。除此之外，达米安也提到了一个特殊版本的不恰当的论证："上帝更适于从无中创造出有，而不是将有归于无。同时既存在又不存在的东西，既是坏的，也是无。"（同上，pp. 434, 436ff.）

〔17〕　Anselm of Canterbury, *Proslogion* 7，收入 *Opera omina*, Schmitt 编，1：105-106："可是，若你万事皆无能，你又何以全能？或者，若是既无能毁灭，又无能欺骗，更无能使真做假、将已成之事变为未发生之事……？若是如此，这难道竟是有能力，而不是无能吗？"参看 Petrus Lombardus, *Sent.* I d.42 c.2, 1：260 以及 Funkenstein, "Changes in the Patterns of Christian Anti-Jewish Polemics in the 12th Century", pp. 129-31；Courtenay, "Necessity and Freedom in Anselm's Conception of God", pp. 39-64。

〔18〕　Anselm, *Cur Deus Homo* 1.12；参看 2.17；Schmitt 编，2：80, 123。

达成一致，但几乎所有人都同意，至少要将上帝的意志置于逻辑一致性的前提中。

新生的经院哲学也与迈蒙尼德的《迷途指津》紧密联系在一起。贯穿《迷途指津》的是一种对穆斯林极端唯意志论的"艾什尔里派"［*'Ashari'a*］的系统阐发，艾什尔里派否定包括因果律在内的所有自然的必然性，并将自然解释成时—空上不连续的序列，原子事件之间绝对地相互独立。与他们的方法论混乱相反的是，迈蒙尼德发展出了一套关于偶然秩序的理论。我们将在下一章中探讨这个理论[19]：从对该问题的后续处理上看，这个理论最有意思的特点就是，它在"自然法"和"约法之订立"之间有着严格的对应。在同一时间内，两者都是必然的结构与偶然的结构；两者都是理性的，但必须为偶然性保留空间；两者都是上帝对触手可及的、有回旋余地的"事件"所做的"适应"的例证。在迈蒙尼德思考可以直接改变自然秩序的地方，他的回答近似于奥利金对"依照力量的能力"［posse de potential］与"依照公义的能力"［posse de iustitia］的原初区分。迈蒙尼德说，我们相信"如果上帝（让我们称颂他）愿意的话，那么'现实'就其本质来说是永恒的。尽管上帝（让我们称颂他）具有完全改变它，或者在其诸多本质中增减这个或那个本质的能力，但现实中的任何事物只有在［偶性的］细节上有所改变，否则不会发生任何改变……上帝的智慧裁定，每一种创造物都如同它业已存在的那样实现其自

129

---

［19］ 下文第四章第三节：二。关于卡兰神学［*Kalam*］的影响，也参看 Courtenay,
"The Critique of Natural Causality in the Mutakallimun and Nominalism", pp. 77-94。
［这里应指犹太卡兰神学，是早期中世纪犹太神学发展出的与伊斯兰神学针锋相对的形式，人们将期间的代表人物统称为 Mutakallimun，主要有迈蒙尼德、首领拉比萨阿迪亚·本·约瑟等人。而在阿拉伯语中，Kalam 意味着"言辞"，是指不同于《可兰经》的、通过论证来探寻神学真理的方式，也即神学。——译者］

身……并且不会改变其本性"。[20]

　　于是，异教哲学以及其他的影响便在经院哲学对"上帝全能的范围"的讨论中汇合到了一起。13、14 世纪的经院哲学家表达出了许多最为不同的立场，15、16 世纪的经院哲学家则坚持着这些立场。现在我要转向这些主要立场的特征，因为在随后激烈的论辩中，它开启了许多关联与转变。我的目的只是要拿这些立场与 17 世纪关于自然规律的地位的诸多观点做一番比较。经院哲学家以及 17 世纪的自然哲学家都要求明确"模态"的意义：即从上帝的视角、尘世的视角，以及从我们对这两者的理解来看待其中"必然性""可能性"和"偶然性"的内容分别是什么。中世纪经院哲学家的一个中心问题就是"模态范畴的具体化"，尽管其中强调的重点发生了关键性的变化，但它依然是 17 世纪的中心问题之一。

　　这场中世纪争论的焦点依次集中到了以下各术语的确切意义上：(1) 偶然性（秩序），(2) 可能性（或逻辑可能性与物理可能性的区分），还有 (3) 形式必然性—逻辑必然性（如果适用于与上帝相关的问题）。这种区分虽然带有策略性的成分，却能帮助我们将这些内在相关的不同问题联系起来。

　　三、偶然性与个别性

　　"偶然性"的意义，在澄清上帝的绝对力量与有序力量的关系中，处于中心地位——上帝的"绝对力量"与"有序力量"这对

---

[20] Maimonides, *More Nebuchim* 2.29；参看 *Guide of the Perplexed*, Pines 译, p. 346。参看 A. Ravitsky, "Keifi koach ha'adam—yemot hamashiach bemishnat harambam", 收入 *Meshichiyut ve'eschatologia*, p. 217 与 n. 67；Lasker, *Jewish Philosophical Polemics against Christianity in the Middle Ages*, pp. 28-35。

术语最先出现在哈勒的亚历山大〔Alexander of Hales〕的著作中。他将绝对力量理解为心灵所想到的所有无论是否相互矛盾的事物，而有序力量则是指逻辑、道德或物理学上的无矛盾性。[21] 为了从上帝的其他所有可能的行为中分离出实在的自然秩序与恩典的秩序，其他人也在相同意义上运用了这套新术语，也即从奥利金那里继承下来的"依照力量的能力"与"依照公义的能力"的区分。于是，这种二分建构不是过于庞大就是过于褊狭。我认为，阿奎那是将这种区分提升到一个更高的思辨层面上的哲学家，他为这项区分赋予了一个崭新的维度。人们从阿奎那的理论中，已经完全意识到了迈蒙尼德的踪迹。

　　"上帝的绝对力量"在阿奎那那里意味着：不论处于某种秩序之中还是处于所有秩序之外的，所有不违背矛盾律的东西，所有可以宣称是某个"事物"的状态的东西。[22] 阿奎那的"不矛盾"

──────────

〔21〕 Alexander of Hales, *Summa theol.* p. I inq. I tr.4 q. III C.4, 1：236："对此，不能鲁莽地肯定什么……如果灵魂能绝对地领会上帝的力量，那么上帝将既无法规定灵魂，也无法把握他自身能力之无限海洋。然而，当灵魂被上帝的力量观察到，并且上帝依照他的力量、真理与善好而定下秩序，那么我所说的'上帝的可能性'，就是指依照他的力量能够存在的东西，并且他无法使得他所不能的东西存在〔这是安瑟伦的公式：上文脚注〔17〕〕。据此人们说……这与他自身的力量、真理或善好相矛盾：能使他更伟大，这与他是最高的力量不符；同理，使事物同时既存在又不存在，这与他的真理相矛盾〔后世将这种不可能性包含在绝对力量而不是有序力量之中〕；同理，罪责彼得、救赎犹大、去行不义，又将与他的善好相矛盾。"

〔22〕 Thomas Aquinas, *Summa theol.* I q.25 a.5 ad primum："我们把从上帝自身考虑而归于他的力量的东西，称为上帝的'依照绝对力量的能力'。这种称谓，正如前文〔指 a.3，其中'可以做'的条件被指明是'术语上不自相矛盾'〕所说，就是所有那些其中能够保存实体的本性的东西。而我们把依照公义意愿的要求而得以践行的东西，归于上帝的力量，并称其为'依照他的有序力量，上帝能够做到的能力'。"*De potentia* q. I a.5："回应第五个反驳。'绝对的'与'平常的'仅仅出于我们的考量……而被归于〔上帝〕；从上帝自身来考虑而归于上帝的力量，我们称其为'上帝的绝对力量'；正如我们所说的'上帝的有序力量'就是指那些比照上帝的智慧，我们不会归于上帝的力量。"在两

明确意指"在定义上的不矛盾",也即一种无须进一步澄清的、逻辑—形式的性质。上帝不可能创造出事物之间相互矛盾的状态,因为一个与其自身相矛盾的主体并不是一个"事物"[res]。当问及上帝能做什么与不能做什么的时候,"能够"和"做"这两个术语只适用于那些"可以做"的事物,是指事物而非状态(承受);这种"可能性"的新意涵,在希腊哲学传统看来是完全陌生的。另一方面,"上帝的有序力量"不但意味着实际的自然秩序,即我们的宇宙,还意味着事物的任何其他的可能秩序(就其作为某种"秩序"而言)(相互秩序[ordo ad invicem])。存在着许多这样的秩序,或用莱布尼茨晚期的术语来说,存在着许多"可能世界"。[23]但莱布尼茨的"可能世界"就其定义而言是不可能实现的,因为其他可能世界与我们的世界,是不可共存的。正如我们即将看到的,"可能世界"在某种意义上说是一种由司各特首先开启并予以阐述的"逻辑上的可能性"。阿奎那心里真正想到的,实际上是在"属"上比我们的宇宙更多或者与我们的宇宙完全不同的被造物。

131

———————

(接上页)个文本中,这项区分对于阐明"对上帝来说什么是可能的"的多重意涵并没有起显著的作用;看起来这段文字不是在回应问题,而是在回应一种特殊的反驳。

[23] Thomas Aquinas, *Summa theol.* ibid. resp.:"因此上帝的智慧并不被任何事物的秩序规定,以使其他事物的过程不能发生……";同上,ad tertium:"因此虽然这些事物现在存在,再没有其他既良善且适宜的事物过程了;但上帝能作用于其他事物,并将另一套秩序加于那些事物上。"*Quaestiones disputatae* I, *De potentia* q. I a.3 ad 8:"上帝的技艺不仅涵盖他的创造物,而且还涵盖了许多别的事物。因此若他改变了某物中自然的过程,这样的行事并不会违背他自身的技艺。"同上,q. I a. 5:"……[上帝的良善]能够通过其他被造物和其他方式有序地彰显";参见 *De potentia* q.6 a. I ad 12:"上帝的技艺并未在创造事物的过程中,完全地彰显出他自身。"也参见 Courtenay, "Dialectic", p. 9。

至于彼得·伦巴德的问题："上帝能否创造出一个比我们的世界更好的世界？"阿奎那对该问题的回答只是在细节上不同于那些晚期经院学者。上帝可能创造出任何数量的、全然不同的秩序，上帝的技艺［ars divina］不受任何外部限制。对于任何不论现实的还是可能的既定秩序而言，如果我们将"更好"作为造物的一个形容词，而非限制上帝行为的修饰性副词，那么可以说"上帝可以造出一个更好的可能世界"。然而，任何一个这样的可能世界是否都能被称为"最好的"？按照阿奎那的观点，无论是认为上帝创造的所有事物都是"最好"的，还是认为上帝创造的所有事物中没有一种是最好的，都只是一个语义问题。[24]由于上帝具有创造的意愿，并且对于上帝可能已经选定的任何事物和任何秩序，我们都可以设想出比它们更好的事物和秩序。因此，上帝与其依照智慧来选择，还不如随意地进行选择：

当我们谈及整个宇宙的创造时，我们不可能发现任何一种超乎被创造物，并且理性可以阐明它为何会如此的东西。因为一个人不可能通过思索上帝的（无限的）力量，或是通过思索上帝的良善（它无须事物），来阐明宇宙的安排。为阐明个中缘由，必然需要从造物主纯粹的意志之中得出结论。因此

---

［24］ *Summa theol.* I q.25 a.6 ad 3；*De potentia* q. I a.5 ad 15："上帝的行事，依照上帝之良善的秩序而言，是最好的；并且同理，其他所有有序的……也是最好的。"Robert Holcot, *In quatuor libros Sent.* II q.2, s："第三，我认为上帝并没有将他所能够做的最好的东西做出来：因为对于任何既定的好，上帝都能做得使其更好。"在此，荷格［Holcot］所言及的"多个世界"的问题大多源自奥卡姆。关于奥卡姆与阿奎那观点之间的不同，参见上述。不过对"任何可能的世界是否是最好的？"这个问题，荷格从以上两种立场中得出了正确的结论。阿奎那同样也没有将"无限"这个术语解释成"意志地"［willingly］。

132

　　有人会问，为什么天体的数量是这么多，而不是更多呢？除了造物主的意志，个人不可能得出答案。正如拉比摩西［迈蒙尼德］所说，正因如此，《圣经》才将人们引向对天体的思考上去，而天体的安排却表明，万事万物都臣属于造物主的意志与神意。除非出于上帝的智慧的秩序，否则人们不可能解答为什么这颗星与那颗星之间相距如此遥远，也不能通过思考而回答其他诸如此类的关于天体之安排的［无法解释的］问题。[25]

　　从这段话以及类似的段落中，我们得出了这种关于有序力量与绝对力量之间的关系的结构：所有不自相矛盾的事物（本身是不可能的），即使并未得到良好的排序，也都被归入了绝对力量之中；"力量"的概念划分并不包括"智慧"。不仅我们的世界处于有序力量之中，而且在其他任何可想见的事物秩序之中，都有有序力量。因此，追问"这个宇宙为什么会被创造出来？"这个问题是毫无结果的，因为在任何其他秩序中，这个问题也将被人们反复地追问。宇宙的创造必然是一种随意的行为。

　　司各特认为上帝必然是偶然性的源泉（并且上帝的意志先于他的智慧），阿奎那的这种立场与司各特的立场之间的差距其实微乎其微。[26]我们也发现以上那段阿奎那引文，成为司各特修正上帝的这两种"力量"之间的关系的先兆。阿奎那关于这两种力量观念，可能会把所有可能的、可设想的上帝的行为，都称为"无

---

〔25〕 *De potentia* q.3 a. 17 resp.. 参看下文第四章第三节：二（迈蒙尼德的"偶然性"）。

〔26〕 Scotus, *Ordinatio* I d.39 q.u. n.14，收入 *Opera omnia*, Balič 编，p. 6："没有任何由别的原因而引起的原因是偶然的，除非人们证明首要原因是由偶然的原因直接引起的，并且对首要原因的证明如同天主教证明那样，要遵循完满的因果律。""世界中存在偶然性"只能后天地证明：*Report. Paris*, I d.40 n.6（*Opera omnia*, Wadding 编，11：220-22）；参见 Gilson, *Scot*, pp. 327-28。

序的"。阿奎那思想中的这种潜在可能性，起初困扰着司各特。司各特坚持认为，"绝对"力量与"有序"力量这两个术语并不代表两种类型的上帝力量，而是代表同一种力量的两个不同方面。[27]这就像依据法理［de jure］行事的律师，与依据事实［de facto］行事的律师之间的区别一样。只有在法律自身并不"处于［自由的］行为人的能力范围内"的地方，前者的范围才可能大于后者的范围。例如，如果我偷了一匹马，那么我的行为虽然确实可能，但却并不有序。然而，当某行为人的力量超乎法律之上时，那么"可能的"就等于说是"有序的"。按照定义，君主就不会去偷马。"但凡取悦君主之物，就具有法律效力。"[28]君主的行为或许会

133

----

〔27〕Scotus, *Ordinatio* I d.44 q.u., 6：363ff.；Miethke, *Ockhams Weg*, pp. 145-49；Pannenberg, *Die Prädestinationslehre des Duns Scotus im Zusammenhang der scholastischen Lehrentwicklung*, pp. 68ff.；Bannach, *Die Lehre von der doppelten Macht Gottes bei Wilhelm von Ockham*, pp. 13-17.

〔28〕"然而，但凡取悦君主之物，就具有法律效力；王法由君主之令而定，他的国民与万事都臣服于他的统治与权力"：Inst. 1.2.6；G.I.5；Dig. 1.4.31；乌尔比安最初的公式可能是这样的："但凡取悦君主之物，就能改变法律；换言之，法律视乎君主之命而订立，国民由他的力量统治。"参看 F. Schulz, "Bracton on Kingship", p. 145. 同样，似乎君王法［lex regia］（而非帝王法［imperatoris］）这个专名并不早于公元 3 世纪。同样在这种学说与起源于东方的将君王作为"有灵魂的律法"［νόμος ἔμψυχος］这个概念之间，也不存在原初的联系：Wirszubski, *Libertas as a Political Idea at Rome during the Late Republic and Early Principate*, pp. 130-36. 关于中世纪的演变，也参看 Wilks, *The Problem of Sovereignty in the Later Middle Ages*, p. 154（以及 n.1）；Tierney, "The Prince Is Not Bound by the Laws", pp. 388ff.；Miethke, *Ockhams Weg*, p. 146 n. 33，我们应该注意，司各特毫无保留地接受了这种学说。中世纪最有名（也是最早的）限制是由劳特巴赫的曼涅歌尔德［Manegold of Lauterbach］做出的，他认为那些接受了这一学说的人也能够废除这个学说：MG, LdL, 1：365, 391（参见 30, 67）。关于稍后的政治讨论中对绝对力量与有序力量的运用，参看 Oakley, *Omnipotence*；id., "Medieval Theories of Natural Law：William of Ockham and the Significance of the Voluntarist Tradition", pp. 65-83；Courtenay, "Dialectics", pp. 10-13. 还有一个有意思的人也持这种政治阐释，他就是（公元 5 世纪末的）阿巴巴内尔［Abarbanel］，

与实存的成文法相冲突。在这种情况下，这种行为既不会树立一项新的法令，也不可能仍是一种从其定义上看无法被普遍化（即成为一条法律）的特殊情况。在这两种情况下，我们都不能说该君主犯了法。他就是法。但在第二种情况下，我们也可以这样说，虽然上帝行事有序［他不可能行事无序］，但他却并没有依照有序的力量来行事。司各特强调的重点恰恰就在这里。"有序力量"与"绝对力量"，意味着上帝的行为拥有同一个范围。如果一种行为既不服从既定的秩序，也无法被理性地设想为一种新的秩序，那么在这种情况下，我们就可以说这是狭义上的上帝的绝对力量。但我们必须注意不要将这种行为称作是"无序的"。我相信这也是在以上那段引文中，当阿奎那提及上帝的智慧时，他所没有表达清楚的意思。这种从物理学术语到法学术语的转变相当重要，它为日后人们从"契约"的角度来理解自然与恩典的秩序扫清了道路。[29]

134 奥卡姆的立场比这种立场还要简单。[30] 如果按照上帝的绝对力量来考虑"如果并非如此将如何"以及"过去实际上曾经如何"，那么上帝的所有行为都能由此得到分析。这些上帝的行为，

（接上页）他运用"绝对的"［*mukhlat*］来对抗"有序的"［*mugbal umesudar*］，并发展出了他自己的君主制理论，参看 *Perush hatora* to I Sam. 8：4ff.。而与布尔戈斯的保罗［Paulus of Burgos］相反（阿巴巴内尔挪用的就是他的术语），阿巴巴内尔认为，由于社会契约是绝对约束性的，并且也没有为反抗留下任何空间，因此君主制就成了一种立宪制，不过它注定会变成一种绝对的君主制。最好的办法就是根本不要君主，而《申命记》中"对君王的诫命"，只不过是个假设而已。

［29］ Oberman, *The Harvest of Medieval Theology: Gabriel Biel and Late Medieval Nominalism*, 各处；Hägglund, *Theologie und Philosophie bei Luther und in der ockhamistischen Tradition*。

［30］ William of Ockham, *Quodlibeta septem* 6.q.1；*Opus nonaginta dierum* C.95（*Opera politica*, 2：719-24）；Miethke, *Ockhams Weg*, pp. 150-56；Leff, *Ockham*, pp. 15-17, 455-68. 关于司各特与奥卡姆的公式对伽布里埃尔·比耶的影响，参看 Oberman, *The Harvest*, pp. 30-56 以及各处。Bannach, *Die Lehre*, pp. 17-25.

只有在过去才形成了上帝"能力"的各个不同方面；而在将来，它们不但指示同一种行为，并且还包含这种行为。上帝并不亏欠任何人，甚至也并不亏欠他自己。各种"秩序"都是"内涵性的观念"，而非"外延性的观念"：上帝创造的只是事物，但真实的事物却总是能够无须对方而存在。因此，关于事物的集合与关于事物的各种结构和自然次序的陈述，必然只是没有任何内在必然性的"原型陈述"而已。

麦耶农的弗朗西斯总结了这些立场。[31] 其中某些立场认为，这是对"上帝所有能做的事"与"上帝的智慧所指示的事"的区分（可能是阿奎那的主张）；其他立场则将"道德秩序"比作"所有其他的可能性"（可能是波纳文图拉的立场）；还有些立场处理的是上帝在行动之前与行动之后的可能性（这种立场先是由麦耶农的弗朗西斯自己，其后是由奥卡姆做出的）；还有第四种路向，那就是区分"法理"与"事实"（这是司各特做出的）。我们再次注意到：一些立场与其他立场与其说是在原则上不同，不如说只是强调重点上的不同。当然他们所有人都承认"对上帝而言任何事情都是可能的"这条原则不包含矛盾；他们全都同意上帝能够，并且确实打破了"通常的自然过程"［communis cursus naturae］，或正如阿奎那曾

---

［31］ Franciscus de Mayronis, *In quatuor libros sententiarum* I d.43-44 q.6, p. 126v. c-f. 他提到关于这项区分的不同的言辞模态［modi dicendi］。Bonaventura, *Breviloquium* 1.7（*Opera omnia*, Quaracchi 编, 5: 216a）仅仅区分了三种意义（"依照行事"［secundum actum］；"从被造物的角度上依照能力"［secundum aptitudinem ex parte creaturae］；"从唯一的非被造物的力量的角度上依照能力"［secundum aptitudinem ex parte solius virtutis increatae］），其中最后一种正如 Miethke 的观点（Miethke, *Ockhams Weg*, p. 143 n. 24），他假设后者后来包含在了有序力量之中。而第二种意义在这条公式中也和麦耶农的弗朗西斯的观点一样。从结论上看可以推导出，麦耶农的弗朗西斯更偏好第三种意义，因此我们可以将上述不同意义看成实际上不同的观点。

说过的，上帝“常常违背通常的自然过程而行事”。[32] 阿奎那甚至在因果律上还坚持后来被唐比埃主教［tienne Tempier］奉为经典的原则：“所有那些上帝通过次要原因完成的事情，上帝也能不通过这些次要原因的辅助，直接完成。”[33] 人们不能说奥卡姆误用了这些原则，并因此成了一个“碾碎一切者”［Alleszermalmer］、一个激进的怀疑论者：奥卡姆的确坚定地认为亚里士多德主义物理学的“世界图景”在总体上是“正确的”。他们之间的区别并不在于奥卡姆的“世界”要比其先驱的“世界”具有更多的“偶然性”，而在于“偶然秩序”与“事物秩序”这两个词在意义上的差异。

从阿奎那到奥卡姆，在这两代人身上发生的对“世界”的理解的根本转变，具体体现在奥卡姆的“毁灭原则”［principle of annihilation］上。我们再来援引一段：“所有在主体上分明，并在‘处所’上不同于其他绝对事物的绝对事物，都可以通过上帝的力量存在，甚至当［任何］其他绝对事物遭到毁灭的时候，它仍存在。”阿奎那承认，上帝可能创造出其他世界，但每一种上帝可能创造出的其他世界（正如我们的世界一样）都将是这种情况，即处于这种世界中的个别物体必然受到一些相互干扰的结构的束缚。奥卡姆认为，所有事物都是直接属于上帝的。阿奎那则认为，不从任何背景中设想数目众多的事物，这种行为即便在逻辑上是可能的，却也是毫无意义的。奥卡姆迫使我们带着一种批判的意图

---

〔32〕 Thomas Aquinas, *De potentia* q.1 a. 3 ad I.

〔33〕 Thomas Aquinas, *De potentia* q. 3 a. 7 ad 16；参见 Hochstetter, *Studien*, pp. 12-26, 特别是 pp. 17f.（奥卡姆）。Boehner, *Ockham: Philosophical Writings*, pp. xix-xxi；Denifle, *Chartularium*, nr. 473 §43（p. 546）：“除非有别的原因作为中介，否则第一原理不能作为这些较低造物之所以不同的原因”；参见 §60；Miethke, *Ockhams Weg*, p. 157；Blumenberg, *Die kopernikanische Wende*, pp. 37-38（直接性假设）。

去践行这样一些"理想实验"：所有那些无法经受住"毁灭掉整个世界"这个设想的检验的事物，就不是一个"事物"。

是什么将一种个体事物与另一种个体事物区分开来的呢？按照经院哲学的术语，这种区分可以构成个别事物的"个体化原理"。这是经院哲学思想史上最复杂的章节之一，因为神学的、本体论的和认识论的问题不停地相互纠缠与相互分裂。"什么东西组成了个体？"这个问题并不能简单地与"个体事物是怎样逐渐被认识的？"这个问题相分离。阿奎那截然区分了物理学实体与非物理学实体。从石头到鳄鱼再到天体，物理学实体是按照"以量为标志的质料"而个体化的。[34] 从这条限定性的原则出发，就能解释一个事物"是什么"。但也可能存在（且事实上也确实存在）许多事物，它们属于同一个"低级的属"，共有相同的"本质"。在物质组合中，偶性的微小差别（诸如"一对双胞胎中一个有酒窝而他的兄弟却没有"）解释了存在于月下的"低级的属"之间的细微差别。两种事物虽然可以同一却"在数量上是两个"，这种情况只有在构成其中一个事物的质料组合与构成另一事物的质料组合并不同一（尽管它们在所有其他方面都互相类似）的意义上才是成立的。[35] 亚里士多德和阿奎那都不会认同莱布尼茨的"不可辨别者的同一性原则"［principium identitatis indiscernibilium］，这

136

---

〔34〕 Thomas Aquinas, *De ente et essentia* c.2, Roland-Gosselin 编, pp. 10-11："并非随便什么质料，而只有特指质料［materiam signatam］，才能作为个体化的原则。我所说的特指质料，是在维度的规定性下考虑的。"参看同上，C.5（分离的理智）和 *Summa theol.* I q.3 a.2 ad 3，以及下文脚注〔37〕。

〔35〕 这一点在中世纪的理解中，与现在大多数亚里士多德阐释者所持的观点一样，被认为是亚里士多德的学说。安斯康波（Anscombe, "The Principle of Individuation", 收入 *Articles on Aristotle*, 3; *Metaphysics*, Barnes et al 编, pp. 88-95）的注解则更为审慎。的确，"声称质料就是个体化原理并不意味着，个体的同一性包含于其质料的同一性之中"。然而将质料视为个体化原理并不只是

条同一律禁止我们假设任何两个完全相同的真实实体的存在，因为这个同一性原则奠基于构成个体的假设，而非奠基于构成质料的假设。那些将质料看成个体化原理的人，必将得出这样的结论：每一种分离的形式（例如天使或分离的理智）都构成了一个"属"自身；而每一个"属"就其定义而言都是自成一类的。

阿奎那的宇宙是由一个按照不同完满性程度的实体性形式的等级秩序构成的。这些实体性形式之间具有内在关联：世界之所以被称为"一个"，是因为处于其中的事物建构在一种"相互秩序"中，它们"互相使对方有序"。不可能存在多个和我们的世界一样的世界，这是与重心观念和"合适处所"观念相矛盾的。我们的宇宙假设所有居于其中的事物不可能变得"更好"。[36]个别的"实体性形式"同样不可能由于上帝的绝对力量而变得更好，正如数字4不能被变得大于它本身一样。上帝可能往实际存在的事物中添加本质属性；但这将扰乱相互关联的事物之间的和谐以及它们的相互秩序；这样的宇宙尽管是可能的，但它既比我们的宇宙差，也没有反映出上帝的智慧。按照上帝的有序力量，这很可能是不可能的，因为这样才"适于上帝的智慧"。最后，如果上帝可以创造出完全不同的事物或向我们的宇宙添加事物（即"属"），那我们的宇宙就成了另一个宇宙了。

一个从其背景中抽离出来的个别事物，即便不是不可能的，也

（接上页）基于《形而上学》z7. 1033b24。亚里士多德坚持认为，质料是偶然性的源泉，质料被指责为偏离于正常的形式（怪物），比如 *De gen. anim.* Δ3.778b16-18。因而质料是在"低级的属"之下的"分殊"的源泉。通过外推法，我们就可以说，它也是个体化的源泉。然而，"个体化原理"同样也是表达"在亚里士多德那里……找不到对应"的另一种方式（Anscombe, "Principle"）。参看上文第二章第八节：三；及下文第四章第三节：二。

〔36〕上文脚注〔24〕，参看下文脚注〔75〕。

将是毫无意义的，况且这种物体很难设想出来。甚至连个别事物都不可能是直接可辨认的，至少对于"羁旅者"而言是如此。我们并没有关于物体的直接认知，它们是通过"可感肖象"的中介进入我们的感觉，并通过"理智肖象"的中介而被我们认识的。这两种情况所传送的都只是各种"性质"。人们绝不可能设想出质料本身，因为它同样是没有形式的，而认知意味着心灵通过同类物与同类物之间的相似，或者说通过形式的相似来进行认识的。然而，质料（这种物体所独有的个体化原理）不可能与非质料性的心灵相似。为了与桌子这样的个体、纯质料相似，我们将不得不吃桌子；可是以吃的行为，我们仍然无法进行认知。上帝当然能够立即知晓个别物体，无须通过感官的中介作用。一旦天使或我们"在圣父之中"［in patria］，我们就不能像上帝那样无须感官中介作用而立即知晓个别事物。但上帝对个别物体的知识并不是一种通过面对对象而生成的被动的知识，而是一种通过做和创造那些对象而产生的主动的知识。上帝将他对个别物体的知识（即他的观念）赋予各种精神实体。[37]

––––––––––

[37] Thomas Aquinas, *Quaest, disp. IX: De veritate* q.2 a.5 resp.："因此，要谴责'上帝认识个体'这种说法很简单……要知道，对上帝知识的一个证明，即上帝所具有的关于事物的知识，可以比作匠人的知识……然而匠人依照［在他心中的］产品本身的形式而知晓他的产品，并据此创制他的产品……然而所有形式自身都是普遍的；并且因此建筑师按照他自身的技艺而知晓普遍的房屋……但若创制品的形式由质料的创制，就如同它形式的创制一样，那么由此，匠人得以由其产品而既知晓形式理由又知晓质料理由。那么因此，质料就是个别化原则，他将知晓，它不仅是普遍的本性，而且还是某个个体。因此上帝的技艺不仅创造形式，而且创造质料，在他的技艺中不仅存在着形式理由，也存在着质料理由。"参见 *De veritate* q.8 a. 11 resp.（天使）; *Summa theol.* I q. 14 a.11："因此上帝的主动力量自身不仅伸展到了形式……还伸展到了质料……上帝的知识必然伸展到个体本身，这些个体是由质料而得以个体化的。"上帝的理智作为创造的技艺［arts factiva］，上帝对他所创造的事物的理解，"就如同匠人理解创制品一样"平常；例如 Graiff 编，*Siger de Brabant: Questions sur la Métaphysique* 2. 16, p. 71。

在阿奎那以前，并不是所有人都将质料视为唯一的个体化原
138　理（更准确地说，是将其视为数目繁多却属于同一个"属"的事
物）。[38] 在阿奎那之后，这种学说肯定受到了猛烈的攻击。它不
仅具有哲学上的困难，而且似乎还侵犯了上帝的力量，使上帝不
可能创造出多个非质料实体。在唐比埃主教的七七禁令中，至少
有五条被打上了"在这种学说的伪装下"的烙印，不过这种学说
并没有被运用到认识论问题上去。[39] 我认为直到司各特以前，这
些替代性的理论都没有一种是成功的。司各特清楚地认识到，像
根特的亨利 [Henry of Ghent] [40] 那样将"否定"作为个体化原理
是行不通的：如果它既不是形式也不是质料，那它必然是一种附
加于所有其他"形式化"之上，附加于个别事物之上的"这一个"
（其中所有其他组成这个个别事物的形式都被"减"掉了）的肯定
原则。形式原则使得包括"原初质料"在内的所有事物都个体化

---

[38] 例如奥弗涅的威廉 [William of Auvergne]，参看 Moody，*Studies in Medieval
Philosophy，Science，and Logic：Collected Papers 1933-1969*，pp. 26-27，78-
80。可以说这属于新柏拉图主义传统；而在《生命之泉》[Fons vitae] 中，伊
本·盖比罗尔 [Ibn-Gebirol] 则无疑将形式（而非质料）看作分殊的原因。最
终，普罗提诺自己有时候也将"理性原则"作为"个别性"[singularity] 的中
心：Rist，*Plotinus*，pp. 109-11；同上，W.，"Forms of Individuals in Plotinus"，
pp. 223-31。

[39] Denifle，*Chartularium*，1.473，pp. 543-55 nn. 27，79，81，96，97，191。

[40] 例如 Henry of Ghent，*Quodlibeta* 5 q.8，1：246b："……在受造物的具体形式
中，由于这些形式是具体的，它们之所以个体化的原因……就是否定，由此
形式……这个创造出的术语，在假设、个体和个别事物 [这些就其自身或就
其偶性而言完全不可分的东西] 之中完全不可分，并因而与别的东西区分了
开来。否定……是双重的，它既排除了所有内部的多元性与多样性，又排除
了所有外部的同一性。" 14 世纪经院哲学家常区分出"个体化"的四种答案：
通过质料、通过形式、通过否定、通过量。例如巴索里的约翰内斯 [Johannes
de Bassolis，*In secundum sententiarum questiones* d. 12 q.4，ff. 76rb-84vb]（就是
站在斯多亚派立场上）最清楚地阐发了这个观点。

了。[41]这是一个革命性的转向：它意味着对这张椅子、这条鳄鱼之类的事物彻底地个体化将是可能的。这种个体化甚至都不需要"存在着"，它是一种只以"一致性"作为标志的"逻辑可能性"（定义上不矛盾［non repugnantia terminorum］）。

　　阿奎那对"上帝（或另一种纯粹精神的存在）是如何知晓个别物体的？"这个问题的回答，现在已经失去了根基。个别物体建构了形式知识。上帝不能不知道它们，它们被印在上帝的本质之中；即便是上帝，也无法使"可能"变成"不可能"。我们（至少在此世）将不知道这些个别物体之间的具体区别，但却必须（如同我们迄今为止所假设的那样）从偶然的印象中推断出这些个别物体的"个别性"。然而，如果（质料性的）个别物体也能无须实际地存在而完全被构想出来的话，那么精神性的存在（或者任何理智物）又是如何知晓作为存在物的个别物体的呢？个体化学说的这种转变，正是阿奎那为何只追问上帝对个别物体，以及司各特为什么必须设定一种（既是感觉的又是理智的）存在着的特殊认知模式的更深层次的原因。我们具有对"存在"的无须中介的感觉知识（直观的感觉的观念［notitia intuitive sensitive］），并且至少借助"至福直观"，我们当中那些值得拥有至福的人，也将拥有一种关于上帝、天使以及质料性个体的无须中介的认知。这

---

［41］ 司各特的论证与阿奎那相反，他认为，将质料作为个体化的原则，无异于坚持"偶性的个体化"［accidens individuate］这个已遭摒弃的学说（*Ordinatio* 2 d.3 q.4 n.111, 7：446）。司各特与根特的亨利相反，他认为这必须是一种肯定地实现一个事物的本质的原则（*Ordinatio* 2 d.3 q.6 n.15）。司各特不常采用"这一个"［hecceitas］这个术语，但该术语却在他的追随者中广为运用。司各特根本没有提到过"个体化的形式"，因为在他看来，个体性并不是共同的本性或本质。请参看 M. M. Adams 所做的精彩总结（M. M. Adams, "Universals in the Early Fourteenth Century", 收入 CHM, pp. 412-17 ）。

里始终没有给出一个有说服力的理由，来解释我们为什么在恩典的时刻也并不具备理智直观的认识（哪怕只是"在羁途"）的原因。[42]

这种革命在14世纪开始得到深化，这不仅仅是由于奥卡姆的影响。这位"令人尊敬的学派创始人"正如他的前人司各特一样，一次又一次地用他的"毁灭原则"作为标准去规定可能的真实事物：真实事物只是那些能够独立于其他任何事物而被创造出来的事物。因而，人们无法赋予"形式"和"本性"任何本体论地位；即使一种"形式"只是作为一个上帝的观念而存在，这种"形式"也是可毁灭的，而同时，"形式"在它所形塑的东西之中

[42] 对"关于个体的知识"和"关于个体作为存在物的知识"[singulars qua existens]的区分，在有关直观认知的起源与发展的文献中，并没有得到充分的强调。司各特的观点并非模棱两可：*Report. Paris.*4d.45 q.3，14：575："直观的知识不只是个别的，只要是直观的知识，更本质的就是它的存在本质，也即它存在着。"参看 *Opus Ox.* 3 d. 14 q.3；*Ordinatio* 2 d. 3 p. 2 q. 2，7：533；以及 Day，*Intuitive Cognition: A Key to the Significance of the Later Scholastics*，pp. 65f.；Tachau，"Vision and Certitude"，pp. 22-23；Boler，"Intuitive and Abstractive Cognition"，收入 CHM，pp. 465-66。年代更久远的主要是圣方济各派的传统，该传统肯定了关于个体的直接知识：例如阿夸斯帕里塔的马太[Matthew of Aquasparta]、马尔松的罗伯特[Robert of Marston]、米德莱顿的理查德[Richard of Middleton]（Überweg and Geyer，Grundriss，3：482，488-89）；阿夸斯帕里塔的马太甚至提到了"个体肖象"[species singulars]（*Quaest. Disput.*，Quaracchi 编，p. 309）。另一种传统则正如圣方济各派传统一样，也希望废除"理智肖象"[species intelligibiles]（Tachau，"Vision and Certitude"，pp. 10-26；方丹的哥特弗雷德[Godfrey of Fontaines]、根特的亨利[Henry of Ghent]、彼得·奥里维[Petrus Olivi]）。只有在司各特之后，这两种传统才（在奥卡姆那里）相遇——因为司各特把问题转向了"不但关于个体，而且也关于存在着的个体"的知识；而 Tachau，在"The Problem of *species in Medio* at Oxford in the Generation after Ockham"，pp. 394-443 中已经证明，人们日后继续摒弃了"理智肖象"，它可以从对直观知识的假定之中分离出来。

的显现，则会保存下来。[43]奥卡姆的"宇宙万物"只由实体和实 *140*
体的绝对属性组成。如果该属性与这个主体中的其他属性可共存
的话，那么这个主体中的任何绝对属性都能增添或删减。解释个
别物体不需要通过任何个体化原理；相反，个体之间的所有指涉
结构都需要被证成。[44]质料（甚至原初质料）永远都是现实的，
"我的原初质料是一种，你的原初质料是另一种"［alia est prima
materia mea，et alia est prima materia tua］；[45]它总是"这个"或
"那个"个别存在物的质料。相应地，没有任何在我们对存在着的
个别物体的认知与这些个别事物本身之间的中介是必然的。"存在
判断"［existential judgements］部分是由对象所引起的直观认知导
致，部分是由该对象的存在所引起。[46]如果我们的概念得到良好

---

〔43〕 William of Ockham, *Sent.* I d.29 q.4D; 2 d.2 q.4 Q, p.115. 当然，这也只是
他反对"共相的具显"的论证中的一个而已，其他论证分别从语义的、逻
辑的与认识论的方面进行。Leff, *Ockham*, pp. 104-23；Miethke, *Ockhams
Weg*, pp. 160-61；Adams, "Universals", pp. 417-22（批判司各特），434-39；
Blumenberg, *Die Legitimität der Neuzeit*, pp. 109-10. 个体在认识论与本体论上
的优先性：Vignaux, *Nominalisme au XIVe siècle*, pp. 11-45。

〔44〕 *Sent.* I d.2 q.6 Q："凡在其自身灵魂之外的东西，就是个体。……不应追问
个体化的其他原因……而更应追问的是，使得某物之共同与普遍得以可能的
原因。"在我看来奥卡姆的公式几近于奥雷奥里："按照什么是个体，来考察
物体，将得不到答案。因为这种考察所追问的是……使其成为特殊的东西"
（奥雷奥里选择了"量"），Petrus Aureoli, *Sent.* 2 d.9 a.3, p. 112bD；参看 P. R.
Dreiling, *Der Konzeptualismus in der Universalienlehre des Franziskanerbischofs
Petus Aureoli*, pp.159-70，特别是 p.160 n. 1。

〔45〕 *Summulae in libros Physicorum* I. 14, p. 18b；Moser, *Grundbegriffe der
Naturphilosophie bei Wilhelm von Ockham*, p. 44. 莫塞尔（以及后来的沙皮罗
［Shapiro］）对奥卡姆的"质料"概念，以及对奥卡姆自然哲学的其他诸方面的
分析，都主要倚重于《〈物理学〉指要》［*Summulae*］一书。而目前更深刻透彻
的分析，可参见 Goddu, *The Physics of William of Ockham*（质料：pp. 93-111）。

〔46〕 Hochstetter, *Studien*；Day, *Intuitive Cognition*；Miethke, *Ockhams Weg*, pp. 163-
92；M. M. Adams, "Intuitive Cognition, Certainty, and Scepticism in William of
Ockham", pp. 389-98；Boler（上文脚注〔42〕）；Goddu, *Physics*, pp. 23-51.

的建构的话，那么它们将或直接或间接地指涉个体。如果将"内涵性的观念"作为"外延性的观念"来看待，将导致错误的实体化；与此同时（正如我们即将在撞击运动的情况下看到的那样），冗余的内涵性观念也可能导致要对"由现象所确保的观念"做出更多的区分。[47] 这种被经验地给予的个体的绝对优先性，保护了奥卡姆的认识论，使其无须被迫承认任何关于关系、结构或"本性"的逻辑必然性（更不用说物理必然性了）。

当处理"上帝是否可能增加更多的世界？"这个问题时，这种转变是清晰可见的。经院哲学家在回应这个问题时，总将亚里士多德对"我们的世界是独一无二的"的证明牢记于心。原子论者提出的"多个世界"的可能性，在整个中世纪对"上帝的力量域"[horizon of God's power]的讨论中仍然异常活跃。[48] 这种可能性又在由哥白尼革命所唤醒的对宇宙论的思辨中，发挥着新的作用。亚里士多德是第一个证明原子论的假设之中存在着逻辑矛盾的人（《论天》[De caelo]A9.276a18-277b5）。"另一个宇宙"意味着另一套关于"自然处所"的体系。在那个宇宙中，一个"自然地"朝向它的"地面"运动的物体，其运动将可能是远离我们所处的地面的，因而它所做的既是自然运动，又是受限运动：但这是不可能的。至此，亚里士多德也只是证明了：如果其他世界的组织结构与我们世界的组织结构一样，并且是由同一种力所决定的话，那么在我们的世界之外，便不存在任何质料了。然而若我们设想一个全然不同于我们偶然地居于其中的宇宙，那么情况又将如何？似乎正是这个问题，促使亚里士多德增添了另一个

［47］ 下文第三章第三节：二。
［48］ 其简史可参看：Blumenberg, *Die Legitimität*, p. 113-25（pp. 120ff.：奥卡姆）；Dick, *Plurality of Worlds*, pp. 23-43（31-35：奥卡姆）。

（很可能是后来插入的）论证（*De caelo* A9.277b27-279b4）。在该论证中，亚里士多德证明了：（1）处于诸天最外圈的世界，其中包含了所有可能存在的质料，并且（2）因此不可能存在任何别的可能形式，因为它们可以无须任何可能的基质而存在。[49] 现实的形式同时也是唯一可能的形式。值得注意的是，在此亚里士多德并不是攻击理念论本身。他强调，他的论证对于那些（与他不同的）将理念的存在从这些理念在基质中的实体化之中分离出来的人，也同样适用。而且甚至这些人也将不得不承认：理念的数目不能超过这些理念的可能的实体化的数目；即使我们假设可感事物只"分有"并"模仿"理念，"绝对的空形式"也绝不可能存在。"世界"与"这一个世界"是一对同延的观念。我们从其他文本中得知，宇宙中只可能存在一种（同宇宙自身的形式一样独特与必然的）别的形式。它在宇宙之外存在，不分有宇宙中的任何事物，然而它却是世界和世界运动的一个必要前提。"第一推动者"并不允许"分有"［*metexis*］，而"模仿"［*mimesis*］，据说也只是使被唤醒者"引发"趋向于它的"欲望"（在某种类比的意义上）的唯一途径。无怪乎后来的阐释者在其中看到了"宇宙的形式"。

　　阿奎那并没有在该问题的语境中处理这个由伦巴德《箴言四书》中继承而来的问题，即上帝是否能创造一个优于我们的世界的世界。当讨论到创造中生衍繁殖的基本原理时，他在结尾处留下了这样一个问题："这个世界是否完全是一个？"[50] 由上帝

142

---

[49] Elders, *Aristotle's Cosmology: A Commentary on De Caelo*, pp. 137-49; Solmsen, *Aristotle's System of the Physical World*, pp. 222-49［不动的动者与世界灵魂］。

[50] *Summa theol.* I q.47 a. 3. 在《箴言四书》［*Sent*, I d.44 c. 1］中，伦巴德质疑上帝是否可以创造一个更好的世界；参看 Thomas, *Summa theol.* I q.25 a.6. 将世界比喻成乐器："若琴弦张得过紧，便打乱了乐律的秩序"，该比喻亦见于 Hervaeus Natalis, *In quatuor libros sententiarum commentaria* d.41 a1., p. 170a。

所创造的事物秩序恰恰表明了世界的统一性。由于事物都是在一种相互秩序中建立，并且同时使对方有序，因此我们称这个世界是"一个"世界；秩序带来了统一性。"多个世界"则意味着没有相互经验的多个共存的秩序；这是由那些否认"奠定秩序的智慧"［sapientiam ordinantem］的存在并（像德谟克利特那样）将万事万物都归因于"机缘"的人所做的假设。然而如果存在着许多和我们的秩序一样的秩序，并且它们只是通过质料而得以"分殊"（因而这些宇宙将会成为对彼此的精确复制）的话，那么亚里士多德的论证就能成立，也即如果在我们的宇宙之外还存在许多"地球"，那它们必将坠落到我们的地球上。不可能存在许多地球（因为除了这个地球，不可能存在另一地球［non enim est possible esse aliam terram quam istam］）。换言之，如果我们所说的"世界"意味着部分的、不同的秩序，那么我们就可以说"在绝对意义上，上帝能增加世界，而不是调整"。而如果我们指的是"我们的秩序"，那么阿奎那似乎从逻辑上否认"世界"数量增多的可能性（甚至依据上帝的绝对力量也不可能）。

　　奥卡姆认为"多个世界"的问题与"更好世界"的问题相关。"更好"一词具有三重意思：本质的（性质的）、实体的（量的）与偶性的。[51]在第一重意义上，上帝不能在不改变"最具体的属"的前提下使它变得更好，但他可以增添或删减"属"——由此可以看出，奥卡姆并不关注"相互秩序"。上帝同样也能按照我们宇宙的本来面目无限地复制宇宙。与阿奎那相反，奥卡姆认为这是一种可能的改进，他甚至没有运用"经济原则"（后世称为"奥卡

———————

［51］ *Sent*, I d.44; Goddu, *Physics*, pp. 60-75（与"可能世界"的语义学相关）；
Funkenstein, "The Dialectical Preparation", pp. 193-98。

姆剃刀")来反对这种观点。从上帝具有从虚无中增加质料数量的力量上看,亚里士多德基于质料数量的论证是站不住脚的。我们应该记住,质料(即使作为原初质料)永远是现实的(这一点与亚里士多德或阿奎那相反),虽然并不必然被量化(这一点又与阿奎那相反);它永远是"这一个"或"那一个"个体的质料:"我的原初质料不是你的原初质料"。于是,亚里士多德(和阿奎那)从结构(即从简单运动的绝对本质)出发所做的论证,同样也不能成立,因为这种论证取决于要将"内涵性的观念"作为"外延性的观念"的处理方式。"合适的处所"并不能指示出一个绝对主体,或其中的一种绝对属性。亚里士多德认为,若给定两个或更多独立的"世界",那么居于任何一个世界中的某个物体,将拥有两个或以上的独特的处所,并且该物体能向这些处所运动。如果该物体朝一个重心 l_1 运动,那么根据运动的本质,它将远离它在另一个世界中的重心 l_2,也就是说,它既是自然运动,又是受迫运动。奥卡姆指出,人们可能以相同的方式来反驳亚里士多德:就算在我们这个独一无二的世界上,一个发热的物体在它的自然处所中"自然地"向上运动到点 l_1 的运动,也可以被说成是远离边缘的相对的点的运动。如果有人主张"世界的'自然处所'形成了至少'一个'连续的物体,但实际上不可能这样,因为它们要与很多世界一起分配土、水,诸如此类",那么奥卡姆的反驳就是:一旦我们不再将"合适的处所"理解成一个点,而若将其理解为一个种属概念,那么这种"合适的处所"便无须是个连续统一体了。"自然处所"首先是相对的(内涵性的)观念,它指的是个体及主宰它们的元素最精确的质量。可能存在着许多相互分离的地球,并且这些地球全都被冠以通名"地球"。虽然奥卡姆并没有通过将重力与磁力做类比来理解重力,但他所指的重力仍可以

143

理解为"隔着一段距离作用"（当然这里指的是有限的距离）。简而言之，阿奎那认为"这个世界"首先意味着其结构是统一的、连贯的。奥卡姆则认为这只是基于它是个"集合"这一赤裸裸的事实。奥卡姆并没有否认"世界"具有良好的秩序，但他同时也认为，没有任何秩序可以作为使"这个世界"成为"一个"世界的必要条件。

　　人们或许会怀疑，奥卡姆的"直接性原则"（即个别事物的直接性原则）是否比托马斯主义和斯多亚派的假设更好地保全了上帝的"全能"；托马斯主义与斯多亚派都假设某种"相互秩序"在所有实体中都是一种构成性要素，他们假设，如果上帝想要某件不具有"本性"或"形式规定性"的东西，那么在某些情况下将有可能产生逻辑矛盾。[52] 不过奥卡姆相信情况乃是：为了挽救世界彻底的偶然性，就必须在想象中运用"孤立准则"来摧毁相互关联。[53] 然而，正是由于他在挽救偶然性的名义下坚持认为"具体的个体具有优先性"，导致他假设了另一种必然性。是什么保障了我们的直观观念？不是它们在逻辑上的独立性——这只是通向该问题的一条线索；也不是任何通过"肖象"的中介而获得的"调整事物以符合于理智"[adequatio rei ad intellectum]：概念与事物之间并不存在相似性或同一性。[54] 剩下的就只可能是严格的因果相关性。但这种严格的因果相关性在以下两方面是颇成问题的。如果直观观念仅仅由个别对象引起，那怎么还可能存在

----

〔52〕　上文脚注〔43〕。

〔53〕　声称该原则使奥卡姆可以"肯定地定义一个事物之所是[is]"的说法并非完全正确，该原则毋宁说是使奥卡姆能够确定那些所"不是"的事物的结构，因为脱离开其他实体，我们无法思考这些事物。

〔54〕　Boehner, "The Realistic Conceptualism of William of Ockham", 收入 *Collected Articles on Ockham*, pp. 156-74, 特别是 pp. 161-62。

否定性的直观观念呢？而这种否定性的直观观念必须存在，以支撑"p 不在那"这条判断，因为这一判断是存在判断。[55] 如果直观观念偶然地取决于精神以外的对象的存在的话，那么上帝又怎么会产生关于不存在之物的直观观念［notitia intuitive de rebus non existentibus］呢？然而，上帝必须要"能够"做到这一点，因为"观念"与"对象"是两种不同的东西，并且因此通过上帝的全能，一物被摧毁的同时，另一物却能够得到保全。[56] 奥卡姆（以及他同时代的许多人）似乎就把秩序和结构的物理必然性，转换成了动力因的物理必然性，至少在某些时候如此。

安娜莉瑟·麦耶［Anneliese Maier］已经阐明，14 世纪的经院哲学家更多地关注动力因的机制，动力因成了因果律的首要意涵。[57] 在她更早的一篇同样具有启发性的文章中，她使我们的注意力转向了 13、14 世纪中发生的"必然性"与"偶然性"的意

145

---

［55］ Hochstetter, *Studien*, pp. 55-56, 他认识到这两个问题是彼此相关的——"关于个体的非存在的知识"和"关于不存在之物的直观观念"。

［56］ Ockham, *Quodlibeta* 3 q.3, 收入 *Philosophical Writings*, Boehner 编, pp. 128-33; Boehner, "The Notitia Intuitiva of Non-Existents According to William Ockham", 收入 *Collected Articles*, pp. 268-300, 还有我们已经引用过的文献。奥卡姆将司各特统一起来的东西，即关于个体的观念和关于存在物的观念区分开了。然而他坚信存在物与直观认识之间具有因果关联，这种信念使他趋向于肯定的存在判断，也即这使他认为，甚至依据上帝的绝对力量，也无法不通过前者来设想后者。在事件的自然过程中，只有存在物才可以引发对它的直观认识；按照他的绝对力量［de potentia ejus absoluta］，它可以由上帝直接引发，且（若是真的直观认识，而非幻觉的话）绝不会产生错误的存在判断。在这种情况下，上帝（而非事物）才是我的直观认识的直接原因，正如"雨从天降"是一条直接假设一样。或许人们可以借用维特根斯坦的术语：在"关于不存在之物的直观认知"［cognitio intuitiva de re non existente］（例如太阳）中，我们将上帝"看作"太阳。参看下文第五章第一节；二。

［57］ A. Maier, *Metaphysische Hintergründe*, pp. 273-99（1320 年的目的因问题），300-35（约翰内斯·布里丹的目的因）。也参看 Bannach, *Die Lehre*, pp. 276-314 以及 Crombie, *Robert Grosseteste*, pp. 167-77。

义的转变。[58] 按照亚里士多德对"绝对"必然性与"假言"必然性的区分和动力因的关联（亚里士多德的这项区分，通常并不等同于绝对力量与有序力量之间的区分），"绝对必然性"首先意味着"那些总是如此"的情况；"假言必然性"则意味着"那些通常或有时如此"的情况，即其结果的出现，显示的是有条件的必然性。[59] 14 世纪的作者将这套术语颠倒了过来："自然过程"如今不再被阐释为"偶然性本身，并且至多只在考虑到其原因时才是必然的"，而是被阐释为"必然性本身（如果没有阻碍物）和有条件的偶然性"。[60] 这种对因果过程的"动力学"理解，其真正的中心不在于结果，而在于原因：除非受到阻碍，否则一个原因将总是按照既定的方式行动，而与此同时，由受阻的原因而产生的事件仅在有条件的意义上是"偶然的"。只有上帝才知道所有自然原因的总和，而所有自然原因的总和仍将规定着"这"件事是这些原因的结果。因此，只有意志行为才是自在自为地偶然的。单凭人类的干预或上帝的干预就可能会改变自然的轨道。显然，这种视角转变只可能在"动力因变成了唯一的因果律"的情况下产生；而当"个体"从此变成话语世界的支柱时，这种视角转变又将再度发生。

四、可能性：现实的与逻辑的

13 世纪末，人们对"可能性"的各种意义的关注倍增，这种关注使对上帝力量的两种区分和莱布尼茨的两种必然性之间的

---

〔58〕A. Maier, *Die Vorläufer*, pp. 219-50.

〔59〕下文脚注〔63〕。

〔60〕奥卡姆就是这样看待"直观认识"与"被直观对象的显现"之间的因果关联的：上文脚注〔56〕。

距离既疏离又切近。莱布尼茨有时因为自己关于偶然秩序的观念发现了“偶然性的根源”而沾沾自喜，他有时也会提到亚里士多德，将亚氏对“绝对必然性”和“有条件的必然性”的区分视为自己的先驱。[61] 但莱布尼茨搞错了一点：亚里士多德的区分要么是纯粹逻辑的（比如矛盾律是绝对必然的，三段论则只是有条件地如此）；要么是纯粹物理学的（比如天体的运动就是有条件的必然性，因为它们“能有许多状态”；第一推动者则是绝对必然性）[62]——对此区分，伊斯兰逻辑学家又在其中增加了许多中间等级。换言之，“绝对的”与“假言的”所代表的，是在一个链条中第一个关联的必然性，以及与之相对的其他后续关联的必然性；然而莱布尼茨却认为，包括其中第一个关联的必然性在内的整个链条都是偶然的。其次，亚里士多德直觉地感到，“逻辑模态”与“物理模态”这两者的共同之处在于，它们的意义都具有时间性：“必然”指的是那些永远为真的东西，“可能”指的是那些有时为真的东西，只要偶然的事实在当下为真，那么这些偶然

〔61〕 Leibniz, *De rerum originatione radicali*, GP, 7: 303. 在给克拉克的第五封信中，莱布尼茨更加地小心（GP, 7: 384-90），他既区分了“绝对必然性”与“假言必然性”，也区分了“逻辑必然性”与“道德必然性”。罗伯特·亚当斯〔R. M. Adams〕认为，莱布尼茨思想中的这种模棱两可或许只是他思想发展的某个阶段，参看氏著：“Leibniz's Theories of Contingency”, pp. 1-41, 特别是 pp. 6-9。

〔62〕 “绝对必然性”与“假言必然性”：*Metaphysics* E5.1015a20-1015b15；*Physics* B9.199b34-200b8；*De gen.* B11.3377b14-29。参看 Dühring, *Aristoteles, Darlegung und Interpretation seines Denkens*, pp. 243-44；Hintikka, *Time and Necessity: Studies in Aristotle's Theory of Modality*, pp. 130-31。（“可能”一方面兼具偶然与必然；另一方面则只属于偶然。）亚里士多德似乎还有第三种“偶然的”必然性（*De interpretatione* 9.18b5-19b4）。也参看 Anscombe, “Aristotle and the Sea Battle”, pp. 1-15；Rescher, *Studies in the History of Arabic Logic*, pp. 43-54（51ff: 详尽的参考书目）。安斯康波〔Anscombe〕同样也注意到，在亚里士多德那里缺乏对“物理必然性”与“逻辑必然性”的区分，我认为这项区分起源于中世纪的讨论。

的事实也具有某种"必然性"。[63]

几乎从一开始，经院哲学中有关上帝力量的范围的争论就含蓄地摒弃了对"模态"的严格时间性的理解。伦巴德肯定，上帝能够做许多"既不良善也不公义的事情，因为它们现在不存在，也从未曾存在"，或者将来也不会存在。[64]上帝的力量也不会局限在那些他事实上已经创造出的"合理之物"上。我们已经看到阿奎那是如何通过将这种合理之物转化为"秩序"，从而深化了这种观点的。阿奎那强调，上帝心中有着关于他从未创造、将来也不会去创造的事物的观念。[65]在另一场合，阿奎那以更具体的方式颠倒了"永恒性"（甚或"不变性"）与"必然性"之间的关系。[66]阿奎那应和迈蒙尼德，认为即使我们的世界是永恒的或不变的（但事实上不是），我们这个世界也是偶然的；它可能经由永恒而存在，但它自身的存在却依赖于上帝不去摧毁它的决定。我们业已看到，阿奎那将"可能性"明确定义为"逻辑上不矛盾"（定义上不矛盾，相融贯）。[67]

司各特明晰了"可能性"甚或"偶然性"的这种非时间性的含义。但司各特之所以强调这种含义并不是出于上帝力量的视角，而是为了对"意志"的结构进行分类。一种"受造的意志"［voluntas creata］的自由意志，并不意味着对过去做出不同选择，

147

---

〔63〕参看 Hintikka, *Time and Necessity*, pp. 93-113；Mansion, *Le jugement d'existence chez Aristotle*, pp. 68-74。

〔64〕Petrus Lombardus, *Sent.* I d.43 c.u., 1：264.

〔65〕Thomas Aquinas, *Summa theol.* I q. 14 a. 9 resp.；但阿奎那说，关于这种不存在之物的知识，并非"关于幻象的知识，而只是关于理智的知识"。

〔66〕*Summa theol.* I q.46 a.1 resp.；I q.46 a.2 ad 2（"从无之中"仅仅意味着"不由他物所造"［non est factus de aliquo］，并不必然在时间之中）；同上，ad 6。Maimonides, *Guide* 2.21（Pines 译，p. 314）。

〔67〕上文脚注〔22〕。

或者将来继续这么做的自由。[68] 试想，一种意志在某个时间（a）选择了事物 A，且它只存在于这个时刻；那么，将来去选择～A 的自由是毫无意义的。这是一种混淆了"模态"与"时间性"的范畴谬误。在选择（即意愿发动）的时刻，意志也有纯粹的逻辑力量去选择 ～A，尽管这是绝不可能实现的。"我并不把那些既不必然也不永恒的事物称为偶然性，相反，我称之为偶然性的，是那些在它确实发生了的那同一时刻本来也曾可能出现与之相反情况的东西。"由此司各特便区分了"逻辑的可能性"与"现实的可能性"。逻辑的可能性伴随着现实的可能性，并且逻辑的可能性只以"定义上不矛盾"为标志。阿奎那的"可能"与司各特的"逻辑的可能性"都以"定义上不矛盾"为特征。两者之间深刻的不同在于，阿奎那的"可能"虽然可能实现，却能永远保持未实现的状态；而司各特的"逻辑的可能性"则是可能无法实现的，就像是做出一个决定的同时，也就相应地决定了它的对立面无法实现的情况。无疑，莱布尼茨在此假设了"可能性"与"可共存性"之间的区分（该假设可能是他原创的，也可能源于苏亚雷兹）；而莱布尼茨的"可能世界"中最重要的逻辑侧面也随该区分一道出现。在一些迂回讨论之后，我将重返莱布尼茨的偶然性学说。

148

　　没有任何迹象表明司各特希望将这种"逻辑的可能性"完全等同于"上帝的绝对力量"。但也有充分的理由假设，甚至上帝的绝对力量也包含在"现实的力量"下，当我意愿 A 时，甚

---

[68] Scotus, *Lectura* d.39 q. 1-5 n. 49, 收入 *Opera Omnia*, Balič 编，16：494（逻辑力量）。逻辑可能性的定义（其定义不含矛盾），例如 *Ordinatio* I d.2 q.7 n. 10。参看 Normore, "Future Contingents", *CHM*, pp. 368-69；Knuuttila, "Modal Logic", *CHM*, pp. 353-55；Deku, "Possibile logicum", pp. 1-21；Pape, *Tradition und Transformation der Modalität*, I；*Möglichkeit-Unmöglichkeit*, pp. 35-60。

至上帝也不能使得我同时意愿～A（为了避免陷入心理分析中的"矛盾理论"陷阱，我们今天或许不得不将它转化成"认知A"或"信念A"这样的术语，虽然我并不认为在司各特的意义上，"矛盾"真的意味着"意愿相反的东西"）。上帝能够如此行事的唯一的办法就是改变过去。他不能使我同时意愿A与～A，但他或许能在我意愿了A之后，使得过去恰好毁灭掉那个能使我去意愿～A的时刻。这似乎就是奥卡姆对司各特所做的片面且很可能错误的解释。[69]然而倘若没有力量，即便能够将我在某一时刻（a）对A的意愿无限还原为在该时刻对～A的意愿，"逻辑的可能性"仍将只是个冗余的观念。这样人们就可能会论证这样一种（绝对）力量是存在的：并非只有通过毁灭过去这样的方式，才能使命题"X在（a）时刻意愿A"变成错的。奥卡姆论证说，这是一种逻辑错误；它隐含的是一种与它试图避免的矛盾同样的术语矛盾。但倘若司各特在这个问题上接受了哲学家与神学家的一致意见，即认为"如果过去是必然且不可改变的"，那么"现在"也将同样如此。

　　要想保留司各特的动议，只有两种敞开的路向。认为"上帝也无法通过毁灭过去而实现逻辑的可能性"的观点，或许植根于"低于逻辑的必然性"：要想使过去的事件变成未发生过的事件是不可能的，这种不可能性并非因为它的自相矛盾，而是因为它与世界上的其他历史不可共存。而或许这种"低于逻辑的必然性"绝对地限制了上帝。这种观点看上去似乎是米尔库尔的约翰

---

〔69〕 Ockham, *Tractatus de praedestinatione et de praescientia Dei respectu futurorum contingentium*, 收入 *Opera theologica*, Boehner 与 Brown 编, 2: 534; Normore, "Future Contingents", pp. 370-73。

［John of Mirecourt］的观点。[70]应该强调的是，奥卡姆其至在上　　*149*
帝的绝对力量中也意识到了其中存在这种"低于逻辑的必然性"
的限制："我的意思是，上帝的全能……并不适用于所有不包含
（逻辑）矛盾的事物；这也就是说，上帝的全能不能把万事万物创
造成不含任何矛盾的，因为上帝无法创造出（另一个）上帝。然
而全能却能够完成所有不含任何矛盾的、可以完成的事情。"[71]我
们记得按照奥卡姆的说法，我们无法有力地证明上帝就是"一个"。
的确，奥卡姆否定了司各特对"偶然性"的定义。但他的否定并不
是说，司各特的定义给上帝强加了一种"高于逻辑的不可能性"；
而是说，这种定义加于上帝之上的，是一种逻辑上的不可能性。

　　对于奥卡姆的挑战，布拉德瓦丁和里米尼的格里高利则给出
了另一个答案。他们试图严肃地捍卫"按照上帝的绝对力量，时
间可以被逆转"这个观点。与想要证明上帝的"不变性"（即过去
以及将来的偶然事件的对称性）的渴望相比，布拉德瓦丁和里米
尼的格里高利虽未像达米安那样受到这种欲望的影响，却因另一
种渴望而动摇：他们试图在斯多亚派的意义上，来捍卫上帝的绝
对自由与上帝意志的偶然性。里米尼的格里高利全面把握住了这
一问题的问题史。[72]他与奥卡姆一样假设，绝对力量除了排除定

---

〔70〕　米尔库尔的约翰因为说过"上帝可以使某人的父亲从不曾存在而该人却仍然
　　　　存在，或上帝可以（事后）使世界仅仅存在一天"，而备受人们的指责，但
　　　　米尔库尔的约翰的回答是，他不认为这是可能的，只不过这种可能与不可
　　　　能在他看来都是并非明证的。参看 Stegmüller, "Die Zwei Apologien des Jean de
　　　　Mirecourt", pp. 40-78, 192-204, 特别是 p. 48; Courtenay, "John of Mirecourt and
　　　　Gregory of Rimini on Whether God Can Undo the Past", pp. 224-56, 147-73。

〔71〕　Ockham, *Sent*, I d.20 q.u., *OT*, 4：36.

〔72〕　Gregory of Rimini, *Lectura super primum et secundum sententiarum* I d.42-44 q.1,
　　　　3：362-84；参看 Courtenay, "John of Mirecourt", pp. 159-62。有意思的是，
　　　　虽然达米安是他所有知识的源泉与支撑，但格里高利却一次都没有提到过达
　　　　米安。

义上矛盾的情况之外，也排除了自我指涉的情况：上帝不会欺骗。
当上帝无法创造一种不存在的事物，或当上帝无法使一件曾为假
的事物变成真时，他却能使某个曾是（当下是）的东西不存在，
或使它从未曾为真，而既无须通过作用于该事物上（来改变它），
又不需要重写历史。但不幸的是，迫于同一种论证上的困难，上
帝同样也可能现在就使我从未曾存在过。里米尼虽然提到了这个
论证，他却无法具体地回应这个问题。[73] 由于他和奥卡姆一样，
都不愿意勉强同意"空的逻辑可能性"，因此他便能按照"可能
性"和"可共存性"的术语来定义"绝对力量"与"有序力量"
之间的区别。但司各特却并没有做到这一点，或许他也不能如此。
中世纪的争论由此整整绕了一个圈：它肇始于驳斥达米安的"上
帝能够改变过去"的主张，现在又重新发现了这个主张的好处。

五、上帝逻辑与人类逻辑之中的"必然性"

从难易程度上看，"上帝的两种力量"这个区分的意义所遇
到的困难不及对可能之物的"具显化"所遇到的困难，而最终极
的困难就是：模态范畴的应用。14 世纪对三位一体中各个"位
格"的区分，使某些人（例如荷格）得出了这样的结论：亚里士

---

[73] Gregory of Rimini, *Lectura*, pp. 375.28-376.6. 而在 p. 382.3-7 中，里米尼的格
里高利给出的答案太泛泛了："即便上帝不能使得白变成黑，因为在他创造白
之后，无法改变白；但是他能够无须改变白而创造黑，因为他能这么做：从
未曾创造白，且总是创造黑。"白金汉姆［Buckingham］的主要观点，即自我
确定性［self-certitude］，在里米尼的格里高利那里并没有受到重视。里米尼
的格里高利（和曾经的达米安一样）把语言从事态中分离出来，他的对象命
题理论（复合意义）当然要比达米安的理论更精辟入微，由此他就可以说：
由于"复合意义"在上帝的命题中是无时态的，并且由于它们是真与假的唯
一载体，因此上帝确实可以"改变过去"。

多德主义的逻辑，只有在上帝创世的领域中才绝对有效。[74]而当这种逻辑应用于上帝时，则需要对其进行修订，也即从言上［de dicto］修订我们关于必然性的观念。从"上帝的本质就是圣父"和"上帝的本质就是圣子"的前提中，无法推出"圣父就是圣子"这样的（三段论式的）结论；在我们看来是必然的东西，在上帝那里却并非必然，而在我们看来相互矛盾的东西，也并不总是绝对地相互矛盾。荷格并没有主张说，他的"上帝的逻辑"就能够免于矛盾律，他也并没有真正指望有一种三值逻辑［three-valued logic］。真命题就算是在上帝那里也不可能是矛盾的；但当一个命题到另一命题的过渡超出了创世的领域之外时，我们推理的法则就只能在某些时候生效。偶然性、可能性和必然性，这些就是试

151

---

[74] Robert Holcot, *In quatuor libros sententiarum questiones argutissime...* I q.5（4）H："同样，自然逻辑会在信仰逻辑面前失效，这并非没有道理……信仰的理由或逻辑具有另一种逻辑本性……因为信仰的逻辑具有如下规则…… '它自身结论的统一性就在于其中并不包含相反的关系'。因此，从模态和形象中推出的前提，会被结论所否定，因为结论中包含着相反的关系，例如这个论证：这是父的本质，这是子的本质，因此子就是父……"；此处文本转引自 Gelber，参见 Gelber, *Exploring the Boundaries of Reason: Three Questions on the Nature of God by Robert Holcot OP*, pp. 26-27 n. 72；参见 Prantl, *Geschichte der Logik im Abendlande*, 4：6-7；与《神学结论一百条》［*Centiloquium*］的作者相似的观点，参见 Boeher, "The Medieval Crisis of Logic and the Author of the Centiloquium attributed to Ockham", 收入 *Collected Articles*, pp. 351-72；透彻的分析参看 Gelber, "Logic and Trinity：A Clash of Values in Scholastic Thought 1330-1335"。应该强调的是，三段论式的逻辑并不适用于关于上帝的事物，同时也不能违背矛盾律（甚至上帝的逻辑也必须遵守它）。它预设了"说明性三段论是一些相互独立的命题之间的关联"。中世纪的人们的确持此观点，然而亚里士多德却将三段论（前提与结论）理解成为一个命题：参看 Patzig, *Die aristotelische Syllogistik*, pp. 13-14, 帕茨希证明中世纪的三段论并非一个命题，而是一种"推理规则"。后世对"上帝的逻辑"的回应，参见 Maierù, "Logica Aristotelica e Teologia Trinitaria：Enrico Toffing da Oyta", 收入 *Studi sul XIV secolo in Memoria di Anneliese Maier*, A. Maierù et al. 编, pp. 481-512。也参看 Leibniz, *Théodicée*, disc. prel. § 22。

图具显模态范畴的尝试留给我们的财富。

中世纪在将模态范畴具显化或在给这些模态范畴赋予意义的尝试上，采取了许多方法，这些方法类似于（或者甚至接近于）17世纪把自然规律的概念看成"偶然秩序"的观点。我们描述的这种发展及其在16世纪经院哲学思想中的回响，从两个方面上根本不同于它们在早期近代的反对者。一方面，我们看到了一种从将"秩序"视为内在于事物之中的（近乎于有机体的）理解向着强调个体的转变，而其中的秩序就好像是一种契约。当谈论救赎的秩序时，它确实是一种"约"。但17世纪恰恰相反，他们与其说是对关联项感兴趣，不如说是对事物之间的关系更感兴趣。即便他们承认数学关系在某种程度上仍是偶然的，他们仍发明了一些关于事物的观念来符合数学关系，以使其受到数学关系的主宰。

其次，整个中世纪对"绝对必然性"与"似律必然性"的区分得到了推进，而继续出现在对我们世界的偶然性或任何可能秩序的偶然性（这种偶然性不仅指事物完全可能以截然相反的面目出现）的强调中。最终，就连那些强调我们世界的完满性与秩序的思想家也相信，上帝选择实现"这一个"秩序，是不可解释的、随意的。甚至阿奎那也持相同的观点。中世纪和17世纪对"上帝能否创造一个更好的世界？"这个问题的回答，最能代表从中世纪向17世纪的转变。正如我们所见，对此阿奎那不但持肯定回答，而且他也相信，由于"更好的世界"的数目是无限的，因此对"我们的世界为什么被创造出来？"这个问题的回答，可以没有理性而客观的标准。如果上帝想创造一个世界，那他将不得不随意地选择。上帝是所有偶然性的原因。苏亚雷兹也仍持这种

观点。[75]莱布尼茨同样认为，可能世界的数目是无限的。但他同 [152]
时也认为我们的世界是所有可能世界中最好的世界，也是一个在
最少数量的法则中包含了最大程度可共存性的世界。充足理由律
"无须使上帝成为必然而倾向于上帝"，正是这条原则同时确保了
两者。中世纪认为上帝是所有偶然性的源泉，然而此后，上帝却
成了世界的绝对的合理性的保障。

　　在很大的程度上，这种变化的产生正是由于人们从物理学的
进步中获得了新的信心。意识到这些差异并不妨碍我们认为：经
院哲学思想为早期近代科学的出现创建了某些必要条件。但在返
回到对其神学与哲学根基的描述之前，我们应该首先评估一下中
世纪发展出来的假言推理模式对于经典力学的出现所做的贡献。
当然，我指的不仅仅是这种假言推理模式在对自然规律的地位的
讨论中所做的贡献，也即它对科学的"元语言"的贡献，这一贡
献我们已经在此前的例子中看到了。我想主张的是，这种假言推
理模式对早期近代科学的操作方法 [modus operandi] 具有相当重
要的影响。这并不是说在科学革命期间没有产生出新的事物。恰

────────

[75]　苏亚雷兹的语气要比阿奎那更强，他给宇宙中"属的可完满性"加上了某些
　　　限制。回顾所有立场，他深化了两大阵营之间的对立："要避免某些神学家的
　　　另一个极端，这些神学家说，上帝的力量并不总是能够造出更多或更好的事
　　　物的属，但上帝能够认识别的同样完满的、可被创造出来的属，因而上帝不
　　　能够产生完满。这是杜朗杜斯在第一卷第四十四部分问题二和三中的看法；
　　　奥雷奥里同样认为如此，该处也提到了卡普里乌斯。在第三卷第十三部分问
　　　题一中所反驳的似乎是司各特。由此唯一的结论是：关于'可完满的属'的
　　　问题，不能让它无穷地递推下去，*Disputationes metaphysicae* 30 d. 17 a. 19,
　　　p. 212。正如他所说的，如果他在阿奎那阵营站队，那他就再次（正如对上帝
　　　"全在"的质疑，见上文第二章第四节：一；以及脚注〔21〕）用唯名论来阐
　　　释阿奎那了。正如我们所看到的，"我们的世界是否是最好的？"这个问题完
　　　全是按照中世纪"属的可完满性"那套术语来讨论的；苏亚雷兹的观点区分
　　　开了那些认为"我们的世界是最好的可能性"的人，以及该观点的反对者们。
　　　莱布尼茨可能确实读过苏亚雷兹的这段话。

恰相反：只有仔细发掘古代和中世纪的假言推理模式，我们才能准确地判断 17 世纪真正新的东西是什么——即便这些新思想是借由旧习语表达出来的。

第三节　理想实验与运动定律

一、亚里士多德的理想实验：向"不可能性"还原

人们常常将近代物理学的卓越性归因于它"反直观"的勇气。亚里士多德的物理学无法清楚地阐释运动，人们将这种失败的原因归结为他的"论证方法是受直观指引的"。经验告诉我们，当物体的动力停止时，该物体也将趋于静止。只有"那些理想化的实验才能显示出真正形成运动的力学基础的线索，也即如果不受外部阻碍，物体将永远运动下去。这个发现教导我们，基于直接观察的直观性结论并非永远可信"。[1] 爱因斯坦的上述理由与 17 世纪科学家的理由相比，并无太大不同。笛卡尔说："我们从小就断定，那些由我们所不知道的原因支持的运动是出于自己的原因而停下来的……当我们长大以后，我们便假设那些我们经常看到的现象将总是如此：它们是出于自己的原因而停止运动或是倾向于静止的。"[2] 只有通过理想实验，才可能确立惯性定律。一个物体

---

[1] Einstein 和 Infeld, *The Evolution of Physics*, pp. 6-9. "理想实验"在此是指无法进行实际操作的实验。因此我是在这个意义上运用该术语的。它可以指我们实际上并没有进行过，然而在操作上却是可能的实验。柯瓦雷运用了这个术语的这种广义的意涵，比如 Koyré, *Metaphysics and Measurement*, pp. 44ff.。

[2] Descartes, *Principia philosophiae* 2.37, AT, 8.1, pp. 62f. 参看（Arnauld）, *La Logique ou l'art de penser* 1.9, J. Dickoff 与 P. James 译, *The Art of Thinking:*

将在一个既定的方向上继续做无限期的匀速运动，这一运动条件即便没有完全"反事实"，也是无法观察到的。

我们基于我们自己方法论的偏好，把这些条件称为"空的"（黑格尔）、"理念的"（卡西尔）、"理想化的"（爱因斯坦）、"虚构的"（法伊欣格尔）、"谜一般的"（奎因）或简单地称其为"反事实的"（古德曼）。[3]我们甚至可能会论证，倘若对某些定律（例如牛顿的前三个定律）为真，那么对所有的规律也都为真，所有阐释模式或者受控实验本身都有某种理想化的方面。[4]除了"值"之外，这种"理想实验"显然并不只是为了方便从一系列相关的事实命题之中，选择那些与 p 相容的，或与 p 可共居于同一个"可能世界"之中的事实命题，才假设"p 如此，而事实上它却并

154

（接上页）*Port Royal Logic*, p. 69；Hobbes, *Leviathan* 1.2, Macpherson 编，p. 87："但物体运动时，除非有他物阻止，否则就将永远运动；这话……却不容易令人同意。……人们自己在运动后发生疲倦和痛苦，于是便认为每一种其他物体都会逐渐厌倦运动，自动寻求休息。他们很少考虑到，人类在自己身上发现的寻求休息的欲望，是不是存在于另一种运动中。"[中译采用：《利维坦》，第 6 页，黎思复、黎廷弼译，杨昌裕校，商务印书馆，1996 年。——译者] 但霍布斯却正确地观察到，"无物能够改变自身"这条假设是旧科学与新科学所共有的。

[3] Hegel, *Vorlesungen über die Geschichte der Philosophie*, 收入 *Werke*, Moldenhauser 与 Michel 编，19：193（"想象天体如果偶然地不再受到太阳的吸引，它就会自行按直线运动，这只是空想"）。Cassirer, *Substance and Function*, pp. 120-22（理想实验）；Vaihinger, *Die Philosophie des Als Ob*, pp. 28-36, 105-109, 417-25, 451-71（理想实验作为有用的"虚构"；"抽象而可忽略的虚构"；"图式论的虚构"）；Quine, *Words and Objects*, pp. 51, 248-51（"极限的神话"[limit myths] 及其他尽管不合用的"令人不愉悦的实体"[entia non grata] 的"用途"）；Rescher, *Hypothetical Reasoning*, pp. 7-8（思想实验中诸条件的反事实状态）；89（参考书目）；Goodman, *Fact*（上文第三章第一节脚注 [12]）。

[4] 诺华克 [Nowak] 试图将理念化的过程形式化，参看氏著："Laws of Science, Theories, Measurements（Comments on Ernest Nagel's *The Structure of Science*）", pp. 533-48。

不如此"的。[5]这种"理想实验"的作用就是设想"极限状态"。一个在想象中进行的实验应当孤立于现象，并允许实验中的一个或多个变量取不同的值；当一个变量取某个不可能达到的极值时（比如当物体在平面上滚动时，取摩擦力的值为零），这种反事实的状态就是一种极限状态。[6]存在着许多从事实到想象的外推法，但显然只有当我们不再满心希望从那些所谓的"直接感觉予料"中得出有效的归纳时，这些外推法才有价值。[7]

或许我们应当对这种在"事实的"与"想象的"之间做出的近乎悖论式的调和心生不满，但我还是满意的。[8]不过 17 世

---

[5] 这种假言推理方法（受到雷舍尔的推崇，参看 Rescher, *Hypothetical Reasoning*）更适用于反事实的偶然陈述，例如"如果拿破仑在滑铁卢打赢了的话，将有什么样的影响？"这样的问题。也参看 Rescher, "Counterfactual Hypotheses, Laws, and Dispositions", pp. 157-78, 特别是 pp. 164f.; Lewis, *Counterfacturals*, 特别是 pp. 84-117。关于"反事实的"一词在中世纪关于"义务"的文献讨论之中的运用，参见 Stump 与 Spade 著，"Obligations", 收入 CHM, pp. 315-41。

[6] 这是理想化的双重过程。一系列反事实条件 p_c 是在 L（一条法则）被显示为有效时建构的；尔后它投射到一套类事实的相似条件 p_r 上，在其中 L 尽管有效，却并非这种情况：$\sim L (p_r) \rightarrow L (p_c)$。p 的各种情况序列是在种附加的、同样是反事实的假设中建立的，也即，假设"现象"p 可以孤立于其背景，以便于组成数量有限的变量，这些变量至少是逐渐变化的。参看脚注[4]。

[7] 作为推导过程的一个完整的组成部分，威尔维尔描述了"曲线法"，该方法包括"画一条曲线，将其中已观察到的量作为纵坐标，而这些量的变化量则作为横坐标"。这种方法使我们不仅将"良好的观察"排序，同时也使我们"从不完满的观察"中归结出法则，或者甚至得出一个"比个体事实本身还要真实的数据"。Whewell, *On the Philosophy of Discovery*, pp. 206-207. 威尔维尔认识到，由于自然规律之间的内在相关性，这种抽象就更加复杂了。Ducasse, "William Whewell's Philosophy of Scientific Discovery", 收入 *Theories of Scientific Method*, Madden 编，p. 205。

[8] 想象实验不确定的状态使波普尔（Popper, *The Logic of Scientific Discovery*, pp. 442-56）将其阐释为仅仅是辅助性的度量，只允许它作为一种"有利于论敌的让步"。正如我将在本书中揭示的，这种特性至多是亚里士多德对想象实验的运用，而非它们自 17 世纪以来在物理学中的运用。波普尔也许是要回应

纪的自然哲学家为他们的这种新的抽象模式沾沾自喜，并称其为　*155*
"分解法"（此外还有"合成法"）；而"分解法"这个称呼，却源
于他们的对头——经院哲学传统。[9] 17 世纪的自然哲学家相信，
由于亚里士多德和"学院派"都无法超越描述性的归纳法层面，
因此力学只有到了他们这时候才能从幼稚的观念和粗糙的归纳法
中解放出来。对此，一位名为约翰·克劳堡［Johann Clauberg］的
"笛卡尔主义经院哲学家"（他对亚里士多德理解得更精细、更明
白）给出了一个更好的阐释："通常的哲学并不按照某个事物本身
的本质来充分地考虑它，毋宁说是按照它与其他事物的关系来看
待它的；因此事物的内在本性往往仍处于晦暗不明中。"[10] 克劳堡

（接上页）法伊辛格尔或卡西尔（虽然他从未提及这两人）。Kuhn, "A Function
for Thought Experiments", 收入 *The Essential Tension: Selected Studies in
Scientific Tradition and Change*, pp. 240-65, 库恩在书中强调了它们的教育功
能；他的观念比我本人的观点还要褊狭，我怀疑他甚至会把惯性定律也包含
在思想实验的范畴中。

[9]　Randall, *The School of Padua and the Emergence of Modern Science*, pp. 15-68。
兰道尔试图证明，早在伽利略以前，帕多瓦学派［Paduan］就通过对分解
法—合成法的理解，使其科学理论成功地将"用来证明原因的证明转化成了
一种发现的方法"（p. 31）。克龙比将这种方法论的转变追溯到了甚至更早的
时期（Crombie, *Robert Grosseteste*, pp. 290-319）。但没有任何这些前人曾建
构性地运用过"反事实条件句"，更没有前人曾像伽利略那样试图使其运用合
理化（下文第三章第三节：四）。

[10]　"通常的哲学并不按照事物本身的本质来充分地考虑它，毋宁说是按照它与
其他事物的关系来看待它的；因此，事物的内在本性往往仍处于晦暗不明
中。笛卡尔探寻事物属性或内在自然，是为了认清事物自身的形式属性，因
为通过事物自身的形式才能够方便地定义它们；并且通过这些事物与其他
事物相互之间的相似性与相异性，另一种事物的内在属性是否也能够以相
同的方式基于同样的理由而先被人们认识"，Johann Clauberg, *Differentia
inter Cartesianam et in scholis vulgo usitatam philosophiam*, 收入 *Opera omnia
philosophica*, 2: 1217-35。这种"通常"的哲学，就是亚里士多德和经院哲
学传统，这一点通过揭示那些"含混"的性质而变得更清楚了。笛卡尔绝对
的"简单自然"［simple nature］，就是事物"在其自身之中"的"内在自然"
［inner nature］（*Regula ad directionem ingenii* 5.6, AT, 10: 379, 381ff.）。

正确地观察到的就是，在思考"事物自身"的时候，"通常的哲学"禁止从该事物自然的关联中孤立出一个现象。可这是为什么呢？

答案并不是因为亚里士多德和中世纪物理学家都忽视了对运动的数学分析，也不是因为亚里士多德和他的后继者没有考虑"想象性的条件"，而是因为他们都没有想到（无论是从理论上还是从实践上）还可以调和同一个"物体"（或者我们也可以说同一种现象）的事实条件与反事实条件。亚里士多德与追随他的中世纪物理学家都把事实条件与反事实条件看成是"不可共量的"。对亚里士多德而言，"不可共量"同时也就意味着它们是不可能的；但对中世纪物理学家而言，他们受过"按照上帝的绝对力量"来考虑可能性的训练，他们就都不会这么看。不论亚里士多德的论证是否是为了将处于"虚空"中的运动还原为"不可能的"，当他论证处于"虚空"中的运动与处于"介质"中的运动之间的"不可共量性"时，他就已经为早期近代物理学中的某些论证以及某些论证手段做了预备。经院哲学家甚至走得更远，他们将亚里士多德所论证的"不可能"中的绝大部分，转换成了经过充分论证的、具有内在关联的"逻辑可能性"。早期近代物理学中新的东西，肯定不在于对想象性的、反事实状态的运用，而在于坚持"事实条件"与"反事实条件"之间的"可共量性"。"极限状态"甚至能在并不描述自然的时候仍然解释自然，并且这些极限状态仍然实际上"可被度量"。或许 17 世纪的科学家对于他们先前传统的判断并不完全是错的，但我们不能将他们的观点作为我们反思历史的唯一向导。

亚里士多德在许多场合中都运用了"理想实验"，其中一些理想实验是基于纯粹说明性的目的，为了证明概念上的必然性而提出的；而且这些实验也可以转换成任意数量的其他相似的假设性说明。[11]还有一些是真正的思想实验：这些思想实验从辩证的论证背景中产生，它们不可以相互转换。绝大多数的理想实验都属于从不可共量性出发的论证。[12]我们对这类论证有着特殊的兴趣，因为它们提出的基本方法类似于伽利略的解析法。人们在一系列条件下构想出一个有限的物体，在这些条件下，一个变量是逐渐地消亡和增加的，并且人们可以轻易地将卷入其中的各种因素之间的相互关系用一个方程式表述出来（虽然亚里士多德和伽利略都没有这么做过）。但不同于伽利略的是，亚里士多德的这种理想实验的任务，并不是要去构建一条对事实状态与极限状态同样有效的普遍法则，而是要将一种错误的普遍特征还原成不可能的。"对我们的世界的事实陈述与归纳"和"反事实的假设及其内涵"这两者之间不存在可行的调和。由于它们描述的都是"不可共量的情况"，所以它们是不相容的。

157

　　通过这种方式，亚里士多德反驳了"在虚空中的运动"（*Physics* Δ8.215a-216a26），后来又驳斥了"无重量的物体"（*De caelo* Γ2.301a20-b16）。这种"逻辑论证"总是能与"辩证论证"

----

〔11〕通过这种方式，亚里士多德确立了在感官的多样化与对"共同的可感物"的感知之间的概念必然性关联（*De anima* Γ1.425b4-10）。而在另一论证中（*De caelo* A9.278a23-b9），他区分了形式的数目与质料的数量之间的必然关联（上文第三章第二节：三）。在这些情况下，反事实的例子只是对普遍规律的说明，并且可以被其他例子替代。关于这种论证类型，可参看 Patzig, *Die aristotelische Syllogistik*, pp. 158-59。

〔12〕亚里士多德似乎区分了（1）无理数［ἀσύμμετρον］，例如$\sqrt{2}$；（2）不可比较（但仍能成比例）的，例如线与曲线［ἀσύμβλητον］；以及（3）既不具备比例也不可比较的［ἄλογον］，这三种类型介于零与无穷之间（参见下文第五章第二节脚注〔12〕）。拉丁语（或英语）中"不可共量"一词更是使得它们包含了全部类型：按照定义，（3）与（2）同样也是（1）。我首先是在这种意义上运用该术语的。而正如我将揭示的，它导向了一种更宽泛的意义——理论上的不可共量性。

清楚地分开；而两种论证的目的，都是为了使"虚空"变得毫无意义。因为"处所"与"在处所中的物体"不可分割，而"虚空"则是一种"其中不含任何物体的处所"，因此"虚空"不可能存在。在接下来"属人的"〔ad hominem〕的（辩证的）论证中，亚里士多德向他的论敌做出了一系列让步。他勉强承认"虚空"，并追问"虚空"是否真的（像原子论者所说的那样）是运动的条件。

假设存在这样的"空间"：运动在这种空间中是不可能的，因为它既不是受迫运动又不是自然运动。假设其中有"类似于受迫运动的运动"和"类似于自然运动的运动"，那么"类似于受迫运动的运动"必将是无限的。而如果我们假设这些受迫运动是有限的，那么我们将得出一种矛盾。而假设空间中存在"类似于自然运动的运动"，那么我们将得出另一种矛盾。具体论证如下：

亚里士多德首先考察了一种假想的从方向或目的出发，在虚空中贯穿整个运动过程的"位移"（*Physics* Δ 8.214b13-215a14），那么这种位移将既不是自然运动也不是受迫运动。"因为其中没有'处所'，能使其中的一种物体可以比其他物体移动得更多或更少"，所以这种位移不是自然运动。在"空的空间"中没有"自然的处所"，并且处于其中的物体也无法具有自然的运动，因此它们不可能为"在它们自身之中的动因"所决定，而向一个具体的"处所"运动。一个坠落入"空的空间"之中的物体，将只保持在它曾经所处的地点。由于空间之中的受迫运动预设了自然运动，因此它只是一种"概念上的不可能性"。然而退一步想，由于其中没有能够维持该物体运动的介质，那么这种运动也不可能和抛物体运动相似。如果我们假设这种介质存在，那么这样的一种受迫运动将是"无限定的"："它为什么会停留在这里而不是停留在那里？除非受到某些更强有力的东西的阻碍，否则一个物体将会保

持静止或必须无限地运动下去。"虽然这是一条由错误的假设出发
而引出的站不住脚的推论，但这条推论却是在 17 世纪以前对惯性
定理最明确的预备。[13]

亚里士多德再次驳回了关于"在虚空中的运动"和"在想
象中类似于在虚空中的运动"的"自然"运动或"受迫"运动的
观念，认为它们在概念上是荒谬的（但我们现在要当心，不要把
这些观念称为荒谬的），并进一步从"不可共量性"出发，系统
地论证了这些运动在纯粹物理学和数学层面上的不可能性。《论
天》中的类似论证向我们展示了许多评论者没有看到的东西，亚
里士多德再次区分了"在虚空之中的、假定的、横向的受迫运动"
（*De caelo* 215a24-216a11）和"类似自然的上下运动"（216a11-
21）。这一论证与先前的论证不同，在此，亚里士多德并没有将
这两种运动归谬［ad absurdum］，而只是将其归于不可能［ad
impossibile］。我的意思是，虽然亚里士多德从来没有认识到需要
区分"逻辑不可能"和"物理学不可能"，但他从"不可共量性"
出发的论证却只是证明了后者。这就使古代和中世纪的亚里士多
德评注者一次次地追问这些"在虚空中的想象的运动"的确切属
性：这些运动是一致连续的还是转瞬即逝的？如果是一致连续的，
那么我们能否给它们一个确定的值？如果亚里士多德想在此得
出"在虚空中的运动在术语上是矛盾的"这个结论的话，那么这

158

---

〔13〕 *Physics* Δ8.215a19-22；参看 *De caelo* Γ2.301b1-4；Sambursky,《天体与地球的
法则》［*Chukot shamayim vaarets*］, p. 97；Apostle, *Aristotle's Physics*, p. 254 n.
12。亚里士多德似乎是（从柏拉图）对元素作为几何的"面"的假设中得出
他自己的最终结论的：*De caelo* Δ 2.308b36f.；Plato, *Timaeus* 53C-55C。关于
中世纪处理（或者也可以说没有处理）亚里士多德这段文字的方式，参看 E.
Grant, "Motion in the Void and the Principle of Inertia in the Middle Ages", pp. 265-
92。

个问题就是多余的。但亚里士多德的确证明了"在虚空中的运动"与"任何可想见的在空气中的运动"之间不具可共量性，因此两者是不可共存的。他考察了两种"准受迫运动"的情况：其一是上下运动（此时介质阻碍运动，因为它与介质本身的运动相反）；其一是线性运动（这种运动或多或少更快一点，因为介质是"静止的"，所以较少阻碍运动）。不管这种情况多么罕见，假设力和重量相同，那么一个物体在虚空中的运动速率（可以类比于受迫运动）必然总是大于在介质中运动的相同物体的运动速率，因为速率的增加与阻力的增大成反比，与介质的变化成正比。亚里士多德在任何地方都没有像当今的许多亚里士多德解释者所做的那样提出或是暗示：基于上述原因，"在虚空中的运动"将转瞬即逝或将具有无限的速度，只有这样它才可能是"超乎任何比率之上"的。然而这种暗示的诱惑力相当强大，它使亚里士多德的意图变成了一个等式：$\lim F/R_{R\to 0} = \infty$（$v = F/R$）。但这个等式却是错的。亚里士多德只是主张，在一个"充满介质的空间"［plenum］中，速率与其介质的比例之间才"可共量"（也即：$v_1/v_2 = m_1/m_2$），而当 $m_2 = 0$（在虚空中）时，该等式是无意义的，因为零与一个有限的量之间不存在比例关系。处于相同的力的作用下的两个相同物体，一个在虚空中运动，另一个则在空气中运动，这两种运动之间不存在相同的度量。

至此亚里士多德暂时承认，在虚空中的（类似受迫运动的）运动与在空气中的类似运动具有相同的比例。让我们假设 Z 变成虚空中的一部分，并且一个物体 A 在（有限的）时间 t_Z 内穿过长度 l_Z。假设 B 和 D 是处于充满介质的空间中的同样大小的部分，物体 A 分别在时间 t_D、t_B 中各自穿过一定的距离，因而 $l_Z = l_D = l_B$。显然 t_D 要大于 t_Z，因而在时间 t_Z 上，A 将在 D 中通过 l_D 长度中的 l'_D。我们

假设 t_z/t_D 具有一个固定的比率：如果 D 将"增厚"，那么在 t_z 时间中由物体 A 所通过的距离 l'_D 将接近于 l_D。如果 D 以与 l_D 比 l'_D 的相同的比率"增厚"，那么 A 将在 t_z 时间内在这个变厚了的物体（B?）中通过 l_D 这么长的距离。那么，无论是在虚空中还是在介质中，"在同样的时间内物体将通过同样的距离"是不可能的。

　　关于在虚空中的"准受迫"运动，我们就说这么多。鉴于在虚空中的运动可以与自然运动相类比，因此一个简单的论证就足以排除它们。"重"与"轻"的不同，是因为轻一点或重一点的物体在通过介质时，比起与它们自身向着同一个"合适处所"方向运动的（也即各自向上或是向下运动）质量更轻的物体，运动速度更快。然而如果没有介质，物体无论轻重，运动速度都将是相同的。"但这不可能。"

　　如果将亚里士多德论证的这种双向结构，与《论天》中的一段（*De caelo* Γ2.301a20 ff.）做比较，我们就看得更清楚了：亚里士多德之所以在其中引入"无重量的物体"的假设，就是为了以同样的方式抛弃它。[14] 亚里士多德过度地运用了字母来表示变量，在这一点上我们不要追随他。亚里士多德说，设想一个无重量的物体，[15] 再把它与一个同样大小的重物或轻物相比较。接着他又像之前做的那样，按照将自然运动和受迫运动做类比的方式考察了这两者的行

160

─────────

[14] Dühring, *Aristoteles*, pp. 320f., 杜林误解了在《物理学》（Δ8.214b2ff.）中的这种双向结构，并假设亚里士多德完全是在谈论同一种（并不具体的）"在虚空中的运动"。但"所有物体以同样的速度运动"，这只是从一种"在虚空中的类似自然运动"的假设中推出的结论。否则《物理学》Δ8 卷将与《论天》Γ2 卷相矛盾。类似的不准确理解也见于 Ross, *Aristotle*, pp. 87-89 和 Apostle, *Aristotle's Physics*, p. 254 n. 12。

[15] 只是在地球范围内；这是由"一些具有……［的物体］"［ἔνια ἔχειν］（301a22）一词表明的。当然，月上物体［supralunar bodies］既非重也非轻。关于整个论证，参看 *De caelo* A6.273 a21-29（反驳无限的重量）。

为：无重量的物体总是穿过一个更小的线性距离（或者做与有重量的、类似自然运动的物体方向相反的运动）。于是，人们就可以减少这个重物或轻物的质量（并论证这个物体），直到它穿过与无重量的物体相同的距离为止。"但这是不可能的"，因为人们必然会想象，无重量的物体在受力的推动时总将通过一段更长的距离；同时人们也总是会假想，当该物体与一个有重量或无重量的物体相比较，并做朝向其"处所"的运动时，将通过一段更短的距离，在这种比较中无须考虑该物体的大小。在重量₁/重量₂几乎等于距离₁/距离₂（自然运动）与重量₁/重量₂几乎等于距离₁/距离₂（受迫运动）这两种情况下，当重量（或轻量）为零时，整个比率关系都将变得没有意义。"无"与任何有限的量之间，都不成比例。因此亚里士多德再次暗示，一个无重量物体（线性的）受限运动"将无限地继续下去"：这种暗示显然并不是指无限的速度，而是意味着无限的距离。在此，亚里士多德从循环论证中解脱了出来，他一开始就没有假设"无重量的"物体不能自己产生向下的运动。甚至这还不是他的结论；他论证的全部就是：一个物体的这种运动（无论有多大）与一个通过同样距离的有质量的物体（无论质量有多小）的运动，这两者之间不可共量。通篇看来，似乎亚里士多德是从柏拉图认为"元素"是几何的"面"的假设中得出最终结论的。

我们应当注意，亚里士多德的证明取决于一条更进一步的策略性假设，即某些物体显然不受限制地上下运动。这一点"我们肉眼可见"。[16] 他很可能认为这种元素是"土"和"火"。如果没

---

[16] *De caelo* Δ4.311b21-24："如果有某物升到万物上面，正如所见到的，火甚至在气自身中向上移动……"［中译采用：《亚里士多德全集》第二卷，第 387 页，《论天》，徐开来译，苗力田主编，中国人民大学出版社，1997 年。——译者］参看 *De caelo* Δ1.308a24；*Ethica Nic.* 8.I.1145b2-6。

有这条假设，那他在《论天》中将要论证的所有问题都将是：要么所有（月下的）物体都是无重量的，要么没有任何物体是无重量的。"感觉"在此决定了对这两种令人绞尽脑汁的替代性理论的取舍：由于我们能看到的某些物体的运动只是受了重力或浮力的作用（它们的运动在所有方面都是简单的），因此所有物体都必须如此运动。亚里士多德的"归纳法"并没有包含从感觉予料出发的直接归纳；这样的归纳遵循某种复杂的原理——在这里，他的归纳原理就是：考察各种理想化的情况。

　　亚里士多德直接而纯粹地表达出了重力和浮力的本质，他的这种自信或许能帮助我们理解他在抛体运动上采取的奇怪立场。在证明重力和浮力的普遍性与必然性之后，亚里士多德立即简要地讨论了抛体运动。[17] 这个问题广为人知。是什么使一个被抛体在失去了与最初推动它的推动者之间的直接联系后，仍能维持其受制运动呢？这既不是因为某种内在原则，这样的原则只有自然运动才会具有；也不是因为那个原初推动者，因为它现在已与该物体有了一段距离。亚里士多德的解决方案是：这是一种介质，它能"在同一时间变得既轻又重"。原初推动者施加给被推动物体的"气层"的，既有运动，也有使其成为一个推动者的能力，而该气层在抛体运动的路径中，又将运动与力传给下一个气层。每个气层中"成为一个推动者的能力"都比其运动本身实现得慢；因此物体在被移动了某个确定的距离后，将不得不在一个察觉不到的短时间内静止下来，否则它的运动将是暂时的。"成为一个推动者的能力"这种"平移因果律"，在气层中逐层递减，当它消失

[17]　我的分析主要见于："Some Remarks on the Concept of Impetus and the Determination of Simple Motion", pp. 329-348。

时，物体就最后一次被推进一个新的气层，并由于该物体自身的
"重"而停滞下来。

　　亚里士多德的解决方案既复杂又笨拙。我觉得奇怪的是，柯
瓦雷竟然曾交口称赞这种解决方案是"他天才的体现"。[18]亚里士
多德似乎违背了某些他自己视为最神圣的解释学原则。不但"由
经验中"就能轻而易举地掌握很多足以反对这种假说性的气层行
为的论点（正如许多其他解释的支持者很快做到的那样），而且亚
里士多德自己似乎也曾一度摒弃了他对"感觉予料"的根本信任，
采纳了他的对手们的建议。他的语言很可能就代表了原子论者的
语言。[19]留基波〔Leucippus〕与德谟克利特曾将"质料的连续性
本质中具有误导性的表象"转化成了对"不可感知的空间中的缝
隙和同样不可感知的物体中的原子"的假设；而类似地，亚里士
多德在此也将"抛体运动具有误导性的连续性表象"转换成了一
系列不可感知的转变与停滞。他认为，抛体的运动并非连续的，
"而只是看上去如此"。除此以外，古人已经完全认识到，亚里士
多德并没有真正试图避免赋予抛体运动某种内在性原则，他只是
将这种原则从运动的物体转移到了物体运动的介质中。[20]

　　那么，亚里士多德为什么从不愿意退一步承认被抛物体本身
具有一种获得的、偶然的、去运动的能力呢？他为什么愿意假设

---

〔18〕 Koyré, *Metaphysics and Measurement*, p. 27.

〔19〕 对原子论认识论的批判见于：*Met.*Γ5.100b7ff.；*De gener. et corrup.* A2.315b7-15。
第一次真正引入该观点，参看 Zeller, *Die Philosophie der Griechen*, 1：1132。
也参看 Owen, "Tithenai ta phenomena"，收入 *Aristote et les problèmes de la
méthode*, *Symposium Aristotelicum*, pp. 83-103。

〔20〕 Simplicius, *In Aristotelis physicorum libros...commentaria*, Diels 编，1349.26；
为桑布尔斯基所引用：Sambursky, *Das physikalische Weltbild*, p. 465。重申该
观点，例如：Benedict Pereira, *De communibus* 4, 3, p. 781。

这种能力只是介质所具有的能力，并且也愿意为这种假设付出极高的方法论代价呢？我认为这与"所有被推动之物都由于另一物之推动"这条原则毫无关系。[21]"作为一个推动者而作用"或"增加运动"是一种"获得的偶性"，在原则上，它可以被视为伴随着该物体而非处于介质之中的某种不可见的"别的东西"。这就是后来在菲洛浦诺斯〔Johannes Philoponos〕和德马基雅〔de Marchia〕思想中的"抛力"〔virtus derelicta〕，也是后来中世纪所说的"冲力"〔impetus〕。亚里士多德正是在《论天》中提出了他的解决方案，然而该文本也体现了他固执己见的根源。介质只是相对的"重或轻"，"土"与"火"则是绝对的"重或轻"。证明这些属性的普遍性，有碍于它们纯粹的简单性与直接可感性。如果亚里士多德退一步，绝对重的物体有时候是有可能运动的，并且是受到一种伴随其他属性的偶性限制而运动，那么他就会使"受迫运动"与"自然运动"的区分变得不可感知。但这只是一种可能的理论区分，这种区分无论如何都不会赋予任何物体"绝对的可感知的确定性"。[22]然而，如果亚里士多德希望证明"因为某些物体或轻或重，因此所有物体都或轻或重"的话，那么这种绝对确定性

163

----

〔21〕 *Physics* II. I. 241b34：所有被推动之物都由于另一物之推动。毫无例外；甚至连自然运动也假设，在其固有位置〔οἴκεος τόπος〕上需要预先移开对象。按其自然而移动的物体，只具有"在其自身之内的运动原因"，并且它不是一个"自我推动者"。参看 Wieland, *Die aristotelische Physik*, pp. 231ff.；以及 Weisheipl, "The Spector of *Motor Coniunctus* in Medieval Physics"，收入 *Studi sul XIV secolo*, pp. 81-104（亚里士多德：pp. 83-91）。

〔22〕 但这并不是唯一一个"理论可区分性"与"事实可区分性"不一样的情况。"自然赋予自由人和奴隶的体格也是有些差异的……可是，反乎自然的事例仍然时常遇到：有些奴隶的体格也像自由人那么俊美，有些奴隶还具备自由人的灵魂。""习俗性的"奴隶制使问题更严重（*Politics* A5.1254b25-32）〔中译采用：《政治学》，第 15 页，吴寿朋译，商务印书馆，1997 年。——译者〕实际的奴隶制通过战胜者的立法而成为"习俗性的"（A6.1255a3ff.）。

就是必需的。

我们总结如下。虽然亚里士多德的确既"从物地"［de re］也"从言地"［de dicto］区分了绝对（或简单）必然性与假言（或条件）必然性，但亚里士多德在所有地方都没有区分逻辑—绝对必然性和物理必然性；有时，他甚至假设了各类"偶然的必然性"，以便于将未来的偶然性从"连神也无法改变"的过去中区分开来。但事实上，亚里士多德一次又一次地试图证明，那些在物理学上不可能的事情在概念上也是荒谬的。他集结了许多论点，有时也窃取丐题［begging the question］。但他从"不可共量性"中得出的论证，反而将被人们解读为一种心灵中的区分。为了教导他的对手们如何想象那些本身就不可能的东西，亚里士多德在这种论证过程中置身于想象实验里。他演绎出了牛顿空间中的许多特性：他将广延（维度性）从质料或质料空间中分离了开来；身处其中的物体一旦被推动，就将继续保持运动；如果物体下落，它们仍将是静止的而不是运动的。这些假设证明了亚里士多德论证的卓越，但这些假设也必然是不可能的。但这些假设之所以不可能，并不仅仅是出于逻辑上和概念上的考虑（至少这种考虑并不在具体论证的范围内），也不是因为它们与我们的直观没有直接的联系；而是因为它们暗含了某些状态，这些状态与所有的自然状态都全然不可共量。这组论证具有一个典型的样式：某个物体隶属于某个变量的一种规则变化；直到我们彻底摒除该变量之前，这种变化中的每一状态都与其他状态"可共量"；我们因此就能将该对象从它自然的"背景"之中抽离出来，将其置于一种反事实条件下，或将其置于"另一个世界之中"。这种完全不可共量的状态，与想象的，甚至反事实的状态截然相反，但却完全可以与早期近代物理学中的"极限状态"相通约。在亚里士多德眼中，"其他可能世界"是严格"选言"的,因为我们的世界存在,所以它们才不存在。我们的宇宙是独一无二的,任何将事物从其"背景"之中抽离出来,并将其置于并不存在的理想条件下进行考察的举动,都毫无裨益。正如克劳堡〔Clauberg〕正确地观察到的,这就是亚里士多德为什么不愿意"就其自身而言"地看待事物,而总是坚持认为我们应该"就其彼此之间的相互关联"来看待事物的更深层次的原因。

二、"理想化"与"冲力说"

正像亚里士多德的许多学说一样,亚里士多德的运动理论在古代也经历了严重的转型与修正:先是由伊斯兰哲学,而后是在中世纪的西欧。推动这些变化的既不是纯粹阐释性的冲动,也不是神学冲动,更不是两者兼有。亚里士多德为反驳他的对手而采用的论证,通常也成了反对他的对立理论的出发点。整个中世纪期待着扩大上帝"全能"的范围,这就是贯穿整个中世纪的试图运用亚里士多德关于自然的诸多"不可能性"的学说来证明这些自然的诸多"可能性"(即使不是"现实性")的原动力。但亚里士多德恰恰就已经教导了中世纪的神学家和哲学家如何去做这件事,也即如何恰如其分地建构出一种想象实验。

公元5世纪对亚里士多德最吹毛求疵的评注者之一菲洛浦诺斯已经充分认识到了这一点。在他对《物理学》的评注中,菲洛浦诺斯已经认识到,亚里士多德教给了他思想实验的方法及其价值;他的评注就是希望以此捍卫空间的观念,将其视为虽与质料连续统一体同延,但在维度上独立于后者。

我们常通过假设"不可能",以便理解事物"在其自身之中并且就其自身而言"的本质［！］。亚里士多德的确向那些宣称"由于天体极快地旋转，所以地球是不动的"的人提出这个问题：如果我们假设天体保持静止，那么地球将向哪个方向运动？接下来他还假设了一个剥离了所有属性和形式的物体，并且就该物体本身来思考这个物体。随着我们的想象，我们同样也将所有的形式从质料中分离了出来，并通过这种已有的方法，就该物体自身来考虑它……柏拉图同样也在思维之中将宇宙秩序的起源从宇宙本身中分离了出来，他问道：如果宇宙从神之中分离出来了，那它"在其自身之中并且就其自身而言"的整个行为将变成什么样？即使我们认为这些假设中的任何一个都不可能变成真的，但为了显示万事万物是如何在其自身中并按照其独特的本性而行动，我们就在思维中将那些就其本性自身而言就是一个整体的事物分离了开来。[23]

165

　　我不知道菲洛浦诺斯在写作这段话时是否已经认识到了他与

---

[23] Johannes Philoponos, *In Arist. Physicorum libros quinque posteriores commentaria*, Vitelli 编，pp. 574.46-575.10；特别是 II. 21ff.；ὅταν γὰρ ὑποθέσει τινὶ ἕπηταί τι ὃ μὴ ἐνδέχεται γενέσται, τότε ἐκ τοῦ ἀδύνατου εἶναι τὸ ἐπόμενον ἐλέγχομεν τὴν ὑπόθεσιν, ἐπείτοι γε τοῦ συνιδεῖν ἕνεκα τὴν πραγμάτων αὐτῶν καθ᾽ αὐτά φύσιν καὶ τὰ ἀδύνατα πολλάκις ὑποτιθέμεθα...pp.575.8ff.：καὶ ὁ Πλάτων δὲ τὸν τῆς τάξεως τοῦ παντὸς αἴτιον καὶ ἐπίνοιαν τοῦ κόσμου χωρίσας, ζητεῖ πῶς ἂν ἔχοι τὸ πᾶν αὐτὸ κατ᾽ αὐτὸ θεοῦ χωρισθέν... 参看 Wasink 与 Jansen 合编，*Timaeus a Calcidio translatus commentarioque instructus*，见 *Plato Latinus*，Klibansky 编 4：301.14-18："同理，要证明想象中存在着一片贫瘠的树林，就跟试图将所有个体从光线中分离出来一样，这会使个体的内在形式相互改变或相互被改变，也就是说，灵魂什么都无从思考。"似乎查尔西狄乌斯［Chalcidius］引用了努门尼乌斯［Numenius］；参看 278.17-279，编者注意到了亚里士多德的术语"sublatis"［与 ademptis 同义，被抽取的，抽象的，主格为 sublatus 和 ademptus，作者使用了复数与格和夺格形式，可能是排印错误——译者］，"抽象"［ἀφαίρεσις］的起源，参看下文第五章第二节：一、七（普罗克洛）。

亚里士多德派对于"想象实验"的地位细微而至为关键的不同看法。在《论天》（B 13.295a10-15）中以及在菲洛浦诺斯所暗示的其他思考中，亚里士多德的确把想象实验作为一种"向着不可能的还原"［Reductio ad Impossibile］。而菲洛浦诺斯希望知道的是：一件事物"在其自身之中并且就其自身而言"的本质——我们应该注意到了该术语出现得如此频繁。但不管菲洛浦诺斯是否意识到了这种差异，这种差异却贯穿于他的整个阐释之中。他坚定地认为，在虚空中运动的物体既不"按照自然"运动，也不是受迫运动，而是在一个具体时间内按其自身的重量运动。在这两种情况下，介质都只是一种阻碍因素。阿维罗伊［Averroës］正确地批判了阿文帕塞［Avempace］类似的理论，他认为这种观点意味着：坠落到虚空中的物体在很大程度上都将按照自然运动坠落；而当物体在介质中坠落时，则很少按照自然运动坠落。[24]正如我们所见，菲洛浦诺斯的认同实际上仅此为止；但阿维罗伊却认为，把一种反事实条件句称为最"自然的"，这一点从概念上看似乎都是荒谬的。菲洛浦诺斯的"落体理论"并不像是受了希帕库斯［Hipparchus］的影响。事实上，菲洛浦诺斯并没有给出这种由希帕库斯提出的关于落体物体的加速度的最具吸引力的阐释：向它们施加的原初推力随着它们的向上运动而逐渐损耗，直到这种推动力变得小于重力；然后物体就向下落，但其中仍然留存着某些推力，虽然推力将越来越少，但它将延缓该物体下落的运动。[25]就连菲洛浦诺斯本人也没有批判这种理论。

166

---

［24］ Averroës, *Aristotelis opera cum Averrois commentariis* 4.71, 4, fol. 132v；由穆迪引用（Moody, "Galileo and Avempace", 收入 *Studies*, p. 231）。

［25］ Simplicius, *In Arisrotelis de caelo libros commentaria*, Heiberg 编，p. 264。参看下文第三章第三节：四（伽利略的《论运动》）。

　　菲洛浦诺斯与亚里士多德相反，他用自己的"授予力理论"来解释加速度和抛体运动：当一个物体在介质中运动时，被其自身消耗的"授予性"将比它在空间中消耗得更快。"空间"既不是处于有限的质料连续统一体之外的"处所"，也不仅仅是物体的偶性：毋宁说"空间"是不变的、有维度的、与所有物体同延的"容器"。这种理论是否驳斥了亚里士多德"虚空中的运动与在空气中的运动不可共量"的观点呢？菲洛浦诺斯再次强调说：完全不是。至于如何理解他（和阿文帕塞）的意图，无论我们是否按照"速率（v）＝空间中的力（f）-阻力（r）"这样的近代观念，或者诸如 $v=p/(r+d)$（正如麦耶所暗示的，在类似的中世纪理论中也是如此），或者（正如我所认为的）最接近于它的表达是（$df-f$）$/rd=v$，[26] 按照菲洛浦诺斯的观点，显而易见的是：对于一个在虚空中运动的物体而言，一个能够适用于它在极限状态下的确定的值，对于它在虚空中的运动是不适用的。菲洛浦诺斯明确表明，不同介质之间的相互关联并不像物体速率的比例关系那样变化。这意味着要估量任何一种介质

----

〔26〕 A. Maier, *Zwischen Philosophie und Mechanik*, pp. 239-85，特别是 p. 278，与穆迪相反（上文脚注〔24〕）。两者都认为，阿文帕塞〔Avempace〕允许将"速度"〔*velocitas*〕与"慢度"〔*tarditas*〕视为具有广延的量。麦耶〔Maier〕的公式代表了阿奎那对阿文帕塞的阐释。同样对于菲洛浦诺斯而言，我们不能确定他的意图是否可以按照一个公式来表述。米歇尔·沃尔夫（M. Wolff, *Fallgesetz und Massebegriff: Zwei wissenschaftshistorische Untersuchungen zur Kosmologie des Johannes Philoponos*, pp. 30-35）认识到，亚里士多德并没有将力—介质与力—重量之间的关系结合起来：它们无须介质，是速率的两种表达。他证明，菲洛浦诺斯曾经调和过两者，却避免从他的三表法〔three tables〕中抽象出一条公式来（也参看他的注 29）。菲洛浦诺斯宣称，同一物体在各种介质中的速率的总倍数与其介质的密度不成比例（下文脚注〔28〕），然而附加的慢度〔*tarditas*〕则与介质有比例关系。如果 f/r 是一个物体在虚空中的速率的话，那么在空气中，v=f/r-f/rd=（fd-f）/rd=f（d-i）/rd。这符合菲洛浦诺斯的评论，即"慢速率"〔tarditas- factor〕（f/rd）变得更小了，并且（d）是在一个既定密度下按照比例来量度的。

阻力任何程度的变化，唯一的途径就是使一个物体穿过这种介质。但我们无法预测另一种比该介质还要稀薄的介质，需要多大的阻力才能使一个物体的运动变缓或阻碍该物体的运动。这也就意味着：为了估量处于其中的物体的运动，我们将不得不创造出"真空"。但菲洛浦诺斯相信：真空是不可能的。由于我们只能接近零密度的介质，但从未获得过它，因此真空中的物体无论是自然运动还是受迫运动，其运动与它们在"虚空"中的运动仍然不可共量。

167

中世纪那些追随阿维森那而反对阿维罗伊，并否认运动（甚至是在虚空中的运动）转瞬即逝的那些评注者，更是持有以上观点。[27] 这种观点在 13 世纪是大多数人所持有的意见。它并没有使那些坚持该观点的人对"抛体运动"采取"冲力说"的解释，他们中的绝大多数人认为，在一种想象的（并且在他们中的大多数人看来不可能的）虚空中的运动的连续本质，是由距离本身（按照"距离"的定义）导致的。但无论有没有"冲力说"，虚空中的运动都仍将保持完全的不可共量性；它不可能成为对实存运动的实际量度。[28] 这一点直到伽利略以前仍然如此。

---

[27] Averroës, *Comm. in Phys.* 4.71, 收入 *Opera Ar.* 4：130ff.；Thomas Aquinas, *Comm. in Phys.* IV lect.11-13, *Opera* 18：351ff.；Scotus, *Ordinatio* 2 d.2 q.9, Balič 编，7：299ff.；Lasswitz, *Geschichte der Atomistik vom Mittelalter bis Newton*, 1：207-208；Wolfson, *Crescas' Critique of Aristotle：Problems of Aristotle's Physics in Jewish and Arab Philosophy*, pp. 183, 205, 403-409；Maier（上文脚注〔26〕）；E. Grant, "Motion in the *Void*", 各处；*id.*, *A Source Book in Medieval Science*, pp. 334-50。

[28] "不可能找到空气与水的比率，……即找到水比空气密度大多少，或任何一种气体比另一种气体的密度大多少"：Philoponos, 同上，p. 682。这也就是说：即使假设在虚空中的自然运动或受迫运动具有有限的时间，即克雷斯卡斯〔Crescas〕后来说的"根本时间"〔zeman shorshi〕；或 *Adonai* 1.2.1, p. 16，但这仍然只是在介质中的运动的极值，同时也是不可知的。因为通过空气或某种非虚空的想象的更稀薄介质（也许是"纯粹的"火）的运动，其准确运动速率是无从知晓的；极值甚至在原则上也是不可知的。另一方面，伽利略则认为空气阻力是可忽略的，或者至少是可以算出来的。

　　那么，冲力说为什么会一度重复生机——或者说一度受到改造呢？乍一看，产生它的原动力似乎是基于神学的考虑，而不是基于物理学的考虑。阿奎那和约翰内斯·奥里维［Johannes Olivi］或许确实都持这种观点；而在德马基雅看来，这是确定无疑的。[29] 神学家的职责并不是去否认"真正的奇迹"的存在，而是要使这些"神迹"变得可信；要证明这些神迹至少与这个世界上我们已知的所有其他事物保持一致。天主教会肯定奇迹的真实性，据我所知，天主教会是唯一一个使神迹制度化的宗教——这在社会学上是绝无仅有的。领取圣餐的圣礼是所有这些神迹中最可预言的。它具有使信徒追随上帝的能力，也能向信徒注入"使人们悦纳的恩典"［gratia gratum faciens］；不过，上帝并不直接在圣礼中"临在"，而只是间接地或工具性地"临在"。"祭饼"具有一种专属其自身的力［virtus］，这种力是由上帝赋予的，但并不等于上帝。这个隔着一段距离的推动者所使用的"工具因果律"属于哪一种？德马基雅想证明的是：这种因果律模式在自然中并不是不为人知的，抛体就以类似的方式运动。原初的推动者留下了一种"力"，在这种力的作用下，只要给定恰当的环境，抛体就能继续运动。

──────────

[29] 在这个问题上我同意：A. Maier, *Zwei Grundprobleme der scholastischen Naturphilosophie*, pp. 142-200。阿奎那（同上，pp. 135-41）在对《物理学》的评注中强烈驳斥了这种理论，但在 *De potentia* q.3 a.11 以及 *De anima* q.u. a.11 中，就像是接受了该理论一样提到了它。最近米歇尔·沃尔夫（M. Wolff, *Geschichte der Impetustheorie: Untersuchungen zum Ursprung der klassischen Mechanik*）通过强调菲洛浦诺斯的"潜能"［δύναμις］概念的神学起源，论证了奥里维货币理论中"倾向"［inclinatio］概念的起源（pp. 174-91）。但是参看 J. Naphtali, "Ha'yachas sheben avoda le'erech bate'oriot hakalkaliot shel ha scholastika bameot ha-13 veha-14"［13、14 世纪经院哲学的经济学理论中劳动与价值的相互关系］, pp. 12-17。德马基雅的文本由 Clagett 翻译，载于 *Mechanics*, pp. 526-31（没有神学语境）。

　　要么建立抛体运动与惯性定律之间的相似性，要么就放弃它，这种愿望普遍影响了近年关于中世纪晚期的冲力力学发展轨迹的讨论。经院哲学的术语确实无法转换成早期近代物理学的语汇。"冲力"在某种意义上是一种类似于"热"的性质，它是一种解释运动的原动"力"［motive *power*］，因此，它仍然建立在"所有被推动之物都由于另一物之推动"［omne quod movetur ab alio movetur］这条假设上，建立在对"静止"与"运动"的区分上。[30]与此相反，惯性不是一种"力"，而是一种包含了静止状态和匀速运动状态，并且与速率的变化和速率方向的变化都不同的状态。在他们看来，只有追求"直接原因"才有意义。[31]

─────────

[30] 就此看来，我同意以下对"冲力"的不同评论：Maier, *Zwei Grundprobleme*, pp. 113ff., 特别是 pp. 126, 217ff., 233ff.; *Ausgehendes Mittelalter: Gesammelte Aufsätze zur Geistesgeschichte des 14. Jahrhunderts* 1: 353ff.; 特别是 pp.376f., 431ff.; Koyré, *Metaphysics and Measurement*, pp. 28-32; id., "Galileo and Plato", pp. 400ff.另一种看待"冲力"的观点——例如布里丹的"不竭的冲力"［indefatigable impetus］概念——就是将其视为近似于早期近代物理学中的"惯性"观念或"动量"观念。Duhem, *Etudes sur Léonard de Vinci*; Clagett, *The Science of Mechanics in the Middle Ages*, pp. 523f.; Moody, "Laws of Motion in Medieval Physics", 收入 *Studies*, pp. 189-201; Dijksterhuis, *The Mechanization of the World-Picture*, pp. 111-15（动量）。

[31] 阿奎那对"状态"与"原因"之间的不同，做出了明确的考察。当然，这两者之间的不同并不恰好就是惯性定律（因为阿奎那的时代还并没有这条定律，即便他或许持有某种形式的冲力说）：二者之间的不同在于澄清"自然"运动究竟是什么。阿奎那（*In libros Arist. De caelo...exposition* 3.2 lect. 7, 收入 *Opera*, 3: 252）反对阿维罗伊的想法，阿维罗伊认为，介质是自然运动必然的施动者，也即它是动力因或主动因（Averroës, *Physica* summa 4 text 82, 收入 *Opera*, 4, fols. 195vb-196va; *De caelo* 3 summa 3.2 text 28, 收入 *Opera*, 5, fols. 91vb-92va）。阿奎那则反驳道，当我们谈及"形式"是重力或浮力的"原因"时，我们并没有把它们看成是一个运动之物，或看成是运动的一种主动的原因；在这种情况下，形式仅仅是一种被动的原因。换言之，当遇到自然运动时，我们可能会放弃对原因的探求。为了解释每一种运动，都必须采用类比原则，参看 Koslow, "The Law of Inertia: Some Remarks on Its Structure and Significance", 见 *Philosophy, Science, and Method: Essays in Honor of Ernest Nagel*, Morgenbesser et al. 编, pp. 552-54（常态条件）。

169　　　奥卡姆对该问题激进的简化，是否是日后将该问题推进到"匀速运动是一种状态"这种认识的预备性的一步呢？奥卡姆只是简单地通过否认该问题的存在而驳斥了冲力说和亚里士多德对抛体运动的解释。[32]"运动"与"广延"和"量"一样，都是一种内涵性的术语，它指的是一个物体以及该物体连续占据的一系列地点。运动和动量守恒都是对同一个现象的两种不同表述。我们只需一个原因就可以解释一个物体为什么离开 l_1 通过 l_2、l_3……l_{n-1} 直到 l_n。如果它离开了 l_1，它就必将占据其他空间。不过由于奥卡姆总是忙着要把我们的概念还原成那些直接或间接地代表个别物体的概念和绝对属性；因此奥卡姆恰好就停在了某个点上，差一点他可能就会触及那项暗含着"惯性定律"的区分——即区分匀速运动（或静止）与变速运动了。不过奥卡姆成功地将这个问题从它最初的神学背景中抽离了出来。自此以后，这个问题就几乎不再是一种对工具因果律的解释了。

　　布里丹则是将"冲力说假设"作为一种被归纳法打败了的概念而引介它的。[33]他从前人那里继承了一堆"从经验出发的论证"

———————

[32] Ockham, *Sent.* 2 q. 26M；Boehner, *Ockham：Phil. Writings*, pp. 139-41；Clagett, *Mechanics*, pp. 520f. 参见 Moser, *Grundbegriffe*, pp. 91-111（奥卡姆是亚里士多德的阐释者）；Shapiro, "Motion, Time, and Place according to William of Ockham", pp. 213-303, 319-72；Goddu, *Physics*, pp. 193-205。在他对《物理学》的评注中，奥卡姆更严肃地试图挽救亚里士多德的阐释。这种空气具有许多更缓慢或者更迅速的部分 [parts] 以便于承载物体。于是奥卡姆用"气团" [air currents] 取代了亚里士多德的"气层" [air layers]，大概这种划分是水平的，而非垂直的。但这将使抛体运动的运动停止 [cessante movente] 变得不可预测。奥卡姆明确表示，这并不代表他的观点，而毋宁是在该问题上挽救亚里士多德的观点的唯一途径。Ms. Berlin Lat. 2°41, fol. 202va-rb.

[33] *Questiones super octo physicorum libros Aristotelis* 8.12；Maier, *Zwei Grundprobleme*, pp. 207-14；*Questiones super libris quattuor de caelo et mundo* 2.12；13；3.2, Moody 编, pp. 180-84, 240-43。

来反对亚里士多德对抛体运动的解释；又往里添加了一些他自己 *170*
的观点。在引介了他自己的阐释后，布里丹又重新回到了"经验"
上，而且比起那些在既有的"活动气层转移说"［theory of active
air layers］框架内已能得到解释的运动，布里丹给出的新阐释显
然要更好一些。在此基础上，布里丹还走得更远，他甚至将天体
的运动看成是由这些天体的"冲力"所维持的。一旦引入"冲力"
来阐释这组看似明显的运动，"冲力"立即变成了一个关键概念，
它能将所有的运动解释为"冲力"的一个方面。"冲力的普遍性"
是这条假设的一个逻辑结论。但并没有充足的理由来解释，为什
么"冲力"只限于抛体运动。因此，我们不如将"冲力"视为存
在于所有运动中的一个普遍因素。

　　于是，布里丹就开始倾向于将所有运动都理解成"冲力"之间
的相互作用和物体之间的自然倾向：（1）物体的重力（或浮力）和
空气阻力都是受迫运动的阻碍因素。虽然我们完全可以相信它们
能被描述成一种对自然的运动的颠倒了的类比，但布里丹并没有
详细地分析这些运动。当只剩冲力的时候，受迫运动的冲力将在
重力（或浮力）作用下不断减少。只有继续向该物体施力，并重新
恢复其中的冲力时，该物体才会无定地继续运动。在一个缺乏关于
摩擦力的清楚观念的物理学者看来，这就已经是对连续运动最具逻
辑性的阐释了。（但布里丹却意识到，空气阻力只是运动中的一个
因素；空气阻力是个常数，而不是一个能抽象地逐渐减小到零的变
量。）值得注意的是，抛体运动突然成了法则，连续的受迫运动则
成了一个特例，甚至只是一种次要的现象。（2）在地球上处于自然
运动的物体，其重力（或浮力）是递增的。这并不等于说"冲力"
不总是维持运动的原因，而是说：重力是赋予物体运动和冲力的一
种内力。由于"运动"总是被严格地赋予该物体，因此物体中（由

力和物质的质量所决定）的冲力也必然会增加。落体物体中以及自反运动中绝不会产生冲力，而毋宁说引起运动的力同样也是引起冲力的力。（3）天体的"自然倾向"既不会阻碍物体的运动，也不会增大它，而是与物体的冲力毫不相关，因为这种自然倾向只不过意味着潜在的圆周运动。如果给定了原初冲力，那么天体将继续无定地做匀速运动。因此，布里丹便将"理智"作为移动天球的动力因。不过，布里丹希望得出的那种对宇宙"机械论的"阐释，却是一种夸夸其谈。他的"天体冲力"完全是个假设，而且他也并没有想到要将"天体冲力"和"地球冲力"这两者置于一种"拒斥前者也就意味着否定后者"的联系中。[34] 最终，后来在针对亚里士多德论天体和地球的著作的质疑中，人们并没有讨论到这个方面。

简而言之，布里丹将地球运动描述为加强或减弱重力（或浮力）的运动，将天体运动描述为冲力是加、减或零的运动。暗含于这种运动分析中的方法论转变是相当大的。地球上包括自然运动在内的所有运动都是复杂运动，是"物体运动的自然倾向"与"该物体通过外力或通过它的这种倾向而获得的冲力"之间相互作用的产物。重力和浮力都是且只是所有运动的某个因素而已。甚至自然运动，从整体上看也并不是"简单的"，[35] 这些运动的简单性只是它们的一个方面，并非由直接观察中孤立而得出，而只是

---

〔34〕 上文第一章第一节脚注〔4〕。关于"理智作为推动者"这个问题的历史，参看 Wolfson, "The Problem of the Souls of the Spheres from the Byzantine Commentaries on Aristotle through the Arabs and St. Thomas to Kepler", pp. 67-93。

〔35〕 在 Quest. super de caelo 1.5, Moody 编，pp. 20-57 中，布里丹将"简单运动"定义为（1）"就其介质而言是简单的"；并且（2）"仅由某个简单物所推动"。在后一种意义上，自由落体并不是简单运动："运动着的某物伴随着另一种运动，即自然重力，它是首先运动的，并且总是保持相同的运动"，同时，这种"运动着的某物"［aliquid movens］（冲力）是加速度的原因（同上，pp.179f.）。"受迫运动"与"自然运动"之间的区分只适用于一个方面。一旦

心灵中的一种观念。布里丹和以前的菲洛浦诺斯一样，都已经引入了这种重要的方法论转变，并且他自己似乎也已经察觉到了这一点。然而即便在布里丹那里，一个仅由冲力产生的物体运动与该物体在充满介质的空间中的运动也是不可共量的。

三、"理想化"与"计算"

在想象中考察运动的本质，还存在着另一组"理想实验"，它在本质上完全是神学的。我们记得人们曾认为，在虚空中宇宙沿着一条直线的无限运动依照上帝的绝对力量是确定可能的。14世纪的神学家在这种学科想象中考察了该假设的前提。这种虚空必然是绝对的，也即不动的；否则，如果世界的其他部分已遭摧毁，宇宙的运动，甚至个别物体的运动都将只是就其自身而言是相对的，也即是说，从客观上无法将这种运动与静止区分开来。我们在先前的章节中讨论过这一点。如果我们既想象"通过毁灭整个世界"而留下个别物体，也想象个别的精神实体（例如一个天使），那么这种"毁灭法"的优点也将变得更清楚：上帝如果愿意，他会使其如何运动呢？如果是像物体一样运动，那么甚至连某个"确定的某地"［ubi definitivum］也需要由一个想象中的有维度的空间来作为其前提。[36]因此，我们正在考察的，事实上就是

172

（接上页）这方面被孤立起来，那它就是绝对的了："力量……或力，是通过运动和作用而为人所认识的"（同上，4.1，p. 245），然而地球上四种元素之中每一种的运动，都是绝对（而非相对）的"力"［virtutes］（同上，4.6，pp. 261-64）。亚里士多德在"水"和"气"之中看到的，都只是相对的或轻或重的元素。简而言之，"简单性"是因素分析的结果，而不是像亚里士多德所认为的那样是直接给出的。

［36］Johannes de Ripa, I *Sent*, d.37, Combes 编，p. 232；Grant, *Much Ado*, p. 131；参看上文第二章第四节：二，以及脚注［17］。

一般运动的先决条件：即便它只是一个点。

在此，我们至少在"想象实验"中找到了对真正的方法论的某种预期，它预期了早期近代的动力学。伽利略的分析不也是建立在同一种从现象的背景中"外推"出该现象的原则之上的吗？"毁灭法"的发展轨迹，或许的确能从唯词项论对我们观念的分析中找到根源，但 14 世纪对这种方法的运用，与后来在（伽利略的）科学或（笛卡尔和霍布斯的）哲学中该方法论所处的地位大有不同。正如较早时阿奎那运用"逻辑必然性"与"关联必然性"的区分一样，唯词项论者运用术语"处所"［topos］（通过毁灭而孤立）时，常伴随着否定性的批判意图。概而言之，他们希望确立的是亚里士多德的宇宙"所不是"的（而奥卡姆及其后人都没有想过要去摧毁这个亚里士多德的宇宙）：也即是说，它在任何意义上都"并不必然"。尤其是，他们希望建立"事物所不是的"：诸如广延、运动或时间这样的"内涵性观念"既不应该被实体化，也不应该宣称它们具有任何本体论状态。重要的是，这些抽象之中的一种（即广延）而不是个体的"心外之物"［res extra animam］，成了笛卡尔的物质"实体"，而这种物质"实体"（就如同奥卡姆的"物"［res］一样）是由"直观知识"所保证的。[37]
173　这种解决方案需要的是"关系外推法"，而非"事物外推法"；同样也需要建构性的意图，而非批判性的意图。

17 世纪最接近这种科学精神的，实际上是第三组"想象实验"：那些受到"计量学派"数学方法影响的人。对"比例"的研究促使他们区分了"匀速运动"与"匀速变速运动"，以便通

---

〔37〕下文第三章第四节：三。

过证明（v_0+v_1）$/2=v$，将匀速加速度还原成匀速运动的术语。[38]
奥雷斯姆后来将这种"平均速度法则"运用于一个处于加速运动
中的物体所获得的每一段（不管距离多小）距离（或变化的量）
上；他也认识到，这条公式等于距离的基数数列的算术和除以二，
我们可以用 $S=at^2/2$ 来表示它。[39]这些都是关于"一个变量"的
简单例子；计量学派迅速掌握了处理变量的比例之比例，或任何
想要达到的幂级数的比例之比例的方法。

　　的确，除了一些例外情况（这些例外情况很重要）之外，所
有这些数学运算都只有在按照想象的情况下才有效：从最简单的
数学运算，到先前提到过的集合论思考，再到对最大数和最小数
的思考，都同样如此。就连奥雷斯姆也没有去做那些对于我们而
言显而易见的事情：将匀速加速变化的公式应用于冲力说。奥雷
斯姆的确改进了布里丹的冲力说，他从布里丹的这种理论中认识
到了布里丹观点的含糊性。布里丹认为，冲力既可用于解释抛体
（受迫）运动的连续性，也可以解释落体物体的加速度；并且冲力
既是运动的原因，也是由运动引起的。奥雷斯姆保留了冲力，但
只是拿冲力来解释加速度，与此同时，他也不再将冲力看成是一
种"持存的自然物"[res natura permanens]。还有，奥雷斯姆避
免用数学术语来描述落体物体或抛体运动，这或许是因为他相信，

――――――
〔38〕C. Wilson, *William Heytesbury: Medieval Logic and the Rise of Mathematical Physics*, pp. 122-26.

〔39〕*Questions super geometriam Euclidis per Magistrum Nicholaum Oresme* q.14, 收入 *Nicole Oresme and the Medieval Geometry of Qualities and Motion*s, Clagett 编, pp. 562-64："结论二：主体是这样划分的，并且总把它最小的部分称为第一部分，各部分性质之间的比例和它们的相互关系就像基数数列那样，第一个数字为1，第二个数字为3，第三个数字为5，如此类推……"，参见 introduction, pp. 72, 104；参看上书, pp. 158, 164。

174　在这两种情况下，速度的变化率和加速度的变化率都发生了改
变。[40] 直到索托的多米尼克［Dominicus de Soto］那里，经院哲
学家才开始考虑将数学公式应用到自由落体运动上去，不过，就
连多米尼克本人，也只是在一般术语上作此应用。[41]

然而，不管是对真实运动还是对想象运动，在西方传统中
"计量学派"确实第一次使运动的变化概念数学化了。更甚的是，
他们使一般意义上的"过程"观念概念化了。关于这个问题，我
将稍后再作讨论。

四、伽利略："极限状态"是一种"理想化"

我们只有通过小心谨慎的历史考察，才可能显示出在中世纪的
"想象实验"传统和"计量学派"的成果中，有多少在伽利略看来
是可行的；而人们对"计量学派"的成果的兴趣，似乎从 16 世纪
初便开始日益减退。我们不清楚伽利略知道哪种冲力力学，也不知

―――――――

〔40〕 Oresme, *Le Livre du ciel* 2.13, Menut 与 Denomy 编, p. 416："并且对于其自
身来说，在朝向状态 iii 或部分 iii 的受迫运动中……；第二，当受迫运动之
物离开了工具或最初推动后，速度仍在增大，……而且那时的速度还没有增
长到超过其质量或阻力的程度。"似乎是冲力引起了加速度；最初的力或运
动之物引起加速度的增加（这是初始状态）；而当冲力自身将要耗尽时，受
冲力主宰（这是第二阶段）的物体仍在加速，但加速的速率在减少；在第三
阶段，物体将减速，直到重力克服该物体自身的受迫运动为止。因此，冲力
根本无法解释运动，并且这种运动（比如匀速受迫运动）不需要解释，因为
它根本就不存在。同样，匀速加速运动也是如此。因此奥雷斯姆的公式对
于阐释自由落体毫无裨益。自由落体加速度增加的速率实际上是导数的导
数。参看 Maier, *Zwei Grundprobleme*, pp. 236-58, 特别是 pp. 254ff.；Clagett,
Mechanics, p. 552；Wolff, *Impetustheorie*, pp. 228-38。

〔41〕 Clagett, *Mechanics*, pp. 555-56；也参看 Maier, *Zwei Grundprobleme*, pp. 299-
302（将"重力"类比为"冲力"）；Wallace, "The Enigma of Domingo de
Soto：*Uniformiter Difformis* and Falling Bodies in Late Medieval Physics", pp.
384-401。

道他所知的这种冲力力学的源泉。[42]我主要关注的并不是阐释伽利略从中世纪残余中形成成熟思想的蜕化过程。我希望做的是,将备受从牛顿到爱因斯坦以来的物理学家称誉的、被誉为现代物理学思想的黎明的"伽利略自由落体定律",与中世纪运用"科学的想象"的模式作一番比照。在某种程度上,中世纪的"科学的想象"模式也是伽利略早年试图解决自由落体问题时采用的方法。

在早年还是比萨的一名年轻数学教授时,伽利略就写了《论运动》[*De motu*]一文。在此文中,伽利略已经找到了物体自由落体时所需具备的两个因素:重力和冲力。[43]他的阐释代表了古人希帕库斯的观点:向上抛出物体时,该物体由于受到抛它的任何人或任何事物赋予它的力(即冲力)的作用,而能克服重力。这个力将

[42] Wallace, *Galileo's Early Notebooks: The Physical Questions*; Clagett, *Mechanics*, ch. 11, 特别是 pp. 653-71; Murdoch 与 Sylla, "The Science of Motion", 见 *Science in the Middle Ages*, Lindberg 编, pp. 249-51; Maier, *Zwei Grundprobleme*, pp. 291-314; Dijksterhuis, *The Mechanization*, pp. 329-33, 他认为比克曼[Beeckman]之所以总结出自由落体定律的公式,是受了计量学派的启发,但他的证明却只是旁证。甚至莱布尼茨都佩服"形式纬度"[latitudo formarum]在伦理学中的运用: *Initia et Specimina Scientiae Novae Generalis*, GP 7: 115; GP 7: 198。

[43] Galileo Galilei, *De motu dialogus* (ca. 1590), 收入 *Opere*, Favaro 编, 1: 319-20, 404-408, 特别是 p. 407; 参看 Galileo, *Discorsi... intorno a due nuove scienze*, 收入 *Opere* 8: 201 (先是作为萨格列多[Sagredo]的观点而引入,旋即摒弃该观点)。Clavelin, *The Natural Philosophy of Galileo: Essay on the Origins and Formation of Classical Mechanics*, Pomerans 译, pp. 120ff., 特别是 pp. 132-33 (强调了流体静力学模型与重量的普遍性); Drake, *Galileo at Work: His Scientific Biography*, pp. 21-32, 特别是 pp. 28ff.。(佩雷拉[Pereira]是希帕库斯假设[Hipparchian hypothesis]的源泉)。我特别强调了伽利略所想象的落体运动的情况,其中处于下落过程中的物体中途失去了"冲力"的阻力,并将继续匀速运动(这种情况毫无疑问并未发生)。在他成熟的自由落体理论中,"重力"取代了"冲力",因此物体向上的运动减速,向下的运动(在重力作用下)加速;如果重力中途停止作用,那么物体将再次继续匀速向下运动。在我看来,这似乎比德拉克的"中立"运动["neutral" motion]更好地揭示出了"惯性": Drake, *Galileo Studies*, pp. 240-56。

逐渐消逝；而当它等于重力时，物体将改变它自身的运动轨迹，甚至当该物体下落时，它仍将受到留存其中的原初冲力的作用而减缓它的下落运动，否则它将会下落得更快。冲力越是继续减弱，就越将加剧物体的下落运动。如果冲力在物体落地前消失殆尽——但并没有完全消耗——那么物体将继续匀速地下落。希帕库斯并没有考虑这种情况，而伽利略却认为它是一种想象中的条件。在与一种流体静力学的类比中，伽利略也认为，物体的"比重"是物体具有按一定比例接受冲力的能力的原因。他已经坚定地认为：重量不同却具有相同比重的物体，将以相同的速度自由下落。

值得注意的是，伽利略在《论运动》一文中就已经完全抛弃了浮力，而文艺复兴时期的许多自然哲学家的一个共同标志就是：把"力"思辨性地还原成"引力"或"斥力"。当伽利略后来即将形成成熟的自由落体运动观时，他也同时抛弃掉了冲力。不过他只保留了一种力，这种力同质地作用于所有物体上。这就意味着伽利略不仅认识到了中世纪后期许多持冲力说的神学家所认识到的"持续施加同一个力将导致加速度"的现象，同时他也认识到：只有持续地施力才是导致加速度或运动变化的原因。匀速运动既不需要原因也不需要力。于是，重力就成了一种外在的引力，而不是物体的一种内在性质或"形式"；只有这样，它才能吸引不同质量的物体，使它们以相同的速度下落。虽然我们应该小心地不要完全赞成"伽利略拥有关于力的精确观念"这一看法，但完全否认这一点也是错的。[44] 伽利略建构了一种阐释详尽的"想象实验"，以证明"自然运动"与"受迫运动"、"重力"与

_176_

————————

[44] 正如韦斯特福尔（Westfall, *Forces*, ch. 1，特别是 pp. 46-47）所做的（加速度是由于自然倾向，而不是由于力的作用）。

"冲力"没有差别。他的论证如下：设想有一个贯穿地球中心的洞，一个物体掉进了这个洞里，由于这个物体获得了冲力，因此它穿过了地球的中心。不过一旦经过了地球的中心，这种到此为止仍是"自然的"（重力）运动，就变成了就其自身而言是"受迫的"或人为的运动，即只是"在力的作用下"运动的运动。[45]最终，其至在《论运动》一文中，各种阻力因素（而不是"容重"［specific weight］，或者说吸收冲力的能力）是可以忽略不计的。伽利略的这种观点既不是菲洛浦诺斯和阿文帕塞的看法，也不是布里丹的观点。终于，第一次有人按照所有的关键条件，经验性地规定了处于自由落体运动中的物体。

但这条法则的数学公式中没有任何新东西，奥雷斯姆已经得出了该法则。虽然伽利略在所有可能的情况下彻底改造了这条法则，但即便如此，它仍使伽利略耗费了好些时间，才认识到其精确的物理学意义。[46]塔尔塔利亚［Tartaglia］、贝尼德蒂［Benedetti］和伽利略所做的大部分工作，确实代表了计量学派对"比例原理"的运用。但伽利略在一个关键的地方完全不同于他的中世纪对手们。他的运动学定义和定理并不是要系统化地、想象性地演练出一种"理性的物理学"。这些定义与定理是伽利略希望重新建构"现实"时所采用的工具。就算它们的可验证性略显偏颇，却必须可以在实验上得到验证。在设计精确的量度工具时，

---

〔45〕 *Dialogo...sopra i due massimi sistemi de mondo Tolemaico, e Copernicano* 2, *Opere*, 7：262-63. 的确如此，因为累计入了冲力（在此是：能量）；然而在通过中心的前后，它进行的都是同一种运动。

〔46〕 我们无法确定伽利略是在何时决定用"空间"来取代"时间"的，参看 Drake, *Galileo*, pp. 91-133; Clavelin, *The Natural Philosophy*, p. 287（*Opere* 9：85）; Wallace, *Galileo and His Sources*, pp. 272-76。

伽利略曾花了很多功夫，也采取了各种技巧。[47]

177　　　贝尼德蒂、伽利略、惠更斯、笛卡尔、帕斯卡和牛顿，他们都以某种确定的方式运用了"想象实验"，然而他们采用的方式却与他们的中世纪前辈截然不同：不同点并不在于学科的规范与活力，而在于他们的物理学阐释。"反事实的状态"在中世纪有时甚至被想象为"极限状态"，这些状态从来不与任何"事实状态""可共量"，而它们恰恰是由这些事实状态外推而来的。即使经院哲学家放弃了由于没有绝对精确的衡量尺度而不愿去测量的心理，也没有数字和量度可以用于这些反事实的状态。伽利略认为，极限状态即使在它没有描述现实的情况下，对于阐释现实而言仍然是建构性的因素。对滚动物体的惯性运动、物体在真空中的自由落体运动以及被抛体的路径，都必须赋予一个确定的标准化的值。但伽利略也清楚地认识到，他的论证过程在正统的亚里士多德主义者眼中会显得多么荒谬。在《对话》[Dialogo]中，他嘲笑了不愿假设这种情况存在的辛普里丘[Simplicio]，虽然这种情况事实上也不可能存在。辛普里丘反复驳斥了为阐释物理学现象而过度应用数学模型的行为，但其后他也接受了萨尔维亚蒂[Salviati]的教导，接受了真正的"几何哲学"[filosofo geometra]：如果他希望"得出那些他已经在抽象中证明了的具体结果的话，就必须忽略质料的阻碍"。[48]他

[47] Bendini, "The Instruments of Galilei", 收入 Galileo, Man of Sciene, McMullin 编, pp. 256-89; Settle, "Galileo's Use of Experiment as a Tool of Investigation", 同上，pp. 315-37. 或许我们应该重新总结由柯瓦雷引发的那场著名的围绕"伽利略的力学是否取决于实际进行的实验？"所进行的讨论：即使人们承认判定实验的作用，但狭义上的这种实验（也即那些无法进行的实验），多大程度上是靠想象实验来补充的呢？

[48] Galileo, Dialogo, 收入 Opere 7: 242。参看 Koyré, "Galileo and Plato"; id., Metaphysis and Measurement, p. 37; Cassirer, Das Erkenntnisproblem, 1: 383; Wallace, Galileo and His Sources, pp. 227-80, 286。

在《关于两门新科学的对话》[*Two New Sciences*]中对此作了更有力的论证。被抛体的运动路径被简化地考虑了，而他甚至将这种被简化了的运动路径，作为一种没有"质料阻碍"的理论模型：沿着该运动路径的两条平行线代表重力的作用，而不是由指向地球中心的半径来代表重力的作用；但他认为他对该过程的静态考察，与阿基米德和其他同样也"在他们的论证中想象他们距离中心无限远"的人的静态考察没有什么不同。[49]布鲁门伯格[Hans Blumenberg]正确地强调，[50]伽利略并没有将"理想的"状态比作"有缺陷的"现实状态；而正由于偏离了的理想状态，现实的状态才能够被量度出来，并通过更复杂的模型得到阐释。伽利略的做法并不是将现实状态比作理想状态，而是将复杂归于简单。17世纪的这种科学革命学会了将"不可能"的情况断定为"现实的一种极限状态"。

但"现实"[reality]是个模糊的概念。中世纪经院哲学家在某些方面比17世纪的科学家更"现实"，因为他们宣称，我们绝不能把现象完全从其背景中孤立出来，也不能精确地测量现象。但另一方面，他们想象的范围变得更为广泛。在某些情况下，他们甚至构想了作为"极限状态"的"理想状态"。不过，如果我们所说的"现实"是指日常经验与实践，那么伽利略在某种程度上恰恰更接近于现实。我建议我们关注理想实验所起的作用的变化，而不是拿17世纪的"观念论"[idealism]来与中世纪的"实在论"[realism]相对峙。除了在某些14世纪的著作中，中世纪"理想实验"的作用是彻底批判性的。但在17世纪的科学与

178

---

[49] Galileo, *Discorsi*, 收入 *Opere* 8：274-75；也参看 Boyer, "Galileo's Place in the History of Mathematics"，收入 *Galileo*, *Man of Science*, McMullin 编，p. 239（曲线与直线的可共量性）。

[50] Blumenberg, *Die Genesis der kopernikanischen Wende*, pp. 470-88, 特别是 pp.482ff.。

哲学中，它们却变成了一种理性地建构"世界"或"世界机器"〔machina mundi〕的工具。这一点同样既适用于笛卡尔和霍布斯哲学中的"毁灭原则"；也适用于伽利略物理学中简单物体在简化了的条件下所做的想象运动；同时，它还适用于在化学实验室中实际建构出来的化学实验，在有效的假设中，人们可以孤立出一个化学实体的体系，并且为了研究纯粹的过程而在这样的条件下建构这个体系。17 世纪对自然的研究既不是完全理想化的，也不是完全经验的。这种研究在本质上首先是建构性的、实用的。这种观点将导致人们对这样的观点深信不疑——只有那些"可做的"（或至少在原则上可做的）事物，才同时是可以理解的："真理与被造者是可互换的"〔verum et factum convertuntur〕。[51]

中世纪对"理想的（或想象的）"与"现实的"两者的态度，主要是批判性的，而 17 世纪对"想象的"和"现实的"的调和则是建构性的。或许我也可以从另一种考量上强化这种区分。

179　　直到 19 世纪，科学工具大致可以被归入两类：一类是观察的，另一类是操作的。测量工具和放大工具是观察工具，玻璃瓶、燃烧瓶和导体则属于操作工具。观察工具的目的并不是改变对象；操作工具则操控对象，并且通过尽可能地从对象所处的环境中隔离出一个对象或一组事物，来推导出某种可以被称为规律的过程。除了在光学以及炼金术中的一些特殊情况外，中世纪的人们知道的工具大多是观察工具（如测天体的象限仪）。[52] 炼金术

---

〔51〕 对该主题的更详细讨论，参看下文第五章。

〔52〕 然而参看 Schramm, "Roger Bacon" 以及 E. Grant, "Medieval Explanations and Interpretations of the the Dictum that Nature Abhors the Vacuum", pp. 327-55, 特别是 pp. 332-47（滴漏计时器）。也参看 Fisher 与 Unguru, "Experimental Science and Mathematics in Roger Bacon's Thought", pp. 353-78.

士希望通过模仿创世的各种条件来操控自然，最终萃取出纯粹的实体。他们的步骤中有很大一部分是象征性的，或是基于对自然的象征主义的假设。但早期近代的化学继承了炼金术士对工具的操控，并且他们已经开始承认"非异义性"的理念。他们当中并不是所有人都放弃了将较低级的金属转化成金子的希望。但由于他们是化学家，他们把自然和这种科学语言都去象征化了。为了在理想条件下隔离现象并研究现象，他们（和我们）建立了实验室，但这些实验当然只能近似地接近理想状态。科学家为了理解自然而在某个特定的问题上重新建构了自然。我当然知道，观察工具与操控工具的区分只是相对的。然而直到早期近代量子物理学，人们才找到了怀疑"要观察任何特定的物体都必须操控它们"这种观念的理由。"隔离法"与"重构法"无论在思想中还是在实践上，都是 17 世纪对"现实实验"与"理想实验"所做的调和。

第四节　笛卡尔、永恒真理与上帝的全能

一、2+1≠3：可能的阐释

回到之前我提出的问题上：[1] 笛卡尔宣称，上帝创造了永恒真理并且因此可以使诸如"2+1=3"这样的永恒真理失效，这是什么意思？只有三种可能的阐释。笛卡尔或许希望将上帝从矛盾

180

---

〔1〕　上文第三章第一节：一。以下讨论基于本人的文章 "Descartes, Eternal Truths, and the Divine Omnipotence", pp. 185-99. 最近的阐释可参看 Curley: "Descartes on the Creation of Eternal Truths", pp. 569-97, 在其中他追随吉奇[Geach]，提出了一种"迭代模态结构"作为解决方案。M. D. 威尔逊同样也很接近本人的观点，参看威氏著：*Descartes*, pp. 120-31。

律（在 17 世纪和中世纪通常包含排中律）中豁免出来。[2]他或许
想要区分"真实的分析性"［real analyticity］和"对我们而言的分
析性"［analyticity for us］，也即允许那些我们看来矛盾的原则在
上帝那里得到解决（并只有在上帝那里才可能解决）。最后，他或
许否定了数学真理（和一般的永恒真理）的逻辑真值状态。第一
种阐释决定了笛卡尔的意图；第二种阐释毫无意义；第三种阐释
则太好了，所以不太可能是真的。

　　柯瓦雷选择了第一种阐释，他描绘了一幅极具吸引力的笛
卡尔立场在这些问题上的思想发展图景：笛卡尔从彻底的唯意志
论，转向假设上帝的活动至少要处于逻辑可能性的条件下。[3]但
如果这幅图景是真的，那么早期笛卡尔将站在整个经院哲学传统
的对立面，很容易被指控为异端。一个不服从矛盾律的上帝，不
但将毁灭所有的创造物，甚至还将毁灭他自身。基于同样的原因，

---

[2]　两者的区分可以追溯到亚里士多德，但亚里士多德和我们时代的许多逻辑
学家一样，都将这两者视为既同延也同样有效的，因此有时可以用"同延
的"［coextensive］一词简洁地代表"同延的"和"有效的"这两者。还有
一种例外情况就是，人们讨论未来的偶然事件时，不用排中律；如果这不
是由亚里士多德做的，那就是某些中世纪作者所为（与 Lukasiewicz 相左的
观点，参看 Anscombe, "Aristotle and the Sea Battle", pp. 1-15; Rescher,
"An Interpretation of Aristotle's Doctrine of Future Contingency and Excluded
Middle", 收入 Studies in the History of Arabic Logic, pp. 43-54）。同样，这也
能确立神圣逻辑与亚里士多德逻辑之间的区分（上文第三章第二节：五）。

[3]　Koyré, Descartes und die Scholastik, pp.21-26(pp. 25f., 发展),85-86(司各特)。
笛卡尔并没有依赖经院哲学对上帝的"绝对力量"和"有序力量"的区分，
事实上我们可以这样论证：他的许多基本态度更接近唯术语论的观点。我们
也无法找到笛卡尔的定理在这方面的任何实际发展。人们常假设笛卡尔没有
区分"逻辑真理"与"数学真理"（即永恒真理）；参看 Bréhier, "La création
des vérités éternelles dans le système de Descartes", pp. 15-29; Kenney,
Descartes: A Study of His Philosophy, pp. 37-39。尽管这种立场在本文中得
到了某种支持（参看本章第四节：四），不过我们即将论证，应该重新审视这
种立场。

坎特伯雷的安瑟伦认为,这样的"全能"最终将是一种孱弱无能。[4]如果上帝的自我毁灭是一种真实可能性(不管这种可能性多么不可想象),那么上帝将不可能是一种"必然存在"。

除非我们承认,阿奎那将那些"本身不可能的事物"[5][per se impossibilia]划归到了"上帝的全能"的范围之中,否则上帝的必然性对我们而言,仍然至多只是一种必然性而已。这恰恰撼动了这个复兴版本的本体论证明的基础。[6]如果我们选择修正笛卡尔基于"全能"问题的立场而阐释说"上帝并非必然能够捍卫矛盾律,毋宁说我们并不知道他是否能够这么做",那么这种本体论证明更将摇摇欲坠。这种新本体论证明的"精髓"[nervus probandi]、它在笛卡尔眼中比安瑟伦的上帝证明更好的特征就是:它是伴随上帝作为"必然存在",而非"最完满的存在"的概念出现的。[7]最微弱的上帝毁灭的可能性,甚至他自己毁灭自己的可能性,都将摧毁这种论证。但这当中没有任何一个是必然的。我们没有看到任何笛卡尔(在上帝问题上)取消这条矛盾律的迹象。无论我们去看笛卡尔最早写给麦尔赛纳[Mersenne]的信中对此的评论,还是查看他最

181

――――――

〔4〕 参看上文第三章第二节脚注〔17〕(安瑟伦)。

〔5〕 上文第三章第二节脚注〔22〕。

〔6〕 参看上文第二章第一节:二。本体论证明的中世纪版本与现代版本都认为上帝是一种"必然存在"(或认识论上的"由其自身而认识自身")。但当安瑟伦从上帝是"最完满的存在"的观念开始他的本体论证明时,笛卡尔则从上帝是"必然存在"的观念中得出了他的证明,这使得他免于必须将"存在"阐释为一种属性或一种完满性。参看 Henrich, *Der ontologische Gottesbeweis*, pp. 10ff.或者也可以说,只有一种途径可以驳倒笛卡尔或笛卡尔之后的本体论传统:也即否认"从无中可以生无";换言之,也即否认"自足性"与"必然性"是相互包含的。可以说,某物按字面意义"从无之中"无原因地出现,这并不是逻辑谬误。弗雷德·霍伊尔[Fred Hoyle]主张的稳态宇宙论是从经验上,而不是在逻辑上被驳倒的。

〔7〕 亨利希[Henrich]揭示说(参看上条脚注),这种转变只是通过笛卡尔的"反驳"才在笛卡尔本人那里变得明晰了起来。

后写给莫尔的信，[8]笛卡尔都采用了相同的例子：数学真理、没有
山谷的峰峦、真实的原子，甚至是"不依赖于上帝的创造物"；[9]
而笛卡尔以他更激进的情绪，赋予了它们"显然与我们相矛盾"，
但并不与上帝相矛盾的特征。换言之，笛卡尔并没有宣称上帝为矛
盾律的创立者，但上帝决定了什么东西是矛盾的（或必然的）。笛
卡尔似乎区分了"绝对必然性"和"对我们而言的必然性"。

182　　但这种区分（以及与之相关的我们的第二种阐释）难道不是
无意义的吗？至少它在作为一种逻辑区分时是无意义的。因为如
果要追问这项区分究竟区分了什么，那么我们将或是被迫完全放
弃这种绝对（或逻辑）必然性的概念，或是抛开这种必然性来建
构一种"低于逻辑的必然性"。借用奎因的话说，对"分析性"之
用途与滥用的攻击，并非不可能的。[10]人们可以建构一种从常用
语汇中完全消除"分析性观念"的理论。同样，也可能构想一种
在任何既定的语言面前都承认消除分析性句子不可能，却坚持分
析性作为一种调节性理念具有重要功用的理论。在这种理论中有
一个并不那么重要的问题，即我们是否能让分析性句子作为调节
性理念存在，也即作为绝对明晰的语言永远不会完全实现的这种
极限状态而存在，或者我们是否让这些句子存在于上帝的心智中。
通过这两种途径，我们都能区分"分析性句子"与"准分析性句
子"。但不管别人是否喜欢这种区分，可以肯定笛卡尔不满足于这
种区分，他从来没有把考察语言当成他的事业。在笛卡尔眼中，

---

[8]　Descartes to Mersennc，15 April 1630，AT，1：135ff.；6 May 1630，AT，1：
　　147ff.；Descartes to More，5 February 1649，AT，5：267ff.
[9]　Descartes to Mesland，2 May 1644，AT，4：110 ff. 此信让我们想起了这条古代
　　悖论："上帝是否可以创造出一块连他自己也无法搬动的石头？"
[10]　上文第一章第四节脚注〔2〕（奎因）。

分析性句子（或逻辑矛盾）无疑能够清楚地辨别出来。

于是只剩下唯一一条能够探寻"必然性"与"真实的必然性"之区分的路向。这就是先天分析与先天综合的区分：康德同样希望先天综合以"普遍性和必然性"为特征。由此看来笛卡尔的永恒真理（以及伴随着这些永恒真理的数学）或许不能被还原成纯粹的逻辑原则。若是如此，我们就要按笛卡尔自己的术语，重新考察这些永恒真理的认识论与本体论状态。

二、"创造"与"有效性"

"选择不创造永恒真理（观念）"意味着什么？难道这些永恒真理不是"清楚分明"的，否定它们不是不可设想的吗？[11]如果几何学必然性缺乏逻辑必然性，那么"不可设想"便不等同于严格的逻辑矛盾。永恒真理确实是明证的真理，它们简单、直接并且相互独立。[12]在黑格尔的《哲学史讲演录》中，笛卡尔"永恒真理"的特征被充分地描述为分离的"意识的事实"〔Facta des

183

---

〔11〕Descartes, *Meditationes*, AT, 7：436："其次，没有必要追问上帝如何能够从永恒之中使得4的两倍并不是8，诸如此类；因为我承认这对于我们而言是无法理解的。"然而参看 *Meditationes* 6, AT 7：71："因此我现在不怀疑上帝有能力创造出所有我能够感知到的东西，并且任何时候我都不认为他不能使之发生，除非我分明地感知到其中包含矛盾。"这是否只是一种对"所有我判断为不可能的事物，我不能将其设想为可能的"的观点的同义反复？或者说，笛卡尔恰恰是从上帝的有序力量的角度来论证这一点的？或者难道是，无论上帝能做什么（也包括创造对我们而言矛盾的东西），他都不能欺骗？（参看下文脚注〔16〕）无论如何，这段话没有揭示出笛卡尔思想的任何发展阶段，因为这是他较早的观点，而在后来的其他著作中，笛卡尔极端肯定了上帝的全能。不过至少可以说，这段话与其他段落很不一致。

〔12〕Descartes, *Regula ad directionem ingenii* 6, AT, 10：383-84；11, AT, 10：407-10."清楚分明"的观念之间的相互独立性及其"自发性"，证成了身—心分离。

Bewusstseins］。[13]"永恒真理"在某种意义上成了一种不同于经院哲学意义上的"直观的"知识。笛卡尔认为,"永恒真理"在认识论和本体论上都与它们的对象分离:在认识论上分离,是因为感觉可能会产生"模糊的"观念;在本体论上分离,是因为他彻底否认"身心交流"。因此永恒真理的有效性不容置疑。但笛卡尔在"彻底怀疑"实验的第二步却希望将永恒真理设想成来自恶魔的巨大欺骗。在此他还没有开始假设"我思",因为如果"我思,但我并不是正在思维之物"［cogito, sed non sum res cogitans］,这将是一种逻辑矛盾。[14]这就意味着永恒真理虽然自明,但其明证性并不能简单地归于思维的法则。[15]

然而,对感官的怀疑论分析已经先于恶魔假设引入,并得出了一个肯定的推论。这项分析教导我们,作为感觉对象的"事物"首先是广延,因为广延是对"清楚分明"地感觉到的事物唯一的规定。各种数学关系(以及几何学,在笛卡尔眼中都是可彻底量化的),它们共同组成了关于事物的所有已知的与能够知晓的

184

〔13〕 Hegel, *Vorlesungen über die Geschichte der Philosophie*, 收入 *Werke*, Holdenhauer 与 Michel 编, 19-20:147;"实践理性的事实"是个康德式术语,意指人类自由最终的不可演绎性。

〔14〕 这并没有排除将"我思"阐释为某种"展示"。笛卡尔经常把"我思"作为"永恒真理"与矛盾律并列(例如, *Principia Philosophiae*, AT, 8:1, 23-24)。参看 Hintikka, "Cogito Ergo Sum: Inference or Performance", pp. 3-32; *id.*, "Cogito Ergo Sum as an Inference and a Performance", pp. 487-96. 与该观点针锋相对的观点, 参看 Frankfurt, "Descartes on His Existence", pp. 329-56, 特别是 pp. 344ff.:虽然并不是三段论, 但"我思"在定义上的确是真理。我们也注意到,"我思"自身的存在就是真理的唯一图式, 对"我思"的否定, 对于"我"而言是不可想见的, 即便只是作为一个事实, 它也并非一种"不可能性"。关于"自我意识的明证性"的中世纪先驱, 参看麦耶关于自从奥古斯丁以来"我思"的历史(下文脚注〔25〕), 参看 Blanchet, *Les Antécédents historiques de "Je pense donc je suis"*。

〔15〕 对笛卡尔永恒真理的相似阐释, 参看 Miller, "Descartes, Mathematics, and God", pp. 451-65 (并非所有必然的真命题都是分析命题);然而米勒并没有将这项重要区分与笛卡尔的实体学说及其认识论理论联系起来。

事情。而奇怪的是，这条笛卡尔主义基本原则被他的阐释者排除在了讨论"笛卡尔对上帝全能的有限性"这个问题的描述之外。根据"几何学"与"事物"之间的可互换性，或许我们能给笛卡尔信条，即"上帝可以凭借其绝对力量，放弃创造数学"[16]的信念，赋予一种最狭义而保守的阐释：上帝可以放弃创造"事物"[matter]。这个阐释取决于如下假设：永恒真理（例如数学）并非柏拉图式"自在自为"的，它总是关涉存在事物的真理；其真理性存在于它们（当下或未来）的"具显"之中。

三、"存在"与"广延"

因此，理解"永恒真理"学说的本体论状态的关键在于实体学说。唯有诸如物质、灵魂和上帝这样的实体才存在，它们中只有一个是作为自因而必然存在。[17]根据笛卡尔的实体学说，像柯瓦雷那样不得不将灵魂、物质与永恒真理并列在一起的阐释是错的，灵魂与物质可以独立存在，但永恒真理只是作为实体内或实体间的相关结构而存在。按照这个或那个（非神圣的）实体是如何被创造的，这些或其他永恒真理便相应成为"永恒地"有效的。在此意义上，只有某些永恒真理才是"被创造的"并可以被设想成（虽然无法确知）有可能不存在的；而其他适用于上帝自身（矛盾律）的永恒真

---

〔16〕　参看上文第三章第一节脚注〔2〕。笛卡尔在任何情况下都不能接受这种关于"全能"的学说，即可能存在着一个"欺骗"的上帝、一个创造其他真理的上帝。（上文脚注〔11〕）这就是上帝之存在何以能够充分保证我们"清楚分明"的观念，并且在上帝的存在得以证明之前，这些观念为何曾遭质疑的原因。上文脚注〔11〕中的引文也可以说明这一点。同时这也能阐释笛卡尔为什么相比"道德真理"更愿意赋予"数学真理"更多的确定性：*Principia Philosophiae* 4.206，AT，8.1，p. 328。

〔17〕　上文脚注〔6〕。

理，并不取决于上帝的意志，而只取决于上帝的存在。

185　　我们不难看到真理或那些由此被创造的事物怎么会既是被创造又是永恒的。笛卡尔认为，上帝之所以在时间中创造世界而不是从永恒中创造世界，并不是因为上帝非如此不可，而是因为他愿意这么干。这种思想形式实际上并没有任何新东西。经院主义哲学从迈蒙尼德那里已经得到了这样的教诲，即"永恒地存在"与"被创造的存在"并不是彼此排斥的谓词。如果上帝愿意的话，世界可以变得永恒。但从永恒到永恒，在世界存在的任何时刻，上帝都将有可能摧毁它。在这种意义上，它仍是被创造的。[18]

　　不过我们还将面对另一个困境。如果"数学"和"数学的具显"（事物）之间可互换，那么，数学就不仅是被造的，而且还是在时间中被创造的。看上去，永恒真理的永恒性将有碍于物质的永恒性。笛卡尔从来没有真正处理过这个问题。当然，他可以在这些真理得到"具显"前，就在上帝心智中植入这些真理，因此这些真理肯定会被创造，而不像莱布尼茨的"可能之物"那样，其"理念化"是上帝不得不具有的。

　　我们对笛卡尔的阐释已近乎唯名论了，这种阐释前所未有。让我们看看这种解读最终会将我们带向何方。笛卡尔与 14 世纪的许多概念论者［Conceptualists］一样，都相信实体及其属性的优先性与认识论的直接性，这些实体中的每个实体都完全独立于另

---

［18］ *Meditationes*，AT，7：432："确实，比如说，［上帝］并没有意欲在时间中的创世，因为他看到这种方法要比他从永恒之中创造世界要好；同样他也没有意欲一个三角形的三角之和等于两个直角，因为他认识到不可能还有其他情况，诸如此类。不过相反……并且由于他意欲一个三角形中的三角之和必然等于两直角之和，因而它现在为真，并且不可能还有其他可能性；其他例证亦是如此。"也参看由布克斯多夫［Buxtdorf］对《迷途指津》的拉丁语译本：Maimonides，*Dortor Perplexorum*（Basel，1629），p. 244。

一个实体，因为这些实体中的每一个都完全取决于上帝的意志，也即"从无之中"的创造。笛卡尔从唯术语论者手中继承了"个别化原则"［criterion of singularity］，也即"毁灭法"［the method of annihilation］：即使想象一个实体实际处身的与他物之间的关联全毁灭了，这个实体仍是"就其自身"而言可被设想的。只有那些表示一个实体、并不必然需要意指其他实体的概念，才能构成一个实体的绝对属性。没有任何实体能使其他实体成为必然，或是暗含与其他实体的相互次序。奥卡姆和笛卡尔都认为，实体都是可以被直接感知的；但"直观"在笛卡尔体系中的地位，与"直观认知"在概念论者的认识论中的地位是一样的。这两种信念都增进了对"上帝全能"的理解。

　　笛卡尔这种彻底的"理性主义"（以及他与奥卡姆对"诸实在"的理解的差异），并不在于他的本体论（这种本体论很容易被转化成唯术语论术语），而在于他的认识论。在笛卡尔这种唯名论的整体历程中，"毁灭原则"仍然只是一条否定性的原则，它定义的是"事物不是什么"，而非"事物是什么"。对于笛卡尔（正如另一种意义上对于霍布斯）而言，[19] 这条原则成了一条建构性的原则，因为"直观的知识"在笛卡尔那里意味着与奥里维或奥卡姆的"直观知识"不同的东西：它意味着概念或形象自身的直接明证性，而不是由于"事物"的显现而引起的直接明证性。因

────────

[19] 霍布斯通过想象"整个世界毁灭"这种情况，开始他对"事物"的现象学分析。因此为了反对笛卡尔，霍布斯不但保留了事物自身，而且还保留了关于事物的记忆。在对事物的记忆中，空间概念可以从处于我们之外的事物的记忆（在康德那里是"预期"！）中作为幻象被重构出来："真理与被造者是可互换的。"Hobbes, *De Corpore* 27.1.2, 收入 *Opera*, Molesworth 编。霍布斯对处于无主权者的"自然状态"下的社会的分析，同样也是一种运用"毁灭法"的演练。参看下文第五章第三节：三。

此斯多亚派对"抽象的知识"与"直观的知识"的区分便再次丧失了意义；而且笛卡尔也没有遇到过任何关于"不存在之物的直观概念"的困难。[20] 这种"直观的"知识与"灵魂之外"[extra animam] 事物的存在之间的联系，并不建立在自然因果律的基础上，但唯术语论者却曾一度这么认为。笛卡尔认为，直观的知识既不是对形象的直接意识，也不是关于本质属性的直接知识：无论事物是否存在，物质就是广延（尽管有一个时期笛卡尔倾向于假设物质不存在）。笛卡尔式悬隔[ἐποχή] 更深层次的意义，就是将直观的知识从"存在判断"之中分离出来。[21]

187　　这种学说导致两个直接后果：（1）物质（如果存在的话）只是一个实体，而唯名论者却必须假设数量无限的个体的存在，同

─────────

〔20〕 上文第三章第二节：三。

〔21〕 Husserl, *Cartesianische Meditationen*, Strasser 编，pp. 27, 60, 以及各处。接下来的类比或许更能阐明：笛卡尔的认识论立场激烈反对的，正是中世纪晚期的唯名论认识论。笛卡尔运用了（与唯名论者对非存在物的"直观认知"的阐释）相同的方法来阐释"直观认知"，而这种"直观认知"是直接由上帝引起的，或任何情况下都独立于被直观对象的实际存在。但不同于唯名论者，在笛卡尔看来，这种直观认知的独立性或自发性，并不是上帝全能作用的一种例外的假设情况。当然，纯粹的直观认知也不像司各特认为的那样是为天使的至福直观，或为来生的准备。因此，不考虑感觉，甚至也不考虑对象的实际存在的"直接的直观认知"，到了笛卡尔那里就变成了直观的本质，成了规则，而非例外。此外笛卡尔思想中还存在着另一种情况（Specht, *Commercium mentis et corporis: Über Kausalvorstellungen im Cartesianismus*, pp. 7-28, 特别是 pp.12ff.），他采用中世纪神学中只属于天使的各种属性，并将这些属性赋予人，或者更一般地说，赋予所有正在思维着的实体。在中世纪的理解中，天使不可能具有一个身体：他们是纯理智，每个天使就其自身而言是一个"属"，因此与人相反，天使的灵魂形塑肉体，并且因此天使的质料是一种个体化原则。天使或其他的"灵"，既不会出于荣誉，也不会出于不明确的目的，而选择显现为（或采用）人的身体或其他东西的身体，但我们却只能设想天使采用人或其他身体的方式，就如同人处理他们自己创造的自动机一样。因此笛卡尔使我们所有人都更接近于成为天使（马利坦 [Maritain] 语）。无论如何，被中世纪神学家视为特例的情况，在笛卡尔眼中成了规则。

时个体性质（属性）的数量并不限于一个；（2）直观的观念是自发的、纯粹"理性的存在者"［entia rationis］。人们无法从逻辑上"演绎"出物质（或其他灵魂）的存在，它们也不是经验知识。我们"清楚分明地"设想到的所有存在都基于这个笛卡尔版本的充足理由律：上帝的"良善"与"一致性"。在整个17世纪，人们将以各种形式激活充足理由律，来解释或确保"物理必然性"——而这些"物理必然性"既非逻辑判断也非偶然判断，而是事实判断，是康德意义上的"先天综合"判断。17世纪哲学继续以各种版本的"必然存在"来维护充足理由律，物理必然性直到康德那里才被解放（同时并未遭到彻底摧毁）。

　　简而言之，笛卡尔认同中世纪唯名论者关于每种个体的直观知识具有完全的独立性的观点，他不同意的只是唯名论者关于这些知识的起源或因果关系的主张。这些知识并不必然是由"心外之物"引起的，因此它们自身并不包含存在判断。它们是自发的，而我们概念系统中的"自发性原则"将在近代科学哲学这条分支上得到更多的表述，并在康德的"统觉的先验统一性"中登峰造极。在考察"自发性原则"的过程中，这条原则将变得更为清晰，并且笛卡尔主义和唯术语论对"原初真理"（即直观的"清楚分明"的观念）之间的全然独立性的强调，也将变得更加难以维系：最终它们会被转换成一种关于"关联"的全新概念。

　　但笛卡尔认为，每种直观知识之间的绝对独立性是自明的；他的"自然规律"与现实的阐释必然性相去甚远。最首要、最普遍的"自然规律"就是充足理由律本身：自然的统一性植根于上帝的良善与一致性。用物理学的术语来说，宇宙中的动量是恒常的。第一与第二条"次要的自然规律"（特殊的自然规律）构成了惯性定律：每个物体都倾向于维持它自身的（静止或运动）状态，

188

并且该物体倾向于保持它既定的运动方向。笛卡尔力学的结果，也即"运动"与"方向"的分离，将惯性定律分成了两条截然不同的规律，每条规律都具体地奠基于上帝的一致性。这种分离的内在逻辑相当清楚。每条"次要的自然规律"都能无须借助另一条规律来运用，也即规定运动的物体，因此每条规律都需要一个具体证明（也即一个充足理由）。[22]

四、最后的怀疑

上帝可能会放弃创造物质（广延）；创造物质后，他可能使这个被创造的物质不具有运动；创造运动后，他也可能在每一时刻上改变动量（体积×速度），或改变运动方向。于是宇宙的创造便是一个独立可见的上帝决定的过程。每个决定都有可能不同。可是究竟有多不同呢？上帝是否仅能不使数学具显（即事物），或者他是否还能创造另一个数学世界呢？换言之，上帝是否只能使2＋2＝4变成非真的呢，还是他也能使2＋2＝5同样为真？

笛卡尔的立场在这个问题上并不是很清楚。他只是讨论了否定的情况，也即"上帝使数学定理无效"的情况，却从来没有讨论过"存在一种不同的数学"这种肯定的可能性。这或许有意为之，同时也相当重要，虽然笛卡尔从未讨论过这两者的不同。但我们的阐释已经使笛卡尔置身于这种困难重重的立场上。尽管这种立场的困难不能与笛卡尔使上帝免除矛盾律所面临的困难同日

189

---

〔22〕 Descartes, *Principia Philosophiae*, AT, 8.1, pp. 62-63. 笛卡尔的运动定律同样也被布赫达尔阐释为一种"先天综合"，参看 Buchdahl, *Metaphysics and the Philosophy of Science*, pp. 147-55. 但布赫达尔并没有认识到，充足理由律对笛卡尔而言已经具有很重要的地位了（作为这种"先天综合判断"的基础），他也并没有试图把笛卡尔阐释成一位唯名论者。"运动"与"方向"的区分，对笛卡尔的物理学产生了相当深远的影响。参看上文第二章第五节：一。

而语，但我们也应考虑最坏的选择。论证上帝可以创造另一些数学真理，或许就意味着：无论何时，居住在另一个数学的超现实世界中的人，可以在一条直线上将线段 BC 加在线段 AB 上，并使 AC＞BC＋AB，因为上帝永远可以在整体上，（从虚无中）加上某些不存在于部分中的事物。但若假设上帝（像在我们的世界所表现的那样）是一个懒散绅士，那么 AC＝BC＋AB。数学真理中的"充足理由"成了一条与运动和维持运动方向的充足理由类似的充足理由：不存在任何一种可以假设"上帝干预"的充足理由。保障自然规律的充足理由事实上是否定的，而非肯定的。在这两种情况下，我们都假设了我们的数学相对于其他任何一种数学的优先性。上帝并没有"决定"创造出我们的数学，但他必然"决定"使我们的数学成为有效的。如果这种阐释可行的话，那么笛卡尔虽以模糊的术语，却假设了这样的几何学相对于其"具显"（物质）而言的优先性。基于这个原因，笛卡尔愿意赋予数学真理一种"比道德〔真理〕更多"的确定性。〔23〕我们已经讨论过数学相对于数学之具显的优先性，并且考察了尽管只是作为数学关系，却可能被"清楚分明地"构想的那种可能性。物质是在时间中被创造的，数学关系既是偶然的，也将是永恒的。在此，笛卡尔思想便呈现出一种张力，这种张力在他的体系中从未得到彻底解决。

由于笛卡尔从未将他的充足理由律总结成公式，因此他也不可能搞清楚这种充足理由律的用途。我希望表明，就算在充足理由律占有相当重要地位的莱布尼茨的方法论中，莱布尼茨也没有意识到这种充足理由律之所以模棱两可的原因，莱布尼茨的阐释者同样没有意识到这一点。

─────────

〔23〕上文脚注〔15〕。

总之我们必须承认：我们最后的阐释提议，即数学优先于对数学之具显的可能性，仍是含糊的。那我们其他的阐释是否建立在更牢固的地基上了呢？将笛卡尔的"永恒真理"阐释成是"直观真理"而非"分析真理"的解释，在笛卡尔自身的术语中也是有根据的，我相信我已经证明了这一点。但宣称笛卡尔实际上倾向于这种（尽管含糊的）解决方案，则是另一回事。笛卡尔的一些段落暗示了这种阐释方案，但其他段落却很难与之统一。

190

尤其是，在 1649 年 2 月 5 日笛卡尔写给莫尔的信中，笛卡尔实际上重申了他向上帝全能做出的彻底让步，但柯瓦雷却错将这封信当成笛卡尔试图缓和自己原初立场的标志。笛卡尔否定"真空可以无须物质而存在"，这是他备受攻讦的观点，但这种观点在笛卡尔看来是一种词项矛盾［contradictio in adiecto］。"但你几乎就要承认，在事件的自然过程中不存在真空：你关注于上帝的力量，认为这种力量能既从一个容器中取出其中的容物，又不碰到其侧面……因此我大胆肯定上帝能做我认为可能的所有事，但我不太敢否认他能做任何与我的理智相冲突的事情，我只说这有矛盾"，就像我们希望建构一种没有广延的广延一样。物质与广延之间最根本的等式输给了"直观"，不过我们仍可以使这些段落应和我们的阐释。但笛卡尔继续写道："既然你排除了诸如'只有一个太阳和一个月球围绕地球运转'这样的单凭经验就可以认识的事物，那我承认就连物理学中也没有能令我满意的理由，除非这些理由包含了那些被你称为逻辑或分析性（矛盾的）必然性的东西。"[24] 看起来，笛卡尔预示了莱布尼茨对"推理真理"与"事实真理"的区分。但这本身却

---

[24] Descartes to More, 5 February 1649, AT, 5: 267, Kenney 译, *Descartes: Philosophical Letters*（Oxford, 1970）, pp. 237-45, 特别是 pp. 240-43。

不是一种惊人的成就，因为这是从中世纪晚期关于明证性的理论中继承而来的。[25]不过笛卡尔似乎还算上了之前的物理规律——和所有数学。他似乎暗示永恒真理是分析性的。然而如果他真这么想，那么我们剩下的或许只是在"我们已经比笛卡尔自己更好地理解了笛卡尔"这一点上的可疑的安慰了。

不过，让我们再考虑一下笛卡尔举的例子：作为事物唯一本质属性的"广延"和物理规律。它们并不像笛卡尔自己显示的那样被词项分析打败了；它们就是直观，或基于直观的。它们受到充足理由律的捍卫。甚至在我们援引的文本中，笛卡尔想说的或许是：由于我们将"物质"直观成了"广延"，因此"空的空间"对我们而言就成了一种矛盾，但上帝尽管可以创造不具有广延的物质（至于这种物质到底是怎样的，我们就不得而知了。奥卡姆也这么解释过圣餐实体转化说）却没有这么做，一旦他创造出具有广延的物质，那么他就是在一个空的空间中进行创造的。换言之，我认为笛卡尔并没有将矛盾律视为一种根本的直观，而是将其视为一种直观的条件及其关系。尽管我们必须承认笛卡尔含糊其词，但即使在我们引用的段落里，我们也可以将"上帝实际上可以创造出绝对矛盾"这种观点归为笛卡尔。[26]

确切地说，正是这种含糊其词，使笛卡尔涉足了那些区分"物理必然性"与"逻辑必然性"，并讨论"数学属于哪种必然性"

191

---

[25] 参看 A. Maier, "Das Problem der Evidenz in der Philosophie des 14. Jahrhunderts", 收入 *Ausgehendes Mittelalter*, 2：367-418；Weinberg, *Nicholas of Autrecourt*。

[26] 这在本质上是苏亚雷兹的观点，参见 Suarez, *Disput. Metaphysicae*, 30.17 a.13，收入 *Opera*, 26：210："因此自然之光，我们的理智不可能与可能的规律相冲突，或与上帝的全能相矛盾。"只因当时的背景与不必要的审慎，笛卡尔的回答才显得不如答案本身那么理性——不过，这很可能是笛卡尔为消除其他"偶然性"的痕迹有意为之的。

的历史主流。从中世纪开始之后的几个世纪，在对上帝全能的真正界限的讨论中早已预备了康德对"先天综合判断"与"先天分析判断"的区分。笛卡尔迫使上帝之手在每个创造时刻都只能进行两种选择：一种是合理的，另一种则是不合理的。上帝可以创造物质（广延），他也可以不创造它。但是一旦创造出物质（广延），那么他就可能使这种物质或者不运动，或者运动，或者两者皆备。一旦被赋予运动，那么运动就或是规则的，或是随意的、不可预测的。如果运动是规则的且可预测的，那么若没有其他理由干预，我们的太阳系以及最终不可避免地由运动着的无机物或有机物组成的所有其他力学星群，将产生旋涡。"自然规律"的意义发生了变化：它们变成了出于同质性基质，依据几何学的方式建构与重建自然的蓝图。上帝建构了自然规律，笛卡尔则试图重建它们；唯其如此，他才可能理解"创造"。

那么数学呢？笛卡尔主义者的立场与笛卡尔自己的观点相反，莱布尼茨将数学定理包含到了"逻辑必然性"中。如果仔细考察会发现，奇怪的是，笛卡尔毋宁说是用充足理由律来捍卫微积分的。康德同样重新回到了笛卡尔的立场，并且为捍卫笛卡尔做了更好的准备。但这种准备虽说更好，却还不够好。直到哥德尔证明了不完备定理，我们才找到了充分理由，将这种数学观念视为一大套同义反复的话而将其摒弃。

第五节　牛顿与莱布尼茨

一、牛顿与波义耳论"可能世界"

整个 17 世纪，关于"自然规律"的新概念，向毫无生气的

"上帝的绝对力量"与"上帝的有序力量"这对旧区分之中，注入了新的张力与活力。对科学的理论基础的方法论讨论，在17世纪成了对模态范畴的"具显"的长期演练。17世纪向中世纪被视为真理的神学中添加了新的关切点：神学法则通常指的是理想的——抽象的条件与实体，它们并不事无巨细地阐述"现实"，因此人们就宣称它们对现实的所有描述都是绝对建构性的。按照卡西尔的说法，"公式"取代了"实体"从前的地位，这种说法有可能既是对的又是错的。[1]关于"规律"或"关系"的观念，现在的确控制着人们构想"关联项"［relata］（诸如元素、粒子或子系统）的方式。波义耳、惠更斯和牛顿都坚持认为，存在着非关系性的物理学实体，但莱布尼茨却认为这种实体不存在；统治这些实体的"规律""定律"和"原理"被一种新的抽象模式击败了，这种新的抽象模式需要彻底为它们的"必然性"辩护，既要证明它与以往的相似，也要证明它不同于它们的中世纪对手。在中世纪，宣称上帝可以创造出其他的自然秩序，主要是指上帝可以创造出其他事物，或事物的其他"属"和"种"。但早期近代物理学以及随后的化学，甚至后来的生物学，无论它们多精确，都不可能再将对事物的分门别类视为关于自然的知识的最终目的。这种新科学寻求的是：关于所有可能的自然实体的普遍（甚至是先天）条件。而这些条件，无论从物理学家的观点来看，还是从神学家的视角来看，都必须同时被视为必然的和偶然的。借用康德的术语，自然规律必然要奠基于先天综合判断。

---

[1] Cassirer, *Substance and Function*, pp. 21ff., 162, 168ff., 以及各处。它比后来的很多著作都更接近于柯亨的新康德主义立场（参看 pp. 99, 355），特别是在对"起源原理"的运用上；参看 A. Funkenstein, "The Persecution of Absolutes: On the Kantian and Neokantian Theories of Science", pp. 51-58。

牛顿和莱布尼茨都以自己的方式解决了这一困境，但仍然是用神学的解决方式。两人共同的是，他们都将"上帝"视为保证世界"合理性"和"可理解性"的方法论保证。在《献疑》[Queries]的一个著名段落，牛顿通过诉诸上帝的全能捍卫了空间的无限性："但空间是无限地不可分的，物质并不必然存在于所有地方，或许上帝也能创造出各种形状和大小的物质粒子，并按照它们与空间的不同比例来进行创造，或许也能创造具有不同密度和力的粒子，因而能够改变自然规律，并在宇宙的不同部分创造出各种不同的世界。至少在所有这些当中，我看不出任何矛盾。"波义耳的话与以上这番话非常相似：

> 然而，如果我们和某些近代哲学家一样，假定上帝已经在我们这个世界之外创造了其他世界，那么这种假设将是极有可能的，上帝在截然不同的世界中放置了他的多重智慧。……在这些世界之中……我们可能假设，全知的建筑者首先构想出的，是处于这些世界的物质之中，各个部分原初的构造或框架，并且这种构造与框架与我们的系统结构截然不同。除此之外……我们也可以设想在这些系统中的某一系统内，结果现象与可观察到的产物之间可能存在着巨大的不同……虽然我们应该不要去假设，存在着两种或三种位移法则，它们可能与那未知世界的法则极为不同……上帝或许可以创造出一些本质上静止的物质，[也即，亚里士多德式"趋向于静止"的世界与原子论的物体"不停地自动着"的宇宙并行不悖]……这种运动在物体之间的传播法则，或许不同

于我们世界……的那些法则。[2]

牛顿所说的只是一种"可能性",波义耳所说的则是一种"可能的事态"。波义耳强调的是可能世界之间的不同,牛顿则强调这些世界之间的共性。牛顿只是允许上帝"改变"[vary]自然规律,波义耳却允许上帝"改换"[change]这些规律。牛顿在物质的原子结构中认识到了一种贯穿于所有可能世界的物理学必然性,而波义耳比起牛顿来更像一名"唯意志论者"。

从以上引文我们可以看出,牛顿更倾向于只考虑这种可以与我们的世界并存的可能世界,虽然这样的世界存在于"空间的其他部分中"。物质的原子结构是所有可能系统共同具有的。但重力是否同样如此呢?这就触及了无限性。$F=a \cdot m_1 \cdot m_2/r^n$,但 $a \neq g$ 或 $n \neq 2$ 的另一个系统也可能距离我们的世界无限远;否则这个系统与我们的系统之间(或是在任何两个物体中,其中一个物体位于另一个系统中,另一个物体则位于我们的系统中)的重力,将不得不取两个相互矛盾的值。然而,或许我们可以在无须改变这条规律本身的前提下,通过创造更小的原子来改变物质的这种

————————

[2] Newton, *Opticks* 3.1("献疑"31), pp. 403-404; *The Works of the Honorable Rebort Boyle*, 3: 139。Oakley, *Omnipotence*, pp. 72-77, 欧克利清楚地证明了波义耳得益于"绝对力量"与"有序力量"这对术语。他正确地称其为"一名唯意志论者",但这本身并不能得出牛顿事实上是和他一样的唯意志论者,参看 Burtt, *The Metaphysical Foundations of Modern Science*, p. 294(和其他各处),布尔特则假设波义耳追随莱布尼茨。牛顿坚持认为,创造是"随意性伴随完满性"的,毋宁说他代表了阿奎那的观点(上文第三章第二节:三)。在这一点上,他与莱布尼茨的区别可能比我们假设的要小。无论如何,布尔特并不属于那些"无法认识到这是一种对自然规律的更唯意志论的理解"的历史学家,他在该书中谈到了"中世纪和近代哲学中的英国[!]唯意志论传统",这种传统"倾向于使上帝的理智从属于上帝的意志"。也参看 Dick, *The Plurality of Worlds*, p. 146。

"密度"，并因而改变对质量的量度和重力的大小；而在这种情况下，其他可能的系统将在一个无限的、可变的距离中与我们的系统共存。我们看到，牛顿相信一个物体的质量（在我们的世界中）取决于原子数乘以其体积。他同样相信，上帝确实能够分离原子，[3] 因而空间必然是"无限可分的"。无论如何，原子物质和力都是偶然性与必然性的共同载体：虽然这些体系都允许一种范围无限的变化，但所有可能的体系之中必然都包含了这些原子物质和力。它们是所有具有任何可量化的量的可能世界的必然基质。

"原子"与"力"不仅保障了世界作为一个整体"伴随偶然性的必然性"，也保证了在每个世界中都是如此。牛顿和莱布尼茨都知道，"那些既不绝对刚性也不至于柔软到完全失去弹性的物体，将不会相互回弹。不可渗入性只是使它们停了下来。如果两个相同的物体在真空中直接相遇，那么按照运动定律，它们将停留在它们相遇的那一点上，同时失去它们中的所有运动并保持静止，除非这两个物体是有弹性的。……如果它们具有充分的弹性，并可以使它们中所有的力按四分之一或四分之三的力回弹的话，那么这两个物体将失去它们四分之三，或者一半，或是四分之一的运动。"[4] 牛顿并没有规避"我们能在这个世界上找到的运动的变化永远是减少的"这个结论。[5] 事实上，上帝必然定期向我们的世界中增加力，以维持世界像钟表一样准确地运转。莱布尼茨的这种适用于隔着一段距离作用的力的守恒法则，对牛顿毫

---

〔3〕　*Opticks* 3.1, p. 400.

〔4〕　*Opticks* 3.1, p. 398. 这就是笛卡尔的运动定律与牛顿、莱布尼茨的运动定律之间最关键的不同（上文第二章第八节：六和七）。

〔5〕　*Opticks* 3.1, p. 399；参看 *Leibniz-Clarke Corresp.*, GP, 7：370。

无用处，[6] 因为这条法则基于"所有物体都确实是有弹性的"这条假设。即使我们可以不通过变化就获得同样的力，然而系统虽然或许是理性的，但它在本质上却注定要坍塌。牛顿的"物质"和"力"既是同质的，又是非异义性的；既是必然的，又是偶然的。他对模态范畴的运用或对模态范畴的具显，是严格的时—空式的："可能"是指在某一时间某一地点上可实现的。看起来，似乎只有绝对空间与绝对时间才是绝对必然的，也即按照上帝的绝对力量是绝对必然的。

二、莱布尼茨："必然性"与"充足理由的统一"

关于自然规律的必然性与偶然性之间的辩证关系，牛顿给出了一个图画版的时—空阐释，莱布尼茨则赋予这一辩证关系一种纯粹概念性的阐释。如果我们的宇宙是"所有可能世界中最好的世界"，那么其他任何可能的宇宙都将无法实现，或不可能实现。乐观主义者们就是这么认为的，悲观主义者们则唯恐这是真的。但仍然存在着其他的可能世界，也即上帝出于"更好原则"可能选择却并没有选择，而且将来也不会选择的世界。[7] 表面上，这条简单的公式使科学家莱布尼茨能够假设宇宙是全然理性的，同时也能允许他相信一个全能的上帝的自由选择。虽然已经拥有了

---

[6] 上文第二章第七节：二。因此（*Opticks* 3.1，p. 402）："不去追问［刚性粒子的神圣秩序］，而要寻求这个世界的其他起源，或是装作它可以仅凭自然规律就从混沌中产生，这种做法并非哲学的；虽然一旦形成，这样的世界也许会按照所订立的规则而维持很多时代［这不是不确定的！］。"笛卡尔的宇宙创生论恰恰与之相反（下文第五章第二节：六）。

[7] Principe de Meilleur: *Leibniz-Clarke Corresp.*, GP, 7：390；*Théodicée*, GP, 6：44. 完满性原则：*Tentamen anagogicum*, GP 7：272（比较"最大值法"和"最小值法"）。

196　这些好处，但这些好处却又似乎是转瞬即逝的。我们很可能像奥雷奥里和奥卡姆曾经询问司各特那样提出这个问题："仅仅逻辑上的'可能性'具体是种什么状态呢？"[8]"仅仅是逻辑上的可能性"与"现实的可能性"之间的区别是否在于，前者意味着在上帝为我们的宇宙赋予存在之后，就连上帝也无法再实现的可能性呢？莱布尼茨又一次被这种互相矛盾的冲击搞得心力交瘁，同时他也再次尝试用一种"连续统一体"来建立相互矛盾的两极之间的联系。一种"现实的可能性"或一种更好的"一个可能性的现实性"［reality of a possibility］并不是一个"非异义性"的概念。如我们所见，存在无限多的现实性等级，其中每一种都被分派到了一个不同的可能世界中。也许纯粹的逻辑性是属于最不可能的可能世界之中的可能性。我们看到"一个可能性的现实性"等级，是由最大数量的个体的可共存性或其内在的相互关联所决定的。时间和空间只是派生地，而不是建构性地表达这种可共存性。或许"一个只存在一种实体的宇宙"（例如上帝）甚至到现在也还是可能的；只不过根据充足理由律（PoSR），这种宇宙是可能性最小的。

　　在上文中[9]我们已经看到，莱布尼茨坚持对现实等级做一种"外延性的阐释"（这一阐释涵盖了不同的可能世界）；与此同

---

〔8〕　上文第三章第二节：四。由于莱布尼茨的"可能性"观念并不等于"在有限的证明步骤中无法证明其不可能"的观念（上文第二章第八节：一），因此，现代关于"可能世界"的语义学（例如克里普克的语义学）是否可能毫无保留地应用于莱布尼茨，这一点仍可存疑（参看 R. M. Adams, "Leibniz's Theories", pp. 32-36）。看来，通过牢记中世纪对模态范畴的阐释来接近莱布尼茨的思想，会更好一点。我认为由亚当斯引入到莱布尼茨的"偶然性"观念中的，对"一致性"与"ω-一致性"所做的区分，更有价值。

〔9〕　上文第二章第八节：四和七。

时，他也坚持另一种"内涵性的阐释"（即在我们的宇宙中存在着一种从纯粹关系到现实实体的现实性等级的"连续统一体"）。"力"比空间和时间更具现实性，"质料性的实体"（实体性的连接［vinculum substaniale］）则比"力"更具现实性。但这两种现实性的等级是否真的有所不同？莱布尼茨并没有说，一种关系越抽象，它就越能适应更多的世界；但这种认识却几乎可以从他的自然规律概念中直接得出，这种自然规律概念只能对许多可能世界有效，然而逻辑规律（在莱布尼茨看来，它们总是"二价的"）对所有的可能世界都是有效的。但如果莱布尼茨曾经想要在这两种现实性等级之间画等号，那么他将不可避免地成为一名斯宾诺莎主义者。为了逃离这可怕的命运，莱布尼茨区分了"现实性"与"存在"。不过如果"可能世界的现实性"与"各种关系之间的现实性"是两个可互换的表达，那么这种区分将毫无意义。莱布尼茨后来可能发展了这种对"关系"的内涵性阐释，而不是外延性阐释，不过他从来没有直接明说过这个问题。虽然莱布尼茨并没有完全说出他所诉诸的理论，但他所诉诸的这种理论中的诸要素都已经被明晰地表达了出来：我指的是，从充足理由律中可以区分出"原理"［principles］和"规律"［laws］的不同。我们已经看到，"原理"潜伏在莱布尼茨思想中的所有角落，它体现了莱布尼茨对于"伴随必然性的偶然秩序"的信念，因为它"倾向于上帝，且无须使上帝成为必然的"。至少，我们若是为了试图理解莱布尼茨体系中暗含的各种冲动及其体系的各个层次，就必须转向这条原则。

　　充足理由律有许多不同的面向，它能解释所有"高于逻辑的必然性"；这些面向使某些阐释莱布尼茨的人，假设这种充足理由律代表了两种或更多独立的阐释方法，或是将这项原则与其他（诸如完满性）原则相并列。[10]莱布尼茨自己则只是提及了矛盾律和充足理由律这两条"重要原理"。如果从莱布尼茨的观点出发，古度拉特［Couturat］至少是对的，因为他所肯定的仅此而已。[11]只有在狭义上建构充足理由律（即仅代表公设"谓词内在于主词之中"），我们才可能论证"更好原则"的独立性。但这种狭义的建构没有文本证据，而且我们很容易证明这种建构破坏了莱布尼茨的意图。推论"更好原则"的方法与推论那些"不可辨别者的同一性"所使用的方法一样："如果两个不相容的事物都同样好，并且它们中没有一个因在其自身之中，或是通过与他物混合而比其他物体更具优越性的话，那么上帝将不创造这两者之中的任何一个。"[12]可能世界之中的单子并不在"它们的现实性等级"

----

〔10〕 Rescher, *Leibniz*, pp. 22-34, 特别是 p. 33；pp.47-57, 特别是 p. 57, 其中展示了该原则的一个谱系, 在此只有"不可辨别者的同一性原则"和"由充足理由律推出的同一性"；此外还有由（独立的）完满性原则推导出的"丰富原则"、"和谐原则"以及"连续性原则"。雷舍尔认为, 只有后者才是偶然性的根源。然而参看 GP, 6：612："充足理由律也应该可以在偶然真理或事实真理之中找得到"；GP, 2：56（充足理由"并非必然性的倾向"）。"偶然性的根源"正是这种"并非必然性的倾向"。其他试图割裂充足理由律的还有：B. Russell, *A Critical Exposition*, pp. 53f, 罗素将充足理由律分别分离到了"存在的领域"和"可能的领域"之中。还可以参看 *The Leibniz-Arnauld Correspondence*, Parkinson 编, Mason 编译, introduction pp. xxiii-iv（但这两人都将"完满性"等同于"充足理由律"）。

〔11〕 Couturat, *La Logique de Leibniz d'après des documents inédits*, p. 224；相似的立场参见 G. Martin, *Leibniz*, pp. 8-16。也参看 Belaval, *Leibniz*, p. 387。

〔12〕 *Leibniz-Clarke Corresp.*, GP, 7：374（§19）. 参看下文脚注〔14〕. 这同时既是"事物中不存在无差别的事物"［nulla in rebus est indifferentia］原则, 也是完满性原则。雷舍尔或许受到了莱布尼茨如下主张的误导, 莱布尼茨认为"充足理由律包含在矛盾律之中"（同上, p. 420 §130）。莱布尼茨的意思并不是很清楚, 他并没有证明或讨论这种立场, 但这个观点导致 18 世纪的莱布尼茨主义者们对此长时间的讨论：充足理由律是否确实可以从矛盾律中推导出来。但如果是这样, 那么"更好原则"（即便它是偶然性的唯一根源）也同样可以由之推导出来。正是因为充足理由律, 才引发了对原子论的驳斥（GP, 7：420 §128）。同时, 在其他地方（*Demonstratio contra atomos*, GP, 7：288），

或"它们何以存在的理由"上不同。我们看到，完满性的等级的 198
确就是现实性的等级。充足理由律确实提出了不同种类的理由，
但这种充足理由律取决于话语的不同层面。在本体论层面上，充
足理由律既是一种现实性标准（可能性和可共存性），而且也是上
帝选择的一个标准（存在）。由于后者是合理的（但在绝对意义上
说，它无须如此），因此它与前者具有相同的理由。在认识论层面
上，充足理由律是对现象世界的客观标准，通过这种标准，我们
便能说出（在我们讨论过的意义上）评估我们心灵表象与建构的
现实性相对而言的等级。而在方法论的、科学的层面上，它是一
条在各种假设之中进行选择的标准。相应地，充足理由律既不作
为"谓词在主词之中"的原则出现，也不作为"更好原则""更和
谐原则""丰富原则""一致性原则"或"简约原则"而出现。不
同的话语层面运用的是不同的理由。

三、莱布尼茨 vs 斯宾诺莎："充足理由"与"可能世界"

接下来的考察可能会帮助我们走出这些"理由"的迷宫。充
足理由律的肯定形式的表述是："所有真理都可以给出一个理由，
或者正如通常所说的，没有任何毫无理由就发生的事情。"[13]当它
已经千篇一律而陈腐过时，它就分成了两种看上去几乎互相矛盾的
否定形式。如果没有理由说明为什么 P 不应该存在（或不应为真），

（接上页）莱布尼茨在同一个论证上添加了一个更有趣的对上帝之全能的评
论："不过倘若有人认为原子可以由上帝之诫命而产生，那么我们就承认上帝
可以产生这些原子。但这就需要一个永恒的奇迹来保证这些原子不分离，因
为完满的力的原则是无法仅凭物体自身而得到理解的。上帝可以做任何可能
的事情，但他并不总能将他自己的力转移到被造物上，也不能让那些只能由
他来创造的东西，自己产生出来。"

〔13〕 *Specimen inventorum*, GP, 7: 309.

那么 P 就将存在："存在"自身就是一个理由，它比"无""要好"。但如果存在很多能够说明为什么 P 存在以及为什么 P 不应该存在的理由，那么这些理由都将不是理由。再者，如果上帝不得不在同样好却不相容的可能性之间选择的话，那么他将不会选择这两者中的任何一种。[14] 于是，莱布尼茨的充足理由的评判标准，便不能通过简单的算术微积分得出。在算术上，对于 P 或 ~P 而言，"有 n 个理由"还是"有 0 个理由"这两者之间没有区别。然而，对于卷入其中的每一种否定的本质而言，情况则大不相同：不管这种本质是有规定的还是无规定的。如果对 P（一个主体、一种状态、一个事件、一种性质、一个命题）的肯定或断言，并不必然推导出对任何 P_i 的否定，那么正是 P_1 的"一致性"才是它存在的理由，因为所有的可能性都蕴含着一种"追求存在的冲动"（迫切地追求存在的冲动）。然而，如果 $P_1 \equiv P_2$（就像杠杆原理那样），那么这两条理由中的任何一种，都不可能得到肯定或断言，因为"事物中不存在无差别的事物"（这是充足理由律的另一个版本）。[15] 换句话说，充足理由律给莱布尼茨提供了建立在绝对确定性（但并非逻辑确定性）之上的信心：在现实中，没有任何两件事或两种情况在所有方面都是相同的。

───────

[14] 上文脚注〔12〕；参看 *De rer. orig.*，GP，7：303："我们应该首先认识到这一点［！］，即任何存在都比无要好，任何存在的事物……都迫切地追求存在……"；更甚的是："正如实体优于非实体，这就是为什么任何存在都要比无好。"参看 GP，7：289："为什么任何存在都要比无好，理由就在自然中。由此推出一条更大的原理：不存在没有理由的东西。"

[15] 然而所有的可能性就其自身而言具有同样的追求存在的权利与倾向："所有可能性都依照同样的权利出于现实性的理由而倾向于存在"（GP，7：303），因此在 GP，7：303 中，"本质的量"［quantitas essentiae］就等于这里的"现实性的理由"［ratio realitatis］。正是这段话（可共存性），使得一种可能性高于另一种可能性。参看上文第二章第八节：三。

　　柯利[16]已经证明，莱布尼茨的这种结构最小化的充足理由，或许来自斯宾诺莎：

　　　凡物之存在或不存在，必有其所以存在或不存在的原因或理由。例如，若一个三角形存在，则必定有它所以存在的原因或理由；反之，假若这个三角形不存在，也必定有原因或理由阻碍或取消其存在。而这个原因或理由，如果不是包含于那物本性之内，就必定是存在于那物本性之外。例如，圆的方之所以存在或不存在的理由，是出于它们的本性，也即在其中包含了矛盾。……而一个三角形或一个圆之所以存在或不存在，则并非出于其本性，而是出于有形的自然界的秩序［其中，与莱布尼茨相反，物质只是广延］……因此可知，如果没有任何理由或原因阻止或减弱（哪怕只是一丁点）其存在，则该物必然存在。[17]

　　这个斯宾诺莎版本的上帝存在证明，正是系于这种最小结构的充足理由律，并且这种原则也保障了有限的样态"伴随必然性的偶然性"。[18]莱布尼茨的充足理由律具有与该证明相同的结构与相

200

〔16〕Curley, *Spinoza's Metaphysics*, pp. 83-117；同上，"The Roots of Contingency"，收入 *Leibniz: A Collection of Critical Essays*, Frankfurt 编，pp. 69-97，特别是 pp. 90f.（莱布尼茨）。参看 Lovejoy, *The Great Chain of Being: A Study of the History of an Idea*, pp. 152-53。

〔17〕Spinoza, *Ethica* I prop, 11, Van Vloten-Land, 1: 44（作为上帝存在的证明）。［中译采用《伦理学》，第 10-11 页，贺麟译，商务印书馆，1997 年。——译者］不过我们必须牢记，斯宾诺莎并没有通过无限分析来设想"不可能性"，但莱布尼茨却这么做了，因此，莱布尼茨关于"可能性"的观念，并非仅仅是那些不可能被（有限地）证明为矛盾的观念。也参看 Schepers, "Zum Problem der Kontingenz bei Leibniz"，收入 *Collegium Philosophicum*, pp. 326-50。

〔18〕作为"可能性"。也参看 Van Vloten-Land, 1: 45："可见完满性不但不取消一

似的功能。

　　按照充足理由律，"在现实中存在着两个完全相同的事物"是一种"物理学上的不可能"。但它不是一种"在物理学之中的不可能性"。科学的抽象有时需要与现实相反的假设来辅助（例如平衡法则或是统治现象世界的所有法则）。如果两个相同的物体与杠杆的支点等距，那么这两个物体都不会下降：我们的确在现象世界中为了数学抽象而假设了"所有不可辨别者的非同一性"（我们记得，空间并不足以区分实体）。[19] 而"质料同质性"则是这类抽象中的另一个。[20] 将一种事物或一组事物从其背景中孤立出来，以便就其自身来研究它的行为，既是可允许的，也是必要的。但这种孤立手段只是一种一旦工作完成后便要被抛弃的辅助手段。[21] 更进一步考虑，这在形而上学层面必然是真的。"无规定的否定"是对论证的抽象辅助。在现实中，肯定 P_1 就是排除了某种确定的 P_2（一个单子、一种状态或另一个可能世界）。如果是这样，那么每种规定性就其自身而言也是一种否定。莱布尼茨就坚持这样一种自相矛

（接上页）物的存在，反倒是肯定它的存在。而没有完满性正足以否定一物的存在；所以我们所最深信不疑的存在，除了绝对无限、绝对完满的存在，即神之外，没有别的东西了。"[中译采用：《伦理学》，第 13 页，贺麟译，商务印书馆，1997 年。——译者]

[19]　上文第二章第八节：五。

[20]　Leibniz to de Volder（1703），GP，2：232-53："的确，实体与质量之间是不同的，就它们分别是'完满之物'与'不完满之物'而不同来讲，前者是自在存在的，后者则通过我们的抽象而把握到，并由此可以定义现象中的任何能将质量归于其某一部分的东西。"参看上书，pp. 277，282（理想性）以及 NE pref.，GP，5：57（"逻辑质料"vs"实在质料"：实在质料既可能是形而上学的或物理学的＝一个质量相同的物体）。

[21]　Leibniz to de Volder（n.d.），GP，2：190："因此，即使在自然中实际上不存在任何无阻力的作用力，但是通过心灵的抽象，便能将'在物之中自在存在的东西'与'混合了诸多偶性的东西'分离开来，尤其是当前者是由后者就像'先天的'一样来衡量时。"也可以参看上文第二章第五节脚注〔3〕（就其自身而言 [in se]）；第三章第三节脚注〔10〕（克劳堡）。

盾的方法论：在物理学中，我们建构出了"不完满的观念"，并把这些观念视为完满的来加以运用；但在形而上学中，我们虽然假设了"完满的观念"，却由于我们知道我们并不拥有这些完满的观念，而将其视为不完备的。这些抽象模式之间的不同，同样也可以解释我们在本节中最先提出的那个问题：莱布尼茨是如何避免把这两种现实秩序完全等同起来的？当然，"现实"是其中的一种解释。但我们却将它的"各个等级"分派给了这一种或另一种构想出来的现实，而它们的术语之间并没有——对应的关系。

　　只有上帝才能保障莱布尼茨的充足理由律的有效性。莱布尼茨的上帝在方法论上保证了这个世界是全然合理的世界。"物理必然性"与"逻辑必然性"的区分就是对这种思维方式的运用，而这种区分最恰切地表达了中世纪神学家与17世纪自然哲学家之间的差别。中世纪神学家认为，上帝是世界的全然偶然性的原因。就连认为"每一种被上帝创造的事物都必须具备某种秩序"的阿奎那，也认为即便上帝也无法构想出一种最好的秩序：决定使哪个可能世界成为实际存在的世界，这必是全然随意的。[22]但莱布尼茨却说，按照充足理由律，这不可能是随意的。相应于"我们的宇宙为什么存在"这个问题，必然也存在一个理由，因此我们的世界必然是"所有可能世界中最好的世界"。[23]上帝从所有偶

201

----

〔22〕　上文第二章第八节：三。

〔23〕　由于这个证明需要无穷多个步骤，因此这种思想先天的就是一种"偶然的"思想。或许在思辨中，人们不但可以将可共存性的标准应用于可能世界中的个体，而且还能将其应用于可能世界本身（不过依我看，莱布尼茨本人并没有明确地这么做）。世界是最好的，它在任何既定的阶段（状态）都仍然可以与最大数目的可能世界共存，也即具有最高等级的自由。在这个最好的世界中，从一个阶段向另一个阶段的转变可能意味着这个阶段已经转变到了下一个排除了最少数量的其他可能性的阶段。因此它就只是排除了其他所有较为不完满的世界之后所有步骤的总和。

然性的源泉变成了所有"合理性"的源泉：上帝在方法论上保证了"自然是完全可理解的"。"改变某些需要改变的东西"[Mutatis mutandis]，甚至连牛顿与这种立场也相去不远。

这种立场自然有其代价。斯宾诺莎可以运用充足理由律来证明上帝的存在，却不需要试图先提出这个问题，莱布尼茨却无法免于这种循环。他需要充足理由律来证明上帝的存在，但这项原则的有效性与伴随这项原则的一系列确保自然的可理解性的原则，又都取决于上帝的选择。因此必须取消上帝并让"理性"自身作为一个充足理由，除此之外似乎已经别无其他路径了。不过在休谟之前，从来没有一个人敢这么说；而在康德之前，也没有一个人敢于证明这一路向如何才可能实现。

第四章 "神意"与历史进程

第一节 "看不见的手"与历史的概念

一、维柯的"神意"

17世纪以来在社会与经济思想中有一类备受尊崇的阐释，有时它以"看不见的手"著称（"看不见的手"这个术语源于亚当·斯密）。在所有地方，斯密都教导我们，"私人的恶德"是如何通过自身而转化成"公共的善好"，并且个人对私利的追求本身又是如何为社会与福利做贡献的。斯宾诺莎也将他的政治理论奠定在这种机制上；曼德维尔则以《蜜蜂的寓言》将这种学说广为传布。[1] 从17世纪开始，"看不见的手"的阐释的各种不同版本也被应用于阐释历史进程和社会演化。维柯详细地描述了人类从其原始的野兽般的存在中创造出自己的社会本质的缓慢过程。这

---

[1] 关于曼德维尔的这个术语的起源与发展过程，参看 Euchner, *Egoismus und Gemeinwohl: Studien zur Geschichte der bürgerlichen Philosophie*, pp. 82-125, 以及各处。关于曼德维尔与维柯，参看 Goretti, "Vico et le hétérogenèse de fins", pp. 351-59. 我们在特雷西奥 [Bernardino Telesio] 那里已经看到了相似的社会和自然阐释（上文第二章第四节：三）。某些基督教思想家引入"个人财产"的原因与以下观点类似：阿奎那所说的财产分割在堕落之前就已经扎根于自然法和人的国家中了，它鼓舞了人的创造性。参看 Aquinas, *Summa theol.* I q.2 a.105.

是一个受到外部必然性驱使的、无目的的、"偶然的"自发过程。维柯称该过程为"神意",并一次又一次强调这种运作的本质是模糊的:个人并不有目的地向着"神意",并且这种"神意"并不为人所知晓。

> 这个包括所有各民族的人类世界确实是由人类自己创造出来的。不过这个世界所自出的那种心智往往是不一致的,有时是彼此相反的,而且经常超出人们自己所追求的那些特殊目的……人类存心要满足自己的淫欲而抛弃了自己的子女,而他们却创建了合法的正式结婚制,各家族就是由婚姻制产生的。家族父主们存心要对自己的庇护者们毫无节制地运用父权,而他们却使受庇护者服从民政权力,诸城市就是由民政权力而产生的。贵族的统治阶层存心要对平民们滥用主子的自由,而他们却不得不服从法律,而法律就奠定了民众自由。各族自由的人民存心要摆脱他们的法律束缚,而他们却变成服从独裁君主的臣民。……因为他们经常这样做的结果永远是一样的。[2]

又及:"神意发动了使残暴者从无法无天的情况到变成人道的、并且凭人道创建民族生活的转变过程。……神意旨做到这一点,是通过在人们心中唤醒一种朦胧的神的观念。这批亡命之徒在无知

---

〔2〕 Giambattista Vico, *Principi di scienza nuova*, 3rd ed.(1744)§ 1108(因而简写为 SN),收入 *Opere*, 4, Nicolini 编;*Vico, Selected Writings*, L. Pompa 编(Cambridge 1982), p. 265;Löwith, "Vicos Grundsatz: *Verum et factum convertuntur*",收入 *Aufsätze und Vorträge 1830-1970*, pp.169-170.[中译采用:《新科学》1108 节,第 573—574 页,朱光潜译,人民文学出版社,1997 年。以下《新科学》中的引文,若非额外注明,都采用朱光潜先生译文。——译者〕

中把这些神看错了，把本不属于神的东西也误记在神名下。"〔3〕如果曼德维尔建构性的"个人恶德"产生了社会的稳定，那么维柯建构中的"初民"（"这些愚蠢的、无情的、凶狠的野兽"〔4〕）的集体过错则产生了早期的社会系统。这些社会系统受到"建构上的错误"与个人私利的驱使，从而演化成各种更有人性的秩序。维柯补充道，霍布斯所主张的"人类自己建立自己的国家"〔5〕的创造是毫无目的性的。这种观点听起来像是安布罗修观点的历史版：安布罗修说，"幸运的原罪"结出了"比无辜更多的果实"。〔6〕

这种思想形象后来的版本相对而言更广为人知。与维柯一样，康德在他对"自然的隐秘计划"的评论中，把"看不见的手"的

204

----

〔3〕 SN §§178-79［中译采用：《新科学》，第96—97页。——译者］；参看 Vico, *De universi iuris uno principio*, 收入 *Opere* 2：55："因此，律法与社会之母，并不像伊壁鸠鲁、马基雅维利、霍布斯、斯宾诺莎和贝尔所倾向的那样，是功利，或恐惧，或贫困：而是偶因，通过偶因，社会人按照自然本性和原始之恶来划分，软弱或卑贱的人受到掠夺，社会得以维系，或者说，正是社会的社会性得以维系。"关于偶因论在历史上的运用，参看下文第四章第六节：二。

〔4〕 SN §374［中译采用：《新科学》，第161页。——译者］；维柯如同霍布斯一样，将主宰初民的激情刻画为恐惧，不过这种恐惧是对诸神的畏惧而不是对同伴的畏惧。其他人则强调"怯葸"［timidity］：Montesquieu, *De l'esprit des lois* 1.2, 收入 *Oeuvres*, Callois 编, p. 235. 孟德斯鸠反对霍布斯"人在自然状态中是兽"的观点。也参看 E. Leach, "Vico and Lévi-Strauss on the Origins of Humanity", 收入 *Giambattista Vico: An International Symposium*, Tagliacozzo 编, pp. 309-12. 参看下文第四章第六节脚注〔5〕。

〔5〕 Thomas Hobbes, *Six Lessons of the Principles of Geometry*, 收入 EW, Molesworth 编, 7：184. 参看 Watkins, *Hobbes' System*, p. 69. 这种说法同样也与"真理＝被造者"原则［verum-factum principle］相关；参看 Löwith, "Vico's Grundsatz"（上文脚注〔2〕）。维任涅［Verene］与 G. 法索都证明了：维柯早前很少明确地运用该原则，而只是在《新科学》第二版时才重新引入该原则（Verene, *Vico's Science of the Imagination*, pp 36-64, 特别是 pp. 57ff.）。

〔6〕 Ambrosius of Milan, *De Iacobo*, 1.6.21, p. 18. 参看 Ladner, *The Idea of Reform*, p. 146 及 n.67。也参看 Funkenstein, *Heilsplan*, p. 34（安布罗修与安提阿的提阿非罗）。

共时性与历时性这两方面结合到了一起，[7]这一评论又被黑格尔转化成了"理性的狡计"学说。黑格尔将对"看不见的手"的历史阐释的所有内涵囊括进了他的理论。"这可以称为理性的狡计，它驱使各种激情去做它该做的。"[8]一个人感觉到了其自身的主体利益并受其驱使，他具有追求其自我之自由的"无限权利"；直接屈从于任何更高的目标将亵渎这项权利，亵渎"绝不将人当作手段而总将人视为其自身的目的"的（康德式）"定言律令"。因此，理性既不应当也不能够把历史的客观目的用于反对个体的主观欲望，否则历史将不会是"自由意识的进步"。理性的对象是间接实现的。历史的行动者通过追随他自己的意志而行动，它不是工具。主体自由与客体必然性只有对于主体的意识而言才会变得相互冲突。在"时代精神"的每一阶段，主体自由与客体必然性都是相符合的；人们不断洞察到这种符合，这构成了自由的客观意识的进步。"自由"与"必然性"之间的中介就是"理性的狡计"。

所有关于"看不见的手"的历史建构的共同之处就在于，人类历史的"绝对自主性"与"自发性"是在一种较强的意义上说的。从维柯到马克思，他们都将人类社会想象为历史的主体——

---

〔7〕 Kant, *Idee zu einer allgemeinen Geschichte in weltbürglicher Absicht* prop.8, 收入 *Werke*, Weichschedel 编, 11: 45（参看 pp. 34, 47）；写于 1784 年，即创作《道德形而上学之奠基》的前一年，此时康德还没有避免用"社会对抗"作为推进更崇高目的之"手段"这样的话来谈论"自然"（prop. 4, p. 37）。

〔8〕 Hegel, *Philosophie der Geschichte*, Brunstädt 编, pp. 61, 65, 69, 78。冯特［Wundt］稍后将谈到"目的之异质性"。参看 Stark, "Max Weber and the Heterogeneity of Purposes", pp. 249-64。我认为如果追踪黑格尔"历史的意义"这种认识的起源的话，那么可以在上帝的"适应"观念中（而不是从其他古代或中世纪传统中）找到这种历史意义的踪迹。在他的重要著作《历史中的意义》中，洛维特忘了区分传统与这些传统的背景，因此他所做的一些比较是错的。

人类社会这种历史主体自身能够产生它所有的制度、信念和成就。无论他们是否认为"神意""自然"或"理性"正发挥着直接或间接的作用，所有这些关于"神的手段"*的建构，都从人类事件的进程中消失了。当维柯将"各族人民的本性最初是粗鲁的，以后就从严峻、宽和、文雅顺序一直变下去，最后变为淫逸"〔9〕的历史必然性，命名为既是"自然的"同时也是"神意的"或是"永恒理念的历史"时，〔10〕他明显歪曲了中世纪关于"特殊神意"的观念，又或许正如斯宾诺莎那样，他将这种"特殊神意"的观念推到了顶峰。对维柯而言，"神意"代表内在的机制，其中"诸神时代、英雄时代、人的时代"〔11〕相互跟随。或许只是出于谨慎的原因，维柯在他的〔历史的〕演义与重演图式中排除了"拣选子民"，也即犹太人与基督徒。然而在后期的"历史中的理性"这个提法中，维柯失去了这种谨慎。从维柯到马克思，这些人看似

205

----

* 语出《出埃及记》八章19节。——译者

〔9〕 SN §242. [中译采用：《新科学》，第110页。——译者]

〔10〕 SN §245；参看下文第四章第六节：二。[中译采用：同上。——译者]

〔11〕 SN §31 [中译采用：《新科学》，第26页。——译者]：在此维柯所追忆的古代人可能是肯索里努斯 [Censorinus]。肯索里努斯曾提到，瓦罗区分了三个时代，即：第一个时代从初民到大洪水，由于遗忘了，于是它被称为 adelon [希腊语 ἄδηλον 的拉丁转写，意为"隐匿/秘密"。——译者]；第二个时代从大洪水到第一奥林匹亚，期间收录的许多事情被命名为传说或神话；第三个时代从第一奥林匹亚直到我们的时代，这段时期被称为有历史记录的时代，因为期间遭遇的事情被记载为信史，Censorinus, *De die natali* c.21, Hultsch 编，pp. 44-45。参看 Spranger, "Die Kulturzyklentheorie und das Problem des Kulturverfalls"，特别是 p. 22 n. 5（提及维柯）；Scholz, *Glaube und Unglaube in der Weltgeschichte: Ein Kommentar zu Augustins De civitate Dei*, p.164（提到优西比乌和奥古斯丁）。基督教作者们将此主题与三个时代（即"前律法时代、律法时代、恩典时代"相混同；下文第四章第四节脚注〔17〕）。这两种传统，维柯可能都曾考虑过。肯索里努斯所区分的"遗忘了"的时代与"历史的"时代，证实了我在下文中将讨论的"历史"概念。

反抗着那些从超越的前提或应许中引出"历史意义"的中世纪模式，但他们中没有一个曾像波纳文图拉那样宣称："信仰使得我们相信，律法的三个阶段，即自然法时代、《圣经》时代与恩典时代，这些阶段按照最和谐的次序相伴相随。"[12]

二、历史作为"语境推理"

还有一个更根本的方面可以用来否定上帝对我们将要参与其中的历史的直接干预。从维柯到马克思，"历史中的理性"的各种版本都只是一个发生在16至17世纪的历史思想中的深刻思维革命的副产品，这次深刻的革命便是：发现"历史"是一种"语境推理"[contextual reasoning]。关于"历史事实"与"历史事实的意义"的新概念，从17世纪开始出现；无论是一个文本、一种制度、一块纪念碑还是一个事件，除非从其原初语境的角度来看，否则关于每种历史事实的概念就其自身而言都是毫无意义的。这种新意义逐渐取代了中世纪对"历史事实"的理解，即将历史事实作为简单的原子实体来看待，认为历史事实在其自身之中并就其自身而言，就是可理解并且有意义的。

在古代和中世纪的理解中，历史写作是"单纯叙述过去发生的事"：即对所发生的事件，就像它真的发生过那样[ut gestae]

---

[12] "因为我们凭着信仰相信，世界按照上帝之言而调整；我们凭着信仰相信，律法的三个时代，也即自然时代、《圣经》时代和恩典时代，它们相继按顺序出现；我们凭着信仰而相信，经由最后的审判，世界存在终结；首先到来的是力量，其次是神意，最后降临的是最高之原则"：Bonaventura, *Itinerarium mentis ad Deum* 12, *Opuscula varia theological*, 收入 *Opera omnia*, 5：298b；参看 Augustine, *Enchiridion*, Scheel 编，p.73；注意在波纳文图拉那里，"诸时代"与"上帝属性"之间的联系，是一种约阿希姆主义阐释的变型。

进行最简单的叙述。[13]"历史义""简单义"与"字面义"在中世纪释经者看来都是同义的，他们认为，更深层次的意义（精神理解［spiritualis intelligentia］）只可能出现在神学层面上。[14]同时，由于人们认为历史事实是直接给出的，且其意义是可以当下认识到的，因此只要忠实于历史学家的职责［officium］，那么这个目击者便是理想的历史学家。[15]"历史是对事件的叙述。通过历

207

---

［13］ 对接下来的评论更详尽的论证，参看本人的 *Heilsplan*, pp. 70-77 以及 nn. 187-92。自从这篇论文发表后，我对中世纪关于"历史事实"和历史写作的观点的阐释，已经得到了人们或沉默或明确的接受：参看 Koselleck, *Vergangene Zukunft: Zur Semantik geschichtlicher Zeiten*, pp. 311-13; Melville, *Syetem und Diachronie: Untersuchungen zur theoretischen Grundlegung geschichtsschreiberidcher Praxis im Mittelalter*, pp. 33-67, 308-41; Gurewitsch, *Kategorii srednevekovoie culture*（Lossak 译，*Das Weltbild des mittelalterlichen Menschen*, pp. 156-57）。

［14］ "因为倘若我们运用该词更丰富的意涵……不仅叙述过去发生的事情，而且叙述那些（我们熟悉的）最首要的意涵": Hugh of St. Victor, *Didascalicon* I.vi.3, Migne, *PL* 176: 801（参看同上，*De scriptures* 3, Migne, *PL* 175: 12A; *De sacramentis* prol., c.4, Migne, *PL* 176: 185); John of Salisbury, *Polycraticus* 8. 12, Webb 编, 2: 144; Lubac, *Exégèse médiévale*, 2: 425, 428 n. 6, 474。"照此规定，教会之奥秘便成了历史的、可理解的"（Isidore of Seville, *De ordo creaturarum*, Migne, *PL* 83: 939-40），这是一条循环公式。16 世纪的康帕内拉依旧这样描述历史写作："它是单纯与'纯粹'的，因为它没有别的意思，除非它首先由别的词语所把握，并且与寓言不同……然而只有神圣的历史才能具有另一些神秘的意义"（*Rationalis philosophiae* pt.5 c. 1; 历史编撰），收入 *Tutte le opere di Tommaso Campanella*, Firpo 编, 1: 1226。

［15］ 真理作为"专职"［proprium］或"职责"［officium］: *Cnutonis regis gesta... auctore monacho sancti Bertini*, Pertz 编, p. 1; Otto of Freising, *Chronica sive historia de duabus civitatibus*, Hofmeister 编, p. 5; 参看 M. Schulz, *Die Lehre von der historischen Methode bei den Geschichtsschreibern des Mittelalters*, pp. 5ff; Simon, "Untersuchungen zur Topik der Widmungsbriefe mittelalterlicher Geschichtsschreibung bis zum Ende des 12ten Jahrhunderts", pp. 52ff。"爱真理"，就意味着要超越于所有派别的意见之上，例如 *Gesta abbatum Trudonensiurn*, Köpke, p.250。历史学家"腹背受敌、左右为难"的处境: William of Tyre, *Historia rerum in partibus transmarinis gestarum*, p. 1。普姆的雷吉诺从历史学家应记录所见事件的真正责任中抽身出来，将他身处其中的当代史留待后人完成: Regino, *Chronica*, Knopf 编, p. 1。

史，我们认识到了过去曾经发生过的事情。'历史'这个词从希腊语的 'ἀπὸ τοῦ ἱστορεῖν' 衍生出来，也即 '去看' 或 '去认识' 的意思 [！]：在古代，所有写过历史的人都是当时在场并看到了发生的事件，从而将其载入史册的。"塞维利亚的伊西多尔的《词源学》[*Etymologies or Origins*] 就是这样开始定义历史的，这是从 7 世纪到 12 世纪应用最广的百科全书式教科书。[16] 由于历史事实是自明的，并且最好的历史学家是那些目击者，因此人们便能相信，每一代人都已经致力于书写那些 "值得记忆" 的事件。[17] 人们认为编年史是书写历史最理想的形式。[18] 历史学家只是沿着一条直线延续前辈的工作，[19] 而全部历史将被视为一种历史叙事的延续而

[16] Isidore of Seville, *Etymologiarum sive originum libri XX* 1.41.1, Lindsay 编。关于他的源头，参看 M. Schulz, *Historischen Methode*, p. 20 n. 2; Keuck, "Historia：Geschichte des Wortes und seine Bedeutung", pp. 12ff.。伊西多尔甚至走到了没有记录就拒绝称其为历史的地步：*Etym.* 5.39（"神圣佩提纳克斯皇帝之第一年没有历史"）。伊西多尔忽视了希腊关于 "历史" 的原初意义：探索和判断（与单纯的口传史相反，例如希罗多德 2.45）。参看 Cochrane, *Christianity and Classical Culture：A Study of Thought and Action from Augustus to Augustine*, pp. 458ff.。

[17] Isidore, *Etym.* 1.41.2："这个学科也与文法学相关，因为任何值得追忆之事都载入了史册。" 相似的段落也参见 M. Schulz, *Historischen Methode*, p. 66。"历史时代" 就是那些有连续历史记录的时代。维柯的 "历史时代"（上文第 271 页脚注 [11]）便具有这种意涵。

[18] Isidore, *Etym.* 1.44.1（编年史）。赫茨菲尔德的兰佩特在 11 世纪仍装作只是在写 "编年史" 而已。弗拉维乌斯·尤瑟弗斯曾认为，东方的（犹太的、古巴比伦的以及埃及的）历史编撰要优于希腊的历史编撰，因为前者是连续写作并由僧侣阶层（尤瑟弗斯自己就是僧侣！）保存在神殿档案中，希腊的每一代人都重写一遍自己的历史：Flavins Josephus, *De ludaeorurn vetustate sive contra Apionem* 1.6-7, 收入 *Opera*, Niese 编, 5；7；1.4, p. 6；这可能暗指柏拉图《蒂迈欧篇》21e-25d。参看 Rohr, *Platons Stellung zur Geschichte*, p. 108。

[19] John of Salisbury, *Historia pontificalis* praef, Chibnall 编, pp. 1-2："路加……捍卫新生教会的初生；接续他的……该撒利亚的优西比乌……。而卡西奥多鲁斯……正如之前在编年史中所描述的那样，作为这些故事的叙述者，成了他的后继人。在我们的时代正如诸智者的时代，……继任者就是奥罗修斯、伊西多尔和尊者毕德等人 [the Venerable Bede]。" 他提到圣维克多的休格的编

没有断裂的链条：我们仍然能从梅兰希顿［Melancthon］那里听
到："因为这是连续的世界史。"［20］不过仍然有些将"历史"等同于
"历史写作"的偏见，这种偏见就存在于"历史"与"前历史"的
区分中，以及在黑格尔的观点中（即认为世界历史既代表已发生
之事，也代表对已发生之事的描述，且这两者的符合绝非偶然：
因为所有重要的社会事件，没有不曾被载入史册的）。［21］

　　与这种无可否认地被简化了的中世纪史学方法相对立的，是
植根于 17 世纪"史学革命"的我们的"历史感"：历史事实只有
在其语境中才有意义，我们必须不辞辛劳地重构语境，通常是通
过使词语或制度摆脱它们现在的意义或功能，以免我们跌入时代

　　　（接上页）年史。而他自己的历史是西日贝尔［Sigebert］所写的历史的延
　　　续："因为这是僧侣让布卢的西日贝尔所记载的。"参看 Lampert of Hersfeld,
　　　Annales, Holder-Egger 编，p. 304。关于"持续地见证创世"这种普遍形象，
　　　参看上一条脚注；以及 Funkenstein, *Heilsplan*, pp. 74-76。

［20］ Philipp Melancthon, *Chronicon Carionis*，收入 *Opere omnia*, Bretschneider, 12：
　　　714。参看 Klempt, *Die Säkularisierung der universalhistorischen Auffassung*, p.
　　　131 n. 29。我们应该在这种意义上理解米兰的安布罗修的各种坚定的主张，
　　　他认为，摩西是创世的目击者：*Hexameron* 1.7, Schenkel 编，p. 6。基督教
　　　文献中的一个古老的护教主题，就是在对比"自从创世以来连续而可信的
　　　圣经传统"与"异教零散久远而神秘的历史记录"中展开的：Theophilus of
　　　Antioch, *Ad Autolycum* 3.6, Otto 编，p. 8；Tertullian, *De pallio* 2, pp. 734-36；
　　　Hieronymus, *Chron. Euseb*. praef., R. Helms 编，GCS 24（1913），pp. 7-8；
　　　Orosius, *Historiarum adversus paganos libri* VII, Zangemeister 编，pp. 3-9；
　　　Frechulf of Lisieux, *Chronicon*, Migne, *PL* 106：919；Frutolf of Michelsberg,
　　　Chronicon, Waitz 编，p. 34。参看 Von den Brincken, *Studien zur lateinischen
　　　Weltchronistik bis in das Zeitalter Ottos von Freising*, p.137。

［21］ Hegel, *Vorlesungen über die Philosophie der Geschichte*, Glockner, pp. 97-98. 与这
　　　种区分相反，海德格尔在他的《存在与时间》［*Sein und Zeit*, p. 396］中（在此
　　　他并未提及黑格尔）说："即使历史学的兴趣逐渐分化乃至于……占了统治地
　　　位，这件事情本身也还不证明一个'时代'具有本真的历史性。……无历史学
　　　的时代本身并非也就是无历史的。"［中译采用：《存在与时间》修订本，第 477
　　　页，陈嘉映、王庆节合译，熊伟校，陈嘉映修订，生活·读书·新知三联书店，
　　　1999 年。——译者］而在 pp. 405ff. 中，海德格尔对"时间性"的理解与黑格尔
　　　对"时间性"的理解的不同，源自他们各自对"时间"观念的不同诊断。

错乱症；目击者根本不是最好的历史学家，因为他即使在主观上非常真诚，也仍然是他的时代的主导观点的俘虏；每个时代确实不可避免地从主导该时代的观点出发来重新阐释历史，并运用从该时代自身的经验中产生的独特的经典问题，去面对过去。

18 世纪的加特雷［Gatterer］与克拉德努［Chladenius］等德国历史学家是最先谈及每个时代拥有独一无二的历史"观点"的人。[22] 他们借用莱布尼茨在《单子论》中的术语，认为每个"形而上学的点"都通过其自身独一无二的方式反映该单子所体现的整个宇宙。在那时，历史推理之革命尚未发生，仍处于许多资源的孕育之中。16 世纪的文献学者、法理学家和《圣经》批判者们就已经发展出了通过"疏离"与"重构"来进行理解的方法。他们切断过去的纪念物、制度和事件的现实意义与联系，根据它们遥远的原始背景来阐释它们，仿佛它们是一块奇异的新大陆。于是，历史本身变成了阐释。

历史的"看不见的手"的阐释与历史中新的语境推理之间的共同之处就是：感觉到历史中的内在结构，并要将其发掘出来。历史的源头间接启示了关于这些内在结构的信息；圣徒们的生活或许是充满迷信的，但他们却"无意中"告诉我们，历史作者们所处的时代。重大事件不应被视为"分离且孤立的"，而是处于语境和发展中。[23]"人民精神""时代天才"在这些源头中并非不言自明的，我们必须从这些源头中将它们重构出来。

维柯又一次成为第一个系统地表达出这种方法论革命之面向

---

〔22〕Koselleck, *Vergangene Zukunft*, pp. 176-207，特别是 pp. 183ff.；Reill, "History and Hermeneutics in the *Aufklärung*: The Thought of Johann Christoph Gatterer", pp. 24-51；Reill, *The German Enlightenment and the Rise of Historicism*, pp. 125f.（视界）。

〔23〕Gossman, *Medievalism and the Ideologies of the Enlightenment*, pp. 111-12（援引列维斯克·德·拉·热瓦里耶［Lévesque de la Revalière］、马比雍［Mabillon］）。

的人。他的著作中出现了将"历史时期"视为动态语境的新概念，这种新概念主张严肃地尝试从内部通过内在的整合原则来确定历史时期，而非像当前那样仅就历史早期与晚期的片段之间的对立来确定历史时期。在这方面，维柯的核心术语是："和谐""相宜""呼应"与"适应"。[24] 在一个既定状态下，一个社会中所有的人类事务［cose uomani］都相互呼应并相互反映，它们组成了一个和谐的整体，并由同一个"时代模式"塑造。[25] 诸神时代、英雄时代和人的时代，这些理念前后的每一个时代都产生出了其自身的特性、意义与成就，以及它自身的语言、诗性、法学、社会制度与宗教想象。一个时代的所有这些表现，都是同一种"集体想象"的不同方面：这种集体想象就是"常识"。[26] 常识的知识并不能通过演绎推理获得，也不能通过机械的时代错乱的类比而获得。"人类心灵还有另一个特点：人对辽远的、未知的事物，都是根据熟悉的、近在手边的事物去进行判断。"[27] 正如我们稍后

210

---

〔24〕 Vico, SN §32："和这三种本性和政权相协调，说的语言也有三种……"［中译采用：《新科学》，第 26 页。——译者］；§311, p.112（"彼此必一致"）；§348, p. 125（"由各种人类制度之间必有的和谐来决定的"）。

〔25〕 SN §979："时代模式"；关于中世纪术语"时代的性质"［qualitas temporum］，例如参看 Hildebertus Cenomanensis, *Sermo in Septuagesima*, Migne, *PL* 177: 1073；术语"时代的速度"［ratio temporum］（不是计算意义上的时间）：Beda, *Super acta apostolorum*, Migne, *PL* 92: 953。关于该术语在法学传统中的情况，参看 Kelley 的精彩文章，"Klio and the Lawyers", pp. 24-49。

〔26〕 Vico, SN §142："共同意识（或常识）是以整个阶级、一整个人民集体、一整个民族乃至整个人类所共有的不假思索的判断。"［中译采用：《新科学》，第 87 页。——译者］参看下文第四章第六节：四（比较伊本·赫勒敦的"宗族主义"［asabiya］概念与曼海姆的"总体性的意识形态概念"，其中"常识"的意义所发生的变化）。关于"三个时代"这个主题的历史，参看 Funkenstein, *Heilsplan*, pp. 129-32 nn. 27-29 以及各处；也参看上文脚注〔11〕以及下文第四章第四节脚注〔17〕。

〔27〕 Vico, SN §122［中译采用：《新科学》，第 83 页。——译者］；参看下文第四章第六节：三。

将看到的那样，历史学家的向导，就是他自己的“想象”与“移情”。维柯的《新科学》从以下洞见中找到了力量：除非我们重新建构“心智”，即重新建构赋予其意义的“语境”，否则任何历史事实都是不可理解的。

三、维柯的先驱

以上所有这些观点并不全是维柯一个人的发现。在维柯的时代，反对“那些按古代与现代的类似程度来塑造他们对古代的看法”的人，几乎已经成了一种真理。[28]这项反对历史“时代错乱症”的禁令（不仅是文本上的，而且也是历史上的）几乎已成了基本的立场。不消说，另一位作者可能会提出：“我请求抛开我们的国家与我们时代的特殊观念，在以色列人的时代环境与他们生活的地方来观察以色列人，来比较以色列人和他们最毗邻的民族，由此进入到以色列人的精神和他们的准则中去。”[29]维柯是 16 世纪以来人文主义学者的继承者。16 世纪的语言学重新返回了古人曾达到的水平，甚至超过了前人。“只按照荷马来阐释荷马”，而不要将后来的意义强加于早期的语汇，关于这项主张，波菲利将其归于萨摩色雷斯的阿里斯塔奇［Aristarch of Samothrake］。[30]波

211

---

〔28〕 "De rebus antiquissimis secundum sui temporis conditionem notiones forment"; Budde, *Historia ecclesiastica*, praef.；由 Diestel 引用，参见 *Geschichte des Alten Testaments in der christlichen Kirche*, p. 463。关于“时代错乱症”观念的历史，迄今尚未有人写作。

〔29〕 Fleury, *Les Moeurs des Israelites*, p. 8.

〔30〕 R. Pfeiffer, *Geschichte der klassischen Philologie von den Anfängen bis zum Ende des Hellenismus*, Arnold 译, pp. 276-78。中世纪从古代精深的语文学著作中，只继承了“接近作者”［*accessus ad auctores*］这条理论原则，这条原则告诫人们要注意时代与环境：Wolters, *Artes liberales: Studien und Texte zur Geschichte des Mittelalters*, Koch 编, pp. 66ff.。

菲利自己就已证明,《但以理书》肯定不会在早于哈希曼起义之前的时代写就,因为它象征地暗指了当时的这个事件;在这种可能的运用中,波菲利很好地运用了古典语文学。[31] 而瓦拉[Lorenzo Valla]为了证明君士坦丁赠礼的不真实性,采用了与波菲利相同的方法。[32]

然而人文主义语文学通过从文本批判与文本注释转移到历史重构,很快就超越了古代的范式。维柯也是高卢(法国)讲授法律的方式(也即用人文主义来阐释罗马法)的继承人。[33] 这种方式反对将《民法大全》[Corpus iuris civilis]提升到一种普世且无所不包的法学智慧的范式的地位,仿佛它是对所有时代都有效的理想法律。而法律阐释的历史学派,则在其已显得陈腐不堪的环境下解释了罗马制度。与让·博丹同时代的霍特曼甚至否认《查士丁尼法典》曾经反映了实际存在的社会:在那个时代中,这项法典也不过是一种抽象的、理想的、从未实现的东西而已。[34] 成文法的信徒与习俗法的信徒之间激烈的争辩催生了这样一种洞见:绝不存在一种对于所有时代都行之有效的理想律法。从这种对罗马法的阐释中,人文主义法学推进到了对非罗马的法律制度

---

〔31〕 上文第三章第二节脚注〔7〕。异教的圣经批判往往是后来伊斯兰教、犹太教以及早期近代圣经批判的出发点。

〔32〕 Kelley, *Foundations of Modern Historical Scholarship: Language, Law, and History in the French Renaissance*, pp. 19-50, 特别是 p. 38。

〔33〕 *Id.*, "Klio and the Lawyers", 上文脚注〔25〕。凯利提醒我们,现代历史思想的根子在中世纪法学文本中:正如我所希望揭示的,圣经释经学及其他各种"适应"观念的出现,与之同等重要。

〔34〕 关于新的法学解释学的起源,参看 Dilthey, *Weltanschauung und Analyse*, pp. 11ff., 113; Kelley, *Foundations*, pp. 106-12; Franklin, *Jean Bodin and the Sixteenth-Century Revolution in the Methodology of Law and History*, 尤其是 pp. 48-58 (Hotman)。

的历史重建，以及"封建"法的起源与发展。[35]他们的工作看似并没有真正的先行者。的确，他们或许会记得在修昔底德的"考古学"*中，对雅典从最初尚武的情况缓慢发展到法制国家的简要描述。[36]古代与中世纪修辞学和法学学者的传统的确也包含了相关的时代变化，这种时代变化将作为"环境"[*circumstantiae*]之一，被释经学家发掘出来。但所有这些线索现在都得到了鲜活的细节的充实。维柯肯定也意识到了《圣经》批判的开端，这种《圣经》批判希望重新发现"纯粹的"文本，以便重新建构"作者意图"[*mens auctoris*]。[37]

　　法学、《圣经》批判与古典语文学是这种新的历史方法的主要承担者：历史写作被远远抛在后面。但人们对"单纯叙述"事件的信赖，在16世纪消亡了，这一点也能够从其他远离宗教与法律论争的领域体现出来。在一篇相当著名的文章中，蒙田说："其他作家常爱教训人：我却描述人。"还有："所以我绝不教导人，我只是叙述。"[38]这里的"人"，首先指的是作为人的蒙田自己，他

---

[35] Pocock, *The Ancient Constitution and Feudal Law*，特别是第一章。

* 指《伯罗奔尼撒战争史》第一卷。——译者

[36] Fritz, *Die griechische Geschichtsschreibung*, 1：575-617以及nn.263-80。关于修昔底德与智者派之间的亲缘关系，参看Jaeger, *Paideia*, 1：479-513，特别是pp.483-85。科赫雷恩[Cochrane, *Christianity*, pp. 469-74]强调他与希波克拉底之间的亲缘关系。"自然"与"习俗"或蛮力相反，参看下文第五章第三节：二。

[37] Bentley, *Humanists and the Holy Writ*, pp. 294-314；斯宾诺莎：下文第四章第二节：三。

[38] Montaigne, *Essais* 2.2（2：222）[疑引文有误，应为*Essais* 3.2；中译采用：《蒙田随笔全集》（下卷），第19、21页，马振骋等译，译林出版社，1996年。——译者]；Auerbach, *Mimesis: Dargestellte Wirklichkeit in der abendländischen Literatur*, 271-75。关于维柯的"真叙述"[vera narration]观念，参看Mali, "Harehabilitatsia shel hamythos：Vico vehamada hahadash shel hatarbut"[复原神话：维柯的文化新科学]，pp.68-101。

的矛盾、善变的情绪以及特立独行。很难有任何怀疑能达到像蒙田的反讽那样的高度。蒙田自己非常清楚地意识到这个事实,即他对他自己的描述和对其他人的描述是饱含偏见的,并且他的判断依赖于时间、地点与情绪。基于这种意识,他并不宣称要提供系统的反思,而是给人一种"狂想"的印象,他写的是"随笔"。他也意识到了,他以自己为前提,他处于自愿的孤独中的写作行为,都是一种自我教育的行为,而不仅仅是"叙述"。单纯的故事并不存在,单纯的历史事实也同样如此。

维柯的影响被忽略了,但维柯的主题,例如每个时代中语境的和谐、后继时代的必然规则(自然)、社会努力增长的自发性(自由),在现代历史推理的形成过程中仍然起到了一种调节性作用。(作为整体的)"历史的意义"以及(关于各种事实的)"历史之中的意义",都遭遇了一次革命,其重要程度不亚于自然科学的革命。我们再次感到惊奇:这种断裂程度到底有多么激烈彻底?在这种"新科学"中出现了什么新东西?对运行在历史之中的神意迹象的探求方式,显然已经发生了变化,但在历史时期中(在时代的性质中的"变化"观念)的"和谐""呼应""协合"这些概念,对于中世纪的历史思想而言也并非全然陌生;尤其是,在中世纪关于"上帝的适应"的观念中,我们将与这些概念相遇。

中世纪犹太教与基督教释经学都具有对"适应"的解释学原则:假设《圣经》是为适应人类的接受与感知能力来进行调整的。从这一释经学主题中发展出了各种解释,《圣经》中那些味同嚼蜡和难以理解的律令与制度被视为上帝的"神意",是上帝为了适应新生以色列原始的宗教心智而做出的调整。我将首先讨论这条释经学主题。从这些解释中,或者伴随这些解释,形成了对"大历史"的思考,这种思考将整个历史看作对"上帝为了人类理智、

213

道德，甚至政治的进步过程做出调整"的清晰表述。然而令人吃惊的是，中世纪的这种在人们思考上帝与人类、自然与历史时起着根本作用的原则，竟然很少被记载下来。

第二节 "《圣经》讲人的语言"：释经学上的适应原则

一、法律原则变成释经原则

中世纪的"适应原则"（我指的是它在解释《圣经》中的功能）的释经学发展轨道常与一个短语相关联："《圣经》讲人的语言"，其拉丁语"Scriptura humane loquitur"[1] 是对希伯来语"dibra tora kileshon bne'adam"的直译。在犹太教文献中，这一短语最初出现于一个律法文本，并且与其后来的运用几乎毫不相干。[2] 拉比阿扎里亚是第一位提到这条规则的"tana"*，他拒绝从控诉希伯来奴隶的律法中读出，无论某位奴隶是否有利于家庭，只因经中反复出现的一句话："你应捐赠一件赠品"［ha'anek

---

[1] 例如 Thomas Aquinas, *Summa theol.* 1-2 q. 98 a.3；"《圣经》按人的意见讲述"；Oresme, *Le livre du ciel* 2.25, p. 530："他所说的与一般说话方式部分相符。"

[2] 《塔木德百科全书》8，词条"律法（托拉）［以人的语言说话］说话"［dibra tora］。劳特巴赫（Lauterbach, "The Saducees and Pharisees", 见 *Rabbinic Essays*, pp. 31ff. n. 11）坚信该公式起源于撒度该人［the Saducees］；而与撒度该人备受歪曲的形象相反，他也注意到，撒度该人在他们的土地上拥有自己的口头传统。无论我们是否应该试图从成文法中得出口传法，伊什梅尔与阿基瓦的这种相反观点的起源，可能要追溯到希勒尔［Hillel］与沙玛义［Shamal］所开创的传统。这种主张也可以从一种恰好相反的情况中得到支持：希勒尔甚至将解释学原则应用于世俗文本："他曾［以密德拉什的方式］解释俗人的语言。"

* 这个词专指密西拿中援引过的拉比。——译者

ta'anik〕，因此赠予该奴隶一件礼物就是可以允许的。这种反复出现并不具备特殊的律法意义，而只是一种修辞用语，如果经中的叙述性段落包含俗语（例如"双双"〔*shnayim shnayim*〕），那么关于律法的部分也会包含一些俗语。拉比阿基瓦与拉比伊什梅尔之间也有类似的分歧，拉比阿基瓦从每种看似赘余的言辞中探寻律法的意义，拉比伊什梅尔则更倾向于承认，拉比所允许的并不能从经中推断出来，至多只是暗示。

对于古人而言首先是一种律法解释学的原则在中世纪释经者们手中变成了一种调整或限制哲学寓意的普遍法则。在这种新意义下，这种解释学原则既体现在首领拉比文献〔Geonitic literature〕中，也体现在萨阿迪亚·本·约瑟〔Sa'adia〕或其他早期中世纪哲学家身上。《圣经》中为数众多的神人同形论的表达，将或多或少更易于被转译为一种不那么具有攻击性的习语；比如上帝的右（手）〔*yemin adonai*〕可以用于表达上帝的力量。那些认为"不能用肯定的属性来言说上帝"的人仍会宣称，《圣经》中所有关于上帝的谓词都可以还原为行动的属性，或还原为对缺失的否定。《圣经》中神人同形论的最原初形态，仍是差强人意且需要修正的。而这些表达之所以得到采用，就是为了适应大多数人较弱的抽象能力。律法是用一种能被所有人理解的语言向所有人颁布的（迈蒙尼德）。

随着这项原则的阐释视域的扩展，这个原则便渐渐不只是被用来解释神人同形论了。《圣经》的宇宙论显然不同于科学家们的终极之言——当今如此，中世纪的情况也一样。但是人们不能因此就错误地认为《圣经》讲的是日常的语言，或初民的语言。正是在该原则发展过程中的这一关节点上，"《圣经》讲人的语言"分裂出了两条可能的路向：对该原则的最大化运用与最小化运用。

最大化主义者们将整个科学和神学都视为上帝的科学与上帝

215

的形而上学，并且它们都已经浓缩于《圣经》之中。《圣经》不能被读成一般的百科全书，而是一部关于上帝的百科全书。科学的信息被包裹在隐喻之中，以便能为大众所理解。阐释者们的任务便是破解《圣经》的编码，并显明除了已启示出来的文本之外，《圣经》没有揭示出其他任何不值得人们去认识的东西。这一点已经通过"改变某些需要改变的东西"［mutatis mutandis］，由中世纪犹太教主流的释经学家萨阿迪亚、拉班［Ramban］、斯弗诺［Sforno］等人完成了。拉班（即纳赫曼尼德斯［Nachmanides］）甚至宣称：哲学的翻译实际上建构了《圣经》阐释的简单的字面义，寓义则是神秘的理解维度。在这种喀巴拉式的理解维度之中，整部《圣经》不外乎是个连续统一体，它就叫上帝。[3]另一方面，字面义不仅涵盖了口语化的言辞，而且还覆盖了理性科学的全部范围。

二、最大化建构 vs 最小化建构

亚伯拉罕·伊本·以斯拉的释经学的价值部分地可以由对《圣经》的适应原则的最大化这一基准来衡量。伊本·以斯拉自己也反对这种释经方法，在他列举的五项释经方法中，这种方法位列第一（但五项方法中的前四种在他看来都是错误或无用的）。[4]这种释经方法既不是真理也不是谬误，而只是不相干的方法。"要学科学，找希腊人去。"高昂派在他们的哲学寓意化中产生了诸如天文学，而非证明了《圣经》；因为如果将《圣经》解读成一部百

---

〔3〕　参看 A. Funkenstein, "Nachmanides' Typological Reading of History", pp. 35-59, 特别是 pp. 43-47；也参看 Dan 与 Talmage, *Studies in Jewish Mysticism*, pp. 129-50。

〔4〕　Abraham ibn Ezra, *Perush hatora*, Weiser 编，1：1ff.（文本）。

科全书,那么《圣经》本身的内涵就是非科学的。它与真正的科学相去其远。

与此相反,伊本·以斯拉提倡一种最小化的方法。这种方法或许在他之前就已经出现在某些西班牙的极端理性主义者(例如拉比以撒)那里,不过我们只是通过伊本·以斯拉才知道拉比以撒的。"《圣经》讲人的语言"[5]只是意味着《圣经》调整其自身以适应于大多数人的看法。这与科学并不矛盾,同时也并没有包含所有科学。对适应原则的这种最小化解释,在伊本·以斯拉对《创世记》一章的阐释中体现得最为明显。伊本·以斯拉引用《创世记》一章 1 节的一些例证解释道:

> "诸天":通过一个确定的文本,显示他所说的是那些被看到的[诸天]。["天"与"地"稍后他将解释为仅指涉月下的元素。]"而虚空"[*vabohu*]:摩西并没有说到天体的世界[*olam haba*:这个末世论术语在此用于天文学意义,表示空间而非时间],而这种"天体的世界"是天使们的世界[*hamal'ahim*,在此是在理智的意义上],不过他只谈到生成和毁灭的世界[*olam hahavaya vehahashkhata* 一词在中世纪亚里士多德主义中相当于"月下领域"的同义词]。[6]

伊本·以斯拉一次又一次地强调,《创世记》并不是一种对世界

---

[5] 例如参看《创世记》一章 26 节,同上,一章 18 节:"ve'ahar sheyada'nu shehatora dibra kilshon bene 'adam, ki hamedaber adam gam ken hashome'a"。

[6] 同上,一章 13 节(文本)。在最广泛的意义上,它与阿伯拉尔对《创世记》一章的阐释惊人地相似:Petrus Abaelard, *Expositio in Hexaemeron*, Migne, *PL* 178: 733c("天" = "气"与"火"),735a-b,737b。这种可能的联系值得我们进一步研究,虽然我并没有发现它们有词语上的关联。

216

从无之中创造出来的完备而科学的解释，而是通过一种自然过程
（即规律）来解释月下领域形成的原因。《创世记》只是讲述了与
人的形成和地位直接相关的事实。而在关于创世的叙述中，其至
连"天体"也显得是从常人的主流观点出发的，但这与这些天体
的本质或真正本性不相干：

> ［他解释《创世记 1：16》］：若当一个人问道，天文学家
> 们［hachme hamidot］不是教导我们，除了水星与金星之外，
> 所有的行星都比月球要大吗，［经上］为什么将其称为"大
> 的"［the big ones］呢？答案是，"大"的意思并不是根据体
> 积，而是根据它们的光而言的，而月球的光要［强］许多倍，
> 因为它更接近于地球。[7]

因此月球被称作"大的光"，比月球更大的行星只是被称为
"星"［stars］。这种言说模式仅仅是为了符合我们的视点。在其他
地方，他说道："说话者是人［摩西］，聆听者也是人。"[8] 我们甚
至不需要更多的调和哥白尼理论与《圣经》的解释学方法。奥雷
斯姆就已经抛弃了反对"地球的运动是动态地球论假说中最稳定
的部分"的释经学论点（但最后他也摒弃了该假设）。《圣经》看
似支持静态地球论，这可能是由于"《圣经》讲人的语言"。后来，
伽利略将运用一种类似的观点来捍卫哥白尼的学说：一种最为精
巧的日心说体系。伽利略在写给克里斯蒂娜公爵夫人［Duchess
Christina］的信中论证道，即使时间能够静止，这也不足以说明

_217_

---

〔7〕　Abraham ibn Ezra, Perush hatora, 1：15.
〔8〕　参看上文脚注〔5〕（伊本·以斯拉），脚注〔1〕（奥雷斯姆）。

"基遍的太阳是静止的"(《约书亚记10:12》);即便按照托勒密的观点,恒星体必须停止运转,也无法证明该陈述。[9]无论我们是否接受托勒密或哥白尼的观点,在此都不存在字面上解释《圣经》的办法;在这两人的体系中,《圣经》都是按照人的方式来说话的。既然无论如何都必须寓义化,那为何不采用在天文学上听起来更可靠的假设呢?不过,教会因惧怕自己的权威遭到破坏,并没有为了拯救《圣经》的字面义而退让出这么大的一步。几个世纪以来,教父们与神学家们都坚持地心说,并提出了支持地心说的理由。我们无法将他们醉心其中的小心翼翼的论证看作是为了适应较弱的理解力。如果哥白尼的假设描述了现实,那么这些教父与神学家便完全是错的。这就是伽利略真正身处的险境,而当他试图涉足神学论证时,危险日渐增长。贝拉明枢机主教[Cardinal Bellarmine]不得不承认,如果《圣经》中的神人同形论可以通过寓义化而消除,那么看似指涉地球中心论的那些地方也同样如此。在举出经验证据之前,他只求停止彼此的争论。

根据伊本·以斯拉的观点,创世的叙述就是叙述直接被感知的物体的创造过程,而对这些物体的直接感知与这些物体被感知的方式是成比例的。如果不是为了给出一个充分的宇宙论,创世叙述的目的又是什么呢?首先,它言说的只是月下世界,这个月下世界是为着人的缘故而被创造的,它不同于月上世界,而关于月上世界,《创世记》的故事完全保持了沉默:

[9] Galileo, *Opere*, 5:281-88, 309-48;Drake, *Galileo*, pp. 224-29;Sambursky, "Three Aspects of the Historical Significance of Galileo", pp. 1-11;Westman, "The Copernicans and the Church", 收入 *God and Narute: The Encounter of Christianity and Science*, Lindberg 与 Westman 编(即将出版);Wallace, *Galileo and His Sources*, pp. 291-95, 以及上文第二章第四节脚注〔41〕。

218 　　　而今，让我来宣告一条原则。我们知道，我们的导师摩
西并不仅仅向哲人颁布律法 [*khachme halev*]，而是向每一个
人颁布律法。并且不但向他所处时代的人们颁布律法，也为
所有时代立法。同时他在创世的故事中，也并没有涉及月下
世界以外的任何世界，而这月下世界是由于人的原因而被创
造的。[10]

其次，《创世记》第一章讲述的故事，显示了人是如何既臣属于质
料必然性，同时又超越于这种质料必然性的：人代表质料宇宙，同
时也分有理智的领域（看起来，伊本·以斯拉认可一种理智的统一
[*unitas intellectus*]）。人是一个微宇宙，正如上帝是一个宏宇宙那
样，这便是伊本·以斯拉的新柏拉图主义对于"照着我们的形象，
按着我们的样式"（《创世记》一章 26 节）的近乎泛神论的解释。[11]

　　所有这些并不是说《圣经》不包含形而上学暗示，而是意味
着：解释《圣经》时应该非常小心，何时、何地以及如何寻找这些
形而上学的暗示，或是规避这些暗示。与早期近代斯宾诺莎的《圣
经》批判一样，伊本·以斯拉也建立了一套卓有成效的方法论原
则。无论《圣经》中的形象按字面还是按隐喻解释，人们都不能站
在文本之外的观点上随意决定《圣经》的形象，而应该按照内在于
文本中的观点来决定解释的方式。换句话说，伊本·以斯拉承认，
在"可允许的寓义化"与"不可允许的寓义化"之间存在着一道界
限。正如我们稍后将看到的，伊本·以斯拉对斯宾诺莎释经法的影
响正在于这条原则，而不在于他解释中的任何细节。与萨阿迪亚相

---

〔10〕 Abraham ibn Ezra, *Perush hatora*, 1：14.

〔11〕 同上，1：18。

反，伊本·以斯拉并不把"上帝之言"（"上帝说"）视为"上帝意志"的替代物，而是将其视为对他的臣仆居高临下的君王形象：上帝创世的工作不费吹灰之力，因为上帝是通过操控自然或自然元素的规律这些"臣仆"来进行创造的。[12]换言之，当伊本·以斯拉进行寓义化的时候，他并不总是寻求最抽象的（"科学的"）替代品，而是寻求出于文本需要的中等程度的抽象。伊本·以斯拉在他的语文学阐释与寓义化阐释之中，都探寻着被解释者的语境。[13]

除了恰切的上帝圣名以外，伊本·以斯拉并没有在《圣经》的表达中，而是在这些表达所涉及的事物［对象和事件］中寻求它们更深层次的天文学或形而上学意义；这首先让人想到了 13 世纪基督教释经学家经历的那场释经学革命。[14]然而，正如在他之后的迈蒙尼德和阿奎那一样，伊本·以斯拉将他的"可允许的寓义化"学说建立在了"语言的属性"上。语言的本质是含混的、类比的：我们将我们熟悉的东西投射到那些我们不熟悉的、"超越于我们与低于我们"的东西上。伊本·以斯拉的确发展出了一种"存在的类比"［*analogia entis*］的释经学学说，以便解释人的创造是按照"上帝的形象与样式"。简而言之，《圣经》讲人的语言"作为一条释经学原则，最终关涉一系列关于"上帝语言"属性的理论。启示的语言运用了我们熟悉的自然元素，以便超越它们；而这个过程本身就是人类语言的属性之一，它通过类比与隐喻起作用。

219

---

〔12〕同上，1：14。

〔13〕因此他接受了拉什对《创世记》一章 1 节（"在起初"）的阐释，即将其视为一个"构想出来的情况"；但他却拒绝将其视为一条普遍法则：在每种情况下，语境都应该决定着事件。

〔14〕这种认识就是：如果"字面义"就是"作者意图"，那么它很可能包含了寓言和隐喻；而"精神理解"［spiritual intelligence］并不是对某个文本的阐释，毋宁说是对这个文本所指涉的意思的阐释。参看上文第二章第三节脚注〔51〕。

三、对该原则的世俗化：斯宾诺莎

伊本·以斯拉对犹太释经学的影响相当有限；直到里拉的尼古拉［Nicholas of Lyra］，他的许多阐释才在那些坚持"希伯来文是真理"［*veritas hebraica*］的基督徒学生当中广为所知。然而中世纪的犹太教与基督教解经者都没有完全理解伊本·以斯拉，更不用说采用他的"最小化—语境化的寓意法"了。在相当长的时间内，释经学的"适应原则"在大多数情况下都被用来调和理性与启示之间的张力。伊本·以斯拉真正产生影响的时刻，随着 17 世纪《圣经》批判的开始，终于到来了。请允许我再迫不及待地添加一句，最偏离伊本·以斯拉意图的便是质疑《圣经》的权威性与启示性的起源。《圣经》批判者们为了他们自己的目的而采用的绝大多数伊本·以斯拉的观点，都是那些被他驳斥的、反对《圣经》叙述连贯性与权威性的论证，而这些观点正是由于伊本·以斯拉的驳斥，才得以保存了下来。《圣经》批判并非全新的开端；它提出的许多问题都早已被传统释经者提出来了，并且其中一些问题的答案已经在古代异端反犹太教与反基督教的论争中给出了。[15] 从伊本·以斯拉的著作中援引的，

220

---

[15] 在创世的第一个故事和第二个故事中，上帝圣名是不同的，这一点被阐释为上帝具有不同的属性（公义 vs 仁慈）。然而"以色列人未有君王治理以先，在以色列作王"（《创世记》三十六章 31 节），为什么会提到这句话？如果这是条预言，那这句话应该用过去时。对于这个问题，拉比伊什哈勒·哈色法拉第［R. Yitshale Hasefaradi］给出的答案是：这段话被后人篡改了。伊本·以斯拉在《摩西五经释义》［*Perush hatora*；托拉（תורה）狭义指犹太教《摩西五经》，广义指犹太教旧约和律法——译者］中虽然提到了这种激进的阐释，却宁愿将"君王"［king］一词所指理解为摩西。关于异教的《圣经》批判，可以参看 Anastos, "Porphyry's Attack on the Bible"，收入 *The Classical Tradition: Literary and Historical Studies in Honor of Harry Kaplan*, Wallach 编, pp.421-50；以及 Rembaum, "The New Testament in Medieval Jewish Anti-Christian Polemics", pp. 17-61, 以及上文第三章第二节脚注 [7]。

比那些批判性的评论重要得多的，便是他对"适应原则"的运用。而对适应原则的运用很容易被世俗化——它被斯宾诺莎彻底地颠倒过来；或者如果你愿意，也可以说它被斯宾诺莎彻底踩到了脚底。

斯宾诺莎的《神学政治论》是涉及《圣经》批判的最早文献之一。释经学与《圣经》批判之间的界限并不总是截然分明的。我们只需做一个初步的定义便足以说明，《圣经》批判即便不对《圣经》这部超越人类的文献之真实性充满敌意，也是对其真实性漠不关心的。与在其他地方一样，斯宾诺莎在此并没有直白地反对中世纪神学术语和神学原则；他的策略更为微妙，他在一种相反的意义上运用这些神学术语及原则。他说，"普遍的"神意与"特殊的"神意都是合法的术语，但只有当将其理解为两种类型的普遍自然规律时才能如此！[16]同样，"《圣经》讲人的语言"也是一条合法的原则，但只有在这条原则被理解为"由于作者是人，因而《圣经》的内容就是他的语言"时方能生效。[17]

————————

[16] Spinoza, *Tractatus* c.3, Van Vloten-Land, 2：123-25（Gebhardt 编，7：45-47）："上帝的外在帮助"是决定一个物体实际过程的因果链；"上帝的内在帮助"则是决定个体运动（$m \cdot v$）（或单纯的物体中的惯性定律）的内在平衡法则。同样，在国家中，"外在帮助"决定国家实际的命运，"内在帮助"决定其制度。也参看下文第五章第三节：五。

[17] 同上，pp. 152, 242，特别是 p. 248："我们已经指出，在上古的时候，耶教的信仰就是这样启示的，是按照那个时候的预言家和人民的理解和意见以及启示写下来；所以，按同样的道理，每人须使宗教的信仰合于他自己的意见，庶乎他能毫不迟疑，心中没有抵触，接受宗教的信仰。"［中译采用：《神学政治论》，第 200 页，温锡增译，商务印书馆，1996 年。——译者］关于斯宾诺莎对"适应原则"的运用，也参看 Hassinger, *Empirisch-rationaler Historismus：Seine Ausbildung in der Litetatur Westeuropas von Guiccardini bis Saint-Evermond*, pp.141-43；Scholder, *Ursprünge und Probleme der Bibelkritik im 17. Jahrhundert：Ein Beitrag zur Entstehung der historish-kritischen Theologie*, p.168。该术语在《伦理学》中的意义几乎是相反的，也即我们要依靠"调整"来适应"自然的过程"，这种需要与我们的幸福或不幸毫无关系：*Ethics* 4 prop. 4, corol.；

221　　　《圣经》的作者无论是摩西还是以斯拉，都是一个反映他所处时代的世界观的人。释经者不应该先天地假设这个世界观是什么，或迫使这种世界观符合真正的形而上学。以摩西所说的"上帝的形象"为例。[18]在《申命记》四章 24 节我们读到："因为耶和华你的神乃是烈火，是忌邪的 [jealous] 神。"这句话应该按照字面来理解呢，还是应该寓义化地加以解释呢？这是否是神人同形论呢？由于不存在任何能够指引我们的外在的哲学观，我们还不如从语境中建立一种可行的寓义化的内在原则。我们知道，《摩西五经》否定身体性的上帝形象。"烈火"[esh ochla]可以被寓义化，甚至由于"火"在其他地方代表对嫉妒和复仇的隐喻的缘故，就更能如此；"忌邪的神"['el kana]指的是一种灵魂属性，而我们在《圣经》中找不到任何对灵魂属性的拒斥。因此必须更字面地解释它。摩西的上帝形象是一个不具备身体而具有灵魂的上帝形象，并且实际上是一种非哲学化的形象，因为"观念的次序和联系与事物的次序和

　　　　（接上页）参看 Walther, *Metaphysik als Anti-Theologie: Die Philosophie Spinoza im Zusammenhang der religionsphilosophischen Problematik*, p.111（"自然的伦理学作为适应理论"）。当然，这两种"适应"的意思是一样的。

[18] Spinoza, *Tractatus*, Van Vloten-Land, 2：174-75。将斯宾诺莎描述为"宗教批判者"，这幅肖像或多或少有些误导人。在《神学政治论》序言中斯宾诺莎主张，指导人们在正常年代中行事的那些观念只是相对有效的；这些概念是模糊的、不充分的，并且是非哲学的。不过与笛卡尔不同的是，斯宾诺莎并没有驱逐这些既不清楚又不充分的观念，斯宾诺莎认为它们在现实中并非没有根基（参看上文第二章第六节：一；以及关于"自我"的观念，参看下文第五章第三节：五）。对于农夫而言，马是劳力牲口，而骑士却对马有着不同的观念。在一个既定的社会中，宗教观念正属于这样的范畴。只有处于社会动荡、规范坍塌的时代，继承下来的阐释模式陈腐败坏了，人民才会在假真理与"迷信"之中寻求庇护，这时统治者们则将借此机会推行僭政。斯宾诺莎对这种通常的、非哲学的指导观念的态度，在许多方面上都类似于最近那种认为"常识是一个文化系统"的人类学阐释：Geertz, *Local Knowledge*, pp. 73-93。

联系是相同的"。[19]但如果不具备一个相应的身体，那么灵魂也不可能存在，因为两者都表示各种行为的相同组合。《圣经》是一本由初民以他们自身的语言写就的书，这些人无法逃离他们自身的语言。这是一份历史文献，而非永久的文献：这便是斯宾诺莎对释经学之"适应原则"的应用。神学语言在遭到摒弃以前，就已经剥离了它的内容；或者说得更好听一点，它被彻底颠覆了。[20]

第三节 "适应"与神法

222

一、"燔祭"作为上帝的适应：早期基督教文献

我们已经看到，上帝适应"人的语言"，这条原则几乎已经成了释经学思考不可分割的形象。上帝适应"人的语言"直接激发了（而不只是暗示）一系列关于"上帝适应人类历史"的思考。上帝适应"人的语言"捍卫的是启示真理，而上帝适应"人的历史"，则捍卫了上帝的智慧与公义。上帝在历史中调整其行为，以适应于人类接受与感知它们的能力，这一观点无论多么含糊，都预设了这样一种观念，即某些人或所有人的社会进化与文化进化

---

[19] Spinoza, *Ethica* p.II prop.7, Van Vloten-Land, 1：77（上文第二章第一节脚注〔6〕）〔中译采用：《伦理学》，第49页，贺麟译，商务印书馆，1997年。——译者〕。莱布尼茨将对"语境"的需求扩展成了一个体系，参看 Leibniz, *Commentariuncula de Iudice Controversarium seu Trutina Rationis et Norma Textes*, SB, 1：548-59。

[20] 这在新教神学圈内（特别是在17、18世纪的荷兰）引发了激烈的争论。参看 G. Horning, in *Wörterbuch der Philosophie*, Ritter 与 Gründer 编，词条"适应"〔Akkommodation〕。值得注意的是，这篇文章仅仅着眼于自从17世纪以来"适应"观念的历史。

是相对自主的；同时，这一观念也试图以公元 2 世纪以来处于基督教历史哲学核心处的"上帝的教育"为中介，将上帝的救赎计划与人性的内在进化联系起来。至少在神学解释的层面上，这些观念将一种不同的"时代的性质"[qualitas temporum] 概念，赋予不同历史时期。[1] 由此，它们确实有助于自 17 世纪以来开始应用于历史推理的各种范畴的形成。然而在我们转向更宏大或是可能更有趣的，对贯穿整个历史的神意运作的思考之前，更合适的办法是去追溯最早、最持久、最详尽的，对过去制度的"适应"阐释的发展过程——《圣经》中"燔祭"法 [sacrificial laws] 与"祭仪"法 [ceremonial laws]。在某种意义上，这种"适应"阐释是沟通"对该原则的单纯释经学的运用"与"对该原则的历史运用"这两种运用的桥梁，因而它肯定也是一种"范式"。

犹太教传统中首次含蓄地运用"适应"来阐释"燔祭"法，很可能是由于圣殿被毁（公元 70 年）后，因"燔祭"停止，而出现了"酸葡萄效应"。在《利未记》评注对《利未记》十七章 7 节的评注中，以下观点被归于拉比品哈斯·本·李维 [R. Pinhas ben Levi]："燔祭"只是上帝向多神论习俗的让步；上帝运用"燔祭"，以便更有力地剪除偶像崇拜。"对那弃绝心智、总是大嚼动物躯体与带血生肉 [trefot] 的君主 [一笑置之] 吧。王说：'让这些东西永远出现在我的宴席上，他就会自动弃绝念头。'还有：由于以色列曾被埃及的偶像崇拜和这些偶像崇拜所运用的燔祭强烈地吸引……上帝说：'让他们将他们的燔祭带到我的神殿，他

223

---

[1]　例如 Hildebertus Cenomanensis, *Tractatus theologicus* 2, Migne, *PL* 171：1073A；有时候人们也在类似的非计算意义上，运用"时代的速度"[ratio temporum] 一词，例如 Beda, *Super acta apostolorum*, Migne, *PL* 92：953；法学文献中的类似运用，参看 Kelley, "Klio and the Lawyers"。

们将远离偶像崇拜，并将得救。'"〔2〕基督教教父们运用了相似的
阐释，而无论何时，这种阐释都服务于一种申辩或争辩的目的。〔3〕
安提阿学派［Antiochian］的释经者，尤其是居鲁士的狄奥多尔
［Theodoret of Cyrrhus］，使这种阐释变成了一条系统的解释原则，
这种原则非常适合用来对抗那些由亚历山大里亚学派产生的过于寓
义化—普纽玛化的阐释。在他对《利未记》的评注中，狄奥多尔
以相当接近于犹太教《米德拉西》［Midrash］的语言，总结了那些
他"已经在许多地方解说过了"的东西。〔4〕狄奥多尔的理论中有一
种要素，出现得比所有关于犹太教与基督教中的反犹论争都更早。
犹太教的崇拜和律法（这正是曼涅托［Manetho］反《圣经》地重
构犹太历史的本质所在）与它们的起源和真实性毫不相干：这些
崇拜与律法只不过是对埃及的崇拜与律法的颠倒的镜像。〔5〕

　　在一封广为人知的奥古斯丁书信中我们看到，他含蓄而精准
地表达了这些阐释与"适应"观念之间的关联：

　　　　在较早的时代，上帝要求"燔祭"，这是适宜的［*aptum*
　　fuit］。而今时过境迁，他要求的是在这个时代适宜的东西。

---

〔2〕　*Leviticus Rabba* 22.6（Margulies 编）。关于这一点及其他，参看 Funkenstein,
　　　　"Maimonides: Political Theory and Realistic Messianism", pp. 81-103; Benin,
　　　　"The 'Cunning of God' and Divine Accommodation", pp. 179-91，特别是 p. 183;
　　　　同上，"Thou Shalt Have No Other God Before Me: Sacrifice in Jewish and
　　　　Christian Thought"。
〔3〕　以殉教者尤士丁为开端; Benin, "Sacrifice", pp. 10ff.。
〔4〕　Theodoret of Cyrrhus, *Questiones in Octateuchum*, 收入 *Leviticum*, Migne, *PG* 80:
　　　　300; 参看 *In Isaia* 1.2, *PG* 81: 226; *Graecorum affectionum curatio* 7（论燔
　　　　祭），*PG* 83: 991ff.，特别是 995ff.。其他与犹太教《米德拉西》相关的研究，
　　　　参看 Funkenstein, "Gesetz und Geschichte: Zur historisierenden Hermeneutik bei
　　　　Moses Maimonides und Thomas von Aquin", pp. 147-78, 特别是 p. 165 及 n. 71。
〔5〕　下文第四章第三节: 五（斯宾塞），第五节: 二（曼涅托）。

通过"适应"，他比人更知道什么东西更适于每个时代 [*quid cuique tempori accommodate adhibeatur*]。因此他要求建立各种制度，增益之、修剪之……直到这些时代成为历史整体 [*saeculi*] 的一部分，历史整体之美展现为一曲美的旋律 [*velut magnum carmen*]。[6]

224   但古代以色列"燔祭"仪式中的智慧到底是什么呢？异教徒问道：如果这些制度是不好的，那么为什么要将其确立为制度呢？如果它们是好的，那它们又怎会被一种新的规约所取消呢？再者，就"上帝的全能"而言，异端的论辩不是指向一个关于上帝的观念，而是指向一个好管闲事的上帝观念，他在历史中任意专断地行事，并正如他所做的那样，不断改变他的心意 [*concilium*]。我们记得凯尔苏斯是如何且为何将"特殊的神意观念"说成是"青蛙与虫豸的视角"的。[7]奥古斯丁告诫这些持异端论者，历史的过程远非任意专断的，如果将这些历史过程视为一个整体，那么这些历史过程便如同整个宇宙那么美，并且与宇宙之美同理：每个部分都适宜于整体。按照他的柏拉图主义美学理论，正如在其他场合那样，奥古斯丁在此区分了"合宜的" [*aptum*] 与"美的"

[6]   Augustine, *Epistulae* 138.1.5, Goldbacher 编, p. 130："因而事物自身的符号，适宜于任何时代"; *Contra Faustum* 6.7, Migne, *PL* 42：417; Lubac, *Exégèse* 2. 1, p. 347 n. 7. 关于"历史动机是一曲和谐的乐律"这个观点，参看 Augustine, DcD 11, CCSL 30.1, pp. 537-38; *Contra Seceundinum Manichaeum* 15, Migne, *PL* 42：577. 奥古斯丁在该文中提到了《传道书》三十三章 14 节 (*Jes. Sir.* 33：14) (DcD, 同上); 其他可能的文献：Marrou, "Das Janusantlitz der historischen Zeit bei Augustin", 收入 *Zum Augustin—Gespräch der Gegenwart*, Andresen 编, p. 379. 后来的运用：例如 Bonaventura, *Breviloquium*, 收入 *Opere omnia*, Quaracchi 编, 5：204; Lassaux, *Philosophie der Geschichte*, Thurner 编, pp. 65-66; 以及下文脚注 [8]。

[7]   上文第三章第二节：一; 以及脚注 [6]。

[*pulchrum*]。整体的各个部分就其自身而言不需要是美的，但如果整体是美的，那这些部分之间必将是相互"合宜的"。奥古斯丁在其他地方也会承认，每个人的生命或历史过程的每个阶段都具有"其自身的美"[*pulchritudo sua*],[8]但这只是一种相对的美，因为历史中的每个时代的标志与制度不仅彼此适合，而且会针对人类感知它们并在其中生活的能力来加以调整。

的确，虽说基督教作者们常倾向于贬低或拒斥"燔祭"的价值，但他们从来没有完全忘记那一传统，即"燔祭"被视为对基督的肯定的预备。在《圣经标准集注》[*Glossa ordinaria*]中，"燔祭"最终找到了它的立身之道。[9]在《论某些教会习俗的起源与发展》一文中，加洛林王朝时期一位名叫斯特拉勃[Walahfrid Strabo]的作者，希望捍卫在"一个"教会[*one* Church]中的习俗与仪式的多样性；教会应该调整自身，以适应不同时间与地点的各种危机。上帝自己已经做出了体现这种灵活性的榜样。在摩西律法前的时代，魔鬼的信徒们充斥着这个世界；"燔祭法"既是对于这帮信徒的让步，也是反击偶像崇拜最好的手段："全能且耐

---

[8] Augustine, *De diversis quaestionibus* 44, Migne, *PL* 40：28："由于任何美的事物，都来自于最高的美……时间中美的事物，就体现在事物之消逝与生衍。每个人的每个生命阶段，都有其自身的美……正如对于受时间主宰的人而言，那些只欲求青春的人是荒谬的……同样地，人自身处于整个人类之中，只考虑一个时代的人，也是荒谬的。"关于"世界的诸时代＝人的诸时代＝创世的六天"这个等式，参看 Funkenstein, *Heilsplan*, pp. 38-40；以及下文第四章第四节：三。关于"美的展开"，也参看 *De vera religione* 21.41（113），p. 213；Spitzer, *Classical and Christian Ideas of World Harmony: Prolegomena to an Interpretation of the World "Stimmung"*, pp. 28ff.。

[9] *Glossa ordinaria*, Migne, *PL* 113：344-45："因此律法正是上帝的教育，上帝教导人们燔祭（《出埃及记》三十二章），并由此剪除他们燔祭偶像。如此施行的燔祭，将奥秘彰显了出来。"另一种评价"燔祭"的否定传统，参看 *Glossa ord.*, Leviticus, Praef, Migne, *PL* 113：295-97；例如参看 Hysechius，见 Lev. 1, Migne, *PG* 93：792, 1002f.（参看《利未记》十七章 7 节）。

心的造物主永远意愿帮助他的造物，他知道由于有死者的脆弱，他不可能一劳永逸地剪除他们的习惯。"[10]哈韦尔贝格的安瑟伦考察了宗教秩序的多样性，并将其基础置于类似论证的基础上；关于他的思想，我将稍后再作讨论。[11]

上帝向以色列颁布的律法"对当时而言是好的"[12][*bonum in suo tempore*][13]；菲奥雷的约阿希姆则认为，[14]犹太人的悲剧便是

226

---

[10] "Omnipotens et patiens creator facturae suae volens undecunque consulere, quia vero propter fragilitatem carnalium omnes consuetudines pariter tolli non posse sciebat": *Walahfrid Strabo, De exordiis et incrementis quorundam in observationibus ecclesiasticis rerum*, Boretius 与 Krause 编, p. 476。

[11] 下文第四章第三节：四，以及脚注〔52〕；第四章第四节：四，以及脚注〔71〕至〔73〕。

[12] "因为那些将终结的事物必然不会突然垮掉，而将逐渐地如同绊脚石般遭到摒弃，因此这显得对当时而言是好的。同理，那些将要开始的事物，并不会突然得势，而将伴随阻碍与障碍开始，以免人们会认为这就像是从别处突然植入了某种异质或相反的东西进来一样"：Hugh of St. Victor, *De sacramentis Christianae fidis* 2.6.4, Migne, *PL* 1746；450a。圣维克多的休格论证了交叉重叠的律法体系中"中间时代"[intermidiate time]的智慧。关于早期经院哲学思想中的这种观念，参看 Gössman, *Metaphysik und Weilsgeschichte: Ein theologische Untersuchung der Summa Halensis (Alexander von Hale)*, pp.280-81。

[13] 格隆德曼（Grundmann, *Studien zu Joachim von Floris*, pp.99-100）将"对于当时而言是好的"[*bonum in suo tempore*]看作约阿希姆与天主教传统不同的特征（虽然他承认这种表述更为古老）。圣维克多的休格则完全采纳了这种观点（也参看 *De vanitate mundi*, Migne, *PL* 176：740c）。至于这种观点在犹太教释经学中的可能源头，参看 Funkenstein, *Heilsplan*, p. 165 n. 5（拉什评注的《创世记》六章 9 节）。

[14] "这些犹太人……不愿意随时间而改变"：Joachim of Fiore, *Super quattuor Evangeliarum*, 收入 Lubac, *Exégèse* 2. 1, p. 144 n. 2。在其他地方，我也试图要证明，此时西方出现了一种新形式的激烈反对犹太人的论战：他们主张，犹太人确实做出了改变；他们已经获得了一种人为的新律法，只不过他们仅仅在字面上伪装成坚持《旧约》而已——而在某种程度上，这样的犹太人从真正的犹太教视角来看，已经成了异端（正如教会对他们的理解一样）。打击《圣经》之后的犹太教著作的运动，正是基于这种新的宣传。参看我的文章"Changes in the Patterns of Anti-Jewish Polemics in the 12th Century", pp. 125-45；以及 J. Cohen, *The Friars and the Jews: The Evolution of Medieval Anti-Judaism*, pp.51ff., 129ff.（他也认同对这种变化之本质的评价）。参看下文脚注〔63〕。

他们"拒绝随时代而改变"。"宗教的进步"[15]甚至在基督教时代也没有停止：基督教从一开始便比现在更需要"奇迹"，以劝服民众。而异端的出现，使创制"教义"变得非常必要——因此，甚至连异端在上帝对历史的计划中也具有一定的功用。于是宗教便随着人类能力的改进而不断进步。甚至在宗教事务中，知识也与日俱增。[16]这是否意味着信仰自身在永存的上帝的真正信徒中也已经发生了变化？ 12 世纪反复争论着这个问题，[17]其中特别有意思的就是圣维克多的休格［Hugh of St. Victor］的解决方案。他对圣礼的系统说明（有时候被视为第一个神学"大全"）彻底是历史的；而他之所以讨论圣礼，是因为圣礼是在对人类的"保存工作"中引入的。圣礼是逐渐地［*paulatim*］而非突如其来地［*subito et precipitanter*］引入的，它被不断调整，以适应人类的各种"病症"不断变化的情况，因此就永远存在着转型的时代。[18]信仰增强了，

---

[15] Abaelard, *Dialogus inter Philosophum Judaeum et Christianum*, Migne, *PL* 178：1614："为什么呢？虽然随着人生与时间的延续，人类理智在所有其他事情上都与时俱进，可是在信仰上却没有任何进步，只因它害怕在最危险处出错，这难道不奇怪吗？"参看 Alanus ab Insulis, *Cotra haereticos* 3.2, Migne, *PL* 210：402c。

[16] Augustine, *De vera religione* 25.128, pp. 216ff.；Tajo, *Sententiae* 2.12, Migne, *PL* 80：794b；Odo of Cluny, *Collationum libri tres* 1.25, Migne, *PL* 133：536："关于真理的标识，须知《圣经》上说：'天下万物都有定时。'（《传道书》三章 17 节）因而神圣的教会在其肇始之时，寻求其自身的诸标识，以增强信仰。而如今由于真理恒定、信仰牢固，便无须再寻求这些标识。"异端：参看 Grundmann, "Oportet et haereses esse：Das Probleme der Ketzerei im Spiegel der mittelalterlichen Bibelexegese", pp. 129-64。

[17] 关于"经院哲学关于信仰的古今之争问题"，也即"关于信仰是否会随时代之发展而改变"（例如 Hugh of St. Victor, *De sacramentis* 1.10.6, Migne, *PL* 176：355ff.），参看 Grabmann, *Die Geschichte der scholastischen Methode*, 2：276ff.；Grundmann, *Studien*, pp. 123-24；Beumer, "Der theoretische Beitrag Der Frühscholastik zu dem Problem des Dogmenfortschritts", pp. 209ff., 220ff.；Lubac, *Exégèse* 2.1, p. 356。

[18] 上文脚注〔12〕。

但不是在实体上（信仰的质料 [*materia fidei*]）增强，而是信仰的效力增强了。在救赎的三个阶段中，每个阶段都存在着这三类人："公然的坏人""道貌岸然地装好人"与"真正的好人"；其中最后一种"真正的好人"可能并且永远只可能是少数人。但现在，由于这三类人都可以公然地行动，因此他们的行动就"更有效"了。[19]

227

受犹太教或基督教文献的启发（或是由于两者的共同作用），12 世纪著名的信仰改宗者彼得·阿方西将"适应"观念转变成了一个用来反对伊斯兰教的论据。在他的"对话录"中，他的远古自我（即摩西）诘难他的新自我（即他自己）说，若是他希望加入到最合理、最进步的宗教中，那么他为何不拥护伊斯兰教这个所有宗教中的最新者呢？彼得回答道：这是因为，

> 在穆罕默德时代的人们没有律法、没有《圣经》，除了武器、农业、欲求奢侈、贪婪之外，对任何其他价值都一无所知，他们很轻易便能 [只] 被那些他们所欲求之物说动。如果穆罕默德不这么做，他便无法将这些人吸引到他的律法跟前来。[20]

"适应"观念的所有这些传统（尤其是那些以"燔祭法"为中心进行的历史相对化），都以其自身的方式进入晚期经院哲学。经

---

[19] Funkenstein, *Heilsplan*, pp. 52-53, p. 167 n. 12；A. Funkenstein 与 J.Miethke, "Hugo von St. Viktor"；Schneider, *Geschichte und Geschichtsphilosophie bei Hugo von St. Viktor*, pp. 54-55。

[20] Petrus Alfunsi, *Dialogi* 5, Migne, *PL* 157: 667b；关于他的论辩术，参看我的论文："Changes in Patterns", pp. 133-37。参看 Vives, *De veritate fidei Christianae* 4.12, *Opera Omnia* 8: 402。

院主义者都非常熟悉对该传统的另一个更激进、更详尽的阐释：
迈蒙尼德的《迷途指津》[Guide to the Perplexed]。

二、迈蒙尼德论"自然本性的非决定性"

在《迷途指津》第三篇25至56章中，迈蒙尼德展开了他的
律法哲学，即"诫命的理由"学说。[21]迈蒙尼德反对萨阿迪亚主
义将卡兰神学术语与米德拉西因素混合在一起以区分"服从的诫
命"[mitsvot shim'iyot]和"理性的诫命"[sikhliyot]的做法，[22]
他坚持认为每条诫命都具有双重结构，既可以视为理性的诫命，
也可以视为服从的诫命。每条诫命都服务于一种理性的设计："上
帝的律法是完满的"[torat hashem temima]。但正确地服从所有诫
命，并不是因为洞见了诫命的目的：它必须基于律法的"强迫力"
[potestas coactive]，也即基于它是统治者的意志这个事实。[23]迈
蒙尼德因此不得不试图将这些诫命（诸如仪式法和饮食法）"具体

[21] 因而简写为 *MN*；Kafih 编，*Dalalat el Hairin*, S. Pines 译，*The Guide of the
Perplexed*。接下来对迈蒙尼德的评论，是我发表在《中世纪集刊》[*Miscellanea
medievalia*]和《羁旅者》杂志上的文章的修正版。也参看 Twersky, *Introduction
to the Code of Maimonides* (*Mishne Tora*)，pp. 380-406，430ff.，450-59，
473ff.。

[22] 《米德拉西》润色了该学科的名称（*ta'ame hamitsvot*，例如 Numeri Rabba
16.1：149a）以及某些范式（红色小母牛 [犹太教作燔祭用的牺牲——译
者]）。参看 Heinemann, *Ta'ame hamitsvot be-safrut Yisrael*, 1.22-35；Urbach,
Hazal, pp. 320-47。

[23] 甚至在对非犹太教的"义务"领域（挪亚七戒），迈蒙尼德也坚持认为，即
便洞察到其合理性（通过发挥 [自然] 理性获得的知识或洞见 [*hekhra
hada'at*]），也并不足以将某个非犹太民族刻画成服从的、"万族之中的虔敬
者"，而只能说，该非犹太民族只有践行诸诫命——因为这是上帝的意志——
才能称义（Hilchot Melachim 8.11）。也参看 Levinger, *Darche hamachshava
hahilchatit shel harambam* [迈蒙尼德的立法术]，特别是 pp. 37ff.；J.Faur,
"The Basis for the Authority of the Law According to Maimonides", *Tarbiz* 38.1
(1969)：43ff. (Hebr.)。

地合理化"，而萨阿迪亚则仅赋予这些律法以"普遍的合理性"而已。萨阿迪亚坚持认为，一套完善的制度必须包括一些非理性的诫命来给臣民表示愚忠的机会；同时他也尽力证明，成文法与口传法共同组成了一套完善的制度，这种制度对处于任何时代的所有社会都同样有效；因此他必须将纯粹的"服从的诫命"的数量限制到最少。迈蒙尼德质疑了萨阿迪亚这种律法哲学的公理，他需要一个新的出发点。与通常情况一样，他试图从重新定义旧问题的意义开始。

当我们诉求一条诫命的"理由"时，我们真正探求的是什么？一项具体律法的合理理由，是否必须覆盖这条律法的所有部分与所有细节？迈蒙尼德初步的答案来自对"自然法"与"社会法"做的严格类比。[24] 在《迷途指津》第二篇中，迈蒙尼德发展出了中世纪最具原创性的科学哲学。在这一部分，迈蒙尼德证明了：不但自然规律（自然结构的秩序）就其自身而言是被上帝的意志偶然决定的；而且其中每一条规律就其定义而言，也都必然包含某种残余的偶然性或某种非决定性的因素。不存在任何一条完全决定性的自然规律，也没有任何自然现象是完全被决定了的，甚至在上帝的理智中也同样如此。[25] 为了阐明这一点，请允许我举一个自创的例子。假设桌子全都应该由木头制造，再假设最适

---

[24] *MN* 3.26（Pines 译，p. 509）："这类似于可能性的本质，因为很显然，总有一种可能性定将实现……"，也即在一种"质料基质"中，使诸多可能性之中的一种的实现成为必然。参看 *MN* 2.25，以及下文的各条脚注。

[25] 迈蒙尼德并未明言，但从他对个别法条与自然现象的讨论中显然可以推断出这一点。迈蒙尼德的自然理论，特别是他的偶然性学说，还未得到应有的重视，不过可以参看 Julius Guttmann, "Das Problem der Kontingenz in der Philosophie des Maimonides", pp. 406ff.。也参看 Twersky, *Introduction*, pp. 397-98。

合做桌子的木头类型是桃花心木，并且最好的桃花心木只有在印度尼西亚一个荒无人烟的小岛上才能采集到。一名希望造出一张完美桌子的木匠将有充分理由去选择桃花心木，他将跋山涉水不辞艰辛地跑到我们所提到的那个小岛上去。但当他到了那个小岛，他最终将面对两个或更多的合理的可能性。他将选择他左边那棵树还是他右边那棵？他必须选择其中一棵，然而，两棵树都是同样合适可用的。"目的"绝不能在所有方面决定"质料的现实化"，因为在最后一步上，它是特殊的；正因为我们世界独特的质料结构，所以必须要排除"普遍规定性"。同理，宇宙可能（且必须）存在一个目的，但这个目的并不管辖所有个别事物。宇宙的目的或许要求天体轨道是圆形的，然而这个目的并不必然可以用来解释各行星之间速率与颜色的不同。[26]

出于策略上的考虑，迈蒙尼德看似承认亚里士多德的"质料"概念具有两种不同的阐释任务。[27] 它既是一种潜能原则，又是一种"个体化原理"［principium individuationis］。迈蒙尼德不再强调质料的这第二种意义；对他而言，质料不仅是地球上的偶然性的源头，而且成了整个宇宙中的偶然性的主要源头。偶然性结构的等级秩序（即目的因）介于"本质形式"（律法、必然性）与"仅作为潜能的质料"（偶然性、可能性）之间；这种等级秩序正

---

[26] *MN* 2.19（Pines 译，pp. 302-14）。在卡兰神学中相似的例子，参看 Davidson, "Arguments from the Concept of Particularization", pp. 299ff.，特别是 pp. 311f., 313 n. 50（迈蒙尼德）。关于亚里士多德的"偶然性"概念（例如，*De generatione animalium* Δ3.778b, pp. 16-18），参看 Hintikka, *Time and Necessity*, pp. 27-40, 93-113, 147-75。

[27] *MN* 2.19 讨论了亚里士多德在解释地球与天体之分殊的原因时的失败之处；而后，得失之论便由迈蒙尼德总结成了一条公理，也即：质料决不可能被"彻底地规定"，因为就其定义，质料是一条潜能原则（参看 3.36，上文脚注[24]）。理解这一章节至关重要的就是理解"必然性"与"目的"的分别。

是所有个体事物之个体化（也即分殊）的原因。上帝的计划"漠
不关心"（而非"回避"）各种基质，因此自然世界正是上帝的计
230 划"适应"诸事物而组成的一个连续统一体的实例。这种学说中
的绝大部分观点对经院哲学产生了很大的影响，其中的一些影响
我们之前已经讨论过了。[28]某种意义上，迈蒙尼德的"非决定原
则"更接近于现代物理学而不是古代物理学：现代物理学同样假
设了一种"不确定性原则"，这种不确定性原则不是对我们知识的
限制，而是一种存在于自然本身之中的客观的不确定性。[29]

迈蒙尼德的"非决定原则"与相关的"适应原则"，使他重
新撰述了日后被康德称为"物理学—神学证明"的论证，该证明
是从宇宙的秩序出发来证明上帝存在的。如果宇宙完全秩序井
然，那么这个宇宙就其自身而言将是必然的，其中也不会暗含一
只发号施令的手。这种物理学—神学证明既没有假设宇宙是完全
秩序井然的，也没有假设宇宙是完全分崩离析的（例如伊沙里亚
[Isharia]极端唯术语论的方式所认为的那样），而是假设宇宙秩序
建立在各种异质性元素之上，这些异质的元素自身并不要求或并
不暗含这种特殊的秩序。[30]这种从"分殊"出发的论证方式在卡
兰神学中已经得到了运用；迈蒙尼德则赋予这种论证另一种平衡

---

〔28〕 上文第三章第二节：二。

〔29〕 Niels Bohr, "Discussion with Einstein on Epistemological Problems in Atomic
       Physics"，收入 *Albert Einstein: Philosopher-Scientist*, Schlipp 编，1：199-241。
       在此处及在别处，"非决定"都不是对我们知性的限制，而是在自然本身之内
       的限制。

〔30〕 Kant, *Kritik der reinen Vernunft*，收入 *Werke*, Weischedel 编，4：552（B654＝
       A626）："对这个世界上的物来说，这一合目的性的安排完全是外来的，并与
       它们只有偶然的联系，就是说，各种各样的物的本性不可能自行通过如此多
       样地结合起来的手段而与确定的终极意图协调一致，除非这些物通过一个进
       行安排的理性原则……被挑选出来和编排好了的。"[中译采用：《纯粹理性批
       判》，第454页，邓晓芒译，杨祖陶校，人民出版社，2004年。——译者]

的形式，一直到康德之前，这种论证方式都还有效。

由于有了"非决定性原则"，迈蒙尼德在引入"神迹"（更一般地说是一些关于"特殊神意"的例子）时，也无须违背自然规律。[31] 在自然的所有方面，绝大多数神迹（虽然并非所有）都是从留存偶然性的存储库里抽调出来的。迈蒙尼德称这类神迹为"可能性范畴中的神迹"（*moftim misug...ha'efshari*）。[32]

三、非决定性、适应与"诫命的理由"

在澄清我们在"诫命的理由"中所寻求的东西时，迈蒙尼德运用的思维形式与上述思维形式相同。以"燔祭"为例。就"燔祭"的目的而言，我们或许能够解释"燔祭"为什么会被置于第一位；"为什么一个人的供品是羔羊而另一个人的则是公羊，为什么规定要献这么多而不献那么多？人们找不到任何理由，而任何试图给出一条基本定律的人迟早都要变成疯子。"[33] 我们应该寻求的不是一条永远决定着一切的原则，而是一条偶然的理由。在向新生的以色列颁布这些律法的具体历史情境中，迈蒙尼德找到了这种偶然的理由。"燔祭"与一系列关于饮食规定的律法，就其自身而言，并不是任何时候都有利于所有的社会。前者尤其可疑，因为它们激起了对一种味道，或对一次进食仪式的神人同形论的联想。让我们考察一下迈蒙尼德从"上帝"概念中剪除"本

[31] *MN* 2.48 以及 *Ma'amar techiyat ha metim* 10，收入 *Iggrot harambam*，Kaflh 编，pp. 98-101。其中"这些都仰赖于神圣智慧的流溢，对于此种智慧我们一无所知，除了曾提到它［行事］的方式"这句话的意思，甚至连此书的译者与编者都无法理解，或许我们可以认为它指的是上帝的"狡计"，也即"目的"（而不是指"必然性"）。参看 Twersky, *Introduction*, pp. 473ff.。

[32] Maimonides, *Ma'amar*, p. 98.

[33] Maimonides, *MN* 3.26（Pines 译，p. 509；我的译文则直接译自希伯来语）。

质"的最抽象的肯定属性时的那种力度，[34]在迈蒙尼德看来，"燔祭"制度对于一个真正的一神论共同体而言，肯定是不足取的；而他也确实将这种"燔祭"制度阐释为在亚伯拉罕和摩西所处的时代相当盛行的那种普遍多神论的示巴［Sa'aba］文化的残迹。这令人憎恶的信条是如此根深蒂固地深入人心，因此不可能在一次启示行为或立法行动后被彻底剪除。[35]人的本性并不会忽然从一种极端转变为另一种极端［Lo yishtane teba ha'adam min hahefekh el hahefekh pit'om：natura non facit saltus］。如果任何一个人要求新生的以色列停止"燔祭"行为，那么这将如同"如果出于纯粹沉思的原因，有人要求今天就（在一个宗教共同体中）废除祈祷"一样，是不可能的。只有一个"神迹"，才可能具有把处于多神论中的心智直接转化成彻底的一神论心智的力量，但上帝并不希望行事违反自然。他宁可倾向于在自然的协助下行动，协调他的计划以适应实存的、偶然发生的情况，并运用自然中的偶然元素来改变这种多神论的心智。相比从一开始便通过一项"神迹"而从正在出现的一神论共同体中剪除所有多神论的倾向而言，上帝更倾向于运用多神论的心智与文化元素，逐渐转变成一神论的心智。"燔祭"在最大的限制与被转变的意图跟前让步了：它们都被转化成了一种"富有成果的"错误。

正如黑格尔的客观精神运用人的主体的自由来推进历史的客观目的一样，[36]迈蒙尼德的上帝同样也动用了他自己的武器（运

---

〔34〕上文第二章第三节脚注〔44〕。

〔35〕迈蒙尼德将这些实践与信念称为"一种可憎的［to'eba］人类本性［'altaba 'alanasani］"（MN 3.29），"违反自然的"（MN 3.37）。另一方面，他描绘了人类是如何逐渐堕落的，也即几乎是自然地堕落到了一种普遍的谬误之中［Sefer hamada, hilchot Avodat kohavim］。

〔36〕上文第四章第一节：一。

用"敬拜"作为一种"富有成果的欺骗"）来对抗多神论。在迈蒙尼德谈及"上帝的狡计"[37]的地方，黑格尔将谈及"理性的狡计"。他们的共同点也正是他们的不同之处。正如他的先驱曼德维尔的"私人恶德，公众善好"或维柯的"神意"一样，黑格尔的"理性的狡计"阐明了人类历史不仅是绝对自治的，而且也是自我立法的机制。而与中世纪关于"上帝经济"的各种版本一样，迈蒙尼德至多只允许人类集体演化中相对的自治。[38]

迈蒙尼德运用了相当多的细节来阐明，每一条被援引的"非理性的"诫命是如何用作对付示巴人的对策的。示巴人实际上是在公元 2 世纪或 3 世纪，诺斯替教派的一个很小的残存部分，他们不是一个多神论的普遍共同体，当然这一点现在已无关紧要。[39]迈蒙尼德是以一个发现者的真正热情来谈及示巴人的，而值得注意的是，他用伊斯兰教所自称的"'umma"＊一词来称呼这些示巴人。在他确定"摩西律法"的背景时出现的这一错误，导致格雷茨［Graetz］抛弃了迈蒙尼德的阐释，他说迈蒙尼德的阐释"太过平淡"。[40]但迈蒙尼德的论证仍有可能并不是建立在

----

[37]　*MN* 3.32："神的狡计和他的智慧"［talattuf alalla wahakhmatah］。参看 *MN* 3.54，其中"talattuf"代表"实践理性"。《可兰经》用"狡计"作为上帝的属性：Goldzieher, *Vorlesungen über den Islam*, p. 23（权谋及机诈，计策）。

[38]　下文第四章第六节：五。

[39]　*MN*, Pines 译, Intro., pp. cxxiii-iv.

　＊　民族、共同体，阿拉伯语一般转写为 ummah，专指穆斯林社群、穆斯林群落、穆斯林社会。——译者

[40]　H. Graetz, *Die Konstruktion der jüdischen Geschichte*, pp. 85-86 以及注释。在道格拉斯的著名研究著作《圣洁与危险：危险与禁忌概念分析》（Douglas, *Purity and Danger: An Analysis of Concepts of Danger and Tabu*, pp. 41-57）中她提到，迈蒙尼德的"诫命的理由"学说是一种错误的方法论范式（试图寻求禁忌的外因）。她已经想当然地认为，迈蒙尼德的方法论创见（虽然可能搞错了对象）就是试图重新建构一种"禁忌曾在其中是有意义的"的原初背景。她也想当然地认为迈蒙尼德有可能会犯与罗伯森 - 史密斯同样层次的错

他的历史重构的现实有效性上，而是建立在其方法的新颖和可靠性上。

"燔祭"是上帝为了更强有力地剪除偶像崇拜，而向多神论之应用做出的让步，我们已经看到，这种对"燔祭"的阐释并不完全是新的（在犹太教传统中更是如此）。有一些评注可以点醒我们，前面从《利未记注释》中引用的某些段落（蹊跷的是，迈蒙尼德从来没有提到过）也可以从迈蒙尼德之前的犹太教作者的思想中总结出来。迈蒙尼德的直接源头之一或许就是迦莱特派的齐夸萨尼［Karaite Qirquasani］的见解。[41] 迈蒙尼德的学说看上去似乎只是中世纪"适应"原则的另一种变体。不过我们的考虑如下。实际上这些传统中没有任何一种会注重重构被该传统遗忘的历史背景之外的圣经律法与仪式制度的原初意义，迈蒙尼德却将这种重构提升到了方法论的层面上。他的理论不但详细解释了"被遗忘的"示巴文化如何解释律法"不透明"的部分；同时还解释了这些原初的"诫命的理由"为何会被遗忘，以及当前为何必须如

（接上页）误［William Robertson-Smith（1846—1894），苏格兰的东方学与《旧约》学者，其著作《闪米特人的宗教》奠基了比较宗教学研究——译者］。但迈蒙尼德极端理性主义的立场，使他对"关于各种禁忌的律法为何相互对立"的看法变得有一点含糊，而当他无法解释为何圣书"使双手不洁"的原因时，这一点就更明显了。但这并不会减少我们对迈蒙尼德的成就的仰慕。至于道格拉斯有力的论文本身，我自认没有能力判断其优点所在。但我个人却一直有一个具体的问题，这个问题使我走向了更一般的考察。犹太教律法没有任何禁食蔬果的禁令；不过在任何可想见的原初分类法上，某些植物无疑无法进行精确的分类。人们可能这么回答，饮食诫命起源于一种更古老的、游牧部族的、畜牧社会之中，但混合"纺织与播种"同样是被禁止的，正如同时使用两种牲畜播种一样。或许该论文的缺陷就在于它过于精确。如果假定禁忌起源于秩序与无序、教养与粗野（混沌）的冲突，那么未被驯化的后者必遭禁止，不过后者与试图进行分类的尝试并不冲突。但或许根本就没有人曾经试图去分类。由此可以充分说明，它与我们熟悉的分类不一致。

[41] Qirquasani, *Kitab al Anwar* 1, 44, L. Nemoy 编。

此费心竭力地重构它们的原因。这些诚命的立法者的意图，就是 *234*
要消除人们对示巴民族令人憎恶的仪式与意见的所有记忆。某些
诚命的理由已经遭到遗忘，这个事实本身就已证实了上帝的"狡
计"或上帝教育的成功。迈蒙尼德相信：人类居住的整个世界迄
今还是一神论的，不只在犹太人中。[42]

    的确，当迈蒙尼德在运用一种相似的阐释结构来解释伊斯兰
教之所以残余着多神论的原因时，他并没有退却，而是以一种比
彼得·阿方西更圆滑老练的方式来处理。在他写给改宗者俄巴底
亚［Obadia the Proselyte］的那封著名的信中，迈蒙尼德不认为敬
拜天房克尔白［the cult of the Quaaba］与"向水星扔石头"*属于
同一个范畴：穆斯林的确从他们偶像崇拜的父辈那里继承了崇拜
仪式，但他们也在其中注入了一种新的一神论意义。[43]迈蒙尼德
对基督教的态度更模棱两可；但他认为基督教与伊斯兰教都是虽

---

[42] *MN* 3. 51；只有一些处于文明边缘的游牧民族（土耳其人、非洲人），才仍是
"没有宗教的民族"［mibene adam she'en lo emunat dat］。这可能是 Hameiri 的
"异教民族"［'umot hagedurot bedarche hadatot］思想的源头。关于他，参看
Katz, *Ben yehudim legoyyim*, pp.116-28。

  * Quaaba 也作 Kaaba，中译克尔白，也称天房，位于麦加，伊斯兰教认为它是
由先知易卜拉欣及其子在安拉意志下重建的"亚当之屋"，后来穆罕默德清除
了其中的偶像，改做穆斯林礼拜的地方，迄今依然是全世界穆斯林做礼拜时
朝向的正向；"向水星扔石头"句，语出《箴言》二十六章 8 节："将尊荣给
愚昧人的，好像人把石子包在机弦里"［He who gives honor to a fool is like one
who throws a stone to Mercury's heap］。——译者

[43] 迈蒙尼德似乎暗示了某种相似的理解结构，以便解释伊斯兰教中的多神论残
迹。在此，在以色列的发端时刻，异教崇拜得到了重新阐释。Maimonides,
Teshuvot ha Rambam（*Responsa*），Blau 编，2：726-27。参看 Lazarus-Yafe,
"The Religious Problematics of Pilgrimage in Islam", pp. 222-23, 242-43。在
彼得·阿方西的《对话录》中我们可以找到在阐释伊斯兰教的起源时对
"适应原则"的另一种不同但明确的运用（上文脚注［20］）；也参看 603a,
667b："因为自创世之初，正如直到现在，人类都是野蛮且兽性的……"（缓
慢地引入神法）。

然"否定"却"必然"为弥赛亚时代的到来做准备的阶段。

四、历史进程中"上帝的狡计"

迈蒙尼德著作中某些分散的段落还明确提出了这种观点，即人类历史的进程与阶段是一神论的不断壮大。一神论的不断壮大是个渐进的过程，此前是一个渐进的、多神论化的过程，此后是一个不确定的、没有争议的、普遍一神论阶段。从以挪士到亚伯拉罕，从亚当最初的一神论，经过多头政治，堕落成了多神论，而这种退化使得教士阶层能够中饱私囊，并威吓那些迷信的大众。[44] 倘若这种观点听起来像是一种对19世纪人类学的进化模式的彻底颠倒，这是由于它们在某一点上根本一致，而在另一点上却根本不一致所造成的。中世纪和近代关于真宗教与假宗教之发展的理性主义观点，都拒斥激进的转变，然而两种理性主义观点的分歧，只在于宗教进化过程的出发点。对于中世纪而言，关于上帝的统一性的知识是自然之光的一部分。需要用历史来进行阐释的，不是上帝的"临在"，而是任何对上帝的偏离。此外，亚当多次直接地遇到上帝［尽管并不是每次遇到上帝时上帝对他都那么友善］，这就更需要一种历史的阐释。施米特以神人同形论来论证原始一神教[45] 的优先性，这只是一种置于现代伪装之下的旧神学教条而已；例如该萨利亚的优西比乌描述了人的"良善的本性"逐渐被多神论和多头政治败坏，最后又通过普世的君主政体和一神论而重新复原的过程。[46] 类似问题早已不断困扰着《所罗门智

---

〔44〕 MT, *Sefer Hamada*, *Hilkhot avodat kokhabim*, ch. 1, pp. 1-3.

〔45〕 参看 Pettazzoni, *L'essere supremo nelle religioni primitive: L'omniscienza di Dio*, ch. 1.

〔46〕 下文第四章第四节：三。

训》的作者，[47]迈蒙尼德试图重构一神论的"前历史"的尝试，也与他们对该问题的处理相似。

人类的真正历史的第二阶段，始于一神论共同体的建立。亚伯拉罕"无力的布道"[48]并不足以确保他的追随者不会故态复萌：大众曾经并且现在仍然倾向于迷信，大众只能通过律法而维持在宗教的界限之内。我们已经看到，这些律法是由"上帝的狡计"为了利用多神论的形象与仪式并最终剪除它们而构建的。一神论心智的出现是缓慢而步履维艰的："建成罗马民族是何等艰难啊"［tanta molis erat Romanam condere gentem］。我们已经注意到这种"渐进与缓慢"是自然变化的形式标志，而在此则是自里昂的伊里奈乌以来"适应"原则的基督教版本。

如果将一个小民族转变成一神论共同体的过程是缓慢而步履维艰的，那么整个人类世界［oikoumenē］*的一神化过程，则更为艰难。这是一个高度戏剧化的辩证过程，并再次受到上帝诡计的施行的引导。"地上的万族"一次又一次地希望毁灭以色列人，他们嫉妒这些人得到了拣选，［人们或许会再加一句，］即使这些民族否认这一点。[49]他们不断产生出毁灭性的意识形态［迈蒙尼德称之为"教派"］，其中每种教派比起以往的教派都更巧言令色，

236

----

［47］ *Sapientia Salomonis* 14：12-17，一种尤赫墨茹斯式的阐释。［Ευήμερος，约公元前3世纪的古希腊神话学家，可能出生于麦锡尼，佚著《神圣的历史》。很多文献提到，该书主张"神话即历史"，因而"Euhemerism"一词也指"神话历史学派"。——译者］

［48］ *MN* 3.32. 当他把摩西的地位置于亚伯拉罕之上时，迈蒙尼德同样也试图将伊斯兰教历史中的价值秩序颠倒过来，因为伊斯兰教将亚伯拉罕置于摩西之上。

* 希腊文为 oίκουμένη，人居之所，泛指有人居住的世界，狭义指希腊世界，或罗马世界，或基督教世界。——译者

［49］ IT, ch. 1, p. 21.

这些教派全都当下存在，它们与《但以理书》中的"四王"之间存在着松散的对应关系。[50]在他们试图通过武力消灭真宗教或通过论证劝服的尝试［希腊化］失败的时候，地上的万族便诉诸一种诡计。第三种教派便出现了，它是模仿一神论基本信条的启示宗教，这个教派为了肯定自相矛盾的律法，竟至于混淆心智，并因而导致原初之物及其模仿者的灭亡。"这是一种最有报复心的人构想出来的诡计，这个人想要杀死他的敌人并生存下来，而如果这一点无法实现，他将与敌人同归于尽。"然而，由于后一种教派和与其相似的那些教派［如基督教和伊斯兰教］的确模仿了一神论的心智，因而都有助于宣传与预备人们接受真宗教，虽然这些教派的本意并非如此。它们的谋略通过"上帝的诡计"，转而变成了反对它们自身的东西，或者稍微好一点的情况便是，它们的诡计从一开始便表现得像是一种"上帝的诡计"。它们对真理的拒斥，其后果便是否定性地预备了弥赛亚［*preparatio messianic*］，或按本-萨松［H. H. Ben Sasson］的术语，是预备了律法［*preparatio legis*］。我认为正是在这种意义上，我们必须这样解释这个短语，即基督教与伊斯兰教都是"为弥赛亚王的到来铺路的人"。[51]

我们的注意力再次集中到：迈蒙尼德与其基督教对手之间对"适应"原则的历史运用具有某种相似之处。迈蒙尼德赋予上帝的"诡计"更宽泛的作用，这也提醒了我们注意哈韦尔贝格的安瑟伦的《对谈录》，它是 12 世纪最具原创性的历史思考的片段之

---

〔50〕 IT，同上。与某些犹太教历史哲学家和绝大多数基督教历史哲学家不同，迈蒙尼德不太关注时代划分的细枝末节，他对这种历史本身也丝毫不感兴趣。参看 Baron, "The Historical Outlook of Maimonides"，收入 *History and Jewish Historians*, pp. 109-63，特别是 pp. 110-13。

〔51〕 Ben-Sasson, "Yihud 'am yisrael le'daat bne hame'a hastem esre", pp. 212-14。

一。[52]圣灵不仅调和历史运作，以便于适应人类感知能力的程度，237同时也调整它自己，以适应于更为精致的撒旦的策略：在七个前后相续的教会阶段［status ecclesiae］中，每一阶段的特征就是，它们各自具有更不明显的因而也更加危险的敌对阶段。在第四个教会阶段，也即哈韦尔贝格的安瑟伦自己的时代，他看到撒旦通过伪装与模仿，在宗教的借口下，通过虚假的弟兄之情，已经渗入到了教会中；在这种撒旦行为之下，圣灵遭遇了各种新近皈依的虔信。不消说，这些相似性并不意味着它们之间有直接的相互影响；有趣之处毋宁说就在于这些思维形式从属于截然不同的文化视域。对历史的神学意义的探求，更多地属于犹太教与基督教，而非伊斯兰教。问题的相似性有时导致了答案模式或多或少的相似性。

回到迈蒙尼德，我们注意到，即使每种"教派"的计谋最终都导致失败，它们仍然给了以色列身心两方面的沉重的打击。以色列的命运是在驱逐与阻挠中坚忍生存。在当时的各种历史神义论之中，迈蒙尼德具有特殊的地位。在以色列人"作为上帝的选民"与"眼下被驱逐的侮辱"之间的巨大反差之间，那些历史神义论试图赋予它某种意义。迈蒙尼德的阐释类型，既不是净化式的，也不是传教式的，更不是救赎论的。[53]对古老罪衍的净化与惩罚、"逻各斯"种子的繁衍生息，还有受各个民族罪恶折磨以救赎这个世界，这些在迈蒙尼德看来都不是以色列人遭到放逐［galut］的真正理

---

〔52〕 Anselm of Havelberg, *Dialogi* 1.10, Migne, *PL* 188：1152ff. 参看 Kamlah, *Apokalypse und Geschichtstheologie*, p. 64；Berges, "Anselm von Havelberg in der Geistesgeschichte des 12. Jahrhunderts", pp. 38ff，特别是 p. 52（提到黑格尔"理性的狡计"）；Funkenstein, *Heilsplan*, pp. 60-67，特别是 p. 66；Chenu, *Nature, Man, and Society*, pp.174-175。

〔53〕 本人在文章 "Patterns of Christian-Jewish Polemics in the Middle Ages", p. 376 之中，已经阐释了这种分类。

由。迈蒙尼德的语言毋宁说是献祭—殉教式的。以色列总是受到呼
召，以作见证。贯穿整个世界历史长河，以色列一次又一次将自身
作为一个"[完全无残疾的]祭品"[korban kalil]*。[54]

最后一个阶段是弥赛亚时代，这时许多民族对"以色列在精
神上的优先性"暗藏敌意而口不对心的承认，最终会转化成或多
或少更自愿且更明确地对以色列共同体作为最完满、最模范的社会
的承认。将会有物质充足与安全的一天，[55]但这并不是在人与人之
间或民族与民族之间的全然平等。迈蒙尼德的弥赛亚时代从所有方
面来看，都只是历史中的一部分，是世界一神化的历史长河中作
为终篇的一章。在中世纪基督教的视域中，也有一个类似于迈蒙
尼德这种观点的末世论版本：菲奥雷的约阿希姆的"圣灵的时代"
[tempus spiritus sancti]。但这种相似只是表面的：约阿希姆的千禧
年虽然存在于历史的界限之中，却是完全超越于历史过程的。[56]

当然，如果用过强的偶然性来解释大部分的启示律法，那么
这种阐释肯定会遭到挑战。纳赫曼尼德斯总带着基本上还算是尊
重的口吻谈及迈蒙尼德，但他反对迈蒙尼德的"燔祭"理论："我
已经看到了他……这些话大多是荒谬的。"[57]迈蒙尼德是否为了反

* 指（完全无残疾的）祭品，例如无瑕疵无残疾的公牛公羊之类。——译者

[54] IT, ch. 1, p. 30.

[55] HM, ch. 12, 4："圣徒与先知并不希望弥赛亚降临的时刻是为了统治整个世界，或为了对诸民族施行僭政，或试图提升所有人，或为了吃喝玩乐——而只是为了使托拉及其智慧获得自由，从此便不再有统治他们且使他们分崩离析的僭政。"参看 Perush hamishnayot loc. cit. 以及 IT, ch. 9, p. 2.

[56] 参看 Grundmann, Studien, pp.56-118。

[57] Nachmanides, Perush haramban al hatora, Ch. D. Chawel 编，关于《利未记》一章9节："著述《迷途指津》的大师曾说，诫命的理由是因为埃及人与巴比伦人曾崇拜牛……这些是他的原话，并且他对这些话不厌其烦，但这全是废话[divre havay]。"拉班在"燔祭"中看到了魔法神迹的行为，参看 Gottlieb, Mehkarim besifrut hakabala, pp. 93-95；以及下文第四章第四节脚注[70]（预表）。

对一种具体的、现在已经消失了的历史处境的背景，而将他阐释
原则的有效性相对化了呢？迈蒙尼德自己从来没有直接提出过这
个问题，然而该问题将成为反对迈蒙尼德的论争的主题之一。[58]
律法是否应当改变？我们已经看到，迈蒙尼德坚持认为律法的每
一极其微小之处的有效性甚至在弥赛亚时代也仍然有效。他的弥
赛亚行动计划明确包含了圣殿重建与"燔祭"圣殿的行为。于是，
正如先前那样，律法将把大众从故态复萌的迷信之中拯救出来，
但大众却倾向于这种迷信并且想要维持它。迈蒙尼德并不是个启
蒙者，他也并不相信一种根本的"人类教育"，这也就是说，他并
不相信大众能被提升到哲人的水平。[59] 在律法面前尊重大众，是
基于大众对律法永恒不变性的信仰，但这并不等于说律法丝毫不
能修改。我们需要再次诉诸他的"偶然性学说"。好的律法作为亚
里士多德关于"公平"的学说的核心[60]，必然要如此表述，以便保
持足够的灵活性来适应变化的环境。这种律法的"核心"必须是
精确的，同时也要允许一种"或隐或显"的不确定性。律法的绝
对不变性或许是针对大众的一条必要的虚构，每个时代的律法家

239

〔58〕 D. J. Silver, *Maimonides' Criticism and the Maimonidean Controversy, 1180-1240*
（Leiden, 1965）, pp. 148ff., 157ff.; 对此书的批评，参看 Davidson, *Jewish
Social Studies* 30.1（1968）: 46-47。这当然是围绕"成全/实现"[hagshama,
字面意思是"成全/实现"，犹太神学语境中指神人同形同性论——译者]的
争论之一。

〔59〕 我的观点与列奥·施特劳斯不同，请参看我的评论："Gesetz und Geschichte",
pp. 147-78, 162n. 60。在该文中我认为，迈蒙尼德将亚伯拉罕描述为已经处
于智慧顶峰的人；而如果存在某种相对的进步，那么这种进步就存在于驯服
大众的迷信之中。基督教视野中关于"信仰是否与时俱变"问题的相似观点
（在圣维克多的休格那里），参看我的 *Heilsplan*, pp. 52-53。

〔60〕 参看 Kisch, *Erasmus und die Jurisprudenz seiner Zeit*, pp. 18-26，通过"公平"
来完善律法（以弥补任何立法都无法避免的不确定性），这种诉求起源于亚里
士多德。我对阿拉伯文献的掌握程度还不足以追溯迈蒙尼德可能通过什么文
献而接触到了这种学说。不过犹太教律法具有相似的结构。

都具有"在必要情况下"调整律法的权利与义务。[61]

五、经院哲学与早期近代的呼应

　　经院哲学思想充分运用了迈蒙尼德理论的核心，并且自从经院哲学用它来巩固古老的基督教传统时，就更是如此。对该理论的兴趣或许由于近代异端的出现而变得更为激化，这些异端正如马西昂与诺斯替派曾经做的那样，试图根除《旧约》的神圣起源。[62] 可以说，迈蒙尼德见证了犹太人自己承认"燔祭"这条律法只是"对于它们的时代而言是好的"；然而雷蒙杜斯·马尔蒂尼则论证了这一路线。[63] 尽管该律法被频繁不断地引用，但这个理论只是得到了有所保留的接受——这与犹太世界中遭遇的那些被人们有所保留地接受下来的理论并无不同。奥弗涅的威廉一方面借助从古典源头处寻找它在异教的运用中的许多细节来支持这种理论，另一方面他也坚持认为，与偶像崇拜做斗争不可能是"燔祭"的唯一理由："这条理由在该隐和亚伯那里没有

---

[61] 这种阐释是由 J. Levinger 做出的："Al tora shebe'al pe behaguto shel harambam"，pp. 282ff.。与之不同的阐释，参看 Twersky, *Introduction*, pp. 430-70。

[62] Thomas Aquinas, *Summa theol.* I. q.2 a. 98.

[63] Raymundus Martini, *Pugio fidei adversus Mauros et Judaeos* 3.12, pp. 809-10。杰里米·柯亨（上文脚注［13］）接受了我的这种观点，我认为在基督教论辩中产生了一种根本的形式变化，但这种变化只发生在 13 世纪以后。雷蒙杜斯·马尔蒂尼则宣称他将我的这个观点又推进了一步。不过我仍然认为，谴责犹太人所坚守的是一种新律法，这种观点只是到了 12 世纪才开始明晰起来，而雷蒙杜斯·马尔蒂尼则综合了这两种策略：一方面，他认为犹太人废除了他们自己的律法；另一方面，他宣称《圣经》之后的文献隐晦地承认了耶稣的弥赛亚性。这一策略在 12 世纪（由里尔的阿兰［Alanus ab Insulis］）才第一次运用。参看我的"Patterns"，pp. 141-43；以及 Merchavia, *Hatalmud bir'i hanatsrut*［教会 vs《塔木德》与《米德拉西》文献］，pp. 214-17（我在里尔的阿兰那里发现了以利亚的预言［vaticinium Eliae］）。

一席之地。"[64]

阿奎那同样也只是将迈蒙尼德的阐释看作一种片面的释经学阐释（其至只在"释经学"一词纯粹字面义的层面上）来接受迈蒙尼德释经学的。从寓意上看，《旧约》的历史与制度预示了《新约》的历史与制度；从字面上看，必然可以证明古代律法对于其时代是充分的。作为神法，《旧约》包括"道德""祭仪"以及"公义"三个部分。[65]第一部分合乎自然法的假定，同时它也要求"十诫"对所有时代而言都同样有效。第三部分使那些社会秩序的形式（人的相互沟通）具体化并确定下来，自然法在原则上建立了那些社会秩序的形式，并赋予其在具体时间—地点上的具体形式，但也为人性的创造性留下了空间。比如自然法规定财产区分的必要性，同时也规定，可以为了"共同的好"而取消它。然而它给确定的法条（实定法或神法）留下了具体的规定，在这一点上，《圣经》的规定是建议与经验的源头之一，但绝不意味着这些规定可以被"人类理性的创造力"取代。这便是罗马人阿基底乌斯为什么竟会说，政治国家是部分地出于自然、部分地出于人为的原因。至于第二部分的神律则具有（超出自身形象性含义的）一般理由和特殊理由：对于上帝，正确的态度就是要承认"人所

---

[64] *Guilelmi Aluerni episcopi... Opera* 1.2, p. 29b："第七，律法前与律法下献祭的理由，不只是按照偶像崇拜的习俗构想出来的，而是因为上帝的意愿。这条理由在该隐和亚伯那里没有一席之地。"参看 Jakob Guttmann, "Der Einfluss der Maimonideischen Philosophie auf das christliche Abendland"，收入 *Moses ben Maimon*, *sein Leben*, *seine Werke und sein Einfluss*, Guttmann 编, pp. 144-54。纳赫曼尼德斯（拉班）也提出了相同的反对意见。

[65] 参看我的 "Gesetz und Geschichte", pp. 170-73；关于阿奎那的体系，参看 M.-D. Chenu, "La Théologie de la loi ancienne selon S. Thomas", pp. 485ff.。我们应该牢记，《圣经》文本本身就区分了"诫命"[mitsvot]、"律例"[huqqim]和"典章"[mishpatim]。

有的一切都是从上帝那里获得的"这个首要与最终的原则。这一点

241　正是由"燔祭"体现的——我们记得，阿奎那将寓言的、隐喻的、象征的含义包含在字面的—历史的释经学层面中，因为它们是作者意图的一部分。[66]但这种情况也可能以各种各样的方式发生。《旧约》中"燔祭"独特的具体特征，是由其制度的具体历史处境规定的，这种历史处境就是要将以色列从偶像崇拜中拯救出来。[67]阿奎那以这种方式运用迈蒙尼德的理论，同时也剪除了其中带刺的地方。

古代律法的智慧就在于：律法与习俗依时间地点的不同而不同。认为人类渐渐积聚着社会经验与文化经验，这种看法同样是老生常谈。这个论题从中世纪晚期的现实中获得了活力与色彩。[68]适应观念可以在这些洞见中添加一种新的维度，它也可能引导人们去探寻体现着不同时代性质的律法制度、宗教制度以及政治制度之间的呼应与协和。我们很难断定 16 世纪号召对罗马法进行历史性阐释的法学院实际上是否受到了对"燔祭"本源的历史阐释的例子的激发。[69]迈蒙尼德理论的黄金时代并不在中世纪，而是在 17 世

---

〔66〕　参看上文第二章第三节：三；第四章第二节：二。

〔67〕　Funkenstein, "Gesetz und Geschichte", pp. 169-70（文章也比较了哈勒的亚历山大与奥弗涅的威廉）。

〔68〕　有时甚至直接导向对"文化进步"的古典阐释：参看 Giraldus Cambrensis, *Topographia Hibernica* 3.10，收入 *Opera*, Dimock 编，5：149-50；Funkenstein, *Heilsplan*, p. 54；爱尔兰人凶残、独立的本性，他们爱走极端的倾向，都是由于他们的原始性，因为他们与文明和开化隔绝。他们生活"在另一个世界"。

〔69〕　上文第四章第一节：三。值得注意的是"适应原则"在文艺复兴时期另一种世俗化的情况。潘诺夫斯基（Panofsky, *Meaning in the Visual Arts*, pp. 212ff.）讨论了瓦萨里对"绝对的美"与"值得欣羡的美"的区分："绝对的美"是最近艺术的特性；"值得欣羡的美"则是一种相对的美，它取决于各个时代的审美规范与限制，举个例子，比如说中世纪的艺术与建筑。潘诺夫斯基寻求的是经院哲学对"断言本身"（无限制的断言）与"有限制的断言"做出区分的这种历史视角的起源。在我看来，瓦萨里的学说更多地得益于奥古斯丁对"适宜"〔aptum〕与"美"〔pulchrum〕的柏拉图式区分所做的历史阐释（上文脚注〔6〕）。瓦萨里自己肯定直接或间接地知道这一点。

纪：人文主义者认识到了他们的观点与迈蒙尼德观点之间的亲缘关系。最早的比较宗教研究就是受迈蒙尼德的激发而产生的，尤其值得注意的是约翰·斯宾塞的长篇论文《论希伯来的祭祀法》。

古代或中世纪对以色列律法的适应阐释的所有实例，几乎全都没有逃过斯宾塞的眼睛。对于他的前人的著作，斯宾塞加进了一系列他自己的古典文献。如果迈蒙尼德承认"并非所有律法都能给出一条精确的（即使只是历史的）理由"，那么斯宾塞则相信对所有律法都能做如此阐释。[70]通过证明《圣经》中每条制度的时效性，斯宾塞不仅希望增加知识，同时也希望打倒犹太人、天主教徒和"狂热分子"。[71]当下的犹太人并不希望理解他们的律法，因为这将证明他们患了"时代错乱症"。历史性阐释的大胆开端是由迈蒙尼德开创的，因此阿巴巴内尔便被人们忽视了。我们可以证明，天主教接过了许多像这样只在其原初语境中才有意义的制度，并且被迫赋予这些制度稀奇古怪的形象或谜一般的意义。狂热分子则希望复兴古代以色列的律法，甚至希望在"神权政治"一词的完整意义上，复兴古代以色列的"神权政治"。因此必须教导他们《旧约》的时间性特征，这种时间性与《新约》的神圣永恒性截然相对。[72]

---

[70] John Spencer, *De legibus Hebraeorum ritualibus et earum rationibus libri tres* proleg., pp. 1-18. 参看 Julius Guttmann, "John Spencers Erklärung der biblischen Gesetze in ihrer Beziehung zu Maimonides", 收入 *Festkrift David Simonsens*, pp. 258ff.；Ettinger, "Jews and Judaism as Seen by the English Deists of the Eighteenth Century", pp. 182ff.。Spencer, *De legibus* 2. 1, pp. 645-49。

[71] Spencer, *De legibus* proleg. 2, pp. 8-12（p. 10：Judaeos, Pontificos, Fanaticos）。

[72] 同上，p. 12："摩西律法的理由，对于带领大众到光明之处、驳斥某些狂热分子的教义与习俗（以便让大众听从）是有用的。因为在这些人当中，有些人教导犹太教安息日学说和歇工［ἀεργασίαν］；另一些则禁忌血和窒息［指禁食动物学和窒息而死的东西——译者］；还有一些人反对把上帝（他们这样称呼他）视为忌邪的审判者，他们的出现毁了自由，掏空了出自犹太中保的其他教义。"与霍布斯一样，斯宾塞也在"宗派主义"中看到了无政府主义的根基。

　　然而，斯宾塞的这本书并不只是一本博学的论辩之作，他在方法与范围上都不同于他的中世纪先驱。斯宾塞并没有试图建立单个律法与其异教反例之间一一相对的机械联系，相反，他试图重构律法所由之产生的原初心智与宗教的想象，虽然这种尝试并非总是成功。斯宾塞深知，绝大多数古典作者站在一种完全陌生并且带有隔阂的视野中，反思了他们自身的宗教的起源[73]，这些古典作者会同意他的提议，同时他也得到了来自新世界的最新思考的支持。无论重构"作者心智"[mens auctorum]的尝试多么微弱，斯宾塞似乎都重现了像斯宾诺莎那样重构《圣经》中上帝形象的努力。他们都特别关注这种被重构的古代希伯来神学的政治含义。希伯来的上帝必须作为真正的君王，他的圣殿是君王的住所，[74]这是一种神权政治的建构：只有这样才能迫使希伯来人放弃埃及的宗教，埃及的奴役与镇压已将希伯来人同化，希伯来宗教应该重新回归尽管更为原始却也更为简单的祭仪。无论是异教的还是非异教的崇拜，一种崇拜越简单，就越根本地显示出了神圣的形象。"神圣"这个概念总是与自然的、粗野的、无教养的、未处理的事物相联系，正是由于这种原因，上帝训诫犹太人建立土造的祭坛，以及后来用未雕琢的完整石块来建造祭坛。[75]

　　从单纯试图重构早期制度（无论是异教的还是犹太教的）转

---

〔73〕同上，proleg. 4，pp. 15-16；1.4，p. 48。

〔74〕同上，*Dissertatio de Theocratia Judaica* 1.5, p. 223："立起帐幕，将王之圣殿与居所，献给最高之王。"[帐幕（tabernaculum）原意为"神的居所"，存放约柜之处，参看《圣经》,《民数记》九章15至23节。——译者]（参看 Maimonides, *MN* 3 c. 45）对于非犹太教的神殿，斯宾塞将其起源追溯到了英雄崇拜（p. 828）。

〔75〕同时，2.5，p. 280："古代非犹太民族相信自然或传统的训条，所有自然的、野蛮且未经教化的事物，在诸神看来都是神圣且愉悦的。"也参看 2.6, pp. 281ff.。

向试图重构这种制度所由之产生（或所需要）的心智，这一转折赋予了适应原则一种新的阐释力量。维柯将这种力量发挥到极致，并将其作为一种新方法而加以捍卫。然而中世纪关于"适应"的概念还有另一个侧面，它同样预备了对普遍的历史"看不见的手"的阐释的运用。

第四节　"适应"与普遍历史的进程

一、神意的历史：《圣经》与启示论文献

历史被视为"上帝神意"持续的显现，这最早发生在什么时候？为什么会如此？在此，我为自己偏离该问题而先简要地考察历史的不同意义的起源提前致歉。古代近东的大多数社会将它们的起源追溯到神话时代，追溯到世界与人类的创始之际。我就知道许多这样的古代社会，那时他们与他们所有的制度是建立在诸神与英雄之上的。埃努玛·埃立什* 就以巴比伦城邦国家的建立为结尾。[1] 很少有古代社会承认它们的起源相当晚；然而古代以色列以及某种程度上的古希腊却承认这一点。两者以不同的方式，以敏锐的历史感体察到自己是个年轻的民族。对于亚卫文献作者（人们推测他是《圣经》历史的第一位犹太作者）而言，[2] 民族的建立者们只是生活在近 500 年以前的人；而以色列人在埃及成为

244

---

*　Ennumma Elish，古巴比伦创世神话，刻在七块泥板上。——译者

[1]　Pritchard 编，*Ancient Near Eastern Texts Relating to the Old Testament*，p. 68 l.47-p. 69 l.73。

[2]　Eissfeldt，*Introduction*，pp. 140-43 以及 199-204；North，"Pentateuchal Criticism"，收入 *The Old Testament and Morern Study*，Rowley 编，p. 81。

一个民族［*goy*］，更不过是 250 年以前的事。历史上以色列的起源确实是在较晚的历史中。这种作为一个年轻民族的意识就其本身来看，是对自己的一种负担而非财富，是一种致使他们的共同体低于其他更古老的血统的污点。高贵永远属于最古老的家族。"希伯来人"的某种具有轻蔑性的意思就是指属于更低阶层的人（而不是一个独一无二的种族），这种看法甚至在《圣经》中也有体现，比如"一个希伯来奴隶"的一贯提法与"以色列的［自由］人"这个提法相对应。[3]

　　然而，这种污点最终被转化成了一种优势。以色列相对于其他民族而言的确更年轻，人数也更少，但这种情况只是对以下这个事实的补偿：上帝已经拣选了这个受他恩宠的民族，上帝已经决定将以色列变成一个"民族"。历史意识与以色列的一神论观点从一开始便携手并进。确信以色列处于历史中上帝持续的特殊眷顾中，这补偿了历史追溯的晚近起源。古代以色列敬拜的所有节日，都有一种嫁接在原初的自然循环之上的历史意义，即挣脱埃及的枷锁、穿越沙漠、颁赐律法。

　　生活在统一的君主制黄金时代下的历史学家骄傲地将直到他们的时代为止的，在上帝引导下的以色列的政治优势尖锐地与北方君主制的衰落（公元前 721 年）和犹大国的覆灭（公元前 586 年）所体现的厄运对立了起来。以色列宣称的"受上帝所拣选的民族"与以色列现今的软弱无力之间的不一致，要求人们重新证成对上帝神意的信仰。先知们引入了这样一种新的、革命性的、具有辩证性的神义论，他们颠倒了那种认为"神性力量的大小就

245

----

［3］　Vaux, *Ancient Isreal*, p.83；Alt, *Die Ursprünge des isrealitischen Rechts, kleine Schriften*, 1: 291-94.

在于使得以宗教［*religio*］为纽带而臣服于他的民族获得成功"这种一般的信念。以色列的软弱无力，反而成了对上帝广大无边的力量的证明。上帝的力量通过运用最强大的帝国（例如亚述、巴比伦和埃及）来彰显其自身，并作为"怒气的棍"（*mate za'am*；《以赛亚书》十章 5 至 8 节）来净化以色列；但这些世界帝国并没有觉察到上帝的力量（*vehu lo chen yedame*），而是将其成功归结于自己的力量。这或许就是"上帝的狡计"或"理性的狡计"最原初的版本：通过它们自己盲目而迫切地追求权力，世界上的各民族不知不觉地服膺于一个更高的计划。[4]上帝仍然注视着以色列，"又如鹰搅动巢窝，在雏鹰以上两翅扇展"；整个历史便是证明；因此上帝要求以色列，"你当追想上古之日，把握世代之年"（《申命记》三十二章 7 节）。[5]虽然以色列很晚才由上帝组成一个民族，但上帝在时间的开端，便出于为了（未来的）以色列的考虑，划分了各民族之间的界限。世界上的各个民族，现在是他手中惩戒以色列的工具，在将来的某天，他将恢复以色列最初的荣耀。

　　在基督教兴起前的两个世纪中出现的启示论文献和想象之

---

[4]　参看上文第四章第一节：一；第三节：三。

[5]　这首歌（*ha'azinu*，《申命记》三十二章 1 至 43 节）的起源有时候也被追溯到更早——那时候用来惩罚以色列背弃上帝的"邪恶民族"是腓力士人：Eissfeldt, *Introduction*, p. 227。这段话看起来很符合上文所描述的先知的神正论，而从预言的大灾难的受灾程度来看，则更适用于亚述人。它看起来是一种后来的训诫叙事诗，正如《出埃及记》中的摩西之歌，有意识地使用仿古体（《申命记》三十二章 27、37、38 节）。智慧文学的要素得到了拉德的关注（Rad, *Deuteronomy: A Commentary*, pp. 196-200）。拉德建议应该将《申命记》三十二章 8 节解读为"神之子"［bene elohim］，而非"以色列的子嗣"［bene Yisrael］（运用 LXX［《圣经七十士希腊文译本》］，或者还有 IVQ［《死海古卷》］）；但这样会得出"给每个民族（除了以色列之外）派一个守护天使"这样繁琐的神话。

中，从对过去与现在成就的骄傲，到对预知未来的灾难和对救赎
的希望的转变，变得更加意义深远。深深的、全然的疏离感，拒
斥这个"充满哀伤与痛苦"[6]的邪恶世界［αἰών］，正是"启示论
心智"的标志。但悖谬的是，这种看待尘世的态度既是消极的又
是革命性的。它从来没有号召人们暴力地抵抗"此世"中的强力，
但它也是对自塞硫古［Seleucid reign］以来政治自立的丧失的最
激进的回应：消极地抵抗来自外部和内部的力量，是以一种新的
意识形态、新版本的"神意"来表达的。纵观整个历史进程，从
充满罪恶的开端到不可避免的终结，可以将其视为一个"隐秘"、
稳固且不可见的逐渐展开的过程，先前"写于神圣石板上的"上
帝计划，都可以追溯到启示论。在各个时代与亚时代，有一个严
格的时间表，后来基督教的历史思考从中引出了历史阶段的划分
体系，[7]这一严格的时间表并没有给"缓慢渐进地改进人类行为
或人的境遇"这种观念留下任何空间。这种历史观强调的是启示

---

[6] 4 *Ezra* 4：27，Violet 编，*Die Esraapokalypse*，Ⅰ：*Die Überlieferung*，pp. 37-38；Ⅱ：*Die kritische Ausgabe*，p. 17，Charles 编，*The Apocrypha and Pseudepigrapha of the Old Testament* 2：542-624。关于启示论文学的"悲观主义"，参看 W. Bousset，*Die Religion des Judentums in Späthellenistischer Zeit*，Gressmann 编，pp. 243ff.；Funkenstein，*Heilsplan*，pp. 11-15。

[7] *Ethiopian Ennoch* 81：2, 93：2；*Jub.* 1：29(Charles，*Apocrypha* 2：163ff.)。D. R. Russell，*The Method and Message of Jewish Apocalyptic*，200 BC-AD 100，pp. 108-109. 这多多少少类似于《米德拉西》将上帝视为建筑师的形象，他"看到托拉并创造世界"(*Gen. rabha* 1：1)，这里指的是给定的经文，而不是一个隐秘的计划。关于启示心智的被动特征，参看 Rössler，*Gesetz und Geschichte：Untersuchungen zur jüdischen Apokalyptik und der pharisäischen Orthodoxie*，pp. 55ff.；Volz，*Die Eschatologie der jüdischen Gemeinde im neutestamentlichen Zeitalter*，pp. 6, 107, 137。参看 Daniel 2：45；以及 Benzen，*Daniel*，Eissfeldt 编，p. 33。然而按照某些文本，对公义的祈祷或许会加剧末日的降临(*Eth. Ennoch* 47：1, 97：35, 99：3 以及 Bousset，*Religion*，p. 248)，并且在末日之际，得到拣选的人将参与"光明之子"对抗"黑暗之子"之战。

论的论调，即世界将"迅速走向终结"，[8]没有任何东西值得修补或挽救。然而，被预感到或被预言到的新的"永世"［αἰών］的到来并不是一个革命性的事件，它将"像黑夜中的盗贼"般降临；而这个"永世"的来临也"并不通过人的手"。于是伴随着新的秩序，"所有的时代以及年岁都将毁灭"。[9]历史与变化只是老的和坏的"永世"的标志而已。

在此世，启示录式预言的唯一任务便是散播关于末日的知识。正如库姆兰社团一样，启示论宗派将他们自己视为存在于旧世界的废墟与骚动中的先锋、新世界的代表，他们的知识就是他们的力量，是他们将获得救赎的标志。正是关于末日的知识成了他们通往这条迫近之路的最真确的标志。启示论空想家和正统犹太教制度的共同点就是：他们都深信，先知在古代君主制时代就已终结（正是这种确信引导着他们对经书进行正典化的过程），可是人们阻止他们做出预言，于是他们从对末日的急迫渴望中发展出了两套替代性的证明模式[10]：他们要么"发现了"古老的隐秘预言，要么"解密"了那些已经为人熟知的《圣经》预言。《启示录》本身就是一部预言，它被视为是在古代由以诺、摩西、但以理、以斯拉等一系列备受尊崇的人物所做的相当古老的预言——对这些预言的指令就是隐藏它们，只有在末日来临之际，它们才能被重新发现。绝大部分已经预言的事件都如预言般发生了；这个事实便是预言真实性的一个证明；由于这些预言将在末日被重新发现，这就成了末日逼近的证明，因为只有到了末日，关于末日的知识

---

〔8〕 "只因尘世匆匆奔向终结"，4 *Ezra* 4：26, Violet 编，*Überlieferung*，1：36。
〔9〕 *Slavic Ennoch* 65：7-8；*Eth. Ennoch* 91：17；参看 Bousset, *Religion*, p. 244。
〔10〕 Urbach, "When Did Prophecy Cease?", pp. 1-11；同上，*Ḥazal*, pp. 502-13。

才会变得"繁多"。[11]对既存预言的各种"解密"都各自服务于
同一个目的。[12]旧时的先知不可能理解他们自己做出的预言,而
只有那些同样拥有对末日的正确意识的人,才能得到"公义教师"
的指导,学会如何解密每一条预言,以便揭示该预言的真实内
涵:最后的世代年表和世界末日的日程。[13]此外,正是这些人掌
握着解密预言的钥匙的事实,证明了他们作为这个宗派的成员的
确是"以色列的子嗣",同时也证明了从旧秩序向新秩序的过渡迫
在眉睫。

　　迷恋于各历史阶段确切的连续性与结构、将世界历史视为一
个有意义的整体,这些都是犹太教与基督教对"历史感"做出的

248

----

〔11〕《但以理书》八章 26 节,十二章 4 至 10 节。(启示论的)预言必须被封存
　　或隐藏,直到末日为止,甚至连先知自己也并不明白它。参看 *Eth. Ennoch*
　　1∶2, 108∶1; *Ascensio Mosis* 1∶16ff.; *4 Ezra* 4∶14, 4∶46, 14∶6, Violet
　　编, *Überlieferung*, 1∶28, 46, 406; *Ausgabe*, 2∶13, 21, 191。参看 Rössler,
　　Gesetz und Geschichte, pp. 65ff.。同样,在末日之时"必有多人切心研究,知
　　识就必增长"(《旧约·但以理书》,同上),这成了犹太教与基督教对历史末
　　世论解读的恒久主题——不过在去启示论化之后很久,这种末世论解读才出
　　现;参看 Gregory the Great, *Homiliae in Ezechielem*, 2.4.12, Migne, *PL 76*∶
　　980-81; Bernard of Clairvaux, *Ad Hugonem*, Migne, *PL 182*∶1040; Abaelard,
　　Dialogus 1.5, Migne, *PL 188*∶1147; Abraham bar Hiyya, *Sefer megillat
　　ha'megalle*, Poznanski 编, p. 3。
〔12〕Elliger, *Studien zum Habakuk—Kommentar vom Toten Meer*, pp. 150ff.; Cross,
　　The Ancient Library of Qumran, pp. 111ff.; D. R. Russell, *The Method*, pp. 178-
　　202. *Peser* 这个术语是亚兰语 *pishra* 的希伯来语形式,在古希伯来语中是 *ptr*
　　(《创世记》四十一章 12 节;《但以理书》二章 26 节)。《圣经》在"解梦"的
　　意义上运用该术语。耶稣的降临是为了"解答古时之谜"(κεκρυμμένα ἀπὸ
　　καταβολῆς;《马太福音》十三章 35 节;参看十三章 10 节)[中文和合本《圣
　　经》中《马太福音》13∶35 译为"创世以来所隐藏的事",καταβολή 意思为
　　开端、创世——译者],这是 *pesher* 的启示论模式。
〔13〕I *Qp Hab.* 8.1-13(至《哈巴谷书》二章 1 至 3 节),Heberman 编, *Megilot
　　midbar Jehuda*, p. 45。应该强调,"奥秘"并不只是末世论—时间性的,也
　　是宇宙论—空间性的。参看 Gruenwald, *Apocalyptic and Merkavah Mysticism*,
　　pp. 47-72。秘传文献与相关的文献继承了这个要素。

不可磨灭的贡献。[14]虽然人类的进步显而易见（这一点恰好与上帝对历史的预定计划的隐秘性相反），但是，在对历史的神意进程的启示论想象中并没有为人类的创见与进化留下空间。这一点同样适用于早期基督教记载，我们希望可以说，启示论因素也存在于基督教文献中（当然不计该因素在其中的强度与重要性）。基督徒们知道：他们自己已身处犹太教启示论者所期待的"新的永世"［new Aeon］中，"天国"已经出现。他们并不认为基督的降临和基督的"第二次降临"是由一种进化过程所预备的，甚至路加的救赎历史的版本也同样如此，他坚信团契在此世中仍然具有使命。末日或许不会很快到来，但它却是突如其来的，其确切时间不可预知。[15]使徒保罗对处于律法下的"童年"与处于新信仰下自由的"成年"之间的区分，是一种法理学上的区分，而不是生物学和进化论的隐喻："由于过犯"，律法的重担被强加在了犹太人身上，以便增强他们的亏欠感和罪感，以便强调救赎的必要性。尽

---

〔14〕 人们常强调说，希腊是循环史观，而犹太教《圣经》的历史观或启示论则是线性史观（Mircea Eliade, *Cosmos and History: The Myth of Eternal Return*, Trask 译，pp. 113ff., 125ff.），这种常见的观点根本站不住脚。启示论传统肯定没有排除永恒轮回的形象，有时甚至还在伊朗—巴比伦传统的影响下，间接地提到了这种历史观。《圣经》传统（在原则上）同样也没有排除循环史观——它们只是处于《圣经》传统的话语场域之外。历史事件和历史的独特性只是在奥古斯丁反对奥利金的世界演替理论时，才在基督教中成为讨论的主题，而奥古斯丁坚持认为，为了所有时代，基督只降临一次。

〔15〕 Matt. 24: 7; 2 Peter 3: 10; 4 *Ezra* 4: 34ff.; 参看 Norden, *Die Geburt des Kindes: Geschichte einer religiösen Idee*, p. 44（异教的末世论）; Scholem, "Zum Verständnis der messianischen Idee im Judentum", 收入 *Judaica*, 1: 7ff., 19ff., 28ff.; Conzelmann, *Die Mitte der Zeit: Studien zur Theologie des Lucas*, pp. 5ff., 80ff., 特别是 pp. 86, 92（突如其来）。参看 1 *Clemens* 23: 4, Migne, *PG* 1: 259; 2 *Clemens* 11: 2, Migne, *PG* 1: 343ff.; E. Massaux, *Influence de l'Évangile de Saint Mathieu dans la littérature chrétienne avant Saint Irénée*, pp. 30-31; M. Werner, *Die Entstehung des christlichen Dogmas*, p. 111.

249　管律法是一种"指向基督的教师"，[16]但它仅仅是一种否定的预备。只有通过一种新的恩典行为，才可能使"奴隶"变成"继承人"。我们应该在这个意义上阐释由保罗激发的著名的启示论区分（即"前律法时代""律法时代"以及"恩典时代"）的起源。[17]

在启示论阐释模式（"发现预言"或"解密既有的文本"）中，最早的基督教文本向其中增加了第三种模式。基督教团体似乎从一开始便寻找并找到了旧时代与新时代之间的象征性的结构联系。该隐与亚伯、雅各与以扫、拉结与利亚，都成了基督教会与犹太会堂的象征性预备。亚当、摩西以及大卫，都预示了"作为第二亚当的基督"这位最终的救世主与真正的王。麦基洗德如同耶稣，同时既是王和祭司，并且不是来自亚伦家族的祭司。福音

─────────

[16] Gal. 3：23-25（"引我们到基督那里"［παιδαγωγὸς εἰς χριστόν］）, 3：19, 4：1ff.；Rom. 6：15ff., 7：1ff.。

[17] 关于这三个时代（前律法时代、律法时代、恩典时代）的起源，参看 *Bab. Talmud*, *Sanhedrin 99a*；*Avoda Zara 9a*；*Seder Eliyahu Rabba*, Friedmann 编, p. 6；参看 Strack 与 Billerbeck, *Kommentar zum Neuen Testament aus Talmud und Midrash*, 3：826, 4：828；Bousset, *Religion*, p. 247 及 n. 1；Hipler, *Die chistliche Geschichtsauffassung*, pp. 10-11；Grundmann, *Studien*, pp. 88-89；Schmidt, "Aetates mundi, die Weltalter als Gliederungsprinzip der Geschichte", p. 299；Van der Pot, *Die Periodisierung der Geschiedenis：Ein Overzicht der Theorein*, pp. 43ff.。注意，犹太教传统常常从亚伯拉罕的第 52 个年头开始算"律法时代"，而基督教传统则最初并未确定年头，后来从摩西开始计算，以便符合它所划分的六个"时代"［aetates］的其中三个"时段"［tempora］。我已经发现（见我的文章：*Heilsplan*, p. 130 n. 28；"Patterns", pp. 141-42），犹太公会的这段《塔木德》段落最初被转译成拉丁语时，是为了证明处于犹太教传统之外的基督教的真实性：Alanus ab Insulis, *De fide catholica contra haereticos* 3.10, Migne, *PL* 210：410（"因为以利亚在赛哈勒曾说"［In Sehale etiam loquitur Elias］等等）。关于 16 世纪对"以利亚的预言"［vaticinium Eliae］的发展过程的讨论，参看 Reuchlin, *Augenspiegel*, *Ratschlag* 等等 p.7b；Bodin, *Methodus ad facilem historiarum cognitionem* 5, pp. 108f., 120；Klempt, *Die Säkularisierung der universalhitorischen Auffassung*, pp. 24（以 及 n. 45）, 67-68。异教的"时代划分"的各种世俗化版本，不但曾在古代出现过，而且到 16、17 世纪又出现了；参看 Bacon, *The Advancement of Learning*, *Works*, 8。

书反复指出，基督不但实现了古老的预言，在他的生与死中也浓缩了过去的划时代的事件。以撒的"献祭"预示了基督的自我牺牲，而居高位司祭职的基督的"自我牺牲"，则对应以色列人所做的"献祭"；当耶路撒冷的高级祭司通过牺牲其他东西来救赎整个共同体的时候，基督牺牲了自己。[18]十二使徒在雅各的十二个儿子中也得到了预表。"预表"[τύπος、*figura*、*praefiguratio*]及其实现，都是发生在遥远时间、地点上的历史事件，这些事件处于复杂的同一关系中，既相互对立又相互补充，是一种真正的"神秘的参与"[*participation mystique*]。[19]虽然我们可以在犹太教传统、《圣经》传统、启示论传统，以及米德拉西传统中找到这种对历史的象征性解读（或者重演）的踪迹，[20]但它却前无古人地成

250

———————

[18] Hebr. 7：15（照麦基洗德的样式［είς ὁμοιότητα Μελεχισεδέκ]）。《希伯来书》七章 15 节中暗示道，这封书信是为了反对某个亲近库姆兰社团信条的基督教派而写作的论辩书，这个教派期盼从亚伦祭司家族中出现一位弥赛亚；参看 Yadin，"The Dead Sea Scrolls and the Epistle to the Hebrews"，见 *Aspects of the Dead Sea Scrolls*，Rabin 与 Yadin 编，p. 207。不同的观点参看 Kümmel，*Einleitung in das Neue Testament*，pp. 349-50（不过在希腊视野中，我并没有发现任何历史预表）。关于一般意义上的预表概念，参看 Auerbach，*"Figura"*，*Scenes from the Drama of European Literature*，pp. 11-76。

[19] 作为真正的象征，一个"预表"[figure]并不仅仅是一种语言表达或字面隐喻，而是一个具体事实（是一件事、一个人、一种制度），它指涉的是另一件事，并且保持其自身的同一，而不会牵涉到它所预表的另一件事。关于"象征"的某些定义，可以参看 Wellek 与 Warren 著，*Theory of Literature*，pp. 188-90；Fletcher，*Allegory：The Theory of Symbolic Mode*，p. 17。我认为在将"象征"从"隐喻"中区分出来时，其中出现的普遍不确定性是由于该术语本身的片面性，因为"象征"的原初意义只是"迹象"，超出该意义范围的内涵是最近才出现的，不过对"隐喻"的明确定义，则与诗歌本身一样古老。

[20]《出埃及记》通常被视为一个"救赎模式"：《以赛亚书》十一章 15 至 16 节；参看 Loewenstamm，*Masoret Jetsi'at mitsrayim behishtalsheluta*，pp. 16，103。《列王记上》十二章 28 节的作者在西奈山"燔祭"金牛犊与耶罗波安时代之间建构了一种否定性的预表；对这两个时代，他运用了相同的表述。人们假定从巴比伦归来的流亡者就是沙漠中最后一个世代的人，并且也就是约书亚时代征服这片土地的第一批人；《尼希米记》八章 17 节；参看《列王记下》

了基督教自我理解的中心。对历史的预表性解读既不是一种文本阅读，也不是对其象征的"解密"，而是对历史自身的解读。套用非洲的尤尼里乌斯的话来说，这种解读将事件本身视为"通过事件（而非通过言辞）做出的预言"："事件中的预言通过事件的存在而被认识。"[21] 这一点在基督教视域内的重要性，或许也基于这一事实：不仅基督之言，而且连他的一生、他的位格、身体和死亡，都获得了核心的神圣意义。

251

二、"适应"与"进化"：早期基督教教父

只是后来，人们才感觉到了一种新的、缓慢渐进的人类自主的进步（简言之，即进化感），它作为上帝救赎计划的执行，嫁接到了对历史的阐释上。"上帝的启示与诫命适应于人类进化过程的不同阶段"，这种观念对《圣经》来说是陌生的，对启示历史观就更陌生了。进化观是"基督教哲学"借助陌生的概念来"润色与粉饰"[22]（或者说得好听点"转化"）它所继承的诸多遗产而形成

（接上页）二十三章 21 至 22 节（约西亚）。《死海古卷》教派同样从流亡沙漠的上一代人身上找到了对他们自己的预示（他们是"沙漠的流亡者"），他们的末世论组织是按部落、家族与帐幕设置的：参看 Wieder, "The Law Interpreter of the Sect of the Dead Sea Scrolls—the Second Moses", pp. 158ff.；以及 Yadin, "Dead Sea Scrolls"。关于《米德拉西》，参看 *Gen. Rabba* 40, Albeck 编，p. 40；*Tanhuma*, *Leh-Leha* 10；*Vajehi* 10；Heinemann, *Darche ha'agada*, pp. 32-34. 基督教作者们运用了预表法来释经，这一点有力地（部分）解释了预表法在犹太教传道术 [homiletics] 与释经学中萎靡的原因，然而参看下文脚注 [70]。

[21]　Junilius Africanus, *Instituta regularia divinae legis* 22, Migne, *PL* 68: 34; Grundmann, *Studien*, p. 37；参看 Thomas Aquinas, *Summa theol.* 1 q.1 a.10。

[22]　奥利金以这一段话（*Contra Celsum* 1.3, Kötzschau 编，p. 58）界定了基督教哲学的意图。参看 Andresen, *Logos und Nomos*, pp. 69, 206。这段话与凯尔苏斯的观点针锋相对，凯尔苏斯的主张是：外邦人创立了这些理论，希腊人只不过更好地定义和运用了它们而已。

的诸多观念中的一个。进化观的故乡是希腊的反思传统，即对文化、法律和社会起源的反思。

埃利亚德〔Mircea Eliade〕使我们相信，"神话思维"是以"否定历史"为标志的。埃利亚德宣称这种思维认识到两种时间模式：一种是变化的、点状的、单一的俗世时间；另一种则是永恒轮回的、英雄的或神圣的时间。[23]当且仅当神圣与世俗这两种时间模式都崩溃时，一种真正的历史感才可能出现。这种崩溃在古代以色列发生过一次，他们将过去与现在的事件置于上帝的神意之下；这种崩溃也再次发生在希腊人头上（也许他们意识到了自己的民族是相对年轻的而饱受这种意识的煎熬）。通过将变化与永恒放在一个时间观念中，并赋予转瞬即逝的事件以范式意义，希腊思想克服了植根于有关时间的神秘态度中的二分。通过反思人事与自然的关系，希腊文化哲学家形成了各种对社会、文化、宗教、法律以及语言的起源与发展过程的进化论阐释。"神并非一开始就向有死的人揭示万事万物，而是通过探究寻找那些更好的东西，循序渐进地〔χρόνῳ〕向人揭示出万事万物。"[24]律法、宗教、语言是遵循自然〔φύσει〕地出现，还是强力与习俗〔θέσει〕使其违反自然地出现？人性的原初状态是快乐还是野蛮？这些都是智

252

---

〔23〕 Eliade, *Eternal Return*, pp. 40 ff., 117（对"历史"的拒斥）。参看 Dixon, *Oceanic Mythology*, pp. 125ff.；G. van der Leeuw, *L'Homme primitive et la religion*（Paris, 1940）, pp. 22ff.；Gelber-Talmon, "The Concept of Time in Primitive Mythus", pp. 201（希伯来）, 260（英文概要）。关于希腊的"历史"概念，参看 Cochrane, *Christianity and Classical Culture*, pp. 456ff.；H. Arendt, *Between Past and Future: Six Exercises in Political Thought*, pp. 41ff.。也参看 Spranger（上文第四章第一节脚注〔11〕）。

〔24〕 Fragm. B 18（Diels-Kranz）；Kirk 与 Raven, *Presocratic Philophers*, pp. 179-80；参看 Lovejoy 与 Boas, *Primitivism and Related Ideas in Antiquity*, p. 194.

者们系统地提出过的问题。[25] 斯多亚派在对文化循序渐进地出现
的思考中，假设了一个黄金时代，人类的能力在这个黄金时代中
是遵循自然并通过不断调整以适应自然而发展的：社会劳动分工
是与生存必需品相应产生的。于是便出现了日益奢侈的腐败与堕
落。[26] 伊壁鸠鲁派彻底反对这个黄金时代的神话。在卢克莱修的
表述中，物理世界与社会的逐渐形成是自然的规约。[27] 按照卢克
莱修的观点，社会从荒凉到文明的循序渐进过程是受必然性推动
的（生存斗争），而幸福与不幸之间的平衡则相对持平。[28] 许多这
类解释的核心概念是"循序渐进的调整"，比如调整制度以适应不
同气候，调整人类的目标以适应人类的手段，等等。[29]

这类进化论的洞见有时丰富了人们对希腊和罗马起源的历史
思考。修昔底德追溯了雅典从一种海盗之间的契约联盟向一个法

〔25〕 Guthrie, *A History of Greek Philosophy* 3：55-147。关于律法的"习俗性"阐释
       对修昔底德的影响，参看上文第四章第一节脚注〔36〕。

〔26〕 Reinhardt, *Poseidonius*, pp. 392ff., 特别是 pp. 399ff.；同上，"Poseidonius über
       Ursprung und Entfaltung"，收入 *Orient und Occident*, Bergesträsser et al. 编；
       Pohlenz, *Die Stoa*, 1：212（1：79ff., 2：47ff.：循环论）。关于 Varro, *De re
       rustica* 2. 1.3ff.；参看 Lovejoy 与 Boas, *Primitivism*, pp. 368-69；Reinhardt,
       Poseidonius, pp. 402-404。

〔27〕 上文第三章第一节脚注〔22〕。

〔28〕 Lucretius, *De rerum natura* 5.826ff.（地球的进化），925ff.（人类的进化），
       1454（渐进的）；参见 Farrington, *Greek Science*, pp. 245ff.；Lovejoy 与 Boas,
       Primitivism, pp. 222ff.（pp. 374-75：对 Vitruvius, *De architectura* 2.1 的影
       响）。关于他的（不断发展的）"自然法"概念，参看 Reich（上文第三章第
       一节脚注〔22〕），特别是 p. 121（时间的可度量性）。德谟克利特已经摧毁了
       "黄金时代"的形象（Diodorus Siculus, *Bibliotheka*.1.8 和 Diels, Fragmente 2
       [Nachträge] p. XII 1. 13-18）。参看 Vlastos, "On the Pre-History of Diodorus"。
       关于幸福与不幸之间的平衡，参看 Lucretius, *De rer. nat.* 5.989ff.。

〔29〕 Cochrane, *Christianity*；Mazzarino, *Das Ende der antiken Welt*, Joffé 译，pp.
       18ff.（波利比乌斯）。古代人的政治气候学（无论有没有关于制度变迁的
       动态机制）的学说在许多文艺复兴时期的作者（如博丹）那里得到了继承
       （Klempt, *Die Säkularisierung*，上文脚注〔17〕）。

制城邦渐进发展的过程；他的观点是智者派的观点。[30]李维认为，外邦平民被吸纳到共和国中是罗马童年时期的结束。他要说的似乎是，假如罗马更早地获得了它的自由民［libertas］，那么平民撤离［secessio plebe］将无可避免地发生得更早，并毁灭这个新生的城邦。[31]罗马作者们一而再、再而三地运用有机体成长的比喻，就是为了证明共和国在审慎（理性［ratio］）的指引下，是如何从诞生向着成熟进化的。[32]

自公元 2 世纪以来，关于"救赎经济"的基督教新版本都认为，上帝的神意要适应于"人类律法"［lex humani generis］的缓慢进步与逐渐发展（里昂的伊里奈乌），[33]适应于"人之庸常"（德尔图良）。[34]德尔图良甚至假定了上帝与人类之间相互调整的过程，在连续的历史时期里，上帝的公义正是通过他的这种调整，通过他的"情绪"以及像人一般的"态度"，而表明自身的。在这一点上，我们回想起：上帝需要一个身体。

对这种新思维方式的系统阐发，随着论辩或护教的需要而有所不同：有时它服务于加强启示论式的末世期望，有时则是为了

[30] 上文第四章第一节脚注〔36〕。

[31] Livius, *Ab urbe condita* 2. 1（Conway 与 Walters 编）。

[32] Cicero, *De re publica* 2.3（Ziegler 编）；K. Fromm, "Cicero's geschichtlicher Sinn", pp. 7ff. 拉克坦修似乎是第一个采用（并重新阐释）机体形象的基督教作者，他将罗马的成长比喻为一个人的各个年龄阶段：Lactantius, *De divinis institutionibus* 7.15, pp. 631-35；参看 W. Hartke, *Römische Kinderkaiser: Eine Strukturanalyse römischen Denkens und Daseins*, pp. 393ff.。在《罗马帝王史传》记载的卡鲁斯生平中，他似乎已经看到可以用异教的答案回应拉克坦修：Häussler, "Vom Ursprung und Wandel des Lebensaltervergleichs", pp. 313ff., 特别是 p. 314（塞涅卡，拉克坦修）。后来的修正：Paulus Orosius, *Historiarum adversus paganos libri VII*, 2.4, Zangemeister 编, p. 91；Jordanes, *Romana et Getica*, Mommsen 编, p. 3；Funkenstein, *Heilsplan*, p. 102（佛雷辛的奥托）。

[33] 下文脚注〔36〕。

[34] 下文脚注〔44〕。

限制这些期望；有时它服务于强调旧时代与新时代之间的连续性，以便于反对马西昂派和诺斯替派，有时又用来强调这两个时代之间的不同，以便反对犹太教；后来它成了建立政治神学的工具，但它同样也是驳斥基督教与罗马帝国之间的任何内在关联的工具。它回应了各种问题：基督为什么不早一点来？为什么允许像"燔祭"这样的神人同形论的敬拜形式存在？教会中为什么有如此之多的各式各样的敬拜形式？能否宽容甚至鼓励宗教革新？前面我已经处理过了其中某些关于"适应原则"的表述。同时，为了维持本章的平衡，我将"适应原则"的功用主要限制在"赋予历史以意义"这个范围之内。

伊里奈乌反对将《旧约》比作一个"坏天使"，而马西昂派则可能恰好是从保罗那里得出了逻辑结论；保罗坚持认为，颁给摩西的律法只在否定的意义上"引我们到基督那里"［παιδαγωγὸς εἰς χριστόν］，"律法负担"的目的是增进以色列的"亏欠感"。[35]伊里奈乌是在一种肯定的意义上考察"在律法下对福音书的预备"的。从一个制度向另一个制度的转变不可能突如其来地降临：人必须首先习惯于一种制度，以便为另一种制度做准备；人的进步总是一步一步地［ἠρέμα προκόπτοντος］*。[36]伊里奈乌采用的正

---

[35] Harnack, *Marcion, Das Evangelium vom fremden Gott*, pp. 30ff., 106ff.; M. Werner, *Die Entstehung des christlichen Dogmas*, pp. 201-207. 我的观点是，无论马西昂派是否属于诺斯替派，这根本没关系。对于哈纳克而言，马西昂是他那个时代的英雄：基督教的历史就是基督教逐渐从《旧约》中解放出来的历史。

* 疑输入错误，此处应为 προκοπή，直译就是"平静的一步步前行"。——译者

[36] *Sancti Irenaei episcopi Lugudunensis libri quinque adversus haereses* 4.63.2, Harvey 编，2：296（人类律法［lex humani generis］）；也参看 2.33.2, 1：330（与他的重演论相符合）。我们有充分的理由称他为"第一个基督教历史哲学家"：Kamlah, *Christentum und Geschichtlichkeit: Untersuchungen zur Entstehung des Christentums und zu Augustins "Bürgerschaft Gottes"*, p. 113；也参看 Funkenstein, *Heilsplan*, pp. 19-22。

是诺斯替派自己的武器，以子之矛攻子之盾，颠倒了诺斯替教派自身的形象。"进化"的确是存在的，然而这种进化并不在上帝的领域［plērōma］中，而是在人的历史领域中。"从所有方面来看，非理性都是那些不等待时机成熟，并将他们自身的软弱归于上帝的人……他们僭越人类的律法，［甚至］希望在他们成为完人之前，就与造物主上帝相似。"[37]为了成为"上帝的形象与样式"，人只能缓慢前行并调整自身，来适应在时间中不断的启示。[38]

伊里奈乌从最早的基督教传统中继承了对历史的象征—预表式的阅读，[39]他以其自身的方式扩充了这种阅读方式，并将上帝

255

――――――

〔37〕 Irenaeus, *Adv. haer.* 4.63.3, Harvey 编，2：297。上帝"是其所是"而人则"将成为其所是"：*Adv. haer.* 4.21.2, Harvey 编，2：175；参看 Slomkowski, *L'État primitive de l'homme dans la tradition de l'église avant St. Augustine*, pp. 53-54；Prümm, "Göttliche Planung und menschliche Entwicklung nach Irenaeus Adversus Haereses", pp. 206ff.；A. Benoit, *Saint Irénée: Introduction à l'étude de la théologie*, p. 228；Bengsch, *Heilsgeschichte und Heilswissen: Eine Untersuchung zur Struktur und Entfaltung des Hl. Irenaeus von Lyons*, p. 125。

〔38〕 人不同于上帝，人不可能从一开始就是完满的［ἀπ' ἀρχῆς τέλειος］（*Adv. haer.* 4.62, 38.2, 38.3），"难道上帝不能使人从一开始就是完满的吗？"这是个伪问题（4.62. 1, Harvey 编，2：292-93；参看 4 *Ezra* 5：43-44）。人类是由于恩典而变得完满的，而非自然地完满（同上书；参看 4.7, Harvey 编，2：153-54：自由）。因此人首先必须追随他的自然（4.63.3）。上帝可以从一开始就设定好他的榜样；人则需要时间来效仿并适应它——人只不过是个孩子（4.63.2，参看 1 *Cor.* 3：2）。上帝的"形象与样式"并非对人类原初境况的描述，毋宁说这是人类的目的。"形象"是人的自然，"样式"则是他未来的目的（4.63.2, Harvey 编，2：296）。参看 Ladner, *Idea of Reform*, pp. 83ff.。伊里奈乌从安提阿的提阿非罗那里得出了这个观点，后者认为乐园中的亚当并不完满，只是可完满的；他的进步首先应该免受外界的影响；甚至在堕落之后，人类依然继续着他自身的进步。Theophilus, *Ad Autolicum*, Otto 编，pp. 124ff.；Loofs, *Theophilus von Antiochien "Adversus Marcionem" und die anderen theologischen Quellen bei Irenaeus*, p. 63 n. 3, p. 410 以及各处；Kamlah, *Christentum*, pp. 112-14；Bengsch, *Heilsgeschichte*, pp. 189-91。

〔39〕 Woolcombe, "Biblical Origins and Patristic Developments of Typology", 收入 *Essays on Typology*, pp. 39-75；J. Danielou, "The New Testament and the Theology of History", pp. 25-34。

的"适应"观念嫁接到了这种阅读中："动物的形式有四重，福音书是四部，我主的安排也是四重，因而给人类立的约也是四个：第一个约是在亚当的堕落之前；第二个约……给了挪亚；第三个约是摩西的律法；第四个约是通过福音书更新人类，并在其自身之中重演一切的约。"[40]基督在他的一生中、在所有时代、在所有人类历史中重演他自己。[41]

如果为了反对异端就必须坚持《旧约》与《新约》的连续性，那么为了对抗犹太人或异教徒，也必须强调《旧约》与《新约》之间的不连续性，因为那些人在基督教中看到的不过是一种更古老、更真实的犹太教的新版本；基督徒只是"渴望新事物的人们"[homines rerum novarum cupidi]。通过宣称自己是"新的"，基督教便在古代与中世纪心智中引入了一种强有力的张力；而古代和中世纪倾向于将古老的制度尊崇为真实的。这种爱恨交加的情感与今天美国政治词汇中"革命"的意义不无相似之处。德尔图良指出，在贯穿整个历史的"训诫"逐渐完善的过程中，摩西律法既非最

256

---

〔40〕 "Qualis igitur dispositio Filii Dei, tails et animalium forma；et qualis animalium forma talis et character Evangelii. Quadriformia autem animalia et quadriforme Evan-gelium et quadriformis dispositio Domini. Et propter hoc quattuor data sunt testamenta humano generi；unum quidem ante cataclysmum sub Adam；secundum vero...sub Noe；tertium vero legislatio sub Moyse；quartum vero，quod renovat hominem et recapitulat in se omnia，quod est per Evangelium，elevans et pennigrans homines in caeleste regnum"：*Adv. haer*. 3.11.11，Harvey 编，2：50。参看 4.34.5，Harvey 编，2：216（各个时代）。这种关于进步的看法再次接近于提阿非罗的观点（Loofs，*Theophilus*，p. 62）。

〔41〕 *Adv. haer*. 4.11.2，Harvey 编，2：158（提到殉教者尤士丁）；4.62："由此之故，最终之时，我们的主在他自身中重述着[ἀνακεφαλαιωσάμενος]万事万物，来到我们之中"[疑此处引文出处有误，应为第四卷 38 节——译者]；Loofs，*Theophilus*，pp. 357ff.；E. Scharl，*Recapitulatio mundi：Der Rekapitulationsbegriff des Hl. Irenaeus und seine Anwendung auf die Körperwelt*（Freiburg 1941）；Bengsh，*Heilsgeschichte*，pp. 107，120。

初阶段，亦非最终阶段。[42]所有由人类制定并施加于人类的律法都必须随时间、原因和人物而变化；[43]神法同样也会随着时间推移逐渐变化，"因为人之庸常无法一下子接受所有东西。"[44]上帝在其作用与行为、慈爱与忿怒，以及在其律法中调整他自身，以适应人的境遇。[45]如若踏上通往真理之路，那么对各种革新便不应心存畏惧：基督自称"真理"，而非"习俗"。[46]德尔图良便成了一名"孟他努主义者"[montanist]。甚至在恩典时代，他仍然期望能有一种更完满的启示，而基督教正是对这种启示的缓慢预备。

---

〔42〕 Tertullian, *Adversus Judaeus* 2.9, p. 1343；*De virginibus velandis* 1.4, pp. 1209, 1211."公义"的逐渐进步：*De virg. vel.* 1.6；Otto, *"Natura" und "dispositio": Untersuchungen zum Naturbegriff und zur Denkforms Tertullians*, pp. 194ff.。德尔图良确实不同于伊里奈乌，他并没有将人类的进步"神化"[deification]（Otto, *"Natura"*, pp. 56ff., 210ff.），他也并没有将公义[aequitas]的历史视为人性与上帝之间自然调整[adaequatio]的过程：*Adversus Marcionem* 2.27.7, p. 507；Eibl, *Augustin und die Patristik*, p. 160；Funkenstein, *Heilsplan*, pp. 25-26。

〔43〕 Tertullian, *De praescriptione haeraticorum* 24.2, p. 206；*Adv. Jud.* 2.10, p. 1343："依照当时的情况……救赎世人。"

〔44〕 "只因人之庸常无力一下子接受所有东西，训诫便应经由蒙受主委任之圣灵，逐渐地传达、调整与推进，以臻完满"：*De virg. vel.* 1.4, p. 1209。参看 *De patientia* 3.9, p. 325（人之庸常[mediocritas humana]）；6.1, p. 329（我们的庸常[mediocritas nostra]），以及下条脚注。与马西昂所主张的"基督突然[降临]，约翰突然[降临]"[subito Christus, subito Johannes]相反，德尔图良强调的是从《旧约》向《新约》的逐渐转变（*Adv. Marc.* 3.2.3, p.510）；"我认为对上帝而言没有任何突然之事，因为上帝没有为我们安排任何这样的事。"参看 *Adv. Marc.* 4.2.4, p. 566；*De carne Christi* 2, p. 874。

〔45〕 Tertullian, *Adv. Marc.* 2.27.1, p. 505（引自上文第 52 页脚注〔3〕）。参看 *Adversus Praxen* 16, p. 1180；*De testimonio animae* 2, pp. 167-78；*De anima* 16, pp. 802-803。关于上帝的"俯就"，参看 Duchaltelez, "La 'condescendance' divine et l'histoire du salut", pp.593-621。

〔46〕 Tertullian, *De virg. vel.*1.1.p. 1209。这一引文的历史可以追溯至格里高利七世，参看 Ladner, *The Idea of Reform*, p.138 nn. 29-31。德尔图良和 12 世纪哈韦尔贝格的安瑟伦一样，都坚持认为只有借助"新事物"的帮助，才能击败每日引入新事物的撒旦：*De virg. vel.*1.4, 3.2, pp.1209, 1211。

三、适应与政治神学：优西比乌与奥古斯丁

君士坦丁时代呼唤一种真正的政治神学，一种既在古代意义
上又在现代意义上的政治神学。该撒利亚的优西比乌阐明了：无
论是神圣历史还是世俗历史，整个世界历史都是一个受到"上帝
的适应"引领的过程。在他对人性逐渐复归到人性原初的"高贵
本性"的描述中，他同时运用了斯多亚派与伊壁鸠鲁主义这两派
对文化循序渐进地成形（与变形）的解释。[47]在原初意义上，"人"
无疑是一神论者。原初的一神论是一种古老的神学教义：《圣经》
自身也叙述道，最初的人自由地与上帝对谈，尽管上帝并不总是
以友善的方式待人。人性在乐园中仍然处于其童年阶段，这意味
着人性将顺利地达到完满。但当人堕落后，人类不久便退化为彻
底的政治无政府状态，并且除了极少数正义的人以外，人类遗忘
了上帝；人失去了他的真实本性，变成了畜牲，变得像一团毫无
形式的质料［ἄγρια ὕλη］那样粗野，"没有社会、没有技艺。"[48]
在大洪水之后，人类缓慢地从多头政治与多神论转为君主制与一

---

[47] Eusebius of Caesarea, *In Psalmos* 8.7-9, Migne, *PG* 23：129. 进一步参看 Cranz,
"Kingdom and Polity in Eusebius of Caesarea", p. 51（以及 n. 23）。彼得森最先
运用这个术语来处理优西比乌的"政治神学"（Peterson, "Der Monotheismus
als politisches Problem：Ein Beitrag zur Geschichte der politischen Theologie im
Imperium Romanum", 收入 *Theoloische Traktate*, pp. 88ff.）；"政治神学"
这一术语起源于古代，而 20 世纪 30 年代，卡尔·施米特使该词重复生
机：瓦罗区分了神话神学、政治（城邦）神学与自然神学，参看上文第一章
第一节脚注［1］。

[48] Eusebius, HE 1.2.19, Schwartz 编, p. 8："他们没有把城邦和政治，没有把技
艺，没有把知识装进脑子，遑论知晓'律法'、'正义'、'德性'与'哲学'
之名。他们是野蛮、粗鄙的游牧部族，在沙漠上游荡……"也参看 Cranz,
"Kingdom", p. 51 n. 27; Peterson, "Der Monotheismus", p. 89; Funkenstein,
Heilsplan, pp. 32-34。

257

神论：宗教、文化与政治水平相互依赖，其中一个的发展不可能落后于另一个太远。由于并没有普世的君主国，基督教的"救赎教义"［σωτήριον δόγμα］便不可能传遍人类居住的整个世界；相反，基督徒、来自万民万族的教会，形成了一群"新的民族"［νέον...ἔθνος］，他们不再效忠于狭隘的地区或教区，不再坚持种族爱国主义。他们是自然的、真正的罗马帝国的公民。[49]在优西比乌去启示录化的、指向尘世的末世论中，罗马帝国注定将进化成上帝之国。

相比那些基于"予与取"（*do ut des*［我给予因此你给予]）——例如宣称基督徒的祷告支撑着罗马帝国来捍卫对基督教宽容的老论证而言，伊里奈乌的论证是对基督教的一种更为有效的捍卫；[50]但是，这种在"基督教与文化"、皇冠与祭坛之间的新的、更为亲密的联系，并非全无危险之处。对于深受优西比乌政治神学滋养的历代基督徒而言，西罗马帝国的崩溃就意味着基督教的末日或世界末日[51]：而奥古斯丁使他们确信，西罗马帝国的崩溃

---

［49］ *HE* 1.2.22ff.［"通过尘世……缓慢回到政治与文明", Cranz, "Kingdom"］；*HE* 1.4.2；10.4. 19（普世君主制和基督教）；参看 Zimmermann, *Ecclesia als Objekt der Historiographie*, pp. 21-23, 39。基督徒并非生活在"尘世的一个隐秘角落"，这句话很可能针对凯尔苏斯；上文第三章第二节：一。

［50］ 这就是德尔图良或撒狄人梅利托［Melito of Sardes］的论证，参看 H. Berkoff, *Die Theologie des Eusebius von Caesarea*, pp. 53ff.；同上，*Kirche und Kaiser: Eine Untersuchung zur Entstehung der byzantinischen und theokratischen Staatsauffassung im 4 Jahrhundert*, pp. 14ff., 31ff.（德尔图良），85ff.；Mommsen, "St. Augustine and the Christian Idea of Progress", pp. 346ff., 359ff., 368。"基督教与文化"这个表述出自奥弗贝克［Overbeck］极具影响力的著作。此外，将基督教的命运与帝王命运联系在一起的著述，参看 Funkenstein, *Heilsplan*, pp. 35-36。

［51］ Hieronymus, *Commentarium in Danielem*, CCSL 15A, pp. 794-95. 关于四个君主国，参看 Swain, "The Theory of Four Monarchies: Opposition History under the Roman Empire", pp. 1ff.；Hieronymus, *Epist*. 123. 16. 4, CSEL 56, p. 94："倘若罗马毁灭，谁是救世主？"；参看 J. Straub, "Christliche Geschichtsapologetik in der Krisis des römischen Reiches", pp. 52ff., 60ff.。

并不意味着基督教的末日，也并不意味着世界末日。在奥古斯丁"最重要、最艰深的著作"《上帝之城》中，他描述了"羁旅于地上的"上帝之城与地上之城这两座城全然独立的起源、发展与目的。这两座城之间的裂缝并不必然源于它们信奉不同的神祇，而恰恰来源于它们对同一个上帝的敬拜。这便是"利用"[*uti*]与"安享"[*frui*]的不同，是"利用"上帝与"服侍"上帝的不同。[52] 地上之城中最好的情况，便是实现一种不稳定的"地上的和平"。尘世中政治的存在并非由于正义，而是因为统治欲，这种统治欲只有出现一个普世帝国才能得到满足。[53] 但权力却有其自身的辩证法：在它最成功的地方，同时也激发了最强烈的抵抗。罗马帝国实现的"地上的和平"[*pax terrena*]，只是一种暂时的情况。无论这个尘世帝国信不信基督教，从上帝之城的视角

---

[52] Augustine, *DcD* 15.7, pp. 460-61. "这就是地上之城的特点，她服侍上帝或诸神，是为了在神的保佑下，得以在胜利与地上的和平中为王，但是全无慈爱之心，充满对霸权的欲望。好人利用此世，是为了安享上帝；而坏人则相反，为了安享世界，想要利用上帝。他们相信上帝存在，相信上帝关心人事。"[中译采用：《上帝之城：驳异教徒（中）》，第 236 页，吴飞译，上海三联书店，2008 年。——译者] 这种在"利用"与"安享"之间的区分，可以追溯到斐洛对"拥有"[κτῆσις] 与"运用"[χρῆσις] 的区分。参看 Baer, *Yisrael ba'amim*[《万族之中的以色列》], p. 49。

[53] *DcD* 19.12, pp. 657-59：和平是条自然法，对人与兽皆然。*DcD* 19. 13：地上之城也会追求和平与秩序："秩序，就是分配平等和不平等的事物，让万物都各得其所。"[中译采用：《上帝之城：驳异教徒（下）》，第 147 页，吴飞译，上海三联书店，2009 年。——译者] 然而，"地上之城"从家庭到城邦，再到世界帝国的扩张，只能通过武力实现，并且秩序越大越不稳定："人类世界如水相汇，越是大，危险越多。"[中译采用：《上帝之城：驳异教徒（下）》，第 139 页，吴飞译，上海三联书店，2009 年。——译者]（*DcD* 19.7, p. 671）因为人宁愿"与他们的狗生活，也不愿与一个外邦人一起生活"。植根于追求地上和平的"自然"[Nature] 也为其设定了界限。因为地上之城的秩序源自于并维系于"统治欲"[libido dominandi]，然而对权力的追逐总会遭遇阻碍：*DcD* 19.15-16, p. 682ff.；*DcD* 3.10, pp. 71-72；以及 Kamlah, *Christentum*, p. 321；Funkenstein, *Heilsplan*, pp. 46-49。

来看都是微不足道的。[54]虽然上帝之城并不阻碍地上的和平，其 259
至还将欢迎这种和平，但这两者却并不等同。基督徒是尘世的外
邦人与羁旅者。基督教的时代、事件以及英雄尽管都对应于世俗
历史中的种种事件，但它们却都既不预设，也不必然包含世俗历
史中的那些事件。优西比乌认为，"神圣历史"与"世俗历史"
的事件、人物与制度之间的平行对应关系，正是它们具有内在关
联的标志；奥古斯丁则认为这种平行对应关系显示的恰恰是它们
之间的不同。

《上帝之城》强有力地复兴了启示论动机。社会和历史全然的
二元论使我们认识到了"虚妄之城"[*'ir shav*]与"神圣共同体"
[*'adat kodesh*]*之间的分离：在库姆兰社团看来，"神圣共同体"
是处于旧共同体中新的"永世"[αἰών]的先锋，是"真正的以色
列"[*verus Israel*]。[55]但与启示论者不同的是，奥古斯丁反对
多纳图派的观点。他强调，一个人直到世界末日才可能知道谁将
获得救赎；由于旅途漫漫，地上的教会混合了"麦芒"与"稗

----

[54] *DcD* 5.25, p. 119；参看 *DcD* 19.17, pp. 683-85。Fuchs, *Der geistige Widerstand gegen Rom in der antiken Welt*, pp. 23-24, 90ff.；其中没有明说的就是"神圣历史"与"世俗历史"的区分。Wachtel, *Beiträge zur Geschichtstheologie des Aurelius Augustinus*, p. 68。奥古斯丁指望帝国之中亏欠的"蒙恩"[blessing]能从基督教那里补足；他还说教会运用了"地上的和平"（*DcD* 19.17, pp. 684-85），但他从未像优西比乌、普鲁顿提乌斯[Prudentius]以及奥罗修斯[Orosius]那样，主张教会需要借由普世君主国来扩张自身并实现其自身的使命。

  * 此处作者拼写有问题，第一个应为 *'ir shav'*，作者少打了一个词根 ' （א），这个说法出自诗篇 127：1，可以翻译为"虚妄"，但 *shav* 词义重点是在"虚"而不在"妄"，原意只是"徒劳""枉然""落空"；后面"共同体"应为 *'adat*，作者把 ' （ע）误写成 ' （א）了。——译者

[55] Flusser, "The Dead-Sea Sect and Pre-Pauline Christianity", pp. 220ff., 227-29；参看 1 *QpHab*. 10.1.10, Heberman 编, p. 47（*ir shav-adat sheker* [虚妄（虚空）之城—错误（谎言）共同体]）。参看上文脚注[13]。

谷"。[56] 那么 "羁旅地上的上帝之城" [*civitas Dei peregrinans in terries*] 与 "天上的上帝之城" [*civitas Dei coelestis*] 在何种意义上才是同一个具有稳定天使数目与圣徒数目之城呢? 奥古斯丁提醒我们不要将它们视为两座城,纵使它们看似如此;可他的某些阐释者却的确将其看成了两座。奥古斯丁的语言从他早年的哲学语言转变成了《上帝之城》中的法学语言。在早年,奥古斯丁探讨的是两类人 [*duo genera hominum*];现在他讨论的是一座城,是西塞罗定义为 "共和国" [*res publica*] 意义上的城。城中的公民共有 "一致同意的法" [*consensus iuris*],这些公民既包括那些将永远身居其中的人,也包括那些将要堕落或处于欲望中的人。[57]

260 　　由于基督的第一次降临,这两座城便发展成了一座 "混合之

[56] Augustine, *Enchiridion* 118, Scheel 编, p. 73; *DcD* 22.18, p. 837 (基督肉身的增长)。奥古斯丁与多纳图派的 (提科尼乌斯 [Tychonius]) 所主张的 "双重肉身" [*corpus bipartitum*] 观念针锋相对,他用自己的 "混合肉身" [corpus permixtum] 观念取而代之。参看 T. Hahn, *Tychonius-Studien: Ein Beitrag zur Kirchen- und Dogmengeschichte des vierten Jahrhunderts*, pp. 37, 57-60。P. Brown, *Augustine of Hippo: A Biography*, pp. 212-25。

[57] Augustine, *De vera religione* 27.50, p. 219 ("有两类人……一类是那些不虔敬的人……另一类则是那些献身于唯一之上帝的人")。关于保罗式术语,参看 F. E. Cranz, "The Development of Augustine's Ideas on Society before the Donatist Controversy", *Harvard Theol. Rev.* 58 (1954): 255ff. *DcD* 2.21, pp. 52ff.; 4.4, pp. 101ff.; 19.21, pp. 687ff. (Cicero, *De re publica* 1.25, Ziegler 编, pp. 24-25); F. G. Maier, *Augustin und das antike Rom*, pp.189-90。奥古斯丁强调,一个人只能说 "两座城,而非四座城": *DcD* 12. 1, p. 355。我在 *Heilsplan*, pp.45-48 中详尽阐述了这种解释:"天上的上帝之城" [civitas Dei coelestis] 与 "羁旅的上帝之城" [civitas Dei peregrines] (并且与之相对应的是:"地上之城" 与 "恶魔之城" [civitas diabolic])。依照身居其中的成员归属于这个城邦的意愿 [will] 来看,每一座城都是 "一座" 城 (西塞罗对城邦定义:一致同意的法);只有从城中的公民得以继续身处其中的能力来看,它们才是 "两座" 城:那些 "天上的上帝之城" 中的公民 (天使) 将永居于斯;而那些身处 "羁旅的上帝之城" 中的居民,大多数将不再是其公民。另一种解决方式,参看 Kamlah, Christentum, pp. 133ff.。

城"［*civitas permixta*］，它类似于一个有机体：两座城共有尘世的前五个时代[58]，这五个时代在创世的前五天中得到了预示，并且对应于每一个体生命轨迹的五个最初时期（婴儿、童年、青年、成年和中年）。这些时代在《圣经》中都有其界定之年——但第六个时代在《圣经》中却没有界定。在尘世的历史中，最后的时代始于奥古斯都；从那时开始，整个世界便开始缓慢衰落，"走向衰老"。在被拣选子民的历史中，这个时代始于基督（第二亚当）的降临——正如第一亚当是在创世第六天被创造出来的。从现在开始，上帝之城的进程与生命过程之间就不再具有可比拟性了：上帝之城历经"圣灵时代"，并且其量度"不是按照年月，而是按照进步"［*non annis, sed provectibus*］。[59]这些世界时代中的每一个都具有其自身的美；每一个时代都有适应该时期人性水平的制度与上帝的显现。我将很快回到奥古斯丁关于该问题的讨论上来。在历史终结之时，整个世界时代的发展过程将自我显现为一曲恢宏而和谐的旋律：仿若恢宏一曲［velut magnum Carmen］。[60]

奥古斯丁对历史时代曾做过多种划分：三个时代（前律法时代、律法时代、恩典时代）；[61]七个时代——这些不同的划分， *261*

---

［58］Augustine, *De vera religione* 26.49, pp. 187-260，特别是 p. 218；*De Genesi contra Manichaeos* c. 24, Migne, *PL* 34：193-94；*De diversis quaestionibus* 44, Migne, *PL* 40：28；*DcD* 16.3, 12, 43；18.27, 45, pp. 503, 515, 548-50, 618, 641-43；*Retractationes* 1.25.44, p. 121；Boll, "Die Lebensalter：Ein Beitrag zur antiken Ethnologie und zur Geschichte der Zahlen", pp. 89-145。

［59］*De vera religione* 26.49, p. 218；参看 *De Gen. c. Man.*（参看上条脚注）：第六时代"不受时年"的限制。

［60］上文第四章第三节脚注［8］（*De div. quaest.* 44）。在回答"为何基督没有早点降临"这个问题时，奥古斯丁继续说道："人们模仿教师（基督）而被塑造成具有最佳的道德，而教师（基督）只有到了青年时代才会来自上帝而降临，或者说，只有那时候降临才是合适的。"

［61］上文脚注［17］。

无疑肇始于犹太教与基督教的启示论传统。奥古斯丁将创世七天与各个世界时代一一对应，这是最有影响力的象征手法之一（至少对中世纪西欧影响深远），甚至连犹太人也采用了这种对应关系。[62] 然而这些意象并不是全新的。启示论的空想者们就将他们对末日的计算基于以下这条隐喻的实现："在你看来，千年如已过的昨日，又如夜间的一更。"（《诗篇》九十章 4 节）这条隐喻在《米德拉西》和奥古斯丁之前的基督教文献中也都有所体现。[63] 不过奥古斯丁不同于这种传统。他试图通过将"世界的延绵"（没人知道世界延绵多长，也没有人打算去计算它）[64] 的类比意义转移到历史的结构上，而有意使迄今仍有启示论意味的意象去启示论化。创世七天并不是在年岁的数目上与各世界时代相关（比如一个时代一千年），而是在创世每一天的内容上与之相关。因此奥古斯丁在阐释预言性的细节时，必须相当小心。

四、无神示的预言：12 世纪

直到 11 世纪，奥古斯丁和奥罗修斯之后的西欧才开始出现对历史意义的真正思辨。从古代继承下来的意象与主题，继续服务于对当下不重要的事件的静态观察。然而对历史的象征式阅读

---

〔62〕 Abraham bar Hiyya, *Sefer megillat ha'megalle*, Poznanski 编，pp. 14-47；Ramban, *Perush hatora*, Chawel 编，参看《创世记》二章 3 节；Abarbanel, *Perush hatora*, p. 146。关于伊萨克·伊本·拉提夫，参看 Heller-Willensky, "Isaac Ibn Latif"，收入 *Jewish Medieval and Renaissance Studies*, Altman 编，p. 218。

〔63〕 上文脚注〔17〕。

〔64〕 *DcD* 20.7, pp. 708ff.；参看 *DcD* 18.54, pp. 653ff.（反对那些认为"地上教会的年限不超过三百六十五年"的异教徒）；T. Hahn, *Tychonius*, p. 79；*Epist.* 199. 12.46, p. 284（Wachtel, *Geschichtstheologie*, pp. 86-87）；*De div. quaest.* 58, Migne, *PL* 40：42-44。

只是一种释经学方法，是一种超越字面义来理解《圣经》（精神理解）的方法。近代历史（当下的历史）没有什么特点：它仍然是无差别的第六个时代中的一部分，是介于基督第一次降临与第二次降临之间的真正的"中世纪"。关于它，我们所有能说的只是：世界正在"更加衰老"。[65]这也是看待政治事件的态度；虽然教会理论家为了阐释教会中习俗与仪礼的形式之多样化的原因，有时会运用历史的视角（甚至采用适应原则），但也仅此而已。

西欧第一个提出"近代历史"概念的人，可能是 11 世纪初一名来自第戎的名叫饶尔·格拉贝［Raoul Glaber］的僧侣，他写了《当代史五书》［*Five Books of Comtemporary History*］。格拉贝在该书中严格区分了历史的"事件"［*evenus*］、"迹象"［*signa*］与"形象"［*figurae*］。[66]作为一名忠实的叙述者，他记录新的事件就像仍在"继续着"前辈们的工作。不过他超越所有前辈之处在于，他寻求的是特殊的事件、上帝干预的"迹象"，以及即将到来的历史之终结的"迹象"，尤其是在千禧年交界的那段时间内；通过结合与

――――――――

［65］"中世纪"这个术语有时候用于指"处于律法下的"［*sub lege*］时代，例如 Irenaeus, *Adv. Haer.* 4.39, Harvey 编，2：233："割礼与律法的运用在中世纪保存了下来"；"而在自然法时代与恩典时代之间的中间时代，将会建立律法秩序"。该术语的世俗化版本或许是培根的思想渊源（上文脚注［17］）。关于这个含义在人文主义者笔下更深的运用，可参看 Huizinga, *Zur Geschichte der Begriffes Mittelalter*, pp. 213ff., 226-27。

［66］Rudolfus Glaber, *Historiarum sui temporis libri quinque praef.*, 1.1.4, 收入 Raoul Glaber, *les cinq livres de ses Histoires*, Prou 编，pp. 1, 5, 以及其他各处（"eventus"和"novitates"）；参看 Glaber, *Vita sancti Guillelmi abbatis Divionensis*, Migne, *PL* 142：718c; *Hist.* 4, praef., p. 90（迹象［signa］）；参看 Vogelsang, "Rudolfus Glaber, Studien zum Problem der Cluniazensischen Geschichtsschreibung", pp. 57-60（该论文的概要收入：*Studien und Mitteilungen zur Geschichte des Benediktinerordens*, pp. 25-38, 277-97）; *Historia* praef., 1.1.2, p. 2 以及其他各处（形象［figura］）。关于该书的结构，参看 Sackur, "Studien über Rudolfus Glaber", pp. 377ff.; Funkenstein, *Heilsplan*, pp. 77-84。

阐释这些迹象，他寻求的是结构——"形象"。至于"形象"，他尤其喜欢奥古斯丁的"六天图式"［six-day scheme］和"圣四论"［quaternitas］：乐园的河流、柏拉图主义的德性、福音书与历史时代之间的呼应。第四种德性是正义，它包含了所有其他德性，是后者的"基础与目的"［fundamentum et finis］：直到格拉贝的时代，历史仍然是执行正义的尘世历史，它在查理曼帝国时代达到了顶峰。不过这种结构并不是什么新玩意：我们在伊里奈乌思想中找到了它、安布罗修释经学运用了它；格拉贝有时甚至逐字逐句地重复安布罗修。[67] 但格拉贝运用这一图式的目的是阐释近代历史的"个体性"；只有这个目的是全新的，它预示着随之而来的强大理智思潮。

12 世纪是中世纪历史思想中最多产、最具创新性的世纪。伴随着各种更新、更丰富的时代划分和寓言化视角，12 世纪的魅力并不在于"为艺术而艺术"；也不在于仅仅对既存框架的小修小补。主教叙任权之争、光复运动以及十字军东征已经使人们意识到近代历史具有特殊的意义；同时也唤醒人们意识到身处救赎历史中的现代人［moderni］的行为与事件所具有的特殊意义。从丢慈的鲁柏特到莱彻斯堡的格罗，再到约阿希姆，这些所谓的"象征论者"都发现，近代历史与《旧约》《新约》一样值得阐释，他们按照迄今为止只在《圣经》释经学中运用的方法来处理整个历史问题。这些持"象征论—预表论"的阐释者常引用《但以理书》

---

［67］　*Historiae* 1.1.2-3，Prou 编，pp. 2ff.；Ambrosius of Milan，*De Paradiso* 3.19，Schenkel 编，p. 277："因此四条河表示四要德，正如你们的尘世包含着时间一样"等等。安布罗修将它与"首要德性"联系在一起，斐洛（Philo，*Legum allegoriae* I. 19ff.［63-67］，pp. 187ff.）也曾做这样的联系。在同一篇文章中，格拉贝也提到了"六个时代"，但这并不足以使他按照沃格尔桑（Vogelsang，"Glaber"，pp. 24ff.）所希望的那样成为一名奥古斯丁主义者。关于格拉贝的象征倾向（他没有提及安布罗修），参看 Rousset，"Raoul Glaber"，p. 12。

十二章 4 节中的一句话来证成他们的知识:"必有多人做切心研究,知识就必增长";[68]他们相信,我们越接近历史的终结,历史的结构便将越"透明"。他们并不像早先时代那样需要新方法或可见的迹象来预见此后的发展过程:在他们象征论的推理中,他们发现了一种"无神示的预言"方法。

在 12 世纪所有新的理智运动中,这种"思辨圣经主义"曾是方法上最保守,但后果却最革命的运动。这种方法在约阿希姆的《论新旧约之协和》[*Concordia veteris ac novi testament*]那里登峰造极。他给三位一体的每一位格分派了一个历史时期:《旧约》时期是圣父时期,《新约》时期是圣子时期,即将到来的"永恒福音"时期则是圣灵时期。每一时期都预备了下一个即将到来的时期,每一时期都在一种更高的程度上揭示了前一时期发生的事件及其位格。约阿希姆的学说被一些激进的圣方济各派修士鼓吹成了一种他曾预言的"永恒福音"。[69]

人们如此强烈地迷恋对历史的"预表式解读",以至于它对犹太释经学者也不无影响——尽管这种解读方式被认为是《圣经》的四重意义中最基督教式的一种。正如在他之前的亚伯拉罕·巴希亚一样,纳赫曼尼德斯借用了奥古斯丁在创世天数与历史各时代之间的一一对应关系,并且向其中添加了一些其他形象,以证明正如上帝在创世六天中预表了世界历史,以色列先祖在其行动与事件中也预表了犹太历史。为此,纳赫曼尼德斯甚至从基督教

264

---

〔68〕 上文脚注〔11〕。

〔69〕 Benz, *Ecclesia spiritualis: Kirchenidee und Geschichtstheologie der franziskanischen Reformation*, pp. 244-55. 关于约阿希姆和这个象征主义传统,参看 Grundmann, *Studien*; Dempf, *Sacrum Imperium*, pp. 229-68(他首创了"12 世纪象征主义"这个术语); M.-D. Chenu, *Nature*, *Man*, *and Society*, pp. 99-145.

释经学中借用了这种"预表"术语：他称这些术语为"寓意形象" ［dimyono］或"言语的寓意形象"［tsiyure devarim］，[70]并赋予它们（比我在任何别的基督教与犹太教文献中见到的都要）更强的预定力量。可惜他没有很好地掩藏起他方法来源的踪迹；在稍后反基督教的论战中，科雷吉奥的耶本·沙贝泰［Yair ben Shabetai of Corregio］就通过他的基督教对手之口道出了他的原话。

适应原则有时与这种新的预表阐释相关联，有时又与之分离，它同样被应用于重新阐释历史的整体性、表达一种全新的成就感，以及在对历史的回顾中发现的"现在"的特殊地位。12世纪在"适应"观念中发现了一种对趋向"现在"和超越"现在"的趋势的理性阐释，我们举两个例子或许就足以说明这一点。

哈韦尔贝格的安瑟伦将"上帝的运作"描述为"教育和医治"［pedagogice et medicinaliter］，这两个词来源于纳齐安的格里高利：在两次"生命革命"（著名生命的转变［transpositiones famosae vitae］）之间，时代可以被划分为"前律法、律法、恩典"三个时代，并且其中伴随着宇宙的变化（当目击地震［cum attestatione terraemotus］），同时，第三次变革将终结历史，而通过增减与改变，人性已经得到了"缓慢的调整"。[71]通过这种论

---

〔70〕 Ramban, *Perush hatora*, Chawel 编, 1：279（《出埃及记》序言）：教父的出现作为预表，"属于创世的范畴"；1：77（关于《创世记》十二章6节）："我们知道，无论上帝的每一决定何时将会从潜在的命令转化成实现了的预表，上帝的所有决定，无论如何都将实现。"关于更进一步的例证与详尽的讨论，参看 Funkenstein, "Nachmanides' Typological Reading of History", pp. 35-59；译文收入 *Studies in Jewish Mysticism*, Dan 与 Talmage 编, pp. 129-50。

〔71〕 Anselm of Havelberg, *Dialogi* 1.5, Migne, *PL* 188：1147；有些话严丝合缝地引用了 Gregory of Nazianz, *Oratio* 5.25；参看 Ghellinck, *Le Mouvement théologique du 12ᵉ siècle*, p. 376 n. 8；以及 Funkenstein, *Heilsplan*, pp. 184-86, n. 75。也参看上文第四章第三节：四。

证，安瑟伦在某种程度上证明了东方教会与西方教会的分歧是正 265
当的，并且主张两个教会的重新联合需要一个缓慢的准备期。安
瑟伦后来扩展了这种论证，来说明混乱的多元秩序与宗教运动
的分歧（当今教会何以存在这么多新东西 [*quare tot novitiates in
ecclesia hodie fiunt*]）。它们是教会发展阶段这一特殊时期的生命
力与必然性的标志。安瑟伦划分了七个更小的阶段，以对应于
《启示录》中的"七封印"，后来约阿希姆主义者称其为"小阶段"
[*aetatunculae*]〔72〕。在这些"教会阶段"[*status ecclesiae*] 中，安瑟
伦在第四个教会阶段中看到了现在的教会，其特征就是撒旦采取
间接接近的策略：既不通过异教徒，也不通过异端，而是通过虚
假的兄弟之情。圣灵的适应策略就必须在于：要在全新的刺激与变
革、全新的"虔敬之人"[*viri religiosi*] 以及新的宗教运动中加强其
多样化。"这种多样化的出现，并不是因为上帝的可变性，而是因
为人类易变的软弱及其从一个世代向另一个世代的变迁。"〔73〕

　　与他同时代的弗雷辛的奥托调和了优西比乌的"帝国神学"
与奥古斯丁的"上帝之城与地上之城"两者之间的对立。我们记
得奥古斯丁运用了有机体的隐喻，以便将"地上之城"的发展过
程与"羁旅地上的上帝之城"的发展过程彻底分离开来，两者

----

〔72〕 Joachim of Fiore, *Enchiridion in Apocalypsim*，收入 *Joachim von Floris und die
joachimitische Literature*，Huck 编，p. 290。关于启示论—释经学的历史，以
及安瑟伦在其中的地位，参看 Kamlah, *Apokalypse und Geschichtstheologie*，
pp.66-70。

〔73〕 "Facta est autem haec varietas non propter invariabilis Dei...mutabilitatem, sed
propter humani generis variabilem infirmitatem et temporalem mutationem de
generations in generationem": *Dialogi* 1.13, Migne, *PL* 188: 1160a-b. 参看
Kamlah, *Apokalypse*, p. 69; Berges, "Anselm von Havelberg," p. 52。安瑟伦
可能想到了斯特拉勃的观点，即教会中的变化与多样性是对"人之脆弱"的
一种"适应"（上文第四章第三节：一；以及脚注〔10〕）。德尔图良谈论的则
是"人之庸常"。

的"过程"尽管是共时的，却彼此独立。弗雷辛的奥托接受并深
化了奥古斯丁对政治权力的起源与发展过程的分析。从四次主要
的帝国更迭[74]中可以清楚地看到，尘世政治的循环正是受到统治
欲的鼓动（奥古斯丁就谈到了"统治欲"[libido dominationis]）；
而公民社会的存在、扩张与衰落，都基于这种统治欲。只有"通
过恐惧"[terrore]才能迫使人从其野蛮原始的孤独存在进入社
会；[75]如果没有恐惧，任何技艺与科学都不可能进步。由于世
界君主国的形成（同时也因为对权力的贪欲是欲壑难填的），权
力意志产生了地上的和平。但权力意志也遭遇了反抗，并将从内
部瓦解；强权的顶峰便是缓慢衰亡的开始。值得注意的是，"目
的异质性"这条原则，标志了"地上之城"的起源与内在机制的
基本特征。当地上之城瞄准一个目标的同时，另一个目标也得
以实现——即使是通过教会来实现的。这些发展、成熟与消亡
的"演义与重演"，同样也适用于加洛林王朝和萨利安王朝时期，

[74] Otto of Freising, *Chronicon*, Hofmeister 编，1 prol., p. 7; 3 prol., p. 134;
4.31, p. 223; 6.36, p. 305; 7 prol., p. 308。他更是谈到了罗马帝国中的"更
迭"（希腊人、法兰克人与奥图人）; Goez, *Translatio imperii: Ein Beitrag zur
Geschichte des Geschichtsdenken und per politischen Theorien im Mittelalter und
in der frühen Neuzeit*, pp. 112ff; 奥托有一次甚至谈到了"逆向更迭"（6.22, p.
285. 15; 但戈茨没有注意到这一点）。"更迭"是自东向西的运动（1 prol., p.
8; 5 prol., p. 227; 5.36, p. 260）。奥托强调，每次更迭的缓慢衰落，都是为
下次的兴起做的准备。

[75] *Chronicon* 3 prol., pp. 132-33，在回答"基督为何不早点降临"这个问题时，
他大段援引了优西比乌的话（上文第四章第四节；三；脚注[48]），其中
优西比乌谈论的是人性从无政府状态向君主制的逐渐进化。在描述第一个
帝国——亚述帝国的建立时（1.6, p.44），奥托的观点才开始不同于他的思
想源泉之一，也即密歇尔斯堡的符鲁托夫《世界编年史》的观点（Frutolf of
Michelsberg, *Chronicon*, Waitz 编，p. 34），这部编年史描述的是比起尼努斯时
代还要早的原初的"黄金时代"（追随丽舍尔的傅雷舍夫[Frechulf of Lisieux]
的观点）; 参看 Landsberg, *Das Bild der alten Geschichte in mittelalterlichen
Chroniken*, pp. 47ff.。

就像波斯帝国和罗马帝国都经历过这一发展、成熟与消亡的过程一样。值得注意的是，有机体比喻并没有这种近乎机械论的因果链条重要，不过这种因果链条却服务于一个预定的目标；因为以色列的历史（先是肉体的，后是精神的）、启示的历史、教会的历史，都需要去"适应"这些政治实体的内在法则。优西比乌认为，基督教需要一个世界帝国才能实现他的使命；并且基督教必须使自身深入尘世权力的辩证关系，[76]自从君士坦丁时代以来，基督教必须要去获取更大的权力；每次帝国更迭都将增加它的力量，每当这种力量登峰造极时（从主教叙任权之争开始）也就开始走向自身的衰亡。[77]尽管教会对尘世的适应是必要的，但它也必须

267

---

[76] *Chronicon* 4 prol., p. 183："而我呢，我的体会是，坦白说我并不知道什么最能蒙悦于上帝，是他的这个分裂的、居处高位的教会呢，还是从前的谦卑呢？情况本该看着更好、更幸福的。"这一著名段落或许是对哲罗姆《被俘僧侣马尔库斯生平》一书的回应（Hieronymus, *Vita Malchi*, Migne, *PL* 23：5）。"基督教会是由谁创立的，又如何成熟？它在迫害下成长，通过殉教而登峰造极：此后随着皈依基督的君主的出现，权力与财富增长了，德性反而变少了。"但奥托却相信，教会权势的缓慢上升不可避免地要以帝国为代价：主教叙任权之争只是这个过程的最后一站。我在其他地方（*Heilspan*, pp. 98-109；不同于 Spörl, *Grundformen mittelalterlicher Geschichtsschreibung*, p. 42）已经论证了，奥托将奥古斯丁的"混合之城"转化为对"混合之教会"（地上的教会总是受到堕落之人的骚扰）和"混合之城"（在"王权"与"神权"之间寻求不稳定平衡的基督教国家）的区分。混合之城始于君士坦丁大帝或狄奥多西皇帝。

[77] *Chronicon* 7 prol., pp. 308-309，特别是 p. 309.10："确实，随着王权削弱，当今教会……正攀升到顶峰，并树立起极高的权威。"在主教叙任权之争中，教会击败了帝国，"但并不是通过其精神之利剑，而是通过其自身的物质之利剑"（p. 309.2）。"精神之利剑"一词指的是逐出教会；"物质之[利剑]"一词，指的是废黜君主。这两者都是闻所未闻的（*Chronicon* 6.35, pp. 304. 21ff.；参看 Sigebert of Gembloux, *Epistula adversus Paschalem papam*, p. 463）。教会只是加剧了这种不可避免的过程（7 prol., pp. 308ff.），该过程的终点是教会的"再精神化"。在这里和其他地方，奥托都将目的论作为一种因果解释：因果链条相当于上帝的计划。参看 Brezzi, "Ottone di Frisinga", pp. 129ff.，特别是 p. 160。

为此付出代价。

五、从机体隐喻走向团体隐喻：奥卡姆和但丁

在中世纪晚期的学术环境中，人们对普世的—历史的思辨（象征性的或理性的）兴趣大大减退了，历史还根本不是自由七艺之中的一门独立学科。[78]奥托的反思性历史写作所达到的水平，在 17、18 世纪之前仍无人能企及。中世纪晚期思想采用了"适应原则"，但是出于其他的考虑。中世纪晚期"适应"观念的长期传统，是建构法律理论与政治理论之要素的源泉。

"律法当因时间地点而改变"，这是一条古典定理。[79]正如我先前提到的，有时它也得到"政治气候"的支持：人民的脾性因他们居住地气候的变化而变化，因此不同的制度对人民而言是最好的。罗马适中的理想的气候，使理想的"混合政体"成了可能。[80]对律法的相对化也可以看作是由那些喜欢区分"自然法"与"万民法"的罗马法学家（并非所有的法学家都有这种偏好）引起的：他们有意将奴隶制的普遍有效性限制在"万民法"的范围之内。在 11 世纪，格里高利七世以一项闻所未闻的主张使他的对手们瞠目结舌：罗马教皇可以颁布新法；[81]而 13 世纪却不言自明地存在着一种灵活可变的"实定法"。我们从帕多瓦的马西留那里得知，法律可以被增删或完全改变，不仅在从一个时代向另一个时代的过

〔78〕 Wolters, "Geschichtliche Bildung im Rahmen der Artes Liberales," 收入 *Artes liberales: Studien und Texte zur Geschichte des Mittelalters*，Koch 编，pp. 160ff., 74ff.（弗雷辛的奥托是个例外）。

〔79〕 Kelley, "Klio and the Lawyers".

〔80〕 上文脚注〔29〕。

〔81〕 Caspar 编，*Das Register Gregors VII*, pp. 202-203。

渡阶段，甚至可以发生在同一时代里。[82] 最终，这些分散的洞见汇集到了博丹对所有存在过的制度系统的历史比较中，并且登峰造极。[83] 这种比较是对万民法真正的历史阐释。维柯后来也试图建立这种历史比较，而由于他拥有更好的方法，维柯实现了这个目标。

此外，13世纪以来的理论家对于毫无批判地运用机体隐喻（不管是历史的，还是政治的）已经失去了兴趣。教会法学者及法学家从把国家比喻为身体、把等级秩序比喻为四肢，转换成了将国家定义为统一体的抽象形式（尽管抽象，但依然有效）。国家（或教会）是一个"共项"［universitas］、一个团体［corporation］；在这种新语汇中，国家虽然能够施行法律行动，但只是一种"虚拟人格"［persona ficta］，只是作为代表的实体。[84] 换句话说，制度变得具有人格特征而非机体属性。它不再指涉种群的生物学循环（例如尘世、教会和民族的各个时代），而越来越多地关注政治制度在其中运作的具体历史环境，关注不同时期之间具体的历史差异。与我们已经回顾过的早先的历史反思相比，这种向具体的转变有得有失。所得是对一个时期内制度与事件之间实际的历史的相互依赖性有了更深的理解；所失则是对各个时期之间近乎必然的进化顺序的感知力。

此前提及的机体时代划分和象征时代划分，其论证核心都是事件的一致性和顺序性，无论它是基于目的论，基于类比，还是

---

〔82〕 Marsilius of Padua, *Defensor pacis* 1.11.3, Scholz 编, pp. 54-56, 特别是 pp. 54. 21ff.: "足以可见，律法的制定可以根据不同的时代，以及相同时代中的不同时段，而增删或彻底改变。"

〔83〕 Skinner, *The Foundations of Modern Political Thought*, 2: 284-301; Franklin, *Jean Bodin*, 尤其是 pp. 59-79。

〔84〕 Gierke, *Das deutsche Genossenschaftsrecht*, III: *Die Staats-und Korporationslehre des Alterturms und des Mittelalters und ihre Aufnahme in Deutschland*, 特别是 pp. 426-36; Kantorowicz, *The King's Two Bodies*, pp. 302-13。这个理论在法学上的实际运用，远远滞后于该理论的发展本身。

基于近乎机械的因果关系。但唯术语论者反复论证的是，"关系"
决不可以被实体化。正如自然中没有绝对必然的参照点，如果上
帝想做，那么宇宙的中心可以在许多世界中被复制；同样，历史
中也不存在绝对必然的参照点。我们还记得，如果上帝愿意，世
界的救主可以是一块石头或一头驴。[85]对于奥卡姆来说，"时代"
是在时间中任何一点上都可变的各种情况和各种事物的偶然组合。
无论奥卡姆分析财产制的历史，还是教皇制的历史，[86]他都坚持深
刻区分各个时代，但不要有任何按照必然的进化去描述各个时代的
企图。但他确实又寻求着时代的连续性。[87]人性在堕落后便得到
了重获支配权的许诺，以补偿亚当在乐园中对于事物自然的支配权
的丧失；这是一个事实陈述，而不是一种必然性；人类的自由也
是一个事实陈述，而不是一种必然性。但正是由于这一事实，没
有任何确定的政治秩序、没有任何的"理想"制度（不论世俗还
是教会的）能被称作是"必然的"。教会的延续得到了保证：即便
所有教会成员都堕落了，还能剩下最后一位虔诚的老女人信它。

　　但丁对罗马帝国的膜拜，改造了另一脉关于"适应"的论证，
并将其提升到了前所未有的高度。优西比乌的"政治神学"看到
了奥古斯都与基督之间的连续性，这种学说在各方面遭到了奥古

---

〔85〕　上文第二章第四节：一；以及脚注〔3〕。虽然《神学结论一百条》[*Centiloquium*]
　　　　一书并非奥卡姆所著，但该书作者却和司各特一样都同意，譬如说：上帝"按
　　　　照他的绝对力量"，还是会拯救加略人犹大——"尽管他是有罪之人"。

〔86〕　Ockham, *Opus nonaginata dierum* cc. 14, 88, 收入 *Opera politica*, Offler, 1：439,
　　　　662-63。参看 Miethke, *Ockhams Weg*, pp. 467-77；Dempf, *Sacrum Imperium*,
　　　　pp. 512-14。

〔87〕　Ockham, *Otto quaestiones de potestate papae* 3.11, 收入 *Opera politica*, Offler
　　　　编，1：113："因而依照上帝的意愿，他把万事依照时代的连续性来安排，其
　　　　子以色列，起先是一个国，后来分成了两个国。"不过对于"最好原则"，仍
　　　　需质疑存在着的那些可能并且必然的例外情况。关于另一个类似的表达方式
　　　　（时代的性质 [qualitas temporum]），参看上文第四章第一节脚注〔25〕。

斯丁的批判、奥罗修斯的修正以及后来修正，于是这种观点就成了：罗马帝国与基督教是相互依赖的。但丁的论调更是推进了一大步。基督（所有人类的"具现"）为了救赎自从亚当而来的所有人性之罪而受罚，但审判他的却只是一个真正普世统治的代表者。[88] 安布罗修所说的"有福之罪"[felix culpa][89] 看起来已经从历史的开端转移到了历史的中间阶段：虽然以奥古斯都之名，基督被钉上了十字架，但奥古斯都却是一位理想的尘世君王。克恩和康托洛维茨[90] 鞭辟入里的研究已经阐明了但丁在何种程度上分离了人性与基督教，他不仅在个体层面上，同时也在"政治身体"的层面上分离了这二者。奥古斯丁也尖锐地区分了"地上之城"（其自然目标是"地上的和平"）与"天上之城"（拥有另一种和平）：前者是卷入暴力之中的不稳定的和平，后者则是永久和平。但丁只是颠倒了奥古斯丁的评判：仅仅通过人类的自然能力也能实现一个"地上的乐园"。人性是个"团体"（团体[universitas]，城邦[civitas]）。永远不可能通过一个个体或一个组织来实现所有人类的潜能，只有通过所有人被组织进一个政治身体中才可能实现。[91] 这个地上的乐园由一个君主统治，由于这个君主拥有一切，他便不需要任何东西——因此他绝对不会出于自身利益而行动。但丁的观点中最不同寻常却又最不引人注意的方面就是，他

270

---

[88] Dante Alighieri, *De monarchia* 2.13（11），收入 *Opere*，Moore 与 Toynbee 编，p. 363："如果基督受刑不是出于有资格的法官之手，他当时的受刑就不算是惩罚。而那个法官除非对全人类具有权威，否则就不算有资格。[因为正如先知所说：]基督身上担负着所有我们的苦难，[所以，一切人都通过]他[而]受罚。"[中译采用：《论世界帝国》，第 55 页，朱虹译，商务印书馆，1985年。原文省略内容收入括号内以便理解，为译者所加。——译者]

[89] 上文第四章第一节脚注[6]。

[90] Kantorowicz, *Two Bodies*, pp. 451-95; Kern, *Humana Civilitas*, 特别是 pp. 7-40。

[91] Dante, *De monarchia* 1.3（4），p. 342；1. 7（9），p. 344.

试图证明罗马人生来就适合于统治世界，因为作为一个团体、作为一个人民，罗马人拥有各种君主制德性：罗马人并非出于自身利益去征服世界，而是出于正义与和平的目的。[92] 但丁轻易地忽视了古代对罗马的谴责以及众所周知的罗马人"创造了一片荒漠，却谎称其为和平"的情况，坚信罗马史是真正的神意的历史。[93] 但丁的观点中另一个值得注意的方面是，他强调君主制是一种寓于多样性之中的真正统一。人类团体按照不同的时间和气候需要不同的统治；但君主制是唯一一种既允许统一性又允许多样性的制度。[94] 但丁相比他以前的所有人都更强调，人类历史是自律的，

----

[92] Dante, *De monarchia* 2.6, p. 356；2. 10, p. 360："如果一场决斗符合正规要求（否则，这场斗争就不成其为决斗了），同时双方之所以交手是因为追求正义和出于共同的愿望，以表示他们对正义的热衷，那么，难道他们不是以上帝的名义才交手吗？……那么，取得决斗的胜利不是合理的吗？"[中译采用：《论世界帝国》，第 49 页，朱虹译，商务印书馆，1985 年。——译者] 一场决斗是不带个人私利的行为，而君主同样是不带个人私利的（1.12 [14], p. 347）。于是我们得出了类似于基督的象征：理想的君主；罗马正是理想的君主国：罗马帝国的行事是为了人性的善好，而非为了自身的利益。因此基督与罗马都是救世主。

[93] *De monarchia* 2.8-12, pp. 358-62. 一场（理想的）决斗的结果，实际上彰显的是上帝的裁决。

[94] *De monarchia* 1. 14（16）, p. 349："上面说过，人类应由一个最高的统治者即世界君主来统治。这方面我们应该很清楚，并不是每一个城市的每一细微的规章都直接来自世界政体……民族、国家和城市都各有其内部事务需要制订专门法令。法律无非是指导我们生活的规则。西迪亚人生活在寒带……但是他们必须按照他们的方式生活；另一情况是加拉曼特人，生活在赤道，……他们又必须按照另一种方式生活。"[中译采用：《论世界帝国》，第 21 页，朱虹译，商务印书馆，1985 年。——译者] 但丁对各民族之独特性的尊重，正符合他的对个体的特殊性的无限尊重；而各民族之独特性最终奠基于每个个体的特殊性；*De vulgari eloquentia* 1.3，收入 *Opere*, p. 380："因此，当个人不是受自然本能，而是受到理性的驱使；并且这种理性，按照每个人区分的能力、判断和选择，对每个人而言都不同。这对每个作为独特的属的人而言，都是好的。"当然，这种观点或许并不是对个体的"个性"的精确定义（因为我认为在浪漫派出现之前，"个性"不曾存在）；不过就我所知，但丁的这个观点是在中世纪最接近于定义"个性"的观点了。参看 Augustine, *DcD* 21.12。

是在人创造的政治中获得人的完满性的努力。但丁是一个世俗人，271此外，他对人类政治与人类历史的神圣化，也使他的思想成了（或许是最早的）真正的"世俗神学"的样板。

我对中世纪晚期接受与改造"适应"传统的一些评论，并不是想要穷尽这个主题，况且我的评论主要是基于他人的研究。我只是希望强调两个特征，这两个特征将中世纪早期与早期近代关于特殊的、历史的（或政治的）神意的版本既区别又联系了起来。首先，中世纪早期按照"机体"的术语来思考国家与历史，而早期近代的神学家却通常倾向于机械论和物理学术语。在两者之间，中世纪晚期的思想更倾向于以"团体"术语来讨论政治、考察环境，以探讨历史制度。其次，更重要的一点是，在中世纪早期，人类的集体努力被视为一种相对模糊的自主性；而在早期近代政治理论和历史理论中，人类集体努力的自主性成了一条近乎绝对的前提，联结与区分这两者的是：试图严肃地界定这种自主性（即"人的尊严"）的精确范围。这才是真正的对"人的发现"（布克哈特）。[95]

第五节　历史、反历史与世俗化

一、对历史的鄙弃：塞巴斯蒂安·弗兰克

所有对历史的"适应"阐释都排除了某种程度的乐观主义，排除了对教会的根本成就的信任，也排除了一些真理和灵性。"衰

---

〔95〕Burckhardt, *Die Kultur der Reniassance in Italien, Ein Versuch*, 收入 *Werke*, 3：206-41。

272　落"只适用于描述历史的阴霾、诸异教民族的事件或一般国家的
事件。中世纪作者们倒持有一种更悲观的看法，那就是教会可能
会遭殃，而他们也希望教会再度遭殃，但只希望那是一种短期的
衰落或倒退。宗教改革运动彻底改变了这种看法。不管教会的衰
落是否如路德所认为的那样大约开始于奥古斯丁时代，或者是像
其他作者认为的那样开始得更早一些，教会的确已经衰落很长时
间了。任何新教教会和基督教主流教派的基本观点都认为，天主
教徒及新教徒已经生活在真理消逝的年代，并仍将继续处身其中。
如果认为世界理所当然地走向末日，那么饱含各种恶与谬误（而
非虔敬）之盘根错节的平衡的基督教史，就很难被视为神圣的历
史。人们将不在公共的历史领域中探求上帝与基督的遗迹、基督
徒的生活与灵验，而是在个体的、良知的私人领域中进行。伴随
着基督教及其末世论的个体化（即对它们的"内在化"）过程而来
的，就是对于历史的鄙弃。

　　塞巴斯蒂安·弗兰克［Sebastian Franck］的历史著作和其他
方面的著作表达了这种对历史的鄙弃。[1] 在不可预知的、充满狂风
暴雨的历史长廊中，最重要的就是个体的人，他的奋斗、他的情
感，还有他的动机。如果伊里奈乌认为基督的生平概括了整个人类

----

[1]　关于他，参看 Hegler, *Geist und Schrift bei Sebastian Franck: Eine Studie zur Geschichte des Spiritualismus in der Reformationzeit*（这部著作仍然不可或缺）；Dilthey, "Auffassung und Analyse des Menschen im 15. und 16. Jahrhundert", 收入 *Gesammelte Schriften*, 2: 81-89；E. Seeberg, *Gottfried Arnold: Die Wissenschaft und die Mystik seiner Zeit*, pp. 516-34；DeJung, *Wahrheit und Häresie: Untersunchungen zur Geschichtsphilosophie bei Sebastian Franck*。关于他的背景，参看 Peuckert, *Die grosse Wende: Das apokalyptische Saeculum und Luther*, pp. 178-83, 527-29。"反历史"是比阿勒采用的术语，参看 Biale, *Gerschom Scholem: Kabbala and Counter-History*, pp. 199-201；Arnold。

历史，[2]那么弗兰克则宣称基督的生平概括了每个个体的历史。"无论是谁，看到了一个自然人就看到了所有的自然人。所有人也就是一个人。"[3]所有的历史，甚至是基督的生与死，都是发生在我们每个人身上的寓言。包括基督本人在内，没有一个人为他人受难、为他人而死、救赎他人。基督只救赎那些他生于我们每一个人之中的人，他"生，死，并复活"。[4]库萨的尼古拉［Nicolaus Cusanus］已经使"上帝的适应"这个主题变得个体化。在《论上帝的形象》［De visione Dei］中他说道，对于我们每个人而言，上帝照着我们的形象和样式显现他自身：对青年就显现青年的形象，对老人则显现老人的形象。[5]塞巴斯蒂安·弗兰克的神学可以视为关于这一主题的扩展评论。在所有风俗与宗教中都存在着仪式、陈腐的教条，以及"高级祭司"［pontifex maximus］；所有的风俗与宗教都可以找到其真正的敬拜者，无论这些敬拜者是"异教徒、土耳其人还是犹

[2] 上文第四章第四节：二。

[3] Sebastian Franck, *Paradoxa* nos. 92-93，Wollgast 编，p. 162："因此，无论是谁，看到了一个自然人就看到了所有的自然人。所有人也就是一个人。所有人都是亚当。谁生活在一个国家之中，谁就生活在整个世界之中；……同样老人们所说的尖头鞋，也就是我们现在所指的更加双尖的款式。"［原著引文中的两个单词拼写有误，另漏掉 breiten 一词，参见译文。此外引文省略的内容是："即便他已经身处另一个国家，有别的风俗、语言和服饰，可他的性情、头脑、思想与意愿，仍是一样的"。在此补上，以便理解。参见 Sebastian Franck, *Paradoxa*（Zweite Auflage），pp. 155-156，Akademie Verlag GmbH，Berlin 1995。——译者］

[4] Franck, *Paradoxa* nos. 109-14, pp. 180-92，特别是 pp. 187ff.；E. Seeberg, *Gottfried Arnold*, p.524。

[5] *Nicolaus Cusanus*, *De visione Dei* 6，收入 *Werke*, 1: 300（215）："因此如果一头狮子向你现形，那它只会显出狮子的形象；牛显出牛的形象；鹰显出鹰的形象。主啊，如果年轻人想要想象你那令人惊叹的形象，年轻人会构想年轻人的形象，男人构想男人的形象，老人则构想老人的形象。"这是对于自克塞诺芬尼开始的宗教批判主题最常见的颠倒，即认为犹太教与基督教的延续是为了批评偶像崇拜。上文第三章第二节脚注〔1〕。

太人"。[6]真理并不通过意见或仪式表达出来，而是存在于我们个体的感知、感觉、生活与行为中。

二、反历史主义者哥特弗理德·阿诺德

对历史的鄙弃并不是在每个地方也并不会在每一时刻都如此强烈地体现出来。从整体上看，我们可以放心大胆地说，新教徒对历史的迷恋最初只是倾向于批判性的论战，而不是成体系的思辨。17世纪末对历史的鄙弃与批判能力的增长，这两种情况都在哥特弗理德·阿诺德［Gottfried Arnold］虔诚地"反历史"之作《无偏见的教会史与异端史》［*Unparteyische Kirchen und Ketzerhistorie*］之中登峰造极。我们首先需要明晰"反历史"这个术语。"反历史"形成了古代以来的一种特殊的历史写作类型，令人好奇的是，它在早前并没有得到认同。这种反历史的历史写作系统地发掘出它的对手们最依赖的源头，以便反对其公开的意图。按照本雅明的术语，反历史"不按纹理来梳理材料"，正如马克思主义的历史编纂所做的是重构牺牲者的历史而非胜利者的历史。

各种各样的反历史也构成了曼涅托［Manetho］充满敌意地阐释犹太史的一个原因。[7]这种反历史主要基于对《圣经》段落颠倒的阅读方式。难道《圣经》不是承认了以色列人民在埃及的歌珊地定居时有如被逐者一般的生存吗？难道摩西不是作为一个埃及人长

274

---

〔6〕　E. Seeberg，*Gottfried Arnold*，p. 527；Weigelt，*Sebastian Franck und die lutherische Reformation*，pp. 44-46. 关于《圣经》祭仪与埃及祭仪之间的比较，参看上文第四章第三节：五。

〔7〕　Stern 编，*Greek and Latin Authors on Jews and Judaism*，1：*From Herodotus to Plutarch*，pp. 62-86（曼涅托），389-416（Apion）. 参看 Heinemann，"Antisemitismus"，Pauly-Wissowa，*RE*，Suppl. 5.3-43；Levy，*Olamot nifgashim*［犹太希腊化思想研究］，pp. 60-196。

大的吗？难道不是"闲杂人"［*asafsuf*］*、"许多闲杂人"**和希伯
来人一同出埃及的吗？他们难道不是以武力征服了迦南并且将居于
迦南的勤劳居民们赶走了吗？希伯来人的确不是一个受人尊敬的民
族，他们的制度也不是真实的制度，不值得我们保存。相反，他们
一开始是埃及的一块麻风病的殖民地，遭到隔离并且饱受蔑视，直
到闪米特的希克索斯部族［tribes of Hyksos］帮了他们，才建成了
一个持续了长达一个世纪的恐怖统治（或许是根据约瑟的回忆）。
希克索斯人遭到雅赫摩斯一世［Iachmes I］的驱逐并开始流亡，他
们由一名叫奥萨西弗［Osarsiph］的埃及叛教祭司（即摩西）带领，
出了埃及。摩西为他们制定了一套制度，这种制度从所有方面来看
都是对埃及道德观念的剽窃，是这种道德观念的倒影。正如塔西佗
后来说的："摩西制定了一些完全不同于所有其他人类律法的新律
法。我们认为是神圣的一切，在犹太人看来都是世俗的；另一方
面，我们认为是亵渎神灵的一切，在他们又都是允许的。"［8］他们通
过武力征服了迦南，建立了一个只配做流放者（用"拣选"来隔离
和伪装自己）的国家，这个国家永葆了犹太人的叛乱精神和他们对
人类的憎恶（厌恶人类；憎恨人类）。这种观点曾是一种颇具创造
力的鼓吹。曼涅托描述了那些被驱逐者如何通过建立一种反意识形
态（将他们的被歧视表述为得到特殊拣选的标志）来保存他们自身
的价值感，这种描述令人强烈地想起现代知识社会学学者们描述为
"反身份认同"的形成过程。［9］

---

* 　语出《民数记》11∶4。——译者
** 　语出《出埃及记》12∶38。——译者
〔8〕　Tacitus, *Hist.* 5.4.［中译采用：《塔西佗历史》，第334页，王以铸、崔妙因译，
　　　商务印书馆，1997年。——译者］
〔9〕　Berger、Luckmann, *The Social Construction of Reality*, pp. 166-67. 这是一个奇
　　　怪的巧合，他们都选取了这同一个著名麻风病人聚居区为例。

在此之前我已经讨论了奥古斯丁的《上帝之城》对罗马历史的阐释，这种阐释也是一种反历史。[10]西塞罗曾写下《论共和国》一书，其意图便是证明罗马历史是正义 [*iustitia*] 的展开：奥古斯丁却运用同样的史料证明罗马史只不过是贪婪与觊觎权力的历史，罗马历史显示的是："若无正义，王国与一群大盗又有何分别？" [remota iustitia, quid sunt imperia nisi magna latrocinia ?] [11]再举个非常有趣的例子。犹太人写于公元 7 世纪的《耶稣生平轶事》[*Sefer toledot Jeshu*] [12]同样也属于这种反历史，它运用福音书的目的就是要颠覆基督教的历史。耶稣是一桩不法婚姻的产物；他成了一个魔术师、一个强有力的大众蛊惑者。要成全犹太律法，再没有比"一个自己人（加略人犹大）自告奋勇地伪装渗透到运动中并摧毁这运动"更好的解决之道了。福音书的主角成了强盗，这个强盗则成了英雄。[13]

　　这些例子足以说明"反历史"这种独特的文类。先前我已提到，在古代与中世纪的历史方法中，历史事实被视为直接给予的、因而是直接可理解的，因此忠实于历史的目击者就是最好的史学家。[14]在真假历史阐释之间并不存在中间地带，不存在一个无意中被扭曲的领域。例外只是对规律的证明。反历史的建构则假设，甚至从伪造的文献中，我们也能得出某种真理。

　　新教的历史编纂从一开始便是反教会的历史。与先前在历史

275

[10] 上文第四章第四节：三。

[11] Augustine, *DcD 2.21*, p. 52；Fuchs, *Der geistige Widerstand*, pp. 1ff.

[12] Krauss, *Das Leben Jesu nach jüdischen Quellen*；Dan, *Hasipur ha'ivri biyme habenayyim*[中世纪希伯来故事集], pp. 122-32.

[13] 在第二部分也即随后的段落中，《耶稣生平轶事》[*Sefer toldot Jeshu*] 以同样的脉络叙述了基督教的早期历史。彼得作为一个犹太圣徒受到派遣，潜伏到基督教运动中并从内部阻止该运动，他成功地将教会及其习俗从其犹太教母体中分离了出来。

[14] 上文第四章第一节：二。

编纂的论辩中的释经学的情况不同的是,尽管一代又一代人文主义者酝酿着一种新的历史哲学的批判技艺,但这门技艺目前尚且没有建构完好并且行之有效。哥特弗理德·阿诺德"无偏见的"基督教史实际上就是一种批判的反历史。关于埃里希·泽贝格[Erich Seeberg]所做的详尽而有见地的研究,我几乎没有什么可补充的,我只需将他的研究与我现在的主题(即"神意"与"适应"概念)联系起来就行了。

"异端必然存在"[*oportet et haereses esse*]。[15]在中世纪,保罗这句话获得了一种历史—神意的内涵:异端是来自神意的挑战,教会必须通过发展自己的教义,通过新的宗教秩序革新教会,来迎接挑战。[16]通过否定真理,异端激励着真理。阿诺德颠倒了这种发展次序。宗派和所谓的异端,都是基督教衰亡时代中基督教唯一的历史残余。[17]通过在宗教与历史编纂的意义上"回溯到源头处",阿诺德便能证明,无论"腐败的组织"何时将一种运动定义为异端,它这样做都是由于憎恶别人追溯基督教真实的、精神的、非教条也非仪式性的本原;从基督教创立者"耻辱的"[scandalous]例子来看,基督教既是不可理解的,也是非政治的。[18]阿诺德并没有寻求"历史中的理性";他宁愿投身于对尘世智慧的隐秘而不断的挑

276

---

[15] Grundmann, "Oportet et haereses esse";同上, *Ketzergeschichte des Mittelalters*, 收入 *Die Kirche in ihrer Geschichte*, Schmitt 与 Wolf 编, pp. 1-2 (重评宗教改革时期与宗教改革之后的异端)。["异端必然存在"语出:1 Cor. 11:19, Latin Vulgate:"nam oportet et hereses esse ut et qui probati sunt manifesti fiant in vobis."中译《圣经》和合本:"在你们中间不免有分门结党的事,好叫那些有经验的人显明出来。"——译者]

[16] 上文第四章第三节:四;第四节:四(哈韦尔贝格的安瑟伦)。

[17] E. Seeberg, *Gottfried Arnold*, pp. 183-97 (《圣经》与早期基督教)。

[18] Gottfried Arnold, *Unparteiische Krichen und Ketzerhistorie*, 1 §9, p. 24; E. Seeberg, *Gottfried Arnold*, pp. 66-68, 150-63.

衅之中——这正是所有殉教者与宗派主义者共有的标志。[19]"真正的"基督教史是一部隐秘的个人历史；甚至新教的出现也没有改变这一根本诊断。我们可以把这一点命名为"历史的世俗化"，在某种近似的意义上，它接近于奥古斯丁分离基督教历史与世界历史的要求，而与优西比乌的政治理论相反。只有阿诺德将处于衰落之中的教会历史（尘世的历史）包括了进来。

弗兰克和阿诺德或许都不能代表新教解读历史的各种方式的中间路线，但他们确实从大多数通往对历史（帝国、律法与祭仪的历史）世俗化的改革运动的内在倾向中，引出了激进的结果。天主教作者们所能给出的回应就是在大量的历史神意观之间进行选择：选择那些最容易披上一件更现代、更华丽的衣裳的观点。波舒哀或许就是最猛烈地攻击"对历史的世俗化"，并拒斥这种世俗化的"神意的进程"的人。

三、波舒哀与拉佩雷尔

之前我已经讨论了后来的先知所采用的辩证神义论：他们宣称，以色列的软弱无力正是上帝力量的一个象征，而不是因为他无力保护他的选民。这是个强有力的上帝，当"他们还不认得他"的时候，他就用一个幅员辽阔的帝国作为工具，惩戒了一个小民族。[20]不管我的提议有没有优点，我认为我们应该寻求历史中的"上帝的狡计"与"理性的狡计"所有版本的最终源头，波舒哀的例子就是非常清晰的源头之一："人的力量没有服务于它自身之外的其他目标"；征服者们只是"上帝报复的工具"。只有持肤浅观

─────────

〔19〕耶稣自己就是作为异端而遭到审判的：E. Seeberg, *Gottfried Arnold*, p. 224; 参看 pp. 219ff.（异端），176ff.（不可见的教会）。

〔20〕上文第四章第四节：一。

点、短暂思考或"某些特殊理由"的人，才会认为历史的发展过程是"令人吃惊的"。[21]因为上帝并不总是直接干预历史；上帝的神意包含着运用人类的激情、个人利益以及为自身目标的动机。用波舒哀时代被人文主义历史学家们大大丰富了的术语来说，波舒哀通过对神圣史与世俗史之"适应"［accommodation］与"相应"［correspondence］关系的强有力的政治神学解释，复兴了优西比乌的政治神学。众所周知，波舒哀崇拜君主制原则，并坚持最纯粹、最绝对的君主制形式。因此对他而言，否认历史中（神圣或世俗）的神意，就是否认秩序、权威、道德，也就是否认上帝本身。[22]

　　一位名叫马雷亚诺的加尔文主义者对"历史的世俗化"做出了一个很古怪，但更具原创性的回应。这个人后来皈依了天主教。在当时的智识界，谴责拉佩雷尔［Issac la Peyrére］持"前亚当派"［Pre-Adamitae］观点，曾是毫无争议的。[23]当奥古斯丁谈及

278

―――――――――

〔21〕 J.-B. Bossuet, *Discours sur l'histoire universelle* 2.5, 3.8, Truchet 编，pp. 198-99（上帝的报复），428-29："国王们鞭挞士兵时，他们从没打算给予其继任者与帝国以主人。一言概之，除了为他自己的人类权力服务，不存在任何别的目的。只有上帝知道一切都出于他的意愿。这就是为什么如果只考虑具体的原因则一切都令人惊讶，而一切东西又都伴随着一套规则进行的原因。"通观全文，波舒哀首先强调的是上帝的教育。只有上帝的教育才能提升犹太人――这个冥顽不化也没有特别天赋的民族，把他们提升到万民万族之上。历史就是一种上帝的教育，因此历史是一种真正而鲜活的"*speculum regale*"〔《君王之镜》；公元 13 世纪中期用于教育君主而作的对话录。――译者〕；这本对话录是给王储用的，教导君王之术。

〔22〕 J.-B. Bossuet, *Politique tirée des propres paroles de l'Écriture sainte* 4. 1, Le Brun 编，p. 178；Keohane, *Philosophy and the State in France: The Renaissance to the Enlightenment*, pp. 251-58，特别是 pp. 256f.（个人的私利促进公众的善好）。关于波舒哀针对圣西门《圣经》批判的不断论战与打击，参看 Hazard, *La Crise de la conscience européenne*, pp. 203ff.。

〔23〕 Popkin, *The History of Scepticism from Erasmus to Spinoza*, pp. 214-28. 前亚当派这个名称很可能暗含讥讽，因为亚当派是个因其放肆无耻（的裸体仪式）而备受谴责的教派；拉佩雷尔可能想到了前亚当派就是亚当派的预表，但他没有明说。

"两类人"的时候，他的意思是比喻性的，[24]但拉佩雷尔却从字面上理解它，他将"世俗的非犹太人的历史"与"神圣的犹太人神意的历史"之间的区分，奠定在生物学基础上。亚当及其后代是历史的后来人：早于他们很久之前，就有前亚当的种族，他们是绝大多数非犹太种族的祖先。拉佩雷尔的理论解释了《圣经》记述的不一致，他是第一批质疑摩西作为这些记述的作者身份及其绝对真实性的人，此后他又对此做出了系统的批判。[25]他的理论解释了《圣经》中褊狭的地缘种族视域，不仅解释了远远早于假定的《圣经》年表"根据世界的情况"[ab mundi conditione]存在着具有更长的历史传统的民族，而且还解释了《福音书》不可能到达的有人居住的大陆的存在。事实上，拉佩雷尔同样建构了各种反历史：他不知不觉地运用《圣经》证明，存在着一些《圣经》叙述者有意保持沉默的历史痕迹。最终，他的理论直到很晚才通过结合化石证据的存在做出了更好的解释；而这种解释显然比通常将其作为"自然的恶作剧"[lusus naturae]的解释要好得多。[26]只有犹太人的历史以及被嫁接到犹太血脉上的非犹太人的历史，才是真正的"神意的历史"；它终结于犹太人之被放逐、他

––––––––––

[24] 上文第四章第四节：三；脚注[57]。

[25] Strauss, *Spinoza's Critique*, pp. 64-85. 施特劳斯几乎并未注意到《圣经》批判更早的、在宗教改革时期的源头，特别是它在反路德宗的灵意派[spiritualists]那里的源头。内特斯海姆的阿格里帕编纂了一长串由塞巴斯蒂安·弗兰克所誊抄，但迄今已佚失的《圣经》章节名单，以显示《圣经》在过去不可能被视为唯一的、终极的"上帝之言"；否则其中将不可能有任何一部分会丢失，因为"上帝之言是永恒的，是曾在、今在和永在的"；*Paradoxa* nos. 47-50；Weigelt, *Franck*, p. 50。

[26] Haber, *The Age of the World: Moses to Darwin*, pp. 277ff.，他只是顺带提及了拉佩雷尔和重演再生理论[palingenetic theory]。为了解释地质现象，似乎很容易将世界的年代与人类的年代分开（例如 Buffon, Cuvier：同上，pp. 124ff., 196ff.）。重演再生理论，毋宁说是由对人种学的思考激发的。

们重返上帝的恩典。

我之所以提及拉佩雷尔的理论，是因为他的理论引导我们重新返回我们的出发点，即维柯对历史知识的综合。维柯采纳了温和得多的多重起源论观点——"诸异教民族"就是《圣经》中提到的那些"巨人"的后代，这些"巨人"有时也与"人的女子"（《创世记》六章 4 节）通婚。[27] 更重要的是，维柯想以更好的方式拯救那些完全缺乏神意的"诸异教民族的历史"。他坚持认为，"直接神意"统治着被拣选子民（先是犹太人，后是基督徒）的历史；"间接神意"却通过那些主宰人类社会的律法，统治着万民万族的事务。我们对"适应"观念及其释经学内涵与历史内涵的种种转折与纠葛的简要回顾，应该能使我们更好地理解维柯思想的原创性，以及维柯思想之所由来的那个悠远的传统。

第六节　维柯世俗化的神意论及其"新科学"

一、处于实在论与乌托邦之间的维柯

维柯试图以"诸异教民族的自然法体系"来调和各种互相矛盾的政治理论。他一方面同情处于悠长自然法传统中的意图与对理想国家的探求；另一方面，他也承认对社会秩序的纯粹神学证成只是一厢情愿的想法。"哲学按照人应该有［should be］的样子

---

〔27〕 Vico, SN §§ 61（巨人），126（区分神圣历史与诸异教民族的历史），171，369-73；维柯也明确地说，所有诸异教民族的编年史都始于大洪水之后。这种在《圣经》与其他编年史之间的不一致，是质疑《圣经》权威性最大的破坏力之一。波舒哀、拉佩雷尔和维柯，他们每人都试图以自身的方式挽回《圣经》的权威性，却全都无功而返。

来看人，要把人变成能对很少数一部分人效劳，这部分人就是想在柏拉图的理想国里生活。"[1] 维柯、霍布斯、曼德维尔以及斯宾诺莎，他们都没有忽视采用机械论—唯我论来阐释社会秩序的起源与发展所具有的说服力；他们都认为，社会本能以及迫切寻求一个完美社会的冲动，这两者都不是人之原初本质。让我们回想一下，公众利益是基于个人恶德而提出的："立法是就人本来的样子来看人，以便使人能变成在人类社会中有很好的用处。出于残暴、贪婪和权势欲……创造出民政制度。"[2] 换句话说，社会并不是自然的产物，而是一种人造物。维柯与霍布斯都持有同一条根本原则，"人类自己建立自己的国家"[3]。但是，如果国家不是一种人类本性的产物，那么社会秩序和社会制度是否必须只能被视为习俗或强迫的结果呢？维柯否定了这个霍布斯式的结论，他发展出了一套与之相反的人类集体的习得本性或"历史本性"学说来调和自然与社会。

二、"自然"与"理想历史"的辩证法

维柯与霍布斯及霍布斯主义传统之间有着多重关联。维柯也强调，政治事务相对于物理学而言具有认识论上的优先性："真理与被造者是可互换的"[verum et factum convertuntur]。他和霍布

---

[1] SN §131. [中译采用：《新科学》，第 85 页，朱光潜译，人民文学出版社，1997 年。——译者]

[2] SN §132. [中译同上。——译者] 也参看 *Autobiography*，Fish-Bergin 译，p.138："直到这时，在所有饱学之士中，维柯只仰慕其中两位：柏拉图与塔西佗；同样拥有无与伦比的形而上学头脑，塔西佗思考的是'人之是其所是'，柏拉图思考的则是'人之所应是'。"

[3] Thomas Hobbes, *Six Lessons*, 收入 *The English Works of Thomas Hobbes*, Molesworth 编，p.184。

斯都认为，公民社会是一种人造物。社会结构既不是一种内在社
会倾向的产物，也不是自然状态中的一部分。维柯在某种意义上
将霍布斯首创的自然状态与社会状态之间的两极分化彻底化了。
霍布斯只赋予所有人（即便是处于自然状态中的人）"中等的理
性"。只有"预见"这个机能，才能解释无国家的社会中之所以存
在毫无约束的敌对状态的原因。远离"一切人反对一切人的战争"
的动物，或许也能形成自然社会。[4]敌对状态源于人对他的脆弱
性和对自然资源的有限性的认识。"预见"滋生了占有的欲望和安
全的急迫感。出于同样的原因，"预见"也使自然状态向社会状态
的转变成为可能。人在自然状态下的恐惧是理性的。与霍布斯相
反，维柯回到了"初民全然是野兽"这个概念："一切研究古代异
教民族智慧的哲学家和语言学家都应该从这些原始人、这些愚笨
无情的凶狠野兽开始，也即从我们上文所说的那种名符其实的巨
人开始。"[5]人类的人性，恰恰是人为的。

　　这是否意味着，处于公民社会中就意味着"有违自然而生活"
[contra naturam vivere]呢？自然法（甚至在霍布斯保留的最小意
义上的"理性的命令"）是否只是一个空洞的措辞？稍后我将表
明：霍布斯通过回溯国家的自然原因，调和了自然与社会。国家
的起源是由自我保存规定的。另一方面，斯宾诺莎使自然物与人
造物的区分完全相对化了。国家和国家制度正如任何一种物理结

281

---

〔4〕　Hobbes, *Leviathan* 2.17, Macpherson 编，p. 225。

〔5〕　SN §374［中译：《新科学》，第 161 页。——译者］；维柯也将主宰初民的主要
　　　情感刻画为"恐惧"，但这种恐惧是由于畏惧神，而非畏惧与他一样的人：
　　　"最初的异教人类的创建者们一定具有上述那些本性。当时天空终于令人惊惧地
　　　翻转着巨雷，闪耀着疾电……于是就有少数巨人［一定是最健壮的、散居在高
　　　山森林里凶猛野兽筑巢穴的地方］对这种他们还不知原因的巨大事变就感到
　　　恐惧和惊惶……"（NS §377）［中译：《新科学》，第 163 页。——译者］

合，不外乎是一种力的平衡。维柯却在另一种不同的路向上寻求调解自然与社会之间的关系。他重新阐释了"自然"，使其代表人类获得第二性的社会本质的过程。结果维柯宣称，论题推理或历史推理是人们把握这一过程的不同阶段，以及推进该进程的各个环节的唯一工具。

维柯将他的计划宣告如下："这门新科学以及形而上学，从神意的角度去研究各异教民族的共同本性，发现诸异教民族中神和人的两类制度的起源，从而建立了一套部落自然法体系。这种体系经过三个时代都以最大限度的一致性和经常性在继续发生效力……神的时代……英雄时代……人的时代，其时一切人都承认自己在人性上是平等的。"[6]"共同本性"这个术语是模棱两可的。这个术语既表示一种发展的常规过程，也可以代表这个过程中的任何状态。借用马克思主义的术语，它的最后阶段就是"社会解放"或"真正的平等"了。因此"自然法"既不建立在社会本能的基础上，也不建立在基于启蒙的利益算计的基础上。毋宁说，它建立在人类获得了集体性的"第二自然"，因此文明一次次地出现的内在、常规、"理想"的过程的基础上。"各族人民的本性最初是粗鲁的，以后就从严峻、宽和、文雅顺序一直变下去，最后变为淫逸。"[7]

维柯称这个转变过程为："每个民族在时间上都要经历这种'理想的永恒历史'[storia ideal eterna]，从兴起、发展、成熟以

---

〔6〕 SN §31〔中译:《新科学》，第26页，稍有改动。——译者〕；关于"三个时代"这个主题的历史，参看上文第四章第一节脚注〔1〕、第四节脚注〔17〕（肯索里努斯〔Censorinus〕；基督教传统）。

〔7〕 SN §242.〔中译:《新科学》，第110页。——译者〕

至衰败和灭亡。"[8]"理想的"这个术语模棱两可的运用，应和着 *282*
"自然"这个术语同样模棱两可的运用。"自然"一词具有形式内
涵和质料内涵：它既代表一个过程，也可以代表该过程中每种状
态截然不同的特征，其中最突出的就是原初状态。而"理想的"
则相应地代表过程及其目的。更准确地说，"理想的历史"并不描
述具体社会实体的实际历史轨迹；相反，它衡量的是与社会创造
力的不同阶段的常规次序的（方法论）规范相反的"实际历史"。
这些社会阶段及其内在次序都是真正的"理想型"。它们在其自身
之中并就其自身而言，代表一个与外界影响相隔绝的"民族"的
发展过程。[9]这种"理想的历史"是一种近似于霍布斯的"自然
状态"的极限状态，或一种必要的虚构。

"自然"不仅是一种既定的状态，而且也是一个"过程"，更
甚的是，自然并不是一个可还原为外在"必然性"的过程。人类
社会制度的次序虽然由人的环境激发，但并不完全受到这些环境
的主宰。人类精神自身虽然由于外在的必然性而"偶然"，[10]但它
作为人的所有表现形态之中的一个，流溢出所有人类常规时期的
制度。人类集体制度的秩序决定了人们观念的秩序。正如通常一
样，维柯从异质性哲学体系的本体论语境中推出了这些哲学体系
的核心概念，并且只把它们运用于历史领域。他的"偶然的自发

---

[8]　SN §245.

[9]　这些神学家在12世纪法国的出现，"从不成熟的野蛮状态跳转到了最精微的
　　　科学上"，正如哲人在古希腊的出现一样。（同上，§§158-59［中译：前揭，第
　　　91页。——译者］）罗马的历史进程部分是由这种情况决定的：罗马建立在
　　　几近完善的城邦上（前揭，§160）。

[10]　Vico, *De uno principio*, 收入 *Opere* 2：55（引用前文第269页脚注［3］；尤
　　　其是"而是偶因"［sed occasion fuit］一句）。也参看以下两条脚注。维柯认
　　　为只有上帝才知晓那些他所创造的事物，因此我们的物理学知识必然是支离
　　　破碎的，偶因论者同样也持类似观点。参看下文第五章第一节。

性"理论具有偶因论者的因素;"观念的秩序跟随事物的秩序"这
条原则,是对斯宾诺莎公理的策略性限制。[11] 维柯强调,人类历
史是关于人类自发的创造性的历史;基于这种人类历史,维柯挑
战了对公民社会的基础(和进步)所做的机械论的、决定论的阐
释。在直接反对霍布斯的论辩中,维柯意图证明,"神意"是如何
"发动了使残暴者从无法无天的情况变成人道的……神意做到这一
点,是通过在人们心中唤醒一种朦胧的神的观念。这批亡命之徒
在无知之中把这些神看错了,把本不属于神的东西也误记在神名
下,因此,由于对这种想象出来的神的恐惧,他们才开始守一点
秩序……霍布斯在他的《凶残和强暴的人》中见不到各种制度由
神意安排的原则……就迷失到他的祖师爷伊壁鸠鲁所主张的'偶
然机会'那个陷阱里去了"。[12] 在这种挑战与人们的回应之间,维
柯采用"想象"来调和两者。

三、建构与重构中的"想象"

"想象"的调节功能内在地发展成了"理性",并阻止了对
"诸异教民族"的起源与发展纯粹机械论的重构。维柯开始证明,
历史探究的方法完全不同于重构物理学规律的方法。假设理智在
其所有"伪装"下都是一致的,内省或"想象的内在化"就成了
维柯历史理解的主要工具。维柯似乎从普罗泰哥拉"人是万物的
尺度"原则中看到了一种自然的认知模式,它可以用于社会的建

---

〔11〕 SN §238;Spinoza, *Ethica* 2 prop. 7;维柯认为这个主张的有效性仅限于"人
事"〔cose umane〕。参看 Nicolini, *Commento storico alla seconda Scienza nuova*,
1.94。

〔12〕 SN §§178-79;参看上文脚注〔10〕。维柯同样也赋予霍布斯的"奋力"〔conatus〕
概念一种历史意义:§§340,504。

构（想象）与重构（对其起源的理解）。如果在次要的反思性意义上静态地运用该原则，那将是误导人的。"人类心灵还有另一个特点：人对辽远未知的事物，都根据已熟悉的近在手边的事物去进行判断。"[13]这种对处于他们自己社会中的陌生社会或偏远状态不加批判的、静态的想象，催生出了"诸异教民族的狂妄"与"学者们的自大"。然而，如果同样的原则被当成一种动态原则来运用，就将变成一种建构性的理解工具，成为从与我们自身发展的类比中重构"社会状态"的一种方法。正如上文已经讨论过的主题："人类的各个时代"是对"世界的各个时代"的"重演"，维柯为这个思辨性的主题奠定了全新的基础。[14]

一旦运用这条规则，历史学家的想象（或内省）便不能被理解为理性的孤立的因果关系，或是在叙述中对过去的复苏，而是意味着重新建构心智状态的能力，即在"理想的"社会化进程中建构一系列形象以及组建每个阶段的相关制度的网络。想象是文化转型的驱动力，也是试图重构这些文化转型的阐释冲动的驱动力。这种阐释性的重构，以及通过内省而获得的关于想象的普遍结构的知识，具有三个截然不同的范围。（1）维柯的"诗性逻辑"是一种"偶然的逻辑"或后天逻辑，它很像列维 - 施特劳斯所说的"原始思维"。[15]想象会以相似的范畴结构自发地应对相似的环境（比喻）。想象的知识使得重构关于形象［topoi］的原初环境，即"偶因"，及其相应的社会制度成为可能；由自然现象引致的对神的畏惧，成了家庭出现的"偶因"。这种原初形象是"建

〔13〕 SN §122；全段引用参看上文第四章第一节：二（以及脚注〔27〕）。
〔14〕 上文第四章第四节：三，以及脚注〔58〕（奥古斯丁）。
〔15〕 Lévi-Strauss, *La pensée sauvage*, ch. 2；也参看 Leach, "Vico and Lévi-Strauss on the Origins of Humanity", pp.309-17.

构性的错误"[constructive error]，是狡猾的神意所允许的，甚至是由神意引发的。[16]（2）如果要为分离而分散的想象、制度或文化因素赋予某种意义，那么除非阐释者揭示这些想象、制度或文化因素中所包含的互相指涉的样式，也即它们的关联，否则阐释无法成功。而"想象"则使阐释者找到了成功之道，例如，使他们在宙斯那里发现了等级结构的象征。维柯假设，同一时代所有人类行动的范围都表达出同一种心智结构。（3）如果做到了这一点，阐释者就能揭示从一系列想象向另一系列想象的转型的内在逻辑；或者他就能根据发展，揭示从一种文化母体向另一种文化母体的转型的内在逻辑。

　　正如我们在"理想的"情况和"自然的"情况下所看到的，维柯再次得益于"想象"的双重内涵（即历史学家的想象与其考察的社会的集体想象）之间的差异与最终的同一；因为这两种想象属于同一类型，也因为我们的禀赋并没有脱离过去的所有踪迹（从我们每个人的童年时代都能概括出这一点），我们已经准备好了在想象中将我们自己从现在中解放，将自身置于一种陌生的原初心智之中。通过这种方式，维柯让我们明白了他著名的"真理[verum]与被造者[factum]同一"思想的全部历史意义。这种历史意义同样具有两种相互依赖的内涵：一种是客观的内涵，一种是主观的内涵。人性的科学是与我们最切近的科学，因为"我们自己创造了这个万民万族组成的世界"。但在每个历史时期，社会由以建构的诸神、律法和制度都是属于这个时代的真理，它对身处该时期的每个成员而言都是真理，就像我们的科学对于我们

285

[16]　参看 Faj, "Vico as a Philosopher of Metabasis"，收入 *Giambattista Vico's Science of Humanity*, Tagliacozzo 和 Verene 编，pp.87-109。

而言绝对是真理一样。[17] 除了由人建构的真理之外，不存在其他真理——当然，启示真理除外。[18]

四、共同意见与神意

隐含在维柯的历史推理与政治推理中的全新的革命性方法论概念，是一种关于历史—社会的语境概念：每个社会在其前后相继的每个（理想的）"时代"，都可以通过一些内在的整合原则，而不是像迄今为止那样，通过对照一些其他历史时期的片断得到规定。历史学家在他的想象的帮助下，揭示出了一个时代的"和谐"，以及在一个既定时期中，所有"人事"之间的"相应"与"适应"。[19] 历史阐释是语境推理的一种实践。维柯的社会历史语境理念超越了内在语境阐释之必然性的洞见，是一个几近于美学的范畴；这些社会历史语境构成了一种"杂多之中的统一"。一个时代的所有表象，都是同一个心智结构的不同侧面。维柯运用了一个（在某种意义上对他而言有特殊地位的）术语"共同意见"[common sense]，来称呼每个时代的这种确定的心智结构与每个

286

[17] SN §376："各异教民族的原始祖先……按照自己的观念去创造事物。但是这种创造和神的创造大不相同，因为神用他最纯真的理智去认识事物，而且在认识事物之中就在创造事物；而原始人在他们的粗鲁无知中却只凭一种完全肉体方面的想象力。而且因为这种想象力完全是肉体方面的，他们就以惊人的崇高气魄去创造，这种崇高气魄伟大到那些用想象来创造的本人也感到非常惶惑。因为能凭想象来创造，他们就叫作'诗人'，'诗人'在希腊文里就是'创造者'。"［中译：《新科学》，第 162—163 页。——译者］他后来又引用了塔西佗："人们一旦想象出什么，就马上信以为真。"关于神话创造，参看 Mali, "Harehabilitatsia", pp. 125-92, 236-85。

[18] 以及与启示真理相伴相随的"拣选子民的历史"；上文第四章第五节：三。

[19] SN §32（"和这三种本性和政权相协调，说的语言也有三种……"）；§311（"彼此一致"）；§348；§979（"时代风尚"）。在接下来的段落中，我主要依赖于我的文章："Periodization and Self-Understanding in the Middle Ages and Early Modern Times", pp. 3-23。

时代的和谐原则。[20]这在本质上就是曼海姆后来讲的，建立在一群人的"集体经验"基础上的"总体意识形态概念"。[21]

即使我们无视维柯对莱布尼茨"形而上学的点"学说的继承，认为这不重要，但在强调"自发的内在和谐是一种可理解的结构"这一点上，我们发现了维柯与莱布尼茨之间的亲和力。在莱布尼茨对"可能性"与"可共存性"的区分中，[22]他已经发展出了关于"语境和谐"概念的逻辑基础，并使这条原则成为他形而上学的奠基石。如果按照字面来理解"谓词在主词之中"这条原则，那么单子就是属性的"语境"。只要这些单子超乎它们的逻辑可能性之上，在充足理由律的基础上可共存，那么单子便集合成了"可能世界"。[23]这些单子既属于关联统一性的逻辑的、认识论的范畴，同时也属于语境统一性的美学范畴。[24]

因此，我们对维柯的"一个时代的集体心智"做两个方面的

---

〔20〕 SN §142："共同意见是一整个阶级、一整个人民集体、一整个民族乃至整个人类所共有的不假思索的判断。"

〔21〕 Mannheim, *Ideologie und Utopie*, pp. 60-64, 154-55. 维柯的"共同意见"与培根的"市场假象"之间的区别，按照曼海姆的话来说，就在于培根的假象具有揭示（集体）谬误的功能，这些谬误并非普遍的或价值无涉的，它们属于"特殊的意识形态概念"。（p. 58）在他的历史考察之中，曼海姆并没有提及维柯（不过维柯提到了培根的四假象说作为他考察的先驱者）。也参看 Stark, "Giambattista Vico's Sociology of Knowledge"，收入 *Giambattista Vico: An International Symposium*, Tagliacozzo 编, pp. 297-307（其中并未讨论"共同意见"）。值得注意的是，维柯的"共同意见"与伊本·赫勒敦的"宗族主义"（Asabiyah）概念之间的相似与差异的比较也相当有意思（Ibn Khaldùn, *The Muqaddimah*, Rosenthal 编, 1: lxxvii; 261-65, 及其他各处）。这两个概念在他们各自的体系中都占据着几乎同样的地位，但后者所指涉的毋宁说是一种情感结构，前者则是一种理智或精神结构。也参看 Mali, "Harehabilitatsia", pp. 344-71。

〔22〕 上文第二章第八节：三。

〔23〕 上文第三章第五节：二、三。

〔24〕 关于各种美学预设和莱布尼茨的影响，例如参看 Baeumler, *Das Irrationalitätsproblem*, pp. 38-60, 以及其他各处。

补充。一方面，它确保了历史过程的匿名性：从今开始，文化英雄与政治英雄被赶下了他们曾因遗传的原因而占据的宝座。人们将所有"时代精神者"的"力场"想象成比最强有力的个人还要强。另一方面，我们也记得维柯曾经反复强调，一个时代中这种集体心智是自发的。人类精神自身虽受制于外部必然的"偶因"，但这种人类精神将流溢出所有人类常规时期的思想与制度。由于这种普遍〔尽管是理想的〕制度，〔25〕内省（想象）就成了维柯理解历史的主要工具。我们再次发现了维柯和莱布尼茨之间的亲和力。莱布尼茨的"单子"正如维柯的"社会"那样，代表着一种真正的统一，因为单子自己创造出自己的知觉与统觉：它们之间"没有窗户"；它们是自发的。我们还记得，莱布尼茨也曾为"谓词在主词之中"这条逻辑预设注入了最激进的认识论意义。

凭借集体想象（或"共同意见"）的自发性概念，或"偶发的自发性"理论，维柯相信他已调和了人类原始野蛮的本性与永恒法理念之间的关系、调和了霍布斯与格劳修斯。社会的出现既不按照自然，也不按照习俗，而是这两者共同作用的结果，因为人可以（并且确实做到了）靠自身的力量改变他的野蛮本性；人获

〔25〕 梅尼克在《历史主义的兴起》一书中认为，维柯并没有认识到"个体性"概念（Meinecke, *Die Entstehung des Historismus*, 收入 *Werke*, Hofer 编, 2: 63-69）。梅尼克对"个体性"的感知，不仅在于他坚持个别性，而且还牵涉到一种"认识论上的放弃"（至少是在那些试图为"历史主义"寻求一条系统公式的人眼中如此）。这条概念要求历史建构包含"一种强烈而不可逆的直观余留"，这使它们成了"个体的总体性概念"（Troeltch, *Der Historismus und seine Probleme*, p. 36）。梅尼克已经认识到了在他之前的某些"先驱人物"；也参看 Meinecke, "Klassizismus, Romantizismus und historisches Denken im 18. Jh.", 收入 *Werke*, Kessel 编, 4: 264。维柯虽然认识到了社会表现出的各种不同的"伪装"和每个历史阶段的个别性（例如 SN §148），但他无法精确地证明他们整体的个体性，这正是由于他坚定地认为，在每个社会中，人类的集体想象及其在各个阶段的创造力具有某种基本的相似性。

得了一种"历史本性"。维柯坚持认为,"自然法"并不建立在社会本性,或刻意论证,或必然性(或规范)的基础上,而是建立在内在的、通常的"理想的"过程之中,文明由此产生,并且人由此而获得本性。这就是维柯版本的"理性的狡计"观点,也是他关于"私人的恶德"如何转化成"公共的善好"的看法。[26] 维柯称其为"神意",但"神意"这个术语同样可以代表从一种状态向另一种状态正常转化的内在动力。当维柯将人之平等化的最后阶段设想为理所当然是君主制时,这一最后阶段就具有了斯宾诺莎意义上的"成功国家"术语所应具有的全部特征。这是一种有意识的、得到启蒙的自我利益的平衡。而这一点也让我们想到了但丁版本的"人类社会"。

因此在对"神意"的各种相互矛盾的表述的嬗变中,"神意"开始表示人从自然中,甚至从上帝手中的解放,"神意"成了人类组建社会的自发的努力。维柯超越了我们所能找到的与维柯同时代的种种相关理论,表达了现代思想的感觉与自我理解,现代思想强调的是:无目的的变化、自律与"人的尊严"。维柯的目的是要说明,人类的独立性逐渐增长,人类的集体命运是由理性决定的。在这种意义上,维柯引入了历史语言学与语境推理,并将其作为一种通过历史概念调和机械论阐释与目的论阐释、调和自然与理性的手段。借助这种维柯版本的"理性的狡计",维柯在历史中重新引入了"神意",并在更充分的基础上恢复了一种可以追溯到里昂的伊里奈乌的基督教历史哲学传统,该传统试图在上帝的救赎计划与人的内在本性之间建立联系。

─────────

〔26〕上文第四章第一节:一。

五、人的自律与自发性

霍布斯、斯宾诺莎和维柯都试图在"人实际上是怎样的，而不是人应该是怎样"的现实主义评判的基础上，捍卫和定义现存的政治制度，他们代表的是从现代国家经验中滋生出来的反乌托邦主义思想的基本原型。他们对政治现实主义的捍卫基于一种对社会或国家的激进阐释，也就是将社会与国家作为人类的努力或人类劳动的产物。但在维柯与霍布斯、斯宾诺莎之间，存在着根本的不同。霍布斯和斯宾诺莎都认为社会是一种理性设计的结果（尽管霍布斯相信只有一种设计才可能确保国家的持续）。另一方面，维柯则认为社会是一种长期演化的产物，个人或者团体都不可能或不应该干预这个演化过程。对政治理论的"机械化"，或对"机械化"的拒斥，都有助于在即将到来的各种保守意识形态中形成两种基本样式：我们可以先称其为对现存秩序的"实证性的辩护"与"进化论的辩护"。霍布斯与斯宾诺莎都认为，国家需要每一名成员完全地参与其中；每一种秩序由于都是一种真实的秩序，因此是值得保存的，保存这种秩序对所有人而言都是一种持之以恒的有意识的任务。这种保守主义与它所憎恶的乌托邦主义或革命意识形态，共有相同的前提，即将国家视为一种设计的产物，它只是否定关于激进变革的智慧。人们可以说霍布斯和斯宾诺莎都不情愿地为"革命"预备了理性的用语；而维柯则意识到了暗含于"将国家视为一种设计"这种看法之中的危险性，因为人们总是需要刻意调整这种设计以适应新的现实，而不是出于本能，日用而不自知地改善人类的境遇。维柯从中看到了神意的运作，看到了上帝或自然的"看不见的手"。

至此，中世纪的"上帝的适应"原则已经转换成了一种人类的创造原则。只有在对待"关于上帝的观念"的新态度中，这条原则才更明显地显露出来。当库萨及上帝向每个人显现出他自己的人类形象时，他便浓缩了中世纪的传统（并改革了它）。[27]维柯并不只是重温了克塞诺芬尼对希腊宗教的批判传统，而是以一种更深刻的历史意义考察了这种传统。我们想象诸神的能力和我们建构性的想象是历史的唯一驱动力，这个事实正如社会自身，是超越于真理与谬误之上的。维柯从卢克莱修对社会起源的思考中也受益匪浅。卢克莱修希望我们记住畏惧诸神的后果："宗教竟能诱发如此恶行"［tantum religio potuit suadere malorum］。几个世纪以来，对"适应"的历史阐释丰富了维柯的思想，而维柯则使这些思考全都相对化了。唯独除了基督教，其他所有宗教都是谬见；同时，这些谬见的宗教都是一种"建构上的错误"，是改善人类境遇的驱动力；它们因此都具有神圣的起源。

---

〔27〕 上文第四章第五节脚注〔5〕。

第五章 属神的知识与属人的知识：
由做而知

第一节 认知的新理念

一、沉思的知识与创制的知识

马勒伯朗士说，当我们看到或知晓事物时，我们是在上帝之中看到并且知晓它的。上帝的知识是他永远"清楚分明"的观念的总和。[1] 上帝也赋予这些关于个别物体的观念当中的某些观念以存在（正如他时代的大多数理性主义者与经验主义者一样，马勒伯朗士也是一位唯名论者）。[2] 当我们拥有（诸如数学观念那样的）清楚分明的观念，其至当我们直观到处于"心灵之外"[extra animam] 的对象时，我们就"分有"了上帝的理智，无须通过复杂的心理学和物理学机制作为我们的知识与对象之间的中介。贝克莱为保证我们对那些其存在不外乎"被感知"的存在（它不同于马勒伯朗士对"外部世界"的肯定）的经验知识的有

----

[1] Malebranche, *Recherche* 3.2.6, *OC*, 1：437-47；*Eclaircissements* 10, *OC*, 3：121（"我们在上帝之中看到万物"）。"这是条古老见解，如果得到了健全的理解，那就不应遭到彻底的轻视"：Leibniz, GP, 4：426。

[2] *Nicholas Malebranche：The Search After Truth*, Lennon 译，pp. 759-861（哲学评论），特别是 p. 761, 813-15。重申一次，我所说的"唯名论者"并不是指那些否认"关系"或其他"共相"的有效性的思想家，而是指那些认为只有"个别事物"才存在的思想家。

效性，采取了类似的解决方案。[3]斯宾诺莎将上帝的思想行为等同于我们的思想行为，则是同样激进的情况：关于"自我"及其思维活动的清楚分明的观念，需要意识到的是这些自我及其思维活动都只是神的属性（即"思维"）的诸多"样态"之一；同时，自我及其思维活动与身体状态之间又有着一一对应关系，这些身体状态是另一种为人所知的属性（即"广延"）的诸多"样态"之一。[4]

291　　　对所有这些而言，"属神的知识"与"属人的知识"的区分，看起来就成了在"量"上而非"质"上的区别了。上帝具有无限多的知识，我们的知识却是有限的；上帝能以直观知晓万事万物，我们的思维过程则需要推理。但对于我们已知的东西，我们所知道的与上帝对它的知识是一样的：事实上我们知道某个东西，与上帝知道它，是同一个认识行为。即使认为"上帝具有能使数学真理失效的权柄与力量"的笛卡尔也曾说过，较之其他术语，他更喜欢"观念"［idea］这个术语，因为"该术语通常由哲学家们用来意指上帝心灵的感知形式"。[5]这种属神的感知形式现在成了我们的感知形式。在托马斯主义传统中，属神的知识首先是"内省的"［introspective］。上帝的理智通过知晓自身而知晓了除他以外的万事万物；万事万物的知识都是"认知者与被认识的事物"

〔3〕 McCracken, *Malebranche and British Philosophy*, pp. 205-53，208 n. 15（自从 Luce, *Berkeley and Malebranche* 以来的文献）。这关联不只是论战性的，早已有人宣称它了：Burthogge, *An Essay Upon Reason*, p. 109。因此莱布尼茨在谈到贝克莱时与谈到马勒伯朗士（上文脚注〔1〕）时一样，他说"我感觉这在很大程度上是对的"，便不足为怪了：Kabitz, "Leibniz und Berkeley", p. 636。
〔4〕 上文第二章第六节：一。
〔5〕 上文第二章第一节脚注〔12〕。

之间完全的统一。[6] 由于这种知识模式包含了清楚分明的观念，因而对于笛卡尔而言，它同样变成了属人的知识的特征模态。这些知识模态都是"内在的"，我们通过内省而知晓这些事物。如果像笛卡尔认为的那样，我们关于上帝的某些观念也是"清楚分明"的，那么由此导出的结论便是，我们至少部分的是按照与"上帝知晓他自身的方式"同样的方式来知晓上帝的。笛卡尔并未明说，而理解了这一暗示的马勒伯朗士则试图通过放弃清楚分明的"自我"观念来避免这一结论。[7] 马勒伯朗士坚持认为，我们清楚分明地知道上帝的无限性；他通过本体论证明，在斯多亚派传统中建立了这种知识。[8] 早前我已经讨论过 17 世纪"上帝的可透过性"

292

――――――――

[6] Thomas Aquinas, *Summa Theol.* 1 q. 14 a.6："因此可以说，上帝在他自身之中看他自身，因为他通过他的本质来看他自己；不过他并不从其他东西中看那个东西，而仍是在他自身之中看那东西，因为在他的本质中就包含着与其他跟他不同的事物的相似性。"参看上书，a.1："已认识的肖像存在于认识之中"（也看看 *In Ar. De anima* 3.8 lect. 13b）。马勒伯朗士引用了 1 q. 15 a.2；5 q. 14 a.6；*Recherche* 4.11.3, *OC*, 2：97。Maimonides, *Guide* 1.68（他是理智、理知者和被理知者；Buxtdorf, *Doctor perplexorum*, p. 121："上帝的本质是被认识者、正在认识者与可认识者的同一。"关于亚里士多德的"同类相认识"〔ὅμοιον τῷ ὁμοίῳ〕的知识原则，参看 Schneider, *Der Gedanke der Erkenntnis des Gleichen durch Gleiches in antiker und patristischer Zeit*, pp. 65-76（阿奎那）。

[7] Malebranche, *Recherche* 3.2.7 §4, *OC*, 1：451-53；*Eclaircissements* 11, *OC*, 3：163-71."意识"在此并非只是处于感觉与观念之间的一种中间状态。它是感觉的前提条件，伴随着这些感觉，我们是通过感觉才认识它的。这是康德的"意识"观念非常有趣的先驱，意识"总是伴随着我的表象"。但马勒伯朗士并没有运用它来保证世界的可知性，而是相反：意识是感觉和谬误的范式和源泉。

[8] *Recherche* 4.11.2, *OC*, 2：95："而关于存在或者无限的单纯而自然的观念，包含了必然的存在：因为显而易见的是，存在（我并不是说某个存在者）因其自身而具有其存在。……物体可能并不存在，因为这些物体是这样的存在者，即它们分有存在，并依赖于存在。"这既是他对高尼罗式诘难的回答，也是他对笛卡尔的本体论证明观点的矫正。高尼罗认为，人们可以以同样的方式证明一个"无限完满的东西"的存在；笛卡尔则认为只有一个完满的存在或存在本身，才可能是必然的存在。马勒伯朗士也曾说过（3.2.6），无限是可知的，但它却无法被灵魂所把握；而这只意味着我们可以拥有关于无限的清楚观念，但我们却并不具有关于无限的内容的观念。亨利希将马勒伯朗士列为

［transparency of God］，而在此，我们找到了关于这一点的最终表述，请允许我称其为：对"属人的知识"与"属神的知识"（部分的）同一性的"理性沉思"［contemplative rationale］。

对格兰克斯［Guelincx］和马勒伯朗士（但不包括斯宾诺莎）而言，我们同样也可以说：他们确实努力地去深掘人类的理智与上帝的理智之间的鸿沟，但与此同时，他们也缩小了两者之间的鸿沟。他们宣称，上帝的知识与我们的被动的知识［passive knowledge］相反，在某种意义上是通过"做"并经由"做"而获得的知识。这一点不仅对于那些"从无之中"创造出来的"实体"而言为真，对于各种"原因"与"力"更是如此。除了上帝永远主动的意志，在自然中不存在其他的"原因"与"力"。[9]任何一种物理物体作用于另一物理物体的情况，以及所有身心之间的相互作用，都是上帝因果律直接作用的结果，包括我们对这种上帝的因果律的知识也是如此。上帝的因果律既完全取代了机械因果律和心理—物理因果律。人类及诸天使并不是世界中的参演者，而仅仅是"旁观者"。[10]请允许我根据"属神的知识"与"属人的知识"之间的差异，称其为实践的理性或创制的理性。

———————

（接上页）笛卡尔的继承者（Henrich, *Der ontologische Gottesbeweis*, pp. 23-28），因为马勒伯朗士是从必然的存在（而不是最完满的存在）开始论证的（上文第二章第一节：二；以及脚注〔10〕）。不过马勒伯朗士认识到了他证明的缺陷并做出了矫正，就这一点而言，他更接近于剑桥柏拉图学派或莱布尼茨。

〔9〕 *Recherche* 3.2.5（存在）；马勒伯朗士的确可以明确地不要"力"这个概念（笛卡尔只是含蓄地做到了这一点，上文第二章第五节：一）："因而，所有的自然力不是别的，仅仅是上帝的意志"（6.2.3）；不同的想法则致使"古代人犯了最危险的错误"，也即多神论。也参看 Cassirer, *Das Erkenntnisproblem*, 1: 559-67。

〔10〕 Arnold Guelincx, Γνῶθι σεαυτόν *sive Ethica* 1.2.2.8；14. 同上 1.2.2.4："如果我已经做了某件事，却说我不知道该怎么做这件事，那我还有何颜面可言呢？"也就是说：行动即认识，没有知识也就无法行动。

293

　　"主动的知识模式"与"被动的知识模式"属于两个完全不同的领域。"沉思的知识"是关于观念及其必然关系的知识。与笛卡尔相反，马勒伯朗士嘲笑那种认为"上帝可能创造出了永恒真理，上帝就是这些永恒真理的总和"的假设。"由做而知"，也即我们称为事实的或创制的知识，适用于实际存在及其相互作用的领域。这是偶然性的王国。在"上帝的绝对力量"与"上帝的有序力量"之间的区分，看起来获得了一种全新的意涵：在思维（或观念）的领域中，除了"秩序"以外，没有给任何例外留下空间。[11] 而在现实性的王国则不存在除了连续而绝对的上帝的"意志行为"［actus voluntatis］之外的任何原因，在上帝的意志行为中，各种规则的组合仅仅作为"偶因"发挥作用。[12] 属人的知识只是与思维或观念领域有关的知识；而在现实性的领域、在实际存在以及这些实际存在的相互作用中，只能按照它们被创造的方式而为造物主理解。我们并不知道事物，甚至也不知道我们自己；我们所知的只是观念，而在这些观念之中，唯独一个观念包含着它的必然存在。

二、马勒伯朗士的源泉

　　这两种理性或两种知识模式，是与中世纪传统的决裂吗？众

[11] Malebranche, *Eclaircissements* 10, *OC*, 3：198："真理是永恒与必然的，观念也是如此。2＋2＝4 永远为真，不可能变假"——甚至连上帝亦如此。观念的秩序是与上帝一样"永恒"而"必然"的。（*OC*, 3：86）马勒伯朗士在此处与其他相似的场合中都反对笛卡尔"受造的真理"这种观念。参看 Reiter, *Systerm und Praxis：Zur kritischen Analyse der Denkformen neuzeitlicher Metaphysik im Werk von Malebranche*, pp. 124ff.，特别是 pp. 134-38。

[12] *Recherche* 6.2.3, *OC*, 2：312. 这个术语（以及其他关于间接因果关系的术语）的起源，参看 Specht, *Commercium*, pp. 29-56（经院主义，笛卡尔）；144-45（科德穆瓦）；162-75（格兰克斯，马勒伯朗士）。

所周知，马勒伯朗士曾受惠于奥古斯丁传统，受惠于这样一种信念，即所有真正的知识都起源于上帝的光照。在我们心灵中不变的数学真理中，奥古斯丁看到了上帝理智的痕迹存在于我们理智之中的一个重要的证明。[13] 但"光照"最多只能用于解释马勒伯朗士认识论中肯定的那一部分。就"观念的知识"与"存在的知识"之间的区分而言，光照说与阿奎那对奥古斯丁／新柏拉图主义知识观和亚里士多德主义知识观的综合，只有表面上的相似性。阿奎那也区分了上帝关于"形式"的知识与上帝关于"存在"（个别物）的知识。"形式"在上帝的心灵中表现为永恒的上帝观念；为了知晓这些观念，上帝所需要的仅仅是反思其自身。我们回想阿奎那是如何确保上帝对个别物的知识的：这是一种最直接的知识模式，也即通过"做"，即"赋予其存在"［esse dare］而获得关于它的知识；它既不需要感觉，也不需要其他介质。[14] 上帝将这些知识赋予不同的理智，但这些理智却并不能如我们所做的那样，从"感觉予料"中通过"可感肖象"的中介而推出个别物的存在。因而结果就是，上帝作为唯一一个"能赋予存在的存在"，同样也是唯一一个"具有对个别物之为个别物的直接知识的存在"。

此外人们还可能会想到马勒伯朗士与中世纪偶因论者的关联。在上一章中，我注意到了笛卡尔的"直观"观念与司各特的

---

〔13〕例如 Augustine, *De libero arbitrio* 2.8；12。马勒伯朗士承认他得益于奥古斯丁，但也坚持他们之间的分歧：例如 *Recherche* 3.2.6, *OC*, 1：443（引用 *De trinitate* 14.15）。也参看 Moraux, "Saint Augustin et Malebranche", 收入 *La Philosophie et ses problèmes: Ouvrage en homage à Mgr. Jolivet*, pp.109-36。

〔14〕上文第三章第二节：三；及脚注〔37〕。参看 Connell, *The Vision in God*, pp. 73-91（阿奎那思想中的"天使的知识"）；91ff.（司各特）；146-48（奥古斯丁）。按照我本人的术语来说，康奈尔只是寻求"思辨的相似性"，而不是寻求"创制的差异性"（由做而知）。他也强调抽象知识的传统，而非直观知识的传统。

唯术语论传统之间的某些相似与差异。从司各特开始，人类理智便从上帝那里分享了对存在的某种直接知识。"理智直观的知识"［cognito intuitiva intellective］确保了关于个别物（至少是个别物作为存在之物）的知识，而无须通过"肖象"的中介。按照司各特的观点，我们在尘世中就可能已经具备了这种知识；而在一种应许的死后的"至福直观"［beatific vision］中，我们之中的某些人肯定会拥有这种知识。[15]奥卡姆则更进一步：对每个个体物的认识都必然是直观的。在某些例外的场合，他承认"按照上帝的绝对力量"拥有对非存在事物的直观知识的可能性——虽然他拒绝将其称为"明证的认识"［evident cognition］。[16]这是一种结构最特殊的知识，它并不总能被评论者把握。无论它何时发生（如果可能发生），上帝都将作为其原因与对象发挥作用。或许奥卡姆的意思是，如果我具有关于"一把并不存在的椅子"这样一种直观知识，那么我将把上帝"看作"（按照维特根斯坦的惯用语）一把椅子。现在，奥卡姆的"例外场合"在马勒伯朗士这里成了一种人类日常的思维模式。没有什么方式可以确定说，我所看到的这把椅子就符合实存"在那里"的那把椅子。因为我看到的椅子可以作为"理智的广延"［étendue ideal］的一个样态，就此而言，我看到的椅子部分的是一个上帝的观念。[17]这把椅子部分地具有并非全然属神的谓词与属性，它是一种感觉、关联和语言习惯的投射。无论我设想的椅子是否具有过多的时一空样态，这把椅子都仅仅是一种想象。我们又一次回想起了奥雷奥里的"表象存在"

295

---

〔15〕　上文第三章第二节：三；以及脚注〔42〕。
〔16〕　上文第三章第二节：三；以及脚注〔56〕。
〔17〕　上文第113至116页。

［esse apparens］及其问题。[18] 简而言之，马勒伯朗士将"属人的知识"等同于"属神的知识"的理性思辨，从诸多方面看都早在 14 世纪就预备好了，在中世纪术语已得到精准定义的背景下，它第一次出现在一次旷日持久的认识论论战中。

　　我们也应注意到斯宾诺莎或马勒伯朗士的认识论与阿维罗伊的"理智统一性"［unitas intellectus］学说之间的相似性；后者在中世纪备受谴责，却在某些文艺复兴时期的哲学家身上得到了复兴。阿维罗伊主义者从亚里士多德对认知、认知对象、认知行为三者的统一中得出了根本结论。[19] 将所有因果律还原成上帝持续不断的活动，这种做法在伊沙里亚［Ishari'a］的极端唯意志论中的确可以找到先驱，这一思想通过阿维罗伊和迈蒙尼德传入西方。与格兰克斯和马勒伯朗士同时代的饱学之士提醒他们想到这一颇成问题的渊源。

　　这些多样的传统对于理解格兰克斯和马勒伯朗士而言并非毫无关系。追溯他们令人惊奇且极端的立场的不同源泉具有多重好处，至少能使我们意识到不同于笛卡尔主义身—心关系问题的其他源头（尽管身—心问题是最先滋生出偶因论术语的土壤）。[20] 然而在过去中寻求相似的传统，极易模糊格兰克斯与马勒伯朗士所遭遇问题的新颖性，以及他们提出的解决方案的大胆。我提及的所有这些中世纪传统都关注"实体"及其"属性"的知识。偶因论者（尤其是马勒伯朗士）则更关注"关系"的知识：观念与观念之间、观念与事物之间，以及事物之间的关系。真理不是别的，而是观念

296

----

〔18〕Tachau, "Vision", pp. 60-78.

〔19〕上文脚注〔6〕。参看 Renan, *Averroës et l'Averroisme*, pp. 125-26, 比较阿维罗伊与马勒伯朗士在"理智统一性"学说上的不同。

〔20〕Specht, *Commercium*, 上文脚注〔12〕。

之间的"和谐"。[21]马勒伯朗士的认识论提出了一种与中世纪全然不同的认知理念［ideal of knowing］，一种关于普遍方法的新看法。这种普遍方法以数学为参照，主宰了所有学科，并最后导致对所有现象的"机械论"阐释。我将论证的是，偶因论者们为什么虽然认识到了这种观念在神学上的危险性，但仍然试图保留这种观念：他们试图通过拔除这个观念之中的"刺"来拯救这个观念。

三、新方法：创制的知识

笛卡尔的科学探究新方法的憧憬，吸引了他的同代人及其后一代人的想象。除了单纯的赞誉，人们曾经（至今仍）很难描绘这种新方法及其特征。许多妙语可以信手拈来，然而它们看似过于含糊而难以把握。这种新方法试图成为一种普遍的方法，一种覆盖所有学科的原理和过程的原则。笛卡尔宣称它是一种发现新真理的工具，而不只可以用于阐发旧的真理；真正的"发现的技艺"［arts inveniendi］不同于鲁洛的学艺［Lullian art］，其践行者知道他们在说什么，因为他们始于单纯的直观，并将其按照可靠的法则结合到一起。[22]这种方法是由分解与合成来完成的。这种方法在统一代数与几何，使力学法则数学化，以及使自然现象机械化上，都相当成功。它将哲学、生理学与心理学建立在了全新的基础上。17世纪的许多"机械论哲学家"都支持这些梦想与宣

---

［21］ *Recherche* 1.2.2, *OC*，1：52-53（真理是两类实体自身之间的关系）；6.1.5,
OC，2：286-87："有三类关系或者真理，一种是观念之间的，一种是事物及其观念之间的，一种是仅为事物之间的。"参看 Reiter, *System und Praxis*, pp. 206-209.

［22］下文脚注［24］。［鲁洛，Ramon Lullus，生卒 1235—1315 年间，西班牙加泰罗尼亚经院哲学家，著有《大学艺》（*Ats magna*）；参见笛卡尔著《谈谈方法》，第15页，王太庆译，商务印书馆，2002年。——译者］

言，但他们所梦想与宣告的究竟什么呢？数学又是如何变成科学的范式和语言的呢？"机械"与"机械的"到底是什么意思呢？

首先，将数学运用于其他学科，总是需要有意地克服亚里士多德的经典禁令，即反对将不同种类的实体混合在一起。[23] 这种"转换"[metabasis] 之"恶"就在于：一个学科向另一学科的方法的转换；但是这种"恶"在 17 世纪反而成了一种"德性"。力学 [mechanics] 这门"新科学"的成功，导致其他学科竞相效法。霍布斯与斯宾诺莎甚至设想了一种关于社会秩序的力学理论。但若数学自身没有缓慢而渐进地改变，那么力学的成功、伽利略对地球运动的分析、牛顿对两者的综合，以及开普勒的行星轨道定律，都将是不可能的。古希腊将数学视为一种对（理念的）数学实体及其绝对性质的构想，它禁止用一种类型的数学实体来表象另一种类型的数学实体；这种古典数学观在一种全新的数学观面前节节败退，后者就是关于"关系"和"结构"的科学：

> 但是我并不打算全面研究一切号称数学的特殊学问。我看出这些学问虽然对象不同，却有一致之处，就是全都只研究对象之间的各种关系或比例。所以我还是只从一般的角度研究这些比例为妙。[24]

----

[23] 上文第二章第二节：二；下文第五章第二节：二（转换）。

[24] Descartes, *Discours* 2, AT, 6: 19-20; *Philosophical Works*, Haldane 与 Ross 编, 1: 93（翻译）。[中译采用：《谈谈方法》, 第 17 页, 王太庆译, 商务印书馆, 2002 年。稍有改动。——译者] 在（可能是笛卡尔最早的著作）《探求真理的指导原则》[*Regulae ad directionem ingenii*] 的规则 1 中, 就暗含了对"转换"的辩护：科学不同于艺术, 它不应该被"割裂地研究"：所有科学都是彼此联结的。奥特伽 - 迦赛特 [Ortega y Gasset] 清楚认识到了这一点, 参看 Ortega y Gasset, *Der Prinzipienbegriff bei Leibniz und die Entwicklung der Deduktionstheorie* §22。

　　由于数学成了表达各种关系的一门形式语言，因此不但数字可以用图形来表示，图形可以由数字来表示；而且诸如运动、力、密度等非数学的关系，也可以用一种数学语言来表达。

　　这些一方面是中世纪数学发展的结果，我将尝试评价它们发挥的作用及产生的影响。更进一步，我们在笛卡尔对一种新方法的视角中，也在其他17世纪的作者中，发现了一种全新的认知和获得知识的理念，早前我曾探讨的所有知识理念看起来都可以交汇于这一理念。这种有时难以捉摸，但到我们的时代仍然强有力的新观念就是："由做而知"，"通过建构获得知识"［knowing by construction］。培根仍相信，科学的任务就是发现各种事物的"形式"，但他也相信，发现一种形式无异于能够创造出该事物。[25] 这就是为什么他说"科学就是力量"。笛卡尔对处于运动中的物体的几何学阐释非常激进，以至于阻碍了他对"力"的理解，但他却相信，仅仅通过将关于原初质量的观念与关于运动定律的观念这两种"清楚分明"的观念结合起来，他就可以按照宇宙本来的样子重新建构出宇宙的创造过程。他本可以在柏拉图建构宇宙的失败之处成功，因为他的数学（正如他所认为的那样）可以处理变化；而他的数学之所以能够处理变化，正是因为他的数学是另一种、建构在比古代几何学更宽泛的意义上的数学。格兰维尔

298

---

［25］ F. Bacon, *Novum Organon* 2. 1，收入 *The Works of Francis Bacon*, Ellis et al. 编 1："要在一个给定物体上产生和添入一种或多种新的自然，这是人类力量的工作和目标。对于一个给定的自然，要发现其形式，或真正的属差，或生成自然的自然……这是人类科学的工作和目标。"［中译参考：《新工具》，第106页，许宝骙译，商务印书馆，1986年。稍有改动。——译者］参看上书，5；2.41（只有创制的知识才是真知识）。Cassirer, *Das Erkenntnisproblem*, 2：11-28；Rossi, *Francis Bacon：From Magic to Science*, pp. 14-16（该术语与炼金术的渊源）。

［Glanvill］激发了"上帝是几何学家"［the Geometer-God］这种柏拉图主义形象，他补充说道："宇宙必须通过它被制造的方式而被认识。"[26]霍布斯认为科学的任务是首先摧毁这个世界，假设只存在自我及其"幻象"，再借助随意的"非异义性"的符号体系，系统地重构世界。出于相同的理由，他相信政治科学比自然科学更接近我们的理解："人类自己建立自己的国家"，我们更容易在心中重建这个国家的形成过程。维柯著名的术语"真理与被造者是同一的"就浓缩了创制的知识理念。我们确实只知道那些由我们自己建构出来的事物，维柯反对那些"机械论自然哲学家"，他坚持认为，我们只有通过建构出一个社会，才能具有关于社会的知识；也只有上帝才能以创造自然的方式认识自然。

　　这一全新的创制的知识理念完全站到了与古老的沉思的知识理念相对的立场上。对于绝大多数古代与中世纪的认识论而言，它们共有的特征便是"接受性"［receptive］，即无论我们是通过对感官印象的抽象，还是通过光照，或是通过内省而获得知识，知识或真理都是被发现出来的，而不是被建构出来的。17世纪的大多数"新科学"则或清晰或隐含地假设了一种建构性的知识理论。[27]我认为格兰克斯与马勒伯朗士最先反叛了在这种新的建构性的知识理念中隐含的危险，并将这种知识限制在观念或与观念

---

［26］J. Glanvill, *Plus Ultra or the Progress and Advancement of Knowledge*, p. 25. 这一点可以被解读为仅仅是对一个古老主题的重复，这个古老主题就是：上帝"凭借度量、数量和重量"创造了万事万物（*Spaientia Salom.* 11：21）；参看 Curtius, *Europäische Literatur*, pp. 493-94、527-29（上帝作为塑造者）。这或许也反映了"通过建构而获得知识"这个新理念。

［27］H. Arendt, *The Human Condition*, 特别是 pp. 294-304，其中发展出了许多接近本章思想的线索——除了我不敢贸然诊断的"现代人"之外。阿伦特也涉及了"真理—被造者"原则，也提到了霍布斯，洛维特也涉及了这一主题，参看 Löwith, "Vicos Grundsatz"（上文第四章第一节：一）。

相结合的领域。机械论地阐释自然就很容易导致这样一种假设：我们以创造者的方式知晓宇宙的形成。偶因论者将"由做而知"仅仅留给上帝，他们比任何中世纪的作者都更激进地坚持这一点，这是因为他们同样倾心于将"自然"数学化的科学。古代与中世纪的科学将机械的运作限制在技艺的领域中，勉强接受这一领域中的"由做而知"。但这种区分随着17世纪"机械论哲学"轰然坍塌，而在现代伪装下的机械宇宙的意象却比任何沉思的知识的概念都更彻底地威胁和侵蚀着"属人的知识"与"属神的知识"之间的高墙。偶因论者曾敢冒天下之大不韪，承认所有关于"现实"[reality]的知识都是"由做而知"的；但恰恰是在这种大胆断言中，他们又把所有关于"实在"[reality]的知识，归结到了上帝的知识之中。

第二节　建构与转换，数学化与机械化

一、古希腊的"建构"与"运动"

在回顾各种可能的"由做而知"的先行者的过程中，我好像忽略了最古老且最直接的范式。"行动""创造""建构""生成"，这些都是古希腊几何学用于描述"建构"的术语。[1]建构是几何学从一开始就具备的特殊特性，而且这种特征直到中世纪仍然未曾被人遗忘。但这些术语的意义与功用已逐渐受到约束。在对欧几里得《几何原本》第一卷的评注中，普罗克洛·狄阿多库斯

----

[1] *The Works of Archimedes*，Heath 编译，pp. clxxiv f.。

300

［Proclus Diadochus］试图将各种对建构地位的态度体系化，并调和它们之间的关系。他所引用的意见一直追溯到了比他的时代要早 600 年，甚至是 800 年的时代中。他说，有一些人（例如斯彪西波［Speusippus］）希望将所有的"（建构）问题"还原成"公理"，因为几何学上的实体不可能生成或毁灭；另一些人（例如梅乃克慕斯［Menaechmus］）则希望将所有公理都还原为建构问题，因为某些建构提供了"所寻求的东西"，其他建构则使我们看到了一个数学对象的各种性质。普罗克洛总结道，这两种看法都是对的：

> 斯彪西波的追随者认为……几何学的问题与力学问题不是同一类，因为力学问题关注于可感对象的生成，及其经历的所有变化（这些可感物都具有生成，以及各种各样的变化［αἰσθητὰ γὰρ ταῦτα καί γένεσιν ἔχοντα καὶ παντοίαν μεταβολήν］）。梅乃克慕斯的追随者同样也是正确的，因为"定理"并不会在下降到（προόδου）质料的情况下发生，我指的是理智质料（可思质料，需用理智处理的质料［ὕλην...νοητήν］）。在深入和形塑质料时，可以正确地说，我们的观念类似于制造（生成［γενέσεσιν］）行为。因为我们思维的运动在产生其观念时是一种创造……创造我们想象中的形象及其属性。但正是在想象中，建构、分离、位置、比较、加减才得以发生，与此同时，我们的理解（διανοίας）的内容仍是固定不变的，没有任何生成与变化。[2]

---

［2］ *Procli Diadochi in primum Euclidis Elementorum librum commentarii*，Friedlein 编，pp. 78-79。我参考的是莫洛［Morrow］的译本（略有改动），*Proclus: A Commentary of the Frist Book of Euclid's Elements*，p. 64。

然而，"问题"与"定理"是不同的。如果我们将两者都视为向主体添加一个谓词，那么"建构"只是添加了"可能的"谓词（例如一个圆中可以内接一个等边三角形，但并不是必须如此），"定理"增添的则是"必然的"谓词（例如一个等边三角形的两个底角必然相等）。普罗克洛还提到了一个经由泽诺多图斯〔Zenodotus〕与波塞多尼乌斯〔Poseidonius〕可追溯至恩诺皮德斯〔Oenopides〕的传统："建构"只能证明存在，"定理"则可以证明属性。

"建构"在希腊几何学中实际上是作为存在证明来运用的，虽然只运用于几何学，并且甚至并非单独地运用。[3] 不管恩诺皮德斯是不是第一个用建构作为存在证明的人，他似乎是我们所知的第一位使几何学问题从力学问题中分离出来的希腊数学家。普罗克洛将以下两种根本的建构问题的解决方案归于恩诺皮德斯（欧几里得《几何原本》第一章12节：从直线外一点出发，作一条与直线垂直的垂线；《几何原本》第一章23节：在一条给定的直线上一个给定的点上，画一个与给出的角度相等的角）。从表面上看，这些问题对于5世纪末所取得的建构水平而言，似乎实在过于简单。人们猜想他的成就是尺规作图，而且他证明了如何才能

---

〔3〕　Zeuthen, "Die geometrische Konstruktion als Existenzbeweis", pp. 222-28. 这是几何学的真理，斯扎波正确地强调了这一点（参看 Szabó, *The Beginning of Greek Mathematics*, pp. 317-22）；在算术中，欧几里得证明了总存在一个质数，它大于任何既定存在的质数（*Elements* 9.20），不过他却无法建构出这个质数（$P_n!+1$ 并不必然是个质数）。Becker, *Grundlagen der Mathematik in geschichlicher Entwicklung*, pp. 94-95, 贝克〔Becker〕证明了在几何学中"抽象的存在证明"与"建构的存在证明"的区分是后来做出的（基于 Philoponos, *Aristotelis Physicorum libros... commentaria*, pp. 112.27-29）。

做到这一点。[4]人们或多或少想当然地认为，对直线与圆的偏爱恰恰反映了直线和圆作为"最美和最完满的"图形的地位。[5]或许确实如此。但如果这确实是恩诺皮德斯的意图，它也并不足以阐释尺规作图为什么能使几何学从力学中分离出来。我们有必要说明他们为何会认为，圆与直线以及所有从中产生的图形，在一种特殊的意义上是"非机械的"，而其他的图形则是"机械的"。

至少从埃里斯的西庇亚［Hippias of Ellis］的割圆曲线［*quadratrix*］开始，就存在着一系列由"混合直线"［mixed lines］所组成的图形。有时这些图形被简单地称为"由两种运动生成的"。[6]形成割圆曲线（后来的数学在其中又增加了蚌线与螺旋线）的运动并不仅仅是位移，正如通过旋转直线而形成圆的运动一样，或者像后来的"旋转体"的生成一样。这些运动不需要时间，并且事实上可以想象成是转瞬即逝的。如果必须用运动来解释直线与圆的产生（当然，许多希腊数学家却并不认为有此必要），那么（再次用普罗克洛的话来说）这仅仅是一个"想象的运动"

---

〔4〕 Proclus, *In primum Euclidis*, Friedlein 编, pp. 283, 333（以欧台谟［Eudemus］的名义）。Heath, *History of Greek Mathematics*, 1：175；Fritz, *Schriften zur griechischen Logik*, 2：154-61；Szabó, *The Beginning*, pp. 273-79（等于欧几里得的前三条定理）。

〔5〕 弗里茨（Fritz，同上，2：156）说："很多人之所以更多地选择圆与直线，是因为它们被视为'最美和最完满'的曲线。"我的观点是：圆规与直尺虽然更简单，但我并不认为它们比起人们用来解决"斜向线"问题的工具更不"力学"，不过但考虑"运动"（位移）而且还考虑运动速率（在时间中的运动）的情况除外。此外从定义上看，直线也不可能是"完满"的，因为其长度是无限的。

〔6〕 Simplicius, *In Arist. physic. comment.*, Diels 编, pp. 60.7-18；按照杨布里柯［Iamblicus］的说法，他认为，加布［Carpus］实际上将他的曲线称为"由双重运动产生的"。普罗克洛也谈到过"混合"运动。（Proclus, *In primum Euclidis*, pp. 104-106）在对柱面螺旋线的讨论中，他谈到的实际上是两种不同的非匀速运动。

［κίνησις φανταστική］，仅仅是一种位移。[7]不过更高级的曲线是由时间中的运动生成的，即由真正的"运动"［κίνησις］生成。割圆曲线是由矩形 ABCD 的两条邻边产生的，一条从 B 向 A 做平行于底边 AD 的运动，另一条则以相同的速度从 AB 向 AD 旋转。两条直线的交叉点 P 形成了这条割圆曲线。或许其他运用"动力学方法"的建构，在恩诺皮德斯的时代就已经出现了。[8]或许对线与直尺的偏爱，注定要使处于时间之中的运动从几何学中分离出来。不管这种考虑是否已经把握到将几何学从力学中分离出来的初始运动背后的诸多理由，这些思考对后来都非常重要。通过在时间中的运动而产生的曲线是"二等公民"。人们并不将其视为解决问

----

〔7〕　Proclus, *In primum Euclidis*, p.185. 8ff. 但普罗克洛并没有明确地说，想象中的运动并不涉及时间。在此他所明说的是欧几里得的前三条定理。欧几里得在定义圆与线时当然会避免使用描述运动的语言（Szabó, *The Beginning*, p. 277）。亚里士多德也是如此，例如《形而上学》B2. 194a3-7（直线还是曲线独立于运动）。但海戎［Heron］却不是这样：Heath, *Methamatics in Aristotle*, p. 93（与高斯相比）。不过普罗克洛所说的"不在时间中运动"的意思，或许可以从一个类比中推出。他说，柏拉图的造物主德穆革"在时间之中创世"（下文第五章第二节脚注〔66〕），只适用于在理论上把一个无时间的复合整体中的各个部分区分开来。然而作为想象运动的建构，它强调的却是心灵的主动性和自发性。在新柏拉图主义传统中，知识在这种意义上是主动的，它是一种内在的运动。

〔8〕　Proclus, *In primum Euclidis*, pp. 272.7（西庇亚与尼科梅德斯），以及 356. 11，仅仅说他描述了割圆曲线的性质，而没有运用它来将一个角三等分（注意：ἕτεροι δὲ ἐκ τῶν Ἱππαίου［西帕尤斯派中的另一个人］等等）。帕普斯［Pappus］甚至都没有提到过西庇亚：*Pappi Alexandri Collectionis quae supersunt* 4.30-32, Hultsch 编, pp. 250. 33-258.19；"动力学方法"：Becker, *Mathematische Existenz: Untersuchungen zur Logik und Ontologie mathematischer Phänomene*, p. 250（斜向线与割圆曲线）。我个人无力评判这条严格主宰着建构的规则是柏拉图所做的变革（正如贝克所希望的），还是从巴门尼德到芝诺的挑战中重新恢复的规则。他们当中没有一位区分了"运动"与"在时间中的运动"。关于其他的建构，参看 Thomas, *Selections Illustrating the History of Greek Mathematics, 1: From Thales to Euclid*, pp. 257-363，特别是 pp. 263-67, 335-47。

题的正当手段，虽然这种方法的确能够解决问题（例如将一个角三等分）。物理学的运动（在时间中的运动）在几何学中没有地位；普罗克洛所说的"理智质料"不能被视为是在时间中生成的。

303 "理智质料"这个术语并不只属于柏拉图—新柏拉图主义传统。亚里士多德也运用该术语来区分数学对象的基质 [substrate] 与物理学对象的基质，[9] 虽然亚里士多德坚持认为它们并不具有独立的存在。数学属性是通过将物体从其变化的（也即在时间中的运动）物理属性中抽象出来而获得的。这或许也是马勒伯朗士"理智的广延" [*étendue intelligible*] 概念的起源。[10] 在马勒伯朗士与希腊传统之间最重要的差异便是，他的"观念的广延"必然包含在时间中的运动。在 17 世纪，正是"建构"使得几何学与力学重新统一起来，而不是使两者分离。出于本节的均衡的考虑，我希望通过一个粗略的轮廓来显示数学化和机械化的理念，是如何将那些希腊人几乎从一开始便拒斥的理念，转化成一种新的方法论认知理念的。

二、对"转换"的禁令

至少在许多方面，时间不但被排除出"数学对象"的定义之外，而且这些"数学对象"还阻止了对真正的时间过程的表象或阐释。在第二章开头的部分，我已经简要探讨了古代将自然数学化的理念在早期的失败。[11] 柏拉图对宇宙的几何学—力学建构不

---

[9] Aristotle, *Metaphysics* Z10. 1036a10；H6.1045a34. 普罗克洛反对亚里士多德将"想象"（以及数学实体）放在"被动的理智"中（Proclus, *In primum Eudidis*, p. 52）。参看 Mueller, "Aristotle on Geometrical Objects", pp. 156-71.

[10] 上文第二章第六节：二；第五章第一节：一至二。

[11] 上文第二章第二节：一。

外乎提供了一种隐喻；他自己也承认，不完满的可变的质料实体通过数学实体只能不完满地表示出来。亚里士多德补充道，由于数学实体是从主要的物理属性（即变化）中抽象出来的，因而数学在物理学中几乎丝毫不起作用。数学对物理学毫无用处这一点便只限于静态结构：静止（平衡）或周期运动（也即在某种意义上"既运动又静止"——做简单的、有规律的匀速天体运动）的物体。亚里士多德更进一步阻止了在数学基础上将天体运动与地上运动进行任何类比。一个点沿着一条曲线做匀速运动，与该点沿直线做运动（无论是直线运动还是间断运动）之间不具可比性。[12]亚里士多德施加于"变化"这个数学概念的各种约束，其实都只是他严格反对"从一个种向另一个种转变"〔μετάβασις εἰς ἄλλο γένος〕的禁令的不同版本而已。[13]在自然中，属差只可能出现在"种"上。而在科学中，一种论证与方法同样也不应该被"转移"到另一种论证与方法上（虽然另一种论证与方法并不低于前者）。尝试以数学来阐释"变化"的原因，就好比试图以灵魂不朽去证明数学定理一样。亚里士多德与柏拉图不同，他不相信存在着一种处于所有科学方法之上并为所有科学共有的方法。[14]真正的学科是自律的，并且需要不同的原理〔ἀρχή（开端/始基）〕。出于同样的理由，算术命题自身并不能经由几何来解释；因为一个处理的是"数"〔numbers〕，另一个处理的则是"量"

³⁰⁴

---

〔12〕 Aristotle, *Physics* X4.248a10-b7. 一方面，如果不假设一个物体可以按相同的速度在一个圆或一条直线上运动，这是荒谬的。另一方面，我们又必须接受这个结论，因为直线和圆是不可共量的。亚里士多德甚至否认我们可以说"一条曲线比一条直线更长"！

〔13〕 上文第二章第二节：二；以及脚注〔10〕至〔13〕。

〔14〕 Wieland, *Die aristotelische Physik*, pp. 187-202, 202-30.

[magnitudes]。[15] 更进一步，甚至对于几何学而言，也只有在线与线、曲线与曲线、面与面这样"同一种类"的图形之间，才能进行相互比较。[16] 亚里士多德对混淆"种"的畏惧根深蒂固，以至于人们可能会怀疑其根基，远不如对"理性的、独一无二的、严格的世界分类"的本体论的承诺那么稳固。最近的人类学理论也强调了这一点：许多文化都感知到了这些并未得到清楚定义的、混淆的对象，其畏惧就表现在禁止接近或使用这些对象。[17]

亚里士多德对比例理论做了一番有趣的历史评论，[18] 比例理论并没有像它看起来那样逾越了这条禁令的界限。比例不是数学的对象（即"数"或"量"），它们只是关系，而关系则可以跨越独立的种属或不同的研究领域来进行比较。说一个给定的面"大于"一条给定的线是毫无意义的，说两个面具有相同的速率，或两条线没相同的速率，同样是毫无意义的。亚里士多德甚至还会认为"一条曲线比其内含的每一段直线都更长"这个命题是可反驳的，[19] 但欧几里得却并不这么认为：这恰恰是穷尽法的基础。如此一来，亚里士多德就已经区分了"不可共量" [ἀσυμμετρία] 与"不可比较" [ἀσύμβλητα]。[20] 但他强调了不可比较的东西之间的比例：他说，前人并未认识到比例之间"普遍的可共量性"，前人

---

[15] Aristotle, *Posterior anal.* A7.75a38-b8.

[16] *Metaphysics* 1 1. 1053a24-30："尺度永远是同种的" [中译采用：《形而上学》，第 196 页，苗力田译，中国人民大学出版社，2003 年。——译者]，等等。

[17] Douglas, *Purity and Danger*，各处；Leach, "Anthropological Aspects of Language：Animal Categories and Verbal Abuse"，收入 *Mythology*，Maranda 编，pp. 39-67；47："禁忌阻止人们去认识连续统一体中的那些能区分开不同事物的部分。"

[18] 下文脚注 [21]。

[19] 上文脚注 [12]。

[20] *Metaphysics* A1.983a16；*Physics* H4.248a18；上文脚注 [12]；以及第三章第三节脚注 [12]。

只允许"线与线、数与数、面与面"之间的比例。[21]亚里士多德很可能从关于比例的数学理论中发展出一种后来欧文斯、帕茨希以及其他人[22]都归之于他的"中心意义"[focal meanings]理论：如果亚里士多德确实持这种观点，那么这个理论便使他将形而上学或关于"存在之为存在"的科学发展成了一门普遍的科学。有时他甚至会谈及一种普遍的数学，[23]而我认为这并不是一种具有明确对象与属性的科学，而是一种关于"关系"的科学，也许甚至是一类（例如应用于他的混合理论的）普遍的—形式的运算法则。[24]

正如亚里士多德所承认的，数学当然是一种语言。几何学中相当一部分是由"同一类"图形的表象组成的。然而通过类比，一些图形的属性也可以代表一些定义清晰的非图形的属性。在欧几里得《几何原本》第十章，线确实代表了数字，因为两者都有叠加的属性。或许亚里士多德不会反对（反而是允许）以线来代表时间，因为两者都具有连续的属性。当然，圆与线都可以代表处于运动中的物体的路径。但"在时间中的运动"却不能以一个图形或符号来代表。一条线既可以代表长度与横截面的形状，也可以代表时间，但无法同时代表这两者。从亚里士多德的观点来

306

---

〔21〕　Aristotle, *Posterior anal.* A5.74a16-b4，特别是a19-25；参看希斯的评论（Heath, *Mathematics in Aristotle*, pp. 41-44 ）；以及 Livesey, "Metabasis", pp. 47-48。

〔22〕　上文第二章第二节脚注〔11〕。

〔23〕　*Metaphysics* EL. 1026a23-7；M2.1077a9-10；Heath, *Mathematics in Aristotle*, pp. 223-24，考虑到了代数。

〔24〕　*De gener. et corrupt.* B5.332b6-333a15；或 *Ethica Nicom.* E3-5.1131a10-1134a15；或那些亚里士多德的逻辑学著作，其中运用了具有严格运算法则的字母图示。在《天象学》[Meteorology]中，元素的转换实际上类似于一个"阿贝尔群"[Abelian group]。很可能亚里士多德在此既指数学的形式主义，也指非数学的形式主义，因为他所说的其实就是那种被冠以"天主教数学"之名的形式主义。

看，我们将速率作为距离除以时间的这个公式，确实是一种转换，一种对范畴的混淆。那么一种性质的分布及强度就无从表达：因为"质"与"量"是不同的范畴。最终，诸如加速度或后坐力这样的变化的速率的观念成了完全不可能的，"因为既不能有运动的运动，也不能有产生的产生，一般地说，不能有变化的变化。"[25]

若亚里士多德承认几何图形是由时间中的运动产生的，那么它们便将可能用来表示物理上的在时间中的运动，也许甚至还能表示加速度。如我们所见，存在着一种混合了匀速运动、直线运动以及匀速非直线运动而产生的图形的传统：亚里士多德或欧几里得显然都对这些运动保持了沉默。我认为，甚至连欧几里得所谓的旋转体也被忽视了：它们的运动只意味着位移，只是一种用于证明离散图形的一致性特性；它们的运动被认为是转瞬即逝的。亚里士多德追随欧多克索斯［Eudoxus］，以希波佩德曲线［hippopede］*来显示行星逆行的运动。然而，希波佩德曲线描述的是两个围绕不同的轴转动的同心球体，它并不是必然地产生于这种运动。它同样也可以被解释为是对"内包一个圆柱体的球体表面上的一条线"的描述。[26]这就是"转换"禁令的限制。

一百五十多年后，阿基米德终于从诸如此类的限制中解放了出来（虽然并非从所有的限制中解放出来）。他对由线来代表曲线

---

〔25〕 *Physics* E2.225b15: "ὅτι οὐκ ἔστι κινήσεως κίνησις οὐδὲ γένεσεως γένεσις, οὐδ᾽ ὅλως μεταβολῆς μεταβολή." ［中译采用：《物理学》，第 143 页，张竹明译，商务印书馆，1982 年。——译者］或许亚里士多德想到的是"自我指涉的谬误"。

　*　ἱπποπέδη，字面义为马的脚镣，是一种形状类似带壳花生的剖面的平面曲线。——译者

〔26〕 Neugebaur, *A History of Ancient Mathematical Astronomy*, 2：677-80；Thomas, *Greek Mathematical Texts*, 1：14（从辛普里丘对《论天》的评注开始）。

的穷尽法已经有足够的安全感。虽然不是用它来证明公理，但他在寻求公理时运用了力学的考虑。[27]其次，阿基米德螺旋线并非仅仅由时间中的运动产生；它或许是第一个由两种不同的匀速运动产生的曲线，也即由一个点的有角度的运动（一条直线围绕它的一个定点匀速旋转）和半径运动（一个点在该直线上匀速向外运动）混合而成。[28]由它引发了一种匀速加速运动，这种匀速加速运动被 14 世纪的经院哲学家称为"motus uniformis difformis"［匀速加速运动］。奥雷斯姆意识到了这种亲缘关系。[29]但阿基米德却并没有进一步探索出一条能够充分显示非匀速运动的路向。

三、亚里士多德禁令的侵蚀；"形式"的增减

中世纪早期坚持反对方法之间的僭越的禁令，到了 14 世纪，无论在理论上还是在事实上都被毁坏了，因为它与唯术语论的科学理论不相容。奥卡姆拒绝从一门学科主题的统一中得出该学科自身的统一。科学是一种对命题的排列，这些命题回答的是一系列既定的经典问题，它将一系列条件［habitus］集中到了同一个方面。同一个命题可能进入不同"科学"的不同证明图式中。不必挑战亚里士多德的禁令：早已有越来越多的学科被简单地称作

───────────

〔27〕 *Archimedes*，Heath 编，附录，pp. 7，13-14（在数学中运用力学来解决问题）。阿基米德区分了求解与证明，不过他相信，由于前者具有普遍的价值，所以更值得发表。

〔28〕 同上，pp. 151-88，特别是 p. 154。只有在 17 世纪，人们才承认圆周运动（即使是匀速圆周运动）具有加速度。

〔29〕 Oresme，*Tractatus de configurationibus qualitatum et motuum* 1.21，收入 *Nicole Oresme and the Medieval Geometry of Qualities and Motions*，Clagett 编，pp. 225f.。奥雷斯姆分别谈及：匀速加速的曲线和运动、变速加速的曲线和运动。克拉格特相信（Clagett，p. 450），我们对阿基米德螺旋线的知识来源于中世纪的编撰。关于笛卡尔与螺旋线，看看下文第五章第二节：五。

"中间科学"［*scientiae mediae*］了。[30]

　　在实际的建构性方法转换的时刻，中世纪的运动科学与我们的讨论尤为相关。关于中世纪对质的"量"化或对"形式的增减"的兴趣，已有诸多著述讨论过了，这一兴趣也导向了表象运动的新方法的出现。这一兴趣既来自其自身，也得到了各种源泉的滋养：例如神学（"爱"［*caritas*］的引入）、哲学（对性质的改变的定义）、医药学—药学（药效的混合作用）、光学（光的增强），以及方法论—数学（如何表现变化）等等。[31]"类比"可以不受约束地从一个领域转向另一个领域。我将只关注这个无限丰富的主题的其中一个方面：不断增长的将数学用作一门语言的趋势、其含义和对这种趋势的意识。

　　简单说来，哲学上的问题就是，"性质"（形式）是在所有情况下都与其自身同一的东西，[32]但经验却告诉我们，某些性质既会以不同程度在不同的主体中出现，也会在同一主体中改变其程度，就像某物会变得越来越热或越来越冷一样。说一个主体或多或少"分有"一种性质，便是假设了性质的本体论状态；而说这

308

――――――

〔30〕 Miethke, *Ockhams Weg*, pp. 245-60；Livesey, "Metabasis", pp. 333-57. 利维希也阐明了 14 世纪越来越多的科学被纳入"中间科学"这个范畴中的原因。

〔31〕 关于古代先驱（斯多亚派的 "ἁπλός"［某一个（人）］概念；盖伦、菲洛浦诺斯），参看 Sambursky, *Das physikalische Weltbild*, pp. 423-30；医学文献：McVaugh, "The Medieval Theory of Compound Medicines"；同上，"Arnald of Villanova and Bradwardine's Law", pp. 56-64；其他文献：A. Maier, "Die Struktur der materiellen Substanz", *Studien*, 3：3-35；同上，"Die Calculationes des 14. Jahrhunderts", 同上，p. 263；E. Sylla, "Medieval Quantifications of Qualities：The 'Merton School'", pp. 9-39, 特别是 pp. 12-24。

〔32〕 Gregory of Rimini, *Lectura* 1 d. 17 q.2, Trapp 编，2：321："按照所讨论的性质而言，形式既没有在内涵上增加，也没有在外延上增加，就如同一个得到了充分证明的论证，对它的理解既不会更多，也不会更少……因为形式，例如白，并不会变得比它先前更白。"在该问题上，他详细总结了当前的解决方案（演替理论［succession theory］、叠加理论［addition theory］）。

种性质以不同的现实化状态出现于一个主体中，这就等于说，除非一个物体已经达到最热状态，否则便不能说该物体实际上是热的。然而，恩典在可能增加之前，就已经在蒙恩之人那里了。当然也可以说，某些性质在本质上包含一种可能的变化范围——不过这一回答将导向"无穷倒推"，这与"第三者悖论"的情况不无相似。[33]

司各特及其追随者给出的解决方案尤为重要。司各特认为，一个"形式"作为一种共同的属性，总是同一个，并且总是等同于其自身。与个体的存在相反，这种形式被表象（或被实体化）为一个具体的"实体化"，后来人们称其为"形式化"。请允许我打个比方，"形式化"与它们的形式之间的关联，就像物体确定的或不定的影子与该物体之间的关系一样——除了在这种情况下只有影子才"存在"。形式化是指：将一个形式"投射"到个体上，由此它是这个形式的一个偶性。一个形式在其个体实体化中的范围，现在被解释为形式（作为形式化）所增加的部分，它们的结合仍是"一"[ad unum]——圣方济各会的神学传统早已先于这种理论证明做过这种阐释了。[34]对"增加"所做的这种特殊的阐释便自然而然地运用到几何图形或算术符号上了。

"形式"这个观念在14世纪经历了重大的变化。形式不再是这个世界的本体论支撑，也不再是认识这个世界的唯一工具。司各特也参与了摧毁"实体形式"之统一性的过程。的确，正是由

309

〔33〕 A. Maier, "Das Problem der intensiven Grösse", 收入 *Zwei Grundprobleme*, pp. 3-43.

〔34〕 Duhem, *Système* 7：462ff.；Maier, 同上，pp. 44-58. 与迪昂相反，麦耶否认"增与减"[intensio et remissio]问题与"形式纬度"[latitudo formarum]问题之间存在着任何关联。应该强调的是，那些赞成所谓的"叠加理论"的人并不一定是司各特主义者；例如里米尼的格里高利，上文脚注〔32〕。

于个体形式，人们才宣称许多形式是结合在一个实体中的。在奥卡姆之后（并且大部分归根于他的影响），认识论的讨论基础从对认识的同化解释，转向了对认识的因果解释：认识行为不再被视为与理智的同一，或是变成理智中的事物的一个形式，而是一个受到"可感肖象"或"理智肖象"中介的过程（让事物符合于理智［*adequatio rei ad intellectum*］）。现在，"对象"毋宁说被设想成了我们的直观观念和抽象观念的原因；"观念"则是命题的"项"［*incomplexa*］。不论是心灵的命题（奥卡姆），实际写下或说出的命题（荷格［Holcot］），还是命题的对象（［复合意义］。里米尼、皮埃尔·德埃利［Pierre d'Ailly］）：只有命题才有真假，并且因此才是科学的对象。在唯术语论的话语中，"形式"要么被还原成个体的性质，要么被还原成个体的关系。

于是 14、15 世纪经院哲学家的关注为什么从哲学上的正当性问题转移到了表象的逻辑—数学的问题，个中原因显而易见。默顿学派［Mertonian］的传统虽然通过线、面这样的广延来表示强度，却还没有将范畴混合起来，还没有用图形来表示混合了强度与广延的属性。[35] 然而奥雷斯姆的"形式图示"方法，却在一种一般表象理论的框架中完成了默顿学派未竟之事业。假设某个性质的外延可以由一条直线来表象（或想象），而这个性质的各个内涵则由该直线上的每个点的不同高度来表象（或想象），那么由这条直线以及连接所有高度的曲线围成的图形就表示该直线上这个性质的精确分布（两者围成的图形正是用来表象加速运动的图形）。假设某种性质外延到了一个面上，那么该性质的图形将按同

310

---

[35] Sylla, "Medieval Concepts of the Latitude of Forms：The Oxford Calculators", pp. 223-83，特别是 p. 278；同上，"Medieval Quantifications"（上文脚注［31］）。

样的方式由固体表面围出的体积来表象。至于外延到了三维图形上的性质分布，奥雷斯姆叹息道，我们很不幸，缺乏第四维度，否则通过第四维度，这种状态就可以被独立地图示出来；不过幸好在空间中还能将它图示出来，因此我们可以说该主体具有"两个身体"——这种关于"两个身体"的学说，对于中世纪神学家与法学家而言并非不为人知。[36]

因此在奥雷斯姆的理论中，几何学的象征性特征变得更加深刻——超过了计量学派已经具有的相当程度的灵活性。一个图形（比如一个面）是否代表一个面或其他东西（例如"总速度"[*velocitas totali*]），这只是个视角问题，或是效用问题。若是后者举出同一个例子，那么时间与距离便确实统一到了"一个"象征之中。奥雷斯姆对后来解析几何的出现做出了相当大的贡献，但对于将几何学转化成一种形式化的、可描述变量的变化的语言，奥卡姆却没有起到太大的作用。

14 世纪的"唯名论"在这些发展中起了什么样的作用呢？我们回想起，对于奥卡姆而言，数学观念完全是"内涵性"的。广延、数、时间、程度都是在个别物体的关系中引入的概念，而不是命名个别对象或它们的绝对属性的概念。这种内涵性的概念如果建构得没有冗余，那么它们将不乏"在事物中的基础"[fundamentum in re]；但它们也不应被实体化。唯术语论者不再将

---

[36] Oresme, *De configurationibus* 1.4, Clagett 编, p. 176："虽然通过物体可以想象某个表面的性质，但无法想象出第四维度，尽管物体的性质被想象成具有'两个身体'：一个是主体在所有维度上的外延；另一个则是单纯想象在主体的各个表面上这个性质的内涵都是无穷多的。"将所有物体的表面[*superficies*]如此整合起来的这个"物体"，当然具有体积[*volumen*]；不过它是否具有一个确定的形状[*figura*]呢？关于中世纪政治理论中的"两个身体"学说，参看上文第四章第四节：五；以及脚注[90]。

数学视为发明数学对象及其绝对属性；这是日益增长地认识到数学表达的形式本质［formal nature］的必要而非充分条件。

对于奥卡姆和某些计量学派的成员而言，看起来只有这样一种数学化的论证才对阐释自然有意义，才值得考虑。其他人则情愿承认，他们的模式只是心灵的建构。各种表象模式被应用于各种问题；它们通常只是相当于使某物可视化的一种手段。但它们也再次表明亚里士多德的禁令在多大程度上遭到了销蚀。两种性质中的每一种都有一个从零到无穷的范围，都可以由不同的角度来代表。[37] 或许这便是看待司各特主义者在一个个体主体中统一各种"形式化"的最优雅的方式。同心圆、三角形或一条简单的直线，都可以表现出在上帝这个"最完满的存在"眼中完满性的秩序。我们将看到，康德也建构了简单的、没有区分等级的完满性，正如占统治地位的属性（即"实在性"）具有诸多不同等级；因而"最实在的存在"与"最完满的存在"是同义的。[38]

在 14 世纪的动力学思考中，并非所有的思考都是纯粹想象的建构。对"分数指数"与"无理数指数"的研究受到了布拉德瓦丁［Bradwardine］所谓的动力学"法则"的激发，而布拉德瓦丁的这种法则是 14 世纪经院哲学家将新的数学—逻辑学手段运用于真正的物理学问题上的极少数尝试之一。亚里士多德主义运动理论预设了"力"与"速度"之间成正比关系，以及"速率"与"介质的阻力"之间成反比关系。如果是这样，那么所有的力

---

[37] Murdoch, "*Mathesis*", pp. 238-46, 特别是 pp. 242ff.。

[38] Johannes de Ripa, *Questio de gradu supremo*, Combes 与 Vignaux 编，pp. 143-222（以及上文第二章第四节：二）；以及 Murdoch, "*Mathesis*"。关于康德，参看下文第六章第一节：二；安娜莉瑟·麦耶研究康德的"实在"范畴与"内涵的量"问题的博士论文，使得她后来的研究兴趣转到了这个观念的经院哲学起源以及中世纪科学。

无论多么小，都将作用于任何一个阻碍物之上；同时无论所有的力多么大，都必然使该阻碍物移动一段距离，因为 F/R 永远是一个数值为正的量。甚至一只苍蝇也必能移动一头大象。布拉德瓦丁通过假设"速率的增加取决于阻力率的指数增长"，解决了这一问题。[39] 这条广为接受的法则对于经典物理学毫无用处，不过一项重要的变化却已显露出来。迄今为止，"力"可以直接作为速率或"运动"表现出来，同时，"力的增加"也可以由表象运动的线成比例地增减来表示。布拉德瓦丁的法则仅允许间接地表示力，这与早先讨论过的奥雷斯姆对"冲力"［impetus］的阐释非常相似——力的增加是由速度增长的比率来衡量的；而奥雷斯姆对"冲力"的阐释，或许就是布拉德瓦丁的灵感源泉。

312

四、数学、现实性与和谐

从现代物理学的主流观点上看，17世纪对物理学的数学化过程，在某种意义上也涉及对物理学的去数学化的过程。迄今为止，数学（尤其是几何学）指挥着物理学，而物理学的公式与图形（简单的比例关系和完满的几何图形）应在自然中寻求。在17世纪，自然哲学似乎将物理学从数学的暴政中解放了出来——因而也能更多地运用数学，甚至还能产生新的数学，并从物理学问题中提取出它的线索。物理学不再受数学的指使来运用何种建构，

---

〔39〕 Crosby, *Thomas Bradwardine, His Tractatus de Proportionibus: Its Significance for the Development of Mathematics*, p. 112; A. Maier, *Die Vorläufer Galileis*, pp. 86-100; Murdoch, "Mathesis", pp. 225-33; Clagett, *Mechanics*, pp. 421-503. 的确，"要是换成中世纪的表述，那么布拉德瓦丁的解决方案将表现得绝对简单而直接：速率翻倍，阻力的比例也将翻倍"（Murdoch 与 Sylla 合著，"The Science of Motion"，收入 *Science in the Middle Ages*，Lindberg 编，p. 233）。另一方面，这是一种比例的比例，而非简单的比例关系。

而是用数学来解决具体的一个公式或图形问题——而且并不必然是数学意义上最简单或最完满的公式或图形。如果圆形并不能描述天体，那么椭圆形作为不完满但却更普遍的图形则可以用来描述天体。其次，17世纪的物理学家将数学视为是对"真正实体"的发现，而不是将它视为一门语言。进一步看，数学与物理学之间某些关系的转变已经体现在了布拉德瓦丁的法则中，它以一种"比例的比例"取代了亚里士多德的简单比例。但这种解释实在太过简化，而且需要诸多条件。

　　计量学派引入了一种新的数学动力学的论证方法，他们及其后继者并没有运用他们的新工具来分析物体的自由落体运动或抛体的真实运动。他们或许已经感觉到，大多数真实运动都过于复杂，以至于无法进行动力学的描述。他们肯定没有抛弃亚里士多德主义传统，即通过"完满的"或"简单的"图形（例如圆形或直线）这样的几何表象描述自然运动，并在圆规与直尺的帮助下将可感知的真实运动限制在那些可建构的真实运动上。宇宙的完满的和谐，仍被视为一种静态的几何学和谐；它由最大程度的几何学对称构成。14世纪理论家们都认识到，对简单运动的简单几何学表示与实际数学—动力学分析的复杂性是不一致的，而这种不一致就类似于用几何学来描述天体运动与对这些运动的精确物理学阐释之间的不一致。

　　库萨的尼古拉更强烈地表达了这种退却心理，他甚至拒绝赋予自然运动一个完满的几何形状。他也较为清晰地表达了"数学是一种人为建构的语言，数学实体是一种由我们自己产生的理智实体"的观点。作为最终的概念抽象，数学是我们理解自然的最好工具；它同时也迫使我们认识到，我们所有的范畴为什么会在"无限"这个领域中全部坍塌：一个无限的圆本身就是一条直线。

数学的概念化无论成功与否，都是关于上帝观念的一种想象，或者说是对由上帝"通过度量与重量"而创造的世界的想象，是对上帝自身作为一种"对立的统一"的想象。从在"无限"问题上成问题的数学"下降"到有限的量的领域（该领域是分明且特殊的，因为它们服从矛盾律），这就类似于上帝"浓缩"到了一个被造物之中。[40] 库萨的尼古拉同样也是中世纪时不愿意运用自然中的量度的一位代表人物，因为这种在自然中的量度不可能是精确的。在这种绝对严格的理念下，17世纪放弃了关于"绝对精确的量度"的理念——但正如麦耶所观察到的，唯其如此，才可能使精确的科学成为可能。[41]

采用力学或动力学术语对真实运动进行分析，这种做法必须要等到物理学思想从几何学的专制以及几何的完满结构中解放出来才行。描述被抛物运动的抛物线与描述天体运动的椭圆，都既不是完满的形状，也不是可以不经由"力学的"方法而直接从完满的形状中构造出来的。17世纪并没有抛弃完满和谐的宇宙观念；而是以一种"动态的和谐"观念取代了柏拉图与亚里士多德"静态几何学对称"的传统。随着人们对数学的象征性—形式化特征的理解不断增长，"单纯性"便不再意味着绝对的对称性，而开始意味着普遍性。

314

第二章已经讨论了转向宇宙和谐的动态观念这种转变的某些更为普遍的前提条件。在此，我仅希望将注意转移到"放弃对可建构的图形的迷恋"所产生的重要作用上来：这种重要作用既体现在对具体运动的详细考察上，同时也表现在普遍"完满性"的一般概念中。在开普勒从《宇宙的奥秘》[*Mysterium*

[40] Nicolaus Cusanus, *De docta ign.* 2.4; 6, Wilpert 编, 1: 44-46, 48-50（34-38）; 参看上文第二章第四节：三。

[41] A. Maier, *Metaphysische Hintergründe*, pp. 308-402, 特别是 p. 402。

cosmographicum] 向《世界的和谐》[*Harmonices mundi*] 的宇宙
论—物理学观点的转变中已经很好地表明了，人们开始逐渐（虽
然并没有完全地）放弃对可建构图形的迷恋。正如开普勒后来评
说的那样，《宇宙的奥秘》将其对和谐的探求限制在"质料"（即
轨道的形状与大小）上，以便与规则物体的等级秩序相符合。而
他在《世界的和谐》中却说，这些仅仅是"筑城砖"而已，还不
是"完好地表述出生命体的形象后"（在此他引用的是《蒂迈欧
篇》）所建成的宇宙的形式或生命。和谐的关系是"形式"，而这
些形式对应于可建构（即可用尺规作图）的多边形。它们适用于
解释行星的实际运动，行星轨道并非"可建构的"，而且这些行星
的运行规律也必须用力学与物理学的"引力或斥力"来解释。[42]
这种新的"和谐"则通过"在时间中的运动"建构而成。

　　这些观念没有一种是 14 世纪的自然哲学家所能预见的，但它
们在将数学从"一种理念实体的总和"转变成"一种能引发许多
阐释的象征性形式化"上，具有相当重要的作用。雅各布·克莱
315　因 [Jakob Klein] 描述了这场发生于 16、17 世纪的转变：[43] 这种

――――――

〔42〕 Kepler, *Harmonices Mundi Libri V*, 5.9 prop. 49, 收入 *Gesammelte Werke*,
　　　 Caspar 编, 6: 360-63. 参看 Koyré, *The Astronomical Revolution*, pp. 256ff.（物
　　　 理学模型）, 326-43（《世界的和谐》）; Koestler, *The Sleepwalkers*, pp. 388-98.
　　　 注意开普勒（Kepler, *Harmonices* 1 prop. 1-49, pp. 20ff.）运用了欧几里得《几
　　　 何原本》第十章，以区分几何图形的"认知"（*scire*）等级，这些等级对应于
　　　 它们用尺规作图的可度量与可建构的程度。与完满的物体相反，和谐的本质
　　　 （由多边形之间合理的比例关系来表达）在于它们表达了在时间中的运动（乐
　　　 律）。开普勒仍将椭圆视为不如圆形完满的图形。不过值得注意的是，巴洛
　　　 克建筑显示出了前所未有的对椭圆的偏好。Wölflin, *Renaissance und Barock*,
　　　 pp. 45-52. 该书体现了一种关于动态和谐或"杂多之中的统一"的新观念。
〔43〕 Klein, *Greek Mathematical Thought*, pp. 150ff. 也参看 Bochner, "The Emergence of
　　　 Analysis in the Renaissance and After", pp. 11-56, 特别是 pp. 22-25（对实数的
　　　 运算）。

转变直到 16、17 世纪仍未完成。数学借助函数来描述过程的能力就依赖于这一转变。而计量学派及其追随者在某些时刻，具备了这两种观念的雏形。

五、数学作为语言

在对自然过程的现实阐释中运用数学以及数学中不断增长的象征—形式的特性，这两者相辅相成，尽管 17 世纪的数学有时候强调一方面，有时候又强调另一方面。笛卡尔的解析几何计划是将代数术语引入几何学或由代数来"表达"几何图形。[44] 这公开违背了数学中反对"转换"的禁令；对希腊人而言最根本的、在中世纪并无争议的数字与连续的量之间的鸿沟被取消了。于勒·于伊曼［Jules Vuillemin］已证明，笛卡尔通过区分力学曲线与"作图"曲线，扩大了"几何"曲线与"力学"曲线之分。几何曲线与力学曲线是第二相关项的 n 次方的代数方程的解，他将这项区分视为合法的；而"作图"曲线由于不连续而遭到拒斥。螺旋线与割圆曲线虽属力学曲线与"作图"曲线的范畴，可是笛卡尔却因常常受到运动、力以及强度问题的吸引而去关注这两种曲线。[45]

----

[44] Descartes, *La Géométric* 1, AT 6：370; Klein, *Greek Mathematical Thought*, pp. 197-211，他证明了几何学的"想象"对应于印入我们感官的物体的实际形状（特别是 p.210）。"几何学"对笛卡尔而言首先是作图几何［constructive geometry］。也参看 Mahoney, *The Mathematical Career of Pierre de Fermat* (*1601-1665*), p.44。关于笛卡尔的局限性，参看 Belaval, *Leibniz*, pp. 291ff.。

[45] Vuillemin, *Mathématiques et métaphysique chez Descartes*, pp. 79-98（分类、建构），35-55（螺旋线）。托里切利［Toricelli］和其他人已经详尽地处理了螺旋线的问题。关于 17 世纪作图手段的放宽（Vièle，开普勒）［当属排印错误，应为 Viète，指弗朗索瓦·韦特，François Viète，拉丁名 Franciscus Vieta，法国数学家。——译者］和笛卡尔的分类法，也参看 Bos, "Arguments on Motivation in the Rise and Decline of a Mathematical Theory：The 'Construction of Equations,' 1637-ca. 1750", pp. 331-80（他回顾了希腊文献，但还是未能区分"运动"与"在时间中的运动"）。

316 简而言之，在笛卡尔眼中，解析几何只是在他的普遍新方法中具有启发性的一例，而这种方法在几何学、光学、物理学以及心理学中都行之有效。对于古人而言是一种重罪、在中世纪被视为轻罪的东西，到现在则成了一种好处：这就是从一个学科向另一个学科的模式和论证的"转换"。

霍布斯自己虽然不是这种技艺的严格践行者，但他却视数学为一种纯粹心智上的建构，一种彻底人为的语言。数学概念是人造的，这一本质保证了这些概念绝对的"非异义性"。数学是所有科学的范式，因为我们自己从"无"之中创造了它：它的准确性完全可以等同于它的建构。霍布斯相信，这一点对于所有真正的科学都为真，而在数学中这一点更是显而易见：真理就存在于我们随意建构的一致性中。数学正如一般的思维，不是别的，就是"计算"。

17 世纪没有任何人比莱布尼茨更理解数学推理的象征性—形式性属性。莱布尼茨在代数与几何中看到了一种"关于关系的普遍科学"［*scientia generalis de relationibus*］的实例（我们可能会称其为"模型"），他开始着手建构这种科学。[46]我们回想起，在莱布尼茨眼中，"关系"只是抽象物，而这种抽象物虽与现象的秩序不可分，但并不具备本体论状态。换句话说，形式的运算规则胜过了数学实体或属性。他的微积分思想就是这样一种普遍—形式的运算法则，但他并不总是知道如何阐释这种运算法则。[47]更根本的是，莱布尼茨的"普遍语言"［characteristica universalis］的本来目的是要用作所有科学的"发现的技艺"［arts invenniendi］。他曾希望能将质数赋予"简单观念"；这些简单观念

---

［46］ G. Martin, *Leibniz*, pp.57-65.
［47］ Boyer, *The History of the Calculus and Its Conceptual Development*, p.212.

的混合则可以产生所有可能存在的"混合观念"。[48]在他成熟的体系中，莱布尼茨放弃了确定简单属性的希望，[49]但他却并没有放弃确立一种形式的运算法则的设想，这种运算法则能运用在所有可能的推理图示上。上帝拥有"普遍科学"［*scientia generalis*］，他通过"运算他的观念"创造世界。[50]对数学的形式化在某种意义上也是对数学的机械化。帕斯卡与莱布尼茨实际上都建构了一种"计算机"［computation machine］，不过莱布尼茨只是将它视为一种适用于普遍科学的运算法则的粗糙模型而已。[51]

317

六、"机械化"的三种意涵

无论上帝的心智（或一般意义上的思维）是不是一台理想的计算机，人们确实将这个物质宇宙视为"一个"。这个物质宇宙是一架理想的钟表——不管该钟表是像牛顿设想的那样，是一块需要周期性地重上发条的钟表；还是像莱布尼茨所坚持认为的那样，是一块永远同等精确地运转的钟表。现在，这种钟表隐喻包含了

---

〔48〕 *Dissertatio de arte combinatorial*（1666），GP，4：27ff.，特别是43ff.；参看GP，7：187；Kneale，*Logic*，pp. 325-27；Schmidt-Biggemann，*Topica universalis: Eine Modellgeschichte humanistischer und barocker Wissenschaft*，pp. 186-211。

〔49〕 Leibniz to De Volder（1703），GP，2：249："对于迄今他们（或许是笛卡尔、斯宾诺莎、马勒伯朗士——著者）创立的属性学说，我不敢苟同：就像有人将一个单纯的绝对谓词称为属性，而建构了实体；但我无法在观念中想出任何一个完全绝对的谓词，且这个谓词不与其他任何东西相关。"参看上文第二章第八节：四。

〔50〕 GP，7：191："当上帝计算与运算思维时，宇宙便存在。"这是对*Dialogus*（写于1677年）中如下转变的旁注："B. 然后呢？思维能够不依靠词语。但不可能不依赖其他符号。我问，你能建立一种无须数学符号的算术微积分吗？"

〔51〕 参看Leibniz to Arnauld（日期未明；早于在他们持续通信之前），GP，1：81："我已设计出两种机器，一种运用算术，另一种运用几何……如果我们要把它运用到所有可设想的图形上去，那我看不出它能做什么用。"帕斯卡的主张则更审慎（Pascal，*La Machine arithmètique*，收入*Oeuvres complètes*，pp. 349-58）。参看Goldmann，*Le dieu caché*，pp. 251-57。

一种与中世纪或古代宇宙的特征截然相反的特征。

　　将宇宙比作一个巨大机器，这是一个古老的隐喻，意指天体规则地做圆周运动。[52]但在古代与中世纪，它不仅仅是隐喻。人们的确将复杂的天文学钟表设计并建构成可视的、表象和实现天体轨道的运算器。柏拉图学园似乎已预备了浑天仪的出现：在《蒂迈欧篇》中，它意味着德穆革创造宇宙。[53]这种机械设计史直到中世纪都是以逐渐的技术进步为标志的；这些机械设计出现在时钟之前，并且是时钟的范式。自 14 世纪始，机械表成了最为人欣羡的工艺品，成了完美机器的范式。而现在，机械表则经由擒纵轮的运用，变得更加精准。[54]

318

---

〔52〕 在拉丁文中，"*machina*" 这个词可以指由简单的轮子到宇宙体系中的任何人造之物。查尔西狄乌斯将《蒂迈欧篇》32c 中的 "τοῦ κόσμου ξύστασις" 和 41δ 中的 "ξυστήσας δὲ τὸ πᾶν" 分别翻译成 "istam machinam visibilem"〔这种可见的机器〕和 "coagmentataque mox universae rei machine"〔联结宇宙万物的机器〕（Waszink 和 Jansen 编，收入 *Plato latinus*, Klibansky 编，4: 25.7, 36.18；以及评注 p.301.19〔世界机器〕）。这就足以解释该隐喻为何深受夏特尔学派〔the school of Chartres〕钟爱；参看 Stock, *Myth and Science in the Twelfth Century: A Study of Bernard Slivester*, pp. 74（命运机器〔*machina Fortune*〕意味着命运之轮〔*rota fortunae*〕），199（身体机器〔*machine corpora*〕），208。后来的运用，例如：R. Bacon, *Questiones supra libros quatuor physicorum*, Delmore 编，收入 *Opera hactenus inedita Rogeri Bacon*, 8: 201.2-3："宇宙身体与世界机器的秩序必相啮合，也即不能有真空。"

〔53〕 Cornford, *Plato's Cosmology*, p. 74（关于 *Timaeus* 36c；参看 40c 与 *Ep.* 2.312d）。法灵顿〔Farrington〕认为，前苏格拉底的宇宙论（特别是阿那克萨戈拉的宇宙论）是 "在技术的影响下" 从作坊中观察到的。于是它们或许（在比柏拉图的意思更强的意义上）是一种 "由做而知"，当然这并不是他们有意为之：Farrington, *Greek Science*, pp. 40-41。

〔54〕 Solla Price, "Clockwork before the Clock", pp. 810ff. 同上，*Science since Babylon*, pp. 49-70。与他的主题（认为擒纵轮是天文钟表的完善；机械钟表的起因是由于计时的需要）针锋相对的观点，参看 Landes, *Revolution in Time: Clocks and the Making of the Modern World*, pp. 54-66。"计时" 表达了西欧人独特的历史感，斯宾格勒已经揭示了它的重要性，参看 Spengler, *Untergang des Abendlandes*, 1: 19, 171-75。

事实上，亚里士多德的天体运动，甚至托勒密的天体运动，都可以由一种力学手段合理精确地表示出来。从力学上看，亚里士多德所允许的解决方案只是从圆形运动向圆形运动，或从线性运动向线性运动。天体运动需要且必须被视为圆形运动，才能解决其明显的复杂性。此外，在欧多克索斯与托勒密的天文学中，每条行星轨道都是独立于其他行星轨道而被计算和表示出来的。联合这两种理论的天文学体系只可提供这样一种力学，即一个行星的运动并不会干涉（或影响）其他各个行星的运动。从动力学上看，没有任何力需要由力学手段来表示，因为这些球体被一种独立于它们的物体（即灵魂或后来所说的"分离的理智"）所推动。简言之，古代及中世纪的宇宙论，从该词语的字面意思看都是容易被力学化的，而早期近代的宇宙论却并非如此。将"世界图景的机械化"归因于17世纪，这纵使不错，却也满有讽刺意味，因为有一种经常被忽视的简单情况：奠基于力学这种"新科学"的宇宙论，并不能用实际的力学手段表述出来。从力学上看，它们将圆形或椭圆形轨道处理成直线的组成部分；从动力学上看，它们假设"力"内在于该体系，体系则被视为运动与力的平衡。现在我们可以通过电磁场来模仿行星系统，但这一点是17世纪的技术手段无法企及的。不消说，一个像机械般运转的有机体同样不可能通过一块钟表的细节表示出来。

因此我们是否就能说，"机械论哲学家"实际上将他们的宇宙去机械化了呢？那种钟表般的宇宙对他们而言仅仅成了一个隐喻？根本不能。机械的人造设计在古代及中世纪的观念中最终必然只是一个隐喻，因为它们通过受迫的人为的运动来表象自然的运动。"自然与人为"这项区分到了中世纪晚期或许已经从直接经验的领域转移到了推理的领域，但它仍是根本的区分。但该区分却在早期近代物理学中被废除了。人们先是稍有迟疑，尔后便激进而彻底地废除了它。对自然的机械化既不是一种现实，也不是一个隐喻，而是成了一个模型或范式。

但这种模型或范式是对什么而言的呢？"机械因"在最狭隘的意义上代表的是在阐释自然的时候消除动力因以外的所有原因的渴望；渴望将所有物理学现象阐释为"运动中的物体"。在这种意义上，17 世纪关于机械化的理念便是植根于古代原子论思想的。现在，似乎德谟克利特的物理学成了"量"的，而亚里士多德的物理学则成了"质"的。但这一点只是在考虑到未实现的潜能时才为真；古代原子论从不关心对运动的数学分析。原子在虚空中运动的"形状、大小与秩序"足以解释为什么某些原子聚集而另一些原子离散。伊壁鸠鲁主义者"偏斜说"［*clinamen*］的目的，就是要解释原子为什么相互碰撞并产生"旋涡"［*vortices*］。不过仅此而已，不需要更深入的分析了。相反，在原子论阵营中出现了对数学之基础的最猛烈攻击，这显然也是对隐含的希腊数学化的天文学之基础的最猛烈攻击。[55]

中世纪早期的作者们已经无法体察原子论物理学与亚里士多德物理学之间的差异了，比如塞维利亚的伊西多尔［Isidore of Seville］就支持原子与元素两者的共存[56]，但经院学者们却保

320

----

[55] 上文第二章第二节脚注［1］和［7］。

[56] Isidore of Seville, *Etymologiae* 13.2-3（Lindsay 编）。该书中有意思的是，伊西多尔如何在无意中模糊了原子论的"质料量化论"［quantitative theory of matter］与亚里士多德的"元素性质说"［qualitative elements］之间的区别。原子论者将一线光穿过窗户透过房间时人们观察到尘土粒子的随机运动，视为对原子存在的间接证明，伊西多尔只是把它视为一个隐喻；而原子论者视为隐喻的东西（例如字母作为元素），伊西多尔则完全按照字面意思来对待它。对于伊西多尔而言，这两种关于质料的理论并非不同的理论。由于词语和伴随着这些词语的"词语的力量"［*vis verbi*］的存在，这两种理论对伊西多尔而言都是真的（*Etym.* 1.29.1）。

存了这个学说某些原初的论辩语境，虽然他们中的绝大多数人对"不可见的质料"并不感兴趣。不过他们倾向于将目的因果律仅仅限制在意识行为之中；并且他们中的某些人（甚至包括迈蒙尼德）都曾提醒大家反对这样一种预设，即人类是创世的终极目的。[57] 17世纪对原子论或粒子说［corpuscular doctrines］的复兴并不是由于原子论的学说本身，而多半是由于"机械的"这个词已经有了一种新的、更具体的意义。

七、机械化：建构性知识

狭义的"机械的"这个术语是指将一系列给定的现象解释为封闭的、半自给自足的、平衡的运动或力的系统；一种自我维持（至少维持一段时间）的系统。从这种意义上看，不管该系统中的元素是粒子还是原子，这都是次要的。"运动"和"力"的平衡与相互作用必须以建构的方式证明：如此这般以一种方式而非另一种方式结合起来的运动必须通过数学的分析与综合、分解与合成来证明。[58] 我认为不能将布里丹对天体运动所做的扩充版的冲力阐释视为对这个系统的早期暗示。[59] 布里丹的阐释允许行星按照它们的轨道自发运动，但这些行星的运动仍被视为是相互独立的。

---

〔57〕 Maimonides, *Guide* 3.13；参看上文第三章第二节脚注〔25〕（阿奎那）；Descartes, *Principia phil.* 3.3, AT, 8. 1, p. 81。

〔58〕 沃尔夫［C. Wolff］定义 "一个机器就是一个组装起来的产品，它的变化基于其组合的方式……世界就是一个机器"。（C. Wolff, *Deutsche Maetaphysik* § 537, p. 337）。由施米特 - 比格曼［Schmitt-Biggermann］引用，参看 *Maschine und Teufel: Jean Pauls Jugendsatiren nach ihrer Modellgeschichte*, p.69。

〔59〕 上文第三章第三节：二。当奥雷斯姆将球体运动比喻成带擒纵轮的钟表的运动时，或许他已经暗示了这个理论（不过这个理论并不是他自己的理论）：Oresme, *Le Livre du ciel* 2.2, Menut 与 Denomy 编, p. 288；*Oresme*, Clagett 编, p. 6 & n. 10；White, *Medieval Technology and Social Change*, pp. 125, 174。

确实，缺少摩擦且缺少任何其他影响或相互作用，使得赋予每一个天体的冲力都可以实现"冲力"作为一种"持存的自然物"［res natura permanens］的本质。布里丹的宇宙论是"机械论的"，这是在这个词的第一层含义而非第二层含义上来讲的。

中世纪宇宙论从来不会涉及去探寻宇宙的生成与毁灭的线索。亚里士多德关于"世界的永恒性的学说"（不是处在某种"形式"或某些"形式"之中，而是伴随着所有的"形式"）构成了亚里士多德的物理学与形而上学不可分割的部分。中世纪经院哲学家确实学到了保存亚里士多德宇宙论的方法，但他们却认为这种宇宙论与从"无"之中的创造是相容的。[60] 不过，没有任何一位中世纪作者会为了理解宇宙现在的结构，而需要去重构宇宙的早期历史。《创世记》第一章必须与宇宙论理论调和，而这对理解宇宙而言却毫无裨益。上帝为什么选择在六天之内创造宇宙，而不是"在一瞬间"［in ictu tempore］？这缘于象征性的理由，而不是基于宇宙论的理由。纳赫曼尼德斯甚至走得更远，他宣称创世故事现在阐明的是各种元素奇迹般的非自然秩序。[61] 相反，早期近代宇宙论则几乎不可避免地卷入了对宇宙论的观察中。他们不得不解释宇宙现在显示出来的复杂的运动平衡的理性结构，从笛卡尔、康德再到拉普拉斯，他们做到了这一点。

与柏拉图曾在《蒂迈欧篇》中做的一样，笛卡尔也将他重构的那个主宰着粒子做原始随机运动的力学过程称为一种"似乎有道理的叙述"。他在其他地方也曾说道：

---

〔60〕 上文第三章第四节脚注〔18〕。

〔61〕 Nachmanides, *Perush hatora* to Gen. 1：9, Chawel 编，1：14："气"（而非"火"）才是最精微的元素；它"合适的处所"应该在火之上；但神的命令却将它安排在火之下。参看 Funkenstein, "Nachmanides", p. 45（隐秘的神迹）。

　　我只是说：假定现在神在一个想象的空间中的某个地方创造出一团物质，它足够形成这个世界，再把这团物质的各部分乱七八糟地搅和在一起，没有秩序，而这团物质的不同部分……然后我就说明有哪些自然规律……说明它们的确是自然规律，即便神创造了许多世界，也没有一个世界不遵守它们。接着我又证明，这团混沌中的绝大部分物质必定［！］按照这些规律以一定方式自行安排调整，形成与我们的天宇相似的东西，它的某些部分则构成一个地球、若干行星和彗星，另一些部分构成一个太阳、若干恒星。……尽管这样，我还不想就此得出结论［！］说：这个世界就是照我说的那种方式创造出来的，因为也很可能神当初一下就把它弄成了定型。可是确确实实，神学家们也一致公认，神现在保持世界的行动就是他当初创造世界的那个行动。……把［各种物质性的东西］看成是以这种方式逐渐形成，要比看成一次定型更容易掌握它们的本性。[62]

322

　　换言之，如若只剩下被赋予了一种永久"动量"的物质自身，那么我们便可以证明我们宇宙的形成是不可避免的。笛卡尔与牛顿相反，他甚至无法构想另一个同样服从于我们世界的自然规律的世界。"想象的空间"确实是想象的。我们回顾一下，牛顿需要一种允许上帝（如果上帝真的希望如此）去创造其他世界的"无

---

[62] Descartes, *Discours* 5, AT, 6：42-44［中译采用：《谈谈方法》，第36—37页，王太庆译，商务印书馆，2002年，略有改动。——译者］；参看 *Principia* 3.46, AT, 8.1, pp. 101ff.。关于笛卡尔的旋涡理论，参看 Aiton, *The Vortex Theory*, pp. 30-58。至于该理论后来的发展过程，艾顿表示：该理论并未遭到驳斥，只是随着科学家们对其失去了信心而日渐式微。

限空间"，不管其中有没有与主宰我们的世界的规律相同的自然规律。[63]笛卡尔直接就把他的这种重构称为"事实"。在上述引用的文字中，人们可能会感觉到笛卡尔是亚里士多德式"诗"与"历史"之分的"应声虫"：诗更有价值，因为它将事件作为总是如此的样子来建构。[64]但更重要的是笛卡尔的主张（他的这种主张根本没有被"所有神学家"接受）：创造世界的逻辑与保存宇宙秩序的逻辑是相同的，宇宙的建构只可能有一种方式，因而其重构也只可能有一种方式。后来在《哲学原理》[Principia] 中，笛卡尔将他假设的世界与上帝创造的实际世界比作两块钟表，这两块钟表外部相同，但具有不同的内部机制。[65]这一点可以通过两种不同的方式进行解读。它既可以意味着世界的建构能用另一种机制来解释，然而这个观点在他的《谈谈方法》[Discours] 中已经被摒除了；也可以指，按照同一机械原则，上帝以一次行动创造世界，并逐渐建构他的假设世界，这就可以比作两块钟表。但如果是这样，那么笛卡尔的类比便是误导人的，因为在这种情况下，不同的只是这种建构的各个部分之间的组合所具有的速率。这便是古代某些希腊注经者所理解的柏拉图对世界建构的解释。援引

323　这些注经者，普罗克洛说道："宇宙自身永远存在着；但这句话区分了由它的创造者生成的事物与引入在时间秩序中的那些同时共存的事物，因为所有生成的事物都是'复合的'。"[66]整个宇宙中的这种"时间秩序"在希腊的所有宇宙论中（或许原子论的宇宙论

----

〔63〕上文第三章第五节：一。

〔64〕Aristotle, *Poetics* 1451b1-10.

〔65〕Descartes, *Principia* 4.204, AT, 8.1, p. 327.

〔66〕Proclus, *In Timaeum* 1.382（引用波菲利与杨布里柯 [Iamblichus]，以反对普鲁塔克与阿提库斯 [Atticus]）。也参看上文脚注〔7〕（想象运动），脚注〔9〕（抽象）。

除外），实际上都是一种偶然的属性。世界的结构是永恒的。但笛卡尔的宇宙论却并非如此。"变化"或"在时间中的运动"并不只是与宇宙结构相反的"事物"属性：它是作为整体的宇宙的结构属性。我们可以把这种"时间"想象成要有多短就有多短，甚至可浓缩成一瞬间的时间：但它必然仍将存在于斯。如果笛卡尔的思想是融贯的，那么他不可能按照普罗克洛阐释柏拉图的宇宙论那样阐释他的宇宙论：因为"在时间中的运动"恰好暗含了建构这个世界的诸多原理。这一点也被"钟表之喻"把握到了，该比喻日后将具有重要的（有时不尽相同的）运用。在此，它已证实了对自然的机械论阐释的范围，尽管这种证实或许只是由于该比喻的含糊性所致。甚至就连那些在这种极端主张面前瞠目结舌的17世纪"机械论哲学家"也保留了其中的某些主张。中世纪经院哲学家相信我们知晓某些关于"世界的构造"的静态结构以及诸多事实；只有上帝才真正具有"根据……"*的终极知识，也只有上帝才能按照宇宙被创造的方式来认识这个宇宙。17世纪的机械论哲学家都近乎相信，就算我们根本不能指望知晓宇宙的所有事实，但只要我们具有足够的宇宙动力学原则，就可以像上帝那样重构宇宙的结构。

　　17世纪的科学家和能工巧匠们在这种机械钟表上投入了许多精力，而这种机械钟表（在不止一个理由上）最适合与自然的、心灵的及社会的过程做类比。一块钟表是一旦上好发条后就能自

---

* "根据……的证明"［*demonstratio proper quid*］与"因为……的证明"［*demonstratio quia*］的区分，参见 Aristotle, *Posterior Analytics*, I.13；Aquinas, *Expositio libri Posteriorum Analyticorum*, libre 1, lectio 23-25, 以及各处。概言之，前者指由事物本身的性质推导出的证明，也即由原因推及结果的论证，一般被视为先天证明；后一种证明则由结果或事实来反推出原因，一般被视为后天证明。——译者

己运转的机械，它的运转并不是运作、推、拉、提另一个物体，它的运转是由它有规律的运动完成的。宇宙也同样如此——按照定义，宇宙就是最精确的报时装置。"机体"同样是钟表：一个

324

健康的身体具有规则的心跳，血液循环在当时也变得易于按照机械论来解释。人们可以证明"思维之链"或"观念的集合"是一个不可避免的过程：或许像是运动一样，或许它们自身就是运动。"两个同步的钟表"的比喻涵盖了精神与肉体上的两种意涵。格兰克斯将这种比喻引入了 17 世纪的身—心关系之争中，[67]这一比喻成了这场争论中最受欢迎的象征与最寻常的论调。

此外，这种机械钟表成了"欧洲文化优于其他文化"这个观点最切近的例子，同时也成了"通过建构而获得知识"的绝佳范例。其所建构的知识与其所重构的知识是一样的。缺乏这种知识的中国人就无力修复这种他们非常喜爱并在 17 世纪不断进口的欧洲钟表。[68]这一点或许便将《皇家港派逻辑学》[*Logique du Porte Royale*]*的作者们引向了另一个著名的比喻：如果送一块表给中国的亚里士多德主义者，那他只能将这块表规则的嘀嗒声，归因于这块表的"发声性"。[69]但我们知道钟表是如何制造的，所以就能通过对钟表的机械与自然机制的理解，来处理这些"含糊的性质"。

---

[67] Guelincx, *Annotations ad Ethicam* tr. 1 S.2 §2, p. 33 n. 19, 收入 *Opera Philosophica*, Land 编 3：211-12；Specht, *Commercium*, pp. 173-74 n. 97。

[68] Landes, *Revolution in Time*, pp. 39-44.

* 《皇家港派逻辑学》[*Logique du Porte Royale*]，又名《逻辑或思维的技艺》[*La logique ou l'art de penser*]，1662 年由冉森派代表人安东尼·阿尔诺[Antione Arnauld]和皮埃尔·尼古拉[Pierre Nicole]匿名发表，是后世重要的逻辑教科书之一。帕斯卡可能参与了写作。他们平时在皇家港一带活动，由此得名。——译者

[69] Arnauld, *La Logique ou l'art de penser* 1.9, Dickoff 与 James 编，p. 69。

八、机械化与宇宙论

正如前一节的结论，中世纪宇宙论从未出于"必然性"而引入对宇宙形成的理性解释，因为他们关于宇宙的知识不是通过建构而获得的知识。当然我已意识到，在对《创世记》开头几章（"六日创世记"）及其评注的长期哲学反思传统中，他们中的许多人已经严格区分了"创造"与"保存"、"创造工作"［*opus conditionis*］与"保存工作"［*opus restaurationis*］；[70]这个宇宙是从"无"之中创造出来的，整个宇宙的秩序是在创世的六天之内为万世奠定的。这看起来是《圣经》中再清楚不过的意思，而哲学家们或许可能会在其中嫁接上亚里士多德的宇宙论。在这两种原因的联合作用下，"宇宙的形成问题"即便不是赘余，也很次要了：（1）亚里士多德的宇宙论设想了一个永恒的宇宙，它的整体及其最本质的部分都是永恒的。中世纪经院哲学家虽然对亚里士多德的永恒宇宙有所纠正，但他们中的大多数人还是保留了相当大部分的亚里士多德宇宙论，因而他们的概念框架并没有鼓励持进化观念的宇宙论设想。（2）《圣经》自身将创世工作仅仅集中在开头的六天之内，并且甚至在这六天中《圣经》也反复强调创世的顺序并未遵循任何内在的必然性：因为上帝可以"一劳永逸地"创造万事万物。上帝之所以没有这么做，或许是出于教育的考虑，或许是基于其他的缘由。[71]

[70] Hugh of St. Victor, *De sacramentis*, prol. 2.3, Migne, *PL* 176：183-84；*De scripturis* 2, Migne, *PL* 175：11.

[71] 这种思想在斐洛那里已经存在，参看 Philo, *De opificio mundi* 3.13-14, Cohen 与 Wendland 编。"这个世界是瞬间被创造出来的"这个观点，也曾是古代犹太教释经学中拉比尼希米［R. Nehemya］的观点（*Genesis Rabba* 12.3, Theodor 与 Albeck 编）。只有那些"生衍之物"才在六天中相继出现。

　　让我们更进一步来讨论，假设笛卡尔对世界形成的理性阐释是"通过建构获得知识"这个观念的原型，那么它是否也预示了即将到来的物理学呢？比如牛顿拒斥笛卡尔的旋涡说，难道不是因为他不希望"杜撰假说"吗？至少在英语世界，"通过建构获得知识"似乎被限制在了经验论传统中（而且在炼金术或魔法实践中预备好了）；人们并未将宇宙进化论视为天体物理学的一个必要部分。不过我认为牛顿物理学将不可避免地导致康德—拉普拉斯星云假说，因为它是运用牛顿的语汇来复兴笛卡尔的旋涡论。这种对太阳系（且不说整个广袤的宇宙）现状的机械论阐释自身就预设了宇宙可能的历史。即使人们像牛顿那样假设"所有星球与星体都同时被创造且同时被赋予运动，以使太阳系处于永恒的平衡之中"，那么结论将正如牛顿所推导的那样，上帝必须时时刻刻取消历史的结果，以恢复重力与惯性之间的平衡，否则这两种力的平衡将渐渐倾向于重力，并最终导致所有物质都向其自身坍塌。[72]

326　　换言之，17世纪（如同在中世纪那样）在机械论地建构宇宙时提出的问题并不能合理地阐释"宇宙具有一个时间上的开端"：的确，我们在17世纪经院哲学的视野之外所看到的只是对该问题少得可怜并且了无趣味的讨论。18世纪唯物论者将着手修正它（并为世界的永恒性做辩护）；康德后来将这一争论放入了他的"二律背反"中。不过如果"从无之中创造"不再是个问题，那么这个问题便将以一种全新的伪装重新登场——也即是，如何解释"宇宙的守恒（至少在原则上）能够承受内部的变化"的原因。

　　笛卡尔得出了他对"宇宙的历史"的理性阐释，以便允许

---

〔72〕上文第二章第七节：二。

运动在某些状态下具有稳定的平衡。马勒伯朗士接受了笛卡尔的阐释，但这种接受只是像普罗克洛曾接受柏拉图那样，仅仅将其作为各种可能的原因之一，而不是作为对现实的描述。只有上帝才知道他是如何创造宇宙的。牛顿接受了宇宙可能的历史性，却让他的全能者去干预并取消历史的结果。他的宇宙和他的物理学都并没有"力的守恒"。[73]他对旋涡理论的猛烈抨击具有充分的物理学依据，而这种物理学依据在《自然哲学之数学原理》［*Principia*］中得到了体现。它同样植根于让上帝随意干预这个世界的发展过程的愿望，因而或许也植根于限制"通过建构而获得知识"的希望。莱布尼茨则以他的方式持模棱两可的观点。他既猛烈拒斥这种将"宇宙作为一块需要不断上发条的普通钟表"的意象；也拒斥在物理学中的永恒运动，并且他也没有否认宇宙具有一种内在的历史。相反，甚至"可能世界"在其概念中也具备其历史，正如组成它的各个单子那样。但正如组成它的单子，这样一种"可能世界"是否同样也永恒地受它自身的"主动原则"［principle of activity］（也即力的守恒原则）主宰呢？我们徒劳地寻求答案。[74]

----

〔73〕同上。

〔74〕单子就其自然而言是永恒的，也即不具备任何生成（诞生）与毁灭（朽灭）的过程。上帝能够只身从无之中创造或毁灭它们。按照定义，"可能世界"必然具有相同的属性。如果拿掉其中一个单子，可能世界并不发生变化：它本身会变成另一个世界。如果时间只是单子之间或单子的谓词之间的指涉结构，那么"在时间中的创世"与"毁灭"一样，都是毫无意义的（上文第二章第八节：四）。因此莱布尼茨坚持他主张的那种"持续地创造"的观点。他将"上帝一刻不停地持续闪现"（Monadology §46, GP, 6：614）说成是存在者的源泉，有时也说成是持续创世模式之"流溢"的源泉（*Ecclaircissement des difficultés* 等，GP, 4：553）。中世纪亚里士多德主义者们同样认为，即便上帝创造了世界，世界的本质也是永恒的；有些人甚至将这种观点归于亚里士多德本人。

327　　总之，将"通过建构获得知识"运用于整个世界是大势所趋，但也相当危险。之所以危险，是因为它使人类变得"便如神，能知善恶"。17世纪的许多哲学家规避了这个不可避免的结论；但只有那些偶因论者才有勇气在范畴上拒绝认为这种知识能够揭示"现实"。

第三节　自然的建构与社会的建构

一、与霍布斯的社会理论对话

解释自然的各种数学化与机械化的理念在"机械论哲学家"的思想中汇聚成了一个理念："通过建构而获得知识"。将一种科学的方法与过程应用到另一种科学的做法原来被视为一种"恶"，现在却变成了一种"德性"。力学成了新的心理学、新的医学与新的社会科学的范式。[1]霍布斯夸耀自己是这种新的社会科学范式的创始人。在17世纪，没有任何一个其他思想家能像霍布斯那样持久一贯地为所有人类行为（语言、科学、政治秩序等）的建构性特征做辩护。没有人比霍布斯更激烈地强调，所有知识都是通过"做"而获得的知识。

霍布斯政治理论的核心就在于这种新颖的洞见：趋向社会的本能和对社会或其他方面的完满性的追求，都不属于人类自然的基本天赋。人类所谓的社会组织不同于野兽的集合，它不是自然的产物，而完全是一种人为之物。我认为，近代政治理论的显著

---

[1]　Schofield, *Mechanism and Materialism: British Natural Philosophy in the Age of Reason*，特别是 pp. 40-87（医疗力学）。

标志便是与霍布斯的持续对话。17世纪以来最重要的政治思想家们虽然被霍布斯的宣称激怒，但也并未完全拒斥他的理论。在将霍布斯的理论转化为一种不同的（有时甚至是截然相反的）理论之前，他们就已汲取了霍布斯观点中的全部力量。维柯就是最显著的例子。他之所以拒绝认为机械论具有范式性的作用，恰恰是因为他认可了这种原则："真理与被造者是可互换的"［verum et factum convertuntur］。[2] 由于我们并没有创造自然，因此我们也不能指望恰如其分地理解自然；但我们却可以研究人性的科学，因为社会是一种人造物，"人类自己建立了国家"。在这一点上，维柯完全同意霍布斯。我们的第二本质，即历史本质，完全出于我们自身的创造。关于霍布斯社会理论的根本重要性，在此我们只须举出另一个例子就足以代表其他了：当马克思否认以物易物是自然的"交易倾向"的永恒表现，并将人类提升到野兽之上时，[3] 他只是在经济领域完成了霍布斯在政治领域做的事情。经济秩序彻底成了一种人类的（尽管是必然的）人造物。

二、原子论、伽桑狄与霍布斯

霍布斯坚持法律彻底的实证性与论题性，这并非一种全新的立场，维柯及其他人都承认，这种政治现实主义的现代代表处身于一个悠久的传统之中。[4] "自然"［φύσις］与"习俗"［νόμος］

［2］　上文第四章第一节：一。
［3］　Smith, *The Wealth of Nations* 1.2, Cannan 编, p.13（交易的倾向）。
［4］　*De uno principio*, 收入 *Opere* 2：32："因此卡尔尼得斯追问，正义是否存在于人事之中，他同时讨论了这两个部分。而在伊壁鸠鲁之后，尼科洛·马基雅维利的《君主论》、托马斯·霍布斯的《论公民》、本尼迪克·斯宾诺莎的《神学政治论》，以及最近皮埃尔·贝尔的法文大作《历史与批评辞典》那里，你都可以听到，这一问题普遍困扰着他们：法的评价是通过其效用，服从于

的对立是由智者运动引入，并为原子论者采纳的。[5]然而特别奇怪的是，霍布斯的现代阐释者几乎很少注意到，17世纪古代粒子—机械宇宙论［corpuscular-mechanistic cosmology］的复兴与激进阐释社会制度的复兴之间显著的联系，同样是原子论的特征。[6]只需粗略比较伊壁鸠鲁与霍布斯就已不可避免地揭示出了他们之间某些主要立场的相似性，这些相似性本应在其被视为无用而遭到抛弃（事实恰恰如此）之前就提出来。伊壁鸠鲁的"命定、必然"［ἀνάγκη］与霍布斯的"决定论"，在他们各自的体系中都具有同等的地位与价值：用于摒弃神学思考。不过在解释"机缘"或"自由意志"时，霍布斯却可以不用"原子轻微而原初地倾向转弯、偏离［παρέγκλισις］"这条假设作为补充，[7]正如他可以摒弃严格的粒子说本身那样。伊壁鸠鲁与霍布斯都赋予给每个分离的实体（包括灵魂［伊壁鸠鲁］与上帝［霍布斯］在内的）一个实在且可数的质料基质。两人的认识论都对印象、"形象"

_____

（接上页）时间和地点；弱势的人们要求法的平等；然则正如塔西佗所言，'在处于命运之巅峰者那里，强权就是平等'［语出 Tacitus, _Annals_, 15.1——译者］。由此他们汇总和总结道，人类社会通过恐惧而得以维持，法是议会的权力，无知大众便被如此统治着。"也参看 SN §1109，维柯看到，引导人类制度的"神意"得到了成功的辩护，而坚信"机缘"的伊壁鸠鲁、霍布斯与马基雅维利，以及坚信"命运"的芝诺与斯宾诺莎则被驳倒了。以下区分相当重要：霍布斯原本可能是个决定论者，但在维柯看来，他却是相信"机缘"的哲学家，因为他坚持认为人类制度的特征就是"任意的"。参看 Hugo Grotius, _De iure belli ac pacis_ 1, prolegomena 2, p. 2；16, p. 10。

〔5〕　Guthrie, _History of Greek Philosophy_ 3：55-147.

〔6〕　然而参看施特劳斯，他认为主要的区别在于：（1）单纯伦理的旨趣与高度政治的旨趣这两者的差异，以及（2）霍布斯追随一种新的自然权利观念。第一个区别只是意图上的，而后一个区别则不足以令人信服（Strauss, _Natural Right and History_, pp. 188ff. ）。

〔7〕　Bailey, _The Greek Atomists and Epicurus_；Sambursky, _Das physikalische Weltbild_, pp. 328-35，特别是 p. 334；Zeller, _Dei Philosophie der Griechen_, 3.2：390-429（特别是 pp. 408, 421 以及 n. 5）。

［*simulacra*］以及它们之间的机械组合做了感性论的解释。他们对人的"情感经济"所做的阐释相似，这导致他们两人的体系都同时取消了人的社会本质。[8]他们对自然状态的严酷描述是与他们拒绝将原始社会理想化为黄金时代［*aurea aetas*］的观点相呼应的；此外他们也回应了卢克莱修最著名且详尽的对"野兽般的无政府状态下的原始人"以及"因可怕的形象与恐惧而出现的宗教"的描述。[9]法律的严格契约性的起源同样也属于伊壁鸠鲁学说的一部分；他的学说还强调政治秩序的功能只在于预防犯罪，其至还强调要无条件地服从当权者。[10]

　　霍布斯直接接触到了第欧根尼·拉尔修与卢克莱修的著作，而我们只能猜测他对希腊文献的知识深度（霍布斯肯定具有关于这些希腊文献的知识，因为克拉伦登［Clarendon］曾嘲讽霍布斯是"一个具有某些阅读量的人，……他的思考只比阅读量稍多了一点而已"）。即便从这句话中，我们也能看到一些蛛丝马迹。[11] 至此，如果他具有希腊文献知识，那么这些知识便塑造了他的思想。不过更重要的是，我们应该注意到，伊壁鸠鲁学说在政治学中的复兴，早就被伽桑狄构想出来了；当霍布斯在努力构建他的

330

---

〔8〕　Zeller，同上，3.2：455，471 n. 1；参看下文脚注〔12〕（伽桑狄）。关于"动机理论"［theory of motivation］，也参看 Schwarz, *Charakterköpfe aus der Antike*, Stroux 编，pp. 149ff.（伦理学）；Kafka 与 Eibl 著，*Der Ausklang der antiken Philosophie und das Erwachen einer neuen Zeit*, pp. 58-67（该假设是伊壁鸠鲁与斯多亚派学说所共有的；因此人们很容易错把霍布斯情感理论的渊源归于斯多亚派）。

〔9〕　上文第二章第三节脚注〔7〕。

〔10〕　Diogenes Laertius, 10.150, 见 H. Usener, *Epicurea*（Leipzig 1887），p. 78.8。关于古代"习俗主义"的历史，参看 Strauss, *Natural Right and History*, pp. 81-119。

〔11〕　Edward, Earl of Clarendon, *A Brief Survey of the Dangerous and Pernicious Errors to Church and State in Mr. Hobbes' book entitled Leviathan*, p. 2.

政治理念时，伽桑狄早已开始从事这项工作了。[12] 霍布斯第三次到法国时便听说了伽桑狄，我们至少可以假设他们的思想是相互激发的。再者，即使不考虑两者的原子论基础，我们只要做一个粗略的考察，就可以揭示出霍布斯与伽桑狄的体系之间的一系列共同特征。两者对新的机械论具有共同的兴趣，并对其深信不疑。伽桑狄的惯性定律公式早于（至少在出版上早于）笛卡尔的惯性定律，并且更接近为霍布斯所接受的表达形式。[13] 在伽桑狄的伦理学理论和政治学理论中，有两点尤其值得我们站在霍布斯的角度上强调一下。伽桑狄捍卫伊壁鸠鲁废除所有人类之间的自然纽带的主张，他也强调"将人倾向于他的同伴或家人看作不是盲目的本能（某种盲目的自然冲动）的结果，而是教育和自我提升的结果"这个观点的好处。[14] 伽桑狄似乎暗示"社会态度"并非天

---

〔12〕 伽桑狄致力于要使伊壁鸠鲁的观点成为可被人们接受的，他的这个写作计划要追溯到 1631 年：参看 Rochot, *Les Travaux de Gassendi sur Épicure et sur l'Atomisme*, pp. 31ff.。1647 年，他的《伊壁鸠鲁生平》[*De vita et moribus Epicuri*] 问世；在 1649 年，他对第欧根尼·拉尔修第十卷的评注问世。他的基本立场与计划在当时广为人知。通过麦尔赛纳 [Mersenne] 牵线，霍布斯与伽桑狄的第一次会面是在 1634 至 1637 年间，也即霍布斯旅居法国期间。《第一原理简论》[first tract] 很可能写于这段时间之前，但对感觉问题的兴趣，以及他第一次阅读伽利略的《对话》[*Dialogo*]，正发生在这一关键时期。或许部分原因是因为他结识了一些近代的伊壁鸠鲁主义者。关于《第一原理简论》的写作时期，参看 Watkins, *Hobbes' System of Ideas*, pp. 40-46。关于伽桑狄（和伊壁鸠鲁）在法国的影响，参看 Spink, *French Free-Thought from Gassendi to Voltaire*, pp. 85-168。也可参看上文脚注〔11〕。

〔13〕 参看 Brandt, *Thomas Hobbes' Mechanical Conception of Nature*, pp. 282-85, 327；Dijksterhuis, *The Mechanization of the World Picture*, pp. 429-30；以及 Lasswitz, *Geschichte der Atomistik vom Mittelalter bis Newton*, pp. 150-54, 172-73。

〔14〕 Pierre Gassendi, *Syntagmatis philosophia* t. 2 par. 3, p. 754. 不过伽桑狄本人的社会哲学要比博克瑙（Borkenau, *Der Übergang vom feudalen zum bürgerlichen Weltbild*, pp. 430-34）对它的阐释更清楚。参看 Sarasohn, "The Influence of Epicurean Philosophy on Seventeenth-Century Political Thought: The Moral Philosophy of Pierre Gassendi"。

赋固有的，而是人类作用于自身的努力的产物。这便是后来霍布斯（以及维柯）的观点的本质。在伽桑狄的著作《论正义、法与法规》[*De iusticia, iure et legibus*] 的一个很长的段落中，他可能已经显示出了他与霍布斯思想碰撞所迸射出的火花。对人的自然状态的悲观描述以这样的结论作为结语：野蛮的自然状态 [*status naturalis*] 并不必然是历史现实，而是一种必要的虚构，[15] 其目的在于理解"社会在没有法律约定时将是什么样子"，而不是去描述"社会曾经是什么样子"。[16] 换言之，自然状态正如（力学的）惯性定律一样，是一种"极限状态"，它不是对任何现存运动的描述，而是想象外力作用逐渐消失的情况下运动的"极限状态"。

　　不同于伽桑狄，霍布斯所做的不只是修正或复兴一种虽然未遭遗忘，却也早已分崩离析的传统。霍布斯政治思想的核心概念和意图与伊壁鸠鲁的伦理学之间并没有太多"亲和力"，霍布斯关注的首先是政治权力与集体安全，也即关切国家而非个人的幸福或自足。而且除了在兴趣上的差异之外：第一，霍布斯的"自然"与"习俗"的对立，比起他的所有前人的学说都更为激进，并且更具方法论的作用；第二，正是这种阐述详尽的对立，使得霍布斯想要调和两者；最后，霍布斯在方法论和概念上都借鉴了新的

───────

[15] Gassendi, *Syn. phil.*, p. 795："因此伊壁鸠鲁或其他前人所研究的初民，要么是基于假设，要么是基于虚构的状态，因为人们无法亲眼看到这个源初且古老的人类社会；并且同样也不能看到这野兽般的族类相互之间是怎么联合起来的；因为显然，若非基于习俗以及相互之间建立的同意，否则理智和理性禀赋要达到什么程度，他们才可能认识到他们之间的某种联合是安全的呢？"甚至在他从怀疑主义转向伊壁鸠鲁主义之后，伽桑狄仍然（与霍布斯一样）坚持认为科学的结构是假设出来的，尽管他不是原子论者。参看 Gregori, *Scetticismo e Empirismo: Studio su Gassendi*, 特别是 pp. 179ff.。也参看 Popkin, *Scepticism*, pp. 100-12, 145-54.

[16] 当代的霍布斯阐释，参看 Macpherson, *The Political Theory of Possessive Individualism: Hobbes to Locke*, pp. 17-29，他最强调"自然状态"的这个方面。

机械论科学，这足以使他的"自然"与"社会"概念，具有了某种全新的诉求与更强的精确性。

三、调和"自然"与"习俗"

古典或中世纪的作者中没有一位曾像霍布斯那样在"自然的领域"（"运动中的物体""感觉"）与"习俗的、人为的建构的领域"之间做出过如此尖锐的区分。与此同时，霍布斯又试图在他的科学理论与政治思想中调和这两者。霍布斯以高涨的热情试图着手证明，即便所有诸如语言、宗教、法律这样的人类制度在自然之中都有其源泉，它们还是应该被理解为彻底人为的建构。它们属于自然，因为"预见"可以被还原为"感觉"，而"感觉"可以还原为"运动中的物体"。但我将论证的是：它们的有效性并非来源于自然，而是源于人类的"强迫"。只有有意的意志行为（而非任何原因论的理由）才可能赋予人类制度（它起源于语言本身）维持其绝对有效性与持存所必需的东西：绝对的"单义性"。[17]

要说明霍布斯曾经试图调和"自然"与"强迫"，第一个例子

---

〔17〕 霍布斯宣告出了这种主张，这导致人们在阐释他的伦理学说和政治学说时需要通过各种充分的讨论来修正他的学说。Taylor, "The Ethical Doctrine of Hobbes", pp. 406-24, 该文章将霍布斯的"义务论"，以及相应地将霍布斯对"恶本身"［*mala per se*］的坚持，解释为近乎康德的"定言律令"的先声。而沃伦德则将霍布斯的自然法视为"神律"（Warrender, *The Political Philosophy of Hobbes: His Theory of Obligation*）。关于该讨论，参看 S. M. Brown, "The Taylor Thesis", 收入 *Hobbes Studies*, K. C. Brown 编, pp. 31-34, 57-71; 以及 Watkins, *Hobbes' System of Ideas*, pp. 85-89。另外我的建议是，"义务"的绝对特性与相对特性，都只是"义务"观念的不同方面，也即"义务"的天然起源既需要把它们的施行作为绝对有效的，也需要在实践中把它的有效性相对化。因此霍布斯调和了目的论模式和机械论模式。这种观点近似于波林的看法（Polin, *Politique et philosophie chez Thomas Hobbes*, pp. 7ff., 12-23, 51ff., 176 ff.）。

332

就是他的"奋力说"［theory of conatus］*。"conatus"是"运动的开始"，它是在转化成距离之前的那个瞬间的运动的量度。[18] 它不是运动或作用，而是作用或反作用的趋势，是一种"力"。在受到撞击的简单物体那里，"conatus"转化成了伴随着方向变化的运动的守恒，正如笛卡尔的运动定律所设定的那样；而在弹性的复杂物体中，"conatus"则部分地转化成了内部运动的一种复杂模式，其最终结果就是：获得了"力"。在这种或多或少有些含糊然而却卓有成效的观念中，霍布斯认为他已经解决了笛卡尔所无法解释的"弹性体的运动"与"其他反作用延迟的运动形式"。莱布尼茨承认他受益于霍布斯。运动中的粒子撞击或穿过我们的感觉器官，同样也引发了"内部运动"。这些内部运动转化成了"幻象"（内部运动的一种复杂的位置模式）和"思维"。"幻象"和"思维"产生了另一种内部运动或惯性运动的模式（也即"力"），我们将其看作"意志"。因此意志既依赖于外部世界，同时也相对独立于外部世界。它从处于运动中的物体中获得了形式上的动因，尔后通过复杂的内部运动模式（它越复杂便越难以预计）的中介，变回原来的样子。运动与"conatus"的主导作用便是要维持物体

333

---

* conatus 是斯宾诺莎和霍布斯哲学中的核心概念，在拉丁语中既有"努力"的意思，又有"倾向"的意思，颇难实译。在霍布斯与斯宾诺莎那里，conatus 大体指：向着自我保存的努力，如《伦理学》中译者贺麟先生就将 conatus 译为"努力"。贺麟先生的翻译很准确，不过仍需注意的是，conatus 更有"冲动""奋力"等色彩更强的意思。因此在不影响理解的前提下，本译文希望直接保留 conatus 原词。——译者

〔18〕 Thomas Hobbes, *De corpore* 3. 15-16, 收入 *Opera Philosophica quae Latine scripsit omnia*, Molesworth 编, vol. 1。关于霍布斯的这个观念在写作《论物体》［*De corpore*］之前的形成，参看 Brandt, *Thomas Hobbes' Mechanical Conception of Nature*, pp. 294-303。也参看 Watkins, *Hobbes' System of Ideas*, pp. 120-37（因果律与意志）。赫尼希斯瓦尔德（Hönigswald, *Hobbes und die Staatsphilosophie*, pp. 81-83）已经看到了霍布斯和莱布尼茨之间的关联。

所处其中的状态——保存其自身运动的努力——它不但适用于运动，也适用于复杂物体的运动平衡。[19]简而言之，"意志"与"机械因果律"都不是偶然的。

霍布斯坚信，我们的"幻象"的基本特征就是"处于运动中的物体"，这种观点阻碍了他将"幻象"视为我们想象中的关于现实的"图景"。它们之所以表象现实，是因为在被感知者[sensatum]中的因果规律引起了在感觉中的规律。霍布斯从未假设在幻象与事物之间有着一对一的关联，他也从没怀疑过我们的感觉与对这些感觉的记忆的全部有效性。人与野兽都具备这些感觉，如果这些印象之间有规律地前后相继，那么高级动物也能将一种印象与另一种印象联系起来。于是，一个印象便转化成了另一个印象的"自然符号"。印象的联合是所有知性活动的起点。然而，即使拥有最高知性的动物，也无法将自然符号或"内部"符号转化成任意的、约定俗成的，并且因此是可交流的符号。雨或许总是相继于云而出现的，当一个动物看到云的时候，它可能会去找个有遮挡的地方躲雨。但云并不必然预示着大雨将至。将云作为雨的符号，这种行为只是任意的；只有当"云"只是指代雨，而并不指代云本身的时候，这种行为才不再模棱两可。[20]但

334

――――――

〔19〕然而他并没有区分"圆的惯性"与"线的惯性"；参看 Brandt, *Hobbes*, pp. 303ff.。伽利略同样也没有这么做。

〔20〕我们从《论物体》(*De corpore* 1.2.2) 中得知，"自然符号"是指那些可以用于标志其他有规律地相继于它而出现的东西。霍布斯提醒我们，不要从"符号"中推论出任何这样的规则（同上，1.5.1）：云或许是雨的符号，但其实云并不一定就预示着雨。尽管那些客观的因果联系能够保证我们的专名系统粗略地接近于事物的秩序，但只有任意的行为，才可能将这些（模棱两可的）符号变成单义的"专名"（同上，1.2.4）。正是这种结构，贯穿于霍布斯的整个认识论与科学理论。我们并不感知事物本身，而只是感知它们的"幻象"；但霍布斯又坚信，严格的物质因果链确保了我们关于外部世界的知识。"真理"有时被视为句子的属性（这只是基于专名的运用的一致性）；而在其他

任意的符号才是更好的，因为其本质既不与云相联系，也不与雨相联系。任意符号的非异义性是人们能够计算它们、能够预计未来的基础。"预见"奠基于人类建构出一个人工符号系统的能力。一种"非异义性的语言"的存在，是对社会、国家和科学的最佳保障。

　　霍布斯的语言理论吸收了中世纪唯名论传统中的各种假设理论，我认为它最有趣的特征就是它的"反实体性"，它直接反对当时流行的各种元语言理论——无论这些元语言理论是唯理论的还是经验论的。"SεP"仅仅意味着 S 是 P 的专名，不管 S 代表在幻象中的一个要素，还是代表另一个专名。"S 是"或"S 存在"，只有当其被理解为一种省略、一种对"S 是某物"或"S 是个物体"的简写时，才是一个有意义的命题（"物体"是感觉中所有持存要素的"最普遍的范畴"或"专名的专名"）。[21] 然则科学最大的危险就是"实体化"，也即将"专名的专名"赋予"专名的属性"，或者相反，将"专名的属性"赋予"专名的专名"。我们的世界（无论常人的世界还是科学家的世界）是一种建构。这既是我们

（接上页）情况下，它取决于基本的直观。他的科学理论有时强调科学开端的专断—随意性（以定义为开端），有时则强调科学开端的假设—试验性。参看 Pacchi, *Convenzione e ipotesi nella formazione della filosofia naturale di Thomas Hobbes*，特别是 pp. 194-215。我们并不将他的这些主张看成是他的思想在其发展的某个特定阶段上的表达，也不否认他的强调重点发生了变化；我们将他的这些主张视为事态的如下各个方面：虽然在幻象与事物之间存在着一种普遍的契合，但这种契合却并不是一种一一对应的关系；这种契合是由宇宙中严格的物质因果关系保障的。知识体系的任务，有时是移除错误的或冗余的"专名"以及专名之间的组合，有时则是去预期（或推断出）新的组合。语言与科学虽然完全是随意的，但它们的起源在自然中。只有当语言是"单义的"时，语言才能够帮助我们"理解"自然。

〔21〕*De corpore* 1.3.2-4（命题是这两种"自然"之间的关系——在此"系词"是多余的）。

的局限所在，也是我们的机遇，因为真理只存在于命题中，并且"为真的"与"可被建构的"是一回事。事实上，"真理"就是从"可建构性"（也即可以"做"）的源初意义上来说的。在较早前，我已经证明了"毁灭原则"在中世纪晚期经院哲学中所起的关键作用。对于霍布斯而言，"通过毁灭整个世界"来想象"自我"，

335 成了从仅存的"幻象"［phantasmata］中重构出一个术语融贯的科学的世界观的先决条件。[22]

四、"绝对义务"的起源

　　一方面，语言在"自然符号"中拥有其起源；另一方面，事件之间有规律地相继，这种自然联系总是模棱两可的，实际上没有任何"符号"是自然的。由于它们都是我们语言的组成部分，因而不论其起源如何，它们总是任意的。任何存在，都"自然地"存在（而"自然"又是一种心灵的建构）；但人类制度的确定的意义不可能求诸自然法而获得，并且这也并不足以作为它们的有效性的条件。在自然状态下所有人都是脆弱的，并且所有人都同等脆弱，因而充满对死亡的畏惧。这一自然的必然性使得我们臣服于契约性的义务，并将我们的"各项权利"让渡给主权者；但这种"自然的必然性"并没有（而且也不可能）解释"这些义务为何彻底无须服从于权宜之计的考量"；换而言之，它无法解释这些

[22] *De corpore* 2.7, 1. 关于中世纪的"毁灭原则"，参看上文第三章第二节：三。"毁灭"在霍布斯的认识论与社会理论中的重要性在于，毁灭是重构的先决条件，哥德史密夫（Goldsmith, *Hobbes' Science of Politics*, pp. 16-17, 84-85）强调了这一点。笛卡尔：上文第三章第四节：三。至于波义耳，只有假设"宇宙的其他所有部分都被毁灭"，才使他得出了能将"第一性质"从"第二性质"之中区分出来的标准（Boyle, *Origins of Forms and Qualities According to the Corpuscular Philosophy*, 收入 *Works*, 3：22-23）。

义务为何必须具有绝对约束力。[23]对主权者的绝对效忠既不允许出现任何例外，也不允许任何反叛。如果一次反叛主权者的行动成功了，那么按照霍布斯将国家视为"谁拥有［国家］谁就统治"的观点，人们就应当同样地效忠于非正当的新任主权者。

霍布斯论证的核心，就是"自然"与"习俗"之间特殊的辩证关系，并将其作为理解"所有人为建构之物"的关键。这个论证的力量就在于：它不仅可用于分析国家，也适用于解释社会的所有（无论是现实的还是潜能的）表现形式。可以用来说明霍布斯试图调和"自然"（必然性）与"强迫"（意志）的最显著例子，就是他的"奋力说"。在霍布斯的同代人中只有少数几位才能把握（这在后来的阐释者中就更少了）霍布斯这种二元论中的融贯性以及他对此做的调和；而绝大部分人则要么试图强调霍布斯思想中的唯物论—自我中心论方面，要么强调其中的"唯名论"—唯意志论方面。霍布斯的"自然""自然法"和"语言"概念，使他拒斥在"词"与"物"之间，以及在物体运动上"人为的建构"与"完全决定论的链条"之间一对一的关系，尽管他坚持认为他们之间存在着根本的关联。国家也同样如此。我们相信，国家既不是一种简单的、机械的组合，也不是一个有机体；在其中没有不连贯的物体。它的"质料"与"制造者"是组成它的各种人。[24]无论简单物体还是复杂物体，都是按照它们的"力"或"自然阻

336

---

〔23〕　上文脚注〔17〕。

〔24〕　Thomas Hobbes, *Leviathan*, Oakeshott 编，p. 5。霍布斯开篇用了人的身体做类比，并不是为了指出国家是个自然物，而是要指出国家（正如建构国家的行为一样）是对契约的模仿，"所模仿的就是上帝在创世时所说的：'fiat'或'让我们造人'"（同上）。［"fiat"语出 Gen. 1：3 和 1：6，中译和合本作"要有"；"让我们造人"语出 Gen. 1：26, Latin Vulgate："faciamus hominem"。——译者］

力"与别的物体相区别，这些"力"使得它们持续存在并保持其完整性。但国家却没有这种自然的持续性：它的持续存在不可能借助任何物理学法则计算出来。国家建立的基础是"契约"；契约是一种"理智实体"［ens rationis］。国家是一种"持续的创造"［creatio continua］，并且总是面临着分崩离析的危险。它是人类受到自然必然性的驱使、借助从自然中获得的用具和工具，来反抗"自然"（以及人类自身）的条件。

人们可能会反诘，"社会实体究竟是按照自然［φύσει］的存在，还是按照强迫［θέσει］的存在？"这个古典问题，在古代并不只是在政治学中提出的问题，它同样是在人类活动的所有领域（包括语言领域）中提出的问题。然而"自然"与"强迫"之间的分裂，在霍布斯之前从未得到如此详尽的处理，它的辩证结构也从未受到过如此执着的强调。伊壁鸠鲁的文化哲学与霍布斯的文化哲学重要的不同之一就是：前者对语言的自然基础感兴趣；[25] 霍布斯虽然并没有否认语言是源于自然的，但对于语言的有效性感兴趣。在"'自然符号'是形象的自然结果与人为的功能（尽管这种功能自身也是因果必然性的产物）两者共同的产物"这种观点中，霍布斯找到了另一种可以用来分析所有其他人为建构之物（诸如"自然法""义务"等）的模型。霍布斯的"国家"则两者兼备：国家既是自然（被规定的）因果律的产物，同时也是一种任意的建构。

337

---

［25］"自然"之所以不同于社会，就在于它的"印象"的不同。参看 Steinthal, *Geschichte der Sprachwissenschaft bei den Griechen und Romern*, pp. 325-29；尽管这本书的大量语汇是黑格尔式的，但它仍很有用，因为作者详细描述了"自然"与"社会"的不同起源与背景。也参看 Cassirer, *The Philosophy of Symbolic Forms*, Mannheim 译, 1：148。

与传统的提问方式相反，霍布斯既对物理学的机械论（社会秩序就是借助这种机械论建构的）感兴趣，同时也对主宰这些建构之为建构的独一无二的法则感兴趣。[26]在主流政治思想传统中，那些不从"必然性""自然"或"自然法"中得出社会秩序的人，再没有对此做更进一步的研究；他们一旦假定了法律制度的任意性特征，就不再深究了。他们知道，人类律法并不仅仅是对自然的反映，但他们却并没有深究"应该用什么样的方法来使其有效"这个问题。古典"实证主义传统"终结之处，正是霍布斯考察的出发点。

尽管霍布斯为了最终调和自然与社会之间的矛盾，而从一开始便将两者对立起来；但是如果没有获得由伽利略力学（虽然并非伽利略首创的）所代表的新运动定律以及推出这些定律的新方法的支持，霍布斯是不可能成功捍卫他的这项区分的。自17世纪以来，新的运动定律具有两种范式性的功用。霍布斯的科学理论与他的社会理论直接相关，他的科学理论是对心灵结构的体系化，而他的社会理论则是一种自律的（虽然也是必然的）人类建构。霍布斯的"自然状态"概念正是一种类似于惯性定律的极限状态。这些理论和概念都是通过切断"现象"（物体或社会）与其实际"背景"之间的关联、"就其自身地"考察它们而得出的。[27]

同时，人们可以把运动定律看作"终极法则"，如果只有运动

––––––––––

[26]《论公民》"序言"（De cive, English Works, 2：xiv）："因为对事物的理解，莫过于知道其成分。对于钟表或相当复杂的装置，除非将它们拆开，分别研究其部件的材料、形状和运动，不然就无从知晓每个部件和齿轮的作用。同样，在研究国家的权利和公民的义务时，……也要分别考察它的成分。"［中译采用：《论公民》，第9页，应星、冯克利译，贵州人民出版社，2003年。——译者］

[27] 上文第三章第三节脚注〔10〕（克劳堡）。

的物体，那么社会现象便能被还原为这种终极法则；或者它们至
少可以被视为主宰社会的法则的物质隐喻与范式。贯穿整个 17 世
纪，物体与政体之间的关系概念在方法论的类比与物质性的类比
之间摇摆不定。在我们的阐释中，霍布斯倾向于前者，但前者并
没有排除对力学术语的隐喻性运用。无论我们是否正确解读了霍
338　布斯，霍布斯自己宣称的是，他之所以开创了"公民哲学"，是基
于他方法论的独创性，而不是因为他观点的标新立异。

五、国家作为一个身体：斯宾诺莎

霍布斯论证了自然现象与社会现象之分，但这个暂时的区分
却可以在他自己的前提下被颠倒过来。在绝大多数物理学原则和
人类学原则上，斯宾诺莎同意霍布斯，不过他却将强调的重点颠
倒了过来。斯宾诺莎对人的"情感平衡"有着更精细的阐释（这
使他得以取消在霍布斯体系中"恐惧"所占据的几乎压倒性的
统治地位）；同时他对国家做出了更为现实主义的阐释（将其视
为诸多社会形式中的一种），这使他能够再次将社会放置于自然
中，并将国家视为一个复杂的"身体"（或"力量"的平衡）；他
还把国家描述成"奋力保持其自身运动的努力"［*conatus suum
conservandi motum*］，而霍布斯似乎会否定这种看法。

恰切地说，虽然"广延"（或作为具有广延的"实体"）只
有一个，但斯宾诺莎却坚持认为"确定的物体"是存在的，他坚
持说我们能从简单物体、混合物体，以及混合物体的混合中分离
出物理学实体。[28]"物体"的定义就是"奋力保持其自身运动的
努力"，它部分取决于其个体的"动量"［*quantitas motus*］，也即

---

[28] 上文第二章第六节：一；Gueroult, *Spinoza*, 1：529-56。

运动的平衡。我们回想起笛卡尔用宇宙中的动量守恒的普遍公式（$m \cdot v$）来定义个别物体，并将其作为一种物理学上的"个体化原理"［principium individuationis］。只要物体保持其基本的"比例"及其特有的运动平衡，那么即使它的各个部分被其他部分取代，它还是"一个"（个体）物体。[29]有机体只是够同化其他物体并更新替代（但并不必然是复制）缺失要素的"机械复合体"。斯宾诺莎并未完全放弃笛卡尔对个体的相对化或对运动的相对化的努力，他赋予这种相对化以一种积极的意涵，正如他赋予相互关联的观念以积极意涵一样。在运动中的每一部分广延都可以视为一个或多个物体，这取决于我们的视角。在我们血液中的一只蠕虫将看到，血液并不是一个物体，而是一个具有许多（微观）实体的宇宙；同理，我们也无法按照"整个宇宙的面貌"［facies totius universi］本身的样子（即一个巨大的有机体）来认识它。"个体"的统一性就在于它的组织形式与其中的意识。[30]

这些思考具有重大的心理学、人类学、政治学以及伦理学意义。这些意义中，有些是斯宾诺莎与霍布斯都同意的，但在大多数情况下斯宾诺莎的思想更为融贯。与霍布斯相反，斯宾诺莎在字面上会将社会视为一类有机体，即一个"物体"。[31]

第一，斯宾诺莎认同霍布斯的是，人的情感与行为只是他

---

〔29〕Spinoza, *Ethics* 2 prop. 13 lemma 4；以及上文第二章第六节：一，脚注〔12〕。

〔30〕上文第二章第六节脚注〔13〕。

〔31〕但斯宾诺莎并没有明确宣称社会就是"身体"。最接近于这个结论的表述，参看 *Tractatus Theologico-Politicus* 3, Van Vloten-Land, 2：124："形成一有固定法律的社会，占据一块领土，集中所有的力量于一体，那就是说社会体，若和理智与经验比起来，理智与经验并不能示人以达到这个目的的更准确的方法。"［中译采用：《神学政治论》，第53页，温锡增译，商务印书馆，1996年。——译者］不过我们的分析已经证明，每个不具备整个宇宙的个体，都只是在相对意义上的"物体"。

"自我保存的努力"的功能，但他却为情感经济及其政治关联描画了一幅不同的图景。斯宾诺莎强调，各种情感之间的内在冲突是因为这些情感源于"不充分的自我意识"。霍布斯将人视为一个灵魂、一个人格、一个身体；而通过对"物体"及其"形象"的定义，斯宾诺莎则得以在"人"之中看到许多个身体、许多个有时甚至相互冲突的观念与灵魂。[32] 对霍布斯而言，"畏死"是唯一一种足以使人们建立社会契约，并且将人捆绑在国家中的情感；斯宾诺莎则允许对（诸如野心、获取、恐惧、关心他人等）自我利益的一系列有时甚至自相矛盾的表达，参与到"国家"[res publica] 的创造与保存中。[33] 社会不能仅仅依靠恐惧来维持，尤其不能依靠对"没有法律的情况下将发生什么"这种抽象的恐惧来维持。社会是一种或多或少得到了启蒙的各种自我利益的平衡，并且只有这些自我利益汇集到一起时，国家才能持久。审慎的主权者是一个并不试图消除这种私人利益与意见的人（这一点甚至无法通过"恐吓"行为来实现），而是去利用这些私人利益服务于他自己的目的（而且他的臣民还不会意识到这个目的）。在斯宾诺莎学说的这个部分，他通过追溯曼德维尔的"私人的恶德，公共的善好"或维柯的"神意"，也许找到了迈蒙尼德的"上帝的狡

340

---

[32] *Epistula* 24，Van Vloten-Land，*Opera* 3：107："由此可见，正如人的身体是由千万个物体组成的，人的心灵也相应地由千万种思维组成；并且正如人的身体会按照它的组成而分解成千万个物体那样，我们的心灵离开身体时，也就会以同样的方式，按照它的组成而分解成千万种思维。"

[33] 关于斯宾诺莎的情感理论以及情感理论对他政治理论的影响，参看 Wernham，*Spinoza: The Political Works*，pp. 6-11。这部精彩著作唯一的美中不足就是：分析中没有提及斯宾诺莎的物体理论。也看看 Wartofsky，"Action and Passion：Spinoza's Construction of a Scientific Psychology"，收入 *Spinoza: A Collection of Critical Essays*，Grene 编，pp. 329-53。

计"的用武之地。[34]对于君主论者、贵族论者或共和论者，以下论断都为真：一个制度的性质（或力量）并不主要取决于政府的形式，而更主要地取决于它是如何协调所获得的私人利益、权力授予，以及在这两者操控下具体事务的运作机制。

第二，霍布斯与斯宾诺莎一样都假设了社会是一种"敌对状态"。但霍布斯的主权者却豁免于这种敌对状态：对霍布斯而言，要么国家权力是由自然权利授予的，要么它就根本不是国家。斯宾诺莎却似乎认为，这种通过社会契约的授权并不具有绝对意义。国家具有与身处其中的公民同样的权利，同时它也具有强迫这些公民的力量。主权者只是身处敌对的、永恒的统治欲［*libido dominandi*］中。[35]当然，主权者可以通过单纯的"恐吓"，强迫人们践行他的意志；斯宾诺莎将这种永恒的奴役视为土耳其帝国得以持续的基础。[36]但当这样一个国家坍塌的时候，它将彻底垮台，不可能出现变化，也不可能存在适应。如果不在"恐吓"的统治下，那么这种制度为了维持下去，就必须永远要协调所有个人、团体和主权者自身的所有自我利益。无论如何，斯宾诺莎的国家并不具有比其制度更高的尊严，并且这个国家在更高的本体

----

[34] 上文第四章第一节：一。

[35] Wernham, *Spinoza*, pp. 28-35. 在《占有性个体主义的政治理论》［*Political Theory of Posessive Individualism*］一书中，麦克弗森［Macpherson］将霍布斯的国家分析看成近似于马克思对资产阶级社会中"阶级对抗"的分析。在某种意义上，斯宾诺莎其实给出了一个更好的分析。马克思对现代国家的分析认为，国家存在于社会各阶级之间的对抗。资产阶级国家只是"看似"是集体愿望的化身，"看似"超越于阶级对抗之上。事实上，它只是捍卫了"对抗"的权利，剥削同样是前所未有的。国家与社会的分离只是一个布尔乔亚式的神话。Marx, *Zur Judenfrage*, 收入 *Die Frühschriften*, Landshut 编，pp. 171-207（极大程度地依赖于黑格尔的"存在"［*Sein*］与"假象"［*Schein*］的辩证关系）。

[36] Spinoza, *Tractatus Theologico-Politicus*, 序言与第七章。

论层面上的统一，丝毫不高于个体、团体或阶层之间的统一。就连一个一般意义上的复杂物体，都有可能比组成它的各个部分更强或更弱、更原始或更发达。

341　　　第三，一个越是受启蒙的社会，它对自我的形象和自身的缺陷的意识也越是清楚。[37] 一个受到启蒙的社会将通过遵守它的基本"模式"（或者如果必要，将改变其模式），总是寻求实现更高的一致性。斯宾诺莎的《神学政治论》就是一本反思如何针对现存制度来定义这些模式的著作，例如，贵族制是由贵族与平民按照既定比例组成的制度，其比例不能小于百分之二。[38] 斯宾诺莎暗示说，德·维特［De Witt］的辖制之所以失败，便是由于缺乏这个比例。为了实现最大的一致性，贵族制必须保持灵活的贵族数目，并且必须是高度分散的——商业寡头制最适合这种观念。按维柯的说法，斯宾诺莎的理想制度就是大商人与小店主的政制。[39]

　　　第四，完全整齐划一的、严格的政治组织并不必然能够更持久地存在。一个物体越简单，就越依赖于外界环境；一个平衡封闭系统的内在运动越丰富，该系统也将变得越持久，因为它的自我更新能力或"替代"能力增了。僭政或高压政治可以比处于各种特殊利益平衡的复杂系统更持久，但这是由于外在的压力与环境；但一个丰富灵活的系统在面对那些压力与环境时，将拥有更多活下去的机会。严格的"整齐划一"与完全的无政府一样，都是毫无用处的。一块石头可能比一个有机体持续更长的时间，但如果它碰撞并破碎了，那么它将完全失去其石头之存在。然而，

----

〔37〕但是斯宾诺莎假设：一个人越有智慧，他就越会认识到自己与同类的相似性，以及他们相似的利益。（*Ethics* 3 prop. 58；4 props. 35-37）

〔38〕*Tractatus Politicus* ch. 8, Wernham 编，*Spinoza*, p. 379。

〔39〕SN §335, Wernham 在其著作 *Spinoza*, p. 343 亦援引此处。

如果一个人类机体失去了一只手，他却可以通过其他器官来补偿这一缺失。僭主制如果失去了僭主就必将终结；共和制、君主制或混合政体则以其充分组织化的授权和充满活力的利益集团，能更好地应对外界的危机状况。长期以来，这就是以色列的神权政制终归失败的原因：它过于严格；当外在的压力开始松弛时，它便轰然倒塌。一言以蔽之，斯宾诺莎的政治理论是对他的基本公理，即"观念的次序和联系与事物的次序和联系是相同的"［*ordo et connexio idearum idem est ac ordo et connexio rerum*］的评注。[40]

六、"机械论哲学"与革命

342

自从古典时代以来，社会理论的历史并非毫无全新的开端与崭新的路向，他们中最优秀的人也并不缺乏系统的论证。但为了奠基每种新阐释而持久地探寻特殊的新方法，却只是现时代人才有的努力。在 17 世纪与其后很长的时间中，政治理论的方法论意识，将自然科学视为一种"模型"。不仅"分解法与合成法"［*metodo risolutivo e compositivo*］或者与此类似的方法被复制到了"政治体"上；连伽利略之后的力学词汇，也被应用到了"政治体"上。不同于早期政治思想传统中描述社会和社会制度的"机体"隐喻，也不同于中世纪晚期取代这些隐喻的"团体"术语，机械论隐喻开始了它们的显赫生涯。在 17 世纪，霍布斯和斯宾诺莎代表了整合自然科学与社会理论的最融贯的尝试，他们的论证就其自身而言是相当有趣的。同时他们的论证也教会了我们"科学类比"［scientific analogies］的可能性和极限在哪里。不过科学

---

〔40〕　上文第二章第一节脚注〔6〕。〔中译采用：《伦理学》，第 49 页，贺麟译，商务印书馆，1997 年。——译者〕

类比对那个时代的历史学家却具有另一种启发意义。它们反映了持久且具有影响力的时代情绪。

而对"社会体"的机械论分析（方法论的或者唯物论的），在其中所假设的东西，要比它想要证明的还多。机械论术语取代了机体论—生物学术语或团体术语，但当运用到政治理论时，它们并不具备比机体论—生物学术语或团体术语更稳固的基础。不过机械论术语最充分地表达出了一种全新的信念。社会与社会制度不再是自然的直接产物或对自然的反映。它们成了人为之物，成了人的深思熟虑与劳作的产物，而不是他所宣称的"社会本能"的产物。当然，人们相信能够对它们做出完全理性的设计。

在某种意义上，这种动机是从先前几个世纪的政治思想中继承而来的。正如布克哈特认为的，"国家作为艺术品"［*Der Staat als Kunstwerk*］，这或许是（也或许不是）文艺复兴时期意大利的现实，但它肯定是文艺复兴时期人们的典型梦想。[41]这类乌托邦中最有趣的便是康帕内拉［Campanella］的《太阳城》［*civitas solis*］，他构想了一个完美的城邦。这个乌托邦式城邦的各方面都是人造的。它代表了最完满的环境，并且能通过转变人的环境而改变人的"自然"。这种对人的改变与转化就是太阳城的目标。康帕内拉集乌托邦传统之大成，他的乌托邦主义同时成了未来乌托邦式意识形态的一个原型。"意识形态"通常不仅能以其肯定的内容来定义，同时也能通过系统地梳理和统一敌对的观点而得到定义：比如列宁庸俗版的"辩证唯物主义"，通过它所假设的"唯心主义"的统一和连续，最清晰地揭示出了意识形态的这种逻辑。

---

［41］ Manuel and Manuel, *Utopian Thought in the Western World*, pp. 150-80; Feldon-Eliav, *Realistic Utopias*.

康帕内拉在"亚里士多德主义"的观点中，看到了一种连续的、"恶魔"的逻辑："从亚里士多德主义中诞生了马基雅维利主义"〔exiit Machiavellismus ex Peripatesimo〕。[42]亚里士多德相信世界的永恒性，因而也相信世界中所有事物的组合存在着周期性的轮回，他只能假设不变的"人的自然"。然而，将人"如其所是地"接受下来，便意味着要将政治理论限制在"现实"而可悲的"国家理性"〔raison d'etat〕的逻辑之中。[43]不过科学已经可以证明：世界正向其目的演进，人类必须被视为"可完满的"。[44]理想政体可以（并且将会）培育出一种新类型的人，这并不需要通过优生学的规划；它是"创制"〔poiesis〕的真正产物，是按照永恒理念的图式而设计的创造行为。不管康帕内拉是否得出这种结论，我们都可以说，他的太阳城是一幅通过模仿理念来塑造事物的"宇宙的真实图景"。

　　我只提及霍布斯和斯宾诺莎两位，当他们否定乌托邦思想时，他们并不只是回归亚里士多德或中世纪的政治现实主义传统。的确，他们再次坚持按照"人之是其所是"作为评价任何可能的政治理论的唯一基础，但他们并不相信"人的自然"能够被改造，

---

〔42〕 Campanella, *Atheismus triumphatus*, p. 20；参看 *Metaphysica* 导言，Di Napoli 编，1.22 以及 3.114："那些否定宗教的人是未受教育的、诡辩的、邪恶的人，世界就毁在亚里士多德、萨都该派、阿维罗伊、伊壁鸠鲁和马基雅维利手上。"参看维柯所列举的信奉"国家理性"的信徒名单（上文第四章第一节脚注〔3〕）。还应该补充一句，康帕内拉的《形而上学》对维柯也颇有影响；参看 K. Werner, *Giambattista Vico als Philosoph und gelehrter Forscher*, p. 145（三要素说：力量，知识，意志）。

〔43〕 Meinecke, *Die Idee der Staatsraison in der neueren Geschichte*, pp. 115-29.

〔44〕 关于康帕内拉所信奉的"科学的"末世论，也参看 Doren, "Campanella als Chiliast und Utopist"，收入 *Kultur und Universalgeschichte*, pp. 242-59；以及 Bock, *Thomas Campanella, politisches Interesse und philosophische Spekulation*, pp. 229-98，特别是 pp. 265ff.

也不相信社会存在的人类学条件可以改变。然而不同于亚里士多
德或中世纪传统，他们仍然相信以人的力量可以肯定或否定国家、
设计所有制度或任意改变这些制度。社会是一种人造物，而只因
为人的心灵也是自然的一部分，并且服从于自然法，社会才能被
称为"自然的"。这种新意义中的某些含义是显而易见的；有些是
实际上已经得出的，有些则还没有明确宣告出来。如果国家产生
于必要的虚构，并且因此既不具有一个"身体"，也不具有内在的
"奋力保持其自身存在的努力"，那么维持它就不只是"依靠明智
的制度来培育有德性的君主"这么简单了。对于霍布斯而言，维
持社会必然是所有社会的一种"持续的努力"；建立国家则是一种
"持续的创造"。或者如果我们像斯宾诺莎那样将政体视为一个复
杂物体或一种在敌对力量之间自我校正的平衡，那么主权者就几乎
不再是"得穆革"，而更应该是一架体面的机器了。决定社会的力
量并不是自然（如本能或是气候），而是人为的制度。由于制度只
具有功能性的价值，因此在适当的情况下，制度就可以被改变。对
"政治"的机械化，其中一种可能的含义就是，它为革命预备了一
套理性的话语。政治理论开始不再将"革命"视为机体的病变或是
类似自然灾难的大灾难，[45]而是将其视为对"设计"的有意改变。

七、目的论与机械论

将国家描述为"力的平衡"，这与我们在上一章中讨论的"看
不见的手"的阐释已经很接近了：前者是静态的，后者是进化的，
但两者都属于 17 世纪与 18 世纪（或更早一些时候）所发现的，
在因果论（"盲目的"）的机械论和目的论结构之间做的真正的调

―――――
[45] 上文第一章第三节脚注〔1〕。

和。这种调和当然也是其他许多领域迫切需要的，它的确也是那些支持笛卡尔将所有的机体现象归结为"运动中的物体"的解决方案的人所迫切需要的。斯宾诺莎与莱布尼茨模模糊糊地理解到，一个自动的机械，必须是一个能自我调整、自我校正并自我复制的机械。斯宾诺莎试图确定的是，在什么条件下一个"复杂物体"的要素才可以转变成可以为物体的其他组成部分所取代的各种功能性的要素；莱布尼茨则假设，每一种力的表现都具有目的论和机械论的双重结构。但在这些尝试中，没有任何一种是可行的控制论模式（这种模式需具有可确认、可建构的物质要素，以及转换所需要的精确的递归规则）。这些模式到今天已成了一种理解语言、生命以及社会的强有力的探索工具，它们可以从非有机体的成分中建构出简单的有机体，以便我们理解有机体；它们精确地调和着"机械论因果律"与"功能性的准目的论结构"。17世纪以来的"机械论哲学家"虽然缺乏上述模式，但他们却至少希望得到这些模式。诸如维柯这样的机械论哲学家，仅仅把他们的探求限制在社会领域；其他人（诸如康德）则规定了对无生命物质做机械论阐释的界限：我们可以精确地解释天体机制过去与现在的状态，但我们无法描述一片最小的叶子的机制。康德自己也定义了这种微妙的结构：我们可以假设一种"无目的的合目的性"，但我们无法将它建构出来。[46] 在我们派生的知性（模仿的知性 [intellectus ectypus] *）中，一个目的论的阐释，不可能同时也是

---

[46] Immanuel Kant, *Kritik der Urteilskraft*, *Werke*, Weichschedel 编，10: 299, 319 （美），325, 473, 544。

　* 关于"*intellectus ectypus*"和"*intellectus archetypes*"的区分，参看 Kant, *Kritik der Urteilskraft*, §77。中译采用：《判断力批判》，第261页，邓晓芒译，杨祖陶校，人民出版社，2002年。——译者

机械论的；这就是"派生的知性"的标志，它假设一条法则具有
既定的多样性。因此这些多样性是偶然的。情况也可能恰恰相反，
并且"现实的"与"可能的"之间的区分，正是我们进行科学探
究的动力所在。或许一种更高的知性（原型的知性［intellectus
archetypus］）可以摆脱这种障碍。它将各部分视为整体的组成部
分，并将整体视为各部分的规定者：于是在"可能的"与"现实
的"之间便不存在鸿沟了，因为人们一旦直接想到了某个术语，
就等于是创造了它。[47]

于是唯一试图严格描述这种准控制论体系的领域，就是思考
社会进程（后来则是经济进程）的领域。现在我们就可以说，关
于这种体系的新观念，将中世纪的"上帝的狡计"的版本与其现
代版本（即"自然的隐秘计划"与"理性的狡计"）区分了开来。
至此，我们的任务就限定在：去发现各种"适应""调整"与"维
系生存"的机制。建成罗马民族是何等艰难啊［Tantae molis erat
Romanam condere gentem］*。

---

［47］ Immanuel Kant, *Kritik der Urteilskraft*, *Werke*, Weichschedel 编，§77, 10:
526。

　* 语出 Vergilius, *Aeneid*, 1：33。中译采用：《埃涅阿斯纪》，第 2 页，杨周翰
译，译林出版社，1999 年。——译者

第六章　结语：从世俗神学到启蒙运动

第一节　康德与科学的去神学化

一、插句题外话

不管人们是否喜欢"17世纪存在一种世俗神学"这个假设，我认为，我至少能证明在那个世纪存在着一种特殊的习语或话语，在其中，神学的关切是用世俗知识的术语来表述的，而科学的关注则是以神学术语来表达的。神学与其他科学几乎融为一体。我已试图通过将这种共同的习语与过去的神学关切及推理模式进行比较，来阐明这种共同习语独特的织体结构。

最终，17世纪的世俗神学家（如果他们名副其实）给新一代学者［savants］让路了，这一代学者的姿态通常是反神学的，有时也是反宗教的，甚至有时还是无神论的。[1] 17世纪的世俗神学似乎必将自掘坟墓，因为这种神学无论怎么模棱两可，还是要经

---

［1］　在17世纪，"无神论"仍是一个强加于人的标签。莱布尼茨写道："因为无知之徒的一个非常坏的习惯就是，他们把那些不信从一切偏见的人称作无神论者，并且当有人热爱真正的自由时，又由此之故而不是共和派……"（Leibniz to Burnett, 1701, on Toland, GP, 3：279）。那些自称"无神论者"的人直到18世纪才出现。甚至在那时，受到启蒙思想激励的门德尔松，虽然渴望在宗教中确保自由，却将这些无神论者排除在他所要求的宗教应具有的绝对宽容之外。

常强调世界的自足性与人类的自主性。康德既不是其中最激进的，也不是最具代表性的"启蒙"哲学家。然而他试图将形而上学与科学从其神学包袱中解放出来，并且试图发展出一种"人类作为他们自己的最高立法者"的伦理学理论，他的这些不遗余力的努力最为系统化，也最复杂。虽然康德处在本书的研究年表范围之外，不过我还是禁不住诱惑，想要对他的批判事业添加几句评论。我之所以考察康德，是因为康德不仅从他的方法论中取消了上帝，同时他也是第一个完全领会这些方法论上的功能并对其进行阐述的人。我并没有将 17、18 世纪的思想史理解为康德思想的序曲。康德有时也无法追随这些思想中的一些最富希望的路向。然而，在寻求对科学的去神学化的计划中，康德比世俗神学家更好地阐明了世俗神学的许多假设与困境。

二、普遍规定性

　　康德对以往所有关于上帝存在证明的驳斥都基于：在后来所有对"自然"的理解中，上帝的概念在方法论上的功能被取消了。就像他的某些理性主义先驱，康德认识到，关于"事物整体"的绝对合理性（或可理解性）理念，要求并推导出对万事万物的"普遍规定"原则。[2] 康德区分了一个概念在逻辑上的"可规定性"［determinability］与一个事物一致的、先验的"规定性"［determination］，这项区分可以表述如下：一个有理数总是完全由两个整数构成。一个无理数虽然绝不能完全由此构成，但总是

---

[2]　Kant, *KdRV* B599-611, *Werke*, 4：515-23. 换一套不同的术语：康德否认存在"不完满的对象"。它们不是对象，而只是"概念"。参看 T. Parsons, *Nonexistent Objects*, pp. 20-21. 不过康德却赋予这种非存在以各种等级的"实在性"，这一点是帕森斯无法做到的。

可以在人们希望达到的任何精确度上构成。对于"第 n 个数是紧随着阿拉伯数字 4 的吗？"的这个问题，答案永远都是"是"或"否"。我可以建构直到 n 的无理数，并规定该无理数的值，但无理数作为一个整体，绝不是被普遍规定了的（至少从一种直观主义的观点来看），因此也绝不是可以被完全地建构的。我们也可以考虑另一种阐述。"拿破仑是否有一个穆斯林祖先"这个问题的答案的"是"或"否"已经是被规定了的，即使我们在实践中无法绝对地确定它。但当我们去问"司汤达笔下的于连是否有一个穆斯林祖先"这个同样的问题时，其回答既非"是"亦非"否"，除非我随意地回答一个答案，因为司汤达对该问题完全保持沉默。于连只是一个概念，因为他并不是"被普遍规定了的"。

　　"普遍规定"意味着这种被规定有悖于所有可能的简单谓词，不论这些谓词的数目是有限的还是无限的。简单谓词就是指那些相互暗含或相互排除的谓词。莱布尼茨的单子便是从这种简单谓词中建构的。康德追随鲍姆加登，称这些谓词为"实在"，而不是"完满性"。这两个术语指的都是这样的一个长期的传统，根据这种传统，关于一个主语的肯定谓词（或属性）增进了它的"实在性"：它具有的肯定属性越多，就越实在。[3] 如上所述，所有这些谓词按照定义都是可以相容的；因此康德认为：一个其中包含所有简单谓词的假设主语实际上是可想见的，并且该主语将是"最实在的事物"，是一种植入了所有实在性（完满性）观念的统一的、最实在的实体［ens realissimum］——"所有实在性的总和"。但即使万事万物都是被普遍规定的，也不能由此得出结论说，无论普遍规定的是什么，它都是一个事物。我们倾向于把"假设所

――――――――
〔3〕　上文第二章第一节脚注〔18〕；第二章第八节：三至四。

有的事物都是被普遍规定了的"这个观念坐实。宣称这样一种事物是可想见的，远远不等于说这种被我们的理性"所设想，因此人格化了"的"最实在的实体"必须被设想为是存在着的（也即被设想为一个必然的存在）。"存在不是谓词"，因此没有任何一个实在可以赋予"最实在的事物"以必然性。康德承认，另一个概念，即"必然的存在"概念，并不会推论出"实存"；这是一个"空的"概念，一个并不具有更深内容的概念。上帝存在的本体论证明的谬误（即使在最为精妙的，例如莱布尼茨的本体论证明中）并不在于这些证明将"实存"理解成一种属性（虽然人们通常会依据这一点来反驳康德），而毋宁说其谬误在于随意地，因而错误地混同了两种理性的概念，即将"最实在的事物"的概念等同于"必然存在"的概念。而"本体论证明"，就是错误地将这两种纯粹理性的概念混同起来的例证。

　　我们关注的更重要的一点就是，康德是在什么情况下开始证明"普遍规定原则"，以及伴随该原则的方法论上的上帝概念，至多只能作为理性的调节性理念，而与我们的知性对自然的实际解释毫不相关呢？以近代的话来说，它们并不是理论性的假设，而最多只是元理论的假设。它们只是手段，纯粹理性通过这些手段按照整体自身，并在其终极的、分散的，但完全抽象的组成中构想整体：事物自身被设想为是被普遍规定了的。不过"普遍规定原则"以及"所有实在性的总和"的概念都不属于我们关于"自然"的经验，此外它们对领会经验和建构经验而言也都不是必要的（知性范畴也一样）。阐释经验并不需要建构出绝对简单的谓词和"物自体"（而在物自体中包含了这些简单谓词）。甚至连莱布尼茨也承认这一点。简单谓词以及它们的总和是纯粹的抽象。理性、我们经验的统一性（也即自然的统一性），以及我们所把握并赋予图式的自发性范畴的统一性，都是基于"我们意识的综合统一"，而不是基于普遍规定原则。换句话说，我们经验的统一性和一致性并不会要求或是推导出"'所有事物整体'的最终统一性"这样的假设。我们有充分的理由（而且必须要）假设，如果存在一个实体，它与其他任何经验成分之间没有秩序上的关联，那么这样一个不统一的物体是不可能被感知的；正如同一个数学家纵使无法否认存在着完全随机的数列，他也必须坚持认为在定义上"不存在任何可以建构这些数列的公式"。不过如果真的存在这样一条公式，那么这个数列本身自然就不可能是随机数列。我们的经验是被先天图式了的一致的经验。这是一种比宣称"万事万物整体"的统一性与一致性更为中道的主张，它是不可证明的，并且或许甚至是自相矛盾的。

　　所有这些并不是说，方法论上的上帝概念（以及普遍规定性原则）与我们的知性在某种程度上并无关联。这条原则确实是由一种非常根本的逻辑形式引发（或者说是从中推断出来）的，而从这种逻辑形式中也可以得出另一个重要的知性范畴，它允许我们使各种"质""量"化，并将"非实在"与"实在"区分开来。这也是新康德主义科学理论的出发点。我们需要更详尽地阐明康德对"否定判断"与"无限判断"的区分，以及与这种区分相关的"限定性"范畴。 *350*

三、否定与缺失

　　谎言或许缺乏一个立足点，它们却有许多面向。在关于"否定"的诸多复杂问题中同样存在这个问题：一种尽可能形式化的逻辑体系，如果它只具有一种否定形式，够吗？乍一看，答案似乎是否定的。我们必须区分各种不同的否定模态，以便区分"在一个陈述中的否定"与"对这项陈述的否定"，区分"无意义的命题"与"错误的命题"，区分"良好地形式化了的公式"与"不可证明的公式"，区分"事实谬误"与"范畴谬误"，诸如此类。换言之，我们是否应该追随普莱尔［Prior］与其他人的观点，认为"否定总是同一的，而否定的原因则可能是多种多样的"？一种陈述或许因为它是"反事实的"，或者因其卷入了范畴谬误，或是因为它是无意义的，便遭到否定；然而对于这些情况中的任何一种，否定的方式都是同样的。"拿破仑打赢了滑铁卢之战"这条陈述，与"羡慕是三角形的"或者"里面没有舞蹈甚至"这样的陈述一样，都是同等地为假，虽然是由于不同的原因。又及，这些陈述中的每一个都否定该陈述（及其各部分）的另一种属性——例如"事实性""可能性"或"意义"；然而纵使"否定"并没有更深的意义，它却总具有同样的意义。

我很是怀疑这些论证的有效性。但我不会因为害怕闯入一个没有回头路的语义学迷宫而放弃对它们的详尽阐述。我们仍然可以证明：在"否定"和"模态"之间、在否定的诸原因上、在对否定命题的任何其他的二分上，诸如此类的区分都是逻辑必然的。这种逻辑必然性并不是从对语言的运用中产生的（这些语言的运用或许是从错误的逻辑直观中产生的），而我们正是在纯粹形式的考虑中被引向了这种逻辑必然性。即使是在良好地形式化的命题体系中，如果该命题体系是一致的，并且具有足够的丰富性来表达在我们世界中的那些至少是数量上的关系，那么我们就不能仅仅将"否定"还原成一个形式，或者模态、原因、解释。众所周知，在数学上已经证明了：在每个足以从一个良好地形式化了的公式（定理）的有限子集中，借助句法原则（机械论的替代原则）的帮助而得出的算术命题的形式系统中，都必须承认"存在着良

351

好地形式化了的，并且在某种意义上虽不可被证明，却为真"的命题。如果哥德尔没有证明他的"不完备定理"，那我们就可能宣称，甚至在一个庞大的形式系统中，人们也不需要在原则上区分"良好地形式化了的公式"与"不可证明的公式"，因为两者都会引起"已被证明的公式"之间的矛盾。我们可以更进一步论证说，一个人并不需要预先知道一个公式是否已经良好地形式化了，或者并不需要在推理规则上为了公式的恰切而补充建立一种特殊的句法标准，因为推理规则虽然并非直接可见，却也足以证明一个不恰切的公式是自相矛盾的。哥德尔的不完备定理使任何一个这样的论证都成为不可能，因为这条定理证明了"存在着不可证明的且被良好地形式化了的公式"，因而也就取消了区分各种"模态""阶"或"否定的原因"的必然性。

　　然而，正是由于这样的区分是必然的，因此它并不在同一个话语层面上运作。不但这个类型的否定命题相互之间无法还原，而且它们也不能在未曾取消排中律的前提下，在同一个话语层面上相互联结起来。我认为，这就是自亚里士多德以来的传统逻辑在试图区分各种否定模态时产生的不安全感的真正原因。

四、无限判断、知性与理性

　　康德有足够的理由摒弃亚里士多德在单纯的"否定"［negation］与"缺失"［privation］之间做的区分，并支持亚里士多德的另一个区分："有限定的否定"和"无限定的否定"。[4]"缺失/褫夺"（στέρησις）是指一个主体缺乏一个谓词（态度、形式）的状态，本来它"按照自然"是可以具备这个谓词的。在严格意义上，

---

〔4〕　Kant, *KdRV* B95-98, *Werke*, 3: 112-13, 122.

这个术语仅仅代表一对相反的性质中的一个，例如当我们说"荷马是个盲人"。亚里士多德对某些缺失的否定性并不满意，这是因为一个褫夺性判断既否定（荷马可以看），也肯定（说荷马能看或不能看都不构成范畴谬误）。那么"对这种褫夺性判断的否定"所陈述的是什么呢？它要么否定了某种"缺失"的肯定的方面，要么否定了这种"缺失"的否定方面，但是它不能同时否定两者。它必然是模棱两可的，因为它混合了两种层面上的话语的否定。

其次，尽管在真正矛盾的情况下，"对缺失的否定"也相当于是一种肯定（正如当我说"荷马并非盲人"），但是如果范围涉及一种性质（例如中世纪所说的"形式纬度"[latitudo formarum]），那么对一个极端的否定并不意味着另一个极端；例如"不冷"并不暗示着"热"。这样一种否定构成了"无限定的观念"[ὄνομα ἀόριστον]，正如对任何一对矛盾中的一种性质的否定。对于亚里士多德而言，真正的缺失具有一种分明的本体论状态。"形式"与"缺失"作为一对矛盾，都是"原因"，也即任何"存在"[οὐσία]的建构原则，同时，它们也假定了暗含在两者中的第三种原因，即"质料"，而"质料"允许一种"存在"采用或不采用赋予它的"自然的"形式。例如纸的"自然"既不是"去看"也不是"盲的"。[5] 无论是伴随着"个体形式"而被司各特引入，还是随着奥卡姆而完全取消了这条原则，在许多方式上，个体化原理对质料的取消已经破坏了"缺失"的本体论状

---

[5] Aristotle, *Metaphysics* Δ22.1022b22-1023a7；Wolfson, "Infinite and Privative Judgments in Aristotle, Averroes, and Kant", pp. 173-87. 新康德主义在对科学的阐释中更进一步，将"无限判断"作为一种普遍的方法论原则来运用，参看我的文章："The Persecution of Absolutes"。

态，并且增强了人们对"无限定的否定"的兴趣。无论如何，从17世纪开始，"缺失"的本体论意义对自然哲学家而言就开始变得完全站不住脚了。对这些自然哲学家而言，"自然"是统一而同质的。他们把亚里士多德思想中"性质"和"自然"的等级秩序转化成了适用于所有存在者的同一个"自然"在"量"上的普遍法则。对他们而言，一个物理学（甚至是形而上学）主体的"自然"不是别的，正是它的所有谓词的总和。另一方面，对"性质"的"量"化在17世纪变得比在13世纪更有过之而无不及，并成了当时最重要的物理学问题，比如当时围绕如何衡量"力"以及关于"活力"［vis viva］所进行的争论。与这一点相伴相随的是：人们对无限定的判断（或"无限"［infinite］判断）的兴趣日益增长。

　　康德在形式逻辑领域摒弃了"无限判断"。对康德与亚里士多德而言，"逻辑"是一种"词项逻辑"；"形式"逻辑不考虑在命题中关于该词项的任何内容。我们可以说：这种"形式"逻辑将所有的范畴词项都作为变量来处理。康德宣称，无限判断毋宁说属于先验逻辑的领域，这种先验逻辑并不是从所有内容中抽象而来的，而只是关注词项的所有可能内容：它不具有任何具体内容，毋宁说是"能够具有内容"的先决条件。人们可能会说，无限判断构成了对形式逻辑的第一阶"阐释"。"非 P"这个表述（作为一个词项）可以视为任何肯定的谓词：不需要站在形式的角度上把包含这些词项的判断挑选出来。然而考虑到可能的内容，"S 是非 P"提示我们：（1）S 并不是 P；（2）S 是个恰切的主语，该主语属于所有（可能是无限的）主语的集合，同时 P 不可被这些主语所谓述。"非 P"这个谓词是复杂的：它在形式上是肯定的，其意义却是限定性的。它否定"S 至少是个

谓词"，而是将它作为所有可能谓词的可能性，因此 $[(\sim P_i)\wedge$
$(P_1\vee P_2\vee\cdots\vee P_{i-1}\vee P_{i+1}\vee\cdots\vee P_n)]\equiv$ 非 P。其次，正如亚里士
多德的"缺失"的例子，一个简单的论证就足以证明康德违背了
他自己明确表达过的愿望，他事实上已经摒弃了排中律。对"无
限否定"的否定（S 不是非 P），要么否定了 S 并不是 P，要么完
全否定了 S 是个恰切的主语，但它不能同时否定这两者：因此
"非非 $P_i[x]\equiv P_i[x]$"并不是同义反复地为真。不过康德自己
并未注意到这一点，尽管他观察到"无限否定"统一了"肯定"
与"否定"。（在第三种判断形式中统一两种相反的判断形式，同
样也出现在所有四种判断及其相应的范畴中。"单称判断""无限
判断""选言判断"与"必然判断"都只是对先验逻辑而言才是
必然的，它们统一了在先的选言。因此在恰切的意义上，我们也
可以将这一点看成是对黑格尔辩证法的预备。）

　　"无限判断"是组建我们经验知识最重要的结构图式（即
"限定性"范畴）的范式和源泉。这个范畴允许我们最终对"质"
进行"量"化，因为我们将一种性质在一个主体中的完全显现视
为"实在"；将这种性质在主体中的完全缺席视为（单纯的）否
定，其值为零；并且将它的任何部分的任何程度的显现视为"限
定"。"质"因此就定义了一个连续的范围，并且变得"量"化
了。"限定性"范畴使我们得以将现象（例如物体间的引力）综
合为"内涵的量"[intensive magnitudes]。在此，康德显然使
围绕"内涵的量"之本质的争论系统化了，他曾经从这种争论
中开始他的学术生涯。自莱布尼茨以来，这种争论集中于力作
为"活力"的观念，但上文已提到，这种争论是由于经院哲学为
寻求对"性质"的"量"化的恰切数学描述（形式纬度）而产生

的。[6]同时，伴随着对"性质"的"量"化，"无限判断"也产生了。在此（与在别处一样）康德的立场是：将这个历史悠久并且正在进行中的争论创造性地体系化。

康德进一步证明了"质"的范畴（正如其他范畴）不仅能够建构我们的经验，而且实际上也确实建构了我们的经验。"实在"范畴可以被"图示"为我们的（内）时间经验。在时间中的感知行为包含了所欲求的范畴图式，例如，一种感觉越是强烈，对它的经验便越真实；而各种感觉却只能逐渐地变化。处于对时间的感知之中的范畴"图式"，将看似没有中介的各个要素（判断与感觉）联系了起来。然而如若没有中介，就不存在经验认识的次序了。

因此从单纯的感觉到形成自然规律，对于每个可知经验而言，"无限判断"都是一个必然原则。一种判断形式通过范畴，再经过图式，最后转化成了一种阐释自然的原则，这一系列转化使我们形成了物理学上关于加速度与力（例如牛顿的前三条定律）的

---

[6] A. Maier, *Kants Qualitätskategorien*, pp. 8-23，和上文第五章第二节：三。我希望在其他一些地方能更进一步地将"图式论"[schematism]解释为一种进入时间之中的范畴"图"[mapping]，而不是仅仅将它当作一条生成概念的法则，这种主张和伯奈特的理解一样：Bennett, *Kant's Analytic*, pp. 141-52。康德的"同质性"问题是个真问题（在这个问题上，我的意见与伯奈特相反，我追随瓦诺克[Warnock, "Concepts and Schematism", pp. 77-82]），因为它并不适用于将概念运用到概念上的情况，而只适用于将概念运用于感觉材料（由于这些感觉材料无法分离，因而是无法定义的）的情况。如果我的解释没错的话，那么伯奈特所说的"最不引人注目的地方"（p. 151），也就是它"本应产生点东西"的地方，事实上恰恰是该学说的核心。这种观点确实将内涵性的量（"实在"）提升到了中心地位。康德说，我们之所以能够、并且合法地将诸概念运用于一种（无法定义的）非概念性的基质，正是因为它们是在对时间的感知中作为"图式"而预示出来的。而我所说的"图"，类似于在哥德尔数（或是在二维平面上画出三维图形）的辅助下，从元数学到数学作图的过程。也参看上文第二章第八节：五。

"先天综合"命题。关于"无限判断"在知性中的作用，也即在科学中的作用，我们就说这么多。然而，这种"无限判断"不仅主宰着我们对经验的理解，同时也主宰着我们对知性本身的理解，这是理性反思作用的产物。理性的这种反思行为既可以是批判性的（正如当我们将我们的知性范畴排序并使其合法化时那样），也可以是非批判性的、思辨的，并因此导致"实体化"。

于是康德在"无限判断""限定性"范畴与"普遍规定原则"之间建立了直接的联系。前者几乎自己就转换成了后者。"普遍规定"假设了一系列"所有单纯的完满性"；我们回想起，康德同意称这些完满性为"实在"，因为每一种性质都代表了一种自称其类的实在，并且这些完满性的充分显现与我们对实在的感知相关。与此类似，"理性"几乎自然而然地导致了将"整个简单谓词的总体"视为"最高实在性的总和"，而同时每种谓词就是这种最高实在性总和中的一个等级；按照同样的方式，"知性"在每种"性质"（实在）之中也找到了相应的等级。在对理性的思辨运用中，"实在"从一个可以运用于"性质"的范畴，变成了"性质自身"。然而在力图领会自然的过程中，"实在"不是所有"性质"的公分母，毋宁说它自身已经变成了"性质"，而其中的各种性质（诸如简单谓词、"实在性"）都是它的不同等级。一旦所有简单谓词的总和被认为是一种被实体化了的、具有最高实在性的实体，那么所有其他的实在性都可以与之相比较；并且它们都可以与"最实在的存在"相比较，得出它们作为同一种"实在性"的不同部分所处的等级。在此，我们已经找到了一个说明"知性"过程是如何"被对象化、实体化，最后人格化"的最佳例证。[7]

---

[7]　Kant, *KdRV* B611, *Werke* 4：523（脚注）。

正如在其他地方一样，在此人们惊诧于康德体系在建筑术上的精确性。同样的阐释形式重新出现在了所有的话语层面上。"无限判断"最初是在形式逻辑中作为一个未经阐释（因而也不具有任何功能）的形象出现的。先验逻辑赋予它一种阐释。在范畴表中，无限判断被阐释为一种"限定"，作为将"质"进行"量"化的基础。在感觉行为中，正如在直观的纯形式（时间）中显现的那样，它在感觉的强度中就已经被"图像化"［pictured］或"图式化"［schematized］了。这便使人们在运用"内涵性的量"的原则来阐释自然的过程中产生出了关于"无限判断"的客观法则。（"作为感觉对象的实在的东西都有内涵的量，即一种程度。"）在纯粹理性的领域，无限判断允许一种关于"所有可能性的总和"的概念转化为一种关于"最完满的存在"或"最实在的存在"的概念。方法论的"上帝"概念不能用来阐释自然，然而这种方法论的上帝概念却仍然保留了某种作用，即可以作为理性的调节性理念（"普遍规定原则"）。换成我们，就是说："上帝"甚至在《纯粹理性批判》中也仍然是一种元理论的假设，这种假设虽然在阐释自然时是赘余的，但对于我们的理性而言却又几乎是"自然的"。康德从科学理论中驱除了方法论上的上帝概念，而且并没有将自然规律的普遍性与自然的统一性奠基在"上帝"这个方法论假设的基础上，但"上帝"概念的阴霾却仍然挥之不去。康德论证道，"上帝"概念是我们用来建构自然的一个天然的阴影，或者是各种原则的投射。康德似乎已经宣告，这个阴影最终是不可避免的。但它终究不过是个影子。

不过在道德领域，"最完满存在"的理念，"自然地"伴随着纯粹理性，与"至善"的理念相关，与其说是为了证成这些道德律令，不如说是为了确保它们的实现。仅凭理性就能证成它们。

356

正如除了"至少与我们的经验不矛盾"这个要求，自然科学家之所以引入目的论阐释，是为了解释诸多"自然的样本"，以便经验能够作为一个整体而为人们理解，整个自然或许具有朝向人的完满与幸福的目的，甚至连敌对和反抗都成了朝向这个目的的动力。

　　本书的四个主题都是康德批判工作的核心：（1）通过建构获得知识、自然的建构，以及先于此建构的、对我们建构（"综合"）概念工具的建构与证成；（2）低于逻辑的必然性（先天综合判断）；（3）理性的方法论理念；（4）内在于自然和社会的，目的导向的机械论。康德清晰地表述了所有这些主题，而不再受缚于先前附着在这些主题上的神学累赘。对知识之奠基的"去神学化"，在康德眼中毫无疑问是他为"启蒙"做出的贡献，也就是说，他将人性从它"自己造成的束缚"中解放了出来。

第二节　启蒙与教育

　　启蒙时代的许多哲学家都与康德一样反感神学。但不同于康德，某些人的姿态，即便不是无神论的，也是上纲上线地反宗教的。看起来，启蒙运动有时是有意而彻底地与其基督教的过去决裂的，尤其是在英国与法国。最近的一种阐释在启蒙的核心处发现了"异教的复兴"。[1]"异教"确实是一个由犹太人、基督徒与穆斯林发明出来并坐实了的术语谱系。人们是否称启蒙者为"异教徒"，并不取决于这些启蒙者所承认的神祇的数量（在此意义上，

―――――――

[1]　P. Gay, *The Enlightenment: An Interpretation*, 1: *The Rise of Modern Paganism*, 特别是 pp. 8-10, 308ff., 368ff.。

威廉·詹姆斯是据我所知的唯一一位现代异教徒），[2]而是取决于他们的伦理学说—社会学说的组织结构。在这些学说中，我找到了一种根本的关切，正是出于这种关切，这些启蒙者甚至比世俗神学家更接近基督教历史的主流，那就是他们的使命感与传教的狂热。在许多国家，光照派［illuminati］、启蒙者［Aufklärer］与哲人［philosophers］开始着手通过知识和理性来改革人性与社会。

彼得·盖伊反对过度强调自卡尔·贝克以来启蒙运动中的末世论—乌托邦元素。从这种角度来看，他的观点除了有些矫枉过正，还是有益的。启蒙运动从基督教那里继承的并不是基督教的启示论，而是基督教对社会与对教育的使命感。启蒙运动的理念是彻底世俗化的、颠倒了的基督教观念。启蒙运动从基督教中继承了它传教的狂热，这一点无法从任何古代的经典异教理论之中继承而来，因为没有任何一种异教具备这样的热情。基督教"教会之外没有救赎"的宗旨，与"除了通过运用理性，没有救赎"这个新信念非常相似。迷信与愚昧成了人类的原罪。如同僭妄［superbia］对于天主教而言那样，"隐瞒知识"成了最根本的恶。共济会以其自身的方式（相反的象征与相反的仪式）成了"反教会"。它倡导的是人类之间的"兄弟之谊"。启蒙运动与基督教之间的这种辩证关系，遮蔽了人们在其中所能找到的所有（包括斯多亚主义与伊壁鸠鲁主义在内的）古典精神的残迹。

"只通过知识获得救赎"，对于基督教而言并非全然陌生的主题。将这个学说极端理智化的危险，从古代诺斯替派开始便伴随着基督教会。每当知识分子对于自己的重要性和价值感到膨胀时，

358

---

〔2〕　James, "The One and the Many", 收入 *Pragmatism*, pp. 89-108; 同上, *The Varieties of Religious Experience*, 后记。

这种危险便会出现。我们之前提到过的阿玛力主义者们[3]曾教导说，只有通过哲学的知识才能获得救赎；并且它将同等地拯救犹太人、穆斯林与基督徒。他们对于知识的膜拜既是异端的，也是排他的；然而，这证明了中世纪科学的精英性质。在伊斯兰教或犹太教的领域中，这一点可能会更强烈；不过在基督教的欧洲，也并非全无精英特质。真正的知识（无论是主观的还是客观的）都是秘传的。在极少数识字的人当中，只有少数人一生投身于理论探寻；而这些人确实倾向于将民众视为没有理智且注定永远无知的人。

在这种意义上，中世纪的知识是一种"封闭的"知识，但在另一种意义上却并非如此。"开放的知识"与"封闭的知识"之间的辩证关系，从一开始便是科学史的特征。知识与社会的关联更常见的情况是，知识在最古老的社会中秘密而有选择地在封闭圈子里代代相传，这种代代相传的知识，除了通过独特的传播行动，并没有清楚地明示出区分真知和谬见的标准。[4]希腊哲学是我所知道的较少数支持"开放的知识"理念的文化之一，这种开放的知识既可以为所有人企及，也可以受到所有人批判。这就是"证明观念"［notion of a *proof*］之所从出的社会基础。当然在另一种意义上，"理论"［theoria］仅限于有闲暇的阶层。中世纪经院哲学家至少从 13 世纪开始就迷醉于严格的证明理念，同时，他们的

---

〔3〕　上文第二章第三节：一。
〔4〕　关于证明观念的逐渐出现与城邦中的社会的关系，参看 Lloyd, *Magic, Reason and Experience: Studies in the Origins and Development of Greek Science*，特别是 pp. 246-64。我已经与施坦因萨尔茨［A. Steinsaltz］共同完成了一个名为"无知社会学"［*Sociology of Ignorant*］的简要研究，该研究不久将以希伯来语出版（目前正在筹备英译本）。这项研究更详尽地处理了"开放知识"与"封闭知识"之间的辩证关系。

知识是对那些获得允许参与其传承过程的一小圈人开放的知识：因此可以说，这种知识在平行方向上是开放的，在垂直方向上则是封闭的。通向所有知识路径上的障碍至少在观念上已经被本书所讨论的诸多17世纪思想家清除了，因此这些思想家中的许多人都有意识地以本国语言来写作。只有在启蒙运动期间，开放的知识才成了一种具有战斗力的传教式理念。

　　坚信体系知识具有开放的特征，这已经成了17世纪许多思想者的思想面向的一部分；而启蒙运动则以言辞的方式在这种信念中添加了对社会行动的渴望，并且改善人的境遇的唯一办法就是：有意扩大知识的传授面。与他们的中世纪对手相反，17、18世纪的理性主义者赋予了所有个人"常识""良知"和"共同的人类理解"，而不论这些人（他／她）的正式教育程度如何。仅凭这些"常识""良知"和"共同的人类理解"就足以使我们能够被教化，也即提升到哲人的高度。"common sense"这个术语意涵的转变，也足以揭示出这个故事的相当一部分情节。在经院哲学术语中，它指的是：用以协调从人的五官流向心灵的感觉予料的额外的、暗含的能力；如果没有这种能力，我们无法从被给予的知觉中确定一个共同的来源。但从17世纪开始，或许是在斯多亚派用法的影响下，这个术语开始意味着内在于每个人的正确推理和判断的能力。

　　不过，极具讽刺意味的是：中世纪最精英主义的知识形象，竟与亚里士多德主义哲学结合在了一起，后者从根本上被说成是一种"常识哲学"，其目标是"更好地阐述所有人都知道的东西"；[5] 而开放的知识体系的这种"平等主义"的新形象，则与

---

〔5〕　Aristotle, *De caelo* Δ1.308a24："恰如大多数人说的那样，只不过不充分。"参看 *Ethica Nic.* Θ1. 1145b2-6。

从反直观的前提中推论出的各门科学结合起来，迅速增衍，并变得相当技术化，以至于它们几乎无法被受过教育的外行人掌握。这种张力在17世纪并没有像它在18世纪那样被明确宣告出来，而是通过缓慢地融入共同"教化"［culture］或共同"教育"［education］的形象中，暂时找到了慰藉。新的实体，也即"文化"［culture］，所包含的要比"风俗"［mores］更多，但比"学识"［learning］要少。"文化"成了专业化知识与蒙昧无知之间的中间地带。绝大多数哲学家将他们的任务视为将科学转化成一种对所有受过教育的人而言都开放，并且可以企及的用语，而不是产生新的科学。在启蒙运动中，并非所有倡导者都相信存在一种稳定地进步着的"人类的教育"。[6] 但他们中的所有人都相信，科学具有社会性的功能。他们开始通过"教育"来真正地"塑造"人类，并创造出在"必然的知识"与"可企及的知识"之间最大可能的"公分母"。

360

第三节　神学与科学

如果这番对18世纪的简要评论留给人的印象是，启蒙了的智

---

［6］ Moses Mendelssohn, *Jerusalem oder über religiöse Macht und Judentum*, Mendelssohn 编 3: 317-18: "至于我，我无法构想出一种教育人类的方法，而我的老友莱辛，却在某位我所不知的人类历史学家的影响下，做出了这种构想。"确实，个体的进步有时需要集体不时的退步。更进一步的参考书目以及对他的历史哲学的详尽阐释，参看 Altmann, *Moses Mendelssohn: A Biographical Study*, pp. 539-43。莱辛的《论人类的教育》［*Erziehung des Menschengeschlechts*］，正是将"适应原则"视为进步论的典型的启蒙主义版本。

识界总是、并且在任何地方都回避或谴责神学，那么这是彻头彻尾的误导：一种新的得到启蒙的神学传统、一种历史批判的神学论证模式也建立起来了，尤其是在新教世界中。在神学中，这次运动以及随之而来的运动很明显地对自然科学失去了真正的兴趣，而自然科学曾是 17 世纪世俗神学的标志。物理学不再是神学本身的一个不可分割的部分，我也怀疑我们能否再度看到上帝被这样谈及："从事物的表象上看，他［上帝］的言说无疑属于自然哲学。"[1]"历史"而非"自然"成了神学家们的话语。也许人们可能会说，中世纪以上帝为中心的神学为 17 世纪以宇宙为中心的神学所取代，而后者又再次被我们时代中变化了的神人同形论神学超越。或许人们可以在这种进程中察觉到一条通向"无神论神学"的道路。[2]但所有这些都不在本书的讨论范围内。

除了神学或悲或喜的情况外，宗教信仰的缺失也引发了对所有这些社会和文化构想的恐惧。曾有一则中世纪逸闻告诉我们：在一个强权即公理的国度中，白天即是夜晚，武士也是战争的逃兵，一就是两，朋友便是敌人，恶便是善，理性与放纵就是一回事，盗贼就是统治者，鸽子变成了鹰，意志是导师，金钱万能，并且"上帝死了"。这则逸闻的题目是"论世界的实际情况"。然而这条逸闻只不过是构想出了"一个颠倒黑白的世界"这条古代

361

---

[1] Newton, *Principia*, "General Scholium", Cajori 译，2：546。在较早的版本中，牛顿甚至谈及"实验哲学"：参看 *Principia*, Cohen 与 Koyré 编 2：529；Cohen, *Introduction*, p. 244。

[2] "无神论神学"这个标题来自于罗森茨威格在本世纪之交对基督教与犹太教的宗教思想入木三分的批判：参见 Rosenzweig, *Kleinere Schriften*, pp. 278-90。该书曾被拒绝出版。关于该书在罗森茨威格神学思想的发展中的地位，参看我的文章："The Genesis of Rosenzweig's 'Stern der Erlösung'：'Urformell' and 'Urzelle'", pp. 17-29。

习语而已。[3]但这条逸闻的最后一句话却偶然地成了一句庄严的宣告：我们现在或许已经生活在这个"上帝已死"的国度中。宗教感的丧失是否有利，这不是我能判断的，不过考虑到宗教和理性化的好处之间的关联，我确实感到应该远离"上帝死了"这种夸张的宣称。斯坦利·杰基［Stanley L. Jaki］反复论证道，现代科学不可能在没有"理性有神论"［rational theism］的情况下出现，或是维持自身的存在。"那些能够认识到事物的原因的人是幸福的"，杰基知道为什么东方文化未曾建立起一个技术化的社会或是一种一以贯之的科学；他知道为什么希腊人从未发展出一种"可行的科学"，或者即便他们确实发展出了可行的科学，为什么这种科学"失败了"；他还知道为什么玻尔的量子物理学的方法论和认识论的基础是不好的[4]：上述所有的原因便在于，科学与"理性有神论"出自同一源头，并且都受同一种动力驱使，这就是"对终极的追求"。泛神论与东方的"无宇宙论"都不可能参与到这种对终极的探寻中；而它们对终极的放弃，便宣告了科学之死。杰基欣赏迪昂［Duhem］对从中世纪先驱到近代物理学丝毫不加批判的理念化，他憎恨自麦耶与柯瓦雷以来勾画出的那幅更为平衡的图景，因为这幅图景不但强调了中世纪的神学成果，同时也强

---

［3］　*Gesta Romanorum*，Osterley 编，c. 144。我已经精缩了这四种答案，并且采用了 Swan 与 Hooper 的译文，参看 Swan 与 Hooper，*Gesta Romanorum or Entertaining Moral Stories*, p. 251。这则故事在某些更早的古英语中世纪抄本［MSS］中并没有出现：Dick, *Die Gesta Romanorum nach der Innsbrucker Handschrift vom Jahre 1342*。关于"一个颠倒黑白的世界"的主题，参看 Curtius, *Europäische Literatur*, pp. 104-108。这或许是让·保罗宣告上帝之死的源头——如果思想真的需要一个源头的话。尼采的思想也不需要什么源头。不过冯·德·鲁夫特并未提及这则轶事（Von der Luft, "Sources of Nietzsche's 'God is Dead!' and Its Meaning for Heidegger", pp. 263-76）。

［4］　Jaki, *The Road of Science and the Ways of God*, pp. 14ff.（东方文化），19ff.（希腊科学），197ff.（玻尔、海森堡、互补性原理）。

调了这些成果的限度。[5] 如果一个现代科学家能（像普朗克与爱因斯坦那样）承认他自己持有泛神论倾向，那么我们可以说，他虽"非其所愿"[*malgré lui*]，却是个很好的有神论者。他们都不是"无源之水，无本之木"。

这些观念与相似的偏见的源头是因为它们混淆了"在后"[after] 与"根据"[because]，并使文化特征实体化。毫无疑问，人们可以找出中世纪神学与早期近代科学之间的许多有意义的联系。"如果没有前者，那么后者绝不会产生，也不会在任何伪装下得到推进"，这一点既不可证明，也不可信靠。在我看来，怀疑论、泛神论与无神论都是伴随科学（正如对"上帝之道"的寻求）的推进而产生的。我不知道一个无神论的社会是否可能产生一种与我们的文化相似的理性化与技术化的文化；但希腊人确实不可能发明出力学科学的微积分，也未能在"理论"与"实践"之间搭建起桥梁，这或许是由于他们的"心智"（斯宾格勒），或许是因为"奴隶制经济"（法灵顿），其或是因为"宗教倾向"（杰基）；但我能够确知的只是，希腊人的确未能做到这些。

"世界的祛魅"[6] 同样是本书一直关注的背景。韦伯看到了这个长期且艰辛的"祛魅"过程在希腊和古代以色列的起源。但这个"祛魅"过程为什么慢下来了？它为什么转向这条路向而不是那条路向？我们总能在这个过程中找到各种原因。但这些原因绝非充分，并且几乎也不必要。新的开端只是在回顾过去时才能被

---

[5]　同上，pp. 34-49, 230-34（柯瓦雷）。认为奥卡姆希望消除所有"普遍化"（pp. 41-42）的观点完全是错的，他只是禁止人们将其实体化。杰基的很多阐释或许最终都源自于这样一种信念，即认为《圣经》中的上帝之道是"简单的"，也即必须理性地解读。不过按照《圣经》的说法，"上帝之道"是"神秘"且复杂的；知识或智慧"在活人之地也无处可寻"。（《约伯记》二十八章 13 节）

[6]　Weber, *Gesammelte Aufsätze zur Religionssoziologie*, 1: 513.

辨认出来。我们不知道祛魅的碾轮多久会出现一次，也不知道曾有多少发现与观念后继无人；我们所知道的只是在很久以后才得到传承的那些发现和观念：

> 在所有的发现中，他人的劳动成果已经被人们接受，而且在第一次得到详尽阐发之后，又被那些接受了它们的人一步步向前推进了，或者其中一些独创的发明，常常在开初进展甚微，但是比起由它们导致的后来的发展，则具有大得多的作用。"万事开头难"也许是一句真实的格言，所以开端也是最难的。因为在其效果上它是巨大的，而分量则极其微小，那么要再给它补充一些，以及发展其他的部分就很容易了。[7]

363　　　发现并解释亚里士多德所说的那些"进展甚微的开端"是很困难的；它们被改头换面，潜伏在它们周围的环境中；但它们却是全新的。这种全新的（虽然不可避免地沿用继承而来的旧习语来表达的）开端，却同样具有"从无之中创造出来"的特性，既无法解释，也无法预测。并且只有在回顾过去时，我们才可能发现"那决定性的一步"是如何奠基一门新学科、一种新理论的，不管这种新学科或新理论做出了多么充分的准备，并且多么适应当时的文化；不过这样的回顾通常发生在很久以后，或许永远也不会发生。每一种富有创造力的成就的本质就在于它的自由："科

---

[7] Aristotle, *De sophisticis elenchis* 34.183b17-184b9, W. A. Pickard-Cumbridge 译（Oxford, 1912）[中译采用：《亚里士多德全集》第一卷，第619—620页，《辩谬篇》，秦典华译，苗力田主编，中国人民大学出版社，1992年。——译者]；参看 Kapp, *Greek Foundations of Traditional Logic*, pp. 5-7。

学就像是童话一样，那么强大，那么无忧无虑，那么美好。"[8] 总爱援引前人的亚里士多德，以一种绝对新奇的主张总结他的《论题篇》(《论题篇》是亚里士多德作为一名独立教师之后最早教授的课程之一)；这段话紧接着本文上面的那段引文：

> 在语言修辞方面，以及在其他所有技术方面，也发生过同样的情况，那些对修辞学的开端有所发现的人仅仅只是迈进了一小步，而今天那些有名的学者，由于继承了那些逐渐推进了修辞学的许许多多前辈的遗产……但是，就我们现在的研究来说，如果说已经部分地进行了详尽的阐述，部分还没有，那是不合适的。它以前根本不曾有过。

本书提出的问题根本不是新问题，答案有时也只存乎精微之间。然而，如果"在你们看来，……鉴于原来的这样一些情况，再与其他一些在继承传统的过程中建立起来的方法比较，我们的体系还是能够让人满意的，对于你们所有人，……剩下唯一的事情，就是请你们原谅我们的体系不够完备，并对我们的发现感到由衷的欣悦"。[9]

---

[8] R. Musil, *Der Mann ohne Eigenschaften* (Hamburg, 1952) C. II, p. 41.

[9] Aristotle, *De soph. elen.*, 同上。[中译采用：《亚里士多德全集》第一卷，第620—621页，《辩谬篇》，秦典华译，苗力田主编，中国人民大学出版社，1992年。——译者]

参考文献

Abaelard, Petrus. *Dialogus inter Philosophum, Judaeum et Christianum*. Migne, *PL* 178: 1609ff.

——. *Expositio in Hexaemeron*. Migne, *PL* 178: 732ff.

Abarbanel, Yitschak. *Perush hatora*. Warsaw, 1862.

Abelson, J. *The Immanence of God in Rabbinical Literature*. London, 1912.

Abraham bar Hiyya. *Sefer megillat ha' megalle*. Edited by A. Poznanski. Berlin, 1924.

Abraham ibn Ezra. *Perush hatora*. Edited by A. Weiser. 3 vols. Jerusalem, 1976.

Adams, Marylin M. "Intuitive Cognition, Certainty, and Scepticism in William of Ockham." *Traditio* 26 (1970): 389-98.

——. "Universals in the Early Fourteenth Century." *CHM*: 411-39.

Adams, Robert M. "Leibniz's Theories of Contingency." *Rice University Studies* 63 (1977): 1-41.

Aiton, E. J. *The Vortex Theory of Planetary Motions*. London and New York, 1972.

Alanus ab Insulis. *De fide catholica contra haereticos libri quattuor*. Migne, *PL* 210: 305ff.

Alexander of Hales. *Summa theologiae*. Edited by Quaracchi. 4 vols. Florence, 1924.

Alfunsi, Petrus. *Dialogi*. Migne, *PL* 157: 535ff.

Alt, Albrecht. *Die Ursprünge des israelitischen Rechts, kleine Schriften*. Munich, 1953.

Altmann, Alexander. *Moses Mendelssohn: A Biographical Study*. University, Ala., 1973.

Ambrosius of Milan. *De Iacobo*. CSEL 32. 2.

——. *De Paradiso*. Edited by C. Schenkel. CSEL 32. 1.

——. *Hexaemeron*. Edited by C. Schenkel. CSEL 32. 1.

Anastos, Milton V. "Porphyry's Attack on the Bible." In *The Classical Tradition: Literary and Historical Studies in Honor of Harry Kaplan*, edited by L. Wallach, pp. 421-50. Ithaca, N. Y., 1966.

Anderson, Carol Susan. "Divine Governance, Miracles, and Laws of Nature in the Early Middle Ages: The De mirabilibus Sacrae Scripturae." Ph. D. dissertation, UCLA, 1982.

Andresen, Carl. *Logos und Nomos: Die Polemik des Kelsos wider das Christentum*.

Arbeiten zur Kirchengeschichte 30. Edited by K. Aland et al. Berlin, 1955.

Anscombe, G. E. M. "Aristotle and the Sea Battle." *Mind* 65 (1956): 1-15.

———. "The Principle of Individuation." In *Articles on Aristotle*, 3: *Metaphysics*, edited by J. Barnes et al., pp. 88-95. New York, 1979.

Anselm of Canterbury. *Cur deus homo*. In *Opera omnia*, vol. 2, edited by F. S. Schmitt. Edinburgh, 1946.

———. *Proslogion*. In *Opera omnia*, vol. 1, ed. Schmitt.

Anselm of Havelberg. *Dialogi*. Migne, *PL* 188: 1139ff.

Apostle, Hippocrates G. *Aristotle's Physics*. Bloomington, Ind., 1969.

Archimedes. *The Works of Archimedes*. Translated and edited by Thomas L. Heath. New York, 1953.

Ardens, Radulphus. *Homiliae in Epistolas et Evangelia Dominicalia*. Migne, *PL* 155: 1067ff.

Arendt, Hannah. *Between Past and Future: Six Exercises in Political Thought*. Cleveland and New York, 1963.

———. *The Human Condition*. Chicago, 1958.

Aristotle. *Opera*. Edited by Immanuel Bekker. 2 vols. 1831; reprint Darmstadt, 1960.

———. *De caelo*. Edited by D. J. Allan. Oxford, 1936.

———. *Metaphysica*. Edited by Werner Jaeger. Oxford, 1957.

———. *Physica*. Edited by W. D. Ross. Oxford, 1950.

Arnauld, Antoine. *The Art of Thinking: Port Royal Logic*. Translated by James Dickoff and Patricia James. New York, 1964.

Arnobius. *Adversus Nationes*. Edited by Concetto Marchesi. Milan, 1953.

Arnold, Gottfried. *Unparteyische Kirchen und Ketzerhistorie*. Schaffhausen, 1740.

Auerbach, Erich. "*Figura*, " *Scenes from the Drama of European Literature*. New York, 1959.

———. *Mimesis: Dargestellte Wirklichkeit in der abendländischen Literatur*. 2d ed. Bern, 1959.

Augustine of Hippo. *Adversus Judaeos*. Migne, *PL* 42: 51ff.

———. *Contra epistulam Manichaei*. CSEL 25.

———. *Contra Faustum Manichaeum*. Migne, *PL* 42: 207ff.

———. *Contra Seceundinum Manichaeum*. Migne, *PL* 42: 577ff.

———. *De civitate Dei*. Edited by B. Dombart and A. Kalb. CCSL 47, 48.

———. *De diversis quaestionibus*. Migne, *PL* 40: 11ff.

———. *De Genesi contra Manichaeos*. Migne, *PL* 34: 173ff.

———. *De libero arbitrio*. Migne, *PL* 32: 1221ff.

———. *De vera religione*. CCSL 32: 187ff.

——. *Enchiridion*. Edited by O. Scheel. Sammlung ausgewählter kirchen-und dogmengeschichtlicher Quellenschriften, ser. 2, vol. 4. Tübingen, 1930.

——. *Epistulae*. Edited by A. Goldbacher. CSEL 44.

——. *Retractiones*. CSEL 36.

Aureoli, Petrus. *Scriptum in libros sententiarum*. In *Scriptum super primum sententiarum* (proemium-dist. 8), edited by E. Buytaert. 2 vols. St. Bonaventure, N. Y., 1953-1956.

Averroës (Ibn Rushd). *Aristotelis opera cum Averrois commentariis*. 9 vols. Venice, 1562-1574.

Bacon, Sir Francis. *The Works of Francis Bacon*. Edited by James Spedding, Robert L. Ellis, and Douglas D. Heath. 15 vols. London, 1887-1892.

Bacon, Roger. *Questiones supra libros quatuor physicorum*. In *Opera hactenus inedita Rogeri Baconi*, vol. 8, edited by F. U. Delmore. Oxford, 1927.

Baer, Yitzhak F. *Yisrael ba'amin* [Israel among the Nations]. Jerusalem, 1955.

Baeumler, Alfred. *Das Irrationalitätsproblem in der Aesthetik und Logik des 18. Jahrhundert*. 1923; reprint Darmstadt, 1967.

Bailey, Cyrill. *The Greek Atomists and Epicurus*. Oxford, 1928.

Bannach, D. *Die Lehre von der doppellten Macht Gottes bei Wilhelm von Ockham*. Veröffentlichungen des Instituts für Europäische Geschichte Mainz, 75. Wiesbaden, 1975.

Baron, Salo W. "The Historical Outlook of Maimonides." In *History and Jewish Historians*, pp. 109-63. Philadelphia, 1964.

Baudry, Léon. *Guillaume d'Occam: Sa vie, ses oeuvres, ses idées sociales et politiques*. Paris, 1950.

Bayle, Pierre. *Dictionnaire historique et critique*. Amsterdam, 1740.

——. *Dictionnaire historique et critique*. Edited by A. J. Q. Beuchot. 5 vols. Paris, 1820-1824.

——. *Pierre Bayle Historical and Critical Dictionary, Selections*. Edited by R. H. Popkin. Indianapolis and New York, 1965.

Becker, Oskar. *Grundlagen der Mathematik in geschichtlicher Entwicklung*. 2d ed. Suhrkamp, 1975.

——. *Mathematische Existenz: Untersuchungen zur Logik und Ontologie mathematischer Phänomene*. Halle, 1927.

Beda Venerabilis. *Super acta apostolorum*. Migne, *PL* 92: 937ff.

Belaval, Yvon. *Leibniz critique de Descartes*. Paris, 1960.

Bengsch, A. *Heilsgeschichte und Heilswissen: Eine Untersuchung zur Struktur und Entfaltung des Hl. Irenaeus von Lyons*. Leipzig, 1957.

Benin, Stephen D. "The 'Cuning of God' and Divine Accommodation." *Journal of the History of Ideas* 45 (1984): 179-91.

——. "Thou Shalt Have No Other God before Me: Sacrifice in Jewish and Christian Thought." Ph. D. dissertation, University of California at Berkeley, 1980.

Bennett, Jonathan. "Analytic-Synthetic." *Proceedings of the Aristotelian Society* 59(1958-1959): 163-88.

——. *Kant's Analytic*. Cambridge, 1966.

Benoit, A. *Saint Irénée: Introduction à l'étude de la théologie*. Paris, 1960.

Ben-Sasson, Hayyim-Hillel. "Yihud' am yisrael le'daat bne hame'a hastem esre." *Perakim leheker toldot yisrael* 2 (1971): 145-218.

Bentley, Jerry H. *Humanists and the Holy Writ: New Testament Scholarship in the Renaissance*. Princeton, 1983.

Benz, Ernst. *Ecclesia spiritualis: Kirchenidee und Geschichtstheologie der franziskanischen Reformation*. Stuttgart, 1934.

Benzen, Aage. *Daniel*. Handbuch des Alten Testaments, lst ser., 19. Edited by O. Eissfeldt. 2d ed. Tübingen, 1952.

Berger, Peter L. and Thomas Luckmann. *The Social Construction of Reality*. Garden City, N. Y., 1967.

Berges, Wilhelm. "Anselm von Havelberg in der Geistesgeschichte des 12. Jahrhunderts." *Jahrbuch für die Geschichte Mittel-und Ostdeutschlands* 5 (1956): 38ff.

Bergson, Henri. "L'Intuition philosophique." *Revue de Métaphysique et de Morale* 19 (1911): 809-827.

Berkoff, Hans. *Kirche und Kaiser: Eine Untersuchung zur Entstehung der byzantinischen und theokratischen Staatsauffassung im 4. Jahrhundert*. Zollikon and Zurich, 1947.

——. *Die Theologie des Eusebius von Caesarea*. Amsterdam, 1939.

Bernard of Clairvaux. *Ad Hugonem de Sancto Victore Epistola*. Migne, *PL* 182: 1031ff.

Beumer, J., S. J. "Der theoretische Beitrag der Frühscholastik zu dem Problem des Dogmenfortschritts." *Zeitschrift für Katholische Theologie* 74 (1952): 209ff.

Biale, David. *Gerschom Scholem: Kabbala and Counter-History*. Cambridge, Mass., 1979.

Bizer, Ernst. *Studien zur Geschichte des Abendmahlstreits im 16ten Jh*. Darmstadt, 1962.

——. "Ubiquität." In *Evangelisches Kirchenlexicon* 3 (Göttingen, 1959): 1530-32.

Blanchet, Louis. *Les Antécédents historiques de "Je pense donc je suis."* Paris, 1920.

Bloos, L. *Probleme der stoischen Physik*. Hamburg, 1973.

Blumenberg, Hans. *Die Genesis der kopernikanischen Wende*. Frankfurt-am-Main, 1975.

——. *Die kopernikanische Wende*. Frankfurt-am-Main, 1965.

——. *Die Legitimität der Neuzeit*. Frankfurt-am-Main, 1966.

——. *Die Lesbarkeit der Welt*. Frankfurt-am-Main, 1981.

Bochner, Salomon. "The Emergence of Analysis in the Renaissance and After." *Rice*

University Studies 64 (1978): 11-56.

Bock, Gisella. *Thomas Campanella, politisches Interesse und philosophische Spekulation.* Tübingen, 1974.

Bodin, Jean. *Methodus ad facilem historiarum cognitionem.* Strasbourg, 1907.

Boehm, A. *Le"vinculum substantiale" chez Leibniz: Ses origines historiques.* 2d ed. Paris, 1962.

Boehner, Philotheus, O. F. M. *Collected Articles on Ockham.* St. Bonaventure, N. Y., 1958.

——. *Ockham: Philosophical Writings.* Edinburgh, 1957.

Bohr, Niels. "Discussion with Einstein on Epistemological Problems in Atomic Physics." In *Albert Einstein: Philosopher-Scientist,* edited by Paul A. Schlipp, vol. 1. 3d ed. London, 1949.

Boler, John F. "Intuitive and Abstractive Cognition." *CHM:* 460-78.

Boll, Franz. "Die Lebensalter: Ein Beitrag zur antiken Ethnologie und zur Geschichte der Zahlen." *Neue Jahrbücher für das klassische Altertum,* ser. 2, 1 (1913): 89-145.

Bonansea, B. M., O. F. M. *Man and His Approach to God in John Duns Scotus.* Lanham, Md., 1983.

Bonaventura. *Opera omnia.* Edited by Quaracchi. 10 vols. Florence, 1882-1902.

Borkenau, Franz. *Der Übergang vom feudalen zum bürgerlichen Weltbild.* Paris, 1934.

Bos, H. J. M. "Arguments on Motivation in the Rise and Decline of a Mathematical Theory: The 'Construction of Equations,' 1637-ca. 1750." *Archive for History of the Exact Sciences* 30 (1984): 331-80.

Bossuet, Jacques-Bénigne. *Discours sur l'histoire universelle.* Edited by J. Truchet. Paris, 1966.

——. *Politique tirée des propres paroles de l'Écriture sainte.* Edited by J. le Brun. Geneva, 1967.

Bousset, Wilhelm. *Die Religion des Judentums in Späthellenistischer Zeit.* Edited by H. Gressmann. 3d ed. Tübingen, 1926.

Boyer, Carl B. "Galileo's Place in the History of Mathematics." In *Galileo, Man of Science,* edited by E. McMullin, p. 239. New York, 1967.

——. *The History of the Calculus and Its Conceptual Development.* New York, 1959.

Boyle, Robert. *Origins of Forms and Qualities According to the Corpuscular Philosophy* [1666]. In *The Works of the Honourable Robert Boyle,* Vol. 3. London, 1672.

Brandt, Frithiof. *Thomas Hobbes' Mechanical Conception of Nature.* Copenhagen and London, 1928.

Bréhier, Émile. "La création des vérités éternelles dans le système de Descartes." *Revue Philosophique de la France et de L'étranger* 113, 5-6, 7-8 (1937): 15-29. Translated by Willis Doney in *Descartes: A Collection of Critical Essays,* pp. 192-208. Garden City, N.

Y., 1967.

Breidert, Wolfgang. *Das aristotelische Kontinuum in der Scholastik.* BGPhM, Neue Folge 1. 2d ed. Münster, 1979.

Brezzi, Paulo. "Ottone di Frisinga." *Bollettino dell'istituto storico italiano per il Medioevo e archivo Muratoriano* 54 (1939): 129ff.

Brown, Peter. *Augustine of Hippo: A Biography.* Berkeley and Los Angeles, 1969.

Brown, Stuart M. "The Taylor Thesis." In *Hobbes Studies,* edited by Keith C. Brown, pp. 31-34, 57-71. Oxford, 1965.

Buchdahl, Gerd. *Metaphysics and the Philosophy of Science: The Classical Origins: Descartes to Kant.* Cambridge, Mass., 1969.

Buchholz, Karl-Dietrich. *Isaac Newton als Theologe.* Witten, 1965.

Budde, Franz. *Historia ecclesiastica.* 3d ed. Jena, 1726.

Burckhardt, Jacob. *Die Kultur der Renaissance in Italien, Ein Versuch.* In *Werke,* Vol. 3. Darmstadt, 1962.

Buridan, Johannes. *Questiones super octo physicorum libros Aristotelis.* Paris, 1509.

——. *Questiones super libris quattuor de caelo et mundo.* Edited by Ernest A. Moody. Cambridge, Mass., 1942.

Burthogge, Richard. *An Essay upon Reason and the Nature of Spirits.* London, 1694.

Burtt, Edwin A. *The Metaphysical Foundations of Modern Science.* Garden City, N. Y., 1954.

Campanella, Tommaso. *Atheismus triumphatus.* Paris, 1636.

——. *Metaphysica.* Edited by G. di Napoli. Bologna, 1967.

——. *Rationalis philosophiae,* part 5: *Historiographia liber unus iuxta propria principia.* In *Tutte le opere di Tommaso Campanella,* Vol. 1, edited by L. Firpo. Turin, 1954.

Caspar, Erich, ed. *Das Register Gregors VII.* 2 vols. MG Epistulae selectae in usum scholarum 2. 1. Berlin, 1920.

Cassirer, Ernst. *Das Erkenntnisproblem in der Philosophie und Wissenschaft der neueren Zeit.* 3d ed. 4 vols. 1921; reprint Darmstadt, 1974.

——. *Leibniz' System in seinen wissenschaftlichen Grundlagen.* 1902; reprint Darmstadt, 1962.

——. *The Philosophy of Symbolic Forms.* Translated by R. Mannheim. 3 vols. New Haven and London, 1955.

——. *The Platonic Renaissance in England.* Translated by J. P. Pettegrove. Austin, 1953.

——. *Substance and Function.* Translated by William C. Swabey and Marie C. Swabey. Chicago, 1923.

Censorinus. *De die natali.* Edited by Friedrich Hulfsch. Leipzig, 1897.

Centiloquium theologicum. Edited by Philotheus Boehner. *Franciscan Studies* 17 (1942):

44ff.

Charles, R. H., ed. *The Apocrypha and Pseudepigrapha of the Old Testament.* 2 vols. 1913. Reprint. Oxford, 1963.

Chenu, Marie-Dominique. *Nature, Man, and Society in the Twelfth Century.* Selected, edited, and translated by Jerome Taylor and Lester K. Little. Chicago, 1968.

——. "La Théologie de la loi ancienne selon S. Thomas." *Revue Thomiste* 61(1961): 485ff.

Cicero. *De natura deorum.* Edited by O. Plassberg. Stuttgart, 1959.

——. *De re publica.* Edited by K. Ziegler. Leipzig, 1960.

Clagett, Marshall. *The Science of Mechanics in the Middle Ages.* Madison, Wis., 1961.

Clarendon, Edward, Earl of. *A Brief Survey of the Dangerous and Pernicious Errors to Church and State in Mr. Hobbes' book entitled Leviathan.* Oxford, 1676.

Clauberg, Johann. *Differentia inter Cartesianam et in scholis vulgo usitatam philosophiam.* In *Opera omnia philosophica.* 2 vols. Amsterdam, 1691.

Clavelin, Maurice. *The Natural Philosophy of Galileo: Essay on the Origins and Formation of Classical Mechanics.* Translated by A. J. Pomerans. Cambridge, Mass., 1974.

Cnutonis regis gesta...auctore monacho sancti Bertini. Edited by Georg Heinrich Pertz. MG Script. in usu schol. Hanover, 1865.

Cochrane, Ch. N. *Christianity and Classical Culture: A Study of Thought and Action from Augustus to Augustine.* 2d ed. New York, 1957.

Cohen, Hermann. *Kommentar zu Immanuel Kants Kritik der Reinen Vernunft.* Leipzig, 1907.

Cohen, I. Bernard. *Introduction to Newton's Principia.* Cambridge, Mass., 1971.

——. "Newton's Use of 'Force,' or Cajori versus Newton." *Isis* 58 (1967): 226-30.

——. "Quantum in se est." *Notes and Records of the Royal Society* 19(1964): 131-55.

Cohen, Jeremy. *The Friars and the Jews: The Evolution of Medieval Anti-Judaism.* Ithaca, N. Y. and London, 1982.

Condillac, Étienne Bonnot de. *Traité des systèmes.* In *Oeuvres complètes.* Paris, 1788.

Connell, Desmond. *The Vision in God: Malebranche's Scholastic Sources.* Louvain and Paris, 1967.

Conway, Anne. *The Principles of the Most Ancient and Modern Philosophy.* Edited by P. Loptson. The Hague, 1982.

Conzelmann, H. *Die Mitte der Zeit: Studien zur Theologie des Lucas.* Tübingen, 1954.

Copenhauer, Brian P. "Jewish Theologies of Space in the Scientific Revolution: Henry More, Joseph Raphson, Isaac Newton, and Their Predecessors." *Annals of Science* 37 (1980): 489-548.

Copernicus, Nicolaus. *De revolutionibus orbium coelestium.* Thorn, 1873.

Cornford, Francis M. *From Religion to Philosophy: A Study in the Origins of Western*

Speculation. New York, 1957.

——. *Plato's Cosmology: The Timaeus of Plato*. 1938; reprint New York, n. d.

Courtenay, William J. "The Critique of Natural Causality in the Mutakallimun and Nominalism." *Harvard Theological Review* 66. 1 (1973): 77-94.

——. "The Dialectic of Divine Omnipotence." In *Covenant and Causality in Medieval Thought*. London, 1984.

——. "John of Mirecourt and Gregory of Rimini on Whether God Can Undo the Past." *Recherches de Théologie ancienne et médiévale* 39 (1972): 224-56; 40(1973): 147-73.

——. "Necessity and Freedom in Anselm's Conception of God."*Analecta Anselmiana* 4. 2 (1975): 39-64.

Couturat, Louis. *La Logique de Leibniz d'après des documents inédits*. Paris, 1901.

Cragg, G. R. *From Puritanism to the Age of Reason: A Study of Changes in Religious Thought within the Church of England 1660-1700*. Cambridge, 1966.

Cranz, F. Edward. "The Development of Augustine's Ideas on Society before the Donatist Controversy." *Harvard Theological Review* 58 (1954): 255ff.

——. "Kingdom and Polity in Eusebius of Caesarea." *Harvard Theological Review* 45 (1952): 51ff.

Crescas, Hisdai. *Or Adonai*. Vienna, 1859.

Crombie, A. C. *Robert Grosseteste and the Origins of Experimental Science 1100-1700*. 2d ed. Oxford, 1962.

Crosby, H. Lamar. *Thomas Bradwardine, His Tractatus de Proportionibus: Its Significance for the Development of Mathematics*. Madison, Wis., 1955.

Cross, Frank. *The Ancient Library of Qumran*. New York, 1961.

Cudworth, Ralph. *The True Intellectual System of the Universe*. London, 1678.

Cumont, Franz. *Die orientalischen Religionen im römischen Heidentum*. Translated and edited by August Burckhardt-Brandenburg. Darmstadt, 1959.

Curley, E. M. "Descartes on the Creation of Eternal Truths." *The Philosophical Review* 93. 4 (1984): 569-97.

——. "The Roots of Contingency." In *Leibniz: A Collection of Critical Essays*, edited by H. G. Frankfurt, pp. 69-97. Garden City, N. Y., 1972.

Curley, E. M. *Spinoza's Metaphysics: An Essay in Interpretation*. Cambridge, Mass., 1969.

Curtius, Ernst Robert. *Europäische Literatur und lateinisches Mittelalter*. 3d ed. Bern, 1961.

Cusanus, Nicolaus. *Opuscula varia theologica et metaphysica*. Edited by Paul Wilpert. In *Nikolaus von Kues: Werke (Neuausgabe des Strassburger Drucks von 1488)*. 2 vols. Berlin, 1967.

Damiani, Petrus. *De divina omnipotentia in reparatione corruptae, et factis infectis reddendis.* In *Lettre sur la tout-puissance divine*, edited by A. Cantin. Paris, 1972.

Dan, Joseph. *Hasipur ha'ivri biyme habenayyim* [The Hebrew Story in the Middle Ages]. Jerusalem, 1974.

Daniélou, Jean. "The New Testament and the Theology of History." *Studia Evangelica* 1 (1959): 25-34.

Daniels, A. *Quellenbeiträge und Untersuchungen zur Geschichte des Gottesbeweises im Mittelalter.* BGPhM 8. 1-2. Münster, 1909.

Dante Alighieri. *Opere.* Edited by E. Moore and P. Toynbee. Oxford, 1924.

Davidson, Herbert. "Arguments from the Concept of Particularization." *Philosophy East and West* 18 (1968): 299ff.

Day, Sebastian, J., O. F. M. *Intuitive Cognition: A Key to the Significance of the Later Scholastics.* St. Bonaventure, N. Y., 1947.

DeJung, Ch. *Wahrheit und Häresie: Untersuchungen zur Geschichtsphilosophie bei Sebastian Franck.* Zurich, 1980.

Deku, H. "Possibile logicum." *Philosophisches Jahrbuch der Görres-Gesellschaft* 64 (1956): 1-21.

Dempf, Alois. *Sacrum Imperium.* 2d ed. Munich, 1949.

Denifle, Heinrich and Émile Chatelain. *Chartularium Universitatis Parisiensis.* 2 vols. 1889-1897; reprint Brussels, 1964.

Derrida, Jacques. *Of Grammatology.* Translated by G. Ch. Spivak. Baltimore and London, 1976.

Descartes, René. *Oeuvres de Descartes.* Edited by Charles Adam and Paul Tannery. 12 vols. 1897-1913; reprint Paris, 1973.

——. *Philosophical Works of Descartes.* Edited by E. S. Haldane and G. R. T. Ross. 2 vols. New York, 1934.

De Silvestris, Franciscus (Ferarensis). *Commentaria ad Summam contra gentiles.* In Thomas Aquinas, *Summa contra gentiles, Opera Omnia* (Leonine edition), vols. 13-15.

Dick, Steven J. *Plurality of Worlds: The Origins of the Extraterrestrial Life Debate from Democritus to Kant.* Cambridge, 1982.

Dick, W. *Die Gesta Romanorum nach der Innsbrucker Handschrift vom Jahre 1342.* Erlangen and Leipzig, 1890.

Diels, Hermann and Walter Kranz. *Fragmente der Vorsokratiker.* 3 vols. 6th ed. Berlin, 1952.

Diestel, Ludwig. *Geschichte des Alten Testaments in der christlichen Kirche.* Jena, 1869.

Dijksterhuis, E. J. *The Mechanization of the World-Picture.* Oxford, 1961.

Dilthey, Wilhelm. *Weltanschauung und Analyse des Menschen seit Renaissance und*

Reformation. In *Gesammelte Schriften*, Vol. 2. Stuttgart, 1960.

Dixon, R. B. *Oceanic Mythology.* Boston, 1916.

Doren, A. "Campanella als Chiliast und Utopist." In *Kultur und Universalgeschichte* (Festschrift für W. Goetz), pp. 242-59. Leipzig and Berlin, 1927.

Douglas, Mary. *Purity and Danger: An Analysis of Concepts of Pollution and Tabu.* London, 1966.

Drake, Stillman. *Galileo at Work: His Scientific Biography.* Chicago, 1978.

——. *Galileo Studies.* Ann Arbor, Mich., 1970.

Dreiling, P. R., O. F. M. *Der Konzeptualismus in der Universalienlehre des Franziskanerbischofs Petrus Aureoli.* BGPhM 11. 6. Münster, 1913.

Dronke, Peter. *Fabula: Explorations into the Uses of Myth in Medieval Platonism.* Leiden and Cologne, 1974.

Ducasse, Curt J. "William Whewell's Philosophy of Scientific Discovery." In *Theories of Scientific Method, The Renaissance through the Nineteenth Century*, edited by Edward H. Madden, pp. 183-217. Washington, D. C., 1966.

Duchaltelez, H. "La 'condescendance' divine et l'histoire du salut." *Nouvelle Revue Théologique* 95 (1973): 593-621.

Dühring, Ingemar. *Aristoteles, Darlegung und Interpretation seines Denkens.* Heidelberg, 1966.

Duhem, P. M. M., *Études sur Léonard de Vinci.* 3 vols. Paris, 1906-1913.

——. *Le Système du monde.* 10 vols. Paris, 1913-1959.

——. *To Save the Phenomena: An Essay on the Idea of Physical Theory from Plato to Galileo.* Translated by E. Donald and C. Maschler. Chicago, 1969.

Eibl, Hans. *Augustin und die Patristik.* Munich, 1923.

Einstein, Albert and Leopold Infeld. *The Evolution of Physics.* New York, 1966.

Eissfeldt, Otto. *The Old Testament, an Introduction.* Translated by P. R. Ackroyd. New York and Evanston, 1965.

Elders, L. *Aristotle's Cosmology: A Commentary on De Caelo.* Assen, 1966.

Eliade, Mircea. *Cosmos and History: The Myth of Eternal Return.* Translated by W. R. Trask. New York, 1959.

Elkana, Yehuda. "Science as a Cultural System: An Anthropological Approach." In *Scientific Culture in the Contemporary World*, edited by V. Mathieu and P. Rossi, pp. 269-89. Milan, 1979.

Elliger, Kurt. *Studien zum Habakuk—Kommentar vom Toten Meer.* Tübingen, 1953.

Enders, A. *Petrus Damiani und die weltliche Wissenschaft.* BGPhM 8. 3. Münster, 1910.

Entsiklopedia talmudit le'inyene halacha [Talmudic Encyclopedia]. Edited by Meir Berlin and Shlomo Josef Zevin. Jerusalem, 1948ff.

Ettinger, Shmuel. "Jews and Judaism as Seen by the English Deists of the Eighteenth Century." *Zion* 29 (1964): 182ff.

Euchner, Walter. *Egoismus und Gemeinwohl: Studien zur Geschichte der bürgerlichen Philosophie.* Frankfurt, 1973.

Euclid. *The Thirteen Books of Euclid's Elements.* Translated by Thomas L. Heath. 2d ed. 1926; reprint New York, 1956.

Eusebius of Caesarea. *Commentaria in Psalmos.* Migne, *PG* 23: 66ff.

——. *Kirchengeschichte* (kleine Ausgabe) [*Historia ecclesiastica*]. Edited by Eduard Schwartz. 5th ed. Berlin, 1952.

Faj, Attila. "Vico as a Philosopher of Metabasis." In *Giambattista Vico's Science of Humanity*, edited by Giorgio Tagliacozzo and Donald Phillip Verene, pp. 87-109. Baltimore, 1976.

Farrington, B. *Greek Science.* 2d ed. London, 1953.

Faur, José. "Mekor Chiyyuban shel hammitsvot le'daat harambam." *Tarbiz* 38 (1969): 43-53.

Favaro, Antonio. *Galileo Galilei, Pensieri, motti e sentenze.* Florence, 1935.

Feldon-Eliav, Miriam. *Realistic Utopias.* Oxford, 1983.

Festugière, André Marie Jean. *Epicurus and His Gods.* Translated by C. W. Chilton. Oxford, 1952.

Feyerabend, Paul. "Consolations for the Specialist." In *Criticism and the Growth of Knowledge*, edited by Imre Lakatos and Alan Musgrave, pp. 197-230. Cambridge, 1970.

Fisher, N. W. and Sabetai Unguru. "Experimental Science and Mathematics in Roger Bacon's Thought." *Traditio* 27 (1971): 353-78.

Fletcher, Angus. *Allegory: The Theory of Symbolic Mode.* Ithaca, N. Y., 1964.

Fleury, l'Abbé. *Les Moeurs des Israelites.* 2d ed. Paris, 1712.

Flusser, David. "The Dead-Sea Sect and Pre-Pauline Christianity." *Scripta Hierosolymitana* 4 (1968): 220ff.

Fölsing, Albrecht. *Galileo Galilei: Prozess ohne Ende, Eine Biographie.* Munich and Zurich, 1983.

Foucault, Michel. *Archéologie de savoir.* Paris, 1969.

——. *Les Mots et les choses.* Paris, 1966.

Franciscus de Mayronis. *In quatuor libros sententiarum.* Venice, 1520.

Franck, Sebastian. *Paradoxa.* Edited by S. Wollgast. Berlin, 1966.

Frank, Manfred. *Was ist Neustrukturalismus?* Frankfurt-am-Main, 1984.

Frankfurt, Harry G. "Descartes on His Existence." *Philosophical Review* 75 (1966): 329-56.

Franklin, Julian H. *Jean Bodin and the Sixteenth-Century Revolution in the Methodology of*

　　　　Law and History. New York, 1963.

Frechulf of Lisieux. *Chronicon*. Migne, *PL* 106: 917ff.

Freudenthal, Gideon. *Atom und Individuum in Zeitalter Newtons: Zur Genese der mechanistischen Natur-und Sozialphilosophie*. Frankfurt-am-Main, 1982.

Friedrich, Hugo. *Montaigne*. 2d ed. Bern and Munich, 1967.

Fritz, Kurt von. *Die griechische Geschichtsschreibung*. 2 vols. Berlin, 1967.

——. *Schriften zur griechischen Logik*. 2 vols. Stuttgart and Bad Cannstatt, 1978.

——. "Zenon von Sidon." Pauli-Wissowa, *RE X*A (2d ser., 19): 122-27.

Fromm, K. "Cicero's geschichtlicher Sinn." Ph. D. dissertation, University of Freiburg, 1954.

Frutolf of Michelsberg. *Chronicon*. Edited by G. Waitz. MG Script. 5: 33ff.

Fuchs, Harald. *Der geistige Widerstand gegen Rom in der Antiken Welt*. 2d ed. Berlin, 1964.

Funkenstein, Amos. "Changes in the Patterns of Christian Anti-Jewish Polemics in the 12th Century." *Zion* 23 (1968): 126-45.

——. "Descartes, Eternal Truths, and the Divine Omnipotence." *Studies in History and Philosophy of Science* 6. 3 (1975): 185-99.

——. "The Dialectical Preparation for Scientific Revolutions." In *The Copernican Achievement*, edited by Robert Westman, pp. 163-203. Berkeley and Los Angeles, 1975.

——. "The Genesis of Rosenzweig's 'Stern der Erlösung': 'Urformell' and 'Urzelle.' " *Jahrbuch des Instituts für deutsche Geschichte* 4 (1983): 17-29.

——. "Gesetz und Geschichte: Zur historisierenden Hermeneutik bei Moses Maimonides und Thomas von Aquin." *Viator* 1 (1970): 147-78.

——. *Heilsplan und natürliche Entwicklung: Formen der Gegenwarts-bestimmung im Geschichtsdenken des Mittelalters*. Munich, 1965.

——. "Maimonides: Political Theory and Realistic Messianism." *Miscellanea Medievalia* 11 (1971): 81-103.

——. "Nachmanides' Typological Reading of History." *Zion* 45 (1960): 35-59. Translated in *Studies in Jewish Mysticism*, edited by J. Dan and F. Talmage, *AJS Review* (1982): 129-50.

——. "Patterns of Christian-Jewish Polemics in the Middle Ages." *Viator* 2 (1971): 373-82.

——. "Periodization and Self-Understanding in the Middle Ages and Early Modern Times." *Medievalia et Humanistica* 5 (1974): 3-23.

——. "The Persecution of Absolutes: On the Kantian and Neokantian Theories of Science." *The Kaleidosope of Science. The Israel Colloquium for the History and Philosophy of Science* 1 (1986): 39-63.

——. "Some Remarks on the Concept of Impetus and the Determination of Simple Motion."

Viator 2 (1971): 329-48.

Funkenstein, Amos, and Jürgen Miethke. "Hugo von St. Viktor." In *Neue Deutsche Biographie* 10, pp. 19-22. Berlin, 1974.

Gabbey, Alan. "Force and Inertia in the Seventeenth Century: Descartes and Newton." In *Descartes: Philosophy, Mathematics, and Physics*, edited by Stephen Gaukroger, pp. 230-320. Brighton and Sussex, 1980.

Galileo Galilei. *Le Opere di Galileo Galilei, Edizione Nazionale*, edited by A. Favaro. 20 vols. Florence, 1891-1909.

Garnerius of Rochefort (?). *Contra Amaurianos*. Edited by Clemens Baeumker. BGPhM 25, 5-6. Münster, 1926.

Gassendi, Pierre. *De vita et moribus Epicure*. Lyons, 1647.

———. *Exercitationes paradoxicae adversus Aristoteleos*. Edited by Bernard Rochot. Paris, 1959.

———. *Syntagmatis philosophia*. Lyons, 1685.

Gay, Peter. *The Enlightenment: An Interpretation*, 1: *The Rise of Modern Paganism*. New York, 1968.

Geertz, Clifford. *Local Knowledge: Further Essays in Interpretive Anthropology*. New York, 1983.

Gelber, Hester G. *Exploring the Boundaries of Reason: Three Questions on the Nature of God by Robert Holcot OP*. Studies and Texts of the Pontifical Institute of Medieval Studies 62. Toronto, 1983.

———. "Logic and Trinity: A Clash of Values in Scholastic Thought 1330-1335." Ph. D. dissertation, University of Wisconsin, Madison, 1974.

Gelber-Talmon, Yonina. "The Concept of Time in Primitive Mythus." *Iyyun, Philosophical Quarterly* 2 (1951): 201ff. (in Hebrew), 260 (English summary).

Gesta abbatum Trudonensium. Edited by Köpke. MG Script. in usu schol. 10.

Gesta Romanorum. Edited by H. Osterley. Berlin, 1872. Translated by Ch. Swan and W. Hooper, *Gesta Romanorum or Entertaining Moral Stories*. New York, 1959.

Ghellinck, J. de. *Le Mouvement théologique du 12ᵉ siècle*. 12th ed. Brussels and Paris, 1948.

Gierke, Otto von. *Das deutsche Genossenschaftsrecht*, III: *Die Staats- und Korporationslehre des Altertums und des Mittelalters und ihre Aufnahme in Deutschland*. 1881; reprint Darmstadt, 1954.

———. *Johannes Althusius und die Entwicklung der naturrectlichen Staatstheorien*. Breslau, 1913.

Gilson, Etienne. *Études sur le rôle de la pensée médiévale dans la formation du système Cartésien*. Paris, 1930.

———. *Index Scolastico-Cartésien*. 2d ed. Paris, 1979.

——. *Jean Duns Scot, Introduction à ses positions fondamentales.* Paris, 1952. Translated by Werner Dettloff, *Johannes Duns Scotus: Einführung in die Grundgedanken seiner Lehre.* Düsseldorf, 1959.

Ginzburg, Carlo. *The Cheese and the Worms: The Cosmos of a Sixteenth-Century Miller.* Baltimore, 1980.

Giraldus Cambrensis. *Topographia Hibernica.* In *Opera,* Vol. 5, edited by J. F. Dimock. London, 1867.

Glaber, Rudolfus. *Historiarum sui temporis libri quinque.* In *Raoul Glaber, les cinq livres de ses Histoires,* edited by M. Prou. Paris, 1896.

——. *Vita sancti Guillelmi abbatis Divionensis.* Migne, *PL* 142.

Glanvill, Joseph. *Plus Ultra or the Progress and Advancement of Knowledge since the Days of Aristotle.* London, 1668.

——. *Saducismus Triumphatus: or, Full and Plain Evidence Concerning Witches and Apparitions.* 2d ed. London, 1682.

Glossa ordinaria. Migne, *PL* 113.

Goddu, André. *The Physics of William of Ockham.* Leiden and Cologne, 1984.

Gössman, Elizabeth. *Metaphysik und Weilsgeschichte: Eine theologische Untersuchung der Summa Halensis (Alexander von Hales).* Munich, 1964.

Goez, Werner. *Translatio imperii: Ein Beitrag zur Geschichte des Geschichtsdenken und der politischen Theorien im Mittelalter und in der frühen Neuzeit.* Tübingen, 1958.

Goldmann, Lucien. *Le dieu caché: Études sur la vision tragique dans les Pensées de Pascal et dans le théâtre de Racine.* Paris, 1959.

Goldsmith, M. M. *Hobbes' Science of Politics.* New York, 1966.

Goldzieher, Ignaz. *Vorlesungen über den Islam.* Heidelberg, 1910.

Goodman, Nelson. *Fact, Fiction, and Forecast.* 2d ed. Indianapolis, 1965.

Goretti, Maria. "Vico et le hétérogenèse de fins." *Les Études philosophiques* 3. 4 (1968): 351-59.

Gossman, Lionel. *Medievalism and the Ideologies of the Enlightenment: The World and Work of La Curne de Sainte-Palaye.* Baltimore, 1968.

Gottleib, Abraham. *Mehkarim besifrut hakabala.* Tel-Aviv, 1976.

Grabmann, Martin. *Die Geschichte der scholastischen Methode.* 2 vols. 1911; reprint Basel and Stuttgart, 1961.

Graetz, Heinrich Z. *Die Konstruktion der jüdischen Geschichte.* Berlin, 1936.

Graiff, Cornelio Andrea, O. S. B., ed. *Siger de Brabant: Questions sur le Métaphysique.* Louvain, 1948.

Grant, Edward. "The Condemnation of 1277: God's Absolute Power and Physical Thought in the Middle Ages." *Viator* 10 (1979): 211-44.

——. "Medieval Explanations and Interpretations of the Dictum that Nature Abhors the

Vacuum." *Traditio* 29 (1973): 327-55.

——. "Motion in the Void and the Principle of Inertia in the Middle Ages." *Isis* 55 (1964): 265-92.

——. *Much Ado about Nothing: Theories of Space and Vacuum from the Middle Ages to the Scientific Revolution*. Cambridge, 1981.

——. *A Sourcebook in Medieval Science*. Cambridge, Mass., 1974.

Grant, R. M. *Miracle and Natural Law in Greco-Roman and Early Christian Thought*. Amsterdam, 1952.

Gregori, Tullio. *Scetticismo e Empirismo: Studio su Gassendi*. Bari, 1961.

Gregory of Rimini. *Lectura super primum et secundum sententiarum*. Edited by A. D. Trapp, O. S. A. and V. Marcolino. 6 vols. Berlin and New York, 1979-1984.

Gregory the Great. *Homiliae in Ezechielem*. Migne, *PL* 76.

Griewank, R. *Der neuzeitliche Revolutionsbegriff, Entstehung und Entwicklung*. 2d ed. Frankfurt-am-Main, 1969.

Grondziel, Heinrich. "Die Entwicklung der Unterscheidung zwischen der potentia Dei absoluta und der potentia Dei ordinata von Augustin bis Alexander von Hales." D. Theol. dissertation, University of Breslau, 1926.

Grotius, Hugo. *De iure belli ac pacis*. Lausanne, 1751.

Gruenwald, Ithamar. *Apocalyptic and Merkavah Mysticism*. Leiden and Cologne, 1980.

Grundmann, Herbert. *Ketzergeschichte des Mittelalters*. In *Die Kirche in ihrer Geschichte*, edited by K. D. Schmitt and E. Wolf. Göttingen, 1963.

——. "Oportet et haereses esse: Das Problem der Ketzerei im Spiegel der mittelalterlichen Bibelexegese." *Archiv für Kulturgeschichte* 45 (1963): 129-64.

——. *Studien zu Joachim von Floris*. 1927; reprint Leipzig, 1966.

Guelincx, Arnold. *Annotationes ad Ethicam*. In *Opera Philosophica*, Vol. 3, edited by J. P. N. Land. The Hague, 1891-1893.

——. Γνωϑισεαυτόν *sive Ethica*. Amsterdam, 1665.

Guerlac, H. "Copernicus and Aristotle's Cosmos." *Journal of the History of Ideas* 29 (1968): 109-13.

Gueroult, Martial. *Spinoza*. 2 vols. Paris and Hildesheim, 1968, 1974.

Gurewitsch, Aaron J. *Kategorii srednevekovoie kulture*. Moscow, 1972. Translated by Gabriele Lossak, *Das Weltbild des mittelalterlichen Menschen*. Dresden, 1978.

Gusdorf, G. *Dieu, la nature, l'homme au siècle des lumières*. Paris, 1972.

Guthrie, W. K. C. *A History of Greek Philosophy*. 5 vols. Cambridge, 1969.

Guttmann, Jakob. "Der Einfluss der Maimonideischen Philosophie auf das christliche Abendland." In *Moses ben Maimon, sein Leben, seine Werke und sein Einfluss*, edited by J. Guttmann, pp. 144-54. Leipzig, 1908.

Guttmann, Julius. "John Spencers Erklärung der biblischen Gesetze in ihrer Beziehung zu Maimonides." In *Festskrift i anleding af Professor David Simonsens 70-årige fødelsdag*, pp. 258-76. Copenhagen, 1923.

———. "Das Problem der Kontingenz in der Philosophie des Maimonides." *MGWJ* 83 (1939): 406ff.

Haber, Frank C. *The Age of the World: Moses to Darwin*. Baltimore, 1959.

Hägglund, B. *Theologie und Philosophie bei Luther und in der ockhamistischen Tradition*. Lund, 1935.

Häussler, A. "Vom Ursprung und Wandel des Lebensaltervergleichs." *Hermes* 92 (1964): 313ff.

Hahn, David E. *The Origins of Stoic Cosmology*. Athens, Ohio, 1976.

Hahn, T. *Tychonius-Studien: Ein Beitrag zur Kirchen-und Dogmengeschichte des vierten Jahrhunderts*. Leipzig, 1900.

Hallet, H. F. *Benedict de Spinoza*. London, 1957.

Harnack, Adolf von. *Marcion, Das Evangelium vom fremden Gott*. 2d ed. 1924; reprint Berlin, 1960.

———. "Porphyrius gegen die Christen." In *SB der königlichen Akademie der Wissenschaften, Phil-hist. Klasse I*. Berlin, 1916.

Harries, K. "The Infinite Sphere: Comments on the History of a Metaphor." *Journal of the History of Philosophy* 13 (1976): 5-15.

Hartke, Werner. *Römishe-Kinderkaiser: Eine Strukturanalyse römischen Denkens und Daseins*. Berlin, 1951.

Hassinger, Erich. *Empirisch-rationaler Historismus: Seine Ausbildung in der Literatur Westeuropas von Guiccardini bis Saint-Evremond*. Bern and Munich, 1978.

Hausamman, S. "Realpräsens in Luthers Abendmahllehre." In *Studien zur Geschichte und Theologie der Reformation, Festschrift für Ernst Bizer*, pp. 157-73. Neukirchen and Vluyn, 1969.

Hazard, Paul. *La Crise de la conscience européenne*. Paris, 1935.

Heath, Thomas L. *A History of Greek Mathematics*. 2 vols. Oxford, 1921.

———. *Mathematics in Aristotle*. Oxford, 1949.

Hegel, Georg Wilhelm Friedrich. *Philosophie der Geschichte*. Edited by F. Brunstädt. Reclam, 1961.

———. *Vorlesungen über die Geschichte der Philosophie*. In *Werke*, edited by Eva Moldenhauer and Karl Marcus Michel, vols. 18-20. Frankfurt-am-Main, 1971.

———. *Vorlesungen über die Philosophie der Geschichte*. Edited by H. Glockner. Stuttgart, 1928.

Hegler, Alfred. *Geist und Schrift bei Sebastian Franck: Eine Studie zur Geschichte des*

Spiritualismus in der Reformationszeit. Freiburg im Breisgau, 1892.

Heidegger, Martin. *Sein und Zeit.* 9th ed. Tübingen, 1960.

Heinemann, Isaak. "Antisemitismus, " Pauly-Wissowa, *RE*, Suppl. 5. 3-43.

———. *Darche ha'agada.* 3d ed. Jerusalem, 1970.

———. *Ta'ame hamitsvot be-safrut Yisrael.* Jerusalem, 1959.

Heller-Willensky, Sara. "Isaac Ibn Latif." In *Jewish Medieval and Renaissance Studies,* edited by Alexander Altmann. Cambridge, Mass., 1967.

Henrich, Dieter. *Der ontologische Gottesbeweis: Sein Problem und seine Geschichte in der Neuzeit.* Tübingen, 1960.

Henry of Ghent. *Quodlibeta.* Venice, 1608.

Hervaeus Natalis. *In quatuor libros sententiarum commentaria.* Paris, 1647.

Heyd, Michael. *Between Orthodoxy and the Enlightenment: Jean-Robert Chouet and the Introduction of Cartesian Science in the Academy of Geneva.* Archives internationales d'histoire des idées 96. The Hague and Jerusalem, 1982.

Hieronymus. *Chronicon Eusebii.* Edited by R. Helms. GCS 24 (1913).

———. *Commentarium in Danielem.* CCSL 15A.

———. *Epistulae.* CSEL 56.

———. *Vita Malchi.* Migne, *PL* 23: 5ff.

Hildebertus Cenomanensis. *Tractatus theologicus.* Migne, *PL* 171: 1067ff.

Hintikka, Jaakko. "Cogito Ergo Sum as an Inference and a Performance." *Philosophical Review* 72 (1963): 487-96.

———. "Cogito Ergo Sum: Inference or Performance." *Philosophical Review* 71 (1962): 3-32.

———. "Kantian Intuitions." *Inquiry* 15 (1972): 341-45.

———. *Knowledge and the Known: Historical Perspectives in Epistemology.* Dordrecht, 1974.

———. "Leibniz on Plenitude, Relations, and the 'Reign of Law.'" In *Leibniz, A Collection of Critical Essays,* edited by H. G. Frankfurt, pp. 155-90. Garden City, N. Y., 1972.

———. *Time and Necessity: Studies in Aristotle's Theory of Modality.* Oxford, 1973.

Hipler, Franz. *Die Christliche Geschichtsauffassung.* Cologne, 1884.

Hobbes, Thomas. *The English Works of Thomas Hobbes.* Edited by Sir William Molesworth. 11 vols. London, 1839-1845.

———. *Opera Philosophica quae Latine scripsit omnia.* Edited by Sir William Molesworth. 5 vols. London, 1839-1845.

———. *Leviathan.* Edited by Michael Oakeshott. Oxford, 1955.

———. *Leviathan.* Edited by C. B. Macpherson. Baltimore, 1968.

Hochstetter, Erich. *Studien zur Metaphysik und Erkenntnislehre Wilhelms von Ockham.* Berlin, 1927.

Höffding, Harald. *History of Modern Philosophy.* New York, 1900.

Hönigswald, Richard. *Hobbes und die Staatsphilosophie*. Munich, 1924.

Holcot, Robert. *In quatuor libros Sententiarum*. Lyons, 1518.

Holton, Gerald. *Thematic Origins of Scientific Thought: Kepler to Einstein*. Cambridge, Mass., 1973.

Horning, G. *Wörterbuch der Philosophie*. Edited by Gerhard Ritter and Karl Gründer. Darmstadt, 1971.

Hugh of St. Victor. *De sacramentis Christianae fidis*. Migne, *PL* 176: 183ff.

———. *De scripturis*. Migne, *PL* 175: 9ff.

———. *De vanitate mundi*. Migne, *PL* 176: 703ff.

———. *Eruditionis didascalicae libri septem*. Migne, *PL* 176: 739ff.

Huizinga, Johann. *Zur Geschichte der Begriffes Mittelalter*. Stuttgart, 1954.

Husserl, Edmund. *Cartesianische Meditationen und Pariser Vorträge*. Edited by S. Strasser. In *Husserliana:* In *Gesammelte Werke*, vol. 1. Haag, 1963.

Huygens, Christiaan. *Oeuvres complètes*. 22 vols. La Haye, 1888-1950.

Ibn Khaldûn. *The Muqaddimah*. Edited by F. Rosenthal. 3 vols. Princeton, 1958.

Irenaeus of Lyons. *Sancti Irenaei episcopi Lugudunensis libri quinque adversus haereses*. Edited by W. W. Harvey. 2 vols., Cambridge, 1857.

Iserloh, Erwin, *Gnade und Eucharistie in der philosophischen Theologie des Wilhelms von Ockham, ihre Bedeutung für die Ursachen der Reformation*. Wiesbaden, 1956.

———. "Um die Echtheit des *Centiloquiums*." *Gregorianum* 30 (1949): 78-103, 309-46.

Ishiguro, Hidé. *Leibniz's Philosophy of Logic and Language*. Ithaca, N. Y., 1972.

Isidore of Seville. *De ordo creaturarum*. Migne, *PL* 83.

———. *Etymologiarum sive originum libri XX*. Edited by W. M. Lindsay. 1911; reprint Oxford, 1957.

Jaeger, Werner. *Paideia: Die Formung des griechischen menschen*. 4th ed. (vol. 1), 5th ed. (vols. 2-3), in one volume. Berlin, 1973.

———. *Die Theologie der frühen griechischen Denker*. Stuttgart, 1953.

Jaki, Stanley L. *The Road of Science and the Ways of God*. Chicago, 1978.

James, William. *Pragmatism*. New York, 1955.

———. *The Varieties of Religious Experience*. London, 1902.

Jammer, Max. *Concepts of Space: A History of Theories of Space in Physics*. Cambridge, Mass., 1954.

Jardin, Nicholas. "The Significance of the Copernican Orbs." *Journal for the History of Astronomy* 13 (1982): 168-94.

Joachim of Fiore. *Enchiridion in Apocalypsim*. In *Joachim von Floris und die joachimitische Literatur*, edited by J. C. Huck. Freiburg, 1938.

Johannes de Bassolis. *In secundum sententiarum questiones*. Paris, 1516.

Johannes de Ripa. "Jean de Ripa I sent. dist. XXXVII: De modo inexistendi divine essentie in omnibus creaturis, " edited by A. Combes and F. Ruello, *Traditio* 37 (1967): 161-267.

———. *Quaestio de gradu supremo*. Edited by A. Combes and P. Vignaux. Textes philosophiques du moyen âge 12, pp. 143-222. Paris, 1964.

Johannes Philoponos. *In Artist. Physicorum libros quinque posteriores commentaria*. Edited by Hieronymus Vitelli. CAG. Berlin, 1888.

John of Salisbury. *Historia pontificalis*. Edited by Marjorie Chibnall. London, 1956.

———. *Polycraticus*. Edited by C. C. I. Webb. 2 vols. Oxford, 1909.

Jordanes. *Romana et Getica*. Edited by Theodor Mommsen. MG AA (1882).

Josephus, Flavius. *De Iudaeorum vetustate sive contra Apionem*. In *Opera*, vol. 5, edited by B. Niese. 1889; reprint Berlin, 1955.

Junilius Africanus. *Instituta regularia divinae legis*. Migne, *PL* 68.

Kabitz, W. "Leibniz und Berkeley." *SB der Preuss. Akademie der Wissenschaften philosophisch-historische Klasse* 24 (1932): 636ff.

Kafka, Gustav and Hans Eibl. *Der Ausklang der antiken Philosophie und das Erwachen einer neuen Zeit*. Geschichte der Philosophie in Einzeldarstellungen 9. Munich, 1928.

Kamlah, Wilhelm. *Apokalypse und Geschichtstheologie. Die mittelalterliche Auslegung der Apokalypse vor Joachim von Fiore*. Historische Studien 285, edited by W. Andreas et al. Berlin, 1935.

———. *Christentum und Geschichtlichkeit: Untersuchungen zur Entsthehung des Christentums und zu Augustins "Burgerschaff Gottes."* 2d ed. Stuttgart, 1951.

Kant, Immanuel. *Idee zu einer allgemeinen Geschichte in weltbürglicher Absicht*. In *Werke*, edited by Wilhelm Weichschedel, vol. 11. Frankfurt-am-Main, 1964.

———. *Kritik der reinen Vernunft*. In *Werke*, edited by Weichschedel, vols. 3-4. Frankfurt-am-Main, 1964.

———. *Kritik der Urteilskraft*. In *Werke*, edited by Weichschedel, vol. 10.

Kantorowicz, Ernst H. *The King's Two Bodies: A Study in Medieval Political Theology*. Princeton, 1957.

Kapp, Ernst. *Greek Foundations of Traditional Logic*. New York, 1942.

Katz, Jacob. *Ben yehudim legoyyim*. Jerusalem, 1960.

Kelley, Donald R. *Foundations of Modern Historical Scholarship: Language, Law, and History in the French Renaissance*. New York, 1970.

———. "Klio and the Lawyers." *Medievalia et Humanistica* 5 (1975): 24-49.

Kenney, Anthony. *Descartes: A Study of His Philosophy*. New York, 1968.

Keohane, Nannerl O. *Philosophy and the State in France: The Renaissance to the Enlightenment*. Princeton, 1980.

Kepler, Johannes. *Harmonices Mundi Libri V*. In *Gesammelte Werke*, vol. 6. Edited by Max Caspar. Munich, 1940.

Kern, Fritz. *Humana Civilitas*. Leipzig, 1913.

Keuck, Karl. "Historia: Geschichte des Wortes und seine Bedeutung." Ph. D. dissertation, University of Münster, 1934.

Kirk, G. S. and J. E. Raven. *The Presocratic Philosophers*. Cambridge, 1957.

Kisch, Guido. *Erasmus und die Jurisprudenz seiner Zeit*. Basel, 1960.

Klein, Jakob. *Greek Mathematical Thought and the Origins of Algebra*. Cambridge, Mass., 1968.

Klempt, A. *Die Säkularisierung der universalhistorischen Auffassung*. Göttingen, 1960.

Kneale, William and Martha Kneale. *The Development of Logic*. Oxford, 1962.

Knuuttila, Simo. "Modal Logic." *CHM*: 342-57.

Koestler, Arthur. *The Sleepwalkers: A History of Man's Changing Vision of the Universe*. New York, 1963.

Kolakowski, Leszek. *Chrétiens sars église: La conscience religieuse et le lieu confessional au xii* siècle. Paris, 1969.

Koselleck, Reinhart. *Vergangene Zukunft: Zur Semantik geschichtlicher Zeiten*. Frankfurt-am-Main, 1979.

Koslow, A. "The Law of Inertia: Some Remarks on Its Structure and Significance." In *Philosophy, Science, and Method: Essays in Honor of Ernest Nagel*, edited by S. Morgenbesser et al., pp. 552-54. New York, 1969.

Koyré, Alexander. *The Astronomical Revolution: Copernicus-Kepler-Borelli*. Translated by R. E. W. Moddison. Paris and London, 1973.

——. *Descartes und die Scholastik*. 1923; reprint Darmstadt, 1971.

——. *From the Closed World to the Infinite Universe*. Baltimore, 1957.

——. "Galileo and Plato." *Journal of the History of Ideas* 4 (1943): 400ff.

——. *Metaphysics and Measurement: Essays in the Scientific Revolution*. Cambridge, Mass., 1968.

——. "Le vide et l'espace infini au xive siècle." *AHDL* 24 (1949): 45-91.

Koyré, Alexander, and I. Bernard Cohen. "Newton and the Leibniz-Clarke Correspondence with Notes on Newton, Conti, and Des Miazeaux." *Archives internationales d'histoire des sciences* 15 (1962): 69ff.

Kraus, Samuel. *Das Leben Jesu nach jüdischen Quellen*. Berlin, 1902.

Kristellar, Paul Oskar. *Eight Philosophers of the Italian Renaissance*. Stanford, 1964.

Kümmel, Werner Georg. *Einleitung in das Neue Testament*. 17th ed. Heidelberg, 1973.

Kuhn, Thomas. "A Function for Thought Experiments." In *The Essential Tension: Selected Studies in Scientific Tradition and Change*. Chicago, 1977.

Kurdzialek, M. "David von Dinant und die Anfänge der aristotelischen Naturphilosophie." In *La Filosofia della natura nel medioevo, Atti del terzo Congresso intern. di filos. med.*, pp. 407-16. Milan, 1966.

Lachterman, David R. "The Physics of Spinoza's Ethics." In *Spinoza: New Perspectives*, edited by R. W. Shahan and J. I. Biro, pp. 71-112. Norman, Okla., 1978.

Lactantius. *De divinis institutionibus.* CSEL 19.

Ladner, Gerhart B. *The Idea of Reform: Its Impact on Christian Thought and Action in the Age of the Fathers.* Cambridge, Mass., 1959.

Lampert of Hersfeld. *Annales.* Edited by Oswald Holder-Egger. MG Script. in usu Schol. Hanover, 1894.

Landau, A. *Die dem Raume entnommenen Synonyma für Gott in der hebräischen Literatur.* Zurich, 1888.

Landes, David S. *Revolution in Time: Clocks and the Making of the Modern World.* Cambridge, Mass., 1983.

Landsberg, Fritz. *Das Bild der alten Geschichte in mittelalterlichen Chroniken.* Berlin, 1934.

Langston, D. C. "Scotus and Ockham on the Univocal Concept of Being." *Franciscan Studies* 39 (1979): 105-29.

Lapidge, Michael. "Stoic Cosmology." In *The Stoics*, edited by John M. Rist, pp. 161-85. Berkeley and Los Angeles, 1978.

Lappe, J. *Nicolaus von Autrecourt, sein Leben, seine Philosophie, seine Schriften*, BGPhM 6. 2. Münster, 1908.

Lasker, Daniel J. *Jewish Philosophical Polemics against Christianity in the Middle Ages.* New York, 1967.

Lassaux, Ernst von. *Philosophie der Geschichte.* Edited by E. Thurner. Munich, 1952.

Lasswitz, Kurd. *Geschichte der Atomistik vom Mittelalter bis Newton.* 2 vols. 1890; reprint Darmstadt, 1963.

Latta, Robert. *Leibniz: The Monadology and Other Philosophical Writings.* Oxford, 1898.

Lauterbach, Zwi. "The Saducees and Pharisees." In *Rabbinic Essays*, pp. 31ff. Cincinnati, 1951.

Lazarus-Yafe, Hava. "The Religious Problematics of Pilgrimage in Islam." *Proceedings of the Israel Academy of Sciences* 5. 11 (1976): 222-43.

Leach, Edmund. "Anthropological Aspects of Language: Animal Categories and Verbal Abuse." In *Mythology*, edited by P. Maranda, pp. 39-67. Harmondsworth and Baltimore, 1972.

——. "Vico and Lévi-Strauss on the Origins of Humanity." In *Giambattista Vico: An International Symposium*, edited by Giorgio Tagliacozzo, pp. 309-18. Baltimore, 1976.

Leeuw, G. van der. *L'Homme primitif et la religion*. Paris, 1940.

Leff, Gordon. *William of Ockham: The Metamorphosis of Scholastic Discourse*. Manchester, 1975.

Leibniz, Gottfried Wilhelm. *The Leibniz-Arnauld Correspondence*. Edited by G. H. R. Parkinson. Edited and translated by H. T. Mason. Manchester, 1967.

——. *Die mathematische Schriften von G. W. Leibniz*. Edited by C. J. Gerhardt. 7 vols. Halle, 1849-1863.

——. *Opuscules et fragments inédits de Leibniz*. Edited by L. Couturat. Paris, 1903.

——. *Die philosophischen Schriften von Gottfried Wilhelm Leibniz*. Edited by C. J. Gerhardt. 7 vols. 1875-1890; reprint Hildesheim, 1965.

——. *Sämtliche Schriften und Briefe*. Darmstadt, 1923ff.

——. *Textes inédits d'après les manuscrits de la Bibliothèque Provinciale de Hanovre*. Edited by G. Grua. Paris, 1948.

Leszl, Walter. *Logic and Metaphysics in Aristotle*. Padua, 1970.

Lévi-Strauss, Claude. *La pensée sauvage*. Paris, 1962.

Levinger, Jacob. "Al tora shebe'al pe behaguto shel harambam." *Tarbiz* 37 (1968): 282-93.

——. *Darche hamachshava hahilchatit shel harambam* [Maimonides' Techniques of Codification]. Jerusalem, 1965.

Levy, Jochanan H. *Olamot nifgashim* [Studies in Jewish Hellenism]. Jerusalem, 1960.

Lewis, David K. *Counterfactuals*. Cambridge, Mass., 1973.

Lichtenstein, A. *Henry More: The Radical Theology of a Cambridge Platonist*. Cambridge, Mass., 1962.

Lieberman, Saul. *Yevanim ve yavnut be'erets yisrael* [Greeks and Hellenism in Jewish Palestine]. Jerusalem, 1962.

Livesey, Steven J. "Metabasis: The Interrelationship of Sciences in Antiquity and the Middle Ages." Ph. D. dissertation, UCLA, 1982.

Livius, Titus. *Ab urbe condita*. Edited by Robert S. Conway and Charles F. Walters. Oxford, 1958.

Lloyd, G. E. R. *Magic, Reason, and Experience: Studies in the Origins and Development of Greek Science*. Cambridge, 1979.

Lods, A. *Jean Astruck et la critique biblique au xviiie siècle*. Strasbourg and Paris, 1924.

Loewenstamm, S. A. *Masoret Jetsi'at mitsrayim behishtalsheluta*. 2d ed. Jerusalem, 1972.

Löwith, Karl. *Meaning in History*. Chicago, 1949.

——. "Vicos Grundsatz: *Verum et factum convertuntur*." In *Aufsätze und Vorträge 1830-1970*, pp. 157-88. Stuttgart, 1971.

Lombardus, Petrus. *Sententiae in IV libris distinctae*. Edited by Quaracchi. 2d. ed. Florence, 1916.

Lonergan, Bernard J. *Verbum: Word and Idea in Aquinas*. Notre Dame, Ind., 1967.

Loofs, F. *Theophilus von Antiochien "Adversus Marcionem" und die anderen theologischen Quellen bei Irenaeus*. Leipzig, 1930.

Lovejoy, Arthur O. *The Great Chain of Being: A Study of the History of an Idea*. New York, 1960.

Lovejoy, Arthur O. and G. Boas. *Primitivism and Related Ideas in Antiquity*. Baltimore, 1935.

Lubac, Henri de. *Exégèse médiévale: Les quartres sens de l'écriture*. 4 vols. Lyons, 1964.

Luce, A. A. *Berkeley and Malebranche*. Oxford, 1934.

Lucretius. *De rerum natura*. Edited by Cyrill Bailey. 2d ed. Oxford, 1922.

Luther, Martin. *Werke, Kritische Gesamtausgabe*. 54 vols. Weimar, 1883ff.

Lyttkens, Hampus. *The Analogy between God and the World: An Investigation of Its Background and Interpretation of Its Use by Thomas of Aquino*. Uppsala, 1953.

McCracken, Ch. J. *Malebranche and British Philosophy*. Oxford, 1983.

MacGinty, Francis P., O. S. B. "The Treastise De Mirabilibus Sacrae Scripturae." Ph. D. dissertation, National University of Ireland, 1971.

McGuire, J. E. "Neoplatonism and Active Principles: Newton and the *Corpus Hermeticum*." In *Hermeticism and the Scientific Revolution*, ed. J. E. McGuire and Robert Westman, pp. 95-150. Los Angeles, 1977.

——. "The Origins of Newton's Doctrine of Essential Qualities." *Centaurus* 12 (1968): 233-60.

Mach, Ernst. *Die Mechanik in ihrer Entwicklung*. 9th ed. 1933; reprint Darmstadt, 1976.

Macpherson, C. B. *The Political Theory of Possessive Individualism: Hobbes to Locke*. Oxford, 1962.

McVaugh, M. "Arnald of Villanova and Bradwardine's Law." *Isis* 58 (1966): 56-64.

——. "The Medieval Theory of Compound Medicines." Ph. D. dissertation, Princeton University, 1965.

Mahoney, Michael S. *The Mathematical Career of Pierre de Fermat (1601-1665)*. Princeton, 1973.

Maier, Anneliese. *Ausgehendes Mittelalter: Gesammelte Aufsätze zur Geistesgeschichte des 14. Jahrhunderts*. 3 vols. Rome, 1964, 1967, 1977.

——. *Kants Qualitätskategorien*. Kant-Studien 65. Berlin, 1930.

——. *Studien zur Naturphilosophie der Spätscholastik*, I: *Die Vorläufer Galileis im 14. Jahrhundert*. II: *Zwei Grundprobleme der scholastischen Naturphilosophie*. III: *An der Grenze von Scholastik und Naturwissenschaft*. IV: *Mataphysische Hintergründe der scholastischen Naturphilosophie*. V: *Zwischen Philosophie und Mechanik*. Storia e letteratura 22, 37, 41, 52, 69. 2d ed. Rome, 1951-1966.

Maier, F. G. *Augustin und das antike Rom*. Tübinger Beiträge zur Altertumswissenschaft 39. Stuttgart, 1955.

Maierù, Alfonso. "Logica Aristotelica e Teologia Trinitaria: Enrico Toffing da Oyta." In *Studi sul XIV secolo in Memoria di Anneliese Maier*, edited by A. Maierù et al., pp. 481-512. Rome, 1981.

Maimonides, M. (Moshe ben Maimon). *The Guide of the Perplexed*. Translated by S. Pines. Chicago, 1963.

——. *Iggrot harambam*. Edited by Josef Kafih. Jerusalem, 1972.

——. *Liber More nebuchim, Doctor perplexorum*. Translated by Johannes Buxtorf. Basel, 1629.

——. *Mishne Tora*. Jerusalem, 1961.

——. *More ha nebuchim [Dalalat el Hairin]*. Edited by Josef Kafih. 3 vols. Jerusalem, 1972.

——. *Perush ha Mishnayot*. Edited by Josef Kafih. Jerusalem, 1963.

——. *Teshuvot ha Rambam (Responsa)*. Edited by Jehoshua Blau. 2 vols. Jerusalem, 1960.

Malcolm, Norman. "Anselm's Ontologial Arguments." *The Philosophical Review* 69 (1960): 41-62.

Malebranche, Nichole. *Nicholas Malebranche: The Search After Truth*. Translated by Th. M. Lennon. Columbus, Ohio, 1980.

——. *Oeuvres complètes de Malebranche*. Edited by A. Robinet et al. 21 vols. Paris, 1962-1964.

Mali, Josef. "Harehabilitatsia shel hamythos: Giambattista Vico vehamada hachadash shel hatarbut." Ph. D. dissertation, Tel-Aviv University, 1985.

Mannheim, Karl. *Ideologie und Utopie*. 4th ed. Frankfurt-am-Main, 1965.

Mansion, Suzanne, *Le Jugement d'existence chez Aristote*. Louvain and Paris, 1946.

Manuel, Frank E. and Fritzie P. Manuel. *Utopian Thought in the Western World*. Cambridge, Mass., 1979.

Marmorstein, A. *The Old Rabbinic Doctrine of God*. London, 1927.

Marrou, Henri Irénée. "Das Janusantlitz der historischen Zeit bei Augustin." In *Zum Augustin—Gespräch der Gegenwart*, edited by Carl Andresen. Wege der Forschung 5. Darmstadt, 1962.

Marsilius of Padua. *Defensor pacis*. Edited by R. Scholz. MG Fontes iuris Germanici antiqui in usu scholarum. Hanover, 1932-1933.

Martin, David. *A General Theory of Secularization*. Oxford, 1978.

Martin, Gottfried. *Immanuel Kant: Ontologie und Wissenschaftstheorie*. Berlin, 1969.

——. *Leibniz, Logic, and Metaphysics*. Translated by K. J. Northcott and P. G. Lucas. Manchester, 1964.

——. *Wilhelm von Ockham, Untersuchungen zur Ontologie der Ordnungen.* Berlin, 1947.

Martini, Raymundus. *Pugio fidei adversus Mauros et Judaeos.* Leipzig, 1687.

Marx, Karl. *Zur Judenfrage.* In *Die Frühschriften,* edited by Seigfried Landshut. Stuttgart, 1964.

Massaux, Édouard. *Influence de l'Évangile de Saint Matthieu dans la littérature chrétienne avant Saint Irenée.* Louvain, 1950.

Mates, Benson. *Stoic Logics.* 1953; reprint Berkeley and Los Angeles, 1973.

Mattheus ab Aquasparta. *Quaestiones Disputatae.* Edited by Quaracchi. Florence, 1903.

Maupertuis, Pierre Louis Moreau de. *Essai de Cosmologie.* Paris, 1951.

Mazat, H. L. "Die Gedankenwelt des jungen Leibniz." In *Beiträge zur Leibniz-Forschung,* edited by G. Schishkopf, pp. 37-67. Reutlingen, 1947.

Mazzarino, S. *Das Ende der antiken Welt.* Translated by Fritz Jaffé. Munich, 1961.

Megilot midbar Yehuda. Edited by S. Heberman. Tel-Aviv, 1959.

Meinecke, Friedrich. *Die Entstehung des Historismus.* In *Werke,* Vol. 2, edited by E. Hofer. Munich, 1955.

——. *Die Idee der Staatsraison in der neueren Geschichte.* 2d ed. Munich, 1960.

——. "Klassizismus, Romantizismus und historisches Denken im 18. Jh." In *Werke,* Vol. 4, edited by E. Kessel. Munich, 1959.

Melancthon, Philipp. *Chronicon Carionis.* In *Opera omnia,* Vol. 12, edited by C. G. Bretschneider. Halle/S., 1844.

Melville, G. *System und Diachronie: Untersuchungen zur theoretischen Grundlegung geschichtsschreiberischer Praxis im Mittelalter.* Historisches Jahrbuch 95. Berlin, 1975.

Mendelssohn, Moses. *Jerusalem oder über religiöse Macht und Judentum* (1783). *Gesammelte Schriften.* Edited by G. B. Mendelssohn. 3 vols. Leipzig, 1843-1845.

Menger, A. "A Counterpart of Ockham's Razor in Pure and Applied Mathematics: Ontological Uses." *Synthese* 12 (1960).

Merchavia, Ch. *Hatalmud bir'i hanatsrut: Hayahas Lesifrut Yisrael shele'ahar hamikra ba'olam hanotsri biyme habenayyim* [The Church versus Talmudic and Midrashic Literature]. Jerusalem, 1970.

Merton, Robert K. "Karl Mannheim and the Sociology of Knowledge." In *Social Theory and Social Structure.* 3d ed. New York and London, 1968.

Midrash bereshit rabba. Edited by Jehuda Theodor and Ḥanoch Albeck. Jerusalem, 1965.

Midrash vayyikra rabba, sifre bamidbar udebarim, Ms. Vat. Ebr. 32. Jerusalem, 1972.

Miethke, Jürgen. *Ockhams Weg zur Sozialphilosophie.* Berlin, 1969.

Miller, L. G. "Descartes, Mathematics, and God." *Philosophical Review* 66 (1957): 451-65.

Milton, John R. "The Origins and Development of the Concept of the 'Laws of Nature.'"

Archive of European Sociology 22 (1981): 173-95.

Mommsen, Theodor E. "St. Augustine and the Christian Idea of Progress." *Journal of the History of Ideas* 12 (1951): 346ff.

Montaigne, Michel de. *Essais*. Edited by M. Rat. Paris, 1962. English translation by D. M. Frame. Stanford, 1958.

Montesquieu, Charles de Secondat, Baron de. *De l'esprit des lois*. In *Oeuvres*, edited by R. Callois. Paris. 1951.

Moody, Ernest A. *The Logic of William of Ockham*. New York, 1935.

——. *Studies in Medieval Philosophy, Science, and Logic: Collected Papers 1933-1969*. Berkeley and Los Angeles, 1975.

Moraux, J. "Saint Augustin et Malebranche." In *La Philosophie et ses problèmes: Ouvrage en homage à Mgr. Jolivet*, pp. 109-36. Lyons, 1960.

More, Henry. *An Antidote against Atheisme; or, an Appeal to the Natural Faculties of the Minde of Man, Whether There Be Not a God*. London, 1653.

——. *The Easie, True, and Genuine Notion...of a Spirit* [1700]. In *Philosophical Writings of Henry More*, edited by F. I. McKinnon. Oxford, 1925.

——. *Enchiridion metaphysicum*. London, 1671.

——. *The Immortality of the Soul, so farre forth as it is Demonstrable from the Knowledge of Nature and the Light of Reason*. London, 1669.

Morrow, G. R. *Proclus: A Commentary on the First Book of Euclid's Elements*. Princeton, 1970.

Moser, Simon. *Grundbegriffe der Naturphilosophie bei Wilhelm von Ockham*. Innsbruck, 1932.

Mueller, I. "Aristotle on Geometrical Objects." *Archiv für Geschichte der Philosophie* 52 (1970): 156-71.

Murdoch, John E. "*Mathesis in philosophiam scholasticam introducta*: The Rise and Development of the Application of Mathematics in Fourteenth-Century Philosophy and Theology." In *Arts libéraux et philosophie au moyen âge*, Actes du quatrième congrès de philosophie médiévale pp. 215-54. Montreal, 1967 and Pano, 1969.

Murdoch, John E. and Edith Sylla. "The Science of Motion." In *Science in the Middle Ages*, edited by D. C. Lindberg, pp. 249-51. Chicago, 1978.

Murray, G. *Five Stages of Greek Religion*. 3d ed. Garden City, N.Y., 1955.

Nachmanides (Moshe ben Nachman). *Perush haramban al hatora*. Edited by Ch. D. Chawel. 3 vols. Jerusalem, 1959.

Nacht-Eladi, S. "Aristotle's Doctrine of the *Differentia Specifica* and Maimon's Laws of Determinability." *Scripta Hierosolymitana* 6, *Studies in Philosophy*, edited by S. H. Bergman, pp. 222-48. Jerusalem, 1960.

Nagel, Ernest and James R. Newman. *Gödel's Proof.* New York, 1958.

Naphtali, Jehudith. "Ha'yachas sheben avoda le'erech bate'oriot hakalkaliot shel ha scholastika bameot ha-13 veha-14." [The Correlation between Labor and Value in the Scholastic Economic Theories of the 13th and 14th Centuries]. Ph. D. dissertation, Tel-Aviv University, 1982.

Neugebaur, Otto. *A History of Ancient Mathematical Astronomy.* 3 vols. Berlin, 1975.

Newton, Sir Isaac. *Opera.* Edited by S. Horsley. 5 vols. London, 1779-1785.

——. *Opticks; or, a Treatise of the Reflections, Refractions, Inflections, and Colours of Light* [1730]. Edited by D. H. D. Roller. New York, 1952.

——. *Philosophiae naturalis principia mathematica.* London, 1687.

——. *Philosophiae naturalis principia mathematica.* 3d ed. [1726]. Edited by A. Koyré and I. B. Cohen. 2 vols. Cambridge, 1972.

——. *Sir Isaac Newton's Mathematical Principles of Natural Philosophy and His System of the World.* Translated by A. Motte [1729], revised by F. Cajori. 2 vols. Berkeley and Los Angeles, 1971.

——. *Unpublished Scientific Papers of Sir Isaac Newton.* Edited by A. R. Hall and M. B. Hall. Cambridge, 1964.

Nicolini, Fausto. *Commento storico alla seconda Scienza nuova.* Rome, 1949.

Nock, Arthur D., ed. *Sallustius Concerning the Gods and the Universe.* Cambridge, 1926.

Norden, Eduard. *Die Geburt des Kindes: Geschichte einer religiösen Idee.* 1924; reprint Darmstadt, 1958.

Normore, Calvin. "Future Contingents." *CHM:* 358-81.

North, C. R. "Pentateuchal Criticism." In *The Old Testament and Modern Study*, edited by H. H. Rowley, pp. 81ff. Oxford, 1951.

Nowak, L. "Laws of Science, Theories, Measurements (Comments on Ernest Nagel's *The Structure of Science)." Philosophy of Science* 39. 4 (1972): 533-48.

Oakley, Francis. "Medieval Theories of Natural Law: William of Ockham and the Significance of the Voluntarist Tradition." *Natural Law Forum* 6 (1961): 65-83.

——. *Omnipotence, Covenant, and Order: An Excursion in the History of Ideas from Abelard to Leibniz.* Ithaca, N. Y., and London, 1984.

Oberman, Heiko A. "*Facientibus Quod in se est Deus non Denegat Gratiam*: Robert Holcot O. P. and the Beginnings of Luther's Theology." *Harvard Theological Review* 55 (1962): 317-42.

——. *The Harvest of Medieval Theology: Gabriel Biel and Late Medieval Nominalism.* Cambridge, Mass., 1963.

Odo of Cluny. *Collationum libri tres.* Migne, *PL* 133.

Oetinger, Friedrich Christian. *Theologia ex idea vitae deducta.* Frankfurt and Leipzig, 1765.

Oresme, Nicole. *Le Livre du ciel et du monde*. Edited by A. D. Menut and A. J. Denomy. Madison, Wis., 1968.

——. *Nicole Oresme and the Medieval Geometry of Qualities and Motions*. Edited by Marshall Clagett. Madison, Wis., 1968.

Origenes. *Contra Celsum*. Edited by P. Kötschau. GCS 30. Leipzig, 1899. Translated by Henry Chadwick. Cambridge, 1965.

——. *De principiis*. Edited by Herwig Görgemanns and Heinrich Karpp. Darmstadt, 1976.

Orosius, Paulus. *Historiarum adversus paganos libri VII*. Edited by C. Zangemeister. Leipzig, 1889.

Ortega y Gasset, José. *Der Prinzipienbegriff bei Leibniz und die Entwicklung der Deduktionstheorie [La Idea de Principio en Leibniz y la Evolución de la Teoría Deductiva]*. Translated by Evald Kirschnes. Munich, 1966.

Osler, Margaret J. "Providence and Divine Will in Gassendi's Views on Scientific Knowledge." *Journal of the History of Ideas* 44 (1983): 549-60.

Otto of Freising. *Chronicon sive historia de duabus civitatibus*. Edited by A. Hofmeister, MG Script. in usu schol. (1912).

Otto, St. *"Natura" und "dispositio": Untersuchungen zum Naturbegriff und zur Denkforms Tertullians*. Munich, 1960.

Owen, G. E. L. "Logic and Metaphysics in Some Earlier Works of Aristotle." In *Aristotle and Plato in the Mid-Fourth Century*, edited by I. Dühring and G. E. L. Owen, pp. 162-90. Göteburg, 1960.

——. "Tithenai ta phenomena." In *Aristote et les problèmes de la méthode, Symposium Aristotelicum*, pp. 83-103. Louvain, 1961.

Owens, Joseph. "Analogy as a Thomistic Approach to Being." *Medieval Studies* 24 (1962): 303-22.

——. *The Doctrine of Being in Aristotelian Metaphysics*. Toronto, 1951.

Ozment, Steven. *The Age of Reformation, 1250-1550*. New Haven and London, 1980.

Pacchi, A. *Convenzione e ipotesi nella formazione della filosofia naturale di Thomas Hobbes*. Florence, 1965.

Pannenberg, Wolfgang. *Die Prädestinationslehre des Duns Scotus im Zusammenhang der scholastischen Lehrentwicklung*. Göttingen, 1954.

Panofsky, Erwin. *Meaning in the Visual Arts*. New York, 1953.

Pape, Ingetrud. *Tradition und Transformation der Modalität*, I: *Möglichkeit-Unmöglichkeit*. Hamburg, 1966.

Pappus. *Pappi Alexandri Collectionis quae supersunt*. Edited by F. Hultsch. Berlin, 1876.

Parker, Samuel. *A Free and Impartial Censure of the Platonick Philosophie*. Oxford, 1666.

Parsons, Charles. *Mathematics in Philosophy: Selected Essays*. Ithaca, N. Y., 1983.

Parsons, Terence. *Nonexistent Objects.* New Haven, 1980.

Pascal, Blaise. *Oeuvres complètes.* Edited by Jacques Chevalier. Bibliothèque de la Pléiade. Argenteuil, 1954.

Patzig, Günther. *Die Aristotelische Syllogistik.* Töttingen, 1969.

——. "Theologie und Ontologie in der 'Metaphysik' des Aristoteles." *Kants-Studien* 53 (1960-1961): 185-205.

Pelikan, Jaroslav. *The Christian Tradition: A History of the Development of Doctrine,* III: *The Growth of Medieval Theology (600-1300).* Chicago and London, 1978.

Periera, Benedictus. *De communibus omnium rerum naturalium principiis et affectionibus libri quindecim.* Cologne, 1609.

Peterson, Erik. "Der Monotheismus als politisches Problem: Ein Beitrag zur Geschichte der politischen Theologie im Imperium Romanum." In *Theologische Traktate,* pp. 86ff. Munich, 1951.

Pettazzoni, Raffaele. *L'essere supremo nelle religioni primitivi: L'omniscienza di Dio.* Turin, 1955.

Peuckert, Will-Erich. *Die grosse Wende: Das apokalyptische Saeculum und Luther.* 1948; reprint Darmstadt, 1966.

Pfeiffer, R. *Geschichte der klassischen Philologie von den Anfängen bis zum Ende des Hellenismus.* Translated by M. Arnold. Hamburg, 1970.

Philo of Alexandria. *De confusione linguarum.* Edited by G. H. Whitaker and R. Marcus. Loeb Classical Library. Cambridge, Mass., and London, 1935.

——. *De opificio mundi.* Edited by L. Cohen and P. Wendland. Breslau, 1900.

——. *De somniis.* Edited by G. H. Whitaker and R. Marcus. Loeb Classical Library. Cambridge, Mass., and London, 1935.

——. *Legum allegoriae.* Edited by G. H. Whitaker and R. Marcus. Loeb Classical Library. Cambridge and London, 1962.

Philoponos. *In Aristotelis Physicorum libros... commentaria.* Edited by H. Vitelli. CAG 16-17. Berlin, 1887-1888.

Pinborg, Jan. *Logik und Semantik im Mittelalter: Ein Überblick.* Stuttgart, 1972. *Pirke de Rabbi Eliezer.* Warsaw, 1882.

Plato. *Timaeus.* Edited by R. G. Bury. Loeb Classical Library. Cambridge, Mass., and London, 1951.

Pocock, J. G. A. *The Ancient Constitution and Feudal Law.* Cambridge, 1957.

Pohlenz, Max. *Die Stoa, Geschichte einer geistigen Bewegung.* 2 vols. 2d ed. Göttingen, 1959.

Polin, R. *Politique et philosophie chez Thomas Hobbes.* Paris, 1953.

Popkin, Richard H. *The History of Scepticism from Erasmus to Spinoza.* 2d ed. Berkeley and Los Angeles, 1979.

Popper, Karl. *The Logic of Scientific Discovery*. 2d ed. New York, 1968.

Potter, G. H. *Zwingli*. Cambridge, 1976.

Prantl, Carl. *Geschichte der Logik im Abendlande*. 4 vols. in 3. 1867; reprint Graz, 1955.

Pritchard, J. B., ed. *Ancient Near Eastern Texts Relating to the Old Testament*. 2d ed. Princeton, 1955.

Proclus Diadochus. *Procli Diadochi in primum Euclidis Elementorum librum commentarii*. Edited by G. Friedlein. Leipzig, 1874.

Prümm, K., S. J. "Göttliche Planung und menschliche Entwicklung nach Irenaeus Adversus Haereses." *Scholastik* 13 (1938): 206ff.

(Pseudo)Aristotle. *On the Cosmos*. Edited by D. J. Furley. Loeb Classical Library. Cambridge, Mass., 1945.

Quine, Willard V. O. "Two Dogmas of Empiricism." In *From a Logical Point of View*. Cambridge, Mass., 1953.

———. *Words and Objects*. Cambridge, Mass., 1960.

Rad, Gerhard von. *Deuteronomy: A Commentary*. Philadelphia, 1966.

Ramban. *See* Nachmanides.

Randall, John H., Jr. *The Career of Philosophy*. 2 vols. New York, 1962.

———. *The School of Padua and the Emergence of Modern Science*. New York, 1965.

Ravitsky, Ariezer. "Kefi koach ha'adam—yemot hamashiach bemishnat harambam." In *Meshichiyut ve'eschatologia*. Jerusalem, 1984.

Regino of Prüm. *Chronica*. Edited by F. Knopf. MG Script. in usu schol. (1890).

Reich, Klaus. "Der historische Ursprung des Naturgesetzbegriff." In *Festschrift für Ernst Kapp zum 70. Geburtstag*, edited by Hans Diller and Hartmut Erbse, pp. 121ff. Hamburg, 1958.

Reill, Peter H. *The German Enlightenment and the Rise of Historicism*. Berkeley and Los Angeles, 1975.

———. "History and Hermeneutics in the *Aufklärung*: The Thought of Johann Christoph Gatterer." *Journal of Modern History* 45 (1973): 24-51.

Reinhardt, Karl. *Poseidonius*. Munich, 1921.

———. "Poseidonius über Ursprung und Entfaltung." In *Orient und Occident*, edited by V. G. Bergesträsser et al. Regenbogen 6. Heidelberg, 1928.

Reiter, Josef. *System und Praxis: Zur kritischen Analyse der Denkformen neuzeitlicher Metaphysik im Werk von Malebranche*. Freiburg and Munich, 1972.

Rembaum, Joel. "The New Testament in Medieval Jewish Anti-Christian Polemics." Ph. D. dissertation, UCLA, 1975.

Renan, Ernest. *Averroës et l'Averroisme*. 3d ed. Paris, 1866.

Rescher, Nicholas. "Counterfactual Hypotheses, Laws, and Dispositions." *Noûs* 5. 2 (1971):

157-78.

——. *Hypothetical Reasoning*. Amsterdam, 1964.

——. *The Philosophy of Leibniz*. Englewood Cliffs, N. J., 1967.

——. *Studies in the History of Arabic Logic*. Pittsburgh, 1963.

Reuchlin, Johannes. *Augenspiegel*. Tübingen, 1511.

Rist, J. M. "Forms of Individuals in Plotinus." *Classical Quarterly*, N. S. 13 (1963): 223-31.

——. *Plotinus: The Road to Reality*. Cambridge, 1967.

——. *Stoic Philosophy*. Cambridge, 1969.

Rivaud, Albert. "La Physique de Spinoza." *Chronicon Spinozanum* 4 (1924-1926): 24-57.

Rochot, Bernard. *Les Travaux de Gassendi sur Épicure et sur l'Atomisme*. Paris, 1944.

Rössler, D. *Gesetz und Geschichte: Untersuchungen zur jüdischen Apokalyptik und der pharisäischen Orthodoxie*. Neukirchen, 1960.

Rohr, G. *Platons Stellung zur Geschichte*. Glückstadt, 1931.

Rosenroth, Knorr von. *Kabbala denudata*. Sulzbach, 1677.

Rosenstock-Huessy, Eugen. *Die Europäischen Revolutionen*. Jena, 1931.

Rosenzweig, Franz. *Kleinere Schriften*. Berlin, 1937.

Ross, Sir David. *Aristotle*. 5th ed. London, 1966.

Rossi, Paolo. *Francis Bacon: From Magic to Science*. Chicago, 1968.

Rousset, P. "Raoul Glaber." *Revue d'histoire de l'eglise de France* 36 (1950): 5ff.

Russell, Bertrand. *A Critical Exposition of the Philosophy of Leibniz*. 2d ed. London, 1937.

Russell, D. R. *The Method and Message of Jewish Apocalyptic, 200 BC-AD 100*. London, 1964.

Sacksteder, William. "Spinoza on Part and Whole: The Worm's Eye View." In *Spinoza: New Perspectives*, edited by Robert W. Shahan and J. I. Biro, pp. 139-59. Norman, Okla., 1978.

Sackur, E. "Studien über Rudolphus Glaber." *Neues Archiv* 14 (1889): 377ff.

Sambursky, Shmuel. *Chukot shamayim vaarets* [Laws of Heaven and Earth]. Jerusalem, 1954.

——. *Das physikalische Weltbild der Antike*. Zurich and Stuttgart, 1965.

——. "Three Aspects of the Historical Significance of Galileo." *Proceedings of the Israel Academy of Sciences and Humanities* 2 (1964): 1-11.

Sarasohn, Lisa. "The Influence of Epicurean Philosophy on Seventeenth-Century Political Thought: The Moral Philosophy of Pierre Gassendi." Ph. D. dissertation, UCLA, 1979.

Scharl, E. *Recapitulatio mundi: Der Rekapitulationsbegriff des Hl. Irenaeus und seine Anwendung auf die Körperwelt*. Freiburg im Breisgau, 1941.

Scheffler, Israel. *The Anatomy of Inquiry*. Indianapolis and New York, 1963.

Schepers, Heinrich. "Zum Problem der Kontingenz bei Leibniz." In *Collegium Philosophicum*, pp. 326-50. Basel and Stuttgart, 1965.

Schmidt, R. "Aetates mundi, die Weltalter als Gliederungsprinzip der Geschichte." *Zeitschrift für Kirchengeschichte* (1955-1956): 299ff.

Schmitt-Biggermann, Wilhelm. *Maschine und Teufel: Jean Pauls Jugendsatiren nach ihrer Modellgeschichte*. Freiburg im Breisgau and Munich, 1975.

——. *Topica universalis: Eine Modellgeschichte humanistischer und barocker Wissenschaft*. Hamburg, 1983.

Schneider, A. *Der Gedanke der Erkenntnis des Gleichen durch Gleiches in antiker und patristischer Zeit*. In BGPhM Suppl. 2 (1923): 65-76.

——. *Geschichte und Geschichtsphilosophie bei Hugo von St. Viktor*. Münster, 1933.

Schofield, Robert E. *Mechanism and Materialism: British Natural Philosophy in the Age of Reason*. Princeton, 1970.

Scholder, Klaus. *Ursprünge und Probleme der Bibelkritik im 17. Jahrhundert: Ein Beitrag zur Entstehung der historisch-kritischen Theologie*. Forschungen zur Geschichte und Lehre des Protestantismus 10, no. 33. Munich, 1966.

Scholem, Gerschom. *Das Buch Sa'ar hasamayim oder Pforte des Himmels*. Frankfurt-am-Main, 1974.

——. "Zum Verständnis der messianischen Idee im Judentum." In *Judaica*, vol. 1, pp. 7ff. Frankfurt-am-Main, 1963.

Scholz, H. *Glaube und Unglaube in der Weltgeschichte: Ein Kommentar zu Augustins De civitate Dei*. Leipzig, 1911.

——. *Mathesis universalis: Abhandlungen zur Philosophie als strenge Wissenschaft*. 2d ed. Basel and Stuttgart, 1969.

Schramm, Mathias. "Roger Bacons Begriff vom Naturgesetz, " In *Die Renaissance der Wissenschaften im 12. Jahrhundert*, edited by P. Weimar, pp. 197-209. Zurich, 1981.

Schulz, F. "Bracton on Kingship." *English Historical Review* 60 (1945): 136-76.

Schulz, Marie. *Die Lehre von der historischen Methode bei den Geschichtsschreibern des Mittelalters*. Berlin and Leipzig, 1909.

Schwarz, Eduard. *Charakterköpfe aus der Antike*. Edited by J. Stroux. 2d ed. Leipzig, 1943.

——. *Ethik der Griechen*. Edited by V. W. Richter. Stuttgart, 1951.

Scotus, Johannes Duns. *Opera Omnia*. Edited by P. C. Balič et al. 17 vols. (continued). Vatican City, 1950ff.

——. *Opera omnia*. Edited by L. Wadding. 12 vols. 1639; reprint Paris, 1891-1895.

Seder Eliyahu Rabba. Edited by M. Friedmann. 2d ed. Jerusalem, 1960.

Seeberg, Erich. *Gottfried Arnold: Die Wissenschaft und die Mystik seiner Zeit*. 1923; reprint Darmstadt, 1964.

Seeberg, Reinhold. *Lehrbuch der Dogmengeschichte*. 5 vols. 1953-1954; reprint Darmstadt, 1959.

Settle, Thomas B. "Galileo's Use of Experiment as a Tool of Investigation." In *Galileo, Man of Science*, edited by Ernan McMullin, pp. 315-37. New York, 1967.

Sextus Empiricus. *Adversus mathematicos*. Edited by H. Mitschmann. 2 vols. Leipzig, 1914.

Shapiro, Herman. "Motion, Time, and Place according to William of Ockham." *Franciscan Studies* 16 (1956): 213-303, 319-72.

Siegwart, Christian. *Spinozas neuentdeckter Tractat von Gott, dem Menschen und dessen Glückseligkeit*. Gotha, 1866.

Sigebert of Gembloux. *Epistula adversus Paschalem papam*. In MG LdL 2.

Silver, Daniel J. *Maimonides' Criticism and the Maimonidean Controversy, 1180-1240*. Leiden, 1965.

Simon, G. "Untersuchungen zur Topik der Widmungsbriefe mittelalterlicher Geschichtsschreibung bis zum Ende des 12. Jahrhunderts." *Archiv für Diplomatik* 4-6 (1958-1960): 52ff.

Simplicius. *In Aristotelis quatuor libros de caelo commentaria*. Edited by J. L. Heiberg. CAG 7. Berlin, 1894.

——. *In Aristotelis physicorum libros...commentaria*. Edited by H. Diels. CAG 10. Berlin, 1882, 1895.

Skinner, Quentin. *The Foundations of Modern Political Thought*. 2 vols. Cambridge, 1978.

Slomkowski, A. *L'État primitif de l'homme dans la tradition de l'Église avant St. Augustine*. Paris, 1928.

Smalley, Beryl. *The Study of the Bible in the Middle Ages*. Notre Dame, Ind., 1964.

——. "William of Auvergne, John of La Rochelle and St. Thomas Aquinas on the Old Law." In *St. Thomas Aquinas 1274-1974: Commemorative Studies* 2, pp. 11-73. Toronto, 1974.

Smith, Adam. *The Wealth of Nations*. Edited by E. Cannan. New York, 1937.

Solla Price, Derek J. de. "Clockwork before the Clock." *Horological Journal* 97 (1955): 810ff.

Solmsen, Friedrich. *Aristotle's System of the Physical World: A Comparison with His Predecessors*. Ithaca, N. Y., 1960.

——. *Science since Babylon*. New Haven, 1975.

Specht, Rainer. *Commercium mentis et corporis: Über Kausalvorstellungen im Cartesianismus*. Stuttgart and Bad Cannstatt, 1966.

Spencer, John. *De legibus Hebraeorum ritualibus et earum rationibus libri tres*. Cambridge, 1685.

Spengler, O. *Untergang des Abendlandes*. 2 vols. Munich 1923.

Spink, J. S. *French Free-Thought from Gassendi to Voltaire.* 1960; reprint New York, 1969.

Spinoza, B. *Opera quotquod reperta sunt.* Edited by J. van Vloten and J. P. N. Land. 3d ed. The Hague, 1914.

———. *The Collected Works of Spinoza.* Vol. 1. Edited and translated by Edwin Curley. Princeton, 1985.

———. *The Political Works: The Tractatus Theologico-Politicus in Part and the Tractatus Politicus in Full.* Edited and translated by A. G. Wernham. Oxford, 1958.

Spitzer, Leo. *Classical and Christian Ideas of World Harmony: Prolegomena to an Interpretation of the Word "Stimmung."* Baltimore, 1963.

Spörl, Johannes. *Grundformen mittelalterlicher Geschichtsschreibung.* Munich, 1935.

Spranger, Eduard. "Die Kulturzyklentheorie und das Problem des Kulturverfalls." *SB der Preuss. Akademie der Wissenschaften, philosophisch-historische Klasse* 35 (1926).

Stark, Werner. "Giambattista Vico's Sociology of Knowledge." In *Giambattista Vico: An International Symposium,* edited by Giorgio Tagliacozzo, pp. 297-307. Baltimore, 1969.

———. "Max Weber and the Heterogeneity of Purposes." *Social Research* 34. 2(1967): 249-64.

Stegmüller, F. "Die Zwei Apologien des Jean de Mirecourt." *Recherches de théologie ancienne et médiévale* 3 (1933): 40-78, 192-204.

Steinthal, H. *Geschichte der Sprachwissenschaft bei den Griechen und Römern.* 2d ed. 1891; reprint Hildesheim, 1961.

Stenzel, Julius. *Zahl und Gestalt bei Platon und Aristoteles.* 3d ed. Darmstadt, 1959.

Stern, Menahem. *Greek and Latin Authors on Jews and Judaism,* 1: *From Herodotus to Plutarch.* Jerusalem, 1976.

Stock, Brian. *Myth and Science in the Twelfth Century: A Study of Bernard Silvester.* Princeton, 1972.

Strack, Herman L. and P. Billerbeck. *Kommentar zum Neuen Testament aus Talmud und Midrasch.* Vols. 3-4. 2d ed. Munich, 1954-1956.

Straub, J. "Christliche Geschichtsapologetik in der Krisis des römischen Reiches." *Historia* 1 (1950): 52ff.

Strauss, Leo. *Natural Right and History.* Chicago, 1953.

———. *Spinoza's Criticism of Religion.* New York, 1965.

Stump, Eleonore. "Theology and Physics in *De sacramento altaris.*" In *Infinity and Continuity in Ancient and Medieval Thought,* edited by N. Kretzmann, pp. 207-30. Ithaca, N. Y., and London, 1982.

Stump, Eleonore and Paul Vincent Spade. "Obligations." *CHM:* 315-57.

Suarez, Franciscus. *Disputationes metaphysicae.* In *Opera omnia,* vol. 16, edited by C.

Berton. Paris, 1866.

Swain, J. W. "The Theory of Four Monarchies: Opposition History under the Roman Empire." *Classical Philology* 35 (1940): 1ff.

Sylla, Edith. "Medieval Concepts of the Latitude of Forms: The Oxford Calculators." *AHDL* 40 (1973): 223-83.

———. "Medieval Quantifications of Qualities: The 'Merton School.'" *Archive for the History of Exact Sciences* 8 (1971): 9-39.

Szabó, Arpád. *The Beginning* of *Greek Mathematics*. Dordrecht and Boston, 1978.

Tachau, Katherine H. "The Problem of *Species in Medio* at Oxford in the Generation after Ockham." *Medieval Studies* 44 (1982): 394-443.

———. "Vision and Certitude in the Age of Ockham." Ph. D. dissertation, University of Wisconsin, Madison, 1981.

Tacitus, Cornelius. *Historiarum libri*. Edited by C. D. Fisher. Oxford, 1911.

Tajo of Saragossa. *Sententiarum libri quinque*. Migne, *PL* 80: 727ff.

Taylor, A. E. "The Ethical Doctrine of Hobbes." *Philosophy* 13 (1938): 406-24.

Teitelbaum, Mordechai. *Harav miljadi umifleget habad*. 2 vols. Warsaw, 1913.

Telesio, Bernardino. *De rerum natura juxta propria principia*. 1st ed. 1565, 2d ed. 1570, 3d ed. 1586. Edited by V. Spampanato. 3 vols. Modena, 1910-1923.

Tertullian. *Adversus Judaeus*. CCSL 2: 1337ff.

———. *Adversus Marcionem*. CCSL 1: 437ff.

———. *Adversus Praxean*. CCSL 2: 1157ff.

———. *De anima*. CCSL 2: 779ff.

———. *De carne Christi*. CCSL 2: 871ff.

———. *De pallio*. CCSL 2: 731ff.

———. *De patientia*. CCSL 1: 297ff.

———. *De praescriptione haereticorum*. CCSL 1: 185ff.

———. *De testimonio animae*. CCSL 1: 173ff.

———. *De virginibus velandis*. CCSL 2: 1207ff.

Theodoret of Cyrrhus. *Graecorum affectionum curatio*. Migne, *PG* 83: 783ff.

———. *In Isaiam*. Migne, *PG* 81: 215ff.

———. *Questions in Octateuchum*. Migne, *PG* 80: 75ff.

Theophilus of Antioch. *Ad Autolicum*. Edited by J. C. T. Otto. *Corp. Apol.*, vol. 8. Jena, 1861.

Thomas, Ivor. *Selections Illustrating the History of Greek Mathematics*, 1: *From Thales to Euclid*. Loeb Classical Library. London, 1931.

Thomas Aquinas. *Opera Omnia*. 25 vols. Parma, 1852-1873.

———. *Opera Omnia* (Vives edition). 34 vols. Paris, 1872-1880.

——. *Opera Omnia: Iussu impensaque Leonis XIII, PM edita* (Leonine edition). 15 vols. Rome, 1882ff.

——. *De ente et essentia.* In *Le "De ente et essentia" de S. Thomas d'Aquin,* edited by M. D. Roland-Gosselin. Paris, 1948.

Thomas Aquinas. *In libros Aristotelis de anima.* Edited by R. M. Spiazzi. Turin, 1955.

——. *In libros Aristotelis de caelo... expositio.* Edited by R. M. Spiazzi, *Opera Omnia* (Leonine), vol. 3. Turin, 1952.

——. *Quaestiones disputatae.* Edited by R. M. Spiazzi et al. 2 vols. 10th ed. Rome, 1964-1965.

——. *Scriptum super libros sententiarum.* Edited by P. Mandonnet et al. Paris, 1929-1956.

——. *Summa contra gentiles.* In *Opera Omnia* (Leonine), vol. 13.

——. *Summa theologiae.* Edited by P. Casamello, *Opera Omnia* (Leonine), vols. 4-12.

Thomas Bradwardine. *De causa Dei contra Pelagium.* Edited by H. Savil. 1618; reprint Frankfurt, 1964.

Thomas of Strassburg. *Commentaria in IV libros sententiarum.* Venice, 1564.

Tierney, Brian. "The Prince Is Not Bound by the Laws." *Comparative Studies in Society and History* 5 (1963): 388ff.

Tocqueville, Alexis de. *L'Ancien régime et la révolution.* Translated by S. Gilbert. Garden City, N. Y., 1955.

Todd, Robert B. *Alexander of Aphrodisias on Stoic Physics.* Leiden, 1976.

——. "Monism and Immanence: The Foundation of Stoic Physics." In *The Stoics,* edited by J. M. Rist, pp. 137-60. Berkeley and Los Angeles, 1978.

Toulmin, Stephen. "Criticism in the History of Science: Newton on Absolute Space, Time, and Motion." *The Philosophical Review* 68 (1959): 1-29, 203-27.

Troeltch, Ernst. *Der Historismus und seine Probleme.* Tübingen, 1922.

Twersky, Isadore. *Introduction to the Code of Maimonides (Mishne Tora).* Yale Judaica Series, 22, New Haven and London, 1980.

Überweg, Friedrich and Bernhard Geyer. *Grundriss der Geschichte der Philosophie,* vol. 3: *Die patristische und scholastische Philosophie.* Basel and Stuttgart, 1960.

Underhill, Evelyn. *Mysticism: A Study in the Nature and Development of Man's Spiritual Consciousness.* 12th ed. New York, 1955.

Urbach, Ephraim E. *Ḥazal: Pirke 'emunot vedeot* [The Sages: Doctrines and Beliefs]. Jerusalem, 1969.

——. "Matay paska hanevu'a?" ["When Did Prophecy Cease?"]. *Tarbiz* 17 (1947): 1-11.

Vahinger, Hans. *Die Philosophie des Als Ob.* 2d ed. Berlin, 1913.

Van der Pot, J. H. J. *Die Periodisierung der Geschiedenis: Ein Overzicht der Theorien.* The Hague, 1951.

Vaux, Ronald de. *Ancient Israel*. 2 vols. New York and Toronto, 1965.

Verene, Donald P. *Vico's Science of the Imagination*. Ithaca, N. Y., 1981.

Vico, Giambattista. *Opere*. Edited by F. Nicolini. 8 vols. Bari, 1911-1941.

——. *Autobiography*. Translated by Thomas Goddard Bergin and Max Harold Fisch. London, 1945.

——. *Vico: Selected Readings*. Edited and translated by Leon Pompa. Cambridge, 1982.

Vignaux, Paul. *Nominalisme au XIV ᵉ siècle*. Montreal and Paris, 1948.

Violet, B. *Die Esraapokalypse*, Ⅰ : *Die Überlieferung*. Leipzig, 1910; Ⅱ : *Die kritische Ausgabe*. Leipzig, 1927.

Vives, Johannes Ludovicus. *De veritate fidei Christianae*. In *Opera Omnia*, vol. 8. Valencia, 1790.

Vlastos, Gregory. "On the Pre-History of Diodorus." *American Journal for Philosophy* 67 (1946).

Vogelsang, M. "Rudolfus Glaber, Studien zum Problem der Cluniazensischen Geschichtsschreibung." Ph. D. dissertation, Munich, 1952. A summary appeared in *Studien und Mitteilungen zur Geschichte des Benediktinerordens* 67 (1956): 25-38, 277-97.

Volz, P. *Die Eschatologie der jüdischen Gemeinde im neutestamentlichen Zeitalter*. Tübingen, 1934.

Von den Brincken, Anna-Dorothe. *Studien zur lateinischen Weltchronistik bis in das Zeitalter Ottos von Freising*. Düsseldorf, 1957.

Von der Luft, Eric. "Sources of Nietzsche's 'God is Dead!' and Its Meaning for Heidegger." *Journal of the History of Ideas* 45 (1984): 263-76.

Vuillemin, Jules. *Mathématiques et métaphysique chez Descartes*. Paris, 1960.

Wachtel, Alois. *Beiträge zur Geschichtstheologie des Aurelius Augustinus*. Bonner historische Forschungen, 17. Bonn, 1960.

Walahfrid Strabo. *De exordium et incrementio quorundam in observationibus ecclesiasticio rerum*. Edited by A. Boretius and K. Krause, MG Capit. 2: 473ff.

Wallace, William A., O. P. "The Enigma of Domingo de Soto: *Uniformiter Difformis* and Falling Bodies in Late Medieval Physics." *Isis* 59 (1968): 384-401.

——. *Galileo and His Sources: The Heritage of the Collegio Romano in Galileo's Science*. Princeton, 1984.

——. *Galileo's Early Notebooks: The Physical Questions*. Notre Dame, Ind., 1978.

Walther, Manfred. *Metaphysik als Anti-Theologie: Die Philosophie Spinozas im Zusammenhang der religionsphilosophischen Problematik*. Hamburg, 1971.

Walzer, R. *Galen on Jews and Christians*. Oxford, 1949.

Warnock, G. J. "Concepts and Schematism." *Analysis* 9 (1948-1949): 77-82.

Warrender, Howard. *The Political Philosophy of Hobbes: His Theory of Obligation.* London, 1957.

Wartofsky, Marx. "Action and Passion: Spinoza's Construction of a Scientific Psychology." In *Spinoza: A Collection of Critical Essays,* edited by M. Grene, pp. 329-53. Garden City, N. Y., 1973.

Waszink, J. H. and P. J. Jansen, eds. *Timaeus a Calcidio translatus commentarioque instructus.* In *Plato Latinus,* Vol. 4, edited by R. Klibanksy. London and Leiden, 1962.

Watkins, J. W. N. *Hobbes' System of Ideas.* London, 1965.

Weber, Max. *Gesammelte Aufsätze zur Religionssoziologie.* 3 vols. Tübingen, 1920.

Weigelt, Horst. *Sebastian Franck und die lutherische Reformation.* Gütersloh, 1972.

Weinberg, Julius. *Nicolaus of Autrecourt: A Study in 14th Century Thought.* Princeton, 1948.

Weisheipl, James A. "The Spector of *Motor Coniunctus* in Medieval Physics." In *Studi sul XIV secolo in Memoria di Anneliese Maier,* edited by Alfonso Maieru and Agostino Paravicini Bagliani, pp. 81-104. Rome, 1981.

Wellek, René and Austin Warren. *Theory of Literature.* New York, 1956.

Werner, Karl. *Giambattista Vico als Philosoph und gelehrter Forscher.* Vienna, 1879.

———. *Die Scholastik des späteren Mittelalters.* Vienna, 1887.

Werner, Martin. *Die Entstehung des christlichen Dogmas.* 2d ed. Bern and Tübingen, 1953.

Wernham, A. G. *Spinoza: The Political Works.* Oxford, 1958.

Westfall, Richard S. *Force in Newton's Physics: The Science of Dynamics in the 17th Century.* London, 1971.

———. *Neuer at Rest: A Biography of Isaac Newton.* Cambridge, 1980.

Westman, Robert. "The Astronomer's Role in the Sixteenth Century: A Preliminary Study." *History of Science* 40 (1980): 105-47.

———. "The Copernicans and the Churches." In *God and Nature: Historical Essays on the Encounter between Christianity and Science,* edited by D. C. Lindberg and Ronald L. Numbers, pp. 76-113. Berkeley and Los Angeles, 1986.

Weyl, Hermann. *Philosophy of Mathematics and Natural Science.* New York, 1963.

Whewell, William. *On the Philosophy of Discovery.* 3d ed. London, 1860.

White, Lynn, Jr. *Medieval Technology and Social Change.* Oxford, 1962.

Wieder, N. "The Law Interpreter of the Sect of the Dead Sea Scrolls—the Second Moses." *Journal of Jewish Studies* 4 (1953): 158ff.

Wieland, Wolfgang. *Die aristotelische Physik: Untersuchungen über die Grundlegung der Naturwissenschaften und die sprachlichen Bedingungen der Prinzipienforschung bei Aristoteles.* Göttingen, 1962.

Wilks, Michael J. *The Problem of Sovereignty in the Later Middle Ages.* Cambridge, 1964.

William of Auvergne. *Guilelmi Aluerni episcopi... Opera.* Paris, 1674.

William of Ockham. *De sacramento altaris.* Edited by N. Birch. Burlington, Vt., 1930.

——. *In Aristotelis libros physicorum.* Ms. Berlin Lat. 2°41.

——. *Octo quaestiones de potestate papae.* In *Opera politica*, Vol. 1, edited by H. S. Offler. Manchester, 1974.

——. *Opus nonaginta dierum.* In *Opera politica*, Vol. 1.

——. *Philosophical Writings.* Edited by P. Boehner, O. F. M. Edinburgh, 1957.

——. *Quodlibeta septem.* Strassburg, 1491.

——. *Scriptum in librum primum sententiarum ordinatio.* In *Opera philosophica et theologica*, edited by G. Gal et al. St. Bonaventure, N. Y., 1967ff.

——. *Summa totius logicae.* Venice, 1508.

——. *Summulae in libros physicorum.* In *Philosophia Naturalis Guilielmi Occham.* 1637. Reprint. London, 1963.

——. *Tractatus de praedestinatione et de praescientia Dei respectu futurorum contingentium.* In *Opera theologica*, Vol. 2, edited by P. Boehner and S. Brown. St. Bonaventure, N. Y., 1967.

William of Tyre. *Historia rerum in partibus transmarinis gestarum.* Recueils des historiens des croisades, Historiens Occidentals vol. 1. Paris, 1844.

Wilson, Curtis. *William Heytesbury: Medieval Logic and the Rise of Mathematical Physics.* Madison, Wis., 1960.

Wilson, M. Dauler. *Descartes.* London, 1978.

Wirszubski, Ch. *Libertas as a Political Idea at Rome during the Late Republic and Early Principate.* Cambridge, 1968.

Witelo. *Liber de intelligentiis.* In *Witelo: Ein Philosoph und Naturforscher des XIII. Jahrhunderts*, edited by C. Baeumker. BGPhM. Münster, 1908.

Wölfflin, Heinrich. *Renaissance und Barock.* 7th ed. Basel and Stuttgart, 1968.

Wolff, Christian. *Deutsche Metaphysik.* 5th ed. Halle, 1751.

Wolff, Michael. *Fallgesetz und Massbegriff: Zwei wissenschaftshistorische Untersuchungen zur Kosmologie des Johannes Philoponos.* Berlin, 1971.

——. *Geschichte der Impetustheorie: Untersuchungen zum Ursprung der klassischen Mechanik.* Frankfurt-am-Main, 1978.

Wolfson, Harry A. *Crescas' Critique of Aristotle: Problems of Aristotle's Physics in Jewish and Arab Philosophy.* Cambridge, Mass., 1929.

——. "Infinite and Privative Judgements in Aristotle, Averroës, and Kant." *Philosophy and Phaenomenological Research* 7 (1947): 173-87.

——. *Philo: Foundations of Religious Philosophy in Judaism and Christianity.* 2 vols.

Cambridge, Mass., 1947.

——. *The Philosophy of Spinoza.* 2 vols. 1934; reprint Cambridge, Mass., 1958.

——. "The Problem of the Souls of the Spheres from the Byzantine Commentaries on Aristotle through the Arabs and St. Thomas to Kepler." *The Dumbarton Oaks Papers* (1961): 67-93.

Wolters, H., S. J. "Geschichtliche Bildung im Rahmen der Artes Liberales." In *Artes liberales: Studien und Texte zur Geschichte des Mittelalters*, edited by J. Koch. Leiden and Cologne, 1959.

Woolcombe, K. J. "Biblical Origins and Patristic Developments of Typology." In *Essays on Typology*, pp. 39-75. London, 1957.

Woolhouse, R. S. *Locke's Philosophy of Science and Knowledge.* New York, 1971.

Yadin, Yigael. "The Dead Sea Scrolls and the Epistle to the Hebrews." In *Aspects of the Dead Sea Scrolls*, Scripta Hierosolymitana 4, edited by C. Rabin and Y. Yadin, pp. 36-55. Jerusalem, 1958.

Zeller, Eduard. *Die Philosophie der Griechen.* 6 vols. 4th ed. 1909; reprint Darmstadt, 1963.

Zeuthen, Hieronymus G. "Die geometrische Konstruktion als Existenzbeweis." *Mathematische Annalen* 47 (1896): 222-28.

Zimmermann, Harald. *Ecclesia als Objekt der Historiographie.* SB der Öesterreichischen Akademie der Wissenschaften, philosophisch-historische Klasse 235/4. Vienna, 1960.

Zohar, Tikkune hazohar. Edited by Reuben Margaliot. 4 vols. Jerusalem, 1940-1953.

Zwingli, Ulrich. *Sämtliche Werke.* Edited by E. Egli and G. Finsler. 13 vols. Leipzig and Berlin, 1905ff.

索 引

（次级标题由一字线引出，所标页码为本书边码）

—of sacrifices，燔祭：by Christians，基督徒的，223-26；by Jews，犹太人的，222-23，231-34（Maimonides，迈蒙尼德）

—"Scripture speaks the language of man"，《圣经》讲人的语言：Jewish tradition，犹太传统，213-15；maximalistic and minimalistic interpretations，最大化阐释与最小化阐释，215-19（Abraham ibn Ezra，亚伯拉罕·伊本·以斯拉）

—the principle secularized，适应原则被世俗化：Spinoza，斯宾诺莎，219-21

—也参看 exegesis，释经学；God's providence，上帝的神意；history，历史

action at a distance，通过一段距离作用，54 and n（Ockham，奥卡姆）

Adam，亚当，as prefiguration of Christ，作为基督的预表，49

'adam kadmon，参看 God's body，上帝的身体

Adams，Marilyn M.，马林·M. 亚当斯，138n，140nn

Adams，Robert M.，罗伯特·M. 亚当斯，146n，196n

Aegidius Colonna，阿基底乌斯·克罗纳，17

Aiton，E. J.，E. J. 艾顿，74n，322n

Akiba，阿基瓦，124；exegesis，释经学，214 and n

Alanus ab Insulis，里尔的阿兰，49n（"book of nature"，自然之书），226n，239n，249n

Alexander of Hales，哈勒的亚历山大，53n（analogy，类比），55n（God's presence，上帝的临在）；*potentia absoluta* and *ordinata*，绝对力量与有

序力量，129 and n

Alfunsi，Petrus，彼得·阿方西：accommodation，适应，227 and n，234n

allegory（allegorization），寓义，寓义化，参看 exegesis，释经学

Altmann，Alexander，亚历山大·阿尔特曼，360n

Amalric of Bena，贝那的亚玛力，46，52（pantheism，泛神论）

Ambrosius of Milan，米兰的安布罗修，269；fortuitous original sin，幸运的原罪，203；Moses as historian，作为历史学家的摩西，208n；periodization，时代划分，262 and n

anachronism，时代错乱症，210 and n

analogy，类比：and equivocation，和异义性的，52（Boethius，波爱修）；of being，存在的类比，参见 Thomas Aquinas，托马斯·阿奎那；of nature，自然的类比，参见 Newton，牛顿

analytic and synthetic a priori，先天分析和先天综合，参见 Kant，康德

analyticity，分析性，182 and n（Quine，奎因）

Anastos，Milton V.，弥尔顿·V. 阿那斯托斯，220n

Anaxagoras，阿那克萨哥拉，36n

Anderson，Carol Susan，卡洛尔·苏珊·安德森，127n

Andresen，Carl，卡尔·安德森，125n

annihilation，principle of，毁灭原则，57n；and hypothetical reasoning，假言推理，172；Descartes，笛卡尔，185-86 and n. 19；Hobbes，霍布斯，334-35 and n. 22，也参见 William of Ockham，奥卡姆的威廉

万物中存在）；*agere per potentiam*，通过力量行事和 *iustitiam*，通过正当行事，126 and n，129；and modality，和模态，146-50；Anselm，安瑟伦，127-28 and n. 17；in *De mirabilibus sacrae scripturae*，"论《圣经》的神迹"，126-27 and n. 13；in the Wisdom of Solomon，在《所罗门智训》中，126 and n；Maimonides' contingent orders，迈蒙尼德的"偶然秩序"，128-29；need for a divine logic，需要上帝的逻辑，150-52；Peter Lombard，彼得·伦巴德，146 and n；Petrus Damiam，彼得·达米安，127 and n，149-50 and n. 72；Thomas，阿奎那，146-47 and nn. 65-66

—Descartes，笛卡尔：and eternal truths，和永恒真理，117-18，179-92；voluntarism，唯意志论，76，也参看 Descartes，笛卡尔

—*potentia Dei absoluta* and *ordinata*，神的绝对力量与有序力量，11，17（and Aristotle，和亚里士多德），57-58，58n，62（Oresme，奥雷斯姆），86-87（Spinoza，斯宾诺莎），134 and n，193n（Boyle，波义耳），293，294；Alexander of Hales，哈勒的亚历山大，129 and n；and modal categories，和模态范畴，129；and motion in the void，和在虚空之中的运动，172；Gregory of Rimini，里米尼的格里高利，149 and nn；Ockham，奥卡姆，134-35；Patristic sources，源于教父哲学，124-27；Scotus，司各特，132-33 and n. 26；summarized，概述，121-24；Thomas，阿奎那，130-31 and nn. 22-23

God's presence（ubiquity），上帝的临在，无所不在，50（*existentia in rebus*，在万物中存在），63（Suarez，苏亚雷兹），80n（Anne Conway，安妮·康韦）；and analogy of being，和存在的类比，50-57；and the void，和虚空，61-63；in fourteenth century，在 14 世纪，59-63；proved by Ockham，被奥卡姆证明，60n；roots of，上帝的临在，无所不在的源泉，47-49；Spinoza，斯宾诺莎：81-86，117 and n

God's providence，上帝的神意，10；Bossuet and Isaac la Peyrére，波舒哀和拉佩雷尔，277-78；"heresies are necessary，异端必然存在"，275-76，也参看 accommodation，适应；history，历史；periodization，时代划分

—accommodation，适应：sacraments as，圣事作为适应，226；sacrifices as，燔祭作为适应，222-26；variety of orders as，各种秩序作为适应，225

—cunning of God，上帝的狡计，12，245（origins of Israel，以色列的起源），345；as "divine pedagogy"，作为"上帝的教育"，277n

—secularized，世俗化的：Vico，维柯，202-205，279-89

Gödel，Kurt，库尔特·哥德尔：Gödel numbers，哥德尔数，354n；incompleteness theorem，不完备定理，192，351

Gössman，Elizabeth，伊丽莎白·哥斯曼，225n

Goez，Werner，维纳·戈茨，265n

Goldmann，Lucien，吕西安·戈德曼，72n，317n

Goldsmith，M. M.，M. M. 哥德史密夫，335n

Goodman，Nelson，尼尔森·古德曼，

译后记

十几年前，在导师张旭教授的推荐下，还只是硕士生的我就得到了翻译这部经典著作的机会。在那么年轻幼稚，可以任意挥霍的好时光里，第一次翻译就可以跟鼎鼎大名的三联"西学源流"系列合作，我自觉非常幸运，从中所学良多。当初无知无畏，试水后方知译事艰难，每每查阅书中涉及著作的中译，对照前辈们严谨流畅的行文，不免深感汗颜。在此感谢我中译文学习与借鉴的所有学术前辈。翻译过程中，有些著作虽已出版中译，只因我当时处身海外，无法获得中译本，遗憾未能引用，在此一并致歉。所幸其时有赖鲁汶大学的藏书，我也得以参照了一些国内不易寻见的文献，更正了原著中的一些引文错误，感谢国家留学基金委（CSC）的资助，也感谢我在鲁汶的导师 Martin Moors 先生的指导。

为完成整部著作的翻译，我一步步学完了书里那些死掉和没死掉的语言，读了其中涉及的很多迄今尚有人问津和无人问津的晦涩的书。不过这些并不重要，艰辛与乐趣向来都不足为外人道耳。相较那些正襟危坐的学术观点与争论，或许八卦才是人类心性永恒不变的恶趣味，这也是每本书"后记"或"译后记"之所以存在的绝对理由。

此书出版的过程极为艰难而曲折。非常感谢了解个中曲折，为我译稿的出版斡旋奔走的师友们。要感恩的名字太多太多，那些感慨而缄默的跟我一起经历过许多人事变迁的中年朋友，书送给你们。感谢刘小枫、吴飞、李猛、吴增定、丁耘、黄群、张浩军、舒炜、冯金红和童可依等师长朋友，以及毛家叔伯亲友团为此书出版所做的努力。感谢我的恩师叶秀山先生、靳希平教授、谢地坤研究员和张旭教授对我一直以来的关心和指导。感谢引导我进入哲学之门的张志伟和韩东晖教授。感谢一直予我关照并给我学术机会的哲学所前辈陈德中、崔唯航、冯颜利、鉴传今、李河、马寅卯、张志强、赵汀阳研究员。感谢我的人生奇遇苗苗（苗倍榕）和向京老师，我从没想过我的第一本书能够跟向老师合作，她是我的榜样。尤其感谢我的父母、银魂、猪猪和蹬蹬，在漫长晦暗了无生趣中年颓丧的人生里面，你们就是我的生命之光，感念之火，我的希望，我的灵魂。阿瓦隆。

自然，译后记结尾的经典范式，往往满纸都是求生欲——译者学力疏浅，译名、拉丁语和希腊语译文，仅供读者参考。有的译名未有中文定译，仍有待学界商榷。数年间，译稿虽通改多遍，想必讹误之处仍在所难免，感谢译文付梓前为我不忍卒读的译稿挑错的师友们，是你们敦促着我进步。译文的错讹，责任自然在我，希望日后有机会再版，一一予以订正。

本译著属 2019 年国家社会科学基金青年项目"斯宾诺莎《梵蒂冈抄本》编译研究"（编号 19CZX044）的阶段性成果之一。

毛　竹

2019 年 1 月

于中国社会科学院哲学研究所